V. COLOCOTRONIS

LA MACÉDOINE
ET L'HELLÉNISME

ÉTUDE HISTORIQUE ET ETHNOLOGIQUE

AVEC 24 PLANCHES OU CARTES HORS TEXTE

PARIS
BERGER-LEVRAULT, ÉDITEURS
5-7, RUE DES BEAUX-ARTS, 5-7
1919

LA MACÉDOINE
ET L'HELLÉNISME

V. COLOCOTRONIS

LA MACÉDOINE
ET L'HELLÉNISME

ÉTUDE HISTORIQUE ET ETHNOLOGIQUE

AVEC 24 PLANCHES OU CARTES HORS TEXTE

PARIS
BERGER-LEVRAULT, ÉDITEURS
5-7, RUE DES BEAUX-ARTS, 5-7
1919

AVANT-PROPOS

Lorsque, en 1913, le dernier coup de canon fut tiré dans la péninsule dite balkanique et que le traité de Bucarest vint en fixer la nouvelle charte territoriale, le monde espéra que les calamités endurées par les malheureux peuples chrétiens habitant ce coin de l'Europe avaient pris fin et qu'une longue période de paix et de prospérité s'ouvrait devant eux.

Pour réaliser un espoir aussi légitime, la Grèce n'a pas reculé devant les plus pénibles sacrifices. Les Bulgares, guidés par leur avidité et par leur mégalomanie, avaient provoqué la guerre interbalkanique en assaillant traîtreusement leurs alliés de la veille, les Grecs et les Serbes. La défaite, couronnant cette guerre fratricide, leur avait fait perdre en trente jours les bénéfices territoriaux de la guerre turco-balkanique. Poursuivant, en outre, cette politique de persécutions qui avait tristement illustré leur conduite antérieure à l'égard de l'hellénisme, ils s'étaient livrés, au cours de leur retraite, à des cruautés inouïes couronnées par la destruction de trois villes florissantes : Serrès, Nigrita et Doxato. Cependant, la Grèce, que M. Vénisélos représentait à la conférence de Bucarest, voulut passer l'éponge sur tous ces forfaits. Elle conserva les seuls districts de Serrès, de Drama et de Cavala si éprouvés du fait des Bulgares, laissant à ceux-ci la Macédoine du nord-est et toute la Thrace occidentale, pays que le sang grec avait pourtant abondamment arrosés. Si bien que, malgré sa défaite dans une guerre qu'elle avait provoquée, la Bulgarie en sortit plus grande que la Grèce ou que la Serbie, et cela bien qu'au point de vue numérique les Bulgares fussent, en tant que nation, moins nombreux que les Grecs ou que les Serbes [1].

Mais ceux qui avaient espéré qu'une solution aussi favorable aurait satisfait les Bulgares se sont lourdement trompés ; ils connaissaient imparfaitement le caractère de ce peuple, tel que la propagande panslaviste l'a formé [2]. Car — il faut le souligner dès le début — il est plus que probable que, sans la propagande et l'influence des panslavistes, les Bulgares n'auraient jamais formulé de revendications historiques ou ethnologiques au delà de la frontière méridionale que le traité de Berlin leur avait assignée ou, tout au plus, au delà d'une partie de la Roumélie Orientale. Et nous avons tout lieu de penser qu'unis dans une atmosphère de paix et de fraternité aux autres peuples balkaniques, travaillant dans ce pays danubien qui est le leur et qui est assez fertile pour pouvoir facilement nourrir trois fois plus d'habitants qu'il n'en a actuellement, les Bulgares auraient accompli des progrès bien plus rapides, leur prospérité s'en fût accrue et ils auraient en même temps épargné à leurs voisins toutes les calamités dont ils sont la cause depuis plus d'un demi-siècle. Mais tel n'était pas le bon plaisir des panslavistes de Moscou ; en voyant sur la carte la position géographique des Bulgares, ils avaient cru trouver dans ces derniers le meilleur instrument pour la réalisation des rêves inspirés par le fameux « testament de Pierre le Grand ». Façonnant la mentalité bulgare dans un moule de mensonge et d'animosité contre leurs voisins, surtout contre les Grecs, principaux adversaires du panslavisme en Orient, improvisant les plus étranges théories sur le passé des Bulgares, faussant l'histoire de l'Hellénisme, bulgarisant les

---

[1] Voici la population de ces trois États, à la suite du traité de Bucarest : Bulgarie, 4.766.000 habitants; Grèce, 4.255.000 habitants; Serbie, 4.247.000 habitants.

[2] Sur le caractère et la mentalité des Bulgares, voir notamment : Victor Kuhne : *Les Bulgares peints par eux-mêmes*, Lausanne, 1917, surtout aux pages 253 sq.

AVANT-PROPOS

événements historiques et jusqu'aux plus grandes figures qui, tels qu'Alexandre le Grand ou Aristote, illustrèrent la race grecque, présentant la nation bulgare comme étant de nos jours encore l'élément prédominant des Balkans, cherchant à créer enfin chez les populations non bulgares de la Péninsule, et notamment chez les Slaves de Macédoine, une fausse conscience bulgare, les panslavistes ont réussi à inspirer aux Bulgares une telle mégalomanie et à développer en eux une telle rapacité et un si violent sentiment de haine contre leurs voisins et notamment les Grecs, que rien ne pouvait plus ni les satisfaire ni les assouvir.

Le geste généreux de la Grèce à Bucarest fut, dans ces conditions, un acte peu politique ; c'était une erreur qu'une seule considération peut excuser : la conviction habilement inspirée à l'opinion publique européenne par la propagande bulgare qu'il n'y avait rien d'exagéré dans la prétention de la Bulgarie d'occuper, à défaut de l'hégémonie, une place prépondérante dans les Balkans. En effet, cette générosité hellénique ne servit à autre chose qu'à accroître la rapacité bulgare, que l'esprit populaire macédonien a si bien caractérisé dans une scène de guignol, rapportée, dans le Temps du 15 décembre 1914, par M. Michel André, qui en fut le témoin oculaire à Édesse : « Un Bulgare et un Grec devaient partager trois moutons qu'ils avaient acquis en commun. — Celui-là, dit le Bulgare indiquant le premier mouton, me revient de droit ; le second, tu me le donnes par amitié ; le troisième, je te le prends. »

C'est cette singulière théorie, comme le remarque aussi M. Yves-Guyot[1], que les patriotes de Sophia ont cherché à appliquer dès le lendemain du traité de Bucarest. Le troisième mouton était naturellement la Macédoine ou, pour parler plus exactement, le reste de ce pays, qui avait depuis de longues années subi l'oppression et les méfaits de la propagande

---

[1] La Question bulgare dans le Journal des Économistes, t. LXXIII, décembre 1915, p. 368.

bulgare. Mais là ne se bornaient pas les exigences, depuis surtout que la Grande Guerre avait fait envisager la modification du statut territorial des Balkans. Voici, en effet, ce que M. V. Anghéloff, rédacteur militaire de la Kambana, écrivait dans une brochure parue à Sophia, alors que l'Entente faisait, en 1915, à la Bulgarie les avances territoriales que l'on sait : « Nous réclamons, s'écriait ce publiciste, et nous devons occuper la Macédoine, toute la vallée de la Morava bulgare et la moitié de la vallée de la grande Morava. A la Grèce nous demandons Castoria, Florina, Cozani, Vodéna, Yannitsa, Salonique, la Chalcidique, Serrès, Cavala et Drama. La future frontière gréco-bulgare devra suivre la ligne : mont Grammos (le Pinde), Grévéna, Vistritsa (Haliacmon), littoral de la mer Égée, l'île de Thasos y comprise. Toutes ces régions nous appartiennent par droit ethnologique, historique, économique et militaire. Bien que dans beaucoup d'entre elles il y ait des éléments grecs, cette population est pourtant une population qui y fut artificiellement installée après que les Bulgares en furent chassés par la violence. A la Roumanie nous demandons la Dobroudja qui nous fut volée en 1913, qui constitue le minimum de nos exigences et qui servira de base à notre amitié avec elle ». Et M. Anghéloff poursuivait : « A la Serbie et à la Grèce nous devons demander beaucoup : à la Serbie ni plus ni moins que les deux tiers de son territoire actuel et à la Grèce le tiers de ce qu'elle possède aujourd'hui. Si la Bulgarie ne rentre pas dans ses frontières naturelles et ethnographiques, elle sera toujours boiteuse et ne pourra jamais se développer librement. Sans Salonique, sans la Macédoine d'au delà du Vardar et sans la vallée de la Morava, la Bulgarie sera toujours un corps mutilé, qui continuera à vivre la vie déréglée qu'elle a vécue depuis la guerre de 1912 jusqu'à nos jours ». Plus loin ce même publiciste ajoutait encore : « Cette question n'est susceptible, comme nous l'avons indiqué, que d'une solution radicale qui consistera dans l'anéantissement de la Serbie et son partage entre l'Autriche et la Bulgarie, et dans la destruction de la Grèce et son refoulement au delà de l'Haliacmon et de l'Olympe. La réconciliation avec les Serbes et les Grecs, que l'Entente nous propose, est impossible, et les Alliés mentent honteusement en promettant à la Bulgarie des pays qu'ils ne peuvent lui donner, ne les possédant pas ». Enfin M. V. Anghéloff se faisait le fidèle interprète de l'opinion de ses compatriotes en escomptant, pour le cas d'une agression de la Roumanie, le partage de ce royaume entre la Hongrie et la Bulgarie. Seule la Turquie trouvait grâce devant cette soif de conquêtes. Mais le premier ministre bulgare ne manqua pas de combler cette lacune en proclamant, au cours des fameuses déclarations qu'il fit à la veille de l'intervention de son pays, que les droits territoriaux bulgares s'étendaient « au nord, au sud, à l'ouest et à l'est ».

Les patriotes bulgares sont très versés en l'art de la propagande. Ils se montrèrent les élèves aussi dignes qu'ingrats des panslavistes de Moscou. Cela tient aussi beaucoup à leur propre caractère dont la mégalomanie et la vantardise sont les traits typiques [1]. C'est autour de ces défauts que Aleco Constantinoff a exercé sa satire, en racontant les péripéties de son Baï Gagno. Et c'est grâce à ces mêmes défauts que la propagande fut élevée chez eux au niveau d'une véritable science. Les professeurs de l'Université de Sophia ne font pas autre chose que de la propagande. Tous les intellectuels, les poètes y compris, font de même. Si bien qu'un écrivain français ami des Bulgares, ayant à parler de leur production intellectuelle, n'a pu que dire : « La littérature bulgare a été surtout jusqu'ici politique (!) » [2]. Et ils ne reculent devant aucun sacrifice quand il s'agit de propagande. Victor Kuhne a fait le calcul qu'en trente ans « ils ont dépensé pour leur propagande un milliard de francs » [3]. Aucun moyen d'ailleurs ne leur semble, à cet

---

[1] Cf. Victor Kuhne, op. cit., p. 255 sq.
[2] L. de Launay : La Bulgarie d'hier et de demain, 3e édit., 1912, p. 342.
[3] Victor Kuhne : La Macédoine. Prétentions bulgares, Genève, Georg et Cie, 1918, p. 24, n° 2.

effet, mauvais : le livre, la brochure, la science, l'achat de consciences, l'envoi de dépêches tendancieuses, l'organisation habile de campagnes de presse et jusqu'au couteau assassin du « comitadji ».

Si, après le traité de Bucarest, un complet échec était réservé à la tentative des patriotes de Sophia de ramener en Macédoine serbe et grecque le règne terroriste de leurs comitadjis, leur propagande a été, en revanche, développée à l'étranger dans des proportions jusque-là inconnues. Elle atteignit son point culminant après le déclenchement de la Grande Guerre qui, aux yeux des chauvins de Sophia, apparut comme une occasion unique offerte à la politique bulgare pour réaliser son projet d'hégémonie balkanique.

Les deux camps de l'Europe furent assiégés par des émissaires bulgares de tous genres [1]. Dans un mémoire adressé le 11 mai 1915 aux Ministres des affaires étrangères des six Grandes Puissances et à leurs Ministres plénipotentiaires à Sophia, le « Comité national bulgare », présidé par le général Fitcheff, présentait la destruction de la bande de comitadjis bulgares qui avait pénétré en Macédoine serbe (Valandovo) comme la répression brutale d'un mouvement insurrectionnel de la population macédonienne; et les signataires concluaient : « A la Serbie et à la Grèce nous ne demandons rien que ce qui nous appartient, la Macédoine bulgare et les territoires bulgares qu'elles nous ont volés ». En même temps, la presse bulgare ne se lassait pas de dénoncer « le crime commis à Bucarest » et de couvrir d'injures les Serbes et les Grecs, les qualifiant couramment d' « infâmes alliés-bandits ». L'Écho de Bulgarie était au début l'agent principal de la propagande bulgare à l'étranger. On sait que ce journal, rédigé en français, est l'organe officieux du Ministère des affaires étrangères de Sophia et que le service en est fait gratuitement à toutes les chancelleries, à tous les journaux et à de nombreuses personnalités d'Europe et d'Amérique.

---

[1] Cf. Victor Kuhne : *Les Bulgares peints par eux-mêmes*, p. 263.

AVANT-PROPOS

A côté d'articles portant des titres comme « Les deux voleurs »¹, « Encore une histoire de brigands » — où on lisait notamment la phrase: « Ce n'est pas nous qui avons rempli les annales de la Grèce antique et de la Grèce moderne de hauts faits de brigandage et de piraterie »² — on pouvait lire des articles d'apparence plus sérieuse, tels une étude de M. S. Bobtcheff intitulée « Le peuple bulgare et ses aspirations », un article de M. D. Micheff, « Peuples opprimés et oppresseurs », etc., tâchant de prouver à l'opinion publique européenne la soi-disant injustice faite à la Bulgarie à Bucarest³. Et toutes ces théories des chauvins bulgares venaient ensuite remplir les colonnes de certains journaux ou périodiques étrangers.

L'activité de la propagande bulgare dans les pays de l'Entente ne s'est point ralentie même après que fut révélée l'alliance de la Bulgarie avec les Empires centraux et avec la Turquie. « Même après son entrée en guerre à côté des Empires centraux, écrivait Victor Kuhne en 1917, la Bulgarie a réussi à avoir des représentants dans les pays contre lesquels elle combattait. C'est ainsi qu'un ancien diplomate bulgare n'a pas cessé, jusqu'à ces derniers temps, de faire de la propagande pour son pays et d'entretenir toutes les erreurs dans les cercles d'une capitale de l'Entente »⁴. Si le Comité national bulgare ne pouvait plus adresser des mémoires aux ministres de l'Entente, si l'Écho de Bulgarie ne pouvait plus traverser les frontières, néanmoins la propagande bulgare se mit à publier fiévreusement articles sur articles dans la presse neutre, à faire paraître, en français et en anglais, brochures sur brochures portant des titres tels que « La Vérité sur la Macédoine », « La Vérité sur la Bulgarie », « La Macédoine telle qu'elle est », etc., etc., à faire éditer enfin des ouvrages entiers, ayant une allure scienti-

---

[1] *L'Écho de Bulgarie* du 17/30 juin 1915.
[2] *Ibid.* du 21 juillet/3 août 1915.
[3] Voir *ibid.*, numéros des 17/30 juin, 11/24, 14/27 juillet, 21 juillet/3 août, 22 juillet/4 août, 24 juillet/6 août, 26 juillet/8 août 1915, etc.
[4] Victor Kuhne: *Les Bulgares peints par eux-mêmes*, p. 263.

fique, portant les signatures de professeurs à l'Université de Sophia, ou bien de diplomates, hommes politiques e tutti quanti. Et dans toutes ces innombrables publications, les propagandistes bulgares répétaient les anciennes théories des panslavistes ou en émettaient de nouvelles, brodées, toutes, sur le même motif : les « droits historiques et ethnologiques » des Bulgares sur les pays qu'ils convoitaient et notamment sur la Macédoine.

Ce torrent « politico-littéraire » sous lequel la propagande bulgare, avec comme base principale d'action la Suisse, inonda l'univers entier, ne mériterait pas de réponse, si ces théories made in Sophia n'avaient pas obtenu dans les pays de l'Entente le patronage de certains bulgarophiles. Nous avions déjà regretté de rencontrer en France un vénérable ecclésiastique, poussant la bulgarophilie jusqu'à l'extrême : nous avons nommé le R. P. Guérin Songeon, qui publia à Paris en 1913 une Histoire de la Bulgarie remplie d'éloges immérités à l'adresse des Bulgares et d'injustes reproches contre les Grecs et quelque respectueux que l'on puisse être de son caractère ecclésiastique, on doit cependant redresser les erreurs de l'historien. Nous sommes plus que certain que le R. P. Songeon s'est déjà repenti de sa bulgarophilie, après l'intervention de ses favoris de 1913 dans la guerre contre la France. Mais il y en a qui ont voulu faire une distinction bien nette entre la science et la passion. C'est le cas du slavisant M. L. Leger, bulgarophile de vieille date [1], qui, dans un ouvrage paru en 1916 à Paris, écrivait entre autres : « L'intégrité de la Bulgarie comporte certains dé-

---

[1] Il écrivait dès 1885 à propos des Bulgares : « Je me sens, je l'avoue, une sympathie particulière pour ce peuple tout ensemble si vieux et si jeune qui, après cinq siècles de servitude, renaît à la vie politique et morale » (Voir L. Leger : La Bulgarie, Paris, 1885, p. 145). Et en 1904 il établissait une préface pour un pamphlet anonyme publié à Paris (Plon, éd.), sous le titre : Turcs et Grecs contre Bulgares en Macédoine. Nous lisons dans cette préface la phrase suivante : « Au temps jadis, ils (les Grecs) déniaient aux Bulgares jusqu'à la qualité d'hommes. Boulgaròs apanthrôpos, disaient-ils (le Bulgare n'est pas un homme) ». Toutefois le mot apanthrôpos n'a pas le sens que le savant bulgarophile lui attribue; il signifie inhumain : c'est un adjectif que ses protégés n'ont pas volé.

bouchés sur la mer Égée et la possession de la Macédoine, pays essentiellement bulgare »[1]. Et plus loin : « Pour qui connaît à fond les choses balkaniques, ce fut de la part des Serbes une grave erreur de vouloir serbiser la Macédoine »[2]. Et dans un autre ouvrage, paru également à Paris un an plus tard, M. Leger écrivait : « Je reviens aux Bulgares. Ils ont pris rang parmi nos ennemis, et nous n'avons aucune raison d'avoir pour eux une tendresse particulière. Mais le devoir des savants est avant tout de rechercher et de proclamer la vérité. Les Bulgares se sont alliés aux Allemands et aux Austro-Hongrois dans l'idée de se venger des Serbes. Or, quel était le point de départ du conflit ? la question de la Macédoine. En laissant de côté les passions actuelles (passion, a dit Montesquieu, fait sentir et jamais voir), examinons cette question au point de vue purement scientifique »[3]. Et l'auteur passait ensuite au développement de ses anciens arguments, tendant à prouver que la Macédoine est « l'Alsace-Lorraine de la Bulgarie »[4].

M. Georges Bousquet, auteur d'une Histoire du peuple bulgare, édité à Paris en 1909, exprimait la même idée lorsque, il y a quelques années, il écrivait que le peuple bulgare « est entré dans Serrès, qui était son Mulhouse à lui; il est entré à Drama qui était son Strasbourg; il est entré dans Salo-

---

[1] L. Leger : *Les luttes séculaires des Germains et des Slaves*, Paris, libr. Maisonneuve, 1916, p. 23.

[2] *Ibid.*, p. 36. Ce passage, ainsi que le précédent, du livre de M. Leger est invoqué par le journaliste bulgare M. Skopiansky dans sa brochure : *Aux amis d'une paix durable*, Lausanne, Librairie centrale, 1918, p. 34.

[3] L. Leger : *Le panslavisme et l'intérêt français*, Paris, Flammarion, 1917, p. 12. Plusieurs passages de ce livre ont été censurés. M. Leger répète que « dans leur délire mégalomane les Grecs allaient jusqu'à dire : *Bulgaros apanthrôpos* (le Bulgare n'est pas un homme) » (*op. cit.*, p. 350). Il persévère ainsi dans son erreur sur la vraie signification du mot : *apanthrôpos*. On peut lire des extraits de cet ouvrage de M. Leger dans le livre de propagande de D. Mikhoff : *La Bulgarie et son peuple d'après les témoignages étrangers*, p. 241-245.

[4] Voir Micheff : *La Serbie et la Bulgarie devant l'opinion publique*, Berne, Paul Haupt, 1918, p. 36. M. Leger a, en outre, fait paraître une seconde édition française de l'ouvrage du professeur tchèque M. Lubor Niederlé, qui, traitant de la race slave, aboutit à la conclusion que la Macédoine doit être adjugée aux Bulgares (Niederlé : *La race slave*, trad. par L. Leger, 2ᵉ éd., Paris, Alcan, 1916, p. 216).

nique qui était son Metz ! » Et cela pour conclure que « le traité de Bucarest est venu renouveler l'iniquité de Berlin »[1]. M. Bousquet donnait encore à Paris, en 1917, une conférence sur « les vertus bulgares »[2], alors que le monde civilisé apprenait avec horreur les atrocités commises par ces hommes « vertueux » en Serbie et dans la Macédoine Orientale.

Les bulgarophiles en Angleterre ont été de tout temps plus nombreux et plus influents que ceux de France. Mais il nous est agréable de constater que, depuis la conduite de la Bulgarie pendant la Grande Guerre, leur nombre s'est réduit, au point qu'on peut aujourd'hui les compter sur les doigts. La Kambana de Sophia, remerciant, en juin 1918, « les braves et fidèles amis de la Bulgarie des bons et des mauvais jours », n'a pu citer que MM. Noël Buxton et son frère Charles Roden Buxton, M. Bourchier, l'ancien correspondant balkanique du Times et encore le vieux publiciste M. Brailsford, auteur d'un livre sur la Macédoine, rempli, sur plusieurs points, d'une partialité flagrante en faveur des Bulgares[3]. M. Noël Buxton s'est signalé particulièrement par son activité pro-bulgare. En 1915, il publia, en collaboration avec son frère, un livre destiné, à ses yeux, à expliquer la légitimité des sacrifices macédoniens qu'on demandait alors à la Serbie et à la Grèce, au profit des Bulgares[4]. En même temps, grâce à son titre de Président du bulgarophile Balkan Committee de Londres, il se trouvait constamment en contact avec les milieux dirigeants anglais et ne manquait pas une seule occasion pour plaider sa thèse auprès de ces derniers. Plus tard, et malgré l'intervention

---

[1] Voir D. Micheff : *La Serbie et la Bulgarie*, p. 37.
[2] Voir Léon Savadjian : *Je dénonce !...*, p. 35-36.
[3] Brailsford : *Macedonia : its races and their future*, Londres, 1906. L'ouvrage de M. Allen Upward : *The East end of Europe*, Londres, Murray, 1908, est venu répondre en quelque sorte aux allégations contenues dans l'ouvrage précité de M. Brailsford.
[4] Voir Noël Buxton and Charles Roden Buxton : *The war and the Balkans*, Londres, C. Allen, 1915.

de la Bulgarie, par les articles qu'il fit paraître dans la *Nineteenth Century and after* et par les conférences qu'il organisa à travers le Royaume Uni, il s'efforça de rejeter sur la diplomatie de l'Entente la responsabilité de l'attitude de la Bulgarie, s'aventurant jusqu'à dire que c'était le refus de satisfaire les « légitimes aspirations de cette dernière qui obligea les Bulgares à se ranger parmi les ennemis de l'Angleterre ». Enfin, sa qualité de publiciste étant doublée de celle de membre du Parlement, M. Noël Buxton alla jusqu'à interpeller Lord Balfour à la séance des Communes du 31 octobre 1917, non point sur le sort de la liberté et de la civilisation, mais sur celui des Bulgares et pour lui recommander, nous citons sa propre phrase, « de ne plus infliger désormais des douleurs et des ennuis à la Bulgarie »[1].

Il est naturel qu'en déclarant la guerre à la Russie les Bulgares se soient aliéné les sympathies héréditaires sur lesquelles ils pouvaient jusqu'alors compter dans ce pays. Le *Novoje Vremya*, l'organe principal des panslavistes à Pétrograd, a publié aussitôt l'alliance bulgaro-germanique annoncée, un article de fond sous le titre « A vendre à l'encan » dont il nous sera permis de publier ici quelques extraits caractéristiques : « Jusqu'à présent, y était-il dit, la Bulgarie se bornait à négocier et recherchait celui qui l'achèterait au prix le plus fort. C'était odieux et avilissant, mais la chose n'intéressait pas directement la Russie, étant une affaire privée des Bulgares. Mais aujourd'hui, la Bulgarie ayant cru enfin deviner quel serait le vainqueur, se hâte au-devant de lui, un sourire caressant sur les lèvres. La Bulgarie veut accorder son concours à notre ennemi et dans

---

[1] A ces quatre bulgarophiles de marque d'Angleterre, nous devons aussi ajouter M. George Clenton Logio, « maître de conférences pour la langue bulgare au *King's College* » de Londres. Il a publié cette année tout un livre rien que pour établir la justesse de l'étrange raisonnement que voici : Pour soustraire la Bulgarie aux troubles que les éléments révolutionnaires provoquent sur son territoire et pour assurer le calme à l'univers entier, il faut organiser en Macédoine un plébiscite, voire avec la collaboration de ces éléments mêmes, c'est-à-dire des comitadjis ! (Voir G. Clenton Logio : *Bulgaria, Problems and Politics*, Londres, Heinemann, 1919.)

ce but elle ne recule même pas devant un accord avec ceux qui, il y a quarante ans, violaient les mères des ministres actuels de la Bulgarie. Il y a quelques années, en des circonstances incomparablement moins tragiques que celles d'aujourd'hui, quand la Bulgarie penchait vers des puissances qui nous étaient hostiles, Taticheff dit sur le compte des Bulgares ces paroles mémorables : « *Convaincus de la trahison des Bulgares, nous devons nous comporter envers eux comme envers des ennemis, et ne pas nous consoler en faisant une distinction relative entre les dispositions de la nation et de ses chefs, car chaque nation est responsable de son gouvernement* ». Il y a deux ans, ces paroles de Taticheff étaient considérées par l'opinion publique en Russie, presque sans exception, comme déplacées et comme démenties par les faits. Mais aujourd'hui il ne faut presque rien de plus pour que le programme de Taticheff devienne le programme de toute la nation russe. *La Bulgarie s'apprête à se vendre juste au moment où, après des efforts inouïs, nous lui proposons la Macédoine. Quand le marché sera conclu, un profond soupir s'échappera de toute la terre russe. Nous haïssons profondément les Allemands qui, pour réaliser leurs desseins de conquêtes, ont couvert de sang notre pays. Mais notre haine pour l'Allemagne sera presque de l'indifférence en comparaison des sentiments que nous inspirera cet acte de la Bulgarie. Les Allemands sont nos ennemis séculaires et n'ont, après tout, aucune obligation envers nous. Mais que la Bulgarie, pour laquelle nos pères et nos frères ont versé leur sang, que la Bulgarie se déclare contre la Russie, cela est si invraisemblable et si monstrueux que notre haine pour ces traîtres doit devenir du fanatisme* »[1]. Et, en effet, le 5 octobre 1915, la Bulgarie était officiellement désavouée et stigmatisée par la Russie, dans un acte solennel portant la signature du tsar Nicolas II et dont voici la conclusion : « Notre coreligionnaire, la Bulgarie, qui fut, il n'y a pas

---

[1] *Novoje Vremya* du 21 août 1915.

longtemps, affranchie de la servitude turque grâce à l'amour fraternel et au sang du peuple russe, s'est ouvertement rangée aux côtés des ennemis du christianisme, du slavisme et de la Russie. A cette trahison de la Bulgarie, qui se tenait si près de lui jusqu'à ces derniers temps, le peuple russe répond avec ardeur et le cœur meurtri, en levant le glaive contre elle et en vouant le sort des traîtres du slavisme au juste châtiment de Dieu ».

En dépit de cette trahison et de cette excommunication, il y eut pourtant en Russie après le 5 octobre encore des bulgarophiles, notamment le chef du parti des « cadets » M. Milioukoff. Par de nombreux articles qu'il fit paraître dans son journal, le Retch, il s'est efforcé tantôt de convaincre l'opinion publique que le « malheureux peuple bulgare » est innocent et que toute la responsabilité de sa trahison incombe à Ferdinand et Radoslavoff, tantôt d'assurer ses lecteurs qu' « on remarquait un revirement de l'opinion publique en Bulgarie »[1]. M. Milioukoff publia, en outre, à Berlin, au début de 1918, un livre en langue allemande parlant naturellement « über Mazedonien ». C'est l'un des plaidoyers innombrables dont la propagande bulgare a inondé l'Allemagne au cours de cette guerre, dans la certitude que personne n'y répondrait.

Quant à l'Amérique, bien que non mêlée jusqu'à l'explosion de cette guerre, aux affaires européennes, elle ne fut pas négligée, elle non plus, par la propagande bulgare. Ainsi nous avons sous les yeux un livre signé William S. Monroe, luxueusement édité, rempli de belles illustrations et qui parut à Boston au début de 1914[2]. Les patriotes bulgares ont réussi à y faire développer toutes leurs théories bien connues, sans en excepter les plus extravagantes. Les Balkans ne sont-ils pas terra incognita pour l'opinion américaine ? L'auteur de ce livre n'a pas manqué non plus d'y joindre, sous

---

[1] *Retch* du 12 octobre 1917.
[2] Monroe : *Bulgaria and her people*, Boston, 1914.

forme de bibliographie, toute une liste de livres et d'autres publications bulgarophiles, la plupart parues en anglais et qu'il accompagne souvent de commentaires significatifs. C'est ainsi qu'au sujet du livre que nous venons de citer de M. Brailsford sur la Macédoine, nous lisons cette notice : « C'est l'ouvrage le plus autorisé sur les problèmes ethniques de la Macédoine ; il a paru en plusieurs langues. Il contient des chapitres importants sur les Bulgares en Macédoine et donne d'excellents récits sur le mouvement révolutionnaire macédonien »[1].

Depuis l'intervention américaine dans la guerre européenne, la propagande bulgare a pris, comme il fallait s'y attendre, dans la grande république d'outre-mer, des proportions formidables. Le Gouvernement de Sophia y dépêcha de nombreux agents, presque tous anciens élèves du Robert's College, l'école américaine bien connue de Constantinople ; cette qualité dont pouvaient se prévaloir ces envoyés les fit naturellement accueillir partout avec bienveillance. A la tête de ces émissaires fut placé le ministre de Bulgarie à Washington lui-même, M. Panarétoff, auquel le Gouvernement américain permit de rester à son poste malgré l'état de guerre existant entre la Bulgarie et les alliés des États-Unis[2]. Dans de nombreux articles et interviews parus dans les journaux et dans des magazines, M. Panarétoff expliqua comment « les Grecs et les Serbes tombèrent traîtreusement le 16/29 juin 1913 sur les innocents Bulgares », comment fut ensuite conclu à Bucarest ce « traité inique » qui arracha à ces derniers la Macédoine, une des plus anciennes provinces bulgares, habitée presque exclusivement par des Bulgares, comment enfin les compatriotes de M. Panarétoff intervinrent dans la guerre européenne pour combattre au nom

---

[1] Monroe : *op. cit.*, p. 397.

[2] C'est à ce diplomate bulgare que faisait tout à l'heure allusion Victor Kuhne. — Voir, sur son activité, l'article de M. Léon Maccas, paru dans l'*Europe Nouvelle* du 21 septembre 1918, où sont judicieusement réfutés les arguments par lesquels M. Panarétoff s'est efforcé d'arracher l'approbation américaine au programme impérialiste de la Bulgarie.

de ces mêmes idéaux qui présidèrent, suivant les déclarations de M. Wilson, à l'intervention américaine [1] !

Les Bulgares s'adaptèrent, d'autre part, avec souplesse aux nouvelles circonstances internationales nées de cette guerre, et ne manquèrent pas d'agir également sur l'opinion socialiste non seulement dans les pays neutres, mais encore dans les pays de l'Entente. Leur parti pseudo-socialiste des « larges » (chiroki) [2] soumit en juin 1917 au comité organisateur de la Conférence socialiste internationale de Stockholm un long mémoire, où étaient exposées les théories bulgares les plus chauvines et où ces prétendus ennemis du nationalisme n'hésitaient pas à affirmer que, dans leur politique « d'extermination de la population chrétienne en général et celle de la Bulgarie en particulier, les Jeunes-Turcs furent énergiquement soutenus par la propagande armée des Serbes et des Grecs », ce qui revient à dire que les Grecs massacraient leurs propres frères, puisque, comme tout le monde le sait, les victimes de la politique jeune-turque ne furent point autres que des Grecs et des Arméniens. Les socialistes bulgares ajoutaient encore dans ce document soi-disant impartial, que la guerre balkano-turque de 1912-1913 fut suivie d' « une guerre fratricide, que les Serbes et les Grecs avaient depuis longtemps préparée en secret, pour priver la Bulgarie des fruits de sa victoire ». Et ils poursuivaient leurs mensonges en disant que, en 1915, « le refus catégorique du ministre serbe Pachitch, déclarant qu'il n'accorderait pas un seul pouce de terre macédonienne à la Bulgarie, facilita la tâche du Gouvernement bulgare », et que « c'est ainsi qu'au mois d'octobre 1915 commença la guerre entre la Bulgarie et la Serbie » qui était « la troisième guerre, imposée à la population bulgare à cause de la Macédoine et de son union nationale », etc., etc. On se rappelle que la Conférence de

---

[1] Voir, par exemple, le *New-York Times* du 10 décembre 1917, la revue américaine *The world court*, numéro de février 1918, etc.

[2] Sur l'inexistence d'un véritable parti socialiste en Bulgarie, voir Arvanitaki : *Sur la réponse des socialistes bulgares*, Genève, Hoch, 1918.

Stockholm a été due à l'initiative des Empires centraux; aucun mémoire grec n'y ayant été, pour cette raison, soumis, on ne doit pas s'étonner que les intrigues de couleur socialiste de la Bulgarie, dont le ministre à Berlin, le fameux Rizoff, tenait tous les fils, aient obtenu un certain résultat. Le Comité chargé de rédiger un « avant-projet de programme de paix » s'inspira du mémoire des « socialistes » bulgares et reconnut comme légitime la prétention de ces derniers pour l'établissement d'un condominium bulgare à Salonique [1].

Les Bulgares n'ont pas manqué non plus d'agir en vue d'influencer plus particulièrement les socialistes de l'Entente; ils ont notamment voulu les persuader que, pour des raisons ethniques, le dogme « pas d'annexions » ne devait pas être appliqué à la Macédoine. Ainsi une dépêche de Londres du 14 mai 1918 disait : « Le texte complet de la réponse du parti socialiste bulgare au dernier mémorandum des socialistes interalliés est parvenu en Angleterre. C'est la première réponse officielle reçue d'un pays ennemi. Les socialistes bulgares acceptent les propositions générales des socialistes alliés et même la plus grande partie des arrangements territoriaux suggérés par ces derniers. Les Bulgares affirment que, pour des raisons ethnographiques, la Macédoine devrait être réunie à la Bulgarie, mais il semble qu'ils se contenteraient de l'autonomie pour ce dernier pays. Les Bulgares expriment finalement l'espoir que les socialistes allemands répondront au mémorandum interallié dans le même esprit de conciliation » [2].

Nous n'avons certes aucun doute — et aujourd'hui moins que jamais — sur l'inefficacité de toute cette activité de la propagande bulgare, aussi bien en Europe qu'en Amérique.

---

[1] Voir la publication du Comité organisateur de la Conférence socialiste internationale de Stockholm : *Un avant-projet de programme de paix. Manifeste avec mémoire explicatif des délégués des pays neutres aux partis adhérents à la conférence générale*, Uppsala, 1917, p. 7 et 26.

[2] Voir Arvanitaki : *Sur la réponse des socialistes bulgares*, p. 3.

Les deux ou trois voix bulgarophiles qui, en France, ont jeté une note discordante dans le concert d'indignation qui s'est élevé contre les Bulgares, ne furent même pas entendues. En Angleterre, M. Balfour, Secrétaire d'État au Foreign Office, n'eut pas de peine à répondre à l'interpellation de M. Noël Buxton et à mettre les choses à leur place, dans un discours rempli de critiques acerbes à l'adresse de ce dernier. Et aussi bien le Parlement que la presse d'Angleterre s'empressèrent d'applaudir, avec une éloquente unanimité, aux déclarations du ministre. Le suprême argument des patriotes de Sophia, c'est-à-dire que la responsabilité de la trahison bulgare incombe à Ferdinand et à son Gouvernement et nullement au peuple bulgare, ce dernier artifice fit long feu, lui aussi. Tout le monde s'est en effet demandé : Comment se fait-il que ce peuple qu'on veut aujourd'hui blanchir n'ait rien fait pour renverser le régime absolutiste qui trahissait soi-disant ses intérêts et ses sentiments? Comment n'a-t-il pas suivi l'exemple du peuple grec, lequel n'avait pourtant pas d'obligations analogues à celles qui liaient la Bulgarie à la Russie? Enfin, les socialistes, eux-mêmes, que les larmes bulgares avaient un moment émus, ont reconnu depuis que ces larmes n'étaient que des pleurs de circonstance. En somme, on peut aujourd'hui affirmer que, dans tous les pays de l'Entente, gouvernements et opinion publique semblent plus qu'écœurés des Bulgares et sont résolus à soustraire l'Orient et, avec lui, le monde entier, à ce cauchemar bulgare qui n'a que trop duré.

Il n'en est pas moins vrai qu'on a trop permis jusqu'ici aux Bulgares de parler. On les a laissés trop libres de calomnier, et nul n'ignore que, comme disait Beaumarchais, des calomnies, il en reste toujours quelque chose. Il est possible qu'il se trouve demain quelque diplomate, qui, en apposant sa signature sous la sentence de condamnation que la Bulgarie n'aura que trop méritée, croira accomplir ainsi un acte qui s'impose peut-être, mais qui ne laisse pas d'être à certains points de vue injuste. Et il est également possible que l'historien de l'avenir, bien que disposé à juger les grands événements que nous vivons avec exactitude et impartialité, ajoute pourtant toujours foi à quelques-unes des innombrables théories propagées par les Bulgares. Or, ces réserves et ces restes d'erreurs sont inadmissibles parce qu'inexcusables. Et c'est pourquoi il n'est pas inutile que, parallèlement à l'action militaire et politique consacrée au rétablissement de la justice et du droit dans les Balkans, nous prenions aussi soin d'y rétablir la vérité que les Bulgares ont tellement malmenée. Réfuter les théories tendancieuses et les flagrantes contre-vérités dont les Bulgares ont inondé le monde entier, mettre en garde contre le renouvellement de pareils procédés, tel est le but du présent ouvrage sur la Macédoine, cette terre qui fut, entre toutes, la plus âprement convoitée par les Bulgares.

Notre ouvrage comprend une partie historique et une partie ethnologique. La première est beaucoup plus étendue que la seconde. Il ne faudrait pas en déduire que nous attribuons plus d'importance à l'histoire d'un pays qu'à son caractère ethnique actuel. Il ne faut s'en prendre qu'aux Bulgares eux-mêmes dont les théories sont presque toutes du domaine historique et se rapportent à toutes les époques de l'histoire. C'est ainsi que les « savants » de Sophia vont jusqu'à contester l'origine hellénique des anciens habitants de la Macédoine. Nous devons donc remonter à notre tour aux temps historiques les plus reculés. D'ailleurs, aux yeux des Grecs, la question ethnologique de la Macédoine est bien simple : sont Grecs tous ceux qui veulent l'être. Les Bulgares posent la question autrement ; ils avancent : Le fait que les Macédoniens se disent Grecs n'a pas d'importance, puisque, leurs ancêtres ayant été Bulgares, ils sont Bulgares eux aussi. Nous voilà donc encore obligé d'avoir recours à l'histoire pour établir que cette théorie ethnologique est non seulement contraire au droit des peuples de disposer librement de leur sort, mais s'oppose aussi à la vérité historique elle-même.

Une dernière remarque. Pour exclure toute contestation

possible quant à l'authenticité des éléments qui forment notre argumentation, nous avons soigneusement évité d'exprimer des opinions sur les points litigieux, ou de rappeler des faits sans indiquer les sources historiques qui nous les rapportent et sans fonder nos conclusions sur les appréciations des écrivains les plus autorisés ou les moins suspects de partialité à l'égard des Grecs. Encore mieux : en mentionnant les théories soutenues par les Bulgares, nous ne manquons pas de signaler les éléments sur lesquels ces derniers ont voulu les échafauder. Notre ouvrage pourrait ainsi être considéré comme suffisant à l'étude complète des questions qui y sont abordées. Nous n'engageons point le lecteur à suivre aveuglément nos conclusions. Mais en lui fournissant les éléments et les arguments invoqués par les deux parties en présence, nous le laissons libre d'en déduire de lui-même les conclusions qui s'imposent et de juger dans quelle mesure les nôtres correspondent à la vérité.

A l'éminent byzantiniste M. Constantin Amantos, qui nous prêta si obligeamment son précieux concours dans l'étude des éléments de notre ouvrage relatifs à l'histoire du moyen âge, nous tenons à exprimer ici toute notre reconnaissance.

Paris, juin 1919.

V. C.

PREMIÈRE PARTIE

LE DOMAINE HISTORIQUE

LA MACÉDOINE

CHAPITRE I

L'ANTIQUITÉ

LA MACÉDOINE AVANT L'APPARITION DES BULGARES

I. — Introduction.

Le caractère essentiel de la Grèce ancienne est son morcellement en plusieurs unités politiquement distinctes les unes des autres. Les raisons de cette situation spéciale doivent être recherchées dans la configuration physique du pays. En effet, le réseau orographique grec enserre, entre ses fortes mailles, un très grand nombre de vallées et de plaines; presque dans chacune d'elles s'est constitué un petit État. C'est donc à juste titre qu'on a attribué à la géographie ce morcellement d'un seul et même peuple en petits groupes indépendants, dont chacun a joué dans l'histoire un rôle particulier[1].

L'unité du peuple grec ne se révélait que dans la langue et dans les traits de mœurs qui le distinguaient des autres peuples; son sentiment ethnique ne se manifestait qu'à l'occasion des grandes fêtes religieuses (Delphes, Dodone d'Épire) et autres solennités (jeux ou panégyries de Delphes, Olympie, Némée, l'Isthme, Dion de Macédoine, etc.), aux-

---

[1] « En Asie, dit E. Curtius (*Griechische Geschichte*, I, p. 11), de vastes régions ont une histoire commune. Un peuple s'élève sur les débris d'une foule d'autres, et on ne parle que de vicissitudes qui atteignent du même coup des contrées immenses et des millions d'hommes. En Grèce, chaque pouce de terre se refuse à une pareille histoire. Ici, les ramifications des chaînes de montagnes ont formé une série de cantons dont chacun a été appelé par la nature à vivre de sa vie particulière » (trad. Bouché-Leclercq).

quelles assistaient et prenaient part uniquement des Grecs, venus de tous les points de la terre hellène. Pendant des siècles, c'est à peine s'il y eut des velléités d'union nationale; les États grecs se présentent dans l'histoire comme indépendants les uns des autres, comme autonomes pour tout dire en un mot, inspirés chacun par un sentiment particulariste, et le plus souvent occupés à s'assurer par les armes la supériorité sur le voisin.

Au commencement du vᵉ siècle avant notre ère, le danger perse réunit à Salamine les forces grecques morcelées et rivales; et encore ne les réunit-il pas toutes. La célèbre victoire remportée sur les Barbares ne contribua nullement, ainsi qu'elle aurait dû, à consolider l'union nationale qui venait de donner de si brillants résultats. Le danger passé, on voit se relâcher les liens qui avaient temporairement uni les cités grecques. Plus que jamais, chacune se croit capable de dominer les autres; la lutte pour l'hégémonie reprend plus violente. Ces rivalités sans fin n'ont toutefois aucune conséquence durable. L'hégémonie, exercée pour un temps par Athènes, passe aux mains des Spartiates, puis des Thébains, enfin des Macédoniens.

Avec ces derniers, l'union est plus vaste et plus solide. L'unité panhellénique rêvée par les meilleurs esprits grecs prend corps réellement pour la première fois; c'est que la Macédoine est matériellement bien plus puissante que les autres États grecs, épuisés; mais c'est surtout parce que l'hégémonie macédonienne incarne un idéal cher à tous les Grecs, nous voulons dire la guerre médique, où se condense la pensée nationale de l'hellénisme antique.

Les effets de l'union nationale sous le sceptre de la Macédoine sont assez démontrés par l'épopée d'Alexandre le Grand, et par l'histoire de ses successeurs sur une durée de trois siècles. L'hellénisme, c'est-à-dire la civilisation, pénètre en Asie jusqu'aux Indes, en Afrique jusqu'aux confins du désert : il embrasse le monde connu des anciens. Mais la mort prématurée du plus grand des conquérants provoque une nouvelle division. Ses successeurs, tous de purs Grecs, deviennent des rivaux. Les diverses parties de l'immense empire s'affaiblissent mutuellement au cours de nouvelles luttes pour l'hégémonie. Pour le bien de l'humanité, la culture grecque survécut, grâce à la grande œuvre hellénisatrice des monarchies macédoniennes; mais les luttes pour l'hégémonie mondiale eurent un résultat opposé à celui que cherchaient les rivaux. La souveraineté grecque est anéantie. L'empire du monde passe à Rome.

II. — Formation du royaume de Macédoine.

Comme les vallées et les plaines du Péloponèse, de l'Attique, de la Béotie, comme celles de l'Étolie, de l'Épire et de la Thessalie, la contrée septentrionale située au delà du Pinde et de l'Olympe, et qui devait plus tard porter le nom de Macédoine, était habitée par de nombreuses tribus helléno-pélasgiques plus ou moins autonomes. Leur nom générique était *Péoniens*, de Péon, fils d'Endymion, petit-fils d'Arcas par sa mère, et frère d'Ætolos et d'Épéos, ancêtre des Éléens [1].

Homère ignore encore les Macédoniens; pour lui, les guerriers venus de la région arrosée par l'Axios sont les Péoniens, et leur pays est la Péonie [2]. Ailleurs, il fait dire à Astéropée, fils de Pélagon, qu'il est originaire de Péonie [3], ce qui oblige Strabon à donner l'explication

---

[1] Pausanias, V, 1, 4. Suivant d'autres traditions, Péon était fils de Poseidon ou d'Autarieus. Le nom de Péon paraît voisin du mot *péan* (παιάν), qui signifie le cri de guerre triomphant (Hérod., V, 1).
[2] Hom., *Il.*, II, 848; XVI, 287 sq.
[3] Hom., *Il.*, XXI, 152.

que « les Péoniens s'appelaient aussi Pélagoniens »[1]. Il aurait pu dire également : « Les Pélagoniens (une des tribus habitant la contrée) s'appelaient aussi des Péoniens. » Et il en était ainsi non seulement pour les Pélagoniens, mais pour toutes les tribus helléno-pélasgiques aux noms variés de ce pays. Dans le même passage, Strabon affirme effectivement que : « La Péonie va, suivant l'opinion commune, jusqu'à la Pélagonie et à la Piérie », c'est-à-dire sur toute l'étendue, du nord au sud, de la future Macédoine. Il dit ailleurs : « Anciennement comme de nos jours, les Péoniens paraissent bien avoir occupé une grande partie de la Macédoine actuelle; ils firent le siège de Périnthe; la Crestonie, la Mygdonie tout entière et le pays des Agrianes jusqu'au Pangée leur furent soumis »[2]. Tite-Live dit : « L'*Émathie* (province macédonienne), de son nom actuel, appelée jadis *Péonie*... »[3]. Pline l'Ancien dit aussi : « Les tribus péoniennes, Paroréens, Éordéens, Almopes, Pélagoniens, Mygdoniens... »[4], et ce sont là des tribus qui habitaient la future Macédoine. Le témoignage d'Eschyle a plus de portée encore : il met en scène le roi mythique Pélasgos, et lui fait dire : « Je suis Pélasgos, je descends de Palæchton, enfant de cette terre, et je gouverne ce pays. C'est du nom de leur prince que les Pélasges, qui jouissent des fruits de ce sol, ont à juste titre pris leur nom. Tout le territoire traversé par le Strymon sacré et situé du côté du couchant est sous mes lois. J'étends aussi mon pouvoir sur le pays des Perrhæbes (c'est-à-dire la Thessalie), sur la région au delà du Pinde (le berceau de la Macédoine, comme nous le verrons), sur le pays voisin des Péoniens (c'est-à-dire la région qui va jusqu'au Strymon) et sur les monts de Dodone (l'Épire) »[5].

---

[1] Strabon, *Fragm.*, 38.
[2] Strabon, *Fragm.*, 41.
[3] Tite-Live, XL, 8.
[4] Pline l'Ancien, IV, 17.
[5] Esch., *Supp.*, 250. Cf. Svoronos : *Numismatique de la Péonie et de la Macédoine*, p. 206 sq.

Eschyle a raison de faire mention expresse de la région avoisinant le Pinde; en effet, il s'y était de bonne heure établi une autre tribu, apparentée aux Doriens et appelée *Macédoniens* du nom de Macédon (Makédon), qui, avec Magnès, éponyme de Magnésie de Thessalie, était, d'après le catalogue d'Hésiode, fils de Zeus et de Thyia, fille de Deucalion et sœur d'Hellène [1]. L'établissement des Macédoniens près du Pinde est attesté par Hérodote; rapportant les migrations de la race dorienne, il dit : « Elle habitait le Pinde et portait le nom de *Makednon* » [2], et il confirme ailleurs ce renseignement [3]. Une partie de ces Macédoniens s'étendit graduellement sur presque toute la région occidentale de la future Macédoine; cette région, à cause de ses nombreuses montagnes, se nomma *Orestide* (de ὄρος, « montagne »), par opposition au rivage plat de l'est, nommé *Émathie*, « le pays sablonneux » [4]. Au cours de cette extension, les Macédoniens se fractionnèrent en trois groupes autonomes; ils perdirent leurs noms de Macédoniens et prirent des noms locaux. Ceux qui se fixèrent au sud s'appelèrent Élimiotes, ceux du centre Orestiens; ceux du nord Lyncestiens [5]; cependant leur nom national s'est conservé dans l'appellation donnée à l'ensemble de leur pays, la *Macédoine Supérieure* [6].

D'autre part, un fort contingent macédonien, séparé des autres, descendit sous la conduite de son chef dans

---

[1] Hés., *Fragm.*, 36. Suivant une autre tradition rapportée par le vieil Hellanicus, un des plus anciens historiens de la Grèce (Voir Muller: *Fragmenta historicorum græcorum*, I, p. 46, 51), Macédon ou Makednos est fils d'Æolos, et suivant une autre tradition conservée par les Alexandrins, Apollodore (III, 8, 3) et Stéphane de Byzance (au mot Ὀρεσθίς), comme fils de Lycaon, fils de Pelasgos. L'adjectif *makednos* signifie « long, de haute taille ». Homère (*Od.*, VIII, 106) dit : « οἷά τε φύλλα μακεδνῆς αἰγείροιο » (« et comme les feuilles du peuplier élevé »).

[2] Hérod., I, 56.

[3] Hérod., VIII, 43.

[4] Cf. Abel : *Makedonien vor König Philipp*, p. 26. Homère (*Il.*, II, 77; *Od.*, I, 94 et ailleurs) qualifie Pylos de ἠμαθόεις (sablonneuse).

[5] Thuc., II, 99 ; Polybe, XVIII, 47 (30). Cf. Kaerst : *Gesch. des hellenistischen Zeitalters*, I, p. 105, et Hoffmann : *Die Makedonen, ihre Sprache und ihr Volkstum*, p. 259.

[6] Hérod., VII, 173, et VIII, 137; Strabon, VII, 326.

la plaine émathienne et s'empara du pays compris entre l'Haliacmon et le Loudias (le seul qui ait gardé par la suite le nom d'Émathie). Il prit comme capitale la ville d'Édesse (ou Ægæ). Ce sont là les Macédoniens proprement dits, fondateurs du puissant État macédonien qui conserva jusqu'à la fin, fait exceptionnel parmi les États hellènes [1], la forme monarchique connue d'Homère. Sans cesse agrandi, il devait, sous son grand roi Philippe, fils d'Amyntas, s'étendre sur toute la région appelée depuis Macédoine et soumettre aussi, avec la victoire de Philippe sur les Athéniens à Chéronée (338 av. J.-C.), la totalité de la Grèce, et avec celles de son fils Alexandre le Grand en Asie sur les Perses, l'Orient tout entier. La date exacte de la fondation de cet empire n'est pas établie : la descente des Macédoniens en Émathie est contemporaine, suivant les traditions, soit de Perdiccas Ier, connu comme premier roi de Macédoine (700-652 av. J.-C.), soit de Karanos, fondateur mythique de la dynastie macédonienne et du royaume macédonien, en 818 ou un peu plus tard, et qui eut pour successeurs, avant Perdiccas, Koinos et Tyrimmas [2].

D'après la tradition, les rois de Macédoine, les *Argéades*, remonteraient à la plus célèbre branche des Héraclides du Péloponèse, les Téménides d'Argos. D'après l'opinion qui a prévalu aujourd'hui, il s'agit là d'une simple fiction poétique, née des héroïques exploits des premiers rois de Macédoine et du souvenir d'un antique passé commun aux Macédoniens et aux Doriens, qui, par la suite, ayant conquis la plus grande partie du Péloponèse, s'étaient par

---

[1] Dans les pays grecs, la monarchie ne se conserva qu'à Sparte, chez les Molosses et en Macédoine (Arist., *Polit.*, V, 8, 10). Cf. J.-G. Droysen : *Gesch. des Hellenismus*, I, p. 70.

[2] La tradition relative à Perdiccas est rapportée par Hérodote (VIII, 137-138), l'autre en particulier par Hygin (*Fabula* 219), qui nous a conservé le sujet du drame d'Euripide aujourd'hui perdu *Archélaüs*. Le grand tragique adoptait le mythe de Karanos. Mais il donnait à son héros le nom d'Archélaüs, pour glorifier Archélaüs, roi de Macédoine dont il était l'hôte et pour qui la pièce était faite. Voir *infra*, p. 14.

là couverts de gloire. Ainsi la tradition rattacha la famille royale des Argéades de Macédoine au célèbre Argos péloponésien et aux Téménides, en négligeant l'Argos d'Orestide, situé beaucoup plus près, précisément dans la Macédoine Supérieure; c'est de là que les Argéades tiraient, en effet, leur origine et de là que, suivant la même tradition, ils descendirent dans l'Émathie [1].

Perdiccas Ier, après son établissement dans la région émathienne limitée par l'Haliacmon et le Loudias, réussit à conquérir toute l'ancienne Émathie, c'est-à-dire toute la plaine qui entoure le golfe Thermaïque (de Salonique); il soumit ainsi à son pouvoir le pays des Piériens qui habitaient sur le bord de la mer jusqu'à l'Olympe et à l'embouchure du Pénée, le bassin inférieur de l'Axios, nommé *Amphaxitis* [2], où habitaient les Péoniens d'Hémère, et les deux régions situées de part et d'autre, à l'ouest, la Bottiée, habitée par les Bottiéens, de race péonienne mêlée à des colons crétois [3], à l'est, la Mygdonie, habitée par les Édoniens. Outre ces régions de plaines, Perdiccas soumit encore deux contrées montagneuses, voisines de l'Émathie, à l'ouest, l'Éordée et au nord, l'Almopie [4].

---

[1] Cette opinion a été avancée et soutenue pour la première fois par Abel (*Makedonien*, p. 95); il part du récit même d'Hérodote où il n'est pas spécifié de quel Argos il s'agit, et d'un passage d'Appien (*Syr.*, 63), qui dit : « Argos du Péloponèse, Argos amphilochien et Argos d'Orestide d'où descendent les Argéades. » Basmatzides (*Macedonia et Macedones*, p. 59) est du même avis. L'opinion d'Abel a été admise par Gutschmit (*Die Makedon. Anagraphe*, dans les *Symbola phil. Bonn.*), Born (*Zur Makedonischen Geschichte*, p. 8), Hatzidakis (*Du caractère hellénique des anciens Macédoniens*, p. 66, et *Études linguistiques* (en grec), 1, p. 76), Kretschmer (*Einleitung in die Geschichte der griechischen Sprache*, p. 284), Kaerst (*Geschichte des hellenistischen Zeitalters*, I, p. 108), Cavaignac (*Histoire de l'antiquité*, II, p. 439, n. 5) et la plupart des historiens modernes. Hoffmann (*Die Makedonen, ihre Sprache und ihr Volkstum*, p. 122), niant lui aussi que la dynastie macédonienne ait pour berceau l'Argos du Péloponèse, remarque que : « Le nom de Perdiccas ne se rencontre guère dans la liste des Héraclides d'Argos; Perdiccas n'est un nom indigène qu'en Macédoine, nulle part ailleurs. » Du reste, suivant Hérodote (V, 22), Alexandre Ier, roi de Macédoine, voulant démontrer son origine grecque, pour pouvoir participer aux jeux olympiques, se contente de dire qu'il est Argien et non Téménide.

[2] Polybe, V, 97; Strabon, *Fragm.*, 11; Ptolémée, III, 13-14.

[3] Strabon, *Fragm.*, 11.

[4] Voir la carte historique de la Macédoine, p. 38.

Cette première conquête macédonienne bouleversa complètement les populations péoniennes des pays conquis. D'après Thucydide [1], les Bottiéens se réfugièrent en Chalcidique, surtout autour d'Olynthe; les Piériens et les Édoniens émigrèrent au delà du Strymon, les Péoniens de l'Amphaxitis, qui étaient la plus puissante des tribus péoniennes, suivirent la vallée de l'Axios au nord, repoussèrent les Pélagoniens, qui en occupaient le bassin supérieur, vers la plaine de l'Érigon (aujourd'hui plaine de Monastir), soumirent d'autres tribus péoniennes, et fondèrent un nouvel État; cet État s'étendait sur toute la région située au nord de la Macédoine, qui seule évita, au moins en partie, la conquête macédonienne et conserva le nom national de Péonie [2].

A Perdiccas succédèrent, de père en fils suivant la coutume, Argéos, Philippe, Aéropos, Alcétas (l'histoire de leur règne est celle de leurs luttes incessantes contre les incursions des Illyriens à l'ouest) et enfin Amyntas (540-498), avec le règne duquel finit l'histoire du royaume macédonien d'Émathie. Amyntas étendit sa domination jusqu'à la Chalcidique et s'annexa la vallée d'Anthémus (Calamaria). Mais c'est sous son règne qu'apparut le plus redoutable ennemi de l'hellénisme, le Perse.

Le successeur d'Amyntas fut son fils Alexandre Ier (498-454), le plus populaire, après Alexandre le Grand, des rois macédoniens chez tous les Hellènes, pour son esprit national et la haine profonde qu'il manifesta pour les Perses. Tout jeune encore, il se distingua par un acte d'énergie et fit tuer les Perses, envoyés de Mégabaze, général de Darius, qui avaient tenté de souiller la maison de son père [3]. Pendant l'invasion de Xerxès, Alexandre est battu et contraint de prendre part à l'expédition perse.

---

[1] Thuc., II, 99.
[2] Cf. Abel : *Makedonien*, etc., p. 33, et Svoronos : *Numismatique de la Péonie et de la Macédoine*, p. 209 et 218.
[3] Hérod., V, 17-20.

Mais par un message secret, il informe de l'effectif et de la marche de l'armée perse les Grecs qui gardaient la vallée de Tempé, et les sauve ainsi d'une catastrophe certaine [1]. A Platée, il est encore contraint de déployer ses troupes en face des Athéniens. Mais, la veille du combat, il se rend de nuit dans leur camp, leur dévoile les projets de Mardonius et leur donne des conseils précieux sur le moyen de vaincre les Perses, haranguant ainsi leurs généraux : « Athéniens, je vous confie le dépôt de ces paroles sous le sceau du secret ; ne les communiquez à personne, hors Pausanias ; sinon vous causerez ma perte. Je me serais tu, si la Grèce entière ne m'était pas si chère. C'est que je suis de l'antique race des Hellènes et je ne voudrais certes pas voir la libre Grèce devenir esclave » [2]. Les Athéniens sont vainqueurs à Platée, et Alexandre, se déclarant ouvertement contre les Perses, achève leur ruine, pendant leur fuite à travers la Macédoine. En récompense de ses services et de ses sentiments panhelléniques, Alexandre fut nommé citoyen d'Athènes et reçut le surnom de *Philhellène* [3].

Alexandre, poursuivant les Perses vers l'est, en profita pour s'emparer de la Crestonie et de la Bisaltie, situées au delà de la Mygdonie et du fleuve Échédoros (Galicos), et gouvernées par un même prince ; il les fondit avec la

---

[1] Hérod., VII, 173.
[2] Hérod., IX, 45.
[3] Le mot *philhellène* (φιλέλλην) en grec ancien ne désigne pas, comme aujourd'hui, l'étranger qui aime les Grecs, mais quiconque, Grec ou Barbare, aime en général tous les Grecs. Appliqué à un Grec, il s'emploie par opposition avec l'amour exclusif de la ville natale. Xénophon (*Agésilas*, VII, 4), faisant l'éloge d'Agésilas, dit : « Si d'autre part, il est beau pour un Hellène d'être *philhellène*, quel autre général que lui a-t-on vu refuser d'attaquer une ville, malgré l'espoir du pillage, ou considérer comme une calamité la victoire dans une guerre entre Grecs ? » Platon (*Rép.*, 470 e) veut que les habitants de sa république soient *philhellènes*, qu'ils considèrent la Grèce comme leur commune patrie, qu'ils aient la même religion qu'eux (οἰκείαν τὴν Ἑλλάδα ἡγήσονται... κοινωνήσουσιν ὄντες οἱ ἄλλοι ἱερῶν). Isocrate (*Panathénaïque*, 241) dit pareillement : « Tu as fait de tes aïeux (les Athéniens) des hommes pacifiques, des *philhellènes*, des partisans de l'égalité entre cités, et des Spartiates des hommes dédaigneux, batailleurs et assoiffés de domination, ainsi que tout le monde les juge. » Il dit la même chose ailleurs (*Panég.*, 96). Dans un autre discours, il qualifie de philhellène Jason, tyran de Phères (*Philippe*, 122), et ailleurs encore les Grecs de Chypre (*Evagoras*, 50).

Mygdonic. Ainsi les limites de l'État macédonien étaient portées jusqu'au lac d'Achinos (Tachinou) et au Strymon. Parallèlement, il compléta la conquête de la Mygdonie, l'étendant jusqu'au golfe Strymonique, c'est-à-dire le long de la vallée des lacs de Coronée (Langada ou Aï-Vasili) et de Bolbé (Bésikia). Enfin, il s'empara de la riche région minière voisine du lac Prasias (Doïran)[1], reculant ainsi au nord les frontières de la Macédoine jusqu'au mont Cerciné (Bélès). Ainsi donc Alexandre régnait sur tout le pays que Thucydide appelle Macédoine Inférieure, par opposition à la Macédoine Supérieure habitée par les Élimiotes, Orestiens et Lyncestiens, les trois tribus macédoniennes autonomes[2]. Mais les princes de ces tribus reconnurent aussi la suzeraineté d'Alexandre, et plus tard leurs pays se fondirent avec la Macédoine pour en faire dès lors partie[3].

Même après la guerre contre les Perses, Alexandre ne cessa de manifester de différentes manières ses sentiments panhelléniques. Il cherchait à faire entrer la Macédoine dans le giron des États grecs les plus policés. Avec le butin qu'il fit sur les Perses en fuite, il consacra une statue de grande valeur à Zeus d'Olympie. Lorsque Mycènes fut détruite par les Argiens, la plupart des Mycéniens sans foyer trouvèrent asile auprès de lui. Imbu des traditions grecques, il se rendit aux jeux olympiques, prit part à la course, et arriva un des premiers[4]. Admirateur des progrès intellectuels accomplis par les Grecs après leur victoire sur les Perses, il admit en sa compagnie des lettrés distingués. Il attira Pindare auprès de lui et lui donna longtemps l'hospitalité. Il traçait ainsi à ses successeurs un vaste programme de développement intellectuel pour la Macédoine.

---

[1] Hérod., V, 17.
[2] Hérod., VII, 173; Thuc., II, 99.
[3] La fusion eut lieu, suivant Cavaignac (*Histoire de l'Antiquité*, II, 441), sous Perdiccas II, ou sous son fils Archélaüs; plus tard, suivant Beloch (*Griech. Geschichte*, II, p. 483), mais en tout cas avant Philippe, père d'Alexandre le Grand.
[4] Voir *supra*, p. 9, n. 1, *in fine*.

Pourtant la Macédoine n'évita pas le sort commun à tous les États grecs; elle se mêla, elle aussi, aux luttes intestines qui déchirèrent la Grèce. Le motif fut la prise du pays voisin de l'embouchure du Strymon par les Athéniens, qui y bâtirent Amphipolis en profitant de la rivalité des fils d'Alexandre pour la succession paternelle. Au commencement, Alcétas fut roi pendant six ans, puis simultanément Perdiccas et Philippe, qui se partagèrent le royaume, enfin Perdiccas seul qui vint à bout de Philippe en s'appuyant sur les Athéniens.

Perdiccas II (436-413), en récompense du service rendu, avait reconnu l'établissement d'Athènes dans la vallée du Strymon; mais une fois qu'il fut seul roi, il la voyait d'un mauvais œil; elle portait atteinte à sa souveraineté et constituait une barrière à l'extension si désirée du royaume macédonien jusqu'au Nestos et à Abdère, où commençait la frontière du grand royaume de Thrace[1]. Il trouva un prétexte et déclara la guerre aux Athéniens, s'alliant avec les Corinthiens et les villes de la Chalcidique. Mais il fut battu à Potidée, colonie corinthienne en Chalcidique. Par suite, la Macédoine fut entraînée dans la guerre du Péloponèse. Les Lacédémoniens, après leur défaite à Sphactérie, envoyèrent en Macédoine leur général Brasidas, qui y porta la guerre en s'emparant d'Amphipolis. Perdiccas sut profiter habilement des circonstances; tantôt allié des Chalcidiens, ou encore des Lacédémoniens, tantôt aidant Athènes, il accrut beaucoup la puissance de la Macédoine et son influence politique. Parallèlement il favorisa le développement intellectuel de son peuple; sa cour était embellie par la présence d'hommes remarquables, parmi lesquels Mélanippide, auteur de dithyrambes, et Hippocrate, le père de la médecine scientifique.

---

[1] Ce royaume, fondé par Térès, prince des Odryses, s'agrandit beaucoup sous le roi Sitalcès, contemporain de Perdiccas, et sous son fils Seuthès; il allait alors, d'après Thucydide (II, 97), d'Abdère, située à l'embouchure du Nestos, à l'Ister (Danube), et du Strymon jusqu'à Byzance. Au sujet de l'hellénisation du royaume des Odryses, voir infra, p. 21 sq.

Perdiccas eut pour successeur son fils Archélaüs (413-399), qui transporta sa capitale d'Édesse à Pella (près de Yanitsa). Édesse demeura toujours la ville sainte de Macédoine où, suivant la volonté du fondateur de la dynastie, Perdiccas Ier, étaient enterrés les rois de Macédoine; la nouvelle capitale devint la plus grande ville et le centre intellectuel de la Macédoine. La cour d'Archélaüs avait la réputation d'être le rendez-vous de lettrés et d'artistes distingués. Le tragique Agathon y vécut et y écrivit, ainsi que le poète épique Chérilus. Le grand peintre Zeuxis orna le palais de ses tableaux, et Timothée, réorganisateur de la musique, ajoutait à l'éclat des fêtes le charme de sa lyre enchanteresse. Le grand Euripide lui-même passa les derniers jours de sa vie à la cour d'Archélaüs, où il composa en l'honneur de ce roi la tragédie *Archélaüs*[1]. Il fut enterré en terre macédonienne[2].

Archélaüs ne se contentait pas de favoriser les lettres et les arts. D'après Thucydide, « Archélaüs, fils de Perdiccas, devenu roi, construisit les remparts actuels, fit faire des voies droites et augmenta ses forces militaires en chevaux, en armements, en toute sorte de préparations plus que n'avaient fait ensemble les huit rois qui furent ses prédécesseurs »[3]. Il avait du goût pour les exercices du corps; à l'imitation de son grand-père Alexandre Ier, il prit part aux jeux olympiques et fut vainqueur au quadrige[4]. Il institua des jeux à Ægæ, en l'honneur de Zeus, et des jeux olympiques à Dion, en l'honneur de Zeus Olympien et des Muses dont le siège était la Piérie.

Archélaüs mourut de mort violente, et laissa un fils très jeune. La Macédoine connut alors dix ans d'anarchie. Sur le trône se succédèrent différents prétendants; les uns étaient de la famille des Argéades, les autres de la famille

---

[1] Voir *supra*, p. 8, n. 2.
[2] Pausanias, I, 11, 2.
Thuc., II, 100.
Solinus Polyhistor, IX, 18.

princière de Lyncestide. Enfin Amyntas, un Argéade, parvint à s'imposer. C'est lui qui fut le père du grand roi Philippe et le grand-père d'Alexandre le Grand.

Amyntas II (390-369) suivit, à l'égard des lettres et des arts, les traditions des Argéades ; à sa cour vécurent plusieurs hommes remarquables, parmi lesquels le médecin Nicomaque, père du grand Aristote. Mais sous lui la Macédoine subit un notable amoindrissement. D'une part, les Illyriens envahirent et occupèrent tout l'ouest, d'autre part Olynthe, la puissante ville de Chalcidique, conclut une alliance avec trente-deux autres villes, dont Polidée, et exigea la cession d'un vaste territoire macédonien, avec la capitale elle-même, Pella. Pour Olynthe, Amyntas parvint à la réduire avec l'aide de Sparte, qui se posait en gardienne de la paix d'Antalcidas, par laquelle était consacrée l'autonomie et par conséquent l'intégrité territoriale de tous les États grecs. Mais les Illyriens gardèrent leurs conquêtes en Macédoine occidentale.

Amyntas II, assassiné par sa femme Eurydice, eut comme successeur son fils aîné Alexandre II (369-368). Lorsque Jason, tyran de Phères, qui avait réuni sous son sceptre toute la Thessalie, mourut, ses fils se disputèrent le trône; Alexandre en profita pour s'emparer de Larissa et de Crannone. Cette expédition marque la première tentative macédonienne pour la conquête du reste de la Grèce [1]. Mais les Thébains, auxquels l'épuisement d'Athènes et de Sparte après la guerre du Péloponèse avait redonné un grand surcroît de puissance, accoururent, repoussèrent les Macédoniens de Thessalie et pénétrèrent même en Macédoine. Leur général Pélopidas y servit d'arbitre dans la compétition au trône d'Alexandre avec son beau-frère Ptolémée Alorite. Alexandre conserva son trône et conclut une alliance avec Thèbes. Mais peu après, il fut assassiné par Ptolémée, qui se proclama roi. A peine trois

---

[1] Beloch (*Griech. Geschichte*, II, p. 132) fait remonter la première tentative macédonienne d'hégémonie à trente ans plus tôt, sous Archélaüs.

ans plus tard, Perdiccas, vengeant le meurtre de son frère Alexandre, assassina, à son tour, Ptolémée et s'empara du trône.

Perdiccas III (365-359) régna d'abord sur toute la Macédoine. Puis son frère étant revenu de Thèbes, où il était resté comme otage, il lui céda une partie du pays; cela fut, dit-on, sur le conseil de Platon, qui s'était lié d'amitié avec Philippe et qui envoya à cette occasion auprès de Perdiccas son disciple Euphréos d'Oréos. Euphréos vécut dès lors à la cour de Perdiccas; il prit sur le roi une telle influence que, sur ses conseils, personne n'était reçu à la table royale, s'il n'était versé en géométrie et en philosophie [1].

Perdiccas fut tué dans une bataille avec les Illyriens; son frère Philippe prit alors les rênes de l'État, d'abord comme régent, pendant la minorité d'Amyntas, fils de Perdiccas, puis comme roi (359-336). Philippe [2] fut, après son fils Alexandre le Grand, le plus grand roi de Macédoine; il réussit d'abord à donner à la Macédoine ses frontières naturelles et à les garantir en soumettant les peuples limitrophes, Péoniens, Illyriens et Thraces; puis à réunir sous son sceptre la Grèce tout entière.

Dans l'accomplissement de cette œuvre grandiose, Philippe trouva la voie semée d'obstacles. Les Illyriens continuaient à occuper tout l'ouest de la Macédoine. Au nord, les Péoniens l'avaient aussi envahie. A l'est, Amphipolis s'accroissait et opposait une barrière chaque jour plus forte à l'extension si désirée de la Macédoine jusqu'au Nestos. En Chalcidique, Olynthe commençait à relever la tête. D'ailleurs, la minorité du souverain légitime semblait fournir une occasion favorable aux prétendants anciens ou nouveaux de la couronne. C'étaient en particu-

---

[1] Athénée, XI, 508, e-f.
[2] Les uns l'appellent Philippe II, d'autres Philippe III, réservant le nom de Philippe II au frère de Perdiccas II. Aussi est-il plus fréquemment appelé Philippe fils d'Amyntas, ou père d'Alexandre le Grand.

lier Pausanias de Lyncestide que soutenait Bérisades, roi de Thrace, Archélaüs, frère de mère de Philippe, et Argéos que soutenait Athènes et qui, au cours des dix ans d'anarchie, avait pendant quelque temps occupé le trône.

Philippe agit avec prudence et, quand les circonstances l'exigèrent, avec audace et promptitude. Il parvint à avoir raison l'un après l'autre de tous les ennemis du trône et du royaume. Il commença par calmer les Péoniens à prix d'or, puis persuada Bérisades d'abandonner Pausanias. Archélaüs fut pris et tué; Argéos, à la tête des troupes envoyées par Athènes à son aide, fut battu près de Méthône et se rendit. Enfin Philippe, s'étant assuré l'alliance des Athéniens, chassa les Péoniens et infligea une déroute complète aux Illyriens dans une bataille où leur roi Bardylis trouva la mort. Il en résulta non seulement la libération des territoires occupés par eux, mais encore des annexions, comme celle de la Pélagonie, située dans la partie septentrionale de la plaine d'Erigon, où s'était étendue aussi l'invasion illyrienne, et la partie méridionale de la Péonie (358)[1].

Puis Philippe, ayant réorganisé son armée, provoqua un nouveau différend avec les Athéniens pour l'occupation d'Amphipolis. L'occasion parut excellente au prince thrace Kitriporeus et à ses frères qui avaient succédé à Bérisades : une alliance avec Athènes leur permettrait de réaliser leur projet de conquête du Pangée riche en mines d'or. A l'alliance adhérèrent volontiers les anciens ennemis de Philippe, les rois de Péonie et d'Illyrie. Mais avant l'arrivée du contingent athénien, Philippe, prenant les devants, vainquit l'un après l'autre les trois princes alliés (356)[2]. La victoire sur les Thraces remportée à Crénides, qui fut appelée depuis lors Philippes, lui permit de réaliser l'extension rêvée de la Macédoine jusqu'au

---

[1] Diod. de Sic., XVI, 1, 4 et 8; Strabon, VII, 326, et IX, 434, etc. Voir supra, p. 10. Pour ce qui est de la Péonie méridionale, voir infra, p. 31-32.
[2] Diod. de Sic., XVI, 22. Voir infra, p. 31.

Nestos[1] ; il y ajouta ainsi les régions autonomes habitées par les Sintes, les Odomantes, les Édoniens et autres populations péoniennes et qui constituèrent dès lors la *Macédoine Épictète*, ce qui signifie *récemment conquise*.

Après de si brillantes opérations, Philippe, sur la prière de ses amis, régna en son nom. Il se tourna en dernier lieu contre les villes de Chalcidique. Après une longue lutte, il prit Olynthe (348) et annexa toute la presqu'île de Chalcidique, étendant ainsi son royaume sur tout le pays qui depuis porte le nom générique de *Macédoine*.

III. — Géographie ancienne de la Macédoine.

Le royaume de Macédoine, comme nous l'avons vu, fut beaucoup plus petit d'abord que la région macédonienne; il se développa par étapes et n'atteignit ses frontières géographiques naturelles que sous le roi Philippe. La domination macédonienne s'étendit bien au delà. Sous Philippe même, elle dépassa notablement ces frontières, les débordant, sous des formes politiques variées, dans toutes les directions. Ces développements incessants mettent dans le plus grand embarras les écrivains anciens, qui confondant les limites géographiques et les frontières politiques, sans cesse modifiées, ne savent quelles limites assigner au pays. De là, incertitudes, contradictions et erreurs dans leurs témoignages.

Négligeant les témoignages des historiens antérieurs, d'ailleurs très minces et qui, se rapportant à la Macédoine d'avant Philippe, n'ont de valeur qu'en ce qui touche la frontière sud, passons à Strabon, le « père de la géographie », qui parle spécialement des frontières de Macédoine. Il indique d'abord[2] comme limite ouest Pylon, relais de la

---

[1] Strabon, VII, 323, et *Fragm.*, 35.
[2] Strabon, VII, 323.

voie Egnatia situé au col de la montagne qui longe la rive orientale du lac Lychnitis (Achrida) et rattache le nord du Pinde avec la branche méridionale du Scardos; Strabon sépare ainsi avec raison la Macédoine de l'Illyrie. D'autre part, distinguant la Thrace de la Macédoine, il assigne à cette dernière le Strymon pour frontière orientale : il suit en cela Thucydide[1], mais celui-ci ayant vécu avant Philippe, ne pouvait mentionner la réalisation sous ce roi des aspirations nationales macédoniennes et l'extension jusqu'au Nestos. Strabon rappelle toutefois les conquêtes de Philippe aussitôt après le passage cité ci-dessus, et se hâte d'assigner le Nestos comme frontière entre la Macédoine et la Thrace; il répète deux fois encore cette assertion[2], mais brusquement, égaré sans doute par les expéditions victorieuses de ce même Philippe, ou d'Alexandre le Grand, en Thrace, en Péonie et en Illyrie, il porte les frontières orientales de la Macédoine jusqu'à l'Hèbre (la Maritsa), en plein cœur de la Thrace, celles de l'ouest jusqu'à la mer Adriatique, et celles du nord proportionnellement, englobant ainsi dans la Macédoine la moitié de la Thrace, toute l'Illyrie et toute la Péonie septentrionale. En même temps, et d'une façon bien singulière qui contredit l'histoire et lui-même, il indique comme frontière sud la voie Egnatia qui va de Dyrrachium à Thessalonique, amputant ainsi la Macédoine d'une bonne moitié et précisément la plus ancienne[3] ! Inversement, Ptolémée exagère l'impor-

---

[1] Thuc., II, 99.
[2] Strab., *Fragm.*, 33 et 35.
[3] Strab., *Fragm.* 10. L'étrangeté de ce passage sur les frontières sud, qui exclut de la Macédoine en totalité ou en très grande partie l'Émathie elle-même, berceau du royaume macédonien, la Piérie et l'Eordée, provinces très anciennes aussi, et enfin l'Élimée, l'Orestide, la Lyncestide, etc., est sûrement le fait de quelque confusion due à l'abréviateur. Il contredit trop évidemment la pensée de Strabon, qui atteste (VII, 326) que « la région de Lyncos (Lyncestide), la Pélagonie, l'Orestide et l'Élimée forment la Macédoine Supérieure », et ailleurs (IX, 434), il dit : « Par suite de l'illustration et de la prépondérance des Thessaliens et des Macédoniens, les plus proches voisins de ces deux peuples parmi les Épirotes s'étaient vus, bon gré mal gré, absorbés peu à peu pour être réunis, les uns à la Thessalie (Athamanes, Æthices, Talares), les autres à la Macédoine (Orestiens, Pélagoniens,

tance historique et géographique de la division administrative de la Macédoine par les Romains de son temps, et il la borne, au nord, à Dyrrachium (où commenceraient, au contraire, suivant le fragment cité de Strabon, les frontières sud) et à Stobi, à l'est, au Nestos; mais il l'étend, au sud, jusqu'au mont Œta et au golfe Maliaque, englobant ainsi dans la Macédoine toute la Thessalie et même la Phtiotide [1] ! Et parmi les géographes et historiens romains [2] qui donnent les limites de la Macédoine, le plus clairvoyant est certainement Tite-Live, qui a dit : *Quanta Macedonia esset, Macedones quoque ignorabant* [3].

En présence des incertitudes et des contradictions des témoignages anciens, le premier en date des géographes modernes, Mannert, déclare dans sa Géographie des Grecs et des Romains : « La Macédoine a vu à diverses époques tellement varier son territoire, que seule l'histoire peut permettre de tracer les limites du pays » [4]. Et le premier géographe moderne de la Macédoine, Desdevises-du Dezert, malgré tous les travaux scientifiques antérieurs, éprouve une telle difficulté à tracer les frontières de la Macédoine, qu'il y englobe toute la « région moyenne de la péninsule hellénique », de l'Adriatique au mont Rho-

---

Élimiotes). Le Pinde est une grande chaîne de montagnes ayant au nord la Macédoine, etc. ». Dans les *Fragments* : « La Macédoine actuelle s'est d'abord appelée Émathie » (*Fragm.*, 11); « Le Pénée sépare la Macédoine Inférieure et côtière de la Thessalie et de la Magnésie » (*Fragm.*, 12); « Depuis le mont Titarion qui ne fait qu'un avec l'Olympe et qui va séparer la Macédoine de la Thessalie, Tempé n'est en effet qu'un étroit boyau entre l'Olympe et l'Ossa. Le Pénée traverse ce défilé, sur une longueur de quarante stades, ayant à sa gauche l'Olympe, montagne de Macédoine » (*Fragm.*, 14); « car le Pénée sert de limite, au nord à la Macédoine, au sud à la Thessalie », et plus loin : « L'Olympe est en Macédoine, l'Ossa en Thessalie » (*Fragm.*, 15). Ailleurs (IX, 429), décrivant la Thessalie, Strabon dit : « Elle comprend également la côte depuis les Thermopyles jusqu'à l'embouchure du Pénée et à l'extrémité du Pélion », et plus loin : « Du Pélion et du Pénée jusqu'à l'intérieur des terres, les habitants sont des Macédoniens. »

[1] Ptol., III, 13. Voir la carte de la géographie de Ptolémée dans H. Kiepert : *Neuer Atlas von Hellas*, n° XIII.
[2] Pline l'Ancien, IV, 17; Pomponius Mela, II, 2, 3.
[3] Tite-Live, XLV, 30.
[4] Mannert : *Geographie der Griechen und Römer*, VII (1812), p. 420.

dope, et du golfe Rhizonique (Cattaro) et des monts Scardos (qu'il nomme Hémus) et Scomion jusqu'aux fleuves Aoüs et Pénée, appelant ces pays « région macédonienne, parce que les Macédoniens en ont été le peuple dominant »; il réserve le terme de « Macédoine proprement dite » à la Macédoine jusqu'au Strymon, avec la Péonie au nord et en partie la Dardanie, plus septentrionale encore[1]. Sa carte contient toute la région macédonienne décrite plus haut, sans distinguer la « Macédoine proprement dite » et est intitulée simplement *Regni Macedonici*. Dimitsas, dans sa géographie détaillée de la Macédoine, rogne un peu au nord et à l'ouest sur les frontières données par Desdevises-du Dezert à la « région macédonienne », mais, poussé, sans doute, par un sentiment national, il reconnaît comme exactes toutes les autres frontières, et comprend dans les provinces macédoniennes l'Illyrie elle-même (aujourd'hui Albanie), qu'il appelle Illyrie macédonienne ou encore Illyrie grecque, à cause des nombreuses colonies grecques d'Illyrie[2]. Le noble philhellène russe M. Jean Petroff de Moscou fait de même[3].

Mais les régions qui entourent la Macédoine ont beau avoir été ou être grecques, ce n'est pas une raison suffisante pour les y englober. La Thessalie, elle aussi, fut et est encore incontestablement une région grecque. La Thrace, depuis une haute antiquité, fut occupée par des colonies bien plus nombreuses que celles d'Illyrie, sur toute la côte, depuis Abdère, patrie de Démocrite, de Protagoras et d'Anaxarque, jusqu'à Byzance, qui fut la capitale hellénique pendant tout le Moyen Age, et de Byzance jusqu'aux villes helléniques les plus septentrio-

---

[1] Desdevises-du Dezert : *Géographie ancienne de la Macédoine* (1863), p. 1, 9-10 et 284.
[2] Dimitsas : *Ancienne Géographie de la Macédoine* (en grec). 1re partie, *Géogr. phys.* (1870), p. 5, et 2e partie, *Topographie* (1874), p. 1 et 588. Disons encore que Dimitsas était originaire d'Achride, c'est à savoir de l'ancien Lychnidos de la province illyrienne de la Dassarétide.
[3] Petroff : *Macédoine* (en grec), Leipzig, 1903.

nales du Pont-Euxin. De plus, si les Illyriens, ancêtres des Albanais modernes, n'ont jamais montré de goût pour l'hellénisation, c'est-à-dire la civilisation, les Thraces, bien avant d'être soumis par Philippe et Alexandre le Grand, avaient très profondément subi l'influence grecque. A l'action des colonies helléniques qui les entouraient s'ajoutait celle d'Athènes. La Thrace, riche en céréales, comme la Crimée, se trouvait, en effet, en étroites relations d'affaires avec Athènes; en outre les princes odryses de Thrace étaient leurs amis et alliés. En 513, Darius faisait une expédition contre les Scythes; à la source du fleuve Téare, affluent de l'Hèbre, c'est-à-dire au cœur de la Thrace, il éleva, raconte Hérodote[1], une stèle commémorative avec inscription et, évidemment pour que les gens du pays pussent aussi la lire, il fallut la rédiger en perse et en *grec*. C'est ce que vient de nous enseigner la découverte des débris de cette inscription[2]. L'historien français Jardé, mentionnant l'antique hellénisation des Thraces, dit : « Les rois des Odryses, comme ceux de Crimée, sont hellénisés. Ils ont à leur service des Grecs, comme soldats ou comme ministres; Xénophon, avec les débris des Dix Mille, se met à la solde de Seuthès. Ils marient leurs filles aux chefs de mercenaires grecs; l'Athénien Iphicrate devient le gendre de Cotys », et il conclut : « En Thrace comme dans le Pont, Athènes, tout en soignant ses intérêts propres, travaille à la diffusion de la culture grecque »[3]. Mais malgré le caractère grec de la Thessalie et de la Thrace, malgré la conquête de Philippe, personne n'a jamais songé à comprendre ces deux pays dans la Macédoine; ils sont l'un et l'autre géographiquement indépendants. Pourquoi donc alors rattacher à la Macédoine deux autres pays, eux aussi géographiquement indépendants, l'Illyrie et la Péo-

---

[1] Hérod., IV, 39-91.
[2] *Archæologischer Anzeiger 1915*, p. 3-17.
[3] Jardé, dans *L'Hellénisation du monde antique*, p. 163-164.

nie, du moins cette dernière avec l'étendue et les frontières que lui donne Dimitsas ?

Pour ces raisons géographiques on doit distinguer ces contrées de la Macédoine. Mais il y a aussi des raisons historiques ; elles ne faisaient pas partie intégrante du royaume de Macédoine. La domination macédonienne y fut périodique, souvent éphémère; il n'y avait ni fusion ni annexion. Cavaignac, l'auteur de la plus récente histoire de la Grèce, parlant des annexions des villes de la Chalcidique, qui, nous l'avons vu, achevèrent de donner à Philippe l'empire sur tout le pays appelé depuis Macédoine, dit que ce sont « les seules annexions qui aient accru le corps même du royaume » ; il ajoute : « Les places fondées en dehors de ces limites ont eu d'abord le caractère de colonies militaires, comme Philippopolis sur la Maritsa, ou de colonies pénitentiaires, comme Calybé en Thrace. La Thrace a été gouvernée par un stratège macédonien, mais les autres pays du nord, Péonie, Agrianes, Illyrie, ont conservé leurs rois nationaux devenus vassaux. Les cités grecques ont été considérées comme simples alliées. En Asie, enfin, Alexandre a régné comme successeur du Grand Roi »[1].

Ce sont là des généralités. Plus particulièrement, les frontières de la Macédoine se déduisent de l'examen de ses provinces, dont les limites et l'étendue sont déterminées positivement, sauf quelques détails insignifiants, par la science moderne, qui s'appuie non seulement sur les témoignages des anciens historiens et géographes, mais sur les recherches archéologiques aux lieux mêmes, sur la découverte des ruines d'anciennes villes, sur les inscriptions, les monnaies, et enfin la configuration du sol. Nous allons donc jeter un rapide coup d'œil sur ces diverses provinces

---

[1] Cavaignac, *Histoire de l'antiquité*, II, p. 448-449. Cette opinion est partagée par les autres historiens, soit à propos de Philippe, soit même à propos d'Alexandre. Pour celui-ci, voir Droysen : *Geschichte des Hellenismus*, I, p. 156 sq.

et les populations qui les habitaient, en nous aidant des témoignages anciens et des moyens d'investigation sur place dont dispose la science moderne[1]. Ceci nous permettra non seulement de mieux connaître l'aspect ancien du pays que nous étudions, mais aussi d'en déterminer plus loin le caractère ethnique actuel, en appliquant les statistiques relatives à la question dans les vraies limites du pays.

Les provinces de Macédoine, c'est-à-dire les régions dont nous avons déjà vu la conquête par les différents rois macédoniens, sont les suivantes :

I. Six régions qui ont formé le royaume macédonien d'Émathie de Perdiccas Ier, soit :

L'*Émathie*. Sous ce nom, nous l'avons vu[2], on comprenait primitivement toute la plaine baignée par le golfe Thermaïque (de Salonique); quand fut fondé le royaume de Macédoine, ce nom ne s'appliqua plus qu'à la région comprise entre l'Haliacmon et le Loudias, qui, ayant été le noyau du royaume, fut appelée aussi *Macédonide*[3]. Ainsi limitée, l'Émathie comprenait les villes d'Édesse ou Ægæ, ancienne capitale et ville sainte de la

---

[1] Pouqueville (*Voyage de la Grèce*, 2ᵉ éd., 1826-1827); Cousinéry (*Voyage dans la Macédoine*, 1831), Leake (*Travels in Northern Greece*, 1835), etc., ont fait en Macédoine des recherches et des études bien incomplètes. Les recherches plus minutieuses en Émathie et Bottiée de Delacoulonche (*Mémoire sur le berceau de la puissance macédonienne*, 1858) et en Piérie de Heuzey (*Le Mont Olympe*, etc., 1862) ont marqué un sérieux progrès; de même, et surtout, les recherches et fouilles exécutées sur l'ordre de Napoléon III, dans presque toute la Macédoine, par le même archéologue Heuzey et par l'architecte Daumet (*Mission archéologique de Macédoine*, 1876). La géographie de la Macédoine ancienne s'est encore enrichie avec H. Kiepert (*Atlas von Hellas, Atlas antiquus, Formae orbis antiqui*, etc.), avec Dimitsas (*Ancienne géographie de la Macédoine* (en grec), 1870-1874, et *La Macédoine par les inscriptions et les monuments conservés* (en grec), 1896), avec Chrysochoos (*Carte de la Macédoine*, etc., 1897, 2ᵉ éd., 1903), avec Struck (*Makedonische Fahrten*, I, *Chalkidike*, 1907, II, *Die Makedonischen Niederlande*, 1908); en numismatique, source historique précieuse et impartiale, nous avons les travaux de Head (*Historia nummorum*, 2ᵉ éd., 1911, p. 192-246) et en particulier Svoronos, dans son ouvrage : *Numismatique de la Péonie et de la Macédoine avant les guerres médiques*, 1913, qui a vraiment donné une orientation nouvelle à la géographie ancienne de la Macédoine.

[2] P. 7.

[3] Hérod., VII, 127.

Macédoine, où ses rois étaient ensevelis, et les villes fort anciennes aussi de Berrœa (Verria), Kition (Naoussa), etc.

La *Piérie*, résidence des dieux helléniques et des muses. Elle tirait son nom de ses anciens habitants, les Piériens, qui, pendant la conquête macédonienne, émigrèrent au delà du Strymon, au pied du Pangée [1]. Elle s'étendait le long de la mer au sud de l'Émathie, de l'Haliacmon jusqu'au légendaire Olympe, séjour des douze grands dieux helléniques, et au Pénée, qui formaient la limite entre la Macédoine Inférieure et la Thessalie [2]; elle renfermait les villes célèbres de Méthone (près d'Eleftherochori) et de Pydna (Kitron), toutes deux peuplées au VIIIe ou au VIIe siècle par des colons érétriens; auprès de l'Olympe, Dion (Malathria), ville illustre que le roi Archélaüs embellit et où il institua, comme nous avons vu [3], des jeux olympiques, Leibéthron (ou Leibéthra) et Pimpleia, villes consacrées aux neuf Muses [4] (à Leibéthra étaient le tombeau et la statue d'Orphée); plus au sud, Héraclion (Platamon), etc.

La *Bottiée*, qui tirait son nom de ses anciens habitants, les Bottiéens; la conquête macédonienne les fit émigrer en Chalcidique, en particulier aux environs d'Olynthe. Le nom de Bottiéens dérive de Botton, qui vint de Crète avec d'autres colons [5]. La Bottiée était située au nord-est de l'Émathie et représentait la région comprise entre les fleuves Loudias et Axios et le mont Païcon, c'est-à-dire les districts actuels de Yanitsa et, partiellement, de Ghévghéli; elle avait pour villes, Pella, depuis Archélaüs la célèbre capitale macédonienne, Ichnæ, Aloros, Kyrros, Amydon (mentionnée par Homère [6] et qui plus tard s'appela Aby-

---

[1] Thuc., II, 99. Voir *infra*, p. 10.
[2] Hérod., VII, 128-129 et 173; Strab., *Fragm.*, 12, 14 et 15, et IX, 429; Ptol., III, 13, 15, et tous les auteurs modernes.
[3] P. 14.
[4] C'est pour cela que les neuf Muses étaient surnommées Piérides Leibéthrides et Pimpléiades par les anciens Grecs.
[5] Thuc., II, 99; Strab., *Fragm.*, 11 et 11a.
[6] Hom., *Il.* XVI, 288; Strab., *Fragm.*, 20 et 23.

don) près de l'Axios, et, plus au nord, Europos, Atalante, Gortynie et Idomène (Ghévghéli).

La *Mygdonie*, qui fut anciennement habitée par les Édoniens; la conquête macédonienne les fit émigrer au delà du Strymon[1]. Le nom de Mygdonie dérive de Mygdon, frère d'Édonos. Cette province était située à l'est de la Bottiée et de l'Axios jusqu'au fleuve Échédoros (Galicos) et jusqu'à la vallée de l'Anthémus (Calamaria), en Chalcidique, conquise par Amyntas I[er][2]; puis, jusqu'au golfe Strymonique. Alexandre Ier s'empara, en outre, comme nous l'avons vu[3], dans la partie septentrionale de la Chalcidique, de la vallée mygdonienne où sont les lacs de Coronée (Langada ou Aï-Vasili) et de Bolbé (Besikia), et qu'habitaient les Létéens.[4] La Mygdonie renfermait plusieurs villes, parmi lesquelles Apollonie, au bord du lac Bolbé, Aréthuse, le long du fleuve Réchios qui porte au golfe Strymonique les eaux du lac Bolbé, Thermé, près de laquelle plus tard fut bâtie Thessalonique[5], d'où le nom de Thermaïque, donné anciennement au golfe de Salonique, etc.

L'*Éordée*, ainsi appelée des Éordéens, ses anciens habitants. Elle était située à l'ouest de l'Émathie et du mont Bermion et autour du lac Begorritis (d'Ostrovo) et renfermait les villes d'Éordée, d'Arnissa, etc.

L'*Almopie*, ainsi appelée du nom de ses anciens habitants, les Almopes, d'Almops fils de Poseidon et d'Hellé (la fille d'Athamante). L'Almopie était située dans la région montagneuse nommée *Mogléna* par les Byzantins,

---

[1] Thuc., II, 99.
[2] Voir *supra*, p. 10.
[3] Voir *supra*, p. 12.
[4] Svoronos: *Numismatique de la Péonie et de la Macédoine*, p. 214.
[5] La capitale moderne de la Macédoine fut, d'après certains, bâtie par Philippe lui-même, père d'Alexandre le Grand, ou, suivant l'opinion dominante, par Cassandre, fils du stratège Antipater (voir *infra*, p. 63), qui gouverna la Macédoine pendant quelques années (315-297 av. J.-C.), durant la période troublée qui suivit la mort d'Alexandre le Grand. Elle fut appelée Thessalonique en souvenir de la victoire de Philippe sur les Thessaliens, ou, suivant d'autres, en l'honneur de Thessalonique, fille de Philippe et femme de Cassandre. C'est l'opinion la plus vraisemblable.

qui est au nord de l'Émathie et au nord-ouest de la Bottiée; elle comprenait les villes d'Apsalos, Europos et Orma.

II. Les pays annexés à l'est par Alexandre Ier, soit :

La *Crestonie*. Ses anciens habitants, les Crestoniens, venus de Thessalie, s'étaient établis d'abord dans la Chalcidique, en particulier autour d'Olynthe et sur la presqu'île Akté (mont Athos). La Crestonie était située au nord-est de la Mygdonie et autour de la source du fleuve Échédoros, c'est-à-dire depuis le mont Dyssoron (Kroussa Balkan) jusqu'au mont Vertiskos. Sa capitale était Crestone.

La *Bisaltie*, qui doit son nom à Bisaltès, fils d'Hélios et de Gê. Elle faisait suite à la Crestonie et s'étendait du mont Vertiskos jusqu'au lac d'Achinos et au fleuve Strymon, c'est-à-dire sur les districts actuels de Sochos et de Nigrita. Les Bisaltes, à l'inverse des Crestoniens, étaient autochtones; leur empire s'était autrefois étendu sur toute la Chalcidique. Ils étaient si braves, que, d'après Tite-Live, Persée, dernier roi de Macédoine, livrant aux Romains la bataille décisive de Pydna, ne commença à désespérer de la victoire que lorsqu'il vit reculer les Bisaltes, « fortissimos viros »[1]. La Bisaltie contenait, outre sa capitale (Bisaltie), les villes d'Argilos, au bord du golfe Strymonique, Cerdylion, en face d'Amphipolis, Sycine, Ossa, auprès de la moderne Sochos, Bergé ou Bergion, patrie du poète comique Antiphane, etc. Svoronos place sur les rives du lac d'Achinos et du Strymon les Tyntaniens, qui ne sont connus que par leurs monnaies [2].

III. Les trois régions de la Macédoine Supérieure habitées par des populations de race macédonienne, qui acceptèrent la domination d'Alexandre Ier et furent incorporées dans la suite au royaume[3], soit :

L'*Élimée* (ou *Élimiotide*) c'est-à-dire le pays des Éli-

---

[1] Tite-Live, XLV, 29, 6.
[2] Svoronos : *Numismatique de la Péonie et de la Macédoine*, p. 217.
[3] Voir *supra*, p. 7 et 12.

miotes, située à l'ouest de la Piérie et au sud de l'Éordée et de l'Orestide, dans la plaine du bassin moyen de l'Haliacmon. Elle s'étendait vers le sud jusqu'aux monts Cambounia et Titarion, qui forment la limite entre la Macédoine et la Thessalie [1] et vers l'ouest jusqu'à la partie nord du Pinde, c'est-à-dire jusqu'aux monts Tymphé, qui avait fait donner au pays voisin le nom de Tymphée, et Boïon (Grammos), qui forment la limite de la Macédoine et de l'Épire [2]. L'Élimée avait pour villes sa capitale Élimée, Æané, sur l'emplacement actuel du village de Caliani, Phylacæ, près de Servia, etc.

L'*Orestide* ou pays des Orestiens. On comprenait anciennement sous ce nom, comme nous l'avons vu [3], tout l'ouest macédonien montagneux; puis le terme fut limité à la région comprise, sous l'administration turque, dans le caza de Castoria et une moitié environ de celui de Corytsa, c'est-à-dire jusqu'à la chaîne septentrionale du Pinde, en particulier jusqu'au mont Boïon (Grammos), qui forme la limite entre la Macédoine et l'Épire du nord [4]. La province macédonienne de l'Orestide possédait les villes de Céletron (Castoria) et d'Argos, d'où la dynastie macédonienne des Argéades, suivant l'opinion la plus accréditée, tirait son origine [5].

---

[1] Tite-Live, XLII, 53 et XLIV, 2; Strabon, *Fragm.*, 14 et 15. Il n'y a de discussion chez les modernes que sur la situation du mont Titarion. Strabon dit formellement qu'il sert de frontière à la Macédoine et à la Thessalie et qu'il fait partie intégrante (συμφυΐς, συνεχής) du système orographique de l'Olympe. Leake (*Travels in Northern Greece*, III, p. 380; IV, p. 298, et carte du tome I) le place dans la chaîne de montagnes qui est au sud d'Elassona (Mélouna-Kritiri) et qui marquait l'ancienne frontière entre la Grèce et la Turquie. Au contraire, Heuzey (*Le mont Olympe*, etc., p. 63) identifie le Titarion avec le mont Chapka situé au nord d'Elassona. C'est à cette opinion que se rangent la plupart des modernes, parce qu'elle est plus conforme au passage de Strabon, qui dit que l'affluent du Pénée, nommé Europos et qualifié de Titarésios dans Homère, a sa source dans le Titarion.

[2] Hérod., I, 56; Strabon, VII, 434; Ptolémée, III, 13, 6, et tous les modernes.

[3] Voir *supra*, p. 7.

[4] Hérod., I, 56; Strabon, VII, 434; Ptolémée, III, 13, 6, et tous les modernes.

[5] Voir *supra*, p. 8-9.

LYNCESTIDE

La *Lyncestide* (ou *Lyncos*), c'est à savoir le pays des Lyncestiens, située au nord de l'Éordée et de l'Orestide, dans la partie sud de la plaine de l'Érigon, aujourd'hui plaine de Monastir, et autour du lac de Prespa jusqu'à la montagne qui se dresse sur la rive orientale du lac Lychnitis (d'Achride) et qui continue la chaîne nord du Pinde; elle s'appelle aujourd'hui Pétrino [1], et c'est là, nous l'avons vu [2], que se trouvait Pylon, frontière de la Macédoine et de l'Illyrie (plus particulièrement de la province illyrienne de Dassarétide) et du temps des Romains *finis Macedoniae et Epiri* [3]. Les Lyncestiens, avant d'être incorporés au royaume de Macédoine, eurent leur heure de célébrité; la tradition, comme elle l'avait fait pour les Argéades [4], faisait remonter l'origine de la dynastie lyncestienne aux Bacchiades de Corinthe [5]. Plus d'une fois des membres de la maison princière lyncestienne briguèrent le trône de Macédoine [6]. La ville la plus remarquable de Lyncestide était Héraclée, bâtie par le roi Philippe, un peu au sud de l'emplacement actuel de Monastir [7], pour servir de rempart contre les Illyriens après la victoire remportée sur eux en 358. Mais après cette victoire qui délivrait la Lyncestide du joug des Illyriens, Philippe leur arracha encore au nord et annexa à son royaume la Pélagonie [8], et, comme la limite en pays plat était incertaine entre les deux pays, on ne sait pas exactement si Héraclée était en Lyncestide ou en Pélagonie. Ce qui plaide en faveur de cette deuxième hypothèse, c'est que sous les Romains

---

[1] Le nom ancien est inconnu. Parmi les Byzantins, Cantacuzène (*Hist.*, II, 21) la nomme *Piérie*, et Acropolite (éd. de Bonn., p. 176) *Pyrénées*.
[2] Voir *supra*, p. 18-19.
[3] Polybe, XXXIV, 12; Strabon, VII, 323; Mannert : *Geographie der Griechen und Römer*, VII, p. 435, et en général tous les modernes.
[4] Voir *supra*, p. 8.
[5] Strabon, VII, 326; Cf. Basmatsides : *Macedonia et Macedones*, p. 42.
[6] Voir *supra*, p. 14-15.
[7] Heuzey et Daumet : *Mission archéologique de Macédoine*, p. 300.
[8] Voir *supra*, p. 17.

cette ville reçut le nom de Pélagonie, conservé dans la suite au diocèse du métropolite dont le siège est à Monastir.

IV. Les pays annexés au nord par le roi Philippe, soit :

La *Pélagonie*, ainsi appelée du nom de ses anciens habitants, les Pélagoniens, qui, avant d'être soumis par les Illyriens étaient sous la domination des Lyncestiens. Les Pélagoniens occupaient anciennement les deux rives du bassin supérieur de l'Axios. Leur nom dérive de Pélagon, fils d'Axios [1]. Mais sous la poussée des Péoniens, refoulés eux aussi par la première conquête macédonienne, ils se massèrent tous dans la région située à l'ouest de l'Axios, en particulier dans la partie nord de la plaine de l'Érigon [2] (habitée au sud, comme nous l'avons vu, par les Lyncestiens), et dans la région montagneuse qui la cerne, où ils avaient leurs points d'appui [3]. Ainsi, la province macédonienne de Pélagonie s'étendait au nord de la Lyncestide, depuis les montagnes de la rive ouest de l'Axios, jusqu'à la montagne qui se dresse sur la rive orientale du lac Lychnitis (d'Achride) et qui continue la chaîne septentrionale du Pinde. C'est elle que, tout à l'heure, en décrivant la Lyncestide, nous avons appelée Pétrino, et indiquée comme frontière de la Macédoine et de l'Illyrie, suivant les témoignages des auteurs anciens et l'opinion des modernes. Plus au nord, la limite est le mont Touria qui prolonge lui aussi le Pinde et sépare la Macédoine de l'Illyrie. Les auteurs anciens qualifient, en effet, cette montagne d'illyrienne [4]. Un de ses versants envoie ses eaux, à l'est, à l'Érigon, l'autre, à l'ouest, au Drilon, fleuve incontestablement illyrien. Le bassin du Drilon qui est limitrophe à la Macédoine était habité, dans les environs du lac Lych-

---

[1] Hom., *Il.*, XXI, 152; Cf. Abel : *Makedonien*, etc., p. 33.
[2] Voir *supra*, p. 10.
[3] Cf. Heuzey et Daumet : *Mission archéologique de Macédoine*, p. 307.
[4] Tite-Live, XXXIX, 53; Strabon, VII, 327.

nitis, par les Dassarétiens, et, un peu plus au nord, dans la région de Dibra, par les Pénestes; les uns et les autres étaient de race illyrienne [1]. Tout au nord, la Pélagonie s'étendait jusqu'à la chaîne de Babouna qui longe au nord la plaine de l'Érigon et jusqu'à Stobi, ville pélagonienne au confluent de l'Érigon et de l'Axios [2]. Outre Stobi, elle possédait les villes de Pissæon, d'Andraristos, et les villes des Deuriopes (qui habitaient avec les Pélagoniens), soit Alalcomènes, Stymbara, Bryanion, etc. [3].

La *Péonie méridionale*, dans le bassin moyen de l'Axios, habitée par des Péoniens [4]. Même après la deuxième victoire de Philippe en 356, les Péoniens ne furent pas précisément incorporés à la Macédoine ; leur roi Lyppeios reconnut simplement la suzeraineté de Philippe [5]. Plus tard, les rois de Péonie, à partir d'Audoléon, renièrent leur vassalité et recouvrèrent leur entière indépendance [6]. Il n'y a aucune preuve formelle, nous aurons plus loin l'occasion de le voir [7], que la Péonie ait été postérieurement incorporée tout entière au royaume de Macédoine. Au contraire, il résulte des témoignages anciens que les limites nord de la Macédoine, même sous ses derniers rois, n'avaient pas dépassé la chaîne de Babouna, et, à l'est de l'Axios, le prolongement de cette chaîne. A quelle époque se place cette nouvelle extension du royaume macédonien

---

[1] Tite-Live, XLII, 18; Strabon, VII, 316; Hahn : *Albanesische Studien*, p. 241, et en général tous les auteurs modernes.

[2] Ptolémée, III, 13, 31; Mannert: *Geographie der Griechen und Römer*, VII, 432, et en général tous les modernes. Voir aussi la note suivante.

[3] Les témoignages anciens qui situent ces villes le long de l'Érigon, sans préciser, ne permettent pas de savoir où habitaient les Deuriopes. Certains mettent la Deuriopie dans la partie nord de la plaine de l'Érigon et restreignent d'autant les limites de la Pélagonie (Dimitsas : *Ancienne géographie de la Macédoine*, II, p. 170). D'autres placent la Deuriopie plus au sud, parce que Stobi, dont la situation très septentrionale est sûre, est qualifiée par Ptolémée (III, 13, 31) de ville pélagonienne (Richard Kiepert : *Formae orbis antiqui*, planche XVI, notes explicatives, p. 2, col. 2).

[4] Voir *supra*, p. 5 sq. et 10.

[5] Beloch : *Griechische Geschichte*, II, p. 308.

[6] Beloch, *op. cit.*, III, 1, p. 249.

[7] Voir *infra*, p. 39 sq.

à l'est de l'Axios, aucun témoignage précis ne nous l'indique. Nous n'hésitons pas cependant à la faire remonter à l'époque de Philippe, et plus exactement à l'année 358, lors de sa première expédition contre les Illyriens et les Péoniens. Il semble, en effet, bien improbable que Philippe, qui, vainqueur des Illyriens, avait annexé toute la Pélagonie, que ceux-ci avaient soumise, jusqu'à Stobi, n'ait pas profité également de sa victoire sur les Péoniens pour étendre parallèlement son empire à l'est de l'Axios, y englobant la vallée de la rivière Pontos (Stroumnitsa). De plus le rameau ouest du mont Messapion (Malech), au nord du Pontos, et la chaîne qui s'étend dans la direction de la Babouna, lui fournissaient une ligne de frontières plus solides que celles qui avoisinent le lac Prasias (Doïran), franchies par les Poéniens, et avant eux, suivant le récit de Thucydide, par le roi des Thraces Sitalcès[1]. Cette conquête de Philippe serait peut-être le principal motif de la deuxième expédition contre lui des Péoniens, à peine deux ans après. Elle aurait eu encore pour conséquence l'annexion ultérieure par Philippe, jusqu'au mont Messapion (Malech), du pays des Sintes, qui, dans l'autre hypothèse, aurait constitué un saillant inutile et dangereux. Quoi qu'il en soit, la région formée par le bassin moyen de l'Axios, soit la Péonie méridionale et le pays des Derroniens, péonien aussi, situé au bord du lac Prasias[2], d'où le nom moderne de Doïran[3], ont constitué indubitablement une province macédonienne. Elle était surtout habitée par les Dobères, de race péonienne, et avait pour villes Dobère, Æstraion (Stroumnitsa), Sténa (Demir-Kapou) au bord de l'Axios, etc.

V. Les pays annexés par le même Philippe à l'est, jus-

---

[1] Thuc., II, 98-99; Richard Kiepert: *Formae orbis antiqui*, notes explicatives de la planche XVI, p. 4, col. 1.
[2] Voir *supra*, p. 12.
[3] Svoronos: *Numismatique de la Péonie et de la Macédoine*, etc., p. 204.

qu'au fleuve Nestos, et que les géographes répartissent en trois provinces :

La *Sintique*, du nom de la plus puissante des tribus qui l'habitaient ; elle s'étendait au nord de la Bisaltie jusqu'au mont Messapion (Malech), au delà de la rivière Pontos (Stroumnitsa) et à l'est de la Crestonie et de la Péonie méridionale jusqu'au Strymon, et, plus au nord, jusqu'à Mélénik et le mont Orbélos [1]. Au delà de ces frontières s'étendait la Mædique, région conquise par la puissante tribu thrace des Mædes, qui avaient refoulé au nord la population péonienne des Agrianes, obéissant à des chefs à elle. Strabon pouvait ainsi bien dire : « Ce n'est pas seulement l'Axios qui a sa source en Péonie, mais encore le Strymon ; il naît au pays des Agrianes, traverse celui des Mædes et des Sintes, et se jette dans la mer entre celui des Bisaltes et celui des Odomantes » [2]. Sans doute Thucydide, racontant le passage du mont Cerciné (Bélech) par Sitalcès, dit qu'il avait à sa gauche le pays des Sintes et des Mædes [3], mais Richard Kiepert remarque : « Cela ne saurait se rapporter aux sièges principaux des Mædes dans la Thrace proprement dite, entre les monts Messapion (Svigor et Malech Planina) et Rhodope ; mais, au contraire, suivant l'avis même de Gatterer, K.-O. Muller, Mannert, Abel et autres, seulement à une partie détachée de la population du bas Strymon, que, avec Thucydide, connaît aussi Pline l'Ancien (IV, 11), peut-être d'après une source plus reculée » [4]. Ces Mædes qui habitaient donc au delà de la Sintique étaient en guerre continuelle avec les Macédoniens ; ils ne furent jamais complètement réduits, et la Mædique ne fit jamais partie

---

[1] Thuc., II, 98 ; Strabon, *Fragm.*, 36 ; Ptolémée, III, 9, 1 et 11, 1 ; Richard Kiepert : *Formae orbis antiqui*, notes explicatives de la planche XVI, p. 4, col. 1, etc.

[2] Strabon, *Fragm.*, 36.

[3] Thuc., II, 98.

[4] Richard Kiepert, *op. cit.*, p. 4, col. 2.

de la Macédoine[1]. Par conséquent, sa frontière commune avec la Sintique est la frontière même de la Macédoine[2]. Polybe, lui aussi, en fournit un témoignage formel : « ... et aussi les Thraces limitrophes de la Macédoine et plus précisément les Mædes »[3]. Étienne de Byzance définit aussi les Mædes : « Un peuple voisin de la Macédoine »[4]. Outre la fraction des Mædes, que Richard Kiepert situe auprès du mont Dysoron (Kroussa Balkan), il y avait encore, sur le territoire de la Sintique, les Péoples, au bord du lac Cercinitis (Voutkova)[5], et les Garesques (identifiés par Svoronos avec les Oresques[6] connus par leurs monnaies) dans la région montagneuse de Sidérocastro (Demir-Hissar). La Sintique possédait les villes d'Héraclée (sa capitale), Tristolos, Parœcopolis, Garescos, etc.

L'*Odomantique*, du nom de la tribu des Odomantes qui formait la majorité de la population. Elle s'étendait, à l'est de la Sintique, jusqu'au Névrokop et au fleuve Nestos, frontière de la Macédoine et de la Thrace[7]. Sur le territoire odomantique demeuraient aussi les Siriopéoniens, autour de leur capitale Siris, aujourd'hui encore florissante sous le nom de Serrès. On connaît d'autres villes d'Odomantique, entre autres Scotoussa, près de Demir-Hissar.

---

[1] Tite-Live, XXVI, 25, 7. Schäfer (*Demosthenes und seine Zeit*, II, p. 515, n.) dit : « Les Macédoniens qui avaient souvent à souffrir des incursions des Mædes, n'avaient jamais pu les subjuguer entièrement. » Richard Kiepert (*Formae orbis antiqui*, notes explicatives à la planche XVI, p. 9, col. 2) dit : « Plus loin, à l'est, la Mædique n'appartint jamais, comme on l'admet quelquefois, au domaine macédonien », etc.

[2] Ptolémée, III, 9, 1, et 11, 1, et en général tous les modernes.

[3] Polybe, X, 41.

[4] Étienne de Byzance, s. v. Μαιδοί.

[5] Le lac Cercinitis des anciens est habituellement identifié avec le lac d'Achinos, situé plus au sud. Nous avons suivi l'opinion de Chrysochoos (*Carte de la Macédoine*, etc.) et de Svoronos (*Numismatique de la Péonie et de la Macédoine*, etc., p. 239), qui l'identifient avec le lac Voutkova, très voisin du mont Cerciné, dont l'identité avec le mont Bélech ne fait aucun doute.

[6] Svoronos : *Numismatique de la Péonie et de la Macédoine*, etc., p. 222.

[7] Strabon, VII, 323, et *Fragm.*, 33 et 35 ; Pomponius Mela, II, 2, 2 et 9 ; Ptolémée, III, 11, 2, et 13, 7, et tous les modernes.

L'*Édonide*, la riche contrée du Pangée. Elle tirait son nom des Édoniens qui y prédominaient et s'appelaient ainsi du nom d'Édonos, frère de Mygdon [1]. L'Édonide était située sur la côte, à l'est de la Bisaltie et au sud de l'Odomantique; elle s'étendait du lac d'Achinos et de l'embouchure du Strymon jusqu'au fleuve Nestos, frontière de la Macédoine et de la Thrace [2].

Au pied du Pangée riche en or s'étaient aussi établis, suivant le témoignage classique de Thucydide, les Piériens [3], d'où le nom de ce pays Piérie ou Nouvelle-Piérie, ainsi que celui du golfe Piérique. Une des villes de leur nouvel habitat reçut aussi le nom d'une ville de l'ancienne Piérie, Méthone; une bourgade au pied du Pangée, Mousthénia, rappelle encore aujourd'hui ce nom; de même que le village moderne de Rhodolivos (c'est-à-dire *prairie de roses*) permet, par son nom et par l'aspect des lieux, d'identifier l'endroit où poussaient les roses à cent pétales du Pangée, célèbres dans l'antiquité [4]. Piéros était le nom du premier chef mythique des Piériens, Méthone celui de sa femme. Leur fils Œagre eut de la muse Calliope Orphée, qui, revenu de l'Hadès, adora Hélios du haut du Pangée, dont la cime était couronnée par un temple dédié à Dionysos; il fut déchiré par les Bassarides et enseveli par les Muses à Leibéthron dans la Vieille-Piérie [5]. Le Pangée fut donc le plus ancien foyer du culte de Dionysos, d'Apollon Hélios et d'Orphée. De ces divers cultes c'est celui d'Apollon Hélios qui était le plus répandu chez les Péoniens. La plupart des monnaies péoniennes portent un soleil. Quelques-unes, qui sont plus spécialement du Pangée, portent en guise de soleil

---

[1] Voir *supra*, p. 26.
[2] Strabon, VII, 323, et *Fragm.*, 33 et 35; Pomponius Mela, II, 2, 2 et 9; Ptolémée, III, 11, 2, et 13, 7, et tous les modernes.
[3] Voir *supra*, p. 25.
[4] Svoronos, *op. cit.*, p. 253-256.
[5] Voir *supra*, p. 25. D'après une autre tradition, Orphée était fils d'Apollon et de la muse Clio.

une rose qui dénote leur origine [1]. Ce sont surtout les Piériens qui ont exploité les mines d'or et d'argent du Pangée; aussi étaient-ils très riches (πίερες). Leur nation était devenue si puissante qu'ils purent résister à l'invasion perse, quand l'armée du grand roi passa devant les murs de leurs villes. Ces villes étaient, outre Méthone, Pergame, sur l'emplacement de la moderne Pravi; Tragilos, patrie d'Asclépiade, élève d'Isocrate, poète tragique et historien, et, au bord de la mer, Éïon, qui fut plus tard le port fameux d'Amphipolis; Phragé, Galepsos, colonie thasienne qui prit son nom de Galepsos, fils de Thasos et de Téléphé; Apollonie, Œsyme (Æsyme dans Homère), elle aussi colonie thasienne, etc.

D'après Apollodore, Lycurgue, roi des Édoniens, osa faire insulte à Dionysos et à son culte orgiaque. Dionysos le rendit fou et, la terre étant devenue stérile, l'oracle prédit qu'elle ne deviendrait féconde que si Lycurgue était mis à mort. Les Édoniens l'enchaînèrent alors sur le mont Pangée où il mourut [2]. Svoronos identifie avec ces Édoniens les Dionysiens, qui ont frappé l'unique statère du musée de Berlin, et il les situe à l'intérieur du caza de Cavala [3]. Le mythe de Lycurgue avait inspiré Eschyle dans sa tétralogie, *La Lycurgie*. Il n'en reste malheureusement que de très rares fragments. La première partie avait pour titre : « Les Édoniens », la deuxième : « Les jeunes garçons », la troisième : « Les Bassarides », la quatrième ou drame satyrique : « Lycurgue ». Polyphradmon avait écrit une tétralogie ayant même titre et même sujet. Chez les poètes alexandrins le vieux mythe de Lycurgue s'enrichit de divers épisodes (Dryas, Ambrosia, etc.). Outre les Dionysiens, Svoronos distingue parmi les Édoniens, les Ichnéens, connus par leurs monnaies; il les situe dans la vallée qu'ar-

---

[1] Svoronos, *op. cit.*, p. 202 sq. et 255.
[2] Apollodore, III, 5, 1.
[3] Svoronos, *op. cit.*, p. 228 sq.

rose le fleuve Anghitès (Anghista), et que sa belle végétation avait fait nommer *Phyllis* par les anciens. Il s'appuie pour cela sur Stéphane de Byzance qui dit : « Ichnæ, ville de Macédoine... Il y a une autre Ichnæ en (Macédoine) orientale », et sur le nom du village actuel Zichna. C'est encore près des Ichnéens, le long du mont Menœcion, que Svoronos situe les Zaiéléens, connus également par leurs monnaies; leur nom, qui signifie « adorateurs du soleil », se serait conservé jusqu'à nos jours dans le nom du village de Ziliachova. Enfin, dans le caza de Sari-Chaban, où les géographes situent les Sapéens, dont la capitale est Sara, Svoronos situe, dans la partie nord, les Pernéens, groupés autour de leur ville Perné, dont Étienne de Byzance dit qu'elle est en face de Thasos, d'où le nom de Pernéens, c'est-à-dire « ceux qui habitent au delà (πέραν) » [1].

Outre les villes édoniennes déjà citées, il y en avait plusieurs autres : Ennéa Hodi (les *Neuf Voies*), sur l'emplacement de laquelle fut bâtie par les Athéniens la fameuse Amphipolis (aujourd'hui Néochori); Crénides, à qui Philippe donna le nom de Philippes, quand il conquit le pays, située non loin du village de Doxato; Daton, colonie thasienne, qui cependant suivant Appien est la même ville que Crénides (Philippes) [2], et dont le territoire est si fertile que les anciens disaient en proverbe Δάτον ἀγαθῶν [3]; deux villes portant le nom de Drabescos, dont l'une est aujourd'hui Drama, l'autre le village de Draviki, au bord du lac d'Achinos; Myrcinos, colonie thasienne, également au bord du lac; Scavala, d'où le nom de la ville moderne de Cavala, colonie érétrienne située sur l'emplacement de la Vieille-Cavala d'aujourd'hui (Eski-Cavala); Antissara, port de Daton, sur l'emplacement de la Nouvelle-Cavala, d'abord appelée Christoupolis; Néapolis, et probablement plus à

---

[1] Svoronos, *op. cit.*, p. 215, 225 et 226.
[2] Appien, *Bel. Civ.*, IV, 105.
[3] Strabon, *Fragm.*, 33. Les Turcs, eux aussi, ont appelé cette région *Bereketli* (pays d'abondance).

l'est Sara, d'où le nom actuel de Sari (Chaban)[1]; Pistyros, sur le Nestos, etc.

A l'Édonide est géographiquement et historiquement reliée l'île de Thasos, qui est toute voisine et que Philippe engloba aussi dans le royaume macédonien ; anciennement, elle s'appela, elle aussi, Édonide, parce qu'elle était habitée par des Péons Édoniens. Elle avait d'ailleurs, comme nous l'avons vu, envoyé plusieurs colonies dans l'Édonie continentale. Le poète comique Hégémon était originaire de Thasos; c'est à lui qu'Aristote attribue l'invention de la *parodie;* le grand peintre Polygnote et plusieurs autres hommes célèbres ont également eu Thasos pour patrie.

VI. La région que le même roi Philippe annexa en dernier lieu et qui compléta la Macédoine, à savoir :

La *Chalcidique*, ainsi nommée à cause des nombreuses colonies que lui envoya Chalcis d'Eubée au VIIe siècle. Cette presqu'île macédonienne aux côtes très découpées s'étend au sud de la Mygdonie; les villes y étaient très nombreuses : Olynthe, très ancienne et très célèbre, berceau de l'historien Callisthène; Stagire, patrie d'Aristote; Potidée, puissante cité nommée ensuite Cassandreia, où naquirent l'historien Aristoboulos et le poète comique Posidipe, etc. Presque toutes ces villes étaient des colonies de Chalcis, quelques-unes d'Érétrie et d'Andros, une, Potidée, de Corinthe.

Si nous retenons maintenant les frontières extérieures des provinces macédoniennes, nous assignerons à la Macédoine les limites suivantes : Au sud, la mer Égée depuis le Nestos jusqu'au Pénée et les monts Olympe, Titarion et Cambounia, qui séparent de la Thessalie les provinces macédoniennes de Piérie et d'Élimée. A l'ouest, la chaîne nord du Pinde[2], c'est-à-dire les monts Tymphé, Boïon

---

[1] Chrysochoos : *Carte de la Macédoine*, etc.; Svoronos, *op. cit.*, p. 232-234.
[2] Cette chaîne tient au Scardos (Char) et le prolonge en ligne droite; certains géographes y voient par suite un rameau méridional du Scardos (Dimitsas : *Ancienne Géographie de la Macédoine*, I, p. 27 sq).

CARTE HISTORIQUE DE LA MACÉDOINE

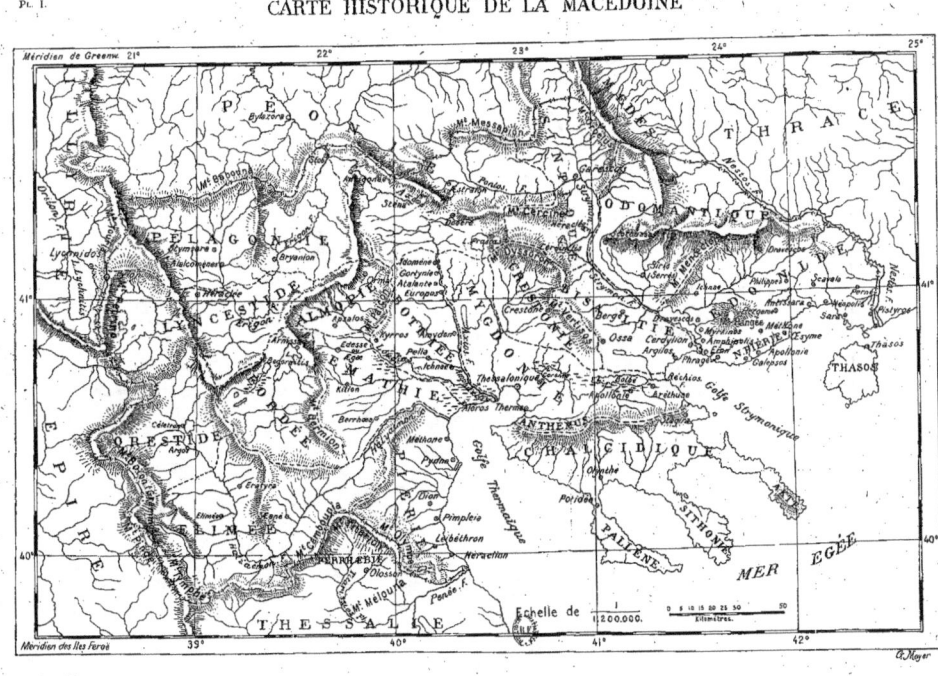

(Grammos), qui séparent les provinces macédoniennes d'Élimée et d'Orestide, de l'Épire; puis le mont Pétrino, près du lac Lychnitis (Achrida), et le mont Touria qui lui fait suite au nord, qui séparent les provinces macédoniennes de Lyncestide et de Pélagonie, de l'Illyrie. Au nord, la chaîne de montagnes qui contourne Stobi, placée au confluent de l'Érigon et de l'Axios; cette chaîne relie le mont Babouna au rameau occidental du mont Messapion (Malech); ces frontières séparent les provinces macédoniennes de Pélagonie, Péonie méridionale et Sintique, de la Péonie proprement dite ou septentrionale, et de la région thrace des Mædes. A l'est, le mont Orbélos et le fleuve Nestos qui séparent les provinces macédoniennes de Sintique, Odomantique et Édonide, de la Thrace.

Cette délimitation, établie d'après les témoignages anciens et les résultats des recherches scientifiques modernes, est la délimitation adoptée dans les cartes historiques les plus récentes et les plus autorisées, telles les cartes de Kiepert[1], Vidal-Lablache[2], les cartes plus récentes de Sieglin et Kiessling dans l'Atlas historique de Spruner[3], la grande carte murale historique de Grèce, par van Kampen, qui fait partie du grand Atlas historique mural de Haack-Hetzberg[4], etc.

Au nord, cependant, les cartes de Kiepert et de l'Atlas de Spruner reculent quelque peu les frontières de la Macédoine, en y englobant la Péonie du nord et sa capitale

---

[1] Heinrich Kiepert: *Atlas Antiquus*, Tab. V, 12ᵉ éd. Berlin, 1905. Les cartes de Macédoine données par Heinrich et Richard Kiepert : *Formae orbis antiqui*, Tab. XVI, 1907, ne tracent que les frontières politiques de la Macédoine en 270 et en 228.

[2] Vidal-Lablache : *Atlas général*, Paris, 1894 (I, *Cartes historiques, Royaume de Macédoine*, p. 11).

[3] v. Spruner: *Historischer Hand-Atlas;* I, *Atlas Antiquus;* Tab. 2, *Orbis Terrarum*, et Tab. 26, *Imperium terrarum*, par W. Sieglin, et Tab. 14, *Mare Aegaeum*, par M. Kiessling, Gotha, Justus Perthes, 1908.

[4] Haack-Hetzberg : *Grosser Historischer Wandatlas*. I, 1, *Griechenland*, par van Kampen, 1914.

Bylazora (aujourd'hui Velessa). Richard Kiepert nous en donne la raison en disant : « Antigone Gonatas réunit le premier complètement et définitivement la contrée avec la Macédoine, quelque temps après 276 (Niese, II, 225; Beloch, III, 1, 586). Par suite de quoi, la Péonie a reçu la même coloration que la Macédoine, bien qu'elle ne soit peut-être venue à la Macédoine que quelques années après 270 »[1].

On voit mal quelle importance peut avoir une si tardive annexion à la Macédoine de Philippe et d'Alexandre; en outre, regardons de plus près ce que disent les deux savants invoqués par Richard Kiepert, à défaut de témoignages anciens. Niese conclut à l'annexion de la Péonie à la Macédoine par Antigone Gonatas, de ce seul fait qu'après Dropion, monté sur le trône en 276, on ne trouve mentionné aucun roi de Péonie; il ajoute textuellement : « Au surplus, nous ne savons rien de l'activité politique d'Antigone dans ces contrées »[2]. Beloch a dû être influencé uniquement par l'opinion de Niese; sans fournir d'argument, il se contente de dire : « La Péonie, au contraire, affirma bientôt son indépendance et ne put être réduite à l'obéissance qu'après une série d'années »[3]. Mais si, après Dropion, les documents parvenus jusqu'à nous, en l'espèce les monnaies, ne mentionnent plus de rois de Péonie, cela prouve-t-il avec certitude que la Péonie fut incorporée à la Macédoine? Pourquoi ne pas conclure que le royaume de Péonie fut détruit par les Dardaniens, qui envahirent le pays et s'y établirent? En outre, nous n'avons aucun témoignage en faveur de l'annexion de toute la Péonie à la Macédoine, et nous avons, au contraire, un témoignage éclatant et formel de Polybe, suivant lequel les frontières septentrionales de la Macédoine, même dans

---

[1] Richard Kiepert : *Formae orbis antiqui*, notes explicatives à la table XVI, p. 9, col. 2.
[2] Niese : *Geschichte der griechischen und makedonischen Staaten seit der Schlacht bei Chaeronea*, II, p. 225.
[3] Beloch : *Griechische Geschichte*, III, 1, p. 586.

les dernières années du royaume, sous Philippe V, l'avant-dernier de ses rois, ne dépassaient pas la chaîne de montagnes qui est au nord de Stobi, et par conséquent au sud de Bylazora (Velessa) ; c'est cette chaîne que nous avons nous-même indiquée plus haut comme frontière nord. Voici ce que dit le grand historien : « A cette date (217), le roi Philippe s'empara de Bylazora, ville très importante de *Péonie*, et qui par sa position rendait faciles les invasions venues de Dardanie. Ce succès supprima presque tout danger du côté des Dardaniens : il leur devenait malaisé d'envahir la *Macédoine*, du moment que Philippe tenait, avec cette ville, *les clefs du passage* (τὰς εἰσόδους) »[1]. Beloch, devant ce témoignage formel, tâche de tout concilier ; sans fournir nulle part une preuve, il admet que le prédécesseur de Philippe V, Antigone Doson, qui, notons-le, n'eut jamais que des victoires à son actif, céda la Péonie du nord avec Bylazora aux Dardaniens[2]. Mais pourquoi accepter cette conclusion forcée, que nul témoignage ne corrobore, au lieu d'admettre, ce qui est plus naturel, que la Péonie du nord ne fut jamais incorporée à la Macédoine ? D'ailleurs Beloch voit un lien entre la conquête de la Péonie par Antigone Gonatas et la fondation par ce roi de la ville d'Antigonée, située 12 milles romains *au sud* de Stobi[3]. Cela ne prouve-t-il pas plutôt que la domination d'Antigone (que l'extension soit son fait ou, comme nous l'avons soutenu, celui de Philippe, père d'Alexandre le Grand[4]) ne s'étendit pas au nord de Stobi ?

Le sujet n'a d'ailleurs été qu'incidemment effleuré par Niese et Beloch qui avaient des questions autrement vastes et importantes à traiter et à exposer. Mais depuis

---

[1] Polybe, V, 97.
[2] Beloch : *Griechische Geschichte*, III, 1, p. 661.
[3] Beloch, *ibid.*, p. 586, note 4.
[4] Voir *supra*, p. 31-32.

1913, nous avons un abondant ouvrage sur le règne d'Antigone Gonatas, dû à l'historien anglais W. Woodthorpe Tarn, qui seul jusqu'à présent a traité spécialement de la Macédoine des Antigonides. En raison même de l'absence de documents sur les successeurs de Dropion et de la fondation d'Antigonée, il admet, lui aussi, que sous Antigone, la Péonie fut incorporée à la Macédoine. Mais de quelle Péonie s'agit-il? Il le fait clairement entendre : « Comme siège du *stratégos* de la nouvelle province, Antigone fonda sa troisième cité homonyme, Antigonée, sur l'Axios; elle était un peu au sud de Stobi et sans aucun doute commandait l'entrée des « Portes de Fer » (Demir-Kapou, situé encore plus au sud), passage à travers lequel coulait l'Axios et qui donnait accès de la Péonie à la Macédoine »[1]. Ainsi donc pour lui aussi, la Péonie englobée dans la Macédoine, c'est la Péonie méridionale, dont on aurait peine à remonter la frontière nord au delà d'Antigonée, jusqu'à Stobi, où nous l'avons établie.

En admettant même que Gonatas eût annexé la Péonie du nord jusqu'à Bylazora, ce qui est tout à fait improbable, la domination macédonienne, très précaire, n'y a laissé aucun vestige. Polybe, dans le passage cité, qualifie de Macédoine la Péonie du sud ; c'est manifestement la distinguer de l'autre, qu'il appelle simplement Péonie. Celle-ci ne peut donc être regardée comme ayant fait partie intégrante de la Macédoine, au même titre que les autres provinces. Au témoignage de Polybe s'ajoute celui de Strabon : « La Péonie est à l'est de ces pays, à l'ouest des monts de Thrace; elle est située *au nord de la Macédoine*. Par les villes de Gortynion et de Stobi elle tient le passage, vers...; là, le cours de l'Axios oppose une forte barrière aux invasions *de Péonie en Macédoine* »[2]. Ailleurs aussi il distingue clairement la Péonie de la Macédoine : « En partant du Pélion et

---

[1] Tarn : *Antigonos Gonatas*, p. 321.
[2] Strabon, *Fragm.*, 4.

du Pénée, pour se diriger vers l'intérieur des terres, on trouve la Macédoine qui s'étend *jusqu'à la Péonie* et jusqu'à l'Épire »[1]. Tite-Live, lui aussi, rapporte la division administrative romaine de la Macédoine, due à Paul-Émile, et bien calquée sur la réalité, puisque c'était la première; or, Stobi, qu'il mentionne, est la ville la plus septentrionale[2]. Ptolémée, nous l'avons vu, recule volontiers les limites de la Macédoine dans tous les sens, mais au nord il donne, lui aussi, Stobi comme ville frontière; d'ailleurs il ne note d'autres villes péoniennes englobées dans la Macédoine que Dobéros, située dans la Péonie du sud, et Aloros que nous avons pu, d'après d'anciens témoignages, situer plus au sud encore, en Bottiée[3].

Si nous avons mis tant d'insistance et de minutie à tracer les limites réelles de la Macédoine, c'est parce que les patriotes bulgares, qui ne reculent devant rien quand il s'agit de leurs aspirations territoriales, ont littéralement *déplacé* la Macédoine vers le nord, pour en exclure ainsi la partie méridionale uniquement habitée par des Grecs, et pour y englober des régions non macédoniennes, mais dont la population a pour eux l'avantage d'être slave en majorité, ce qui leur permet, comme on sait, de la revendiquer comme leur. Ils sont ainsi arrivés, en appliquant leurs statistiques ethnologiques, composées elles aussi suivant des méthodes particulières (nous le verrons en leur lieu et place), à venir nous dire : « Messieurs, nous avons la majorité en Macédoine. Donc la Macédoine est une terre bulgare. »

Le professeur bulgare Dr Brancoff a publié en 1905 un livre où il décrit en détail cette Macédoine, qu'il appelle « Macédoine géographique », et qui a servi de base à la

---

[1] Strabon, IX, 429.
[2] Tite-Live, XLV, 29.
[3] Ptolémée, III 28 et 34.

statistique semi-officielle bulgare des populations chrétiennes de Macédoine [1]. L'auteur tâche de prouver par des « témoignages » l'exactitude des limites qu'il assigne à la Macédoine. Au cours de l'enquête détaillée à laquelle il s'est assurément livré, quels témoignages a pu puiser et invoquer M. Brancoff? Quelques passages extraits d'ouvrages déjà vieux, tels que le *Voyage de la Grèce*, de Pouqueville (2e édit., 1826), le *Voyage dans la Macédoine*, de Cousinéry (1831), *Turquie d'Europe*, du géologue Ami Boué (1840), qui ne contiennent que des impressions de voyage, et un autre livre encore : *La Péninsule gréco-slave*, du Belge Franz Crousse, major d'état-major (1876), dont l'auteur dit lui-même, dans sa préface, qu' « il n'a pas d'autre prétention que d'être un recueil à consulter par tous ceux qui veulent se former une idée exacte de la situation, afin de pouvoir suivre les événements (ceux qui ont provoqué la guerre russo-turque de 1877-1878) en connaissance de cause ».

Sans méconnaître l'érudition de ces écrivains, ou du moins des deux premiers, qui ont montré, pour leur temps, de nombreuses connaissances en histoire ancienne, nous demandons quel crédit on peut accorder aux récits de voyageurs d'il y a près d'un siècle et à un livre rédigé pour le grand public. Examinons toutefois ces textes que Brancoff a réunis aux pages 4-6 de son livre, sous le titre :

« Témoignages des géographes. »

Pouqueville dit : « C'est à la Devol [2], dont la rivière de Resné, qui descend du mont Bôra, est une des sources, que je termine la description de la partie septentrionale de l'Illyrie macédonienne, qui complète, avec ce que j'ai dit dans ce voyage, la topographie du royaume de Ma-

---

[1] D.-M. Brancoff : *La Macédoine et sa population chrétienne*, Paris, 1905.
[2] Nom moderne du fleuve Éordaïcos, qui prend sa source en Macédoine (en Éordée) et traverse la vallée située entre le mont Boïon (Grammòs) et Pétrino, vers l'Illyrie.

cédoine »[1]. Et plus loin : « Servia peut être considérée comme la limite naturelle de la Macédoine et de la Thessalie, plutôt que le cours de l'Haliacmon, adopté par les anciens (?) pour la ligne de séparation entre ces deux provinces »[2]. Plus loin encore il dit, suivant Brancoff : « La ville de Guilan se trouve à la frontière de la Macédoine »[3]. Et enfin : « Nous défilâmes, durant sept heures de chemin, dans cette altitude, d'abord en gravissant la montagne pendant six milles, jusqu'aux sources d'Axios ou Vardar, et en descendant ensuite l'espace de cinq lieues la vallée que ce fleuve parcourt avant de déboucher dans la Macédoine »[4]. Voilà tous les *témoignages* de Pouqueville invoqués par M. Brancoff. Et cependant, ce même Pouqueville, dans un chapitre que n'a pas remarqué M. Brancoff, et qui a pour titre : « La Macédoine, son étendue, etc. », évite avec soin d'assigner des limites précises à la Macédoine, et remarque que « les géographes ne s'accordent pas relativement à l'étendue et à la démarcation des frontières de la Macédoine, parce qu'ils la considèrent à des époques différentes, pendant lesquelles son territoire éprouva des changements dans ses limites »[5].

Cousinéry dit : « A l'orient, la Macédoine embrassait tout le territoire qui, des bords du Strymon, s'étend jusqu'au Mestus (Nestos), et qui, depuis Philippe II, avait reçu le nom de nouvelle Macédoine, *Macedonia adjecta*.

---

[1] Pouqueville : *Voyage de la Grèce*, III, p. 73. Les termes d'*Illyrie macédonienne* et de *royaume* de Macédoine qu'emploie l'auteur ne plaident nullement, nous semble-t-il, en faveur de l'extension souhaitée par Brancoff de la *Macédoine* vers l'ouest. Voir aussi p. 21 sq.

[2] Pouqueville, *ibid.*, p. 91. En fait, Servia est à la frontière de la Macédoine et de la Thessalie. Voir n'importe quelle carte de Macédoine. Dans le même passage, l'auteur parle de la province macédonienne de Piérie, et mentionne les jeux olympiques fondés à Dion par le roi Archélaüs.

[3] Il s'agit en fait du titre du livre III, chap. II, qui dit : « Itinéraire de M. H. Pouqueville, depuis Travnik jusqu'à Guilan, frontière de la Macédoine. » Pouqueville, *ibid.*, p. 138.

[4] Pouqueville, *ibid.*, p. 174.

[5] Pouqueville, *op. cit.*, p. 467.

Le Cercine, le Rhodope, l'Aemus méridional, le Pangée, qui s'isole et porte ses racines vers la mer, en s'éloignant de cette dernière montagne, sont les points les plus élevés et les plus remarquables de cette partie de la Macédoine *épictète*. — A l'occident se trouvaient la Thessalie, le versant oriental du mont Olympe, la Piérie ancienne et quelques départements qui bordent l'Épire et l'Illyrie, et qui ont pour limites d'un côté le mont Scardus, et le Pinde de l'autre. — Au nord, étaient la Lyncestide, la Pæonie, entre les montagnes qui s'étendent depuis les monts Scardus et le Scomion. C'est entre cette dernière montagne et l'Orbelos que naissent d'un côté les sources de l'Axios, et de l'autre celles du Strymon dont une branche vient du mont Rhodope. — Au sud, le golfe Thermaïque, celui de Cassandre, celui de l'Athos, la mer Strymonique et la mer Piérique, séparée des autres golfes par le cap méridional du Pangée, bordaient tout le territoire macédonien » [1].

Le géologue Ami Boué dit : « La Macédoine est partagée entre le pascha d'Uskioub, le visir de Toli-Monastir, les paschas de Salonique, de Sérès et de Kalkandel, les voïvodes de Doubnitsa et les musselims de Djouma et de Castoria. Le musselim de Sérès a sous lui les ayans de Mélenik, de Nevrokoub, de Drama, de Pirauschta et d'Orphano. Le paschalik de Salonique, de 1836 à 1839, sous Moustapha-Pascha, puis sous Hasnib-Pascha, et à présent sous Akif-Pascha, comprend la Chalcide (*sic*), le Bas-Vardar, la partie inférieure de la vallée de l'Indsché-Karassou. Il y a aussi des ayans à Beschik, à Devrethissar, à Jenidsché-Vardar, à Vadona, à Karaferia (Veria), à Katrin et à Platamona, etc. » Il mentionne ensuite les « paschas » et les circonscriptions du « sandjak d'Uskioub », qui « occupe une grande partie de la Macédoine » et du « paschalik de Toli-Monastir », lequel « comprend les gouvernements des

---

[1] Cousinery : *Voyage dans la Macédoine*, I, p. 13.

ayans de Prilip, d'Ochri, de Dibre-Sibre, de Schatista, de Greveno, de Lepeni, de Caritz (Geordsché) »[1].

Enfin, Franz Crousse écrit : « La Macédoine comprend deux régions distinctes : la partie basse et la partie haute. La première, située à proximité du littoral, présente de grandes plaines, de larges et fertiles vallées, produisant le blé, le coton, le tabac, etc., et où l'élève du ver à soie est très répandue. La partie haute (la Pæonie des anciens), au contraire, est montueuse et couverte de vastes forêts, alternant avec de bons pâturages, où circulent de nombreux troupeaux. Les villes principales de la Macédoine sont : Salonique (Sélanik en turc), la Thessalonique des Macédoniens, ville industrielle et commerçante, etc. » Il mentionne encore : « Bitolia ou Toli-Monastir, Castoria, Ouscoup ou Scopia, Sérès, Vodena et Janitsa »[2].

Voilà les « témoignages » sur lesquels, méprisant les documents anciens et la science, les patriotes bulgares fondent leur Macédoine entière. Brancoff, aux pages 7-9 de son livre, en fixe les limites comme suit.

D'une part, il exclut les cazas d'Æcaterini, Servia et Grévéna, qui sont profondément grecs, et qui constituaient dans l'ancienne Macédoine les provinces de Piérie et d'Élimée ; il les rattache à la Thessalie, bien que les auteurs mêmes qu'il invoque témoignent du contraire ! Nous laissons de côté le caza d'Elassona, qu'il exclut aussi, et que, seul, on pourrait être fondé à rattacher à la Thessalie[3].

D'autre part, il englobe dans la Macédoine :

1º Au nord-ouest, la région albanaise du sandjak de Dibre, qui occupe la vallée du Drilon, fleuve d'Illyrie, et du caza d'Achrida (Lychnidos), qui appartient à la province illyrienne de Dassarétide, à l'exclusion, toutefois, des cazas de Starovo, Corytsa et Colonia, qui précisément sont grecs ; cependant les auteurs qu'il invoque témoignent

---

[1] Ami Boué : *La Turquie d'Europe*, III, p. 187-188.
[2] Franz Crousse : *La Péninsule gréco-slave*, p. 202-203.
[3] Voir *supra*, p. 28, n. 1.

contre lui, et ces cazas, dans la division administrative turque, faisaient partie du vilayet *macédonien* de Monastir ;

2° Au nord-est, la région thrace, située au delà de l'Orbelos et du fleuve Nestos, à côté des anciennes frontières bulgares ;

3° Au nord, presque tout le vilayet de Kossyphopédion (Kossovo), en portant les limites de la Macédoine bien au delà de Scopia (Uskub). Cette région, toutefois, fut depuis une haute antiquité habitée jusqu'à Naïsos (Nich de Serbie) par les Dardaniens; sous Rome et Byzance, elle forma une province à part, la Dardanie [1], ensuite elle prit le nom de Vieille-Serbie [2], et enfin, sous le régime turc, elle constitua un vilayet, celui de Kossyphopédion, dit aussi de Scopia, auquel fort justement, en 1900, fut rattaché le caza non macédonien de Vélessa.

C'est donc à juste titre qu'un journal allemand, le *Neues Tageblatt,* ayant à se prononcer sur la « Macédoine géographique » ainsi constituée par M. Brancoff, conclut : « C'est là une conception arbitraire qui ne s'accorde ni avec la Macédoine historique, ni avec la division actuelle des trois vilayets, ni même avec les lignes de partage des eaux. Elle n'a qu'un seul but, celui de mettre en relief les régions où domine l'élément bulgarophone (lisez : slavophone), exarchiste et patriarchiste. Et pour cela, soit dit en passant, elle prend possession en faveur des Bulgares de la Vieille-Serbie tout entière, anéantissant, au point de vue statistique, la population serbe » [3].

Cette Macédoine à lui, M. Brancoff a pris soin d'en donner dans son livre deux de ces cartes auxquelles se complai-

---

[1] Heinrich Kiepert : *Atlas Antiquus*; Tab. III, *Imperium Romanum*, etc.; Hiéroclès, *Synecdemus,* XVI : « Province de Dardanie, sous un chef; trois villes : Scoupi, métropole, Mérion, Ulpiana »; Const. Porphyrogénète, *De Them,* 2, 9 : « Province de Dardanie, sous un chef, trois villes. »

[2] Cvijic : *Grundlinien der Geographie und Geologie von Macedonien und Altserbien,* p. 39-41.

[3] Voir *L'Hellénisme* du 1er août, 1905, p. 16.

sent les patriotes de Sophia, pour faciliter la bulgarisation de territoires non bulgares.

Ce n'est pas tout. En pur patriote bulgare, M. Brancoff ne pouvait manquer de surprendre le lecteur de bonne foi à l'aide de quelques fausses références. Sa Macédoine, dit-il, « est, *à peu près*, celle que reproduisent les cartes d'Ami Boué, de Lejean, de Kiepert, de Crousse, etc., qui tous font autorité en ces matières »[1]. Nous n'admettons cette dernière appréciation que pour les cartes de Kiepert; elles diffèrent grandement de celles de Brancoff et nous les avons utilisées nous-mêmes pour établir d'une manière plus concluante les limites réelles de la Macédoine[2]. Quant à la carte de Lejean, elle ne donne pas les frontières de la Macédoine, et pour une raison bien simple : c'est une carte ethnographique, et de celles notamment où on ne distingue rien que Bulgares[3]. La vieille carte de la Turquie d'Europe par le géologue Ami Boué, annexée au tome I de l'ouvrage que nous avons cité, ne trace pas davantage les limites ni de la Macédoine ni d'aucune autre région. M. Brancoff veut-il parler de la carte ethnographique d'Ami Boué? Mais elle n'indique pas davantage les frontières de la Macédoine[4]. Enfin la carte de Franz Crousse, annexée à l'ouvrage ci-dessus, est, le titre l'indique, une carte... « des chemins de fer ottomans en 1875 »

---

[1] Brancoff, *op. cit.*, p. 13. La carte de Pouqueville n'est pas mentionnée. Est-ce parce qu'elle qualifie la Macédoine de « Grèce »?

[2] Voir *supra*, p. 39.

[3] G. Lejean : *Carte ethnographique de la Turquie d'Europe et des États vassaux autonomes*, annexée à sa courte étude : *Ethnographie de la Turquie d'Europe*, Gotha, 1861 (en français et en allemand). Le lecteur peut trouver cette carte dans le récent et précieux recueil de cartes bulgares et bulgarophiles de D. Rizoff : *Die Bulgaren in ihren historischen, ethnographischen und politischen Grenzen*, p. 32. Voir *infra*, p. 142.

[4] Ami Boué : *Ethnographische Karte des Osmanischen Reichs*, etc., dans Berghaus : *Physikalischer Atlas*. C'est une des cinq cartes ethnographiques que le professeur russe Paul Milioukoff, bulgarophile d'ancienne date et chef du parti des cadets russes, a admises dans sa publication : *Cinq cartes ethnographiques de la Macédoine*, Saint-Pétersbourg, 1900, destinée à soutenir les prétentions bulgares en Macédoine. On la trouve aussi, naturellement, dans le recueil mentionné de Rizoff, p. 26.

et ne porte, cela va de soi, ni les limites de la Macédoine ni même le mot *Macédoine!*

Comment qualifier la manière d'agir de M. Brancoff et de ses compatriotes? N'est-ce pas une altération formelle de la vérité historique, géographique, ethnologique? Ce n'est pas la seule, nous l'avons dit. Nous en rencontrerons bien d'autres en cours de route. Dans la question macédonienne, la base essentielle de l'argumentation bulgare, ce n'est pas la vérité.

IV. — L'hégémonie macédonienne.

Philippe avait constitué la Macédoine selon ses désirs. Il s'était assuré à l'ouest, au nord et à l'est de puissantes frontières et l'obéissance des nations limitrophes. Il tourna toute son attention vers le sud où s'ouvrait l'horizon cher aux Macédoniens.

Quand il dirigea ses regards vers l'Hellade héroïque, il n'était plus l'ennemi terrible et irréconciliable des Illyriens et des Thraces : il était le chef du plus grand et du plus florissant des États grecs; il voyait avec douleur toute la nation grecque ballottée par les dangers extérieurs et intérieurs les plus menaçants, et son ambition était d'en devenir le sauveur et le vengeur à la fois.

Ce siècle avait ajouté, sans doute, le génie d'un Platon aux splendeurs intellectuelles des siècles précédents; il avait produit des créations merveilleuses en poésie, en art, dans tous les domaines de la pensée; pourtant les affaires publiques et privées souffraient d'un mal profond, et leur état était presque désespéré. Le morcellement politique avait été poussé jusqu'aux dernières petites communes. La Grèce s'était changée en un vaste champ de bataille où de tout petits États, férocement jaloux et passionnés, tranchaient par les armes leurs différends mesquins. Leur situation intérieure n'offrait pas un spectacle plus satisfaisant. « On a renoncé dans les États, dit Aristote, à chercher l'égalité; ou bien l'on tâche de s'emparer du pouvoir, ou bien l'on se résigne à l'obéissance quand on n'est pas le plus fort »[1]. En termes concis, mais judicieux, le grand penseur décrit la situation malsaine qui en résultait : proscriptions, coups d'État, retour des exilés, bouleversements politiques, passage du pouvoir en d'autres mains, représailles. Le pis était que les exilés politiques qui ne réussissaient pas à rentrer dans leur pays se dispersaient à travers le monde et pour vivre étaient obligés de se louer comme mercenaires et de se battre ainsi pour ou contre la liberté, pour ou contre la tyrannie ou la patrie, pour ou contre les Perses, les Carthaginois ou les Égyptiens.

La situation extérieure n'était pas moins menaçante. Les Grecs d'Italie reculaient peu à peu sous la poussée des populations de l'Apennin, ceux de Sicile et de Libye devant les Carthaginois. Les barbares du bas Danube, pressés par les Celtes, se livraient à leurs premières tentatives d'invasion vers le sud. Les Triballes, les Gètes, les Scythes, menaçaient les cités grecques du Pont. Enfin, le Perse, le plus grand ennemi, l'ennemi héréditaire des Grecs, possédait la plupart des villes grecques d'Asie Mineure, étendant son pouvoir même sur les îles voisines de la côte; car la mer n'était plus aux Grecs. La paix d'Antalcidas[2] était, aux mains du roi de Perse et de ses satrapes, un puissant levier, avec lequel ils minaient le plus profondément possible l'hellénisme, entretenant avec soin la division et la discorde entre les principaux États grecs.

Devant une pareille situation, Platon et son école peuvent s'évertuer à trouver et à réaliser le type de la cité

---

[1] Aristote, *Politique*, IV, 11 (9), vers la fin.
[2] Voir *supra*, p. 15.

idéale, mais Isocrate, plus large de vues, comprend que les temps sont passés des petits États autonomes, auxquels, suivant la phrase de Droysen, « tout ce qui est petit paraissait grand et tout ce qui est grand, petit »[1], et qu'il fallait un autre type d'État, un État panhellénique et capable de reprendre la lutte nationale contre les Perses. « A mon avis, disait cet orateur doublé d'un excellent politique, si des gens venus du dehors assistaient aux événements actuels, ils comprendraient fort bien quelle folie est la nôtre des deux côtés, nous qui bravons le danger pour de si minces intérêts, alors que nous pourrions demeurer possesseurs paisibles de biens abondants, et qui ravageons notre territoire, parce que nous avons négligé de jouir de l'Asie »[2]. Et il trouvait surprenant et vexatoire que la paix fût garantie en Grèce par les Barbares, alors que la Grèce était en état d'accomplir de grandes choses. Aristote disait de même que les Grecs pouvaient être les maîtres du monde, s'ils étaient réunis en un seul État[3].

Philippe se révèle alors le chef tout désigné de la Grèce. Ses grands succès militaires et politiques avaient attiré sur lui l'attention de tous. Sa culture intellectuelle, dont il avait prouvé la solidité en donnant Aristote comme précepteur à son fils, complétait admirablement ses vertus militaires et son mérite politique. Sous lui, la Macédoine était entrée dans son âge d'or. Les finances, réorganisées depuis Perdiccas II par l'Athénien Callistrate, s'étaient grandement améliorées avec la conquête du Pangée aux mines d'or. L'armée macédonienne, réorganisée par Philippe sur la base du service militaire obligatoire, était devenue un modèle d'armée nationale; elle se distinguait par sa discipline et ses qualités militaires en général; elle comprenait des corps d'élite comme la fameuse phalange et la cavalerie, dans laquelle s'engageaient les

---

[1] Droysen : *Geschichte des Hellenismus*, I, p. 30.
[2] Isocrate, *Panégyrique*, 133.
[3] Cf. Droysen, *ibid.*, p. 31.

jeunes gens des plus nobles familles macédoniennes. L'enseignement aussi avait trouvé en Philippe un protecteur attentif ; rien n'avait été négligé pour l'instruction des jeunes gens, en particulier des jeunes nobles qui servaient dans l'armée. Il récompensait les plus instruits d'entre eux en les admettant à sa cour. C'est de leurs rangs que sortirent les nombreux généraux de Philippe et surtout d'Alexandre le Grand, qui, outre leurs mérites militaires, avaient une culture supérieure, et dont quelques-uns même se distinguèrent par leurs écrits, comme Antipater et Ptolémée [1]. La cour de Pella demeurait traditionnellement le centre intellectuel de la Macédoine, mais en outre, surtout sous l'influence d'Euphréos d'Oréos [2], elle dépassait, par son faste, par son éclat militaire, par le grand nombre des nobles qui s'y trouvaient rassemblés, la splendeur elle-même de la cour légendaire d'Archélaüs [3]. Il suffit de rappeler que la cour de Philippe remplit d'étonnement les ambassadeurs d'Athènes, y compris Démosthène qui, dit-on, stupéfait devant une telle magnificence, ne put, malgré les bienveillants encouragements de Philippe, achever le discours qu'il lui adressait [4]. Tel fut Philippe ; Droysen a raison de dire qu' « il porta son royaume à un degré de prospérité qu'on n'avait vu qu'une seule fois dans le monde hellénique, à Athènes, sous Périclès » [5].

C'est à ce grand homme que le parti panhellène d'Athènes confia tous ses espoirs. Isocrate lui écrivait : « C'est à vous, je crois, que, devant la lâcheté des autres, incombe

---

[1] Cf. Beloch : *Griechische Geschichte*, II, p. 480.
[2] Voir *supra*, p. 16.
[3] La plupart des nobles macédoniens qui vivaient à la cour de Philippe descendaient des familles royales de la Macédoine Supérieure, Bacchiades de Lyncestide, famille d'Oronte d'Orestide, de Derdas d'Élimée. Parmi les autres familles nobles représentées à Pella, on peut noter surtout celles de Iollas et de Philotas. Sur cette cour et la Macédoine sous Philippe en général, voir Droysen : *Geschichte des Hellenismus*, 1, p. 82 sq.
[4] Eschine, II, 34.
[5] Droysen, *ibid.*, p. 86.

le soin de mener la guerre contre lui (le roi des Perses) »,
et plus loin : « de considérer la Grèce entière comme votre
patrie, ainsi que le fit votre père, et de braver pour elle
les mêmes périls que pour la réalisation des projets que
vous caressez en ce moment »[1]. Philippe comprenait
admirablement le rôle qui lui était réservé. « C'est par la
Grèce et pour la Grèce, suivant l'expression de Cavaignac,
qu'il voulait réaliser ses plus hautes ambitions »[2]. Mais
l'union panhellénique réalisée par des moyens pacifiques,
telle que la rêvait Isocrate, n'était malheureusement pas
possible, malgré la bonne volonté et les efforts de Philippe. Au conseil des Amphictyons de 346 il fut bien proclamé le premier des Grecs; il avait bien trouvé des amis
et des alliés dans le Péloponèse, en Eubée, en Acarnanie,
en Épire, en Thessalie et jusque dans les villes du Pont.
Mais à Athènes il voyait se dresser contre lui le plus grand
des orateurs populaires, qui n'admettait point, dans son
patriotisme passionné, qu'Athènes pût déchoir de sa
gloire antique et du premier rang, et ne voyait dans l'union panhellénique projetée, que l'asservissement de sa
patrie à des barbares — c'est ainsi qu'il appelait violemment Philippe et les Macédoniens. « Le patriotisme de Démosthène, dit Droysen, son ardent amour pour l'honneur
et la puissance d'Athènes, ne sauraient faire doute pour
personne; c'est à juste titre qu'on admire en lui le plus
grand orateur de tous les temps. Qu'il ait été aussi grand
homme d'État, qu'il ait été l'homme d'État qu'eût demandé la politique nationale de la Grèce, c'est là une autre
question »[3]. Et Bury, dans le jugement bref mais caractéristique qu'il formule sur Démosthène orateur et homme
d'État, remarque qu' « un fervent patriote ne fait pas
un grand homme d'État »[4].

---

[1] Isocrate, *Philippe*, 127.
[2] Cavaignac : *Histoire de l'antiquité*, II, 407.
[3] Droysen : *Geschichte des Hellenismus*, I, 33.
[4] Bury : *A history of Greece*, II, p. 326-327.

Mais la campagne de Démosthène n'eut pour résultat que d'apporter quelque retard à l'exécution des projets de politique nationale de Philippe. Les Athéniens et les Thébains, entraînés eux aussi par Démosthène dans la guerre, furent battus à plate couture par les Macédoniens à Chéronée, en 338; le jeune Alexandre, chargeant impétueusement à la tête de la cavalerie, décida du sort de la bataille. Ainsi échouait définitivement la politique antimacédonienne de Démosthène; elle eut pour oraison funèbre cette remarque amère de quelques Athéniens après Chéronée : « Sans notre perte, nous étions perdus »[1]. Ces mots peuvent aussi servir de réponse à quelques-uns des plus anciens parmi les auteurs d'aujourd'hui qui traitent l'histoire de Philippe, suivant l'expression de Bury, comme « quelque chose d'un peu plus qu'une biographie de Démosthène »[2]. La grande victoire de Chéronée ne changea rien aux sentiments de Philippe. Il montra tant de bonté d'âme et d'amitié aux Athéniens — Démosthène l'avoue lui-même[3], — qu'ils lui élevèrent une statue sur l'agora, le proclamèrent lui et Alexandre citoyens d'Athènes, et conférèrent aux généraux macédoniens Antipater et Alkimachos le titre de proxène[4]. Un an après, l'assemblée panhellénique réunie à Corinthe décidait la guerre contre la Perse et élevait Philippe au rang de général en chef avec pleins pouvoirs sur terre et sur mer[5].

Ce que n'avaient pu faire les Athéniens avec Thémistocle ou Périclès, les Spartiates avec Lysandre ou Agésilas, les Thébains avec Épaminondas et Pélopidas, les Macédoniens le firent avec leur grand roi Philippe. C'est donc aux Macédoniens que revient tout l'honneur

---

[1] Cf. Droysen : *Geschichte des Hellenismus*, I, 34.
[2] Bury, *ibid.*, L'auteur fait évidemment allusion, en particulier, aux trois volumes de Schæfer : *Demosthenes und seine Zeit*.
[3] Démosthène, *Sur la couronne*, 231.
[4] Cf. Beloch : *Griechische Geschichte*, II, 570.
[5] Diod. de Sic., XVI, 89.

de la première union panhellénique qui n'avait cessé d'être l'utopie du passé et qui, une fois réalisée par Philippe, donna des fruits splendides sous Alexandre le Grand. Philippe devait tomber sous le poignard de l'assassin Pausanias, garde du corps, sans avoir réalisé le rêve magnifique de la conquête de l'Asie, mais ce rêve fut réalisé, au delà même de ce qu'avait jamais pu rêver Philippe, par son fils Alexandre (336-323), issu de son mariage avec Olympias, fille du roi d'Épire, Néoptolème; âgé de vingt ans à peine, il succéda à son père sur le trône de Macédoine et devait, le premier, recevoir de l'histoire pour son œuvre immense le surnom de *Grand*.

Alexandre avait hérité de son père l'ardeur belliqueuse et le bon sens politique; il avait reçu de son précepteur Aristote la plus parfaite éducation hellénique. Chose plus importante encore, il avait grandi dans l'atmosphère créée par l'idée panhellénique, la grande idée nationale. Il en fut le représentant et l'incarnation [1]. « De toutes les idées agitées de son temps, dit Ad. Reinach, celle qui a le plus frappé le fils de Philippe, c'est assurément l'idée panhellénique. Cette « grande idée » avait pris un singulier développement au IVe siècle; plus que jamais, les Grecs avaient conscience de leur unité nationale et c'est avec orgueil qu'ils s'opposaient comme *Hellènes* aux *barbares* » [2].

Comme son père deux ans auparavant, Alexandre, à peine roi, se hâte de se faire proclamer général en chef pour la guerre contre les Perses, dans une nouvelle assemblée panhellénique à Corinthe. D'abord, il étend en Europe son pouvoir jusqu'à l'Ister (Danube), il installe à Pella Antipater comme régent, et au printemps de 334 il passe en Asie Mineure avec 30.000 fantassins et 5.000 cavaliers. Alors commence cette épopée unique dont Droysen a dit : « L'histoire ne connaît point d'exploit plus étonnant » [3].

---

[1] Cf. Droysen: *Geschichte des Hellenismus*, I, p. 91 sq.
[2] Ad. Reinach, dans *L'Hellénisation du monde antique*, p. 173.
[3] Droysen, *ibid.*, p. 3.

Il est vainqueur dans toute une série de grandes batailles contre des ennemis incomparablement plus nombreux. A lui seul, le roi des Perses, Darius, au témoignage d'Arrien, lui opposa à Issus 600.000 combattants, et à Gaugamèle 1.000.000 de fantassins et 40.000 cavaliers[1]. Il réussit en dix ans à peine à achever la conquête et l'unification de cet immense empire, qui de la mer Adriatique et de l'Ister en Europe, s'étendait en Afrique jusqu'au désert, et en Asie jusqu'à l'Iaxarte et même au delà de l'Indus, c'est-à-dire jusqu'au cœur de l'Inde. Le calme Niese, jugeant Alexandre comme capitaine, dit de lui : « C'était un grand homme de guerre ; d'après un propos ancien, très caractéristique, il n'avait jamais livré une bataille sans en sortir vainqueur, jamais attaqué une ville sans la conquérir, jamais envahi un pays sans le soumettre »[2].

Mais Alexandre de Macédoine n'était pas seulement un grand capitaine ; c'était aussi le grand apôtre de l'hellénisme, c'est-à-dire de la civilisation. Avec la domination hellénique, il étendit aussi la culture hellénique à des peuples politiquement dégénérés. Jamais l'hellénisme ne manifesta plus de force physique et morale que pendant cette période. Le grand historien Droysen, qui suivant Wilamowitz « avait, le premier et longtemps le seul, reconnu la nature et le sens de l'hellénisme »[3], racontant la brillante histoire d'Alexandre le Grand et de ses successeurs, qui achevèrent son œuvre hellénisatrice, n'a pas trouvé de titre plus adéquat et plus expressif que celui-ci : *Histoire de l'hellénisme*. « Et c'est justice, ajoute Ad'. Reinach. L'hellénisme, comme force d'expansion, est l'œuvre d'Alexandre. » Et il termine en disant : « Si le fils de Philippe n'avait soumis aux Grecs tout l'Orient d'alors,

---

[1] Arrien, II, 8, 8; III, 8, 6.
[2] Niese : *Geschichte der griechischen Staaten*, 1, p. 187.
[3] Wilamowitz : *Die Griechische Literatur des Altertums*, chez Hinneberg; *Die Kultur der Gegenwart*, I, VIII, p. 82.

la Grèce, affaiblie, n'eût pas suffi pour imposer sa culture au monde »[1].

Le même écrivain français, continuant à regarder les faits d'un point de vue plus élevé, dit plus loin d'Alexandre : « C'est à ce double titre, vengeur de Léonidas et continuateur d'Achille, qu'il partait pour l'Asie ; on ne pouvait incarner plus profondément la tradition nationale grecque »[2]. Et en effet, avant son départ pour l'expédition d'Asie, il offre, à Dion, de magnifiques sacrifices aux dieux helléniques insultés par les Perses. A peine est-il passé en Troade (Homère était son livre de chevet), il couronne le tombeau d'Achille, organise une fête en son honneur et échange sa précieuse armure avec le bouclier vénérable du héros homérique, consacré dans le temple d'Athéna Ilias. Il ne quitte Ilion qu'après en avoir ordonné la reconstruction et exempté les habitants de tout tribut[3].

Avant la bataille du Granique, la première qu'il livra en Asie, il adresse ces paroles à ses soldats : « En avant, braves soldats, montrez en ce jour que vous êtes des hommes courageux, dignes de votre roi et de la Grèce ». Après la victoire du Granique, il choisit dans le butin trois cents armures qu'il envoie à Athènes et fait consacrer à Pallas Athéna avec cette dédicace : « Alexandre, fils de Philippe et les Hellènes, à l'exception des Lacédémoniens[4], sur les Barbares d'Asie »[5]. Il s'indignait qu'il y eût des mercenaires grecs parmi les Perses[6] ; quand il en trouvait parmi ses prisonniers, il ne leur accordait pas les droits du combattant, il les faisait attacher, envoyer en Macédoine et condamner aux travaux forcés, pour

---

[1] Ad. Reinach, dans *L'Hellénisation du monde antique*, p. 169.
[2] Ad. Reinach, *ibid.*, p. 183. Cf. Kœrst : *Geschichte des hellenistischen Zeitalters*, I, 244 sq., Bury : *A history of Greece*, II, 343, etc.
[3] Arrien, I, 11, 7. Cf. Droysen, *op. cit.*, I, p. 187.
[4] On connaît l'antipathie d'Alexandre envers la jactance lacédémonienne.
[5] Arrien, I, 16, 7.
[6] Voir *supra*, p. 51.

avoir, « étant Grecs, combattu contre la Grèce dans les rangs des barbares »[1].

A Sardes il jette aussitôt les bases d'un temple de Zeus Olympien. « C'est annoncer à l'Asie, dit Ad. Reinach, qu'elle a passé des dieux de la Perse à ceux de la Grèce. Et Alexandre réalise cette promesse. S'approchant de la côte ionienne en même temps que sa flotte, il proclame la liberté des cités grecques : partout, les oligarchies ou les tyrannies, soutenues par les armes ou par l'or de la Perse, s'écroulent; les démocraties acclament de toutes parts le libérateur, qui les exempte du tribut et qui, d'Éphèse, s'occupe, à la façon de Napoléon, de projets grandioses : reconstruction de Smyrne, achèvement des temples d'Éphèse, de Didyme et de Priène, percement de l'isthme de Clazomènes et de celui de l'Athos »[2].

Alexandre ne se borne pas à délivrer et à reconstruire les cités grecques; pénétrant dans l'intérieur du pays, il fonde et peuple jusqu'aux rives de l'Iaxarte et de l'Indus une foule de villes grecques, dont le nombre, d'après Plutarque, dépasse soixante-dix[3]; vingt-six d'entre elles portaient son nom, par exemple la fameuse Alexandrie d'Égypte, aujourd'hui encore florissante, Alexandrette d'Asie Mineure, au fond du golfe de l'Issos, d'autres encore à l'intérieur de l'Asie, dont le nom grec, déformé, subsiste cependant aujourd'hui[4].

Outre ces fondations, Alexandre ne néglige aucun moyen de propagation du grec et de la civilisation grecque, d'hellénisation des pays chaque jour conquis, par le mélange des Grecs avec les populations locales. Il enrôle des milliers d'indigènes, il les exerce à la grecque, leur donne le nom

---

[1] Arrien, I, 16, 6.
[2] Ad. Reinach, dans *L'Hellénisation du monde antique*, p. 185.
[3] Plutarque, *Sort et vertu d'Alexandre*, 1, 5.
[4] Sur Alexandre fondateur, voir Droysen : *Geschichte des Hellenismus*, III, 2 (Beilage I : *Die Städtegründungen Alexanders und seiner Nachfolger*), p. 187 sq.

d'*épigones*[1], organise des fêtes communes et va jusqu'à encourager, imposer même les mariages mixtes. Il prêche personnellement d'exemple ; à Suse, il épouse la fille de Darius, et donne les autres princesses, ainsi que les filles des plus nobles satrapes à quatre-vingts de ses généraux. Plus de dix mille Macédoniens, l'imitant aussitôt, épousent des filles d'Asie[2]. Démaratos de Corinthe, à ce que dit Plutarque, assistant au somptueux spectacle des fêtes nuptiales de Suse, s'écrie : « O Xerxès, roi barbare et insensé, qui pris une peine inutile à jeter un pont sur la mer d'Hellé, voici comment de sages rois relient l'Europe à l'Asie et joignent les races, non avec des poutres et des radeaux, des liens matériels et insensibles, mais par l'amour légitime, par de sages unions, par des gages communs de tendresse, tels que sont les enfants »[3].

L'influence d'Alexandre, hellénisatrice, c'est-à-dire civilisatrice, est si grande que les peuples soumis par lui le croient d'origine et d'essence divine et qu'aujourd'hui encore, les peuples d'Orient gardent de lui, sous le nom d'*Iskandar*, un pieux souvenir[4]. Les Grecs, flattés de ses vastes succès, le comparaient à Dionysos ou à Héraclès. Le peintre Apelle et le sculpteur Lysippe le représentaient revêtu d'une magnificence divine. Stasicrate voulait tailler le mont Athos à sa ressemblance[5]. Les plus célèbres philosophes, Aristote, Théophraste, Xénocrate, reconnaissaient en lui le grand bienfaiteur de l'hellénisme. Démosthène lui-même lui envoyait une lettre de félicitations et réclamait sa bienveillance[6].

Sa carrière de conquête et d'hellénisation fut arrêtée par une mort bien prématurée. Il mourut à Babylone, à moins de trente-cinq ans, âge auquel des deux autres grands

---

[1] Arrien, VII, 6, 1.
[2] Arrien, VII, 4, 4-8.
[3] Plutarque, *Sort et vertu d'Alexandre*, I, 6.
[4] Ad. Reinach, dans *L'Hellénisation du monde antique*, p. 211.
[5] Plutarque, *ibid.*, II, 2.
[6] Cf. Paparrigopoulos : *Histoire de la Nation grecque*, II, p. 154.

conquérants du monde, remarque l'historien Paparigopoulos, « l'un, Jules César, était encore inconnu, l'autre, Napoléon, n'était qu'au début de sa carrière »[1]. Il fut enterré en grande pompe à Alexandrie d'Égypte, et non à Édesse, ville sainte de la Macédoine où se trouvaient les tombeaux de tous ses ancêtres, suivant la volonté de Perdiccas Ier, premier roi et fondateur de la dynastie des Argéades. On considéra donc comme éteinte en la personne d'Alexandre la vieille dynastie macédonienne, et la tradition populaire vit dans ce fait la cause du démembrement de son immense empire après sa mort[2]. Malgré son règne si court, malgré les interminables guerres civiles de ses successeurs, compétiteurs au trône, Alexandre a laissé, nous le verrons plus loin, une œuvre assez fortement enracinée pour rester immortelle. « Il a, dit Niese, changé un monde, fondé un ordre de choses nouveau, et, quelque courte que sa vie ait été, elle a exercé une action qui dura des siècles ; sa mémoire ne fut jamais effacée. »[3].

Un vif et pieux souvenir d'Alexandre le Grand a naturellement été conservé, plus que par tout autre, par le peuple grec. Le professeur Politis, infatigable et profond chercheur des traditions populaires grecques, dit : « Le nom d'Alexandre le Grand survit dans tous les recoins de la terre grecque; le dernier des laboureurs répète l'histoire merveilleuse des hauts faits et des aventures du grand roi dans les régions les plus lointaines; le berger de la montagne, pris par une violente tempête, la croit provoquée par la sœur d'Alexandre, Dame Kalo, reine des Néréides et par son cortège, et il murmure alors avec effroi : « Fées de grâce, fées au bon cœur; par l'âme du roi Alexandre, ne me faites pas de mal ! » En beaucoup d'endroits de la Macédoine, quand s'élève un ouragan, les habitants crient pour apaiser les Néréides : « Du miel et du lait ! Le roi

---

[1] Paparrigopoulos : *Histoire de la nation grecque*, II, 171.
[2] Justin, VII, 2; Cf. Cavaignac : *Histoire de l'antiquité*, II, 439.
[3] Niese : *Geschichte der griechischen Staaten*, I, 189.

Alexandre a dû passer par ici. Il vit et il règne toujours ! » Les matelots racontent qu'en mer souvent, la fille d'Alexandre et de la Mer, la Gorgone, très belle fille dont le corps finit en poisson, rencontrant un bateau, le saisit par la proue, demande : « Le roi Alexandre est-il en vie? » Si les matelots répondent : « Il vit et règne toujours », charmée de l'heureuse nouvelle, elle commande le calme aux flots, et chante, en s'accompagnant de la lyre, un chant joyeux et plein d'harmonie. Si, au contraire, par distraction, ils répondent qu'Alexandre est mort, irritée, elle jette en l'air le vaisseau; elle s'éloigne en se lamentant, et de ses plaintes naît une tempête qui fait sombrer le bateau corps et biens [1].

Un des livres les plus aimés du peuple grec aujourd'hui encore est la *Chronique d'Alexandre*, paraphrase, rééditée et augmentée depuis des siècles, de l'ancienne collection des traditions anciennes relatives à Alexandre. Cette collection qui circula à Alexandrie au IIIe siècle, avait été identifiée avec une histoire d'Alexandre de l'historien Callisthène, neveu et disciple d'Aristote. Sur la question du pseudo-Callisthène, disons qu'il fut traduit de bonne heure en latin et en arabe; c'est de là que proviennent, au Moyen Age, les traditions sur Alexandre en Europe occidentale et en Afrique. Un manuscrit byzantin fut traduit en slavon; c'est ainsi que les traditions relatives à Alexandre pénétrèrent aussi chez les Bulgares, les Serbes et les Russes [2]. Cl. Nicolaïdès fait ces rapprochements et conclut : « Voilà la source de la curieuse découverte faite

---

[1] N.-G. Politis : *Alexandre le Grand dans la tradition populaire*, dans K.-Ph. Scocos, *Étésion Hemerologion* (Calendrier annuel) de 1889, p. 37 sq.; trad. française dans Cl. Nicolaïdès : *La Macédoine* (XIV, Alexandre le Grand dans les légendes populaires), p. 226 sq. Voir d'autres traditions grecques sur le grand roi dans Politis : '*Études sur la vie et la langue du peuple grec* (en grec). Traditions, N°s 7, 551, 552, 651, 652, Partie I, p. 6, 307-309, 387-389, Partie II, p. 640, 1193 sq. Voir aussi Abbot : *Macedonian folklore*, p. 279 sq.

[2] Cf. Erwin Rohde: *Der Griechische Roman und seine Vorläufer*, Leipzig, 1876, p. 184 sq. ; Krumbacher : *Geschichte der byzantinischen Litteratur*, 2e éd., p. 849 sq.

dernièrement par les Bulgares, à savoir qu'Alexandre le Grand fut un Bulgare et qu'il conquit, il y a vingt-deux siècles, le globe terrestre au profit de la Bulgarie »[1] !

Alexandre n'avait pas désigné de successeur[2] ; son immense empire fut démembré. Les nombreux généraux du grand conquérant se partagèrent ses nombreuses provinces ; la Macédoine et le reste de la Grèce revinrent à Krateros et Antipater. Ce morcellement provoqua des guerres civiles pour l'hégémonie mondiale ; elles durèrent de nombreuses années. La bataille d'Ipsus (301 av. J.-C.) donna la victoire et un établissement définitif à Séleucus en Asie, à Ptolémée Lagos en Afrique. Mais en Europe la situation mit plus de temps à se stabiliser.

La Macédoine, dans le premier vertige des guerres de la succession d'Alexandre, ignore qui est son véritable roi et son maître. Enfin, après bien des aventures, Démétrius Poliorcète, fils d'Antigone Monophtalme de Pella (un des généraux d'Alexandre), réussit à s'emparer du trône de Macédoine (294), et s'y maintient quelques années. Mais lui aussi rêve d'hégémonie mondiale. Les conditions lui sont pourtant entièrement défavorables. Avant de s'imposer à Séleucus qui règne en Asie, à Ptolémée qui règne en Afrique, il lui faut abattre deux puissants voisins. L'Épire est alors gouvernée par Pyrrhus, ce grand roi qui tenta de refaire en Occident ce qu'Alexandre avait fait en Orient. En Thrace, Lysimaque, l'un des meilleurs généraux d'Alexandre, a su édifier après la mort de son maître un puissant et florissant empire. Démétrius vit ses espoirs déçus dès le commencement de son entreprise. Sa première expédition, dirigée contre Pyrrhus, eut un résultat bien différent de celui qu'il attendait : il ne conquit point l'Épire et Pyrrhus s'empara de la Macédoine (285). Mais

---

[1] Cf. Nicolaïdès : *La Macédoine*, 230.
[2] Arrien (VII, 26, 3) rapporte qu'Alexandre mourant laissa son empire « au plus digne ». Lire les belles réflexions de Chateaubriand : *Itinéraire de Paris à Jerusalem*, I, p. 287.

ce résultat ne pouvait pas plaire à Lysimaque. Il fit, lui aussi, une expédition contre Pyrrhus; il est vainqueur la même année et incorpore au royaume de Thrace, dont il est le souverain, la Macédoine entière; poursuivant ses succès au nord, il conquiert aussi la Péonie.

Le royaume thrace de Lysimaque, qui s'étendait au nord jusqu'au Danube, présentait un caractère essentiellement hellénique. Nous avons vu que, dès le vi^e siècle, la civilisation grecque avait très profondément pénétré dans l'intérieur de la Thrace [1]. Philippe avait construit, au cœur même de la Thrace, Philippopoli, première fondation macédonienne hors de la Macédoine; il avait inauguré ainsi une ère nouvelle d'hellénisation. Alexandre lui donna une impulsion plus forte. La fondation de Philippopoli fut suivie de celle d'Alexandroupolis, dans le pays des Mædes. Lysimaque, ce vaillant soldat de l'hellénisme, ne négligeait rien de ce qui pouvait parfaire l'hellénisation du pays. « L'affermissement de l'hellénisme en Thrace, dit Ad. Reinach, est l'œuvre de Lysimachos, qui, de Lysimacheia dont il fit (en 309) sa capitale dans la Chersonèse, gouverna la Thrace pendant un demi-siècle (323-281) » [2].

Cependant, le royaume de Lysimaque, qui s'étendait d'une façon menaçante dans l'ouest de l'Asie Mineure, fut détruit peu après par Séleucus. Séleucus ne put pourtant pas étendre sa domination jusqu'en Europe. Il fut battu par Ptolémée Kéraunos (frère de Ptolémée II qui régnait sur l'Afrique), qui s'empara du trône de Macédoine et réduisit la Thrace aussi sous ses lois (281). Un an après, les Celtes, appelés plus tard Galates, envahirent la Macédoine, qui tomba dans un état d'anarchie complète; cela dura jusqu'en 277. Le fils de Démétrius Poliorcète, Antigone, surnommé Gonatas, réussit alors à

---

[1] Voir *supra*, p. 21 sq.
[2] Ad. Reinach, dans *L'Hellénisation du monde antique*, p. 247.

chasser les hordes celtes et recouvra définitivement le trône de Macédoine.

Ainsi se fondèrent les trois grandes dynasties macédoniennes qui gouvernèrent les destinées de l'hellénisme jusqu'à la conquête romaine : les Antigonides en Europe, avec pour capitale Pella de Macédoine; les Séleucides en Asie, résidant à Antioche sur l'Oronte, en Syrie ; les Lagides ou Ptolémées en Afrique, avec pour capitale Alexandrie d'Égypte.

Sous Antigone Gonatas (277-239), la Macédoine put revoir les jours heureux de sa brillante gloire d'autrefois. Pella fut ornée de nouveaux monuments; la cour d'Antigone était illustrée par des hommes célèbres, tels que Bion, le poète bucolique, Persée et Philonide, disciples de Zénon, Aratos, philosophe et poète, Hiéronymos, philosophe et historien, les poètes Antagoras et Alexandre l'Étolien, Timon le sillographe, etc., qui rappelaient l'éclat des cours d'Archélaüs et de Philippe[1]. Mais c'est aussi sous Gonatas que réalisèrent leurs tendances à l'autonomie un grand nombre de villes grecques, qui avaient commencé à les manifester, dès que, sous les coups d'Alexandre, le péril perse se fut évanoui. Elles étaient excitées en dessous par les émules de Démosthène, qui dirigeaient toute leur éloquence « en sens contraire des besoins et des destinées de l'hellénisme »[2]. C'est ainsi que les cités étoliennes échappèrent à la domination macédonienne et constituèrent une confédération à part; d'autres villes dans le Péloponèse en constituèrent une seconde, la puissante confédération achéenne.

A Antigone Gonatas succéda son fils Démétrius et à celui-ci son cousin Antigone Doson (229-220). Doson sut opposer au nord une barrière infranchissable aux Dardaniens qui avaient succédé comme envahisseurs aux

---

[1] Voir Tarn : *Antigonos-Gonatas* (VIII, *Antigonos and his circle*), p. 223 sq.
[2] Ad. Reinach, dans *L'Hellénisation du monde antique*, p. 229.

Galates; il fit même une expédition heureuse dans le Péloponèse.

Son successeur Philippe V (220-179), fils de Démétrius, prit part à la guerre sociale comme allié des Achéens contre les Étoliens. Alors, pour la première fois, les Romains entrent en scène. Leur première expédition fut malheureuse, mais ensuite ils battirent Philippe à Cynoscéphales de Thessalie (197). Malgré cette victoire, les Romains se rendirent compte qu'il leur serait impossible de soumettre les Grecs, par la seule force des armes; ils cherchèrent à fomenter la discorde pour user les forces de l'hellénisme. Le général romain Flamininus y réussit particulièrement bien, en proclamant adroitement devant l'assemblée des Grecs, dans l'Isthme, la prétendue libération des cités grecques du « joug macédonien ».

Persée (179-167) succéda à Philippe et fut le dernier roi de Macédoine. Son avarice l'empêcha de faire les préparatifs de guerre exigés par la situation et fut le meilleur allié des Romains. Après deux ans d'une guerre au cours de laquelle Persée, par pusillanimité, laissa plusieurs fois échapper l'occasion de briser, pour toujours peut-être, la puissance romaine[1], l'invincible phalange macédonienne était battue à plate couture par le consul Paul-Émile, près de Pydna de Piérie. Le royaume de Macédoine, ayant plus de cinq siècles d'une glorieuse existence, s'effondrait pour jamais. L'illustre terre de Macédoine, après avoir reçu au début une sorte d'autonomie locale, réduite aux formes extérieures, finit par augmenter de quatre le nombre des provinces romaines. Soixante-dix villes d'Épire étaient en même temps mises au pillage et leurs habitants emmenés comme esclaves. Le royaume de Thrace devenait vassal des Romains. A l'occasion de cette victoire et de l'arrivée de Persée, escorté d'une foule de prisonniers de marque et

---

[1] Cf. Hertzberg : *Die Geschichte Griechenlands unter der Herrschaft der Römer*, I, p. 186 sq.; Mommsen : *Römische Geschichte*, I, p. 766.

d'un riche butin, un magnifique triomphe fut célébré à Rome. Le sens en était celui-ci : la tête de l'hellénisme était coupée ; l'empire du monde passait à Rome.

En effet, quelques années plus tard, en 146, le reste de la Grèce était soumis à l'Occident et constituait une province romaine sous le nom d'Achaïe. Le sort qu'avait eu l'hellénisme d'Europe fut aussi celui de l'hellénisme d'Asie et enfin de l'hellénisme d'Égypte, dont les fondements, en dépit d'une amère expérience et du péril romain, n'avaient jamais cessé d'être ébranlés par des rivaux qui se disputaient perpétuellement l'hégémonie, et par les douloureux contre-coups que le pays en recevait. L'Empire des Séleucides avait de bonne heure été amputé de ses provinces indiennes et, d'une manière générale, extrême-orientales. Les Romains le renversèrent en 64 avant J.-C., sous Antiochus XI. Ils avaient commencé par l'affaiblir, en soutenant d'abord, puis en conquérant les possessions des Rhodiens et des autres petits royaumes qui avaient remplacé le royaume séleucide en Asie Mineure[1]. L'Empire égyptien des Lagides fut renversé par les Romains en 30 avant J.-C., sous le règne de la célèbre Cléopâtre, sœur du dernier des Ptolémées, douzième du nom.

Ces États affaiblis par les guerres civiles furent une proie facile pour Rome ; mais leur existence avait duré presque trois siècles, au cours desquels ils avaient amélioré l'œuvre hellénisatrice et civilisatrice d'Alexandre le Grand, à un tel point qu'Alexandre peut être regardé comme simple fondateur d'une œuvre qui fut poursuivie et complétée par les plus habiles de ses successeurs. « L'épopée d'Alexandre, écrit Ad. Reinach, eût pu être sans lendemain, comme celle d'un Tamerlan. Si elle a changé définitivement la face du monde et préparé l'Empire romain, c'est qu'elle a trouvé pour la poursuivre des Macédoniens

---

[1] Voir *infra*, p. 69.

dignes de leur grand Roi. » Et plus loin : « Si les successeurs d'Alexandre ont échoué dans son rêve d'unir tous les peuples connus en un vaste empire grec, s'ils n'ont même pas pu se maintenir dans les frontières qu'il leur avait léguées, laissant les Parthes établir leur hégémonie au delà de l'Euphrate et Rome absorber la Grèce d'Italie et de Sicile, ils n'en ont pas moins donné à l'hellénisme une impulsion inouïe. On peut même dire que si l'hellénisme est resté dans le monde une force essentielle qui, à travers l'Empire romain, domine encore le monde moderne, c'est grâce aux formes nouvelles qu'il a prises sous l'action des monarchies macédoniennes »[1].

Les Séleucides et leurs vassaux[2] continuèrent surtout l'œuvre d'Alexandre en fondant et en peuplant de toutes parts dans leur empire des villes grecques. Plusieurs d'entre elles reçurent des noms de villes macédoniennes, Édesse, Berrœa, Ichnæ, Pella, Dion, Europos, Amphipolis, Héraclée, Apollonie, ou plus généralement grecques, Larissa, Chalcis, Oropos, Mégare, Leucade, etc. D'autres reçurent le nom du roi qui les avait fondées, comme Séleucie ou Antioche. Parmi celles-ci les plus importantes et les plus brillantes étaient Antioche sur l'Oronte, capitale du royaume, si peuplée qu'un tremblement de terre y tua, dit-on, 250.000 personnes; Séleucie, sur le Tigre, ville très commerçante, qui, suivant Pline l'Ancien, comptait 600.000 habitants au 1er siècle après J.-C.[3]; une ville qui servait

---

[1] Ad. Reinach, dans *L'Hellénisation du monde antique*, p. 213 et 253.

[2] Sur le royaume des Séleucides, outre les ouvrages généraux de Droysen, Niese, Kœrst, Beloch, Cavaignac, etc., voir aussi Bevan: *The house of Seleucus*, Londres, 1902, et Bouché-Leclercq: *Histoire des Séleucides*, Paris, 1913. Pour les satrapies de l'est en particulier, Gutschmid: *Geschichte Irans und seiner Nachbarländer von Alexander dem Grossen bis zum Untergang der Arsaciden*, Tubingue, 1888. Pour les monnaies, Percy Gardner: *A catalogue of greek coins in the British Museum. The Seleucid Kings of Syria*, Londres, 1878, et *The coins of the Greek and Scythic Kings of Bactria and India in the British Museum*, Londres, 1886; Ernest Babelon: *Les Rois de Syrie*, etc., Paris, 1890, et Sallet: *Die Nachfolger Alexanders des Grossen in Baktrien und Indien*, Berlin, 1879. Voir aussi p. 76, n. 2.

[3] Pline l'Ancien, VI, 122.

de port à Antioche et rivalisait avec elle de grandeur et d'éclat, Séleucie de Piérie, — car les provinces aussi avaient pris des dénominations macédoniennes. D'autres villes prirent des noms qui en traduisaient en quelque sorte le caractère; telles sont Zeugma, au gué de l'Euphrate; Botrys, la ville des vignes, etc.; d'autres régions reçurent des désignations qui en décrivaient la nature spécialement aux yeux des Grecs : Trachonitis, « le pays rocheux », caractérise à merveille le Hauran; Péraia, « le pays d'au delà » (du Jourdain), convient à la Transjordanie [1]. Outre ces fondations, les Séleucides procédèrent à l'hellénisation du pays par l'administration : les coutumes grecques et les coutumes asiatiques s'y trouvaient mêlées, mais la langue officielle était le grec; ils fondèrent aussi dans diverses villes des bibliothèques; la plus célèbre fut celle d'Antioche, qui parmi ses conservateurs compta le poète Euphorion; et que, par la suite, Antiochus VII, grâce aux libéralités d'un Grec d'Antioche, Maron, promut au rang de *sanctuaire des Muses*, par imitation du fameux Musée d'Alexandrie [2]; l'armée comptait dans ses rangs des indigènes aussi, mais son organisation et son administration étaient grecques; notons enfin la fusion des deux races, l'introduction des mœurs grecques et du culte des dieux helléniques, ajouté à celui des divinités indigènes par les Séleucides qui se prétendaient descendants d'Apollon. L'hellénisation fut poussée si loin qu'au IIe siècle avant J.-C., on fut obligé de traduire en grec l'Ancien Testament à l'usage des Juifs de langue grecque.

Les dynasties qui régnaient sur les États d'Asie Mineure, Pergame, Bithynie, Pont, Cappadoce, ne négligèrent pas plus que les Séleucides les fondations de villes grecques et autres moyens d'hellénisation complète de leurs territoires.

---

[1] Cf. Droysen : *Geschichte des Hellenismus*, III, 2 (Beilage I, *Die Städtegründungen Alexanders und seiner Nachfolger*), p. 254 sq. De même Ad. Reinach, dans *L'Hellénisation du monde antique*, p. 245.

[2] Voir *infra*, p. 73.

Remarquons que ces familles royales n'étaient pas toutes d'origine hellénique [1]. Mais l'hellénisme ne s'imposait point par la violence, sans quoi il n'aurait pas donné ces résultats merveilleux qui justifient l'expression « l'hellénisme triomphant » [2]. Spontanément et indépendamment de toute raison politique, l'humanité fruste encore venait chercher une chaleur vivifiante dans son giron, attirée par l'invincible charme de la culture grecque et de l'art grec [3]. Au reste, l'Asie Mineure offrait à la culture grecque un sol tout préparé; n'avait-elle pas jadis enfanté les premiers fondateurs des lettres et de la science grecque, Homère, Thalès, Bias, Anacréon, Anaxagore, Hérodote, les Anaximandre, les Xénophane, les Héraclite, les Anaximène, les Diogène, les Hécatée, les Hipponax, les Apelle et la fameuse Aspasie enfin qui eut une si grande influence sur l'esprit et sur l'âme d'un Périclès? « De toutes les parties de l'Empire d'Alexandre, dit Ad. Reinach, l'Asie Mineure semblait, une fois soumise, la plus facile à helléniser. Ce n'est pas seulement qu'elle fût la plus proche de la Grèce et que tout le ruban de ses côtes était occupé depuis des siècles, de la Cilicie à la Colchide, par des colonies grecques [4]; c'est aussi que la plus importante de ses

---

[1] Sur ces États d'Asie Mineure et les familles régnantes, voir aussi Ed. Meyer : *Geschichte des Königreiches Pontos*, Leipzig, 1879, et l'article *Kappadokien*, dans Ersch und Gruber : *Allgemeine Encyclopädie der Wissenschaften und Künste*, 2 sect. 32, 383 sq.; Th. Reinach : *Trois royaumes d'Asie Mineure*, 1888, et *Mithridate Eupator*, 1898: Cardinali : *Il regno di Pergamo*, dans Beloch : *Studi di Storia antica*, V, Rome, 1906; Fr. Imhoof-Blumer: *Die Münzen der Dynastie von Pergamon*, Berlin, 1884; W.-H. Waddington, Th. Reinach et Ernest Babelon : *Recueil général des monnaies grecques d'Asie Mineure*, t. I, fasc. 1, *Pont et Paphlagonie*; fasc. 2, *Bithynie*. Voir aussi p. 76, n. 2.

[2] Ad. Reinach, dans *L'Hellénisation du monde antique*, p. 229.

[3] Voir Wilamowitz-Moellendorff : *Die griechische Literatur des Altertums*, dans Hinneberg : *Die Kultur der Gegenwart*, I, VIII, p. 81.

[4] Il convient de remarquer que l'historien E. Curtius, dans son étude *Die Ioner vor der ionischen Wanderung*, enseigne que les Grecs d'Asie Mineure n'étaient pas des colons, mais des autochtones; il considérait leur pays et les îles avoisinantes comme le premier habitat des Ioniens. Cette opinion a été adoptée par plusieurs autres historiens. Cf. E. Curtius : *Griechische Geschichte*, I, p. 30 et 636, n. 7.

populations était apparentée de langue, de mœurs et de religion aux Grecs »[1].

L'action des Attalides de Pergame surtout fut admirable. Il suffit de rappeler que le roi Eumène II fonda la fameuse bibliothèque de Pergame qui contenait 200.000 volumina; l'amour de l'étude et des livres en fut accru à tel point chez les Pergamois que les Ptolémées, jaloux, interdirent l'exportation du papyrus d'Égypte; mais Pergame inventa le parchemin, dont la fabrication devint alors une branche importante de la florissante industrie pergaminienne. Dans le royaume de Pergame, les arts utiles progressaient avec les beaux-arts et la science appliquée rivalisait avec la science pure. Les tissus attaliques et tant d'autres produits de l'industrie pergaminienne ne furent pas moins connus dans l'antiquité que la philosophie stoïcienne qui y florissait également, ou encore que cet art auquel est dû le grand autel élevé en souvenir de la victoire d'Attale sur les Galates[2].

En Afrique, l'illustre dynastie des Lagides ou Ptolémées[3], originaire de l'Éordée, ne parvint pas à fonder autant de villes que les Séleucides; on ne lui attribue guère que quarante fondations de villes dans toute l'Égypte et dans la Cyrénaïque, grecque depuis les temps les plus reculés; trois de ces villes seulement furent importantes : Philadelphie, Arsinoé et Ptolémaïs[4]. Néanmoins les Lagides contribuèrent plus grandement encore à l'œuvre de diffusion de l'hellénisme, au développement de la culture hellénique, à l'hellénisation de toute l'Égypte enfin,

---

[1] Ad. Reinach, dans *L'Hellénisation du monde antique*, p. 231.

[2] Voir l'édition monumentale du ministère prussien de l'Instruction publique : *Altertümer von Pergamon*.

[3] Sur les Lagides ou Ptolémées voir aussi Mahaffy : *The Empire of the Ptolemies*, Londres, 1895; Bouché-Leclercq : *Histoire des Lagides*, Paris, 1903-1906; Svoronos: *Les Monnaies de l'Empire des Ptolémées* (en grec), 3 vol. Athènes, 1905, et tome IV (en allemand) : *Die Münzen der Ptolemaeer*, 1908. avec suppléments par F. Hultsch et K. Begling. Voir aussi p. 76, n. 2.

[4] Droysen : *Geschichte des Hellenismus*, III, 2 (Beilage I, *Die Städtegründungen Alexanders und seiner Nachfolger*), p. 329 sq.

par l'éclat de leur cour, le gouvernement central, l'armée, le culte, l'action souveraine du pouvoir royal émanant d'Alexandrie, où, suivant l'expression de Niese, « tout est hellénique et plus particulièrement attique »[1].

Leurs efforts furent sans aucun doute sérieusement facilités par l'aspect géographique de l'Égypte; à la différence de l'Empire des Séleucides, géographiquement morcelé, l'Égypte est une et se compose uniquement d'une vallée, la grande vallée du Nil. En outre ses richesses naturelles permirent aux Ptolémées l'accomplissement de si grands et de si beaux travaux dans la capitale, qu'Alexandrie devint non seulement le centre imposant de l'administration du pays, mais encore le centre du commerce mondial et une « deuxième Athènes » pour la culture et la civilisation. La situation géographique d'Alexandrie favorisait admirablement son progrès commercial. Les Ptolémées l'avaient bien compris, et n'en montrèrent que plus d'ardeur à développer la navigation et à améliorer les constructions maritimes. Nul État dans l'antiquité n'a pu s'enorgueillir d'un aussi grand nombre de bateaux, ni d'aussi beaux chantiers. Les Ptolémées rendirent aussi le plus signalé service à la flotte mondiale en élevant la première tour à feu maritime sur la petite île qui est devant le port d'Alexandrie et se nomme le Phare, d'où le nom de *phares* donné dans la suite aux feux de ce genre. Ce phare d'Alexandrie était d'une hauteur et d'une beauté si admirables qu'il fut classé parmi les sept merveilles du monde.

Les Ptolémées, qui eurent tous une culture très étendue, firent plus encore pour les lettres et les sciences, grâce aux immenses trésors qu'ils purent amasser, en mettant en valeur les richesses naturelles du pays et en développant le commerce et la navigation[2]. Le progrès des lettres

---

[1] Niese: *Geschichte der griechischen Staaten*, II, p. 111.

[2] On peut se faire une idée de la fortune des Ptolémées en lisant la description que fait Callixène d'une fête donnée à Alexandrie; elle coûta à Ptolémée II une somme voisine de 15 millions de francs. Cf. Droysen: *Geschichte des Hellenismus*, III, 1, 53.

et des sciences fit ainsi sous les Ptolémées un tel bond, que la civilisation romaine, si florissante qu'elle ait été par la suite, ne trouva rien à y ajouter. Il ne parut pas beaucoup de chefs-d'œuvre littéraires, mais les textes anciens furent rassemblés, établis, commentés, classés scientifiquement, et, chose plus importante encore, diffusés dans le monde entier. Ainsi Rome, puis Constantinople purent conserver intact le précieux héritage de l'antiquité.

L'œuvre la plus utile aux lettres grecques et aux sciences fut la fondation par les Ptolémées et la conservation de ce fameux Musée d'Alexandrie, premier établissement de ce nom. C'était non un musée au sens moderne du mot, mais, comme dit Schlosser, « une université et une académie des sciences »[1]. Il contenait, outre une foule d'annexes scientifiques, la fameuse bibliothèque d'Alexandrie, qui, sous les premiers Ptolémées, comptait 700.000 volumes. Ce Musée fut fondé sur l'initiative de Démétrius de Phalère, élève de Théophraste, par Ptolémée Ier, lui-même élève d'Aristote et le premier des historiens alexandrins : il composa une *Histoire d'Alexandre*, où Arrien a beaucoup puisé pour son *Anabase*. Le Musée, pendant près de mille ans, c'est-à-dire jusqu'à la conquête arabe et la destruction d'Alexandrie, fut le foyer intellectuel et le lieu de rendez-vous de toute cette pléiade de lettrés et de savants, connus sous le nom d'*Alexandrins* dans l'histoire des lettres et des sciences. C'est dans ce foyer que fréquentèrent ou que vécurent le poète Philétas, le véritable fondateur de la poésie lyrico-épique particulière à Alexandrie; le poète Lycophron; Théocrite, l'incomparable poète bucolique; Callimaque de Cyrène, poète épique, philologue très fécond aussi et qui le premier composa des ouvrages d'histoire littéraire; Zénodote, le premier grammairien, savant critique, et qui fut conser-

---

[1] Schlosser : *Weltgeschichte*, III, p. 48.

vateur de la Bibliothèque; Hérophile et Erasistrate, médecins, pères de l'anatomie; le géomètre Euclide, considéré comme le père des mathématiques; Conon, son digne successeur; le fameux Archimède; le Copernic de l'antiquité, Aristarque de Samos; Eratosthène, le grand géographe et astronome; l'ingénieur Ctésibios; son élève Héron; Appollonius de Perga, le grand géomètre; Apollonius de Rhodes, le savant et élégant poète des *Argonautiques;* Aristophane de Byzance, le grammairien renommé; le fameux Aristarque, le plus grand des grammairiens, qui avait écrit 800 volumina; ses disciples Moschus de Syracuse, poète et grammairien, Didyme d'Alexandrie, fameux grammairien, surnommé l'Infatigable (*Chalkenteros,* il avait écrit environ 3.500 volumina), Denys le Thrace, Ammonios d'Alexandrie, son fils Tryphon, linguiste renommé, et combien d'autres encore[1]! Il n'y avait pas d'exagération à dire : « Ce sont les Alexandrins qui ont fait à eux seuls l'éducation des Grecs et des barbares »[2].

La Macédoine, avec Alexandre et ses habiles successeurs, a donc sauvé le monde grec et la culture grecque d'une perte certaine, et de plus, en cultivant scientifiquement les produits du génie grec, en les répandant à travers le monde, elle a donné à l'hellénisme le pouvoir et le moyen de s'imposer, de se perpétuer, de devenir le fondement de la civilisation moderne. « Alexandre, dit Wilamowitz, couronne l'histoire grecque; le IIIe siècle est comme le sommet de la culture hellénique et, par cela même, du monde antique, l'époque à laquelle seule l'époque moderne est comparable. Les pensées éternelles ont beau avoir été conçues, les chefs-d'œuvre éternels de l'art ont beau avoir été exécutés antérieurement à ce siècle; c'est par la constitution de la science et l'hégémonie mondiale que

---

[1] Voir Franz Susemihl : *Geschichte der Griechischen Litteratur in der Alexandrinerzeit,* Leipzig, 1891-1892.
[2] Ménoclès, dans *Athénée,* IV, 184.

les unes et les autres conquirent cette puissance qui permit à l'art et à la pensée de durer et d'agir éternellement. »[1].

Et Ad. Reinach : « L'hellénisme ne doit pas seulement à Alexandre de l'avoir sauvé en mettant à son service le glaive de la Macédoine; il ne doit pas seulement à Alexandre de lui avoir permis de se développer librement par la suite, à l'abri du vieux bouclier de bronze macédonien; il ne lui doit pas seulement, à côté de la préservation matérielle ainsi assurée à ses chefs-d'œuvre d'art, cette conservation de sa littérature qui résulte des bibliothèques d'Alexandrie, d'Antioche et de Pergame; il lui est redevable d'un merveilleux essor ». Et il se résume ainsi : « Sans Alexandre, l'hellénisation déjà accomplie risquait de disparaître : grâce à lui, l'hellénisme a conquis le monde antique et est resté à la base du monde moderne »[2].

L'humanité doit sans doute à la Macédoine la civilisation moderne et tous ces bienfaits de la culture grecque que l'historien anglais Mahaffy se plaît à énumérer[3]. Elle lui doit encore, en grande partie, la consolante douceur du culte chrétien. Effectivement, si l'humanité s'est trouvée préparée à recevoir l'Évangile, c'est parce que préalablement l'égalité des hommes, l'égalité des peuples, base de la philosophie stoïcienne, avait aplani le terrain au christianisme. La diffusion de l'hellénisme, soit en Judée, berceau du christianisme, soit dans tout le monde connu, a préparé au culte nouveau l'unité de langue indispensable à sa propagation et à son triomphe, et a surtout fourni le plus parfait des instruments linguistiques à l'expression et à l'explication des profondes pensées de l'enseignement de l'Homme-Dieu. Cette égalisation des peuples et des hommes fut la base et le but de l'œuvre

---

[1] Wilamowitz-Moellendorf : *Die griechische Literatur des Altertums*, dans Hinneberg : *Die Kultur der Gegenwart*, I, VIII, p. 82.
[2] Ad. Reinach, dans *L'Hellénisation du monde antique*, p. 171-172.
[3] Mahaffy : *What have the Greeks done for modern civilisation*, Londres, 1909.

d'Alexandre, de ce « philosophe en armes » comme on l'a justement appelé, et des dynasties macédoniennes subséquentes, autant que la diffusion de la culture et de la langue grecque. « Si la culture grecque, dit Beloch, est devenue culture mondiale, si elle a pu abattre les barrières qui séparaient les nations l'une de l'autre, si l'opposition entre barbares et Hellènes, qui domine encore la conception de Platon et même d'Aristote, a fait place au sentiment de la solidarité humaine, si l'idée de l'humanité a triomphé d'abord chez les gens cultivés, tout cela n'a été rendu possible que par la conquête de l'Asie préparée par Philippe, accomplie par Alexandre »[1]. Et Adolphe Reinach nous dit : « Que l'on songe à la facilité des communications ou à l'universalité du grec, à la misère des prolétaires des villes et des campagnes, opposée aux immenses fortunes des négociants, à l'adoucissement des mœurs et à l'habitude d'accepter sans raisonner les ordres transmis par les représentants du dieu sur la terre, à la déconsidération de la religion officielle et au sentiment religieux concentré autour des pompes et des mystères qui frappent l'imagination et exaltent le cœur, bref, que l'on se tourne vers les raisons économiques ou sociales, politiques ou religieuses du triomphe du christianisme, on verra qu'elles plongent toutes des racines profondes dans les trois siècles où l'Orient s'est ouvert à la Grèce et la Grèce à l'Orient »[2].

---

[1] Beloch : *Griechische Geschichte*, II, p. 577.

[2] Ad. Reinach, dans *L'Hellénisation du monde antique*, p. 262. Sur l'ère d'hellénisation du monde à partir d'Alexandre le Grand, voir, outre les ouvrages déjà cités, Mahaffy : *Greek life and thought from the age of Alexander to the Roman conquest*, Londres, 1887; *The Progress of Hellenism in Alexander's Empire*, 1905; *The silver age of the Greek World*, 1906; A. et M. Croiset : *Histoire de la littérature grecque*, 1899; Head : *Historia nummorum*, 2ᵉ éd., 1911; Collignon : *Histoire de la sculpture grecque*, II; Helbig : *Untersuchungen über die campanische Wandmalerei*, Leipzig, 1873; Wendland : *Die hellenisch-römische Kultur in ihren Beziehungen zu Jud. und Christentum*, 2ᵉ éd., 1912; etc. Pour les arts plastiques, voir aussi Salomon Reinach : *Apollo*, p. 67 sq. et la note bibliographique de la page 73.

V. — De l'origine hellénique des anciens Macédoniens.

Il nous faut maintenant examiner la question jadis soulevée au sujet de l'origine des anciens Macédoniens.

Le lecteur connaît l'histoire de la Macédoine ancienne, au moins par la précédente esquisse, si rapide et si incomplète qu'elle soit. Il a reconnu son caractère hellénique, non seulement au grand rôle joué par elle comme puissance hellénique dans l'histoire de l'hellénisme antique, mais encore à une foule de détails caractéristiques sur la conscience qu'avaient les Macédoniens d'être Hellènes, et l'affection portée par leurs rois aux Grecs en général; il comprendra donc la stupéfaction que les Grecs d'aujourd'hui peuvent éprouver, quand ils entendent dire à certains que les Macédoniens, ces Hellènes précisément qui ont incarné l'idée nationale hellénique, qui ont porté l'hellénisme à travers le monde, et lui ont permis de subsister jusqu'à nos jours, n'étaient pas des Grecs ! Nous ne parlons pas ici des plaisanteries bien connues des patriotes de Sophia sur l'origine bulgare... d'Alexandre le Grand et d'Aristote; elles n'ont pas leur place ici; nous les joindrons, simplement pour amuser le lecteur, à d'autres impostures bulgares encore plus étonnantes, dans la partie ethnologique du présent ouvrage, où nous étudierons les efforts de la propagande slavo-bulgare pour la Macédoine. Nous voulons parler de quelques rares savants allemands, à la tête desquels se trouve Otfried Müller avec sa courte monographie du peuple macédonien [1]; admirateurs et adorateurs de l'antique génie grec, de l'ancienne beauté grecque, ils ont pensé, comme le dit spirituellement Abel d'Otfried Müller [2], que ce serait de leur part une sorte

---

[1] K. Otfried Müller : *Ueber die Wohnsitze, die Abstammung und die ältere Geschichte des makedonischen Volkes*, 1825.
[2] Abel : *Makedonien vor König Philipp. Vorrede*, p. VII.

de sacrilège que de ranger parmi les Grecs les Macédoniens, originairement en retard au point de vue de la civilisation; ils les ont volontiers qualifiés d'Illyriens, bien qu'il soit généralement reconnu que le retard de la civilisation en Macédoine était précisément l'effet des guerres incessantes avec l'Illyrie; ils ont pris texte pour cela exclusivement de certains passages d'auteurs anciens, en particulier de Démosthène qui, en quelques endroits, qualifie les Macédoniens de « barbares ». « Il ne serait venu à l'esprit de personne, dit Beloch, de douter de la nationalité grecque des Macédoniens, si les Grecs eux-mêmes, au Ve et au VIe siècle avant J.-C., ne les avaient qualifiés de Barbares »[1]. Mais ces témoignages, nous le verrons, ne constituent pas un argument solide en faveur du caractère non hellénique de la population macédonienne. Et, comme antérieurement Sturz, dans une monographie du dialecte macédonien et alexandrin[2], avait émis l'opinion que le parler macédonien était hellénique, voisin même du dorien, et que, par conséquent, les Macédoniens étaient des Hellènes, Otfried Müller, pour étayer son paradoxe, a cherché une démonstration jusque dans le domaine linguistique, et il a trouvé, outré quelques mots d'aspect barbare, cet argument : que les Macédoniens, au lieu de prononcer, comme les autres Grecs, les sourdes aspirées $\varphi, \chi, \theta = ph, kh, th$, prononçaient des sonores non aspirées $\beta, \gamma, \delta = b, g, d$, comme les peuples barbares, voisins des Macédoniens, en particulier les Illyriens.

Ainsi donc peu importe que, pendant plusieurs siècles d'histoire, les Macédoniens aient pensé et agi comme des Grecs, même comme défenseurs et pionniers de l'hellénisme; qu'ils se soient toujours conduits à l'égard des autres Grecs avec la bienveillance et l'affection qu'explique une communauté de race, alors que leurs rapports avec

---

[1] Beloch : *Griechische Geschichte*, III, 1, p. 8.
[2] Sturz : *De dialecto Macedonica et Alexandrina*, 1808.

les Illyriens ont toujours été caractérisés par une antipathie dont tout prouve qu'elle était due à une différence de race et non à de simples rivalités entre voisins[1].

Peu importe que les Macédoniens aient eu le même culte et la même mythologie que les autres Grecs et que les dieux grecs et les héros de la mythologie hellénique se retrouvent dans l'histoire et dans les dénominations même des provinces et des villes macédoniennes, des montagnes et des fleuves de Macédoine, et dans le nom Macédoine lui-même[2].

Peu importe que les mœurs et les usages des Macédoniens aient été pareils aux usages et aux mœurs des autres Grecs, tels qu'on les connaît depuis une haute antiquité, et différents de ceux des barbares[3]; que leur manière de combattre fût, comme l'assure Polybe, semblable à celle des Achéens[4]; qu'ils aient porté la pesante panoplie hellénique, le lourd bouclier et la longue lance, au lieu des armes légères de tous les barbares, l'arc, le bouclier d'osier ou pelta, etc.

Peu importe que le caractère hellénique des anciens Macédoniens soit prouvé encore par les traditions, par une foule de témoignages formels d'écrivains anciens, comme nous le verrons, par les monnaies[5], par les inscriptions dédiées tant en Macédoine qu'à l'extérieur, toutes rédigées en grec par des Macédoniens mêmes[6].

---

[1] « Nous pouvons dire, écrit Kærst (*Geschichte des hellenistischen Zeitalters*, I, p. 102) que l'histoire de Macédoine, depuis l'époque où nous avons sur elle des renseignements un peu plus nets, jusqu'à l'époque où elle devient une grande puissance en prenant une place prépondérante, et même dans la période postérieure où les Antigonides rééditent le royaume macédonien, se définit par l'opposition contre les Illyriens. Cette opposition paraît ne pas reposer seulement sur des rivalités de puissances limitrophes, mais aussi sur des fondements bien plus profonds.

[2] Voir *supra*, p. 5, 6, 24 sq. Voir aussi Werner Baege : *De Macedonum sacris*.

[3] Voir des exemples dans Abel : *Makedonien*, p. 120.

[4] Polybe, IV, 8.

[5] Voir Head : *Historia Nummorum*, 2ᵉ éd., 1911, p. 192 sq. Voir aussi la planche II, annexée au présent ouvrage.

[6] Voir les principaux recueils d'inscriptions macédoniennes, p. 24, n. 1 et p. 119, n. 1.

Peu importe enfin que des centaines de noms de lieux et de noms propres macédoniens, dont nous avons déjà cité un grand nombre, aient été grecs [1]; que les mots du dialecte macédonien qui nous ont été conservés par le lexique d'Hésychius ou autrement se présentent au premier coup d'œil, dans leur ensemble, comme des mots grecs et montrent que l'ancien dialecte macédonien était un dialecte dorien comparable aux dialectes épirote et étolien [2].

Tout cela importe peu. Il suffit à Otfried Müller et à ses partisans pour soutenir leur curieuse opinion, outre quelques boutades de Démosthène, de quelques mots d'aspect barbare et des sonores non aspirées *b*, *g*, *d*, arguments linguistiques dont Beloch fait justice en disant : « C'est, au fond, comme si on demandait si les Hollandais et autres Néerlandais sont Allemands; les Provençaux, Français; les Lombards et les Piémontais, Italiens; les Catalans, Espagnols »[3].

Une conception aussi étroite ne pouvait assurément être adoptée, ni en Allemagne, ni ailleurs. Les historiens, surtout parmi les compatriotes d'O. Müller, n'ont attaché aucune importance à sa théorie trop originale, dont l'adoption rendrait incompréhensible toute cette longue période historique, surtout à partir d'Alexandre le Grand, où les Macédoniens apparaissent comme les chefs et les apôtres de l'hellénisme : « Un historien, dit Beloch, admettra difficilement que les Néerlandais ne soient pas des Allemands, parce qu'ils prononcent *Dag* (jour) au lieu

---

[1] Notons qu'en dehors des noms parfaitement grecs de localités macédoniennes, plusieurs noms de personnes également fort grecs se rencontrent soit exclusivement soit pour la première fois en Macédoine : Ἀλκέτας, Ἀντίγονος, Βάλακρος, Βερενίκη, Βίλιππος, Ἑκάτερος, Κάλας, Κάσσανδρος, Κόϊνος, Κρατερός, Κρίνων, Λάγος, Λεόνατος, Μενίδας, Παρμενίων, Περδίκκας, Πευκέστας, Πολυσπέρχων, Πτολεμαῖος, Σέλευκος, etc.

[2] Des mots tout à fait helléniques se rencontrant dans le domaine macédonien seulement, ce sont, entre autres, ἀγκαλίς, ἀγκαλή, ἄξος, ἀορτή, γοῦλας, γυρίας, δαίτας, ἰρνίδες, ξέρεθρον, κώρυκος, μήκυρος, χάριν, etc., etc.

[3] Beloch : *Griechische Geschichte*, I, 2 (2ᵉ éd., 1913), p. 43.

Pl. II   LES PREMIÈRES MONNAIES MACÉDONIENNES

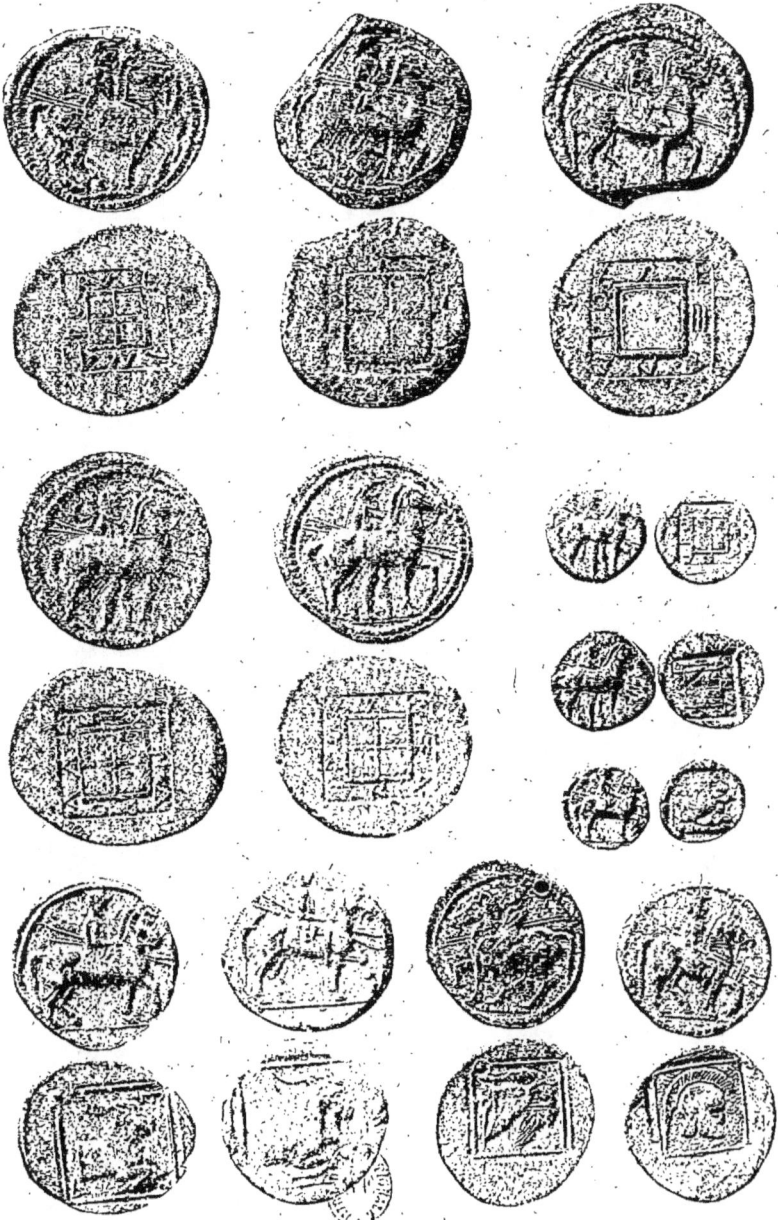

Monnaies d'Alexandre Iᵉʳ.

de *Tag*, ou que les Macédoniens n'aient pas été des Grecs, parce qu'ils ont prononcé *dh* au lieu de *th* »[1].

Droysen, en effet, s'exprime comme suit sur le caractère hellénique des habitants de l'ancienne Macédoine : « Ils appartenaient à ces tribus pélasgiques, qui autrefois avaient occupé tout le territoire hellénique, et dont quelques-unes plus tard, distancées par la civilisation des Grecs, leur parurent barbares ou demi-barbares. La religion, les mœurs des Macédoniens démontrent cette parenté. Aux frontières, ils peuvent avoir subi des mélanges avec les races illyrienne ou thrace; mais la langue macédonienne se montre voisine des plus anciens dialectes helléniques »[2].

E. Curtius, ancien élève d'Otfried Müller, notons-le bien, écrit : « Si le parler macédonien était incompréhensible aux Grecs[3], il en était de même pour les populations riveraines de l'Achéloos, que personne ne voudra cependant détacher du rameau grec »; et plus bas : « L'examen des débris épars du macédonien nous fait voir une langue de souche hellénique; on y trouve des formes de dialecte éolien, et des mots qui appartiennent au vieux fonds commun italo-grec. Dans les mœurs macédoniennes, de nombreux traits concordent avec les plus anciennes coutumes grecques, par exemple, celle de s'asseoir pour les repas. Enfin, dans la vie publique aussi, de nombreux traits helléniques anciens se sont conservés, en particulier le gouvernement d'un seul, qui dans la vie civique des Grecs a presque partout disparu de bonne heure »[4].

Mais la courte dissertation d'Otfried Müller ne pouvait demeurer sans réponse directe. C'est Abel qui s'en est le

---

[1] Beloch, *op. cit.*. Et cependant quelle différence entre les Hollandais et les autres Néerlandais d'une part, et les Macédoniens de l'autre ! Chez ceux-là il s'est développé une langue, une littérature, un sentiment national; les Macédoniens n'ont fait, ni même cherché à faire rien de semblable.

[2] Droysen : *Geschichte des Hellenismus*, I, p. 69.

[3] Des recherches ultérieures démontrent que le parler des Macédoniens était compris par le reste des Grecs. Voir *infra*, p. 94 sq.

[4] E. Curtius : *Griechische Geschichte*, III, p. 397.

premier chargé, dans un travail étendu qui aujourd'hui encore constitue la base des études historiques et ethnologiques de la Macédoine d'avant Philippe [1]. Il a été suivi par Basmatzidès, dans un travail ethnographique spécial, composé d'après les sources anciennes [2]; enfin un article de Fick, le célèbre linguiste, publié dans la *Revue de Kuhn*, a montré l'origine hellénique de certains vocables macédoniens considérés auparavant comme barbares [3].

La question sembla un instant vidée, Fick ayant eu le dernier mot, lorsque, d'une part, Gustav Meyer, dans un petit article publié par les *Jahrbücher* de Fleckeisen [4], d'autre part, Fr. Blass, dans une simple déclaration, sans preuve à l'appui, que le dialecte macédonien « n'est point un dialecte hellénique, quoique proche du grec »[5], émirent l'un et l'autre des objections linguistiques. D'autres firent chorus. Le linguiste G. Hatzidakis, qui ne fait pas autorité seulement en Grèce, dut alors consacrer plusieurs traités spéciaux à démontrer que les anciens Macédoniens étaient des Hellènes, s'appuyant pour cela sur toute une série de témoignages d'écrivains anciens et d'arguments linguistiques [6]. Il a été suivi par Otto Hoffmann, qui a publié un long travail sur la question; sa préface nous

---

[1] Abel : *Makedonien vor König Philipp*, Leipzig, 1847.

[2] Basmatzidès : *Macedonia et Macedones ante Dorum reditionem*, Munich, 1867.

[3] Fick : *Zum makedonischen Dialekt*, dans la *Kuhn's Zeitschrift*, t. XXII 1874, p. 193 sq.

[4] G. Meyer : *Zur makedonischen Sprachfrage*, dans *Fleckeisen's Jahrbücher*, t. III, 1875, p. 185 sq.

[5] Kühner-Blass : *Ausführliche Grammatik der griechischen Sprache*, 3ᵉ éd., I, 1, p. 28.

[6] G. Hatzidakis : *Du Caractère hellénique des anciens Macédoniens*, dans *Athéna*, t. VIII, 1895, en grec et en français dans des tirages spéciaux (*Du Caractère*, etc.), Athènes; et *Preuves nouvelles du caractère hellénique des anciens Macédoniens*, *Athéna*, t. XI, et dans un tirage spécial, Athènes, 1899. Les deux études fondues ensemble sont comprises dans les *Études linguistiques*, t. I, p. 32 sq., Athènes, 1901, du même professeur, qui a publié aussi en allemand : *Zur Ethnologie der alten Makedonier* (*Indog. Forschungen*, t. XI, 1900, p. 313 sq.); *Zur Chronologie der griechischen Lautgesetze und zur Sprachfrage der alten Makedonier* (*Kuhn's Zeitschrift*, t. XXXVII, 1904, p. 150 sq). Voir aussi p. 103, n. 1 et p. 105, n. 2.

rappelle que « dans cette polémique récemment allumée, les historiens sont presque tous du côté de Hatzidakis »[1]; s'il a cru bon d'écrire son ouvrage, c'est à cause des grammairiens qui continuent à faire leurs objections, en particulier Kretschmer « qui défend contre Hatzidakis dans la *Berl. Philolog. Wochenschrift*, 1897, p. 1105, l'opinion déjà émise dans son *Einleitung* (1896), p. 288 : Les Macédoniens seraient « un peuple étroitement apparenté « aux Grecs, et qui, s'il avait émigré plus au sud, serait « devenu aussi hellénique que les Doriens, les Thessaliens « et les Béotiens ».

Les historiens modernes, en effet, habitués à juger les choses avec plus de largeur que les grammairiens hypnotisés par une étymologie, n'ont été nullement influencés par les objections récentes de G. Meyer, comme le prouvent les ouvrages de deux célèbres historiens allemands, Édouard Meyer et Beloch. Le premier écrit : « Les Macédoniens entre l'Axios et l'Haliacmon n'étaient pas des Thraces [2]. Les Grecs les regardaient bien comme des barbares, mais dans la généalogie des tribus ils se rattachent à Deucalion et Æolos; Hérodote (I, 56 et VIII, 43) donne aux Doriens, quand ils habitaient le Pinde, le nom de « peuple macédonien ». Les mots macédoniens qui nous ont été conservés ont le plus souvent un aspect évidemment grec; ils appartiennent à un dialecte grec. Sans aucun doute, les Macédoniens étaient une portion du peuple grec, demeurée au berceau primitif, presque complètement séparée du reste, qui à cause de cela n'était plus considérée comme en faisant partie. Il faut en dire autant assurément des habitants de la Macédoine Supérieure, les Orestiens (*montagnards*) »[3]. Beloch, vaillant défenseur

---

[1] Hoffmann : *Die Makedonen, ihre Sprache und ihr Volkstum*, Gœttingue, 1906.
[2] L'historien allemand qualifie de Thraces les Piériens et autres tribus péoniennes, dont l'origine pélasgique a été toutefois démontrée par des travaux plus récents. Voir *infra*, p. 97 sq.
[3] Éd. Meyer : *Geschichte des Altertums*, II, 66-67.

de l'origine hellénique des Macédoniens dans son histoire grecque [1], présente ainsi la question sous un aspect général dans la *Einleitung in die Altertumswissenschaft* de Gercke et Norden : « Des centaines de noms propres de personnes macédoniens purement grecs, sauf d'infimes exceptions; de nombreux noms de lieux macédoniens, grecs également; les restes du dialecte macédonien qui nous ont été conservés; le fait principalement que dans tous les empires, dans toutes les villes fondées par les Macédoniens la langue officielle a été le grec; tout cela prouve que les Macédoniens sont de souche grecque. Et même sans tout cela, le nom de ἑταῖροι qui est dans Homère et qui, uniquement en Macédoine, était donné à la maison militaire du Roi, suffirait seul à trancher la question. On ne saurait objecter là contre qu'en macédonien on trouve des sonores non aspirées à la place des aspirées sourdes du grec commun; c'est une faute de méthode que de s'emparer d'un phénomène de phonétique isolé et d'en déduire le caractère d'une langue » [2]. Ulrich Köhler, dont l'opinion a d'autant plus de poids qu'il s'est spécialisé dans les recherches historiques macédoniennes, part d'une autre idée pour affirmer lui aussi le caractère hellénique des Macédoniens [3].

Ailleurs qu'en Allemagne, les historiens les plus autorisés reconnaissent également ce caractère. Ainsi l'Anglais Bury écrit : « Le peuple de Macédoine et ses rois étaient de souche grecque; leurs traditions et le peu qui nous reste de leur langue, concourent à le démontrer » [4]. De même l'historien français Cavaignac, bien que plus réservé, dit : « Le macédonien resta mélangé de gloses thraces et illy-

---

[1] Beloch : *Griechische Geschichte*, I, 38; III, 1 sq. Et dans la 2ᵉ éd. (1913), I, 2 p. 42 sq.
[2] Beloch : *Griechische Geschichte seit Alexander*, dans Gercke et Norden : *Einleitung in die Altertumswissenschaft*, III, p. 150.
[3] Köhler : *Ueber die Probleme der griechischen Vorzeit*, dans les *Sitzungsberichte* de l'Académie de Berlin, 1897, p. 270.
[4] Bury : *A History of Greece*, II, p. 266.

riennes ; il fut toujours difficile à comprendre pour les Grecs d'Athènes, mais c'était un dialecte grec, et la divinité fut adorée sous les mêmes noms de part et d'autre de l'Olympe ». Et plus loin : « Ce problème (la nationalité des Macédoniens) n'existe pas, évidemment, pour ceux qui ramènent tout à la linguistique, puisqu'il est certain que les Macédoniens parlaient un dialecte grec » [1].

Telle est l'opinion des plus autorisés parmi les historiens modernes. Les linguistes et les grammairiens modernes, que Otto Hoffmann a pris à tâche de convaincre complètement, pensent de même, sans en excepter quant au fond Kretschmer lui-même, qui a modifié son opinion première [2]. Et Wilhelm Schmid, dans les dernières éditions de l'histoire de la littérature grecque de Christ, pouvait dire en toute franchise : « Les Macédoniens sont de race grecque, et bien que les Grecs du IVe siècle eux-mêmes ne les aient pas considérés comme tels, le fait est aujourd'hui universellement reconnu » [3].

La question de l'origine hellénique ou non des anciens Macédoniens ne présente qu'un intérêt théorique, qu'elle doit à l'influence de la Macédoine sur l'histoire universelle, et ne touche en rien au fait que la Macédoine était un pays grec; ceux mêmes qui mettent en doute l'origine des Macédoniens, ne peuvent douter et ne doutent pas qu'elle ait été purement hellénique dès l'époque d'Alexandre le Grand [4]. Les premiers habitants de la Thrace ou des pays d'Asie Mineure n'étaient pas de souche grecque et cependant personne ne peut nier le caractère hellénique de ces contrées, depuis l'époque de leur hellénisation, et prétendre aujourd'hui, après tant de siècles de vie hellé-

---

[1] Cavaignac : *Histoire de l'antiquité*, II, p. 439 et 449.
[2] Kretschmer dans Gercke et Norden : *Einleitung in die Altertumswissenschaft*, I, p. 158 (Leipzig, 1910). Voir aussi sur la nouvelle doctrine de Kretschmer, Beloch : *Griechische Geschichte*, 2e éd., 1, 2, p. 42 sq.
[3] Christ-Schmid-Stählin : *Geschichte der griechischen Litteratur* (5e éd., 1911), II, 1, p. 2, n. 2.
[4] Cf. Beloch : *Griechische Geschichte*, III, 1, p. 2 sq.

nique, que les Thraces ou les Grecs d'Asie Mineure ne sont pas Grecs, indépendamment de la question de savoir si leurs ancêtres furent des colons grecs ou des indigènes hellénisés.

La nationalité n'est pas un fait de nature, mais un produit historique. « Une nation, dit Renan, suppose un passé »[1]. Et l'on peut dire que pas une nation, si le nombre des individus y est tant soit peu élevé, n'est complètement une, d'origine et de langue ; elle est composée de plusieurs éléments, parlant même assez souvent des langues très diverses ; ces éléments une fois unis par des raisons historiques, par des intérêts matériels et moraux, acquièrent en commun le désir de conserver et de fortifier ces liens ; en d'autres termes, ils se sont formé une conscience nationale. Les Cosaques, les plus Russes des Russes, ne furent-ils pas d'abord des Tatares ? Les Prussiens, les plus Allemands des Allemands, n'étaient-ils pas d'une race toute différente de la race germanique, et apparentée aux Slaves comme les Lithuaniens ? Et les Lombards, n'étaient-ils pas des Germains ? Plusieurs populations de l'Italie du sud ne sont-elles pas d'origine grecque ? En France, en Espagne, en Grande-Bretagne, ne se présente-t-il pas des phénomènes ethnologiques de même ordre ? Quelle population un peu nombreuse peut se vanter d'une langue unique, non seulement dans le passé, mais même dans le présent ? Nous avons vu plus haut les exemples rapportés par Beloch[2]. Dans la partie ethnologique du présent ouvrage nous aurons l'occasion de mentionner d'autres exemples, qui montrent que même chez les peuples dont la conscience nationale est très forte, il y a des régions où l'on parle non pas même un dialecte mais une langue étrangère. Dans ces conditions, on peut dire que le peuple grec occupe une place privilégiée, puisque de

---

[1] Ernest Renan : *Qu'est-ce qu'une nation ?* dans ses *Discours et conférences*, p. 307.
[2] Voir *supra*, p. 80.

très bonne heure et dès avant l'ère moderne, en pleine antiquité, il a possédé d'un bout à l'autre de son pays une conscience nationale commune et aussi une langue commune. Ces quelques mots suffisent à montrer, pensons-nous, que le caractère hellénique de la Macédoine n'est aucunement atteint par le débat, d'intérêt préhistorique, sur l'origine grecque ou non des anciens Macédoniens.

Mais la Macédoine n'est pas seulement un pays grec. Elle est aussi le pays d'Alexandre le Grand, la gloire et l'orgueil de toute la race hellénique, le Piémont de l'hellénisme antique [1]; elle est le pays qui a diffusé la langue grecque et la civilisation grecque à travers trois continents; qui a aplani et préparé le terrain au christianisme; le pays, enfin, qui a créé partout des centres intellectuels, et ainsi donné un sûr asile aux sciences et sauvé le génie grec, dont elle a fait profiter l'humanité d'aujourd'hui — ce qu'oublient Otfried Müller et ses partisans, admirateurs de la civilisation grecque.

Ce serait donc faire tort à l'hellénisme que de ne point protester contre les doutes émis sur l'origine grecque des anciens Macédoniens, que de laisser dans l'esprit du lecteur la moindre incertitude sur le mal-fondé de ces doutes, et de ne point rappeler ici les principaux arguments qui ont renversé la théorie qui faisait de la Macédoine un pays non hellénique.

Nous commençons par les preuves historiques. Ceux qui disent que les Grecs du Ve et du IVe siècle voyaient dans les Macédoniens des barbares, ne s'appuient que sur deux passages de Thucydide et sur certains discours de Démosthène [2]. Il n'existe aucun autre témoignage; nous verrons au contraire que les témoignages abondent sur le caractère hellénique de la Macédoine. Pour Démosthène, la

---

[1] Cette heureuse comparaison est due à l'historien grec Paparrigopoulos (*Histoire de la nation grecque*, II, p. 76).
[2] Thuc., IV, 126-127; Dém., *Olynth.*, III, 33 et 35; *Sur les prév. de l'amb.*, 446; *Philipp.*, III, 119. Voir aussi, p. 9, n. 1 *in fine*.

passion le pousse à qualifier Philippe et tous les Macédoniens de barbares; tous les autres orateurs grecs de l'époque disent le contraire; Abel remarque fort justement : « Ses attaques contre les Macédoniens sont inspirées par l'esprit de parti; leur valeur historique est de second ordre, leur importance au point de vue ethnographique est nulle » [1].

Il ne faut pas attacher beaucoup plus d'importance au passage de Thucydide où Brasidas traite les Macédoniens de barbares; ce sont les paroles que prononce un chef devant ses soldats au sujet des ennemis, avant la bataille, et qui sont destinées à exalter le moral de ceux-là en leur faisant sous-estimer le mérite de l'adversaire. Et c'est comme un écho que Thucydide reprend les mêmes termes immédiatement après. D'ailleurs, outre les Macédoniens, Thucydide et d'autres écrivains avec lui traitent aussi de barbares les Épirotes (Chaoniens, Thesprotiens, Molosses) et même les Étoliens [2]; des géographes anciens, évidemment influencés par eux, ne considèrent pas non plus ces pays comme grecs [3]. Cependant, il est hors de doute aujourd'hui que les Étoliens étaient Hellènes, et les Épirotes également, surtout après les fouilles pratiquées à Dodone il y a quelques années [4]. Comment concilier ces contradictions? Bien simplement : Les termes de *Grec* et de *Barbare* avaient de bonne heure perdu leur signification ethnologique; ils étaient devenus synonymes de *civilisés* et *non-civilisés*. « Notre cité, dit Isocrate, a tellement dépassé les autres hommes dans le domaine de la pensée et de la

---

[1] Abel : *Makedonien* etc., p. 116. Nous pourrions ajouter que Démosthène qualifiait le fils de Philippe, c'est-à-dire Alexandre le Grand lui-même, de *margitès*, c'est-à-dire *crétin, imbécile* (Eschine, *Contre Ctésiphon*, 160; Plut., *Dém.*, 23, et d'autres). Allons-nous accepter comme exact et justifié ce jugement porté sur le plus grand génie grec, sur le plus grand des conquérants?

[2] Thuc., II, 80-81; III, 94; Polybe, XVIII, 5; Plut., *Vie de Pyrrhus*; 1.

[3] Scylax, *Périple*, 33, 65, 66; Dicéarque, 13. De même Strab. VII 323; VIII, 334; Denys de Calliphon, 24 et 31.

[4] Voir Fich : *Die epirotischen Inschriften von Dodone*, dans *Bezzenberger's Beiträge*, III, p. 266. Les anciens traitaient aussi de barbares les Lesbiens (Platon, *Protagoras*, 341, c), les Érétriens et les Éléens (Eustathe, *Comm. à l'Iliade*, p. 279).

parole, que ses disciples sont les maîtres des autres peuples, que le nom d'Hellène, semble-t-il, s'applique non à une race, mais à une mentalité et qu'on appelle Grecs ceux qui sont avec nous en communauté de civilisation et non pas d'origine »[1]. E. Curtius dit aussi : « Les Hellènes de l'époque classique étaient fort délicats sur tout ce qui, dans la langue ou les coutumes, pouvait avoir un caractère étranger; ils aimaient à tracer autour d'eux une ligne de démarcation bien nette; ils allaient même jusqu'à considérer comme étrangères et barbares des populations de même origine qu'eux, quand ils croyaient sentir en elles quelque chose d'exotique. Ce sentiment d'exotisme provient de la différence de civilisation; il ne saurait donc fournir un argument décisif pour ou contre la communauté d'origine »[2]. Aussi, quand les Macédoniens parvinrent à un stade de civilisation comparable à celui des autres Grecs, non seulement on cessa entièrement de les traiter de barbares, non seulement on les appela Grecs, de la même race que les autres Grecs, mais encore eux-mêmes dès lors commencèrent à traiter généralement de barbares tous les autres peuples de civilisation moins avancée, à commencer par les Romains. Hatzidakis présente une série de témoignages anciens sur ce point[3]. Polybe, qui, remarquons-le, nie que les Étoliens soient Hellènes[4], traite partout d'Hellènes les Macédoniens[5]. De même Diodore, quand il dit que « Philippe, fils d'Amyntas, fonda la plus grande monarchie chez les Grecs »[6]. Ainsi Plutarque et d'autres encore[7].

Ce n'est pas l'opinion seulement des auteurs : le traité des Carthaginois avec Philippe, rapporté par Polybe, dit formellement : « La Macédoine et le reste de la Grèce »

---

[1] Isocr., *Panég.*, 50; Thucydide (I, 3 et 5-6) exprime une idée analogue.
[2] E. Curtius : *Griechische Geschichte*, III, p. 397.
[3] Hatzidakis : *Du Caractère hellénique des anciens Macédoniens*, p. 43 sq., et *Études Linguistiques*, I, p. 62 sq.
[4] Polybe, XVIII, 5.
[5] Polybe, VIII, 11 (13); XXXVIII, 3 (5), etc.
[6] Diod. de Sic., XVI, 95.
[7] Plut., *Flamin.*, II, etc.

et « les Macédoniens et les autres Grecs »[1]. Le caractère hellénique des Macédoniens peut encore se déduire des paroles d'hommes célèbres : par exemple, Agélaos de Naupacte, exhortant les Grecs de ne jamais se battre entre eux, comprenait parmi eux les Macédoniens; Lyciscos, ambassadeur des Acarnaniens, prononçant un discours devant les Lacédémoniens, disait que les Macédoniens étaient *de même race* (que les Grecs) et les Romains *de race étrangère;* l'honnête Philopœmen, déplorant le sort que les Romains faisaient peser sur la Grèce, fait lui aussi une distinction analogue entre l'hégémonie macédonienne et le joug romain, etc.[2]. Si ces preuves ne suffisent pas, voici une reconnaissance panhellénique du caractère grec des Macédoniens. Plutarque, en effet, raconte que les Grecs réunis dans l'Isthme, le jour où le rusé général romain Flamininus proclama la soi-disant indépendance de tous les Grecs, jugeaient la situation et disaient que, sauf les guerres contre les Perses, toutes les autres, et par conséquent les guerres avec les Macédoniens, avaient été faites par des Grecs contre des Grecs, pour le malheur et la honte de l'hellénisme[3].

D'autre part, Polybe et d'autres témoignent formellement que les Macédoniens traitaient les Romains de barbares[4], ce qu'ils n'auraient pu faire, s'ils eussent été barbares eux-mêmes; au surplus, les Romains appelaient Hellènes les Macédoniens, comme on peut le déduire des paroles de Flamininus rapportées par Appien[5], et même leur écrivaient en grec, comme faisait, par exemple, Scipion l'Africain à Philippe V de Macédoine.

Si donc, comme nous l'avons vu, quelques géographes anciens excluent la Macédoine de la Grèce en même

---

[1] Polybe, VII, 9.
[2] Polybe V, 104; IX, 35 et 38; XXIV, 13 (15); Plut., *Philop.*, XVII, etc.
[3] Plut., *Flamin.*, XI.
[4] Polybe, XVIII, 22; Tite-Live, XXXI, 34; Plut., *Flamin*, III.
[5] Appien, *Macéd.*, 9.

temps que l'Épire et l'Acarnanie, d'autres refusent à bon droit d'accorder une valeur ethnologique à la distinction entre *Grec* et *barbare*, et rattachent la Macédoine à la Grèce.[1]. Strabon lui-même, que nous avons signalé comme dissident, dit plusieurs fois en d'autres passages que la Macédoine est comprise dans la Grèce, et s'écrie : « Ἔστι Ἑλλὰς καὶ ἡ Μακεδονία » (« La Macédoine aussi est une partie de la Grèce »)[2].

Donc, quand on cessa de traiter les Macédoniens de barbares, ce fut à cause des progrès de leur civilisation et non par suite de leur hellénisation, comme le pensent ceux qui révoquent en doute leur origine hellénique; on peut le prouver encore en montrant combien sont mal fondées et inacceptables les diverses théories sur l'hellénisation des Macédoniens. Ainsi, on ne peut admettre que cette hellénisation ait été due à l'action et à l'influence des premiers rois de Macédoine, à supposer que la dynastie des Argéades ait été originaire d'Argos du Péloponèse. Comme le remarque Hatzidakis, ce serait un miracle dont l'histoire n'offre pas d'exemple; il eût été bien plus naturel que la dynastie devînt barbare (le cas s'est souvent présenté ailleurs), au lieu d'helléniser les Macédoniens[3]. Au reste, l'opinion dominante aujourd'hui, nous l'avons dit, est que la dynastie des Argéades n'était pas originaire de l'Argos du Péloponèse, mais de l'Argos d'Orestide : c'était donc une dynastie indigène[4]. On ne peut pas admettre davantage que les Macédoniens aient été hellénisés par les colonies que les Chalcidiens et autres Grecs fondèrent en Chalcidique et en général sur les côtes macédoniennes. Non que ces colonies n'aient pas eu la

---

[1] Denys le Périégète, *Description du monde*, 398 sq.; Eustathe, *Commentaires à Denys*, 321 et 398; Rufus Festus, *Descriptio orbis terrae*, 551; Priscien, *Periegesis*, 396.

[2] Strabon, II, 108; VII, 321; VIII, 332, et *Fragm.*, 9.

[3] Hatzidakis : *Du caractère hellénique des anciens Macédoniens*, p. 66, et *Études linguistiques*, p. 76.

[4] Voir *supra*, p. 8-9.

force d'helléniser le pays, puisque c'est précisément ce qu'ont fait, au moins partiellement, en Thrace et en Asie Mineure, les colonies que les Grecs y avaient établies. Mais en Macédoine, terre de tout temps hellénique, cela ne pouvait se produire; la preuve en est que, si dans ces colonies grecques le dialecte était ionien, le parler macédonien, comme le remarque Beloch, « avait une phonétique complètement différente de l'ionien »[1]. Il est encore plus improbable, plus inacceptable que les anciens Macédoniens aient été hellénisés par le reste de la Grèce, puisque jusqu'à l'époque des guerre contre les Perses, où ils apparaissent eux et leur roi Alexandre comme totalement Grecs, ils n'avaient eu aucun rapport avec la Grèce, ce qui est universellement admis. On s'attendrait à voir les Macédoniens devenir barbares plutôt que Grecs, isolés qu'ils étaient au milieu de populations d'une autre race et plus nombreuses, les Illyriens et les Thraces[2]. Enfin, si les Macédoniens n'étaient qu'une fraction des Illyriens, pourquoi cette fraction-là se serait-elle seule hellénisée, à l'exclusion des autres Illyriens, qui se trouvaient dans des conditions identiques?

Ce sont là des preuves négatives. Hérodote nous fournit un témoignage positif en faveur de l'origine grecque des Macédoniens. Nous ne faisons pas allusion ici au discours, rapporté par Hérodote, où Alexandre 1er, parlant aux Athéniens, se traite lui-même d'Hellène[3]; il peut n'être pas sans rapport avec les traditions qui donnent une origine péloponésienne à la dynastie macédonienne. Nous voulons parler d'un témoignage que nous avons déjà invoqué[4]; il est entièrement indépendant de ces tradi-

---

[1] Beloch : *Griechische Geschichte*, III, 1, p. 5. Il faut remarquer que l'établissement de colonies helléniques (Chalcidiens, Érétriens, Athéniens, etc.) en Macédoine ne prouve absolument pas que la contrée ne fût pas grecque; en Acarnanie, en Étolie, des colonies grecques s'étaient aussi établies. Voir Wilamowitz-Moellendorff : *Staat und Gesellschaft der Griechen*, p. 17.

[2] Cf. Hatzidakis : *Du caractère hellénique des anciens Macédoniens*, p. 67, et *Études linguistiques*, p. 79.

[3] Voir *supra*, p. 11.

[4] Voir *supra*, p. 8.

tions : le père de l'histoire, disant que la race dorienne a beaucoup erré, ajoute : « Sous le roi Deucalion elle habitait la Phtiotide, sous Doros, fils d'Hellène, le pays qui est au pied de l'Ossa et de l'Olympe, et qui se nomme Histiéotide. Après l'Histiéotide, d'où elle fut chassée par les Cadméens, elle habitait le Pinde et portait le nom de *Makednon* ». Hérodote reprend cette idée plus loin : quand il mentionne les Lacédémoniens, les Corinthiens et autres Doriens du Péloponèse comme ayant pris part à la bataille de Salamine, il ajoute : « Ceux-ci sont de race dorienne et macédonienne ; ils sont descendus d'abord de l'Érinée et du Pinde et finalement de Dryopide »[1].

Si ces témoignages d'Hérodote ne suffisent pas à démontrer pleinement l'origine hellénique des anciens Macédoniens, il existe encore, nous l'avons vu, un témoignage très ancien, celui d'Hésiode, qui donne au père de la race macédonienne, Makédon, Zeus pour père, et pour mère Thyia, fille de Deucalion, ce Noé de la mythologie hellénique, dont le fils fut Hellène[2]. Le fait qu'Hésiode, comme du reste aussi l'historien Hellanicus[3], donnent une généalogie hellénique à Makédon, ne laisse subsister aucun doute sur l'origine hellénique des anciens Macédoniens ; l'un et l'autre florissaient à une époque fort reculée, Hésiode vers 800, Hellanicus au Ve siècle av. J.-C. ; les Macédoniens étaient alors un peuple obscur ; ils n'avaient aucun moyen de se forger des traditions pareilles, et les autres Grecs n'avaient aucune raison de le faire, si les Macédoniens n'avaient pas été de leur race[4].

Étudions le parler macédonien. Les historiens, nous

---

[1] Hérod., I, 56, et VIII, 43. Cf. Éd. Meyer : *Geschichte des Altertums*, II, p. 66-67 ; Beloch : *Griechische Geschichte*, III, 1, p. 9 ; Hoffmann : *Die Makedonen* etc., p. 258-259 ; etc.

[2] Hés., *Fragm.*, 36. Cf. *supra*, p. 7.

[3] Hellanicus, *Fragm.*, 46, dans Müller : *Fragmenta historicorum græcorum*, I, p. 46, 51. Cf. *supra* p. 7, n 1.

[4] Voir aussi Kaerst : *Geschichte des hellenistischen Zeitalters*, I, p. 101, et Wilamowitz-Mœllendorf : *Staat und Gesellschaft der Griechen*, dans Hinneberg : *Die Kultur der Gegenwart*, etc., II, 4, 1, p. 17.

le savons, le considèrent universellement comme un dialecte hellénique. Cavaignac en particulier ne comprend pas qu'on puisse seulement discuter, en s'appuyant sur l'étude de leur langue, l'origine hellénique des Macédoniens [1]. Beloch, de son côté, nie que des arguments linguistiques puissent bouleverser l'histoire [2]. Toutefois, l'amour-propre des linguistes demande que nous défendions l'origine grecque des anciens Macédoniens aussi sur le terrain linguistique.

Disons tout d'abord qu'il n'y a rien d'exceptionnel dans le fait que les Macédoniens aient parlé un dialecte très spécial : « Le grec, dit E. Curtius, nous apparaît dès le début non comme une unité bien distincte, mais comme un groupe de dialectes, dont chacun avait le droit de se dire hellénique » [3]. Le grand historien admet ailleurs, on l'a vu, que le dialecte macédonien était grec, malgré l'opinion de son temps d'après laquelle « il était incompréhensible aux Grecs » [4]. Que conclure, aujourd'hui qu'une étude plus approfondie des sources a démontré que le macédonien était compris par le reste des Grecs, au même titre que les autres dialectes, et que l'attique était compris par les Macédoniens? En effet, le général macédonien Philotas, accusé de complot, et, suivant la coutume macédonienne, comparaissant devant l'armée, préféra présenter sa défense en attique, bien qu'Alexandre l'eût prié de le faire en macédonien [5]. Or, la plupart des Macédoniens de l'armée ne pouvaient avoir appris l'attique à l'école; comment Philotas aurait-il préféré se défendre en attique, si l'attique n'avait pas été compris par les soldats ses juges? Et d'autre part, comment Alexandre aurait-il pu lui demander de se défendre en macédonien,

---

[1] Voir *supra*, p. 85.
[2] Voir *supra*, p. 80-81.
[3] E. Curtius : *Griechische Geschichte*, I, p. 22.
[4] Voir *supra*, p. 81.
[5] Curtius Rufus, VI, 9, 34 sq.

si ce dialecte n'avait pas été intelligible aux autres soldats grecs [1]? Athénée nous a conservé un fragment de la comédie *Les Macédoniens* ou *Pausanias*, du comique athénien Strattis : Un Attique demande à un autre personnage quel est le poisson qu'on nomme *sphyræna* (σφύραινα); le personnage interrogé, qui est sûrement un Macédonien, puisque *sphyræna* est connu comme mot macédonien et que la scène se passe en Macédoine, répond dans son dialecte : « Κέστραν μὲν ὕμμες ὀττικοὶ κικλήσκετε » (« C'est celui que vous, Attiques, vous appelez *kestra* ») [2]. Comment le poète aurait-il pu faire converser sur la scène, deux personnages dont l'un parle attique et l'autre macédonien, et qui se comprennent bien, si dans la réalité la conversation eût été impossible? D'ailleurs la réponse est dans un grec linguistiquement impeccable. Et c'est la seule phrase macédonienne entière qui nous soit restée [3]. Enfin, il n'est dit nulle part que, dans leurs rapports avec les autres Grecs, les Macédoniens se servissent d'interprètes; Polybe, au contraire, raconte que Persée, pour demander à Genthios, roi des Illyriens, son alliance contre les Romains, lui envoya, en même temps que d'autres ambassadeurs, un Illyrien « comme connaissant la langue illyrienne » [4]. Ce seul témoignage de Polybe suffit, suivant nous, à renverser la théorie d'Otfried Müller qui veut que le macédonien ait été de l'illyrien.

Voyons les preuves linguistiques. Elles se rapportent à la phonétique et à l'étymologie des quelques mots macédoniens qui nous sont parvenus grâce au lexique d'Hésychius. La linguistique s'est complètement renouvelée; les vieux arguments fournis par Otfried Müller ont perdu aujourd'hui toute valeur scientifique. Fick, Hatzidakis,

---

[1] Cf. Hatzidakis : *Du caractère hellénique des anciens Macédoniens*, p. 29 et *Études linguistiques*, p. 59; Beloch : *Griechische Geschichte*, III, 1, p. 3.
[2] Athénée, VIII, 323.
[3] Nous en devons la connaissance à l'éminent professeur de l'Université d'Athènes, M. A. Skias. Nous lui en exprimons ici toute notre gratitude.
[4] Polybe, XXVIII, 8.

Hoffmann, dans les travaux que nous avons signalés [1], ont montré au moyen des méthodes nouvelles que plusieurs mots macédoniens, regardés jusqu'alors comme barbares, avaient une étymologie grecque; Hoffmann a prouvé aussi l'origine grecque des Macédoniens en étudiant les noms de personnes, de lieux, de mois, etc. Il y a bien un reliquat, parmi les mots cités dans Hésychius, qui ne se laisse pas ramener à une étymologie hellénique; mais en supposant que ces mots soient barbares, cela n'est d'aucune importance. Les Macédoniens ne vivaient-ils pas entre deux peuples barbares? Quelle langue, aujourd'hui encore, est exempte de mots de provenance étrangère? N'oublions pas que les mots macédoniens d'Hésychius proviennent des lexiques spéciaux du Macédonien Amérios et autres lexicographes. Ceux-ci ont naturellement recueilli, non les termes communs aux dialectes grecs et par conséquent connus de tous, mais, au contraire, ceux qui se distinguaient par une apparence singulière, une saveur de terroir. On ne fait pas autrement encore aujourd'hui, et principalement en Grèce.

Sur les sonores non aspirées, β, γ, δ, que les Macédoniens prononçaient au lieu de φ, χ, θ (sourdes aspirées), Hatzidakis a remarqué que par la dissimilation des aspirées il se produit, en macédonien comme dans les autres dialectes grecs, des sourdes et non des sonores (κεϐαλά, Κεϐαλῖνος et non γεϐαλά, Γεϐαλῖνος). Il en a conclu que les sonores du macédonien β, γ, δ provenaient des aspirées φ, χ, θ (et non de *bh, dh, gh* indo-européens, comme dans les langues parlées plus au nord de la péninsule hellénique). Ainsi il se serait produit d'abord dans tous les dialectes, le macédonien y compris, un passage des sonores aspirées *bh, dh, gh*, aux sourdes aspirées *ph, th, kh*; puis dans tous les dialectes également la dissimilation de ces dernières, lorsqu'elles se succédaient (τίθημι, πέφυκα, κεφαλά) : enfin,

---

[1] Voir *supra*, p. 82, n. 3 et 6, et p. 83, n. 1.

mais seulement dans le macédonien, le passage des sourdes aspirées φ, χ, θ, aux sonores non aspirées β, γ, δ (Βίλιππος, Βερενίκη, Γαιτέας, κύδας, Σταδμέας). D'où il résulte que ces sonores macédoniennes sont génétiquement autres que les *b, d, g* des langues sœurs, nées directement des sonores aspirées *bh, dh, gh*, et que le traitement en macédonien de β, γ, δ, au lieu de φ, χ, θ, ne le rattache pas aux langues parlées plus au nord, mais au grec seul. Enfin, Hatzidakis a remarqué que, illyrien, thrace, phrygien, scythe, slave, lithuanien, toutes ces langues sœurs sont des langues de *satam*, tandis que le macédonien, comme tous les dialectes grecs, est, suivant la classification admise, une langue de *centum*[1]; il garde les palatales κ, γ, χ, et il a fait des labio-vélaires q^u, g^u, g^{uh}, des labiales ou dentales π, τ, β, δ (χ, θ), (Αἰγαί, Βάλακρος, ἀκρουνοί, Δάαγος, Κάρανος, Μακέται, etc., Πέτρα, Πρεπέλαος, Τιμανορίδας, etc.) Tout cela montre que le dialecte macédonien est étroitement apparenté au grec, seule langue de *centum* de la péninsule hellénique, et étranger aux langues parlées plus au nord, illyrien et thrace en particulier. Ces arguments présentent aux yeux des linguistes une indiscutable certitude.

Voilà ce qu'on peut dire sur l'origine des Macédoniens, des Macédoniens proprement dits, ceux qui, nous l'avons vu, descendirent en Émathie et dans la suite conquirent toute la Macédoine, ainsi que des tribus macédoniennes des Élimiotes, des Orestiens et des Lyncestiens[2]. Mais il demeura en Macédoine des tribus péoniennes, anciennes habitantes du pays et qui n'avaient pas suivi les autres, lorsque, repoussées vers le nord, elles allèrent fonder le royaume de Péonie.[3]

L'origine pélasgique, c'est-à-dire hellénique, de ces

---

[1] Cf. Hoffmann : *Die Makedonen*, etc., p. 46.
[2] Voir *supra*, p. 7.
[3] Voir *supra*, p. 10.

tribus péoniennes est témoignée par Pélasgos dans le passage des *Suppliantes* d'Eschyle rapporté plus haut, et avec lui concorde la tradition transmise par Pausanias et d'autres, qui donne une généalogie hellénique à Péon, ancêtre des Péoniens [1]. L'origine pélasgique des Péoniens a cependant été mise en doute, jusqu'à ces derniers temps du moins, sans grande raison. Cavaignac dit, par exemple, que les Péoniens sont des Thraces, simplement parce que « les noms péoniens *Audoléon*, etc., n'ont rien de grec » [2]. Beloch, cependant, soutenant que les Péoniens sont des Grecs, remarque que rien n'est plus grec que *Audoléon* (Αὐδολέων), composé, suivant Benseler, spécialiste en onomastique grecque, de αὐδή, « voix », et λέων, « lion » [3]; il en est de même, ajoute Beloch, des noms des autres rois de Péonie, Lykkeios (Lyppeios, Lykpeios), Patraos, Dropion [4], du nom Péonien (Péon) lui-même ou Péonie, et des noms de lieux péoniens Bylazora, Astibos, Prasias, Messapion, etc. [5].

D'autre part, les auteurs modernes distinguent des Péoniens proprement dits les autres tribus péoniennes; ils méconnaissent le caractère péonien de celles-ci, malgré les témoignages des écrivaiens anciens [6]. Pour certaines, soit sur la foi d'anciens témoignages, soit pour des raisons linguistiques ou autres, ils les reconnaissent comme Pélasges, tels les Émathiens, les Bottiéens, les Éordéens, les Almopes, les Crestoniens, les Pélagoniens, les Deu-

---

[1] Eschyle, *Suppl.*, 250; Pausanias, V, 1, 4. Voir *supra*, p. 5-6.
[2] Cavaignac : *Histoire de l'antiquité*, II, 439, n. 1.
[3] Pape-Benseler : *Wörterbuch der griechischen Eigennamen s. v. Audoleon.*
[4] Dropion releva l'empire péonien après les invasions gauloises; il fut appelé βασιλεὺς καὶ κτίστης (roi et fondateur) et le « κοινόν τῶν Παιόνων » lui éleva une statue à Olympie. Beloch mentionne le fait et ajoute : « Il n'y a à ma connaissance aucun exemple d'État non grec qui se soit désigné par le terme de κοινόν ». Svoronos (*Numismatique de la Péonie et de la Macédoine*, p. 200) mentionne d'autres noms de rois de Péonie, connus par les monnaies, et parfaitement grecs, comme Evergétas, Ekgonos, Dokimos, Nicarchos, etc.
[5] Beloch : *Griechische Geschichte*, 2ᵉ éd., I, 2, p. 56-60.
[6] Voir *supra*, p. 5 sq.

riopes [1]; ils en considèrent d'autres comme Thraces, d'après des témoignages anciens. En fait, Thucydide qualifie de Thraces les Odomantes, Strabon les Sintes et les Piériens, Étienne de Byzance les Odomantes et les Édoniens. Et pourtant Hérodote qualifie les Odomantes de Péoniens [2] et les auteurs modernes voient des Pélasges dans les Sintes et les Piériens [3]. Les Édoniens, ainsi que les Piériens, d'après le témoignage classique de Thucydide, émigrèrent de la région qui est à l'ouest du Strymon et se transportèrent dans la région qui est à l'est; ainsi ils appartiennent à la grande classe des Péoniens, d'après le témoignage des auteurs anciens. Ce qui a fait qualifier de thraces ces tribus, c'est évidemment le fait que la région qui s'étend à l'est du Strymon était bien, originairement, habitée par les Thraces et considérée comme thrace. Mais on a oublié qu'elle a été ensuite occupée par des tribus péoniennes, qui passèrent le Strymon et chassèrent devant elles la population thrace. C'étaient, outre les Édoniens et les Piériens, d'autres tribus probablement encore mentionnées comme riveraines du Strymon et que les auteurs anciens qualifient formellement de péoniennes : les Odomantes par exemple, les Péoples, les Siriopéoniens, d'autres encore, de l'aveu d'Hérodote qui ajoute que « la Péonie était un pays habité sur les bords du Strymon » [4]; plus au nord les Agrianes, les Laiéens, etc., mentionnés par Thu-

---

[1] Hérod., I, 57; Arist., dans Plutarque, *Vie de Thésée*, 16; Strabon, VI, 279 et 282; VII, *Fragm.*, 11, etc.; Pline l'Ancien, I, 4, 16; Otfried Müller: *Ueber die Wohnsitze, die Abstammung und die ältere Geschichte des makedonischen Volkes*, p. 35-36 et 52-53; Abel: *Makedonien*, etc., p. 25 sq.; Born: *Zur makedonischen Geschichte*, p. 5; Fick, dans *Bezzenberger's Beiträge*, XXIV, p. 303; Böhnecke: *Forschungen*, p. 100; Köhler : *Ueber die Probleme der griechischen Vorzeit*, dans *Sitzungsberichte* de l'Acad. de Berlin, 1897; Beloch : *Griechische Geschichte*, 2ᵉ éd., I, 2, p. 50 sq.; Hatzidakis : *Du caractère hellénique des anciens Macédoniens*, p. 76-77, et *Études linguistiques*, p. 112-113; etc.

[2] Hérod., V, 16.

[3] Abel : *Makedonien* etc., p. 39 et 70; Hatzidakis : *Du caractère hellénique des anciens Macédoniens*, p. 73, et *Études linguistiques*, p. 111.

[4] Hérod., V, 13-16, et VII, 112-113.

cydide [1]. Les modernes voient aussi des Thraces dans les Bisaltes, parce qu'un de leurs rois, qui commandait aussi aux Crestoniens, s'appelait *Thrax*. Mais, remarque Svoronos, ni le nom de ce roi ni le nom de Gétas, roi des Édoniens, ne prouvent aucunement que les Bisaltes aient été des Thraces, ni les Édoniens des Gètes, « car jamais on ne s'appelle chez soi par son nom ethnique »[2]. Ce Thrax, du reste, est précisément le roi qui, conscient de son origine helléno-pélasgique, infligea, d'après Hérodote, une punition terrible à ses fils, parce qu'ils avaient, malgré sa défense, pris part à l'expédition de Xerxès contre les Grecs[3].

Les témoignages précédents sur le caractère hellénique de toutes les tribus péoniennes en général ont été tout dernièrement confirmés par les études de Svoronos [4]; il a établi l'origine indigène de ces splendides monnaies archaïques d'or ou d'argent, avec ou sans inscription, qu'on appelait autrefois d'un terme vague, *thraco-macédoniennes*, et que le savant numismate a su restituer à chacune des tribus péoniennes [5].

En effet, ces monnaies démontrent le caractère totalement hellénique, au moins depuis le VIIe ou le VIe siècle, de toutes les tribus péoniennes, par leurs inscriptions dialectales archaïques qui sont purement grecques, par leurs ethniques et noms de rois (Evergétas, Ekgonos, Dokimos, Lykkeios, Patraos, Dropion, Nicarchos, etc.); par leur modelé plein d'une vigueur et d'une vie vraiment helléniques ; mais aussi par le culte et la multitude de types mythologiques purement grecs, tels que Apollon Hélios, Apollon Péonien ou Médecin, Hermès Bouvier, Athéna,

---

[1] Thuc., II, 96. Voir aussi Strabon, *Fragm.*, 41, *supra*, p. 6.
[2] Svoronos : *Numismatique de la Péonie et de la Macédoine avant les guerres médiques*, p. 201.
[3] Hérod. VIII, 116.
[4] Svoronos, *op. cit.*
[5] Voir ces monnaies surtout dans Babelon : *Traité des monnaies grecques et romaines*, III, planches XLIV-L, LVIII et LIX. Un choix de ces monnaies figure dans les planches III-V, annexées au présent ouvrage.

PL. III   MONNAIES PÉONIENNES

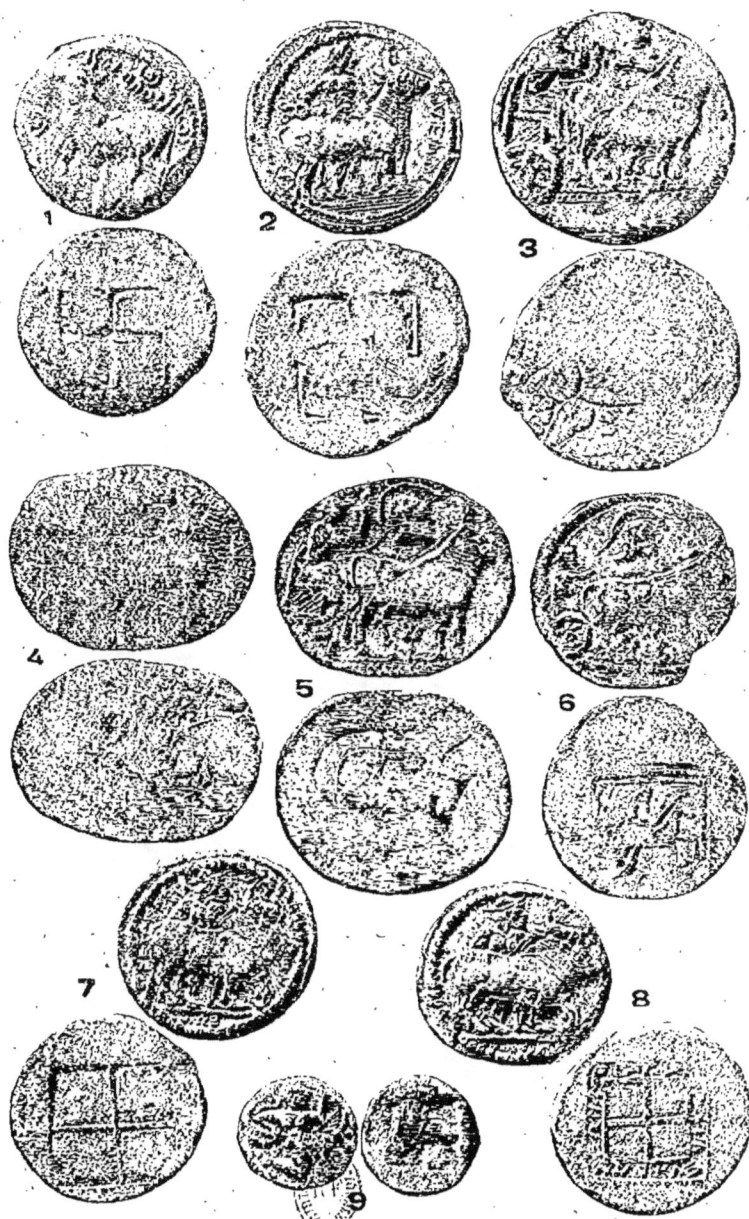

1-3, Derroniens. — 4, Euergetas, roi des Derroniens. — 5, Graiéens. — 6, Laiéens. — 7-8, Gétas, roi des Édoniens. — 9, Pieriens du Pangée.

PL. IV   MONNAIES PÉONIENNES

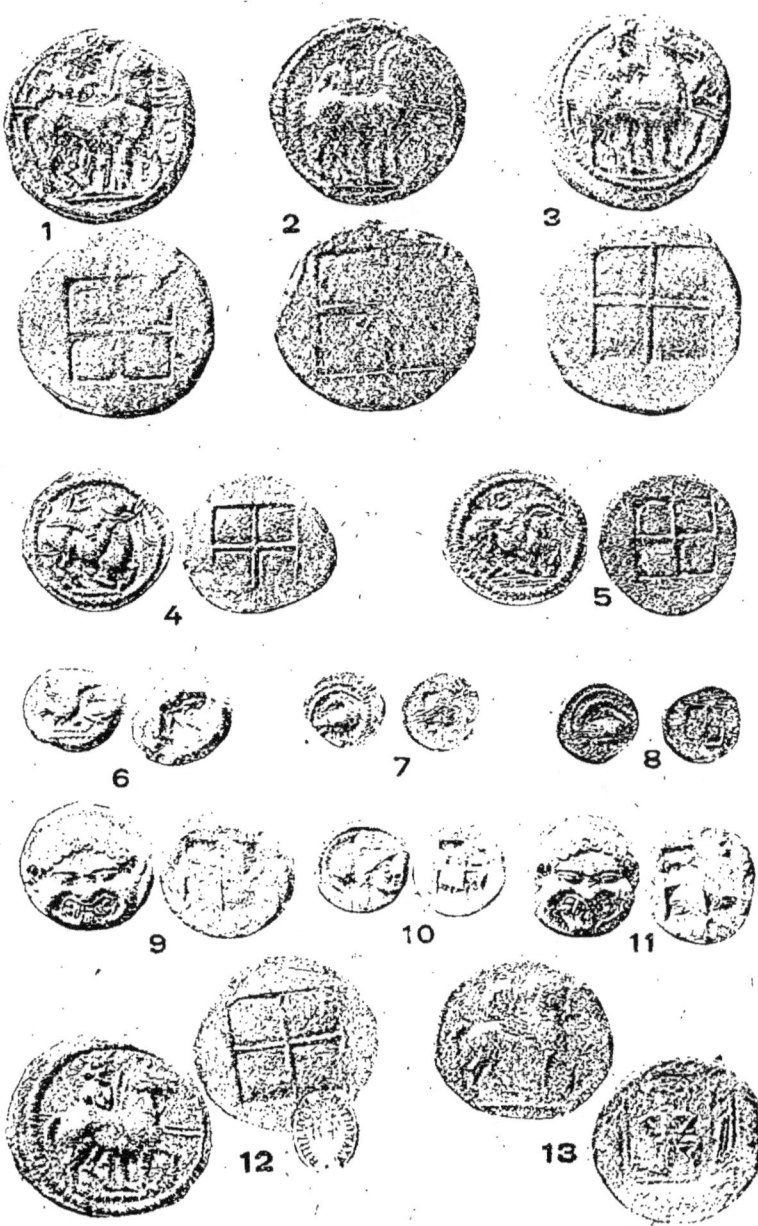

1-3 et 12, Bisaltes. — 4-5, Derroniens. — 6-8, Paioples. — 9 et 11, Scavala. — 10, Ænée. — 13, Crestoniens.

PL. V   MONNAIES PÉONIENNES

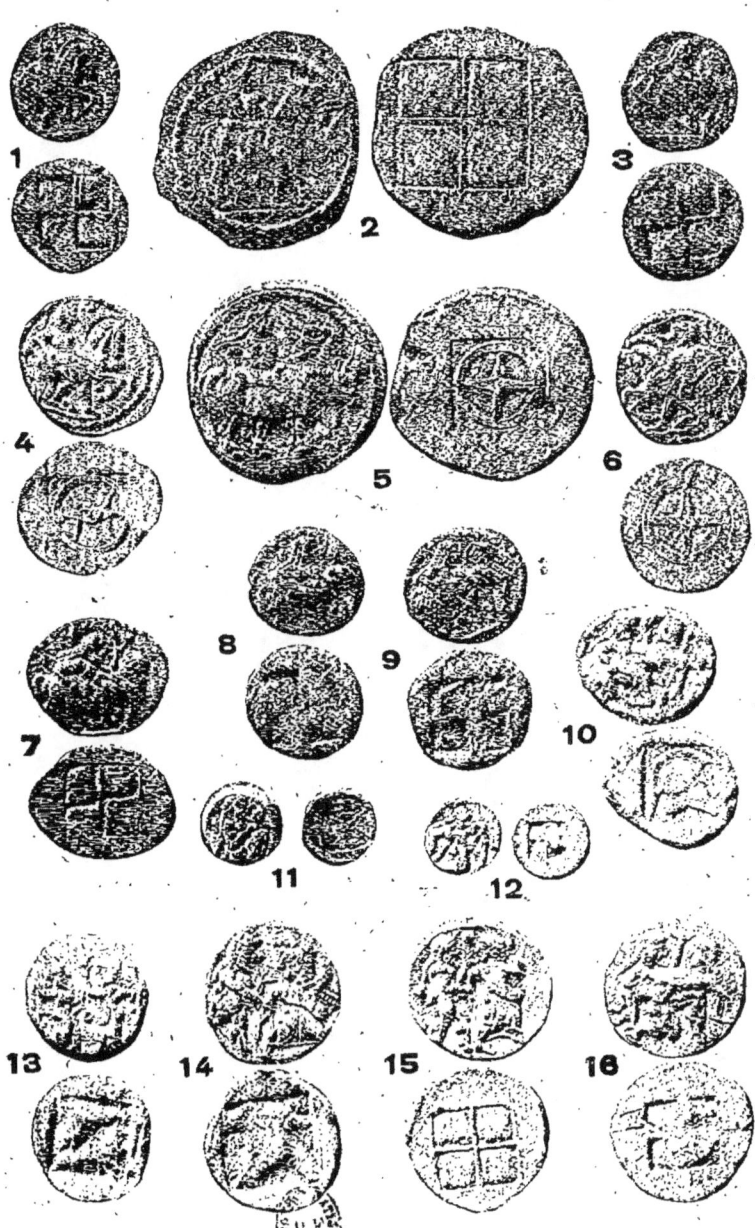

1-3, Oresques. — 4-6, Ichnéens. — 7, Zaïeléens. — 8, Pernéens. — 9, Dionysiens. — 10, Létéens. — 11-12 et 16, Thasiens. — 13-15, Siriopéoniens (Serraioi).

Thémis Ichnéenne, les Nymphes du cycle de Dionysos et Dionysos Tauros lui-même, Persée, la Gorgone, etc.; de même encore les génies ailés des astres et des vents, les types de Centaures, les Silènes et Satyres à pied de cheval, qui entraînent les nymphes en les saisissant par le poignet (« χεῖρ' ἐπὶ καρπῷ » [1]) et qui nous présentent ainsi la première forme, extrêmement archaïque, du mariage grec par rapt [2].

A ces types s'en ajoutent d'autres, du cycle homérique, celui de Rhésus, héros cavalier thraco-macédonien, celui de Diomède, le héros argien, qui dompte les chevaux de Rhésus, celui du Troyen Énée, fuyant avec toute sa famille, et en qui les Grecs voyaient le plus ancien symbole de l'émigration devant le conquérant. Ajoutons les types de la constellation du Chariot (*Amaxa*, la Grande Ourse), du Bouvier, de Bouzygès, de Pégase, du Sphinx, des Griffons gardiens de l'or du Pangée, du Triscèle et de la Roue, tous deux très antiques symboles de Némésis et d'Hélios, d'autres types encore, qui procèdent d'un culte et d'un art spécialement grecs.

Voilà, sous leur forme la plus succincte, les principales raisons historiques, linguistiques et autres qui démontrent l'origine grecque des anciens Macédoniens, y compris ceux qui descendaient des tribus autochtones péoniennes. Tout chercheur de bonne foi devait être pleinement convaincu par des arguments si nombreux et si irréfutables. Wilhelm Schmid, nous l'avons vu, dit fort justement que l'origine grecque des Macédoniens est « aujourd'hui universellement reconnue » [3]. Otto Kern confirme encore cette manière de voir en disant : « Les Macédoniens sont des Grecs, comme la science l'a sûrement établi depuis longtemps » [4].

Tout le monde est donc d'accord. Il faut excepter (est-

---

[1] Hom., Od. XXIV, 398.
[2] Il reste encore en plusieurs endroits de la Grèce une survivance du mariage par rapt : le jeune homme arrache le mouchoir de la jeune fille.
[3] Voir *supra*, p. 85.
[4] Kern : *Aus Makedonien in alter und neuer Zeit*, Erfurt, 1914.

il besoin de le dire?) les « savants » bulgares. Il serait bien étonnant, en effet, et contraire à toute leur politique, s'ils laissaient échapper une si belle occasion de contester, sous forme de discussion scientifique, le caractère hellénique des Macédoniens, fût-ce à une époque préhistorique. Désespérant de donner la moindre apparence de sérieux à leur argumentation sur l'origine bulgare des anciens Macédoniens, ils ont essayé de glaner au moins quelque profit, en soutenant que, si les anciens Macédoniens n'étaient pas Bulgares, ils n'étaient pas Grecs non plus. C'est mieux que rien. Ils n'ont réussi cependant qu'à montrer une fois de plus les sentiments de « sympathie », qu'on se doit entre bons voisins, et qu'ils éprouvent à l'égard des Grecs.

Ainsi le journaliste bulgare N. Yonkoff-Vladikine, d'abord instituteur, puis journaliste, a publié en 1898 dans le journal *Otzyv* (*L'Écho*), de Sophia, qui se recommandait par la « douceur » de son langage, un article par lequel il prétend répondre aux travaux de Hatzidakis; en réalité, il fait descendre la question de l'origine des anciens Macédoniens de son terrain scientifique jusqu'à celui, si cher aux Bulgares, de l'imposture et des injures de crocheteur. Rappelons seulement que l'honnête Yonkoff-Vladikine fait venir les mots de *Macédoine* et *Hellène*... de l'hébreu; il biffe de l'histoire les noms de Marathon et de Salamine, parce que, dit-il, les anciens Grecs étaient trop peu nombreux pour avoir jamais pu vaincre ni les Perses ni personne; quant aux Grecs d'aujourd'hui, ils atteignent tout au plus le nombre de deux millions en Grèce libre et en Turquie. C. q. f. d. Hérodote témoigne contre lui, mais il le traite d'imbécile; à propos des savants allemands qui ont défendu le caractère grec de l'ancienne Macédoine, il déclare que leurs recherches ne valent pas « une pipe de bon tabac », puisqu'ils parlent de pays dont ils ignorent la langue et les mœurs. Le professeur Hatzidakis, de l'Université d'Athènes, dont l'autorité est incontestée et que l'Université de Leipzig a proclamé docteur « honoris causa », n'est pour le courtois Bulgare, ancien instituteur, qu'un « grand ignorant », un « pur charlatan », et il caractérise son œuvre d'un mot que les règles d'une bienséance élémentaire défendent de répéter. Tout cela pour en arriver à conclure que, si les anciens Macédoniens et en général les anciens habitants de la péninsule illyrienne n'étaient point des Slaves, comme pensent certains (qui? il ne le dit pas), ils n'étaient pas non plus des Hellènes. « Ils avaient des rapports étroits, par la langue, le culte et les mœurs avec les... Perses, les Assyro-Babyloniens, les Juifs, les Phéniciens et les Égyptiens ! »

Voilà la mentalité et l'éducation de ces gens qui prétendent à l'hégémonie balkanique! Le professeur Hatzidakis a pris la peine de reproduire un à un et de réduire à néant les arguments puérils de Yonkoff-Vladikine [1]. Sans répondre aux injures, il s'est contenté de citer l'opinion émise sur son œuvre par deux savants allemands : Aug. Fick, le grand linguiste, et Ed. Meyer, le célèbre professeur d'histoire à l'Université de Berlin. Le premier, dans les *Bezzenberger's Beiträge*, exprimant son avis sur les travaux de Hatzidakis, dit que le savant athénien défend le caractère hellénique des anciens Macédoniens, « avec adresse et bonheur » [2]; il lui écrivait, en outre, ces lignes : « La Macédoine fut grecque de tout temps; il faut absolument l'admettre pour comprendre l'histoire grecque; et vous l'avez si bien prouvé que, selon toute vraisemblance, cette opinion l'emportera complètement. J'ai écrit sur cette question il y a plusieurs années; j'avais l'intention d'y revenir; mais après votre étude exhaustive, ce n'est plus nécessaire ». Ed. Meyer, de son côté, écrivait à Hatzidakis: « Je suis très heureux que vous ayez et souteniez la même opinion que moi; c'est, je crois, la seule bonne. La solution

---

[1] Voir sous le titre *Les Anciens Macédoniens étaient-ils des Grecs?* l'article de N. Yonkoff-Vladikine, traduit en grec et commenté par M. Hatzidakis, dans l'*Hellénismos*, 1898, p. 591, et 1899, p. 71 et 128.

[2] Fick : dans *Bezzenberger's Beiträge*, t. XXIV, 1899, p. 299.

que vous avez donnée au problème des sonores ϐ, δ, au lieu des sourdes aspirées φ, θ, en macédonien, est admirable et convaincante »[1].

Plus convenable, à tout prendre, et plus sérieux que Yonkoff-Vladikine, est son compatriote Gabriel Kazarow, professeur d'histoire à Sophia. Dans un court article[2] paru à propos de l'ouvrage déjà cité de Otto Hoffmann[3], qui avait fait grande impression, il essaie d'amoindrir le mérite de l'ouvrage,[4] et aboutit à cette conclusion : « L'opinion qui rattache les Macédoniens aux Illyriens demeure toujours la plus voisine de la vérité ». Par ailleurs, la méthode de M. Kazarow est très simple. Sur les termes macédoniens qui sont incontestablement grecs, il dit : « On ne voit pas de raison qui empêcherait tous ces termes d'être empruntés au grec »; de même pour tout ce qui est grec. Quant aux mots dont l'étymologie grecque n'est pas encore définitivement démontrée, il se hâte de les qualifier de barbares; cependant, comme le remarque Hoffmann, « nous ne pouvons admettre une origine illyrienne ou thrace pour aucune des gloses macédoniennes dont l'étymologie grecque est douteuse »[5]. M. Kazarow dit encore que les Macédoniens sont traités de barbares par le sophiste Thrasymaque. Après tout ce qui a été dit sur Thucydide, le lecteur peut juger luimême de l'importance d'un pareil témoignage, qui émane d'un sophiste partial et dont l'authenticité elle-même est douteuse ; le professeur bulgare a dû se donner bien du mal pour le dénicher ! Enfin, M. Kazarow nous enseigne que

---

[1] *Hellénismos*, 1899, p. 135. Hatzidakis pourrait aujourd'hui invoquer une foule d'autorités pareilles. Son nom est cité avec honneur dans toutes les études parues depuis sur le sujet.

[2] Kazarow : *Quelques observations sur la question de la nationalité des anciens Macédoniens*, dans la *Rev. des Ét. gr.*, t. XXIII, 1910, p. 243.

[3] Hoffmann : *Die Makedonen, ihre Sprache und ihr Volkstum*.

[4] On sait combien grand est ce mérite; témoin la critique qu'en a faite Solmsen dans la *Berl. Philol. Wochenschrift*, 1907, p. 275; Solmsen y promettait lui aussi de démontrer « que les Macédoniens forment la transition entre les Éoliens et les Grecs de l'ouest ». Mais une mort prématurée a malheureusement empêché l'éminent linguiste de mettre son projet à exécution.

[5] Hoffmann, *op. cit.*, p. 36.

les Macédoniens ont abandonné leur langue pour le grec, parce que le grec avait une littérature et que le macédonien n'en avait pas; en outre, que le grec était la langue qu'on parlait à la cour de Macédoine, comme le français à la cour de Catherine II [1].

Le professeur bulgare a eu une double chance : son article a été publié dans la *Revue des Études grecques*, et non seulement le professeur Hatzidakis, qui est Grec, mais Beloch lui-même, dans la deuxième édition de sa brillante histoire grecque, lui ont répondu.

La réponse de Hatzidakis est une longue et savante étude; les arguments du professeur bulgare y sont réfutés avec tant de bonheur, d'une manière si convaincante, que le lecteur ne peut qu'acquiescer totalement à la conclusion : « Ce qui précède a montré clairement, je pense, que toutes ces tentatives sont dépourvues de valeur scientifique. C'est ce que je voulais prouver ici. Mais un autre point est devenu évident lui aussi : le caractère hellénique des anciens Macédoniens, qu'on essaie de nier avec des arguments de cette trempe, ne court aucun danger; si des adversaires à ce point redoutables ne trouvent pour le combattre qu'une argumentation si faible et si méprisable, il est évident que ce caractère est des plus certains; tel qui pouvait avoir quelque doute auparavant, le sent complètement évanoui » [2].

Beloch n'accorde à l'article de Kazarow que l'importance qu'il mérite; il se contente de dire : « Naturellement, il y aura toujours des gens que les preuves ne convainquent pas, surtout quand l'intérêt national entre en jeu. Ainsi le

---

[1] Il est cependant juste d'ajouter que M. Kazarow fait suivre d'un suggestif point d'exclamation une note de son article, qui est la suivante : « Boguslawski (*Zur Frage über die Abstammung der Makedonier*, extrait des *Sitzungsberichte der Warsch. Akad. der Wissensch.*, 1908) émet une opinion toute différente; d'après lui, les Macédoniens seraient un mélange d'éléments grecs, albanais et thraco-illyriens; ce dernier, M. Boguslawski l'identifie au slave (!). »

[2] Hatzidakis : *Encore sur la question du caractère hellénique des anciens Macédoniens*, dans l'*Annuaire de l'Université d'Athènes*, 1911-1912.

Bulgare Kazarow, lui aussi, a essayé de démontrer, en douze brèves pages, que les Macédoniens n'étaient pas de nationalité grecque (*Rev. Ét. grecques*, XXIII, 1910, p. 243-254) dans l'excellente intention, bien entendu, de faire progresser la science et non de servir les aspirations à la plus grande Bulgarie. Il opère, d'après un ancien procédé, sur des gloses : comme toutes ne s'expliquent pas d'une manière convaincante par le grec, les Macédoniens, d'après l'auteur, ne peuvent pas avoir été des Grecs. Comme si ce détail minuscule entrait seul en ligne de compte ! Car il est évident que les grammairiens n'ont eu besoin d'expliquer que les termes macédoniens qui n'étaient point compréhensibles aux autres Grecs, c'est-à-dire en première ligne les emprunts thraces et illyriens, qui avaient pénétré dans la langue. Kazarow au reste rappelle d'une façon bien imprudente Frédéric le Grand et Catherine II, qui parlaient français de préférence. Car ils n'ont pas introduit en Prusse et en Russie la langue française comme langue administrative, alors que le grec a été une langue administrative non seulement dans l'empire colonial macédonien, mais dans la Macédoine elle-même. Il faut encore dire nettement ceci : de toutes les opinions absurdes, qui ont été émises sur le terrain historique, aucune n'est plus absurde que celle qui veut qu'un peuple qui a conquis l'empire du monde ait renoncé à sa propre langue, pour adopter une langue étrangère. Ou, si l'on veut, il en est une plus absurde encore, celle qui admet que le peuple macédonien aurait en cela obéi aux ordres d'Alexandre, lequel aurait vu dans l'adoption du grec, c'est-à-dire de l'attique, le meilleur moyen de fondre ensemble les éléments hétérogènes de son empire. C'est ce que croit Kazarow; je pense que tout commentaire est inutile »[1].

---

[1] Beloch : *Griechische Geschichte*, 2ᵉ éd., I, 2, p. 43-44.

VI. — Rome et Byzance.

Rome mit plus de deux siècles à conquérir le monde grec. Encore n'y serait-elle peut-être pas arrivée, si sa diplomatie, nous l'avons expliqué, n'avait pas réussi, avant chaque tentative, à diviser, à opposer les unes aux autres les forces de l'hellénisme. Il y a toujours eu dans l'âme grecque un esprit d'antagonisme et un désir d'indépendance qui constituaient un terrain très favorable à l'application du principe *divide et impera*.

Les Thraces hellénisés furent presque seuls à fournir un exemple de solidarité nationale, qui méritait d'être imité : à Cynoscéphales, aidés seulement par les Acarnaniens, ils combattirent aux côtés de Philippe V, tandis qu'au contraire Étoliens, Crétois, d'autres Grecs encore, étaient dans le camp romain. Ce sont les Thraces aussi qui, seuls cette fois de tous les Grecs, combattirent aux côtés de Persée dans la bataille historique de Pydna, pour sauver du péril imminent la Macédoine, leur mère; ils furent détruits en même temps que les Macédoniens. Quelques années plus tard, en 150 avant Jésus-Christ, l'audacieux Andriscus, prenant le nom de Philippe, se proclamait roi et successeur de Persée, écrasait les légions romaines et délivrait pour deux ans la Macédoine; les Thraces encore se rangèrent auprès de lui, préférant leur réunion à la Macédoine, à l'autonomie politique que les Romains leur avaient octroyée, après l'effondrement du royaume macédonien. Leur conduite fut pareille dans la suite, chaque fois que la Macédoine tenta de secouer le joug romain.

A mesure que les Romains, se démasquant graduellement, se transformaient de protecteurs et de soi-disant libérateurs des Grecs en conquérants et en maîtres, l'hellénisme sentait de plus en plus profondément les funestes conséquences de la division ; il cherchait le salut dans le rétablissement de l'unité nationale. Mithridate, le puissant roi du Pont, déclare la guerre à Rome et enflamme aussitôt le courage des Grecs. Les Athéniens, les premiers, se hâtent de faire alliance avec lui. Mais il était trop tard. Rome tenait fortement sous son talon la moitié de l'hellénisme ; tout ce qui restait de forces à l'autre moitié ne lui permettait pas de l'emporter d'une façon décisive. Mais ce que ne pouvait plus accomplir la puissance matérielle de l'hellénisme, l'incomparable puissance morale du génie grec devait le réaliser. « L'Occident romain, dit Ad. Reinach, ne soumettra l'Orient grec qu'en s'hellénisant lui aussi » [1].

Cette hellénisation de l'Empire romain prend rapidement de vastes proportions. Elle se manifeste dans le culte, la législation, le système des mesures et des monnaies, l'alphabet, la littérature, les arts, les fêtes, les mœurs, la vie romaine tout entière, jusqu'au vêtement — puisque la *toge* fut remplacée par le *pallium* grec, les *calcei* par les *crépides* — jusqu'aux noms de personnes, puisque dans les familles romaines on rencontre des surnoms d'origine grecque : Philippus, Philo, Sophus, etc. Si les premiers poètes romains, Livius Andronicus, le plus ancien (IIIe siècle av. J.-C.), Ennius qui introduisit l'hexamètre dactylique en latin, et Pacuvius — le premier, Grec de Tarente, les deux autres de mères grecques — ont écrit en latin, les premiers historiens au contraire, les *annalistes*: Fabius Pictor, Cornélius Scipion, fils de l'aîné des Africains, l'un des plus fervents partisans de l'hellénisme, Cincius Alimentus, Acilius Glabrio, Postumius Albinus, ont écrit en grec. Il en fut de même plus tard pour Sylla, Rutilius Rufus, Lucullus, Cicéron, Valérius Messala, les deux stoïciens Sextius, Pline le Jeune ; de même encore pour Jules César et les empereurs Auguste, Tibère, Claude, Hadrien,

---

[1] Ad. Reinach, dans *L'Hellénisation du monde antique*, p. 210.

Marc-Aurèle. Tous, ce dernier surtout, possédaient, aimaient le grec et l'écrivaient à côté de leurs ouvrages latins. Et ceux qui n'écrivaient pas en grec, ceux qui ne se sont pas bornés à traduire, arranger, copier simplement des ouvrages grecs, comme presque tous les plus anciens, n'en écrivaient pas moins à la manière des écrivains grecs. Plaute et Térence imitent Ménandre et en général les poètes de la nouvelle comédie. Cicéron imite Démosthène; Virgile, Homère; Ovide et les élégiaques, les Alexandrins; Horace, lui-même imitateur d'Archiloque et des lyriques grecs, compose ces vers fameux :

Græcia capta ferum victorem cepit et artes
Intulit agresti Latio [1] ;

et il conseille aux Romains :

Vos exemplaria græca
Nocturna versate manu, versate diurna [2].

Assurément le grec, dans un État étranger, ne pouvait s'imposer assez pour supplanter les parlers indigènes, comme en Orient. Ce fut le rôle du latin, un des dialectes italiques. Mais parallèlement au latin, le grec se diffusa très largement. Tout Romain ayant reçu une certaine éducation, connaissait le grec. « Le Romain est devenu bilingue », dit Fr. Leo [3]. Les rhéteurs grecs ont à Rome une foule d'auditeurs. Et Cicéron dit : *Græca leguntur in omnibus fere gentibus; latina suis finibus, exiguis sane, continentur* [4]. L'aristocratie romaine en particulier est prise d'un véritable engouement pour l'hellénisme. Platon est le livre de chevet des dames romaines. Des familles romaines cherchent à rattacher leur origine à des héros

---

[1] « La Grèce vaincue vainquit son vainqueur farouche et introduisit les arts dans le Latium sauvage », Horat., *Epist.*, II, 1, 156.

[2] « Pour vous, feuilletez la nuit et feuilletez le jour les modèles grecs », Horat., *Epist. ad Pisones*, 268-269.

[3] Leo : *Die römische Literatur*, dans Hinneberg: *Die Kultur der Gegenwart*, I, VIII, p. 326.

[4] « Le grec se lit dans presque toutes les nations du monde; le latin est contenu entre ses frontières, plutôt étroites », Cic., *Pro Archia*, X, 23.

grecs, par exemple la famille des Jules à Énée. Néron, avec sa manie d'hellénisme, devient littéralement la risée de la Grèce. C'est du grec et non du latin que le noble romain a le sentiment. Jules César reconnaît Brutus parmi ses meurtriers, et c'est en grec qu'en cet instant suprême il exprime son horreur : Καὶ σύ, τέκνον, « Toi aussi, mon fils ! »[1] Et Juvénal, conservateur, contemplant l'image de Rome, l'appelle avec rage : *græca urbs*, « ville grecque »[2].

L'infiltration de l'hellénisme à Rome avait commencé à se faire sentir à la suite des premières conquêtes romaines dans la Grande Grèce et en Sicile. L'historien romain Florus, racontant le triomphe célébré à Rome à l'occasion de la chute de Tarente (272 av. J.-C.), écrit cette phrase significative : « Jusqu'à ce jour, bétail de Volsques, troupeaux de Sabins, chariots de Gaulois, armes brisées de Samnites, voilà tout ce qu'on avait vu : mais cette fois, il fallait voir ces captifs, Molosses, Thessaliens, Macédoniens, de Brutium, d'Apulie, de Lucanie, toute cette pompe, cet or, cette pourpre, ces statues, ces tableaux, toutes les délices de Tarente ! »[3]

Caton et le parti conservateur redoutaient que la finesse de la civilisation grecque n'énervât les vertus guerrières du peuple romain. Malgré leur opposition, l'hellénisation de Rome prit une intensité nouvelle depuis le moment où s'établirent des relations plus étroites avec l'Épire, la Macédoine et le reste de la Grèce ; Polybe, Panétius, d'autres Grecs encore, distingués par leur culture, trouvent à Rome un chaleureux accueil ; les jeunes gens des familles romaines s'en vont en Grèce, surtout à Athènes, achever leur éducation et leur instruction, comme Cicéron, Horace

---

[1] Suétone, *Vie de Jules*, 86.
[2] Juv., *Sat.* III, 61.
[3] Florus, I, 18, 27.

et une foule d'autres Romains qui ont laissé un nom dans la littérature latine.

Cependant, si les sciences pénétrèrent à Rome, si des bibliothèques et des écoles y furent fondées, le commerce des livres instauré, si l'art oratoire y fleurit, si la langue latine se perfectionna, si l'on y vit la poésie lyrique en honneur, la philosophie cultivée, enfin si l'âge d'or de la littérature latine y commença, ce fut grâce aux rapports de Rome avec l'hellénisme florissant d'Asie et d'Égypte. Cratès de Mallos, grammairien de Pergame, introduit le premier à Rome la grammaire, pour laquelle les Romains montrèrent un goût si soutenu. Une foule innombrable de lettrés et de savants d'Alexandrie envahit Rome ; ils exercent une très grande influence dans tous les domaines de la vie intellectuelle des Romains. Philodème de Gadara, épicurien, Posseidonios d'Apamée, stoïcien, sont les principaux fondateurs de la philosophie romaine. L'un habite chez les Pisons, l'autre est l'ami et le familier de Marcus Brutus. Appollonius Molon d'Alabanda est le professeur de Cicéron. Le poète Archias d'Antioche fait partie de la maison de Lucullus. Athénodore de Tarse est professeur d'Auguste. Lucullus constitue une bibliothèque gréco-latine à l'imitation de celles de l'Orient grec et d'Alexandrie. Auguste fonde la bibliothèque Palatine, également gréco-latine. Claude fonde un musée sur le modèle de celui d'Alexandrie. Porphyre de Tyr et l'Égyptien Plotin répandent à Rome la philosophie néo-platonicienne fondée à Alexandrie. Ainsi la civilisation grecque transplantée par Alexandre le Grand en Asie Mineure, puis merveilleusement développée par ses successeurs, retourne sur ses pas et se déverse sur l'Occident, où le peuple romain bien doué et apte au progrès, lui fournit un excellent terrain de culture. Et dans ce retour elle entraîne avec elle le nouveau culte asiatique, le christianisme [1].

---

[1] Cl. Kærst : *Geschichte des hellenistischen Zeitalters*, I, p. 420.

Alexandre et ses successeurs rendirent encore un bien autre service à Rome : ils furent l'origine première de l'Empire romain. Leur œuvre est étroitement liée à la conception d'une hégémonie romaine, et aussi à sa réalisation. Si Rome eut la pensée de dominer le monde, c'est l'Empire d'Alexandre qui la lui inspira. Si elle la réalisa, c'est qu'elle prit exemple sur l'organisation et l'administration des monarchies macédoniennes : « L'idée d'une hégémonie mondiale, dit Kærst, ne s'était pas éteinte en même temps que se désagrégeait son empire (d'Alexandre) ; elle a trouvé une réalisation chaque jour élargie dans l'Empire romain » [1]. Et Ad. Reinach : « Si l'Empire romain a réalisé le rêve de monarchie universelle conçu par Alexandre, c'est en adoptant la plupart des formes et des formules mises en œuvre par ses successeurs. Sans doute, pour qui ne pense qu'aux lettres et aux arts dans toute leur pureté classique, c'est l'Athènes de Périclès que le mot d'hellénisme évoquera toujours ; mais pour celui qui s'attache aux éléments profonds de la civilisation gréco-latine, c'est à Thessalonique, à Pergame et à Éphèse, c'est à Antioche de l'Oronte, à Séleucie du Tigre et à Alexandrie d'Égypte, qu'il en trouvera la source au temps des successeurs d'Alexandre » [2]. Et il ajoute : « Dans tous les domaines, qu'il s'agisse des voies de communication et du service postal ou des plus hauts principes du droit, de l'organisation administrative ou de la cour du prince, c'est aux royaumes hellénistiques que l'Empire romain a emprunté ses principes, dont beaucoup sont restés les nôtres » [3]. Et G. Colin termine ainsi une conférence sur le même sujet : « On voit que si, sans se borner à la littérature et aux arts, on considère dans leur ensemble les coutumes et les croyances qui vont dominer l'époque impériale, c'est moins en pensant à la

---

[1] Kærst, *ibid.*
[2] Ad. Reinach, dans *L'Hellénisation du monde antique*, p. 253.
[3] Ad. Reinach, *ibid.*, p. 258.

Grèce propre qu'à l'Orient hellénisé qu'on pourra répéter le *Græcia capta ferum victorem cepit...* »[1].

Dans des conditions pareilles, l'hellénisme, en tant que force morale, n'avait rien à craindre des Romains. Nous ne voulons pas dire par là que la pression administrative romaine ne se fit pas sentir; mais elle dut bientôt pactiser avec la langue et le génie de l'hellénisme [2]. En effet, si le latin s'était énergiquement imposé dans les provinces occidentales de l'Empire romain, comme la France et l'Espagne, par contre c'est le grec qui dominait toujours en Orient, même à tel point qu'on traduisait officiellement en grec les pièces publiques destinées aux provinces orientales.[3] Et alors que les provinces occidentales de l'Empire romain se latinisaient peu à peu sous l'influence d'une administration autoritaire, les provinces orientales au contraire ne relevaient que politiquement de la suzeraineté romaine; socialement et intellectuellement, elles demeuraient des pays grecs. Hors de la Grèce propre, en particulier, on peut même affirmer que l'hellénisme, malgré la domination romaine, ne perdit pas un instant sa vigueur et sa vitalité d'auparavant; il continua à progresser et à fleurir, dans toutes les manifestations de l'existence nationale. Avec Athènes, qui, à cause de son magnifique et glorieux passé et la sollicitude que lui témoignent de ce chef les empereurs romains, demeure jusqu'au commencement du VIe siècle l'incomparable centre de culture de la Grèce propre, rivalisent les grands centres intellectuels helléniques d'Égypte et d'Asie, Alexandrie, Antioche, Séleucie sur le Tigre, et aussi Gaza de Palestine, Beyrouth

---

[1] G. Colin, dans *L'Hellénisation du monde antique*, p. 387.
[2] Voir L. Lafoscade : *Influence du latin sur le grec*, dans Jean Psichari : *Études de philologie néo-grecque*, Paris, 1892, p. 83-158.
[3] Pour les traductions officielles de pièces publiques romaines en grec, avec une étude sur la langue, voir Viereck : *Sermo græcus quo S. P. Q. R. magistratusque P. R. usque ad Tiberii Cæsaris aetatem in scriptis publicis usi sunt examinatur*. Voir aussi L. Lafoscade : *De epistolis aliisque titulis imperatorum magistratuumque Romanorum, quos ab ætate Augusti usque ad Constantinum græce scriptos lapides papyrive servaverunt*.

de Phénicie, Tarse de Cilicie, Xanthos de Lycie, Césarée, Angora, Nicée, Nicomédie. Les hommes célèbres de l'hellénisme n'y sont pas en moindre proportion. Si Chéronée a vu naître Plutarque, Athènes quelques sophistes ou historiens de deuxième ordre, presque tous les autres hommes célèbres de l'hellénisme ont vu le jour hors de la Grèce classique, et surtout dans les pays grecs d'Afrique et d'Asie, qui représentent, d'après le calcul de Krumbacher, 90 % de la production intellectuelle grecque [1].

La liste de tous ceux qui se sont distingués dans les sciences ou dans les lettres grecques et qui sont nés en Égypte ou tout à côté, en Cyrénaïque, est en effet très longue. Bornons-nous à citer les noms les plus connus. En philosophie, Philon et Ammonius, fondateur du fameux néo-platonisme, tous deux d'Alexandrie; en astronomie et en géographie, le célèbre Claude Ptolémée et Cosme, l'explorateur de l'Inde; en linguistique et philologie, les grammairiens Apollonius Dyscole et Hérodien, Athénée, l'auteur du *Banquet des savants;* en histoire, Appien, Olympiodore; dans les sciences mathématiques, Diophante, Pappus, Théon, qui fut aussi philosophe et eut pour fille Hypatie, philosophe également, aussi célèbre que malheureuse; dans le roman, genre littéraire né aussi en Égypte, Achille Tatius, etc. Alexandrie a encore vu naître les Pères de l'Église et écrivains sacrés Origène, Denys, Athanase, le grand adversaire et le vainqueur de l'arianisme, Arius lui-même, et enfin Cyrille; la Cyrénaïque donna Synésius. Et la foule de ces savants et de ces lettrés était grossie de ceux qui, de toutes parts, affluaient à Alexandrie. De bonne heure l'intérêt de plusieurs empereurs romains en fut vivement excité. Auguste procéda à l'installation, sans compter l'ancien Musée des Ptolémées, d'un autre musée moins important. Claude en fonda un

---

[1] Krumbacher : *Die griechische Literatur des Mittelalters,* dans Hinneberg : *Die Kultur der Gegenwart,* I, VIII, p. 245.

troisième. Ainsi Alexandrie, « aujourd'hui ainsi que jadis considérée à bon droit comme le laboratoire de toute espèce d'enseignement », suivant le mot de Grégoire de Nazianze, demeura un centre intellectuel hellénique pendant près de mille ans, jusqu'au jour où, en 641, les Arabes détruisirent tout, en s'emparant de la cité « aux quatre mille palais, aux quatre mille bains, aux quatre cents théâtres »[1].

Les pays grecs d'Asie ne sont pas moins brillamment représentés dans le mouvement intellectuel hellénique; nous avons déjà signalé comme originaires de ces pays bon nombre de lettrés qui exerçaient à Rome[2]. La Palestine et la Syrie virent naître encore Nicolas Damascène, historien, et, d'une manière générale, les rédacteurs du Nouveau Testament, évangélistes et apôtres; le génial écrivain Lucien était de Samosate; le sophiste Libanius et Jean Chrysostome, le grand docteur de l'Église, naquirent à Antioche; ils furent la gloire, l'un de l'école oratoire, l'autre de l'école herméneutique de cette ville. A Antioche naquit également le professeur d'éloquence Aphtonius et Jean Malalas regardé comme le fondateur de la chronographie chrétienne. Mentionnons encore Procope et Choricius qui brillèrent à l'école d'éloquence de Gaza; Zosime l'historien, Jean d'Épiphanée, Eusèbe, fondateur de l'histoire ecclésiastique; Cyrille de Scythopolis et Jean Moschos, rédacteurs de vies de saints, Romain le Mélode, surnommé le Pindare de la musique rythmique; Sophronius, l'illustre patriarche de Jérusalem, qui se distingua également comme poète; Jean Damascène, le dernier des grands et anciens Pères de l'Église, etc.

Une foule d'hommes célèbres de l'hellénisme étaient encore originaires des diverses provinces d'Asie Mineure :

---

[1] Ces statistiques exagérées mais suggestives sont dues aux historiens arabes, qui évaluent du reste la seule population mâle grecque d'Alexandrie à 200.000 personnes. Voir Muir : *Annals of the Early Caliphate*, p. 240.

[2] Voir *supra*, p. 111.

la Cilicie par exemple a vu naître Paul de Tarse, le plus grand des apôtres, ainsi qu'Hermogène, professeur d'éloquence, et encore Diogène Laërce qui écrivit des vies de philosophes, et le poète Oppien; la Cappadoce produisit trois des plus grands parmi les Pères de l'Église : Basile le Grand, de Césarée, son frère Grégoire, évêque de Nysse, et Grégoire de Nazianze; le père de la géographie, Strabon, était originaire du Pont; Themistius, professeur d'éloquence, de Paphlagonie; de Phrygie, le stoïcien Épictète et Alexandre d'Aphrodisias, scoliaste d'Aristote; de Pisidie, le poète Georges Pisidès; de Lycie, Proclus, néo-platonicien, né à Xanthos; de Carie, Phlégon le chronographe, né à Tralles, et l'historien Hésychius, de Milet; de Lydie, Eunapius, sophiste et historien, né à Sardes, Jean Lydus, archéologue, de Philadelphie; de Mysie, Ælius Aristide et Galien de Pergame, le plus grand médecin de l'antiquité; d'Éolide, l'historien Agathias; de Bithynie, Dion Chrysostome et Himérius, rhéteurs, Arien, Dion Cassius, historiens, l'atticiste Phrynichus, etc.

Ainsi la culture hellénique, répandue par Alexandre le Grand et ses successeurs, ne perdit rien jusqu'à la conquête arabe — en Asie Mineure jusqu'à la conquête turque — de sa florissante activité, dans toutes les régions de l'Afrique et de l'Asie englobées dans l'Empire romain. Mais il y a plus : les provinces des États hellénistiques, qui ne furent jamais ou furent très tardivement soumises à la domination romaine, ces autres pays aussi qui, sans avoir jamais vécu sous la domination grecque, subirent par le seul fait de leur voisinage l'influence et le charme du génie grec, conservèrent longtemps encore la trace de cette influence sous leurs princes nationaux. Plutarque dit : « Les enfants des Perses, des Susiens, des Gédrosiens déclamaient les tragédies d'Euripide et de Sophocle »[1]. A la cour des rois parthes, dont la domination s'était de

---

[1] Plutarque, *Le sort et le mérite d'Alexandre*, I, 5.

bonne heure étendue sur les provinces orientales du royaume des Séleucides, pour demeurer indépendante des Romains jusqu'au iiie siècle après J.-C., florissait, dit-on, un remarquable acteur tragique, Jason de Tralles. Plusieurs artistes grecs vécurent aussi, à ce qu'on rapporte, à la cour des rois d'Arménie, tel Callimaque. Les rois d'Arménie recevaient même une éducation grecque, au point que l'un d'eux, Artabasde, composait des tragédies et écrivait des discours et des ouvrages historiques en grec. En Afrique, Silko, roi des Nubiens et de tous les Éthiopiens, au ive siècle, raconta en grec ses faits de guerre [1].

En Europe, la Macédoine est toujours la glorieuse terre d'Alexandre le Grand, la bonne vieille mère, vers qui l'Orient hellénisé tourne ses regards affectueux, reconnaissant de la civilisation qu'il en a reçue ; il lui transmet en retour, avant tout autre pays de l'Europe, la lumière du nouveau culte chrétien. Le fabuleux rivage de la Troade, qui vit débarquer Alexandre apportant avec lui la civilisation dans l'Orient barbare, vit également partir pour le pays d'Alexandre l'apôtre Paul allant porter le christianisme dans l'Occident païen.

Le grand apôtre débarque à Néapolis, y prêche la nouvelle religion, puis se rend à Philippes, à Amphipolis, enfin à Thessalonique et à Verria ; il fonde dans chacune de ces villes de Macédoine une communauté chrétienne. Il ne continua sa mission divine en partant pour Athènes et Corinthe que quand il fut assuré que la précieuse semence jetée par lui en Macédoine promettait une belle moisson ; Thessalonique surtout, nouvelle capitale de la Macédoine, devint « la cité pieuse et protégée de Dieu » (εὐσεβὴς καὶ θεοφύλακτος πόλις) [2] ; elle a produit sainte Sébastienne, saint

---

[1] Voir le commentaire lumineux et toujours vivant de Letronne : *L'Inscription grecque déposée dans le temple de Talmo en Nubie par le roi nubien Silko*, dans les *Œuvres choisies de A.-J. Letronne*, 1re série, t. I, p. 3 sq. Paris, Leroux, 1881.

[2] *Acta S. Demetrii*, dans Migne : *Patrologia græca*, t. CXVI, 3, p. 1285.

Nestor le Monomaque, saint Paul le Confesseur, Théodule et Agathopus, martyrs, et, dans la suite, ces nombreux et saints martyrs, ces clercs éminents, apôtres du christianisme, dont l'Église orthodoxe et la patrie grecque perpétuent la mémoire [1] ; au premier rang est saint Démétrius le Myroblète, « patron et protecteur de Salonique, » (πολιοῦχος καὶ ὑπέρμαχος τῆς Θεσσαλονίκης), dont la fête (26 octobre) ainsi que la foire qui avait lieu pendant huit jours à cette occasion, attiraient au moyen âge des pèlerins et des marchands venus non seulement de tous les pays grecs, mais de l'Europe entière, même d'Espagne et de Portugal.

L'ancienne grandeur de la Macédoine, devait sans doute attirer particulièrement l'attention du conquérant. Pourtant la Macédoine ne subit pas plus qu'aucune contrée hellénique l'influence de la domination romaine, à l'exception peut-être de quelques populations montagnardes sporadiques, celles du Pinde en particulier, dont descendraient, d'après une opinion, les Koutsovalaques. La vitalité de l'hellénisme en Macédoine sous les Romains a pour témoins éloquents, parmi bien d'autres, les inscriptions grecques d'époque romaine qu'on y a découvertes, et dont le grand nombre contraste avec la rareté des inscriptions latines. Dimitsas a réuni toutes les inscriptions macédoniennes recueillies par Heuzey, par d'autres [2] et par lui-même ; il en a publié en 1896 un total de 1.598, la plupart d'époque romaine [3] ; 1.409 sont en langue grecque, 189 seulement en latin ; encore sur ces dernières 131 ont-elles été découvertes près de la ville de Philippes, qui avait pris aux yeux des Romains une importance spéciale, à cause de la victoire remportée en 42 avant J.-C. par Antoine et Octave sur Brutus et Cassius, victoire qui renversa la république romaine. Cette proportion n'a

---

[1] Cf. Pétroff : *Macédoine*, p. 75.
[2] Voir *supra*, p. 24, n. 1.
[3] Dimitsas : *La Macédoine par les inscriptions et les monuments conservés*.

jamais été modifiée au désavantage de l'hellénisme, par les inscriptions ultérieurement découvertes [1].

Il faut en dire autant de la Thrace à qui la destinée réservait de devenir le cœur de l'empire grec du moyen âge. Toutes les monnaies des princes thraces et des villes thraces jusqu'à l'Ister (Danube), c'est-à-dire y compris la Mésie inférieure, aujourd'hui Bulgarie, portent des inscriptions grecques, aussi bien après qu'avant la conquête romaine. Comme les Macédoniens, les Thraces écrivaient en grec aux Romains, et ceux-ci répondaient dans la même langue, comme le prouvent les inscriptions retrouvées. Ainsi, par exemple, l'inscription découverte à Pizos, à 70 kilomètres au nord-est de Philippoupolis, contient une requête en grec des habitants et un édit du légat Sicinnius Clarus, également rédigé en grec [2]. C'est également en grec qu'est rédigée la requête adressée à l'empereur Gordien III par les habitants du bourg de Scaptoparéné, dans la région de Pautalie, près de Ano-Tzoumaya, beaucoup aussi d'autres inscriptions pro-

---

[1] Des inscriptions ultérieurement découvertes ont été publiées en particulier par A. Struck (*Inschriften aus Makedonien*, dans les *Mitteilungen des K. Deutschen Archäologischen Instituts, Athenische Abteilung*, t. XXVII, 1902, p. 305 sq.), soit 44 grecques et 5 latines; plusieurs des inscriptions grecques proviennent de la Macédoine du nord, 1 de Demir-Kapou, 2 de Kafadar, 4 de Stobi, etc. (1 de Velessa); par J. Hatzfeld (*Inscriptions de Thessalie et de Macédoine*, dans le *Bulletin de correspondance hellénique*, t. XXXV, 1911, p. 237 sq.), 3 grecques de Berrœa (Verria) et Vlacholivadi; par A.-M. Woodward (*Inscriptions from Berœa in Macedonia*, dans *The Annual of the British School at Athens*, t. XVIII, 1911-1912, p. 133 sq.), 32 inscriptions, toutes grecques; par A.-J.-B. Wace et A.-M. Woodward (*Inscriptions from Upper Macedonia*, ibid., p. 166 sq.), 31 grecques, 2 latines; par N. Ch. Pappadakis (*Inscriptions du Nord de la Macédoine*, dans le périodique *Athena*, t. XXV, 1913, p. 430 sq.), 11 grecques et 1 latine, provenant d'Éordée, 5 grecques et 2 latines de Lyncestide, 15 grecques d'Orestide et d'Élimée, 6 grecques d'Almopie; par G.-P. Œconomou (*Inscriptions de Macédoine*, édition de la Société archéologique d'Athènes, 1915), 56 grecques, 9 latines; par A.-K. Orlandos (*Inscriptions inédites de Berrœa* (Verria), dans le *Bulletin archéologique du Ministère de l'Instruction publique et des Cultes*, Athènes, t. II, 1916, p. 144 sq.), 32 toutes grecques. Il faut y ajouter encore celles qu'a publiées le savant chercheur P.-N. Papageorgiou, dans la *Berliner Philologische Wochenschrift*, dans *Athena*, et autres périodiques, allemands ou grecs (Voir Stam. Psaltis : *Liste des travaux scientifiques de P.-N. Papageorgiou*, dans *Athena*, t. XXVII, 1915, p. 190-201).

[2] Seure : *Voyage en Thrace; l'emporium de Pizos*, dans le *Bulletin de correspondance hellénique*, t. XXII, 1898, p. 472 et 520.

venant de toutes les parties de la Thrace, y compris la Mésie inférieure, et même un bon nombre qui proviennent de Serdike, la Sophia actuelle [1]. Mais ce qui démontre la vitalité de l'hellénisme en Mésie inférieure (Bulgarie actuelle), c'est surtout le fait que, des siècles après s'y être établis, les Bulgares continuaient, comme nous le verrons dans le chapitre suivant, à faire rédiger en grec leurs propres inscriptions [2].

Ainsi, quand l'empereur Constantin (306-337), surnommé le Grand, et proclamé saint pour avoir reconnu et protégé le christianisme, transporta la capitale de l'Empire romain de Rome à Byzance, ancienne colonie mégarienne du Bosphore, l'administration centrale romaine se trouva dans un milieu nourri d'hellénisme. C'est en vain que Constantin se dit et se croit empereur romain et appelle son empire, empire romain; en vain que le latin reste langue officielle; en vain que ses sujets grecs sont baptisés *Romains*, alors que le terme d'*Hellènes* est particulièrement limité à la signification de *païens*. Tout est inutile. Quelques années plus tard monte sur le trône Julien l'Apostat. Neveu de Constantin, issu d'une lignée latine, il est né cependant en Orient, il y a été élevé, et cela suffit, comme dit le professeur hollandais Hesseling, dans son beau livre sur la civilisation byzantine, pour qu'il soit plus Grec que Romain. Non seulement il parle et écrit de préférence le grec, mais il va jusqu'à renier sans hésitation le christianisme, poussé par sa vénération fanatique pour les grands hommes de la littérature grecque. Ses soldats mécontents l'appelaient « le Grec perfide » [3].

La nouvelle capitale, la *Nouvelle Rome*, prend le nom grec de *Constantinoupolis* et devient le centre politique

---

[1] Voir surtout Kalinka : *Antike Denkmäler in Bulgarien*, dans les *Schriften der Balkankommission*, IV, Vienne 1906.

[2] Voir *infra*, 147 sq.

[3] Cf. Hesseling : *Byzantium. Studiën over onze beschaving na de stichting van Konstantinopel*, Haarlem, 1902. Éd. franç.: *Essai sur la civilisation byzantine*, avec préface de M. G. Schlumberger, Paris, 1907, p. 15.

de l'hellénisme, en même temps que le plus grand foyer intellectuel du monde médiéval. Rome avait été nommée *Urbs*, Constantinople est nommée *Polis* ; ce nom est adopté par les Turcs (Stamboul : εἰς τὴν Πόλιν (= en ville »), στὴν Πόλη, stin Boli, Istanbol, Stamboul) et s'est conservé partout jusqu'aujourd'hui dans la langue du peuple grec [1]. S'il est vrai que le mot *Hellène* n'ait plus que le sens de païen, si dangereux alors, le mot *Romaios* (Romain), de son côté, prend le sens de *Grec*, et les termes de *Empereur des Romains, Patriarche des Romains*, prennent celui de *Empereur des Grecs, Patriarche des Grecs*. Avec le temps, l'application de ce terme aux Grecs devient si parfaite, si exclusive, que, pour désigner les descendants de Romains, on est obligé de leur donner le nom ethnique de *Francs*, et, au point de vue ecclésiastique, de *Latins*. Mais ce n'est pas tout. « Chose étrange, dit Hesseling, ce nom (*Romaios* au lieu de *Hellène*) est resté en usage chez le peuple de tout temps et jusqu'à nos jours ». Et parlant des Grecs modernes, il ajoute : « On dit d'un homme bien et dûment Grec que c'est un vrai *Romios* ; une petite feuille hebdomadaire, rédigée en vers, s'intitule le *Romios* ; de même que les Allemands arrivent à parler de leur *Deutschtum*, les Grecs font étalage de leur *Romiosyni* [2] ou de leur *Romeiko*. Ajoutons que quand un Grec dit aujourd'hui : *Milo roméïka* (je parle romain), il veut dire par là qu'il parle le grec le plus clair et celui du meilleur aloi [3].

Dans ces conditions, à la mort de l'empereur Théodose (395), quand l'Empire romain fut partagé entre ses deux fils, l'Empire romain d'Orient offrit un aspect tout particulier. Pendant longtemps il affecta de garder l'étiquette romaine, mais en fait, dès le partage, ce fut un État grec,

---

[1] Cf. Hesseling : *Essai sur la civilisation byzantine*, p. 5, et, en particulier, *Istambol*, dans la *Revue des Et. grecques*, III, 1890, p. 189-196.

[2] Hesseling : *Essai sur la civilisation byzantine*, p. 23.

[3] Ces divers points de vue ont particulièrement été développés par Jean Psichari : *Pour le théâtre romaïque* (en grec), p. 10 sq.; *Roses et pommes* (en grec), I, p. 45; *Études de philologie néo-grecque*, p. XLIII sq.

ce fut l'empire byzantin[1]. L'hellénisme, réuni en un seul corps par le culte chrétien, a donné à cet empire la force de vivre plus de mille ans (395-1453), alors que l'empire d'Occident tombait bientôt en décadence et disparaissait, dès 476; il est devenu non seulement, comme nous le verrons plus loin, le puissant organisme militaire qui pendant tant de siècles a brisé les vagues que roulait vers l'Europe l'Asie barbare, mais en outre, malgré les cataclysmes qui l'accablaient, le centre le plus brillant de la civilisation dans le moyen âge; c'est lui qui, par la propagande religieuse, par les formes savantes de son gouvernement, par le développement de son industrie et de son commerce, par sa littérature et ses arts, a christianisé et civilisé le monde slave et éclairé encore l'Hespérie latine[2].

L'Empire byzantin était une conséquence et non des moindres de l'action hellénisante et civilisatrice de la Macédoine. Après la création de cet empire, qui marque la fin du monde ancien et le commencement du moyen âge, la Macédoine passe le sceptre de l'hellénisme à la Thrace, la province qui possède Constantinople. Mais elle ne demeurera pas inactive; elle sera toujours, après la Thrace, la plus brillante province de l'immense Empire grec. Elle deviendra le principal centre de diffusion du christianisme dans l'Europe orientale, en particulier chez les Slaves. Elle produira des sommités dans les lettres et dans les arts. Athènes tombera au rang d'une petite ville de province; les grandes cités grecques d'Égypte et d'Asie disparaîtront dans la conquête arabe; mais Thessalonique, avec Constantinople, « la reine des villes », apparaîtra comme la capitale de l'Empire et sera appelée, elle aussi, « ville royale », « cœur de l'Empire grec », « joyau de la Grèce »[3]. Son mouvement intellectuel rivalisera avec celui

---

[1] Cf. Bayet : *L'Empire Romain d'Orient*, dans Lavisse et Rambaud : *Histoire générale*, I, p. 163.
[2] Voir *infra*, p. 269. sq.
[3] Constantin Acropolite, p. 203. Cf. Tafel : *De Thessalonica ejusque agro dissertatio geographica*, p. 360.

de la capitale; ses églises, ses monuments artistiques procèderont d'un art digne de celui auquel on doit Sainte-Sophie[1].

C'est la Macédoine encore, qui, fidèle à ses vieilles vertus guerrières, fournira, dans toutes les guerres, les plus vaillants défenseurs de l'Empire contre les incursions barbares. Elle repoussera les Goths d'Alaric, les Huns d'Attila, les Ostrogoths de Théodoric, les Avars, toutes ces races barbares et bigarrées, considérées les unes à juste titre, les autres à tort, comme slaves et à qui il faudra plus d'un siècle d'efforts pour s'établir dans quelques parties de la Macédoine. Surtout elle repoussera les sauvages incursions des Bulgares, qui seront pendant des siècles le fléau de l'Empire byzantin. Quand les Latins renverseront cet empire, elle constituera avec l'Épire un de ces trois États grecs pleins de vie qui, sortis des ruines, réédifieront le grand Empire grec sur les débris de l'Empire latin.

En particulier, la capitale macédonienne, Salonique, sera le plus terrible ennemi des Slaves, puis des Bulgares. Elle ne les laissera jamais prendre pied chez elle. Et elle déploiera tant d'héroïsme et d'éclat que la tradition attribuera la victoire à un miracle de saint Démétrius : les pieux Thessaloniciens croiront que leur protecteur et leur patron est apparu, « non pas comme un vain songe, mais dans son essence », aux instants critiques, surgissant de sa demeure terrestre ; tantôt, pareil à un guerrier à pied, il repousse avec son glaive les barbares des murs de la ville ; tantôt, à cheval, il brandit sa lance invincible, et dirige des sorties contre les assiégeants ; tantôt il pénètre dans le camp ennemi et, de sa lance, il tue le roi bulgare Joannice, le plus cruel des envahisseurs barbares, qui se nommait lui-même le *Roméoctone* (Tueur de Grecs) et que les Grecs appelaient *Skyloyanni* (ce chien de Jean) [2]. Et

---

[1] Voir *infra*, p. 275-277.
[2] G. Acropolite (éd. Bonn.), p. 26; *Vie de Saint Démétrius*, dans les *Acta Sanctorum*, Octobre IV. Migne : *Patrologia graeca*, CXVI, 3, p. 1081. Cf. Jireček : *Geschichte der Bulgaren*, p. 242, et *infra*, p. 241-242.

cette dernière tradition devra plus tard inspirer les peintres de sujets religieux dans leurs représentations du patron de Salonique ; ils verront dans le meurtre du cruel chef bulgare par le saint, la représentation la plus suggestive de la haine macédonienne contre l'envahisseur, le symbole le plus parfait du triomphe de l'hellénisme contre la barbarie bulgare [1].

VII. — Conclusion.

Voilà donc, dans ses grandes lignes, l'histoire de la Macédoine. Histoire glorieuse, d'une importance mondiale, telle que peu de pays peuvent se vanter d'en avoir une pareille; histoire purement grecque également, inscrite par une portion de la race grecque à l'actif de l'hellénisme tout entier, histoire qui donne à l'hellénisme des titres imprescriptibles sur un pays qui lui appartient depuis les temps les plus reculés et qui a joué auprès de lui le rôle de sauveur et de propagateur; mais, en même temps, histoire le plus souvent négligée et oubliée par tous ceux qui, poussés par les mobiles d'une basse rapacité, ont intérêt à l'amoindrissement moral et matériel de l'hellénisme.

Les Bulgares surtout, dont les aïeux ont commencé à peine au VIIe siècle à mettre le pied dans les Balkans, et n'ont connu la Macédoine qu'au IXe tout au plus comme envahisseurs, veulent naturellement ignorer ces quinze cents années antérieures d'histoire grecque. Pour eux l'histoire du pays d'Alexandre — si l'on néglige les plaisanteries qui donnent à Alexandre une origine bulgare — commence avec la première invasion de leur ancêtre Kroum; c'est que seulement alors commencent à exister

---

[1] Voir à la page 242 la reproduction d'une vieille icone de saint Démétrius.

les titres historiques des Bulgares sur la Macédoine, titres reposant uniquement, comme nous le verrons, sur une suite monotone d'incursions sauvages.

Évidemment, des titres de ce genre, aux yeux de tout juge impartial et consciencieux, sont assez faibles et insuffisants; ils deviennent ridicules, si on les met en regard des titres historiques des Grecs. Ceux-ci peuvent d'abord riposter que, même aux siècles où ces incursions se sont produites, les Grecs n'en sont pas moins restés les véritables possesseurs du pays, qui du reste a montré par ses actes combien il était resté grec et hostile aux Bulgares. Cette réponse est certes suffisante pour renverser tous les titres historiques des patriotes bulgares. Pourquoi donc opposer encore ces titres à l'histoire antérieure du pays, histoire qui nous représente la Macédoine depuis ses premières origines comme un pays grec et ayant même présidé aux destinées de l'hellénisme? Non! il faut faire abstraction de l'histoire ancienne de la Macédoine, il faut l'oublier, il faut que toute trace en soit effacée. Seules les traces sanglantes de Siméon et de ses dignes successeurs doivent rester sur cette terre illustre!

Hélas! l'aspect de la Macédoine, au point de vue archéologique, montre que les siècles ont en grande partie exaucé les vœux des Bulgares. Les recherches et le zèle de Heuzey et de tant d'autres pionniers de la science ont sans doute mis au jour, en assez grand nombre, des monuments de son brillant passé. Mais que sont devenus à Édesse les tombeaux des Argéades; à Pella, leurs palais et leurs richesses artistiques; à Dion, le stade d'Archélaüs? Et tant d'autres monuments, tant d'œuvres d'art, tant de trésors? Certes la terre macédonienne doit encore en garder beaucoup jalousement dans son sein et réserve bien des surprises à la pioche des archéologues. Mais les siècles nous enseignent que Romains et envahisseurs barbares ont emporté ou détruit la plus grande partie des trésors artistiques de ce pays illustre.

Les Celtes commencèrent les premiers, en envahissant le pays au IIIe siècle av. J.-C.; ils trouvèrent à Édesse les tombeaux des rois; selon le témoignage de Diodore, « ils violèrent les tombes, se partagèrent les objets de prix, et dispersèrent les ossements ». Ils détruisirent aussi de nombreux monuments, parmi lesquels douze statues des douze grands dieux, et une treizième, celle de Philippe siégeant avec eux [1].

Flamininus, vainqueur de Philippe V, emporta une telle quantité de monuments artistiques, trésors et autre butin, que, en les faisant défiler à Rome, il put prolonger son triomphe pendant trois jours. Tite-Live nous l'apprend : « Son triomphe dura trois jours. Le premier jour défilèrent armes, armures, statues de bronze et de marbre, la plupart enlevées à Philippe, les autres prises dans les villes; le deuxième jour, l'or et l'argent, bruts, travaillés, monnayés. L'argent brut faisait dix-huit mille livres, l'argent travaillé deux cent soixante-dix; il y avait de nombreux vases de toute espèce, la plupart ciselés, quelques-uns d'un art exquis. Plusieurs étaient des bronzes d'art. Ajoutons dix boucliers d'argent. L'argent monnayé atteignait quatre-vingt-quatre mille livres ; c'étaient des monnaies attiques, dites tétradrachmes; le tétradrachme contient tout près de trois deniers d'argent. La monnaie d'or faisait trois mille soixante-quatorze livres, plus un bouclier tout en or, et quatorze mille cinq cent quatorze pièces d'or à l'effigie de Philippe, etc. » [2].

Paul-Émile, vainqueur de Persée, emporta plus encore de butin de Macédoine, à en juger par les descriptions que font Diodore et Plutarque de son triomphe à Rome, qui dura aussi trois jours. « Le premier jour, raconte Diodore, il défila douze cents chars qui portaient des boucliers blancs,

---

[1] Diod. de Sic., XXII, 12. Cf. Dimitsas : *La Macédoine par les inscriptions et les monuments conservés*, préface, p. xviii.
[2] Tite-Live, XXXIV, 52.

douze cents pleins de boucliers de cuivre, trois cents remplis de lances, sarisses, arcs et javelots; des trompettes les précédaient, comme en campagne. Il y en avait beaucoup d'autres qui portaient des armes variées, avec huit cents panoplies montées sur perches. Le lendemain, on fit passer mille talents de pièces de monnaie, deux mille deux cents talents d'argent, une foule de vases, cinq cents chars pleins de statues diverses de dieux ou d'hommes, un très grand nombre de boucliers d'or et de plaques votives. Le troisième jour, on fit défiler cent vingt bœufs blancs magnifiques, deux cent vingt talents d'or portés dans leurs coffres, une coupe de dix talents d'or ornée de pierreries, pour dix talents d'objets en or variés, trois mille dents d'éléphant de trois coudées, un char d'ivoire rehaussé d'or et de pierreries, un cheval portant un harnais de guerre dont les plaques de mors étaient ornées de pierres précieuses et le reste d'or; un lit d'or pourvu de matelas jonchés de fleurs, une litière d'or à rideaux de pourpre, qui portait Persée, le malheureux roi des Macédoniens, etc. » [1].

De la longue description de Plutarque nous extrayons ce qui suit : « Le défilé avait été réparti sur trois jours. Le premier fut largement rempli par le spectacle des statues, tableaux et colosses, traînés par deux cent cinquante chariots. Le lendemain les plus belles, les plus riches armes des Macédoniens défilaient sur de nombreux chars. Derrière les chars contenant les armes marchaient trois mille hommes, qui portaient des monnaies d'argent dans sept cent cinquante vases de trois talents chacun : il fallait quatre hommes par vase; puis des cratères d'argent, cornes, coupes, kylix, tous bien ornés, beaux à voir, de grande taille, luxueusement ciselés. Le troisième jour, dès l'aurore, des trompettes commencèrent à défiler... Puis venaient les porteurs de monnaie d'or, réparties comme pour la monnaie d'argent dans des vases de trois talents. Le nombre en était

---

[1] Diod. de Sic., XXXI, 8, 10.

de soixante-dix-sept. Sur leurs pas marchaient des hommes qui portaient la coupe sacrée de dix talents, que Paul-Émile avait fait faire en or enrichi de pierreries, et ceux qui montraient les coupes dites d'Antigone, de Séleucus et de Thériclès, et toute la vaisselle d'or de Persée. Puis venait le char de Persée, les armes, le diadème posé sur les armes, etc. » [1]. On raconte aussi que Paul-Émile emporta la bibliothèque, très riche, de Persée.

D'autres œuvres d'art furent enlevées de Macédoine par Métellus, vainqueur d'Andriscos, en particulier des bustes d'Alexandre et de ses ἑταῖροι et la statue d'Héphestion ; on emporta aussi de Dion vingt-cinq statues de bronze, de Lysippe, dont parle Arrien, et qui représentaient les ἑταῖροι tués au Granique [2]. Sous Auguste et Antoine furent encore emportés d'autres monuments, en particulier Alexandre assis sur son char de triomphe, œuvre de l'illustre Apelle, quatre statues de dieux soutenant l'estrade royale, etc. [3].

Aux Romains succédèrent, nous le savons, toute une série d'envahisseurs barbares, qui, par le fer et par le feu, ravagèrent et dévastèrent le pays, Goths, Huns, Ostrogoths, puis, aux VIe et VIIe siècles, les Avares et les Slaves, et, à partir du IXe siècle, les Bulgares, sans parler des Turcs. Les plus funestes de tous furent indubitablement les Bulgares ; non seulement leurs invasions au moyen âge ont été les plus fréquentes et les plus destructives, mais encore ils ont poursuivi jusqu'à nos jours leur œuvre de destruction. On peut même dire que celle des Bulgares d'aujourd'hui est plus radicale que les pillages et les dévastations de Siméon et de tous leurs barbares ancêtres ; ils ne se contentent pas de piller pour le butin, ils détruisent systé-

---

[1] Plutarque, *Vie de Paul-Émile*, 32-33.
[2] Arrien, I, 16, 4.
[3] Cf. Dimitsas, *op. cit.*, préface, p. XVIII et XIX.

matiquement pour faire disparaître tout ce qu'il y a de grec dans le pays.

Un savant archéologue, M. Salomon Reinach, témoin oculaire à Thasos de ces actes barbares, qualifie les Bulgares d' « ennemis impitoyables de tout ce qui est grec, dans le présent comme dans le passé; ils ne détruisent pas seulement par cupidité, mais par système, et le mal qu'ils ont fait depuis quelques années est incalculable »[1]. Les maçons bulgares qui parcouraient la Macédoine étaient de merveilleux destructeurs d'antiquités grecques. Voici ce que raconte d'eux un peu plus loin M. Salomon Reinach : « Des maçons bulgares détruisirent un grand nombre de tombeaux pour en faire servir les pierres au pavage de leur église. Beaucoup de ces Bulgares viennent passer dans l'île six mois de l'année et retournent ensuite chez eux. Comme ils connaissent la valeur des petits objets qu'il est facile d'exporter, ils ouvrent des tombeaux, en cachent le contenu sous terre et viennent le reprendre au moment opportun pour le transporter en Bulgarie. On nous a raconté que six Bulgares, fouillant un tombeau, y découvrirent tout récemment des objets en or; l'un d'eux se chargea du butin le plus précieux et partit sur-le-champ pour Philippopolis. Un Grec de Thasos, homme instruit et dévoué à la science, ne put recueillir entre les mains des autres que deux feuilles d'olivier et de myrte en or, une petite tête de même métal, une plaque coloriée en terre cuite et une anse de vase en électre de bon travail; le reste des trouvailles, beaucoup plus nombreuses et plus importantes, a probablement été fondu par quelque orfèvre de Philippopoli ou tout au moins dispersé, sans profit pour la science, qui ne pourra jamais en reconnaître l'origine »[2].

Voilà ce qu'écrivait le savant archéologue dès 1884. On peut imaginer ce qui a dû se passer dans la suite, lorsque

---

[1] S. Reinach, dans la *Rev. Archéol.*, IIIᵉ série, t. IV, 1884, p. 87.
[2] S. Reinach, *ibid.*, p. 88.

les Bulgares, ayant absorbé la Roumélie Orientale, tournèrent tous leurs regards vers la Macédoine, surtout depuis l'époque des comitadjis bulgares, où la haine et le fanatisme bulgares contre tout ce qui est grec ne se bornaient plus à la destruction d'objets inanimés, mais allaient jusqu'aux crimes les plus odieux contre la vie des malheureux habitants grecs du pays.

En 1913, une bonne partie de la Macédoine rentra dans le giron de l'hellénisme. Un des premiers soins paternels du gouvernement grec fut de recueillir et de mettre en lieu sûr les antiquités qui subsistaient. On créa aussitôt une administration archéologique avec Salonique pour siège. Des archéologues au service du gouvernement parcoururent la région libérée pour trouver et recueillir des antiquités. On entreprit, en commençant par Pella, des fouilles archéologiques, dirigées par la Société archéologique d'Athènes. A Salonique, Verria, Thasos, se constituèrent les premiers noyaux de musées spéciaux. Des publications spéciales firent connaître ces travaux archéologiques et les nouvelles découvertes au monde savant [1].

Voici ce qu'à ce propos a écrit le Dr Kern, professeur à l'Université de Halle, peu de temps après la libération de la Macédoine : « La malheureuse administration des derniers siècles a occasionné, dans ces régions septentrionales de la Grèce, des dommages irréparables aux restes mêmes des antiquités, bien que çà et là des individualités isolées se soient intéressées à la conservation et à la publication des vieux monuments. Citons les efforts de notre vieux consul Mordtmann et du professeur Pappa-

---

[1] Telles sont les publications déjà mentionnées (voir *supra*, p. 119, n° 1), de N.-Ch. Pappadakis et G.-P. Œconomou, éphores des antiquités, et de A.-K. Orlandos, architecte au Ministère grec de l'Instruction publique; citons, en outre : C.-G. Zissiou : *Recherche et étude des monuments chrétiens de Macédoine*, dans les *Comptes rendus de la Société archéologique d'Athènes*, 1913, p. 119-251; G.-P. Œconomou : *Thessalonique byzantine*, dans le *Journal archéologique* de la même société, 1914, p. 206-209 (inscriptions chrétiennes fort importantes découvertes sur les murs de l'église historique de Saint Démétrius); du même, *Pella*, dans les *Comptes rendus* de la même société, 1914, p. 127-148 (résultats des premières fouilles archéologiques), etc.

géorgiou d'Athènes. En vrais philhellènes que nous sommes, nous souhaitons de tout cœur aux Grecs de reconquérir bientôt ces régions. Ils auront à s'occuper pendant plusieurs dizaines d'années de la réorganisation de ces terres dévastées irrémédiablement. Les insuccès et les déceptions ne manqueront pas; une chose toutefois est sûre; c'est même déjà une réalité; c'est que les recherches archéologiques n'y sont plus pour l'administration une chose étrangère; avec l'occupation de la Macédoine commence l'organisation du travail scientifique, comme le long et génial coup d'œil de Napoléon avait fait jadis en Égypte. *Inter arma Musæ non silent.* Les mêmes savants qui, en qualité de simples soldats ou de lieutenants d'artillerie, campaient contre les Turcs, aussitôt après avoir repoussé les Osmanlis, se sont attaqués à la besogne sur les ordres du gouvernement hellénique et ont débuté par la protection des antiquités à Elassona et à Salonique. A peine le bruit du canon s'était-il tu dans ces pays que je vis déjà des lettres avec le timbre officiel : Γενικὴ διοίκησις Μακεδονίας — Ἐφορεία τῶν ἀρχαιοτήτων, comme nous dirions : Commission historique de la province de Macédoine. Ces faits, cette emprise énergique montrent que les Grecs conçoivent leur victoire comme une mission civilisatrice. Comme pionniers de l'hellénisme, auquel l'Europe doit presque chacune de ses connaissances, ces hommes se tiennent là sur le versant nord de l'Olympe, dans l'ancien pays des Perrhæbes, au golfe Thermaïque. La science, à coup sûr, recevra bientôt des nouvelles joyeuses de ces lieux, qui sont pour elle un domaine presque entièrement vierge. La patrie d'Alexandre nous deviendra bientôt plus familière qu'elle ne l'est aujourd'hui, puisque les hommes d'énergie et de droiture sont à la place où ils doivent être. Nos vœux accompagnent les hardis chercheurs. Puisse le meurtre du vieux Roi des Hellènes [1] en

---

[1] L'auteur fait allusion au roi Georges I*er*, assassiné à Salonique le 5/18 mars 1913.

Macédoine être expié de la sorte ; une ère nouvelle semble poindre pour la Macédoine sous tous les rapports et l'on n'entendra plus parler de hordes sauvages de toutes nationalités, de vols, de crimes, de dévastations; de dangers courus par le commerce et les voyageurs ; il ne sera plus question que du développement prospère d'un pays sûr et policé, celui où jadis naquit le plus grand maître de la terre, l'annonciateur puissant de la culture et de la formation helléniques » [1].

Mais, en 1916, une partie de la Macédoine grecque, et non la moins intéressante, subit, dans les circonstances que l'on sait, l'occupation passagère des troupes de Ferdinand Ier. Les éternels ennemis de l'hellénisme se livrèrent aussitôt non seulement à l'extermination de la population grecque du pays, pour modifier l'aspect ethnologique, mais, parallèlement, ils reprirent contre son histoire leur ignoble besogne, emportant ou dispersant systématiquement les antiquités helléniques qui y restaient encore.

Voici, par exemple, une communication faite par M. Politis, ministre des Affaires étrangères, à la Chambre grecque des Députés, dans la séance du 7/20 avril 1918 : « ... Comme si ce n'était point assez de tant d'horreurs, les Bulgares, dans leur désir non seulement d'exterminer la population et de changer l'ethnologie du pays, mais encore de ne pas laisser une seule trace, même historique, du caractère hellénique de ces régions, ont organisé une véritable expédition archéologique en Macédoine, à l'effet d'y faire disparaître tout ce qui est grec. Je vais ici vous lire un passage emprunté à un autre rapport confidentiel, sur le même sujet : « Du quartier général de Kustendil furent « envoyés, dès le début de l'occupation, des agents chargés « de missions secrètes en Macédoine. Belatchef, Sis, cor-« respondant de journaux tchéchistes, à la solde du gou-« vernement bulgare, le professeur Mirkvitka, tchèque,

---

[1] Kern : *Aus Makedonien in alter und neuer Zeit*, Erfurt, 1914.

« Kazarow[1] et Zlatarsky, professeurs à l'Université de So-
« phia, d'autres encore, parcoururent la Macédoine occupée
« par les Bulgares et même la côte de la Thrace bulgare,
« de Xanthi à Maronée, à la recherche d'antiquités. Les
« autorités helléniques, averties à temps, prirent des me-
« sures pour dissimuler toutes les antiquités de quelque
« valeur; les couvents et les églises firent de même. Mais
« Sis savait où se trouvaient des antiquités : il chercha à
« les obtenir par la force. On frappa des moines et d'autres
« personnes pour leur faire avouer où il s'en trouvait de
« cachées. La riche bibliothèque de Méhémet-Ali fut, elle
« aussi, enlevée de Cavalla. Jusqu'à ces trois derniers mois
« bien peu de ces trésors étaient entrés au Musée national
« de Sophia. Ils ont été transportés pour la plupart au quar-
« tier général de Kustendil; là se trouvent des « artistes
« bulgaro-macédoniens », qui précisément avaient suggéré
« l'expédition contre les antiquités grecques; ils se sont
« partagé les plus belles et les ont vendues plus tard en
« Europe. Le tout est dû à l'initiative du roi Ferdinand, qui
« a organisé ces opérations de Vandales, uniquement pour
« dépouiller la Macédoine de tout ce qu'elle a de grec. A la
« Direction de l'assistance publique, auprès du général Pro-
« togéroff, cette besogne d'extermination est dirigée par
« deux suppôts du Roi, Lamarew, ancien secrétaire du
« palais, et Benliew, secrétaire des princesses Eudoxie et
« Natcha. »

Voici encore la teneur d'un télégramme envoyé de Salonique à la date du 13 décembre 1918 : « Les Bulgares ont
enlevé en août 1917 et transporté en Bulgarie de riches
trésors grecs de l'époque byzantine, enlevés à soixante-
douze couvents et églises. Ces trésors consistaient en rares
objets d'art, d'or et d'argent, lourds de plusieurs centaines
de kilos, et dont la valeur artistique et archéologique était

---

[1] C'est l'aimable homme que nous avons vu plus haut (p. 104) douter de l'origine hellénique des anciens Macédoniens. Quelle justesse dans l'ironique appréciation que porte le professeur Beloch sur ce zèle scientifique !

exceptionnelle. Le général Roussew, commandant la division de Rilo, et le capitaine Ciksikoff, du 14ᵉ de ligne, dirigèrent le pillage pour transporter une partie des trésors volés au couvent bulgare de Rilo et l'autre partie chez eux. Afin de cacher toute trace du vol, ils firent disparaître le notable Hatzi-Liotra (Démétrius). Après le pillage, les Bulgares mirent le feu aux églises. La presse sollicite l'intervention des Gouvernements alliés et hellénique, en vue de la restitution des trésors et la punition des coupables »[1]. Ajoutons qu'une communication analogue a été faite par M. Diehl à l'Académie des Inscriptions et Belles-Lettres de Paris, dans sa séance du 15 décembre 1918 [2].

Ainsi l'œuvre de destruction des Bulgares contre le malheureux pays n'a pris fin qu'avec leur dernière équipée. Elle se poursuivit sous l'égide de leur Roi, sous les ordres de leur quartier général, sous la direction des intellectuels bulgares. Mais il n'est pas aisé de rayer ainsi l'histoire et le caractère national d'un pays, surtout quand ce pays est la Macédoine. « L'hellénisme est indestructible », conclut Hesseling. Quoi qu'aient pu faire les sujets de Ferdinand Iᵉʳ, quelques destructions qu'ils aient provoquées, aussi nombreux que soient les crimes qu'ils ont pu commettre, il est resté heureusement bien des choses en sûreté, beaucoup de monuments, beaucoup de témoignages, beaucoup de consciences droites, et il demeurera, dans le pays où ils viennent de passer, assez de ruines, assez de pierres, assez de vestiges parlants et de créatures humaines, pour répéter comme un écho le cri éternel de Strabon : ΕΣΤΙ ΕΛΛΑΣ ΚΑΙ Η ΜΑΚΕΔΟΝΙΑ.

---

[1] *Bulletin hellénique*, n° 5, du 19 décembre 1918.
[2] Voir *Le Temps* du 15 décembre 1918.

CHAPITRE II

LE MOYEN AGE

LES BULGARES ET LA MACÉDOINE

I. — Introduction.

Dans le chapitre précédent, en parcourant l'histoire de la Macédoine avant l'apparition des Bulgares, nous avons pu nous rendre compte à chaque instant du caractère foncièrement grec de ce pays; pendant de longs siècles, il vécut et se développa comme un État hellénique indépendant, à côté des autres États ou cités grecs; bientôt, suivant l'exemple d'Athènes, de Sparte, de Thèbes, il se mit à son tour à la tête de l'hellénisme; il fut alors son champion et même son apôtre. Plus tard, sous la domination romaine, il ne le cède à aucune autre province grecque, et, lorsque Constantinople succède à Rome, il devient, matériellement et moralement, l'appui principal de l'Empire grec médiéval en Europe.

Dans le présent chapitre nous allons examiner si et dans quelle mesure l'histoire nous permet de constater une altération de ce caractère foncièrement grec de la Macédoine, par suite de l'établissement des Bulgares dans les Balkans. En d'autres termes, nous allons passer au crible les titres historiques sur lesquels s'appuient les patriotes bulgares pour revendiquer la Macédoine comme un pays leur appartenant, et formuler leurs revendications même contre les Grecs, anciens maîtres de ce pays.

Des titres historiques capables d'amener un état de choses nouveau, contraire aux données d'une longue série de siècles, demanderaient une base beaucoup moins frêle que celle qu'on a pu leur fournir du côté bulgare. Pour justifier des prétentions pareilles, il aurait fallu, pour le moins, qu'il y ait eu conquête décisive, qu'il y ait eu occupation définitive, longue possession du pays par les nouveaux maîtres; il aurait fallu, en outre, que ces nouveaux maîtres eussent assuré sous leur domination le développement et la prospérité du pays, le bien-être des habitants, qu'ils les eussent soumis à leur influence intellectuelle; il aurait encore fallu la stabilisation sur les lieux de fractions considérables de la nation conquérante, la fusion des autochtones avec elle; enfin, chez tous les deux, une conscience nationale commune, ce que Renan définit si bien « le besoin de vivre ensemble »[1].

Au lieu de tout cela, que nous présente l'histoire des Bulgares dans leurs rapports avec la Macédoine? Une série monotone d'incursions, plus sauvages les unes que les autres, entreprises non point dans un but de conquête et d'annexion, ou d'expansion nationale, mais, simplement, en vue du butin. Ainsi, ces incursions n'ont eu d'autres résultats que l'égorgement ou l'esclavage des indigènes, que la dévastation et la destruction du pays par le fer et par le feu. Ce sont là, en deux mots, tous les titres historiques des Bulgares sur la Macédoine; voilà ce que nous révèle toute leur histoire depuis leur première apparition dans les Balkans, jusqu'à leur soumission par le nouveau conquérant barbare venu d'Asie, par le Turc.

Le lecteur en conviendra : loin de donner des droits quelconques sur la Macédoine, un pareil passé oppose une barrière infranchissable à une cession, sous n'importe quelle forme, du pays à de tels maîtres. Il serait plus avantageux,

---

[1] Ernest Renan : *Qu'est-ce qu'une nation?* dans ses *Discours et conférences*, p. 306.

sans doute, pour les Bulgares, s'ils voulaient se borner à des arguments de pure ethnologie, afin de revendiquer par des considérations d'un autre ordre un pays qui, au point de vue historique, leur échappe. Mais les patriotes de Sophia ne sont point gens qui se découragent facilement. Jugeant, très justement d'ailleurs, que leurs arguments ethnologiques n'étaient pas suffisamment convaincants, ils n'ont pas un instant hésité à aborder aussi le domaine historique.

La méthode employée par les historiens bulgares, en vue d'étayer leurs visées sur la Macédoine d'arguments historiques, est des plus simples : ils faussent l'histoire, en mettant en relief les faits seuls qui peuvent être interprétés en leur faveur; ils étouffent les autres; du néant ils tirent aussi du nouveau; parfois, un seul et même fait, ils le présentent tantôt d'une façon, tantôt d'une autre, suivant l'intérêt politique du moment. C'est le cas en ce qui concerne leurs origines; tantôt ils s'avouent tatares, tantôt ils prétendent être slaves, tantôt, enfin, ... autochtones [1]! Dans ce travail de fabrication de titres historiques, l'obscurité de certains passages des textes anciens, les lacunes d'autres, leur sont d'une grande utilité. Fort habiles à pêcher en eau trouble, ils savent, grâce à ces circonstances, donner libre cours à leur imagination native. Un mot incertain, une phrase obscure, une omission, leur suffisent amplement pour étayer les théories les plus arbitraires et les plus paradoxales.

L'*Histoire des Bulgares* du Tchèque Constantin Jireček est sans doute, de nos jours encore, la plus scientifique [2]. Mais l'âme slave de l'auteur, petit-fils du professeur Schafarik, le panslaviste bien connu, professeur lui-même à l'Université de Prague et, plus tard, ministre de l'Instruction publique en Bulgarie, ne pouvait naturellement être exempte

---

[1] Nous parlerons de cette dernière théorie, reposant sur les faux *Chants du Rhodope*, dans la partie ethnologique du présent ouvrage.
[2] Jireček : *Geschichte der Bulgaren*, Prague, 1876.

d'une certaine faiblesse pour les Bulgares, ces enfants gâtés du slavisme; en retour, cette sympathie entraînait naturellement une certaine antipathie vis-à-vis des Grecs. Dans sa préface, les coups d'encensoir ne manquent pas à l'adresse des « recherches scientifiques » entreprises par l'autrichien F. Kanitz, dont le livre sur la Bulgarie commence par cette phrase monumentale : « La Bulgarie, ce pays qui vit naître... Alexandre le Grand (!) [1]... » Plus loin, Jireček s'efforce de prouver que les apôtres Cyrille et Méthode n'étaient pas grecs. Or, quel argument présente-t-il en faveur de cette thèse ? Celui-ci, que Cyrille possédait les dialectes slaves, alors que les Grecs n'apprennent pas de langues étrangères [2] ! Jireček se montre encore plus injuste envers l'hellénisme lorsque, oubliant les services inestimables rendus par l'Église grecque au peuple bulgare, il admet, sans nul examen, toutes les accusations portées contre le clergé grec par Kanitz et les autres agents de la propagande slavo-bulgare [3].

Jireček a frayé la route à toute une série d'historiens slaves et bulgares, lesquels, à l'aide de monographies, de brochures, d'articles, etc., ont essayé d'exploiter l'histoire en faveur des ambitions bulgares. Les théories de ces historiens, pour la plupart du temps arbitraires, souvent stupéfiantes, n'ont pas besoin d'être recherchées par le lecteur dans les textes originaux, bulgares ou slaves en général. Il les trouvera résumées dans les ouvrages historiques, tant en français qu'en allemand, publiés au cours de ces dix dernières années sur les Bulgares. Rappelons ici l'*Histoire du Peuple bulgare* de Georges Bousquet, la *Geschichte der Bulgaren* de Wilhelm Ruland et, en particulier, l'*Histoire de la Bulgarie* du R. P. Guérin Songeon.

Ces trois ouvrages n'ont, en réalité, rien apporté de

---

[1] Kanitz : *La Bulgarie danubienne et le Balkan*, édition française, Paris, 1882.
[2] Jireček, *op. cit.*, p. 151.
[3] Jireček, *op. cit.*, p. 468.

nouveau à la science. Ce sont en quelque sorte des éditions populaires de l'histoire de Jireček, d'après l'aveu même de leurs auteurs, éditions augmentées et corrigées sur la base des « recherches » des historiens précités. Ils n'ont d'autre but que de créer dans l'opinion publique européenne un courant favorable aux prétentions bulgares.

Voici ce que nous confie M. Bousquet, dans son avant-propos : « Ce n'est ici ni besogne d'érudit ni œuvre de critique. Qu'on veuille bien n'y chercher ni étude savante ni prétention littéraire. Fixé depuis plusieurs années en Bulgarie et destiné probablement à y vivre mes derniers jours — il écrivait en 1908 — j'ai été mordu par le désir de connaître la loi de croissance de ce peuple et de découvrir dans son passé l'origine des traits qui le caractérisent et lui composent, parmi les autres nations slaves, une physionomie à part. Dans ce but, j'ai appris sa langue, lu ses historiens et ses essayistes, parmi lesquels Jireček, visité ses monastères, écouté l'âme populaire, etc., etc. » Donnons cependant un échantillon de la façon de travailler de M. Bousquet. Soit qu'il n'ait pas su que la ville d'Anchialos, sur la Mer Noire, était aussi appelée au moyen âge *Achélos*, soit qu'il ait intentionnellement voulu profiter de l'homonymie, il transporte avec une facilité prodigieuse la bataille gagnée par Siméon près d'Anchialos, le 20 août 917, sur les bords du fleuve *Achéloos* (Aspropotamos), qui, prenant sa source en Thessalie, vient arroser l'Étolie et se jette ensuite dans la Mer Ionienne ! De là jusqu'en Phocide et en Béotie la distance n'est pas grande. M. Bousquet y fait donc avancer Siméon pour y pousser « à l'insurrection contre Byzance ces populations *plus qu'à demi slaves* »[1]. Tout commentaire est, croyons-nous, superflu.

M. Ruland accuse également dans sa préface le lien qui l'unit étroitement à F. Kanitz, l'auteur du livre *La*

---

[1] Bousquet : *Histoire du peuple bulgare*, p. 23.

Bulgarie danubienne et le Balkan, qui, nous venons de le voir, fait d'Alexandre le Grand un Bulgare. Plus loin, M. Ruland déclare, assez maladroitement du reste : « Certaines époques de l'histoire bulgare sont particulièrement suggestives et doivent donner à penser à l'homme politique d'aujourd'hui »[1]. Ces déclarations de M. Ruland suffisent, croyons-nous, pour déceler le caractère tendancieux de son histoire. Du reste celle-ci est plutôt une brochure qu'un livre, et échappe à toute critique sérieuse.

L'ouvrage le plus abondant et le plus passionné à la fois est celui du R. P. Guérin Songeon. Son avant-propos nous rappelle sur plusieurs points la préface du livre de Bousquet : « Ce livre, dit-il, lui aussi, n'est pas un ouvrage d'érudition ou de littérature, mais une rapide esquisse politique et militaire. Mon but a été de retracer le plus familièrement possible, et *à un point de vue bulgare*, l'histoire de la Bulgarie. » Il poursuit : « Mais, tout en écrivant pour un public d'Orient bien déterminé, je me suis souvenu que la Bulgarie est encore peu connue en France, et mon livre a été composé de telle sorte qu'il puisse permettre au grand public français d'acquérir une suffisante idée d'ensemble des faits et gestes du peuple de Siméon. Cet ouvrage, on le devine, n'a pu admettre des discussions serrées et de minutieuses dissertations; cependant, il s'efforce d'atteindre partout à la précision, à l'exactitude; et il a été élaboré dans le pays même, où d'heureuses circonstances m'ont retenu plusieurs années. Je ne prétends pas avoir mis au point tous les événements du passé bulgare, car les sources n'en sont pas plus abondantes que limpides. *La logique de l'historien a ici beaucoup à faire, et elle ne sait pas toujours, parmi les rares et vagues témoignages transmis, discerner ceux qui sont dignes d'engendrer la certitude.* » Le R. P. Songeon nous dit encore plus loin : « Il y a sans doute, en plus de l'histoire bulgare de Jireček,

---

[1] Ruland : *Geschichte der Bulgaren*, p. 6-7.

nombre de travaux excellents et que j'ai largement utilisés toutes les fois que j'en ai eu l'occasion. » Dans une note, il nous donne, en effet, les noms de vingt-cinq auteurs; plus de la moitié de ces auteurs sont slaves et bulgares; les autres, sauf une ou deux exceptions, peuvent être des bulgarophiles de marque, mais dont les travaux n'ont certes pas fait progresser la science.

Le R. P. Guérin Songeon, en écrivant une histoire des Bulgares « pour les Bulgares », se laisse surtout entraîner par une sorte de haine sectaire contre ces hérétiques de Grecs. Aussi ne recule-t-il devant rien, lorsqu'il s'agit de déprécier les Grecs ou d'exalter les Bulgares, qui, nous le verrons, se sont jetés plus d'une fois dans les bras de l'Église romaine, pour des raisons non religieuses, bien entendu. Tout ce qui pourrait être favorable aux premiers ne rencontre auprès du Père Songeon aucune grâce, sans même en excepter les faits historiques les plus saillants. Ainsi, par exemple, le lecteur cherchera vainement la plus petite mention, dans cette abondante histoire, de la victoire décisive remportée, en 814, par les Grecs sur Kroum, près de Messembrie [1]. Son amour pour les Bulgares, en revanche, va jusqu'à l'extrême. Il n'hésite pas à qualifier de « grand roi » le plus féroce des souverains bulgares, le sauvage Joannice, que les Byzantins ont surnommé, pour sa cruauté, *Skyloyanni* (Chien de Jean) et, par ironie, *Kaloyanni* (Jean le Bon) [2]. Ce brave Kaloyanni ou Kaloïan, comme l'appellent de préférence les Bulgares, avait fait subir les derniers supplices à l'empereur *latin* de Constantinople Baudouin Ier, qu'il avait fait prisonnier; il avait, en outre, fait promener, sur des piquets, à travers la Bulgarie, les têtes de milliers d'autres *croisés* capturés. Ces faits cependant n'ont guère troublé l'âme chrétienne du Père Songeon. Au cours des pages

---

[1] Voir *infra*, p. 166-167.
[2] Songeon : *Histoire de la Bulgarie*, p. 237 sq. Voir *infra*, p. 236.

qui suivront nous aurons maintes occasions de revenir sur le caractère partial de son ouvrage. Et avouons, à cette occasion, que ce n'est pas sans un sentiment de surprise que nous voyons un byzantiniste considérable, M. Gustave Schlumberger, mû par l'amour passionné qu'il porte à l'histoire médiévale de la péninsule balkanique, se hâter de nous présenter, dans une préface, comme l'histoire d'un peuple, un livre qui n'est en réalité qu'un instrument de propagande.

Depuis que la grande guerre a éclaté, les propagandistes bulgares, en prévision des remaniements territoriaux qu'elle entraînerait, ont redoublé d'activité. Trouvant insuffisante l'argumentation des précédents ouvrages, ils ont entrepris la publication de toute une série de traités, de monographies, de brochures, d'articles, etc., le tout écrit de préférence en français, anglais et allemand, et destiné à propager leurs théories tant anciennes que nouvelles. Ces messieurs n'ignorent point, d'autre part, qu'une belle carte géographique produit auprès du lecteur non averti une impression bien supérieure à celle qui se dégagerait de l'argumentation la plus habile. Ils ont donc eu bien soin d'illustrer souvent leurs ouvrages par des cartes historiques *ad hoc*. Un de ces propagandistes a même trouvé mieux. Il a préféré substituer à toute autre argumentation l'édition d'un simple atlas. C'est le cas du Dr Dimitri Rizoff, ancien agent commercial de Bulgarie à Uskub et initiateur — nous le verrons dans la partie ethnologique — du régime des « comitadjis » en Macédoine, en dernier lieu ministre de Bulgarie à Berlin, où il est mort il y a quelques mois [1].

L'atlas du Dr Rizoff, que nous avons eu déjà l'occasion de mentionner [2], contient une quarantaine de cartes, historiques et ethnographiques, à couleurs très vives. Les

---

[1] Rizoff : *Die Bulgaren in ihren historischen, ethnographischen und politischen Grenzen*, Berlin, 1917.
[2] Voir p. 49, n. 3 et 4.

cartes historiques — dues, ainsi que les notes qui les accompagnent, au professeur d'histoire à l'Université de Sophia V. Zlatarsky [1] — prétendent indiquer les frontières politiques de la Bulgarie pendant le moyen âge. En réalité, elles n'indiquent, chaque fois qu'une base historique ne leur manque pas absolument, que l'extension prise (d'après les renseignements les plus exagérés ou d'après de simples conjectures) par les principales incursions que les Bulgares tentèrent au moyen âge dans les pays voisins et qui furent, toutes, plus ou moins éphémères [2].

N'importe! M. Rizoff, s'appuyant sur les quarante cartes de son atlas et escomptant la victoire certaine des empires centraux, ses alliés, n'hésite pas à exposer, au cours d'une introduction reproduite en quatre langues, le plus vaste programme des visées bulgares dans le cadre d'une nouvelle distribution du territoire balkanique. L'agence *Radio*, signalant de Berne, le 25 janvier, ces visées de M. Rizoff, les fait suivre de ce commentaire : « On a eu l'occasion, à diverses reprises, de dénoncer l'annexionisme bulgare, mais jamais encore il ne s'était manifesté de manière quasi officielle et avec une telle impudence ». Mais l'atlas de M. Rizoff, paru à Berlin, à en juger par les commentaires des journaux allemands, a manqué son effet en Allemagne même.

Le seul article consacré à cet atlas, publié dans la *Kölnische Zeitung*, a été écrit par un bulgarophile de marque, qui, lui aussi, malgré ses sympathies pour les Bulgares, n'a

---

[1] Voir Rizoff, *op. cit.*, préface, p. XVIII.
[2] Comme spécimen de ces sortes de publications en langue bulgare, nous signalons particulièrement la carte « rédigée par C. Antonoff, approuvée par le ministère de l'Instruction publique et employée, en vertu d'une circulaire ministérielle du 5 mars 1915, dans toutes les écoles et les bibliothèques de Bulgarie ». A côté de la Bulgarie actuelle, cette carte prétend représenter l'État bulgare médiéval à deux époques différentes : celle de Siméon et celle de Jean Assen II. En outre, une série de colonnes, surmontées des effigies des rois bulgares, nous montreraient, par leurs différentes hauteurs, l'étendue de la Bulgarie sous les règnes respectifs de ces rois. L'effet est tel, que l'auteur se croit autorisé à prétendre que jadis il n'y avait que deux grandes puissances en Europe, la France et ... la Bulgarie! C'est dans cette atmosphère mensongère qu'est élevée la jeunesse bulgare.

pu accepter sans réserve les revendications fantastiques du diplomate bulgare. La *Vossische Zeitung* a reproduit, sur la prière de M. Rizoff, l'introduction politique de son atlas, sans aucun commentaire. Les commentaires des autres journaux furent bien maigres. L'organe même des pangermanistes, la *Deutsche Zeitung*, s'est borné à quelques compliments banals à l'adresse de l'auteur. Le *Berliner Tageblatt* s'est exprimé ainsi : « La publication de M. Rizoff donne la preuve brillante de l'art avec lequel un homme d'État bulgare construit, naturellement au point de vue bulgare, le passé, le présent et l'avenir des Balkans. » La *Frankfurter Zeitung* a écrit que « le programme de M. Rizoff représente, vu la position de l'auteur, le programme officiel bulgare, et de la sorte il condamne d'une façon presque brutale la tentative de M. Rizoff de donner à sa propagande annexioniste une apparence scientifique ».

Mais la réponse la plus cinglante a été donnée à M. Rizoff par M. Hermann Wendel, député socialiste au Reichstag allemand. « La propagande bulgare, a-t-il écrit, s'efforce infatigablement de démontrer que les plans d'agrandissements territoriaux du gouvernement de Sophia ne sont que des « désannexions ». Le dernier produit de cette littérature tendancieuse est un atlas, qui doit démontrer de façon indiscutable que dans ses exigences la Bulgarie a tout le droit moral, politique, historique de son côté. Ses prétentions n'embrassent rien de moins que la Dobroudja, toute la Macédoine, la région de la Morava, tout le bassin du Timok, etc. ». M. Wendel démontre ensuite la véritable valeur des cartes de M. Rizoff et il termine : « Il va sans dire, enfin, — et cela seul suffirait à condamner la nouvelle tentative de propagande bulgare — que cet atlas de propagande ne contient aucune des nombreuses cartes qui sont en contradiction avec la thèse bulgare »[1].

On a reproché aux Grecs de faire trop souvent appel

---

[1]. Voir *Le Temps* du 23 mars 1918, où a été reproduit l'article de M. Wendel.

à leur histoire pour appuyer leurs revendications territoriales. Or, depuis que N. Coconis a publié à Athènes, en 1877, son histoire des Bulgares pendant le moyen âge, aucun autre ouvrage n'est venu analyser et réfuter cette avalanche de théories slavo-bulgares, qu'une propagande intense répandait dans le monde entier. L'ouvrage même de Coconis fut publié seulement en grec; il demeura par là presque inconnu à l'étranger; il passa inaperçu même en Grèce, où jamais on ne fit attention aux « titres historiques » des Bulgares, et le premier à l'ignorer fut le gouvernement hellénique lui-même.

La Grèce moderne, en dehors de Coconis, possède assez d'historiens; les noms de certains d'entre eux feraient honneur à n'importe quel pays. Mais l'histoire de leur nation leur fournissait des sujets à coup sûr beaucoup plus séduisants à traiter que les incursions barbares de Kroum et de Siméon, unique occupation des savants de Sophia. Les historiens grecs ont eu cependant tort de laisser à ces derniers le champ libre pour propager leurs théories. Ces théories, quelque arbitraires et absurdes qu'elles soient, à force d'être ressassées sans être jamais démenties, ont fini par être prises au sérieux.

Dans ces conditions une rectification s'imposait pour plus d'une raison. Les pages qui vont suivre ont pour but de nous faire voir ce qui, en réalité, s'est passé au moyen âge avec les Bulgares et la Macédoine; elles sont appelées à nous montrer la vérité historique telle qu'elle se dégage des sources mêmes de l'histoire et des témoignages les plus autorisés. Cette vérité, hélas! est beaucoup moins brillante pour le peuple de Siméon, que ne le pensent les lecteurs des productions historiques inspirées à Sophia.

II. — L'État bulgare d'Asparouch.

Les Bulgares ont la première fois franchi le Danube, sous leur prince ou *khan* Asparouch, d'autres veulent Ispérich, dans la seconde moitié du viie siècle de notre ère. Ils profitèrent des tribulations de l'Empire byzantin à cette époque pour s'établir dans le coin nord-est des Balkans, c'est-à-dire dans la province byzantine de la Mésie Inférieure, appelée dans la suite Bulgarie, jusqu'à Varna. Ceci se passait en l'an 679 de notre ère [1].

Nos renseignements au sujet des Bulgares, antérieurement à Asparouch, sont bien rares et plutôt confus, comme cela est le cas pour toute peuplade barbare éloignée de tout centre de civilisation. Il existe cependant quelques données précises. Comme les Huns, les Khazars, les Petchenègues, les Koumans, les Hongrois, les Tatares, les Turcs, nous pouvons ranger les Bulgares dans ce que l'on appelle, d'un nom encore mal défini, les Touraniens; d'une façon plus spéciale, on en fait des Finno-tatares ou Finno-turcs [2]. Pour ne point nous exposer à des contestations sur cette matière, disons, négativement, que ces peuples ne sont point considérés comme des peuples aryens ou indo-européens. Nous savons encore que les Bulgares, venus des monts Ourals, se fixèrent, vers le ve siècle de notre ère, aux embouchures du Volga, d'où leur nom de Bulgares (ou Voulgares). De ce point, la majorité des hordes bulgares, suivant la poussée vers l'ouest familière aux

---

[1] Nicéphore, *Breviarium*, p. 34; Théophane, *Chronogr.*, I, p. 547 sq.; Constantin Porphyrogénète, *De Them.*, III, p. 46. Cf. Bury : *Eastern Roman Empire*, p. 336.

[2] Nicéphore, *Breviarium*, p. 33; Théophane, *Chronogr.*, I., p. 545; Grégoras, I, p. 26. Cf. Jireček : *Geschichte der Bulgaren*, p. 39.

peuplades barbares, arrivèrent progressivement jusqu'aux bords du Danube.

Les Bulgares trouvèrent dans la Mésie Inférieure le résidu des différentes tribus slaves qui avaient envahi le pays au cours des ve et vi^e siècles de notre ère. Après les avoir subjuguées, ils se rapprochèrent tellement d'elles qu'ils finirent par les absorber. Au bout de deux cents ans les vaincus perdirent leur nom; en retour, les conquérants perdirent leur idiome touranique.

M. Bousquet, interprète fidèle des théories bulgares, dit, à propos de l'arrivée des hordes d'Asparouch en Mésie, ce qui suit : « Les Slaves virent apparaître avec plaisir ces nouveaux venus, trop peu nombreux pour les troubler dans leur possession du sol, assez guerriers pour tenir en échec la puissance impériale et arracher à son joug les populations de la province »[1]. Jusqu'à quel point une pareille opinion est-elle fondée? Un simple fait va nous l'apprendre. Sous l'empereur byzantin Constantin le Copronyme, presque un siècle après l'établissement des Bulgares dans la Mésie Inférieure, une portion considérable des Slaves qui s'y trouvaient, fuyant la tyrannie des Bulgares, vint demander protection à l'Empereur, qui leur assigna comme séjour la Bithynie, en Asie Mineure. Ce fait, rapporté par Théophane et Nicéphore, lequel fixe même à 208.000 le nombre de ces Slaves en détresse[2], est un fait connu des patriotes de Sophia, à tel point qu'ils tentèrent autrefois d'y édifier des droits bulgares sur l'Asie Mineure ! Kyntcheff, le ministre bulgare de l'Instruction publique, qui fut par la suite assassiné, publia tout un ouvrage pour nous apprendre que les Grecs d'Asie Mineure sont, tout simplement, les descendants de Bulgares hellénisés[3].

---

[1] Bousquet : *Histoire du peuple bulgare*, p. 7.
[2] Théophane, *Chronogr.*, I, p. 667; Nicéphore, *Breviarium*, p. 69.
[3] Kyntcheff : *Impressions d'Asie Mineure.* Cf. Kašasis : *L'hellénisme et la Macédoine*, p. 14.

Il n'y eut pas, d'ailleurs, que des Slaves en Mésie Inférieure. Malgré leurs invasions successives, un autre élément persistait sur les lieux dans une proportion bien plus importante que ne l'ont laissé croire généralement les théories mises en avant par les panslavistes; nous voulons parler de l'élément indigène, descendu directement des anciens colons hellènes et des Thraces hellénisés depuis des siècles [1]. Et il ne s'agit point ici seulement de la persistance de cette vieille population sur les rives du Pont-Euxin, où elle se maintient encore à travers tous les cataclysmes. A l'intérieur même des terres, en particulier dans des centres commerciaux et jusque sur les bords du Danube, subsistait encore en masse cet hellénisme séculaire. Son importance numérique et morale est éloquemment attestée par les multiples inscriptions bulgares découvertes en Bulgarie et rédigées toutes en langue grecque. Ces inscriptions, dont plusieurs sont publiques, d'autres privées, en particulier tumulaires, ont été trouvées dans des lieux fort éloignés des rivages, par exemple dans les districts de Preslav, Schumen, etc. Chronologiquement, elles vont jusqu'au Xe siècle de notre ère. Elles nous démontrent donc clairement la prédominance de la langue grecque dans l'intérieur même de la Mésie Inférieure, c'est-à-dire de la Bulgarie actuelle, plusieurs siècles après l'établissement des Slaves et des Bulgares dans la contrée [2].

La fusion des Bulgares d'Asparouch avec les Slaves de la Mésie Inférieure est un fait historique abondamment exploité par les Bulgares de nos jours. D'abord, il leur a

---

[1] Voir *supra*, p. 22.

[2] Des inscriptions semblables ont été publiées nommément par K. Schkorpil : *Altbulgarische Inschriften*, dans les *Archäologisch-epigraphische Mitteilungen aus Oesterreich-Ungarn*, t. XIX, 1896, p. 237 sq.; Kalinka : *Antike Denkmäler in Bulgarien*, dans les *Schriften der Balkankommission*, IV; le recueil de Kalinka est relativement le plus complet. Th. Ouspensky en a également publié dans le périodique *Izvestija* de l'Institut archéologique russe de Constantinople, t. VI, 1900, p. 216 sq.; t. VII, 1901, p. 5 sq.; t. X, 1905, p. 190 sq., 221 sq., 545 sq. De même Zlatarsky, dans le *Bulletin archéologique bulgare*, t. III, 1913, p. 131 sq.; etc.

servi de base pour étayer leur théorie du *prébulgarisme*. Selon cette théorie, les premiers Bulgares qui ont pénétré dans les Balkans sont appelés *Prébulgares :* ne sont Bulgares que le mélange de ces Prébulgares avec des Slaves. Ceci pour arriver à la conclusion que toute agglomération slave est bulgare, pourvu qu'un certain nombre de Prébulgares se soient mélangés avec elle[1] ! Voilà, grâce à cette ingénieuse théorie, singulièrement simplifiées les revendications bulgares sur les Slaves de Macédoine. Il n'y manquait plus qu'un petit détail : découvrir et au besoin inventer une descente prébulgare en Macédoine, pour transformer en Bulgares pur sang toutes les populations slaves du pays. En plus, les patriotes bulgares se sont servis de cette fusion de leurs ancêtres avec des éléments slaves pour attribuer à leur nation tantôt une origine turco-tatare, tantôt une origine slave, suivant les exigences de leur intérêt politique du moment.

De fait, comme nous le verrons, lorsque les Bulgares, soumis encore au joug turc, avaient besoin de la puissance moscovite pour assurer leur indépendance religieuse et politique, ils ne se lassaient pas d'affirmer leur slavisme, en faisant miroiter l'espoir que leur pays deviendrait un merveilleux *hinterland* pour une Constantinople russe. Plus tard, lorsque les Russes les délivrèrent, les Bulgares jugèrent avantageux de se tourner vers Vienne et d'affirmer alors que leur nation est d'origine commune avec les Hongrois et les Turcs et que leur pays formerait un merveilleux boulevard contre toute extension slave vers le sud !

Ce double jeu continua dans la suite à être joué par la diplomatie bulgare avec beaucoup d'habileté[2]. Elle exploita ainsi largement l'antagonisme entre les cabinets de

---

[1] Voir Jordan Ivanoff : *Les Bulgares en Macédoine* (en bulgare), p. 27 sq.; Ischirkoff : *Le Nom de Bulgare*, p. 12 sq.

[2] Voir l'intéressant article du Dr Victor Kuhne : *Du Mimétisme bulgare* dans la *Tribune de Genève* du 30 juin 1916.

Pétrograd et de Vienne, jusqu'au moment où les Bulgares se lancèrent dans la grande guerre, pour cueillir les fruits d'une victoire certaine à côté des empires centraux. Ce n'est qu'alors qu'ils jugèrent opportun de déployer leurs parchemins turco-tatares, afin de justifier par là pourquoi ils faisaient la guerre aux Russes, leurs libérateurs, et aux côtés des Hongrois et des Turcs, leurs anciens oppresseurs.

Ainsi furent remisées toutes leurs théories sur l'origine slave de leur nation. Le nombre des Bulgares d'Asparouch, qu'on avait pris soin de représenter aussi faible que possible [1], fut dès lors laissé dans l'ombre ; chacun pouvait ainsi conclure à son aise que les Bulgares finno-turcs d'Asparouch, pour arriver à subjuguer les populations slaves et autres de la Mésie Inférieure, devaient naturellement leur être numériquement supérieurs. On commença, en outre, à se rappeler que le vieux sang touranien des Bulgares fut, dans la suite, renforcé considérablement par leur mélange avec de nouvelles tribus touraniennes ou mongoles, les Petchenègues, les Koumans, les Tatares, à l'aide desquels Jean Asson 1er, Joannice et d'autres souverains bulgares firent la guerre à l'Empire byzantin [2]. Enfin, on se livra à des études plus attentives sur les traits caractéristiques de la nation bulgare, et on put ainsi en conclure que celle-ci n'avait rien de commun ni avec les Russes, ni avec les Serbes, ni avec n'importe quelle autre nation slave.

Citons, comme exemple, un article dans cette note, publié par un journal de Sophia, le *Dnevnik*, sous le titre : « Tatares ou Slaves? », quelque temps après l'entrée de la Bulgarie dans la grande guerre : « Assurément, dit cet article, la presse quotidienne n'a point pour objet l'examen approfondi de problèmes scientifiques, tel

---

[1] Voir *supra*, p. 147, l'extrait de l'*Histoire du peuple bulgare* de Bousquet.
[2] Voir Cédrénus, II, p. 587. Cf. Cvijić : *Grundlinien der Geographie und Geologie von Makedonien und Altserbien*, p. 121, et, surtout, *Questions balkaniques*, p. 56 sq. Voir aussi *infra*, p. 232, 233, 239, 247 et 248.

que celui des origines de notre race. Néanmoins, nous devons mettre ici en relief certains caractères particuliers de notre nation, qui frappent les yeux de l'observateur et distinguent nettement notre nation des autres nations slaves. Ainsi, les Bulgares se caractérisent par leur sang-froid, par leur audace calculée, leur amour du travail et leur ténacité à poursuivre un but déterminé. Tout au contraire, les autres Slaves sont des hommes à sensations inconsistantes et qui ne s'occupent que de futilités. Si donc le terme de *slavisme* doit être compris dans le sens de ces dernières particularités ethniques, le peuple bulgare ne saurait, de toute évidence, être un peuple slave. Une différence tout aussi grande se laisse constater entre les Bulgares et les autres Slaves tant au point de vue politique que social. Si nous étudions la politique des États slaves proprement dits, nous verrons avant tout cette politique dirigée par des hommes impuissants à dominer leurs passions et, conséquemment, incapables de rester maîtres d'eux-mêmes. C'est pourquoi ils menèrent leurs pays si souvent au bord même de l'abîme. L'exemple classique nous vient moins de la Serbie que de la Russie, dont les hommes politiques, animés par d'incompréhensibles mentalités, en sont venus à ce paralogisme, de confier la sauvegarde des « intérêts slaves » — lisons « russes » — à l'Angleterre, qui est leur irréconciliable ennemie. Tout au contraire, la Bulgarie a de tout temps essayé de protéger ses intérêts nationaux avec plus de prudence et ne s'est jamais laissé entraîner, même vis-à-vis de la Russie, par des sentimentalités déplacées (nous le croyons volontiers!). La preuve en est dans ce fait que la Bulgarie, choisissant la minute historique la plus propice, s'est jetée avec sa vaillante armée sur la Serbie, qui, sursaturée d'orgueil slave, disputa à la Bulgarie la Macédoine, le berceau de sa force nationale (!). Ce geste de la Bulgarie fut qualifié de « trahison à la cause slave ». Ces faits témoignent d'une grande différence entre les Bulgares et les autres Slaves. La raison manifeste en est leur différence d'origine. On sait que les fondateurs de notre État, dans le royaume de Bulgarie et en Macédoine, en d'autres termes, les ancêtres des Bulgares d'aujourd'hui, sont d'origine *touranienne* et, comme tels, de même race que les Turcs et les Hongrois. En outre, il ne faut pas oublier que cet élément touranien, qui créa le premier État bulgare, fut renforcé dans son développement par les nations de même race des Koumans et des Petchenègues. Il va de soi que notre développement national, au point de vue religieux, linguistique et littéraire, subit considérablement l'influence d'éléments purement slaves. Mais dans tous les cas, il est impossible de nier que dans le tempérament de la nation bulgare se reconnaissent des particularités tout à fait originales, étrangères aux Slaves, mais propres aux *Touraniens*, fondateurs de notre empire. Certes, la question de l'origine des Bulgares constitue l'objet d'une étude historique. Il n'en est pas moins vrai que, pour nous, notre alliance avec les Germains, les Hongrois et les Turcs prend une signification spéciale. Il convient donc, surtout pour le présent, que nous demeurions Bulgares, afin de travailler avec nos alliés à la... civilisation et à la prospérité constante de notre pays » [1].

Voici encore un passage d'un autre article du même journal bulgare de Sophia : « Notre alliance avec les puissances centrales et avec la Turquie a été une suite logique de notre passé historique, et c'est pour cela qu'on ne peut rien y trouver de factice ni de mal calculé » [2].

Le professeur bulgare Panoff déclarait encore dans une conférence tenue au Parlement prussien à Berlin en 1916 : « Le Bulgare n'éprouve aucun enthousiasme pour tout ce qui est abstrait et idéal : il ne se passionne que pour ce qui est concret et d'une utilité directe. Les Slaves étant

---

[1] *Dnevnik* du 26 novembre 1915.
[2] *Dnevnik* du 9 mai 1916.

idéalistes et ayant une imagination poétique, le peuple bulgare ne peut être considéré comme étant d'origine slave »[1].

Si les Bulgares ont mené grand bruit autour de l'ancienne fusion de leur race avec des éléments slaves, ils ont par contre gardé un silence absolu au sujet des éléments grecs, trouvés également par eux dans la Mésie Inférieure. La raison de cette double attitude est des plus simples. Elle est due à la diversité même de leur manière d'argumenter vis-à-vis des Serbes et vis-à-vis des Grecs. En effet, le sang slave qui coule dans leurs veines peut bien leur servir à revendiquer les Slaves de Macédoine contre les Serbes. Mais, il faut en convenir, c'eût été, à leur point de vue, la plus grosse erreur que d'avouer l'absorption par les Bulgares des populations grecques de la Mésie Inférieure. Que deviendrait alors tout l'échafaudage des arguments accumulés par les Bulgares au sujet des populations grecques de la Macédoine? Nous le verrons dans la partie ethnologique du présent ouvrage, cette argumentation tout entière pivote sur ce point capital que les populations dont il s'agit sont des populations bulgares hellénisées. Cette façon de raisonner ne se tournerait-elle donc pas immédiatement contre eux, dès l'instant où ils avoueraient que non seulement en Macédoine, non seulement en Thrace, non seulement en Roumélie Orientale, mais encore en pleine Bulgarie proprement dite, au nord de l'Hémus, une grande partie de la population descendait de Grecs et fut bulgarisée? C'est donc là le motif pour lequel les patriotes de Sophia et leurs amis se sont toujours tus sur l'existence et le sort des populations grecques de la Mésie Inférieure, c'est-à-dire de la Bulgarie.

Pourtant, ces populations grecques, dont le nombre et la puissance morale nous sont si éloquemment attestés par les inscriptions en langue grecque que nous avons

---

[1] *Frankfurter Zeitung*, du 29 avril 1916. Voir aussi Victor Kuhne : *Les Bulgares peints par eux-mêmes*, p. 175 sq.

mentionnées, ne sont pas les seules à avoir été absorbées par les Bulgares. Leur sort a été partagé dans la suite par d'autres milliers de Grecs, emmenés, nous le verrons plus loin, de Thrace surtout, soit comme otages, soit comme esclaves, par Kroum, par Joannice et d'autres souverains bulgares. D'autres milliers de Grecs aussi, fuyant probablement d'Asie Mineure devant le Turc, cherchèrent également un refuge en Bulgarie, comme l'atteste l'historien byzantin Grégoras [1]. Ils allèrent même dans la Dobroudja, ainsi que cela ressort d'un traité conclu en 1387 par le despote bulgare de ce pays, Ivanko, qui a mentionné comme étant ses sujets et des Bulgares et des *Grecs* [2]. Les patriotes bulgares oublient également toutes ces populations grecques absorbées par leurs ancêtres. Ils oublient que, jusqu'au XVIIIe siècle, Tirnovo, leur ancienne capitale, était encore une ville grecque. Ils oublient qu'il y a des localités, comme c'est le cas du village d'Arbanasi, non loin de Tirnovo, qui sont encore aujourd'hui grecques de langue [3]. Ils oublient, en outre, qu'une foule de noms de localités, y compris leur capitale Sophia, sont restés encore aujourd'hui grecs également. Et alors qu'ils montrent le plus grand empressement, quand il s'agit d'invoquer, à l'appui de leurs théories, les titres peu sérieux et, en réalité, sans aucune valeur ethnologique, des archevêques grecs d'Achride ou du tsar serbe Étienne Douchan [4] — parce que le nom bulgare était mentionné dans ces documents — ils demeurent muets devant le titre de leurs propres souverains, qui se qualifiaient de *tsars des Bulgares et des Grecs*, pour avoir eu aussi dans leur royaume, comme le note Jireček, des sujets d'origine grecque [5].

---

[1] Grégoras, III, p. 118.
[2] Cf. Jireček : *Geschichte der Bulgaren*, p. 379.
[3] Cf. Jireček : *Das Fürstentum Bulgarien*, p. 406.
[4] Voir, en particulier, A. Ischirkoff : *Les Confins occidentaux des terres bulgares*, p. 15, et *infra*, p. 249, n. 3.
[5] Jireček : *Geschichte der Bulgaren*, p. 372.

Une fois établis sous leur khan Asparouch, et grâce à la tolérance de l'empereur Constantin Pogonat, impérieusement appelé par d'autres devoirs, les Bulgares furent le fléau de l'Empire grec, notamment des deux provinces frontières, la Thrace et la Macédoine. Pendant sept siècles environ, jusqu'à la conquête turque, l'histoire entière des Bulgares constitue, nous l'avons déjà noté, une série monotone d'incursions sauvages et de razzias. Violant les serments les plus sacrés, ils se livrent à des attaques subites, ils évitent toute bataille rangée; ils se vengent de leurs défaites sur les populations inoffensives; ils égorgent, ils déportent les habitants, ils pillent, ils ravagent; partout où ils passent ils font la solitude. Ils en arrivent à inspirer une telle haine aux Grecs, à soulever à tel point l'indignation du monde civilisé de l'époque, que les chroniqueurs byzantins et latins sont unanimes à flétrir leur duplicité et leur cruauté et à les qualifier de « nation maudite, abominable, haïe de Dieu et des hommes ». Le souvenir de l'horreur qu'inspirait le nom seul des Bulgares se retrouve dans le mot français *bougre*; en effet, autrefois les Bulgares étaient appelés *Bougres* et leur pays, *Bougrie*[1].

Avant Asparouch, les incursions bulgares ne dépassaient pas le Danube. Elles se bornaient à la Pannonie et à la Dacie. Aussi le nom des Bulgares est-il tout d'abord cité par des historiens latins, qui les connurent lorsqu'ils se trouvaient encore au nord du Danube. Chez les Byzantins, le premier à les citer est Théophylacte Simocatte, qui vécut au VIIe siècle de notre ère, sous le règne de l'empereur Héraclius[2]. Et voici ce que Constantin Porphyrogénète nous apprend à leur sujet : « Le passage par les barbares du fleuve Ister (le Danube), s'effectua vers

---

[1] Cf. Dozon : *Chansons populaires bulgares*. Introduction, p. XI.
[2] Simocatte, VII, 4. Malalas (p. 97) parle aussi de Bulgares, mais il semble que cette mention constitue quelque addition postérieure.

la fin du règne de Constantin Pogonat (668-685) ; c'est à cette époque que leur nom fut connu »[1].

Il est vrai que des auteurs byzantins, à partir du xe siècle, tels Suidas, Cédrénus, Théophylacte, Zonaras, nous parlent bien d'incursions bulgares au sud du Danube au vi[e] et même au ve siècle. Mais il est hors de doute qu'il s'agit, en l'espèce, dans ces siècles reculés, d'incursions faites par les tribus des Huns proprement dits. Voici, en effet, ce qui semble s'être passé. Ces tribus de Huns, ayant disparu complètement, avaient été oubliées depuis longtemps. Au contraire, les guerres récentes avaient rendu familier le nom des Bulgares, qui, d'ailleurs, étaient de même race que les Huns. Les auteurs byzantins postérieurs, que nous mentionnons plus haut, ont donc certainement cru que ces Huns du ve et du vi[e] siècle étaient des Bulgares. Si, véritablement, comme le rapportent ces auteurs, les envahisseurs des ive et ve siècles avaient bien été des Bulgares, leur nom n'aurait certes pas manqué d'être mentionné par les auteurs byzantins contemporains, en même temps que ceux des différentes tribus de Huns qui se sont ruées sur l'Empire. Mais ni Procope, ni Agathias, ni Ménandre, ni tout autre auteur antérieur à Simocatte, ne mentionnent jamais le nom des Bulgares.

Il est inutile d'insister. L'histoire moderne n'admet point d'invasions bulgares au sud du Danube, qui aient été entreprises avant Asparouch. Jireček ne leur consacre aucune place. Les ouvrages de Bousquet et de Ruland commencent eux-mêmes par l'invasion et l'établissement des hordes d'Asparouch en Mésie Inférieure. C'est là que commence véritablement l'histoire bulgare. Les historiens bulgares, ne pouvant pas davantage identifier leurs ancêtres avec les Huns du ve et du vi[e] siècle, s'efforcent cependant — et ils sont secondés dans leurs efforts par le Père Songeon — de glisser des Bulgares ou, comme ils disent,

---

[1] Constantin Porphyrogénète, *De Them.*, III, p. 46.

des Prébulgares parmi les Avars et les Slaves qui envahirent la Macédoine au cours des vi⁰ et vii⁰ siècles.

Le professeur bulgare A. Ischirkoff nous raconte, en effet, ce qui suit : « La première horde un peu plus considérable de ces Prébulgares est venue s'installer pendant le vii⁰ siècle (avant 675) dans la région de Monastir d'aujourd'hui, en Macédoine, dans le voisinage de la tribu slave des Drogouviti. C'étaient les Prébulgares du prince bulgare Kouber, venus de la Pannonie pour se fixer en Macédoine. Plusieurs historiens identifient Kouber avec Koubrat, père d'Asparouch ».[1]. Le lecteur a sans doute deviné l'intention de M. Ischirkoff. Il essaie d'accréditer la théorie du prébulgarisme, par l'établissement en Macédoine des Prébulgares du prince Kouber.

Malheureusement pour M. Ischirkoff et ses compatriotes, ces Prébulgares du prince Kouber n'étaient autres que des... Grecs. Le lecteur, pour s'en convaincre, n'a qu'à lire le passage de la *Vie de Saint Démétrius*, qui a donné naissance à cette fable bulgare [2]. Il apprendra en effet ce qui suit : Lors des incursions des Avars dans la dernière décade du vi⁰ siècle, une foule de Grecs avaient été emmenés en captivité à Syrmion (Σερμεῖον) de Pannonie, où ils contractèrent mariage avec des femmes avares ou bulgares et, suivant le système féodal des Avars, furent soumis à un chef, Kouber. Après une soixantaine d'années, les enfants de ces Grecs, pris de nostalgie pour la terre de leurs ancêtres, demandèrent à y retourner. L'ayant appris, leur chef avar (et non bulgare) Kouber réunit tout ce « peuple grec » (Ῥωμαίων λαόν), comme cela est littéralement spécifié dans la *Vie de Saint Démétrius*, et descendit à Salonique, vers l'an 645 de notre ère. Là, aidé de ces Grecs qui rentraient dans leurs foyers, peut-être aussi par d'autres Thessaloniciens, il chercha à se rendre

---

[1] Ischirkoff : *Le Nom de Bulgare*, p. 13.
[2] *Acta Sancti Demetrii*, dans Migne : *Patrologia graeca*, t. CXIV, p. 1362 sq.

maître de la ville. Mais l'expédition de l'empereur Constant, en 656-657, mit fin aux aventures révolutionnaires de Kouber [1].

C'est dans ce fait touchant du retour à la terre paternelle des Grecs emmenés en captivité à Syrmion de Pannonie que les Bulgares ont cherché à étayer leur théorie du prébulgarisme, en métamorphosant ces malheureux Grecs en Prébulgares, et leur chef avar Kouber en prince bulgare Koubrat, père d'Asparouch ! Il faut le reconnaître : M. Ischirkoff avoue quelque part dans son livre qu' « il n'est pas allé aux sources mêmes », mais qu' « il s'est contenté d'avoir recours aux écrits de savants faisant autorité en matière d'histoire des Slaves balkaniques » [2]. Cependant aussi bien Jireček que Gelzer lui-même, auquel M. Ischirkoff nous renvoie pour appuyer ses théories, confessent que les Prébulgares de Kouber étaient bien des Grecs [3]. Ces efforts des Bulgares de créer du prébulgarisme à une date antérieure à Asparouch, loin de démontrer le caractère bulgare des Slaves macédoniens, témoignent, au contraire, du peu d'intérêt offert, au point de vue ethnologique, par les incursions que les Bulgares entreprirent en Macédoine après leur établissement dans la Mésie Inférieure. Ces incursions, en effet — les seules attestées historiquement — n'ont pas laissé en Macédoine la moindre trace ethnique. Ceci, comme nous allons le voir, ressort d'une façon si claire et si catégorique des sources mêmes de l'histoire, que les écrivains bulgares, pour pouvoir appuyer leurs allégations, durent avoir recours aux temps obscurs qui précédèrent Asparouch, où la rareté des documents donne plus de liberté aux créations de leur imagination.

Voyons maintenant comment se développa l'État fondé par Asparouch dans la Mésie Inférieure.

---

[1] Cf. Gelzer : *Die Genesis der byzantinischen Themenverfassung*, p. 47.
[2] Ischirkoff, *op. cit.*, p. 7.
[3] Jireček : *Geschichte der Serben*, p. 100; Gelzer, *op. cit.*, p. 49.

La première extension vers le sud du premier État bulgare remonte aux temps de Tervel qui, après Asparouch, est le premier souverain bulgare historiquement connu. Par le traité qu'il a conclu en l'an 716 avec l'empereur Théodose III, il obtint, en effet, la cession d'une bande de terre au sud du mont Hémus, le Balkan de nos jours. M. Zlatarsky, dans la carte « historique » n° 1 de l'atlas de Rizoff, nous représente ce territoire comme atteignant, sauf sur certains points, les limites de la région appelée dans la suite par les Bulgares *Zagora*, et qui, comme nous le verrons, a été plus d'une fois cédée aux Bulgares et reprise par les Grecs [1].

En effet, sous le nom de Zagora, qui signifie « derrière la montagne », était compris tout le territoire thrace situé le long de l'Hémus ou Balkan et dont le point le plus méridional atteignait le confluent de l'Hébrus (Maritza) et de l'Arzus (Azmak), où se trouvait la forteresse de *Makrolivadi* [2]. De ce point la limite se dirigeait, du côté est, sur *Develtos*, fondation romaine située dans la baie de Bourgas [3]; cette limite est visible encore aujourd'hui, grâce aux vestiges des vieilles tranchées bulgares connues sous le nom d'*Erkesiia*, du turc *jerkesen* [4]. De l'autre côté de Makrolivadi, faute d'indications précises, il est difficile d'établir la limite de Zagora. Il semble toutefois qu'elle a varié à chaque nouvelle cession de ce territoire aux Bulgares. En effet, Bury atteste que, lors de la cession faite à Omortag, en 814 ou 815, « elle s'incurvait vers le nord se dirigeant sur le mont Hémus (Balkan) » [5]; lors de la nouvelle cession faite à Boris Ier, en 865, elle se dirigeait

---

[1] Rizoff : *Die Bulgaren in ihren historischen, etc. Grenzen*, p. 5-6. Le nom de Zagora s'est conservé jusqu'à nos jours dans les dénominations des villes : Stara Zagora et Nova Zagora.

[2] Cf. Bury : *Eastern Roman Empire*, p. 361.

[3] Cf. Bury, *ibid*.

[4] Voir la carte de l'Europe Centrale, de l'État-major autrichien, pl. *Burgas* et *Adrianopel*.

[5] Cf. Bury, *op. cit.*, p. 361, et *infra*, p. 167.

sur *Sidéra*, dont l'emplacement doit être cherché plus à l'ouest [1].

Bien que la chose n'offre pas un intérêt direct pour nous, disons, toutefois, que la cession de tout ce territoire à Tervel, comme le prétend M. Zlatarsky, quelques dizaines d'années seulement après l'installation des Bulgares en Mésie Inférieure, nous semble bien improbable. Le Père Songeon lui-même, parlant du territoire cédé à Tervel par le traité de 716, le limite « entre Bourgas et la Toundja Supérieure » [2]. Il est vrai que le Père Songeon mentionne une première cession de la province de Zagora à Tervel, en l'an 705; s'appuyant probablement sur quelques auteurs byzantins plus récents, qui parlent d'une cession de Zagora aux Bulgares à cette époque, il raconte que Tervel reçut, en 705, la province de Zagora, en même temps qu'une somme considérable d'or, du basileus Justinien II, en récompense de l'aide qu'il avait prêtée à ce dernier pour reconquérir sa couronne [3]. Mais ni Nicéphore, ni Théophane, ni aucun autre historien contemporain ne font la moindre mention de ce fait, si important cependant ; il est du reste incompatible avec la cession, consentie quelques années seulement plus tard et à ce même Tervel, du territoire situé « entre Bourgas et la Toundja supérieure », attendu que ce territoire fait partie de la région de Zagora. Nous pensons donc avec Rambaud que Tervel, en l'an 705, se contenta de l'or et des présents de Justinien II, sans recevoir aucune cession territoriale [4].

Au surplus, la cession de Zagora, si elle a été faite par le traité de 716, ne fut point durable. Les Bulgares n'avaient utilisé ce nouveau territoire que pour razzier plus fréquemment la Thrace. Les habitants en furent exaspérés

---

[1] Cf. Bury, *op cit.*, p. 339, n. 2, et p. 384, et *infra*, p. 172.
[2] Songeon : *Histoire de la Bulgarie*, p. 63.
[3] Songeon, *op. cit.*, p. 60-61
[4] A. Rambaud : *Constantin Porphyrogénète*, p. 324.

à tel point que l'empereur Constantin V, dit Copronyme (741-775), résolut d'en finir une fois pour toutes avec ces voisins incommodes.

Il entreprit contre les Bulgares huit à neuf campagnes. Les péripéties en sont relatées par Bury, dans son ouvrage sur le second Empire romain [1]. Contentons-nous de noter quelques épisodes seulement de cette épopée.

Constantin commença par enlever aux Bulgares tout le pays au sud de l'Hémus, qui leur avait été concédé par le traité de 716. Il y établit une population nouvelle, prise en Syrie et en Arménie, et éleva, pour la défense de tout son Empire, des forteresses sur les cols de l'Hémus [2].

A de nouvelles provocations bulgares, Constantin répondit par la victoire de Marcellæ (755), suivie par d'autres succès qui amenèrent une révolution en Bulgarie. Le khan Kormisoch, jugé incapable, est renversé par les *boyards*, seigneurs bulgares. Son gendre Vinek se réfugie à Constantinople, où il est baptisé et prend le nom de Savinus. Mais Constantin ne se contente pas de ses succès sur terre. Il attaque encore les Bulgares avec sa flotte, sur le Pont-Euxin et sur le Danube, réduisant ainsi la Bulgarie à une situation désespérée. C'est à ce moment précis que, comme nous l'avons vu, une grande partie de la population slave, vivant sous la terreur des Bulgares, profite de leurs difficultés pour s'enfuir et aller demander aide et protection à Constantin [3].

En 759, Téletz, homme courageux et guerrier habile, qui avait été choisi par des boyards pour succéder à Kormisoch, se porta avec une puissante troupe à la rencontre de Constantin. L'empereur le battit complètement près d'Anchialos et fit une entrée triomphale à Constantinople, ramenant avec lui de nombreux prisonniers et un butin

---

[1] Bury : *Later Roman Empire*, II, p. 470 sq.
[2] Nicéphore, *Breviarium*, p. 66. Voir Lombard, *Constantin V*, p. 48.
[3] Voir *supra*, p. 147.

considérable [1]. Cette bataille fut tellement meurtrière que Nicéphore raconte qu'à son époque encore la plaine d'Anchialos était couverte par les ossements des morts [2]. Téletz, peu de temps après, est assassiné par ses propres sujets, tandis que Constantin V entre en Bulgarie. Rendant alors aux Bulgares la monnaie de leur pièce, il détruit une grande partie du pays; les Bulgares, pris de panique, se réfugient dans des régions d'accès difficile et dans les forêts avoisinant le Danube [3]. L'atlas de Rizoff ne contient naturellement aucune carte donnant les frontières « historiques » de la Bulgarie à cette époque.

Constantin V, toutefois, n'avait pas encore dit son dernier mot. Il ne le fit que sept ans plus tard, en 772, lorsque, au courant de nouveaux préparatifs de guerre des Bulgares, il les attaqua brusquement à Lithosoria. L'ennemi, pris de nouveau de panique, ne fit aucune résistance. En fuyant, il abandonna entre les mains de Constantin un tel butin et un nombre si considérable de prisonniers qu'il fut ainsi possible à l'Empereur de rentrer une seconde fois triomphalement à Constantinople [4]. Si Constantin n'avait pas mis tant d'empressement à regagner à ce moment sa capitale et qu'il eût su tirer pleinement parti de ses victoires sur les Bulgares, en les rejetant au delà du Danube, il aurait épargné à la péninsule bien des souffrances par la suite. Mais, dépourvu d'esprit politique, au lieu de faire rentrer la Mésie Inférieure dans le giron de l'hellénisme, il permit à ses envahisseurs d'y reconstituer leur royaume.

La Bulgarie toutefois ne put se relever des coups portés par Constantin V que grâce à Kroum, qui fut son véritable sauveur. « Si Kroum, nous dit le Père Songeon, n'était pas venu reconquérir le terrain perdu par la royauté élective et la féodalité, la Bulgarie n'aurait pas tardé à se

---

[1] Théophane, *Chronogr.*, I, p. 66. Cf. Lombard, *op. cit.*, p. 47.
[2] Voir Lombard, *ibid.*
[3] Nicéphore, *Breviarium*, p. 71. Cf. Lombard, *op. cit.*, p. 51.
[4] Théophane, *Chronogr.*, I, p. 692. Cf. Lombard, *op. cit.*, p. 55.

dissoudre et à disparaître »¹. Il commença par assurer solidement son autorité et s'efforça de préserver son État contre les incursions des Avars. Il put ensuite porter librement ses regards vers l'horizon qui fascinait les Bulgares et, franchissant l'Hémus, dévaster, non seulement la Thrace, comme ses prédécesseurs, mais aussi une partie de la Macédoine. Kroum est bien ainsi le premier envahisseur de la Macédoine. Sous son règne, pour la première fois, les Bulgares commencèrent à apprécier le pays d'Alexandre, et les Macédoniens à connaître les Bulgares. Ils les connurent du premier moment sous leur véritable jour. « Kroum, nous dit le Père Songeon, était violent, cruel et cupide ; sa mauvaise foi, sa fourberie et sa duplicité n'avaient pas de bornes »².

Son premier acte, nous rapporte-t-on, contre Byzance, fut d'attaquer soudainement l'armée impériale campée aux bords du Strymon et de s'emparer de son trésor. « Pendant, dit Théophane, que l'on distribuait des salaires au peuple, sur le Strymon, les Bulgares se ruèrent, firent main basse sur l'argent, c'est-à-dire sur onze cents livres d'or, et égorgèrent beaucoup de monde avec le général et les archontes »³. Ceci se passait en l'an 808 ou 809, sans doute hors des frontières macédoniennes, dans la vallée du Strymon supérieur. Nous tenons néanmoins à relever ici cet exploit, parce qu'il constitue la première entreprise bulgare dans la direction de la Macédoine. Nous y voyons aussi admirablement le mobile et la nature de toutes les incursions bulgares dont eut à souffrir par la suite cet infortuné pays.

La prise de la Sardique, c'est-à-dire de Sophia, la capitale actuelle bulgare, dont Kroum parvint bientôt à s'emparer, et qu'il détruisit,⁴ convainquit l'empereur Nicé-

---

[1] Songeon, p. 72.
[2] Songeon, p. 75.
[3] Théophane, *Chronogr.*, I, p. 752.
[4] Théophane, *ibid.*, p. 763.

phore de la nécessité d'une expédition contre Kroum. Nicéphore pénétra donc en Bulgarie par les gorges de l'Hémus, nommées Bérégaves, et tenta de terroriser les Bulgares en incendiant, en guise de représailles, la « cour de Kroum », c'est-à-dire sa capitale Pliska [1]. Kroum demanda la paix, mais ne l'obtint pas. Il se réfugia alors dans les montagnes, évitant toute bataille rangée. Là, cependant, profitant d'un instant propice, alors que Nicéphore traversait sans défiance un défilé, il se rua à l'improviste sur lui et le tua avec plusieurs de ses généraux (25 juillet 811). Kroum fit alors planter la tête du basileus au bout d'une pique et la donna en spectacle à ses soldats. Après quoi, il fit du crâne une coupe dont il se servait pour boire, suivant un ancien usage bulgare [2].

Après ce succès, Kroum ne resta pas inactif. Il sut mettre à profit les troubles qui s'ensuivirent dans l'Empire, Michel Rangabé s'étant emparé du trône. Il franchit l'Hémus et occupa le territoire jadis concédé aux Bulgares [3]. En 812, il prit Messembrie, sur le Pont-Euxin. En 813, au mois de juin, s'étant enhardi davantage, il alla à la rencontre de Michel Rangabé qui marchait contre lui. La bataille s'engagea devant Andrinople. Les bataillons macédoniens, commandés par le général Jean Aplakis, firent preuve d'un magnifique élan [4]. Sous leur poussée, les Bulgares avaient commencé à plier, lorsque le général Léon l'Arménien, commandant les bataillons asiatiques, quitta de son plein gré le terrain; aspirant au trône de Byzance, il préféra s'en emparer d'une façon ou d'une autre que d'y consolider Michel Rangabé en lui donnant la victoire [5]. C'est ainsi que Kroum fut vainqueur, malgré

---

[1] Cf. Bury : *Eastern Roman Empire*, p. 341 sq.
[2] Théophane, *Chronogr.*, I, p. 764 ; Léon le Grammairien, p. 204 ; Cédrénus, II, p. 42.
[3] Cf. *supra*, p. 159 sq.
[4] Cf. Bury, *op. cit.*, p. 350 sq.
[5] Théophane, *Chronogr.*, I, p. 782.

l'héroïsme des Macédoniens, dont la plupart, avec leur général, succombèrent dans cette lutte contre l'envahisseur.

Cette victoire et les nouveaux troubles qu'elle causa dans l'Empire permirent à Kroum d'étendre ses incursions sur presque toute la Thrace et de les porter même jusqu'aux bords du Strymon, en Macédoine orientale. Et c'est là la première incursion subie par les Macédoniens du fait des hordes bulgares. Mais le gros succès de cette expédition de Kroum fut qu'il se montra sous les murs mêmes de Constantinople. Là, toutefois, s'étant aperçu de l'impossibilité d'enlever la ville, il se contenta, au lieu du riche butin espéré, de recevoir de l'empereur Léon V un peu d'or et des vêtements de parade. Mais au cours des négociations qui eurent lieu en dehors de la ville, « remarquant, comme dit le Père Songeon, qu'il se passait quelque chose d'anormal, il enfourcha sa monture et partit au triple galop »[1].

Les historiens bulgares et leurs amis soutiennent que Léon avait, en réalité, préparé à Kroum un guet-apens. Et cela, non pas tant pour justifier la fuite de Kroum, que les cruautés épouvantables qu'il commit en rentrant en Bulgarie (août 813). « Justement irrité de cette perfidie, dit, en effet, le Père Songeon, oubliant ce que lui-même venait de reprocher à Kroum [2], le roi (Kroum) incendia tous les édifices d'alentour. Les églises, les palais, les monastères devinrent la proie des flammes. Les Bulgares égorgèrent tous leurs prisonniers. De Constantinople au Pont-Euxin, la campagne fut transformée par eux en désert. Ils se tournèrent ensuite vers les rives de la Marmara et commirent les mêmes ravages. Une douzaine de villes rasées, des milliers d'hommes, de femmes et d'enfants tués, des centaines de villages détruits, toute la plaine de Thrace dévastée : voilà ce que valut à l'Empire le guet-

---

[1] Songeon, p. 83.
[2] Voir *supra*, p. 163.

apens que Léon V avait organisé. De plus, Kroum, insatiable de vengeance, s'empressa de rejoindre son frère (?) Omortag, qui assiégeait Andrinople. La ville dut se rendre à discrétion et la moitié de ses habitants se vit emmenée dans les Balkans ». Ajoutons ici qu'avec les malheureux Grecs d'Andrinople furent emmenés le métropolite Michel et aussi celui qui fut plus tard empereur de Byzance sous le nom de Basile Ier, le Macédonien. « Et ce n'était pas encore tout, poursuit, non sans quelque fierté, le Père Songeon. L'hiver suivant, 30.000 cavaliers bulgares revinrent en Thrace, forcèrent la riche cité d'Arcadioupolis (Lulé-Bourgas) et firent 50.000 prisonniers qu'ils entraînèrent en Bulgarie avec leur mobilier et leurs troupeaux » [1].

Nous supprimons tout commentaire au sujet de ces actes de Kroum, aussi bien que sur la façon dont ils sont présentés par les écrivains bulgares ou bulgarophiles. Nous nous contenterons de poser une simple question au lecteur : que signifient, en réalité, après chaque incursion, ces retours réitérés de Kroum et des Bulgares dans leur propre pays, sans que personne les y ait contraints? N'est-ce pas là la preuve la plus éclatante, comme nous l'indiquions plus haut, que ces incursions n'avaient qu'un seul but, le pillage et la destruction des pays où elles s'exerçaient? Si, véritablement, les Bulgares avaient eu des projets de conquêtes, comme le veulent soutenir les patriotes de Sophia, en faisant étalage de leurs titres historiques sur la Macédoine, Kroum et les Bulgares n'auraient certainement pas détruit des régions sur lesquelles ils rêvaient de s'établir. Ils n'auraient, en tout cas, abandonné ces régions qu'en cédant à la force des armes. Cependant, jusqu'au printemps de l'année 814, l'armée byzantine ne tenta absolument rien contre eux. C'est à cette date seulement que les circonstances permirent à Léon de marcher contre Kroum.

Il le rencontra au delà de l'Hémus, près de Messembrie,

---

[1] Songeon, p. 83-84.

et lui infligea une défaite à ce point sanglante que, suivant le continuateur de Théophane, les Bulgares, pendant de longues années après, montraient avec terreur la colline où Léon avait installé son quartier général, en l'appelant la montagne de Léon [1]. C'est à peine si Kroum lui-même put se sauver; mais, blessé à ce qu'il paraît, il dut mourir quelques jours après, le 13 avril 814. Le Père Songeon, si minutieux d'ordinaire dans l'illustration de hauts faits bulgares, n'a point estimé, nous l'avons déjà noté, que cette bataille fût digne d'être rapportée dans son *Histoire de la Bulgarie*.

Le premier acte d'Omortag, successeur de Kroum, fut de demander aux Grecs la paix. Une trêve de trente ans fut alors conclue. Par ce nouveau traité, semble-t-il, l'extension territoriale au sud de l'Hémus, concédée jadis à Tervel, fut de nouveau consentie à Omortag.

Notons que M. Zlatarsky ne se contente pas cette fois des limites qu'il avait assignées à ce territoire lors de sa première cession à Tervel [2]. Aussi, dans la carte historique n° II de son atlas, les pousse-t-il considérablement vers le sud, notamment le secteur occidental, à partir de Makrolivadi, en y englobant ainsi la ville de Philippopoli [3]. On se rappelle que c'est le secteur où, faute d'indications précises, il est impossible de tracer exactement la frontière [4]. Cependant, c'est précisément en parlant de la concession consentie à Omortag, que l'historien anglais Bury, comme nous l'avons vu, dit que la frontière, après Makrolivadi, « s'incurvait vers le nord, se dirigeant sur le mont Hémus (Balkan) » [5]. Il est donc impossible de comprendre Philippopoli dans la concession territoriale

---

[1] Théoph. contin., p. 25. Cf. Jireček : *Geschichte der Bulgaren*, p. 146; Bury : *Eastern Rom. Emp.*, p. 350 sq.; etc.
[2] Voir *supra*, p. 159.
[3] Rizoff, *op. cit.*, p. 7-8.
[4] Voir *supra*, p. 159.
[5] Voir Bury, *op. cit.*, p. 361, et *supra*, p. 159.

faite à Omortag. Un tel événement du reste aurait mérité une mention spéciale chez les auteurs byzantins, qui, au contraire, gardent le silence. Plus loin on verra la grande impression que la prise de Philippopoli par les Russes causa à l'Empire; c'est elle qui décida Jean Tzimiscès d'entreprendre sa grande campagne contre les Russes. Enfin, le fait que la région de Philippopoli, contrairement à la région plus au nord, a gardé son caractère hellénique jusqu'à nos jours, n'est pas favorable, pensons-nous, à la manière de voir de Rizoff.

Omortag, qui avait obtenu de Byzance une paix si avantageuse, contre toute espérance, se comporta amicalement envers l'Empire. On ne peut malheureusement pas en dire autant de sa conduite vis-à-vis des Grecs qui vivaient en Bulgarie. Païen fanatique, il persécuta férocement ces Grecs, qui travaillaient en secret à la propagande de la religion chrétienne[1]. Il est allé jusqu'à supplicier quatre évêques et trois cent soixante-quatorze autres prisonniers grecs, de ceux que Kroum avait emmenés avec lui[2]. Mais, comme nous le verrons, sa rage païenne fut impuissante à arrêter les progrès de la foi; au contraire, il semble que ses excès ne servirent qu'à redoubler l'activité des adeptes du christianisme.

Après la mort d'Omortag, les Bulgares, absorbés par des dissensions intestines, laissèrent expirer la trêve de trente ans sans incommoder Byzance. Ce n'est qu'après cette date, qu'on signale de nouvelles incursions bulgares en Thrace et en Macédoine. Ces incursions, à peine mentionnées par les anciens auteurs, servirent de base aux historiens bulgares pour prétendre qu'à l'époque de Pressiam, successeur probable d'Omortag, et de Boris, soit en plein IXe siècle, tout le nord-ouest de la Macédoine et la partie voisine de l'Albanie faisaient partie de la Bulgarie.

---

[1] Cédrénus, II, p. 185.
[2] Jireček: *Geschichte der Bulgaren*, p. 148; Bury, *op. cit.*, p. 369. Le Père Songeon (p. 88) rapporte aussi ce fait.

A défaut de documents historiques susceptibles d'appuyer, d'une façon quelconque, de pareilles conjectures, les Bulgares eurent recours à certaines sources ecclésiastiques où il est question d'un « lieu de repos » de l'évêque Clément, et d'une juridiction de ce même évêque en Macédoine et en Albanie [1], ainsi que d'une translation, sur l'ordre de Boris, des reliques des quinze saints martyrs de Tibérioupolis (Stroumnitsa) [2]. De plus, M. Zlatarsky, dans la carte historique n° III de l'atlas de Rizoff, dépassant en hardiesse les arguments tirés de ces sources ecclésiastiques, englobe dans la Bulgarie de l'époque de Pressiam et de Boris la région même de Castoria, objet si ardent, par sa situation méridionale, de la convoitise bulgare. Pour donner plus d'autorité à ces allégations, il prétend, en outre, que « l'annexion de tous ces territoires à la Bulgarie fut reconnue officiellement par le gouvernement byzantin sous le successeur de Pressiam, Boris Ier (853-888), par le traité de 864 »[3].

Disons tout d'abord que de l'occupation de la région de Castoria par les Bulgares, alléguée par M. Zlatarsky, il n'existe nulle part aucun témoignage. Elle est due tout simplement à une hypothèse du professeur bulgare, comme nous l'apprend Bury [4]. Ceci dit, pour les Grecs la question perd bien les neuf dixièmes de son importance, parce qu'elle se borne alors presque à la seule Macédoine du nord, habitée en majeure partie par des populations slaves, que les Grecs n'ont jamais songé à reconquérir. Voyons cependant, même en ce qui concerne cette région du nord, si et jusqu'à quel point peuvent être exactes les assertions des Bulgares.

---

[1] Voir *Vita Clementis*, dans Migne : *Patrologia graeca*, t. CXXVI, p. 1223 voir aussi p. 1234); Du Cange : *Historia byzantina*, p. 174.
[2] Théophylacte : *Historia Martyrii XV Martyrum*, dans Migne : *Patrol. gr.*, t. CXXVI, p. 202.
[3] Rizoff, *op. cit.*, p. 9-10.
[4] Voir Bury, *op. cit.*, p. 384.

En supposant même qu'il n'y ait pas de preuves historiques contraires à ces affirmations, les témoignages ecclésiastiques invoqués par les historiens bulgares n'auraient encore qu'une valeur très relative. D'abord, ils sont du XIe et même du XIIe siècle, donc postérieurs de deux à trois cents ans à l'époque qu'ils visent; en second lieu, d'une façon générale, les renseignements contenus dans les vies de saints ou autres documents ecclésiastiques, qui suivent la tradition, ou encore les synaxaires, ne sont nullement considérés comme une source historique sérieuse [1]. En l'espèce, cependant, non seulement les historiens de l'époque ne nous disent rien d'une si importante extension de la domination bulgare, mais il existe encore des témoignages historiques diamétralement opposés.

Ainsi, Siméon le Magistre, ayant à mentionner les incursions bulgares de l'époque, nous dit formellement ceci : « Les Bulgares s'étant mis à piller la Thrace et la Macédoine, Théodora envoya une armée qui les arrêta en chemin »[2]. Léon le Grammairien est plus explicite encore : « Les Bulgares, dit-il, s'étant mis à faire des incursions en Thrace et en Macédoine et à saccager ces deux *thèmes* (provinces) de l'Empire, Théodora forma une armée, qui, s'appuyant sur les forteresses de la frontière de Bulgarie, attaqua les Bulgares dispersés en petits groupes; elle en fit un carnage si grand et captura tellement de prisonniers que les Bulgares durent se soumettre même sur leur propre territoire »[3]. Ces témoignages historiques, aussi catégoriques que concordants, suffisent, croyons-nous, pour renverser l'édifice créé de toutes pièces par Zlatarsky et ses compatriotes tant en Macédoine qu'ailleurs, du moins en ce qui concerne les temps antérieurs à Boris. Il en résulte, en effet, non seulement que les incursions bulgares d'alors

---

[1] Cf. *infra*, p. 227 sq.
[2] Siméon le Magistre, *Chronographia*, p. 657.
[3] Léon le Grammairien, p. 235.

furent définitivement repoussées, mais encore qu'une partie, au moins, de leur territoire, en particulier celui situé au sud de l'Hémus (Balkan), passa de nouveau en la possession de Byzance.

Arrivons maintenant à Boris. Celui-ci, étant monté sur le trône en l'an 852, fit la guerre à plusieurs reprises contre les Serbes et les Croates, sans succès la plupart du temps [1]. Il se battit également contre les Allemands comme allié de Rastislav, prince de Moravie, et lorsqu'il vit celui-ci fléchir, il se retourna contre lui en s'alliant... avec les Allemands [2] ! Contre Byzance, cependant, il ne fit aucune guerre, il n'entreprit aucune incursion ; bien au contraire, il renouvela son traité de paix. Siméon le Magistre nous l'atteste formellement : « Théodora, dit-il, régnait encore, lorsque Boris, l'archonte de Bulgarie, apprenant qu'une femme occupait le trône de l'Empire grec, lui annonça qu'il rompait les traités et qu'il marcherait contre les Grecs. Théodora alors répondit : « Tu me trouveras, moi aussi, « en marche contre toi, et j'ai bon espoir de te soumettre. « Mais si je n'en viens pas à bout, dans ce cas même la « victoire sera bien de mon côté, car ce sera une femme, et « non un homme, que tu auras vaincue. » Sur quoi, Boris se tint tranquille et renouvela le traité de paix » [3].

Mais voici ce qui est plus important encore. Le continuateur de Théophane nous rapporte que Boris, ayant embrassé le christianisme, mit aussitôt à profit les bonnes dispositions que lui témoignait Byzance de ce chef, et demanda une bande de terre, alléguant que « son peuple se trouvait trop à l'étroit sur son propre territoire ». De fait, l'empereur Michel III, qui aimait à croire qu'avec la conversion de la Bulgarie au christianisme, une ère nouvelle allait s'ouvrir pour les relations entre les deux États,

---

[1] Jireček : *Geschichte der Serben*, p. 195.
[2] Jireček : *Geschichte der Bulgaren*, p. 151.
[3] Siméon le Magistre, p. 664. Ce passage est rapporté aussi en résumé par le Père Songeon, *op. cit.*, p. 123.

se laissa convaincre par les assurances de Boris au sujet d'une paix « solide et éternelle », et reconnut de nouveau aux Bulgares la région de Zagora, qui, pour avoir tant de fois changé de maître et souffert de tant de guerres, était déserte et inhabitée. Cette région, précise le continuateur de Théophane, allait de *Sidéra* (Σιδηρᾶ), — un défilé sur le mont Hémus ou Balkan [1] — qui servait de limite entre Grecs et Bulgares, jusqu'à Develtos [2]. Cela se passait en l'an 865. Donc, si Boris avait effectivement en sa possession, comme le veut M. Zlatarsky [3], presque la totalité de la Macédoine et une bonne partie de l'Albanie, il n'aurait certainement pas demandé à Byzance une bande de terre, invoquant surtout comme raison l'étroitesse de ses propres frontières, et l'Empereur ne la lui aurait certainement pas accordée. La concession de Zagora démontre ainsi sans aucun doute possible que Boris, tant en Macédoine et en Albanie que dans la Thrace voisine elle-même, ne possédait pas un pouce de territoire.

Quant à l'affirmation de M. Zlatarsky, que « l'annexion » de tous ces territoires à la Bulgarie fut reconnue officiellement par le traité de 864 [4], disons que ce traité n'a jamais existé. L'histoire ne mentionnait que le traité de 865, relatif à la concession de Zagora. Et tant l'existence que la teneur de ce traité, que M. Zlatarsky passe sous

---

[1] Jireček (*Die Heerstrasse von Belgrad nach Constantinopel und die Balkanpässe*, p. 149 sq.) identifie ce défilé avec celui de Bérégaves (κλεισοῦρα Βερεγάβων), que nous avons déjà mentionné plus haut (p. 164); Schkorpil (*Aboba*, p. 565), avec un autre défilé voisin. Ces deux défilés de l'Hémus sont aujourd'hui connus sous le nom de *Gyrlorski*. Zlatarsky (*Renseignements sur les Bulgares, tirés de la chronique de Siméon métaphraste et logothète* (en russe), dans la revue bulgare *Sbornik*, t. XXIV, 1908, p. 65), émet une nouvelle opinion plaçant la *Sidéra* du continuateur de Théophane un peu plus au sud, à savoir sur les collines situées au nord-ouest de la Srednia Planina. Même en admettant cette opinion de M. Zlatarsky, la plus favorable aux visées bulgares, le territoire concédé à Boris ne dépasserait pas les limites assignées par Rizoff au territoire accordé à Tervel. Voir *supra*, p. 159. Cf. Bury : *Eastern Roman Empire*, p. 339, n. 2, et p. 384.

[2] Theoph. contin., p. 166.

[3] Malgré son opinion, que nous venons de rappeler, sur l'emplacement de Sidéra.

[4] Voir *supra*, p. 169.

silence [1], rendent tout à fait inadmissible l'existence à peine un an auparavant, d'un autre traité reconnaissant à ce même Boris l'annexion de territoires en Thrace, en Macédoine et en Albanie, d'une superficie dix fois plus grande.

Cela dit, pour que la carte « historique » n° III de l'atlas Rizoff mérite véritablement le nom de « carte de la Bulgarie à l'époque de Pressiam et Boris », il faut que les frontières bulgares du sud — nous ne nous préoccupons pas des autres — reculent jusqu'à l'Hémus ou Balkan, pour ce qui est des temps antérieurs à 865 et, après cette année, qu'elles n'avancent vers le sud que juste pour englober la région de Zagora, telle que nous l'avons déjà délimitée.

Mais si le règne de Boris n'a pu être illustré par de vastes conquêtes, il le fut néanmoins par un fait d'une autre nature, l'adoption officielle du christianisme. Or, la diffusion de la religion chrétienne en Bulgarie fut par excellence l'œuvre des Grecs. Le lecteur se souvient que, d'après le témoignage de Cédrénus, les Grecs de Bulgarie, surtout ceux qui y avaient été emmenés comme prisonniers par Kroum, travaillaient en secret à la propagande de la foi chez les Bulgares; leur zèle chrétien coûta même la vie à quatre évêques et trois cent soixante-quatorze autres Grecs suppliciés par Omortag[2]. Mais la rage païenne d'Omortag ne servait qu'à renforcer les rangs des adeptes du christianisme. Ils furent si nombreux sous le règne de Boris que ce souverain, escomptant leur triomphe définitif, résolut de s'appuyer sur eux pour consolider son pouvoir.

Boris devint ainsi, à l'opposé d'Omortag, un soutien chaleureux du christianisme. D'autres motifs encore y

---

[1] A l'hypothèse que M. Zlatarsky aurait assigné par erreur la date de 864 au traité de 865, s'oppose tant le contenu de ce traité que M. Zlatarsky lui-même; il s'empresse, en effet, de préciser que le traité invoqué par lui « fut conclu un an avant la christianisation des Bulgares (865) », alors que la concession de Zagora, comme nous l'avons vu, eut lieu après la conversion de Boris au christianisme et en quelque sorte comme prime de la reconnaissance du culte chrétien en Bulgarie.

[2] Voir *supra*, p. 168.

contribuèrent. On rapporte qu'un moine grec très érudit, Koupharas, se trouvant comme prisonnier en Bulgarie, exerça une grande influence sur Boris; il fut aussi encouragé par sa sœur, revenue chrétienne de Constantinople, où elle avait été emmenée comme prisonnière après la victoire de Léon V à Messembrie; enfin, le passage en Bulgarie des frères Constantin (Cyrille) et Méthode, allant prêcher le christianisme en Moravie, sur l'invitation du prince de ce pays fut une des circonstances qui achevèrent de déterminer Boris à embrasser le christianisme[1]. Il reçut le baptême à la fin de l'année 865, de la main d'un évêque grec, Joseph II, et prit le nom de Michel, ayant eu pour parrain le basileus lui-même, Michel III. Un grand nombre de missionnaires furent alors envoyés de Constantinople en Bulgarie pour y prêcher les doctrines de la nouvelle foi [2].

Toutefois, le baptême de Boris ne résolut pas la question de la christianisation des Bulgares. La propagande des différents missionnaires n'agissait guère sur « les dures cervelles », d'après le Père Songeon, des sujets de Boris[3]. Elle provoqua, au contraire, une révolte. Boris eut alors recours à la violence et fit preuve d'une cruauté sans pareille[4]. Il alla jusqu'à égorger les femmes et les enfants dont les maris et les pères n'avaient pas voulu abandonner le paganisme[5]. Vis-à-vis des boyards, dont il avait peur pour son trône, il se montra particulièrement féroce. Le Père Songeon rapporte que cinquante-deux familles de ces boyards furent à ce moment exterminées[6]. Mais ce

---

[1] Le continuateur de Théophane (p. 164) rapporte aussi que Boris résolut d'embrasser le christianisme à la vue d'une impressionnante image du jugement dernier, peinte par un moine grec nommé Méthode.
[2] Théoph. contin., p. 342. Cédrénus, II, p. 152. Cf. Muralt : *Essai de chronographie byzantine*, p. 436.
[3] Songeon, p. 126.
[4] Cf. Bury, *op. cit.*, p. 387.
[5] Songeon, p. 132.
[6] Songeon, p. 126.

qui détermina, de façon définitive, les Bulgares à embrasser la religion chrétienne, ce fut sans doute la peur d'une expédition tentée à cette époque contre eux par Michel III, comme le note, en effet, Léon le Grammairien : « Les Bulgares à cette nouvelle se prosternèrent comme aux grondements de la foudre; avant tout combat, ils désespérèrent de la victoire et s'engagèrent à devenir chrétiens en se soumettant au basileus et aux Grecs »[1].

En adoptant le christianisme, les Bulgares se procurèrent une arme dont ils ne cessèrent jusqu'à aujourd'hui de faire le plus utile usage. Ils exploitèrent à merveille l'antagonisme ecclésiastique existant entre l'Orient et l'Occident; rien ne leur coûtait de quitter l'orthodoxie pour le catholicisme ou le catholicisme pour l'orthodoxie, dès qu'ils s'apercevaient qu'il y avait pour eux un intérêt politique quelconque. Boris lui-même leur enseigna cette méthode, aussitôt converti. Le patriarche de Constantinople, qui se trouvait alors être le grand Photius, n'approuvant pas une demande de Boris tendant à reconnaître la nomination d'un archevêque et d'un nombre d'évêques de Bulgarie, Boris n'hésita pas à se tourner immédiatement vers le Saint-Siège; il entama des négociations avec le pape Nicolas Ier, qui, effectivement, envoya deux évêques en Bulgarie et quelques autres missionnaires[2].

A cette époque, en l'an 867, le trône de Constantinople fut occupé par l'empereur Basile le Macédonien, qui entre temps était revenu de la captivité en Bulgarie[3]. Basile Ier ne fut pas seulement le fondateur de la dynastie macédonienne, la plus célèbre dynastie de Byzance; il fut également un grand roi. Il agrandit surtout

---

[1] Léon le Gramm. p. 238. Bury (*op. cit.*, p. 384) place cette expédition de Michel III en l'an 863. Nous pensons, toutefois, qu'elle fut tentée après le baptême de Boris, vu que Léon le Grammairien mentionne celui-ci par son nom chrétien de Michel.

[2] Voir Mansi : *Sacrorum conciliorum nova et amplissima collectio*, XV, p. 402 sq.

[3] Voir *supra*, p. 166.

son empire vers l'ouest, en Dalmatie et en Croatie [1] — ce qui, soit dit en passant, constitue une preuve nouvelle que la route à travers la Macédoine était libre de toute occupation bulgare. Basile, ayant ainsi accru son prestige à l'occident, ne pouvait naturellement pas tolérer que la Bulgarie fût sous la dépendance de l'Église romaine; aussi dut-il reconnaître un archevêque de Bulgarie et, en outre, dix évêques [2]

Comme on sait — nous le verrons d'ailleurs dans la partie ethnologique de cet ouvrage — la chose se renouvela dans les temps modernes, lorsque les Bulgares, s'étant tournés de nouveau vers le Saint-Siège, forcèrent la diplomatie russe à obtenir du gouvernement turc la concession d'un exarchat bulgare indépendant. Sans vouloir incriminer ici les Bulgares à cause de leurs tendances à une indépendance ecclésiastique — tout effort vers l'indépendance, vers la liberté, en principe, est louable et respectable — nous leur reprochons seulement la manière dont ils s'y prirent, au moyen âge comme dans les temps modernes. Nous estimons encore, à en juger d'après l'ensemble de leur conduite, qu'ils furent trop prompts à oublier, la première fois, qu'ils devaient aux Grecs les consolations de la foi chrétienne, la seconde, que les Grecs — le clergé grec en particulier — les sauvèrent, ainsi qu'on le verra plus loin, d'une islamisation certaine et, partant, d'un anéantissement national.

Même après que l'indépendance ecclésiastique fut accordée aux Bulgares par Basile, les Grecs ne cessèrent pas d'être les apôtres du christianisme en Bulgarie. Ce n'est qu'à partir de 886 que, chassés de Pannonie et de Moravie, de nombreux disciples de Méthode, Slaves d'origine, vinrent prêcher l'évangile en Bulgarie. Mais c'est encore la culture grecque qui, seule, les inspirait dans l'ac-

---

[1] Sur la domination byzantine en Dalmatie, Croatie et Serbie, voir Rambaud : *Constantin Porphyrogénète*, p. 450 sq.
[2] Cf. Jireček : *Geschichte der Bulgaren*, p. 158.

complissement de leur œuvre. Ayant appris auprès de Méthode la langue grecque et l'alphabet cyrillique, ils traduisaient en slavon une foule d'ouvrages religieux grecs. Parallèlement à ces travaux, ils ne s'épargnaient aucune peine pour adapter au pays barbare de Boris quelques éléments de civilisation plus pratiques empruntés aux Grecs. Voici ce que rapporte, en effet, l'auteur grec de la vie de Clément, au sujet de ce disciple slave de Méthode : « Toute la terre des Bulgares abondait en arbres sauvages et manquait de fruits de culture; or, il leur fit encore ce grand bien de transplanter de la terre grecque toutes sortes de nos arbres et, par le moyen de la greffe, de toute la flore sauvage il fit une flore cultivée » [1].

Voilà en deux mots la façon dont les Grecs transmirent aux Bulgares le christianisme et, en même temps, les premiers éléments de la civilisation. Nous avons eu plus haut l'occasion de relater comment les Bulgares de Boris firent preuve de leur reconnaissance envers les Grecs. Il nous reste à voir maintenant en quoi consiste la reconnaissance des Bulgares d'aujourd'hui; des deux apôtres grecs Cyrille et Méthode ils firent des apôtres bulgares et se crurent alors fondés à émettre cette prétention : « Nous demandons Salonique et, avec elle, la Macédoine tout entière, parce qu'elle est la patrie de nos deux plus grands saints et, comme telle, doit nous appartenir ».

Cet argument, qui manque de base s'il ne manque pas d'impudence, fut mis pour la première fois en avant par le secrétaire de l'exarchat bulgare à Constantinople Athanase Schopoff, lequel, sous le pseudonyme d'Oféicoff, publia, en 1886, à l'occasion du millénaire de Saint Méthode, en bulgare, puis en français, une brochure constituant en quelque sorte le programme des visées du panbulgarisme sur la Macédoine ; on y lisait, entre autres, ceci : « Le berceau du christianisme pour les races slaves c'est la

---

[1] *Vita Clementis*, dans Migne : *Patrologia græca*, t. CXXVI, p. 1196.

Macédoine, pays natal des saints Cyrille et Méthode. Mais hélas ! cette contrée est aujourd'hui profondément malheureuse, elle est asservie, elle n'ose pas se dire slave, etc. » [1]. Depuis, les patriotes bulgares n'ont cessé de chercher à sanctifier, en quelque sorte, par l'invocation de ces deux saints, leurs prétentions illégitimes sur Salonique, « le Bethléem bulgare » [2], et sur la Macédoine tout entière [3]. Le représentant officiel de la Bulgarie à Berlin lui-même, M. Rizoff, dans sa réponse à un article du député socialiste au Reichstag M. Wendel, lequel niait le caractère bulgare de la Macédoine, invoqua comme un argument attestant ce caractère « en premier lieu, le fait *historique* que l'alphabet slave cyrillique a été composé par deux apôtres *bulgaro-macédoniens*, Cyrille et Méthode, dont le peuple bulgare célèbre le souvenir comme saints, etc. » [4].

A ces assertions des patriotes bulgares nous avons à faire les simples réponses que voici : 1° les deux apôtres Cyrille et Méthode se sont fort peu intéressés à la Bulgarie et à sa christianisation, en comparaison surtout de l'intérêt qu'ils ont porté à la propagation du christianisme à d'autres pays ; 2° les deux saints n'étaient nullement bulgares ; ils n'étaient même pas slaves : ils étaient grecs. Leur nom l'indique suffisamment. Néanmoins, examinons de plus près le cas des deux saints.

---

[1] Oféicoff : *La Macédoine. Exposé de l'état présent du bulgarisme en Macédoine.* Cf. Kasasis : *L'hellénisme et la Macédoine*, p. 31.

[2] Nous empruntons cette expression au journal de Sophia *Narodni Prava*, du 23 mai 1916.

[3] Voir p. ex. M. Skopiansky : *La Macédoine telle qu'elle est*, p. 8 ; D. Micheff : *La Serbie et la Bulgarie devant l'opinion publique*, p. 36-37 ; etc.

[4] Voir le *Vorwärts* du 8 juillet 1918. Le lecteur trouvera aussi cet article de Rizoff dans la brochure intitulée : *Pro Macedonia*, Paris, G. Roustan, 1918, p. 23. Les patriotes de Sophia ne manquent pas, non plus, d'évoquer les noms des deux apôtres grecs, lorsqu'il s'agit de parler de la culture... bulgare. Voici, par exemple ce que nous dit un professeur bulgare, en faisant la critique d'un livre serbe : « Dans ce pamphlet, où les auteurs déversent sur les Bulgares une pluie de boue, est dit que les Bulgares sont un peuple nul au point de vue historique et misérable au point de vue de sa culture. Et les auteurs cyniques, *qui prennent garde de ne rien dire des Saints Cyrille et Méthode, Saint Clément, etc., les flambeaux bulgares et slaves*, ajoutent qu'en face de cette misère bulgare, rayonne la culture serbe, etc. » (Boyan Penefl : *Le chauvinisme serbe*, 2° édition, p. 16.)

Constantin, tel fut le nom laïque de Cyrille, et Méthode, dont le nom laïque ne nous est point connu, appartenaient à une famille noble de Thessalonique, car ils étaient les fils du drongaire Léon. Ils avaient fait leurs études à Constantinople auprès du mathématicien Léon et du grand Photius, dont Constantin devint même bibliothécaire et archiviste. Constantin, d'autre part, fut le condisciple de l'empereur Michel III, ce qui confirme encore la noblesse de ses origines.

De fort bonne heure, Constantin fut nommé professeur à l'université constantinopolitaine de la Magnaure; en raison de sa grande érudition il fut appelé « philosophe ». A peine âgé de vingt-quatre ans, c'est-à-dire en 852, il fut envoyé comme ambassadeur à Bagdad auprès des Arabes, dont il possédait parfaitement la langue [1]. Il devait y controverser avec les théologiens mahométans.

L'étude attira ensuite Constantin dans un monastère de Bithynie, au mont Olympe, d'où il fut de nouveau appelé au service de l'État. Il fut envoyé en Crimée, auprès du Khagan des Khazars; ce prince avait demandé un théologien pour prêcher le christianisme et pour combattre les Juifs et les Sarrazins, qui répandaient dans son pays leurs enseignements religieux. Constantin, accompagné de Méthode, passa en effet en Crimée, où il resta pendant quelques années. Il apprit la langue tatare des Khazars, acquit une grande autorité sur eux et les gagna à l'alliance avec Byzance; il réussit en outre à faire délivrer les prisonniers grecs qui se trouvaient dans leur pays [2].

Une nouvelle mission allait être bientôt confiée à Constantin et à son frère Méthode, à la suite de la réputation qu'ils avaient acquise. Rastislav, roi de Moravie, pays slave, comme on le sait, au lieu de s'adresser aux évêques germains ou au Saint-Siège pour obtenir des missionnaires apostoliques afin d'évangéliser son pays, préféra s'adresser

---

[1] Cf. Jireček : *Geschichte der Bulgaren*, p. 152, et Bury, *op. cit.*, p. 438.
[2] Bury, *op. cit.*, p. 396.

à Byzance. Le choix du basileus tomba aussitôt sur les deux frères thessaloniciens. Ceux-ci acceptèrent la mission qui venait de leur être confiée avec l'enthousiasme et le zèle de véritables apôtres. Le premier soin de Constantin fut la création d'un alphabet propre aux besoins des langues slaves; il choisit à cet effet l'écriture cursive grecque, telle qu'elle était usitée au IXe siècle, et emprunta à d'autres langues les signes nécessités par les particularités de la prononciation slave. Telle fut l'écriture appelée *glagolitique*, laquelle, remaniée plus tard à l'aide des capitales grecques, fut nommée *cyrillique*. A la faveur de cet alphabet, Constantin, avant même de quitter Constantinople, commença la traduction de l'évangile et d'autres livres saints dans la langue slave la mieux connue de lui, celle que parlaient les Slaves de Macédoine. Telle est la conclusion, très logique d'ailleurs, à laquelle ont abouti les slavisants, après avoir longtemps cherché à retrouver le vieux slavon dans les dialectes de la Bulgarie et de la Serbie [1].

Constantin et Méthode, ainsi préparés, partirent de Constantinople pour la Moravie, en faisant route à travers la Bulgarie (863). Boris, qui, à ce moment, méditait d'introduire le christianisme en Bulgarie, profita du passage des deux apôtres dans son pays pour les retenir pendant quelques semaines. Continuant ensuite leur voyage, les deux frères arrivèrent en Moravie, où ils restèrent environ quatre ans. Ils y travaillèrent d'une façon très efficace à la propagation du christianisme, autant qu'à la formation de nombreux disciples. Puis ils se rendirent à Rome, pour y procéder à la déposition des reliques de saint Clément, premier évêque de Rome [2].

---

[1] Voir Jagić: *Die slavischen Sprachen*, dans Hinneberg, *Die Kultur der Gegenwart*, I, 9, p. 9 et 18. Murko: *Die südslavischen Litteraturen*, dans la même collection, I, 9, p. 197. Leskien: *Altbulgarische Grammatik*, p. XIX et XXXIV. Jireček: *Geschichte der Serben*, p. 176.

[2] Voir Muralt: *Essai de chronographie byzantine*, p. 448, et la bibliographie qui s'y trouve.

A Rome, Constantin, étant tombé malade, revêtit l'habit monacal et reçut du Pape le nom de Cyrille. Peu de temps après, jeune encore, il mourut et fut inhumé dans l'église de Saint-Clément (869). Méthode, ordonné par le Pape archevêque de Moravie et de Pannonie, partit pour ces deux pays. Il y servit le christianisme pendant encore quinze ans et eut beaucoup à souffrir du fait des Allemands, par lesquels Rastislav avait été vaincu. Il mourut le 4 avril 885 [1].

On pourra se rendre compte par cette brève biographie des deux apôtres thessaloniciens, que leurs seuls rapports avec les Bulgares se bornent à un séjour de quelques semaines qu'ils consentirent à faire en Bulgarie, sur l'invitation personnelle de Boris, alors qu'ils étaient en route pour la Moravie. En Crimée, par contre, les deux saints séjournèrent un nombre d'années suffisant pour permettre à Constantin d'apprendre la langue des Khazars. En Moravie, d'autre part, ils restèrent quatre ans environ. Méthode y revint encore pour y passer les quinze dernières années de sa vie. Cependant seuls les Bulgares ont revendiqué les deux apôtres comme étant leurs compatriotes. Le côté ridicule de cette prétention nous est attesté non seulement par le peu d'intérêt que ceux-ci témoignèrent aux Bulgares, mais aussi par toute leur vie, et, en particulier, par leur lieu d'origine, où ne pouvait exister l'ombre d'un Bulgare.

De leur histoire il résulte non moins clairement que les deux saints apôtres n'étaient même pas Slaves. Mais ce qui prouve surtout leur nationalité grecque, c'est la futilité du seul argument invoqué par Jireček [2] en faveur de leur origine slave, que démontre, d'après lui, «leur activité littéraire sur un sol slave et leur extraordinaire talent linguistique. Les Grecs, ajoute-t-il, ont toujours fait preuve

---

[1] La bibliographie concernant Cyrille et Méthode se trouve dans Bury : *Eastern Roman Empire*, p. 500 et 506, et dans Krumbacher : *Byzantinische Litteraturgeschichte*, p. 1101.

[2] Voir *supra*, p. 138.

d'une grande incapacité à apprendre non seulement les langues slaves, mais toutes les langues étrangères en général »[1]. De pareils arguments plaident plutôt en faveur de la thèse contraire. Les exemples ne manquent pas, non point, bien entendu, de Grecs possédant des langues étrangères, mais de Grecs ayant introduit leur alphabet chez des peuples étrangers. Jireček lui-même, dans un autre de ses ouvrages, mentionne un exemple de ce genre, celui de l'introduction de l'alphabet grec chez les Coptes au IIIe siècle de notre ère[2]. Vers la fin du moyen âge nous voyons se reproduire le même événement. Le prince grec de Valachie et de Moldavie, Constantin Mavrocordato, avait établi l'alphabet roumain en se servant de caractères grecs et slaves : c'est cet alphabet qu'il employa pour composer une grammaire de la langue roumaine. Voici, au surplus, ce qu'écrit à ce sujet l'écrivain anglais Wilkinson : « En 1735, Constantin Mavrocordato, qui avait assumé la tâche de remplacer dans les deux principautés la barbarie par la civilisation, composa une grammaire du dialecte parlé dans le pays en caractères slaves et grecs mêlés. Il fit faire plusieurs copies de l'Ancien et du Nouveau Testament, traduits dans cette langue nouvelle, et il en ordonna la lecture dans les églises. Il encouragea les habitants à étudier leur langue dans les règles de sa propre grammaire; en peu d'années on apprit ainsi à lire et écrire dans les hautes classes de la société »[3]. Cependant les Roumains — que nous sachions — ne se sont pas crus autorisés par ces circonstances à faire de Mavrocordato un Roumain, ni, non plus, à émettre des prétentions sur la patrie de Mavrocordato, Constantinople.

---

[1] Jireček : *Geschichte der Bulgaren*, p. 151. M. L. Léger, après avoir admis l'origine grecque des deux apôtres (voir *Cyrille et Méthode*, p. 56), s'est ensuite rallié à l'opinion de Jireček (voir *La Bulgarie*, p. 9-10).

[2] Voir Jireček : *Geschichte der Serben*, p. 76.

[3] Wilkinson : *An account of the Principalities of Wallachia and Moldavia*, Londres, 1820, p. 133. Cf. aussi G. B. Elliot : *Travels in three Great Empires*, Londres, 1838, I, p. 159.

Tous les auteurs sérieux et impartiaux se déclarent naturellement pour l'origine grecque des deux apôtres Cyrille et Méthode. Ainsi, par exemple, Bonwetch les considère comme des Grecs [1]. Le célèbre slavisant, Jagić, lui aussi, nous dit : « Tous les deux, Grecs de naissance et de formation, de noble origine, avaient pris contact et étaient entrés en relation, *par suite de circonstances purement extérieures*, avec la population slave de la région » [2]. Un autre slavisant de marque, Leskien, fait ressortir, également, que Cyrille et Méthode étaient des Grecs et non pas des Slaves [3]. Bury écrit pareillement : « Il n'y a pas la moindre raison de supposer que la famille de Constantin n'était pas grecque. » Et, dans une note : « Jireček s'efforce de faire de ces apôtres des Slaves sans arriver à nous convaincre » [4].

Passons maintenant aux conquêtes ultérieures des Bulgares. Boris ayant abdiqué, en 888, pour se faire moine, son fils Siméon monta sur le trône, après quelques troubles intérieurs, en 893. Ce fut, nous dit Jireček, « le plus important de tous les souverains du peuple bulgare » [5]. Les Bulgares de nos jours sont très fiers de leur Siméon. Ils prétendent qu'il conquit l'Albanie presque tout entière, par quoi, nous dit M. Zlatarsky, « la Bulgarie gagnait la sortie sur l'Adriatique et retrouvait des communications maritimes avec les États hors de la presqu'île balkanique, exemptes du contrôle byzantin » [6]. En outre de l'Albanie, les historiens bulgares nous disent encore que Siméon aurait conquis, naturellement, la Macédoine, sauf la Macédoine orientale et la région de Salonique. Ils

---

[1] Bonwetch, dans la *Realencyclopädie für protestantische Theologie und Kirche* (3ᵉ édit.), IV, p. 384.
[2] Jagić : *Die slavischen Sprachen*, dans Hinneberg : *Die Kultur der Gegenwart*, I, 9, p. 9.
[3] Leskien : *Altbulgarische Grammatik*, p. XVI.
[4] Bury : *Eastern Roman Empire*, p. 393.
[5] Jireček : *Geschichte der Bulgaren*, p. 161.
[6] Rizoff, *op. cit.*, p. 11.

lui attribuent enfin la conquête de la plus grande partie de l'Épire ainsi que de la région de Calambaca en Thessalie. En outre, d'après ces mêmes historiens, à l'époque de Siméon, la littérature et la civilisation bulgares atteignirent leur apogée. Aussi décernent-ils à Siméon le nom de « Grand » et qualifient-ils d'âge d'or l'époque de son règne. C'est ce que fait également le R. P. Songeon [1]; il estime que « ce règne est certainement le plus beau de l'histoire bulgare », bien qu'il s'empresse de nous informer, deux lignes plus loin, que « dans ses guerres, il (Siméon) versa des flots de sang, il accumula ruines sur ruines, car il gardait un fond assez étendu de sauvagerie native » [2]. Examinons toutefois de plus près les actes de ce grand roi.

Son premier geste, dès qu'il monta sur le trône, fut de violer la paix « solide et éternelle » jurée par Boris, son père, à Byzance [3]. Il se servit pour cela de futiles prétextes, à propos des droits de douane payés par les Bulgares à Byzance. Ayant attaqué par surprise les troupes qui gardaient les frontières de l'Empire, il les battit à Bulgarophygon [4]. Il fit couper le nez à tous ses prisonniers et les renvoya à Constantinople [5]. Voilà comment Siméon « le Grand » inaugura « le plus beau règne de l'histoire bulgare ».

L'Empereur de Byzance Léon VI, surnommé le Philosophe (886-911), transporté d'indignation à la vue d'une si effroyable mutilation, envoya en toute hâte contre les Bulgares Nicéphore Phocas et l'amiral Eustache. En même temps, ne disposant pas d'un délai suffisant pour de plus grands préparatifs, il conclut un traité d'alliance avec les Magyars, tribu turque guerrière qui venait de s'établir

---

[1] Songeon, *op cit.*, p. 135 sq.
[2] Songeon, *ibid.*, p. 162.
[3] Voir *supra*, p. 172.
[4] Siméon le Magistre, p. 701. Léon le Grammairien, p. 266.
[5] Théoph. contin, p. 358.

au nord du Danube. Les Magyars, transportés en Bulgarie sur des navires grecs, infligèrent à Siméon une telle déroute que c'est à peine si celui-ci put se sauver à Dorostolos (Silistrie). Siméon fut obligé alors de faire la paix avec Byzance (896) et d'appeler de son côté contre les Magyars les Petchenègues, autre tribu turque établie également au nord du Danube. De longues luttes eurent lieu alors; le résultat en fut que toutes les possessions bulgares au nord du Danube passèrent aux mains des Magyars et des Petchenègues. Le Père Songeon frémit à cette conséquence de l'alliance avec les Magyars et s'en prend à Léon. Oubliant les nez coupés des prisonniers de Siméon, il s'écrie, plein d'une indignation sainte : « C'était une imprudence colossale que d'ouvrir la porte à des barbares de cette envergure »[1]. Quoi qu'il en soit, le résultat de la politique de Léon fut que Byzance cessa d'être molesté par Siméon jusqu'en 913, c'est-à-dire pendant une période de dix-huit ans.

Siméon mit à profit ce temps de paix. Il voulut montrer à ses compatriotes qu'en dehors des guerres et des razzias il y avait d'autres occupations pour les hommes, notamment les lettres. Il favorisa donc la traduction en langue bulgare de certains ouvrages, pour la plupart religieux.

Si c'est pour cette raison que les Bulgares qualifient Siméon de « Grand », nous nous inclinons. Mais, ici également, l'honneur de ce mouvement littéraire revient aux Grecs. Car si, en effet, Siméon prit quelque goût pour les lettres, il le doit au fait que son père Boris, étant en bonnes relations avec Byzance, put envoyer son fils faire son instruction à Constantinople. Il réussit effectivement à s'assimiler une culture suffisante pour être qualifié de *semi-hellène*, c'est-à-dire de demi-civilisé. Quant aux ouvrages mêmes que l'on traduisit, ce furent des ouvrages grecs. Et en dehors de ces traductions,

---

[1] Songeon, *op. cit.*, p. 135 sq.

aucun mouvement intellectuel ne peut être noté; aucun, surtout, qui puisât son origine dans l'âme nationale bulgare. Relevons encore ceci : c'est que les traducteurs ne furent pas des Bulgares, c'étaient des Grecs ou des Slaves de Pannonie, tels que Jean l'Exarque, le prêtre Grégoire, Constantin, etc.; parmi les Bulgares, le seul traducteur, semble-t-il, fut Siméon lui-même; on lui attribue la traduction de quelques discours de saint Jean Chrysostome [1].

Ainsi donc les efforts de Siméon auprès des Bulgares furent stériles et Jireček affirme avec raison que « l'orientation de son savoir et le caractère de sa culture demeurèrent choses étrangères aux Bulgares et ne parvinrent pas à réchauffer ni le cœur ni l'imagination du peuple » [2].

C'est ce que dit aussi le Père Songeon. Mais celui-ci s'efforce de rejeter toute la responsabilité sur Siméon et ses collaborateurs, lesquels « eurent le tort grave de se borner à transcrire les ouvrages byzantins, au lieu de les repenser et de les récrire en y imprimant leur marque propre et le génie de leur race » [3]. Quoi qu'il en soit, Siméon une fois mort, l' « âge d'or » des lettres bulgares s'éteignit avec lui.

La faute cependant n'incombe pas à Siméon ni à ses collaborateurs. Le génie littéraire n'est pas chose courante, comme se l'imagine le Père Songeon, parmi les hommes. De plus, les traducteurs, à l'exception de Siméon, étaient étrangers à la nation et à l'âme bulgares. Mais leur excuse réside surtout dans ce fait que, si les Bulgares sont restés indifférents à leurs efforts, d'autres peuples de langue slave en surent, par contre, tirer grande-

---

[1] Jean l'Exarque traduisit surtout Saint Jean Damascène; Grégoire, une *Histoire de l'Ancien Testament* ; Constantin traduisit Saint Athanase d'Alexandrie. En dehors de livres ecclésiastiques, Grégoire traduisit la *Chronique de Jean Malalas* et une histoire fabuleuse d'Alexandre le Grand. Voir *supra*, p. 62.

[2] Jireček : *Geschichte der Bulgaren*, p. 164.

[3] Songeon, *op. cit.*, p. 160.

ment parti. C'est le cas des Serbes et des Russes, chez qui le mouvement littéraire slave qui se produisit à l'époque de Siméon servit de point de départ à la vie intellectuelle et à la civilisation en général. C'est là un fait incontestable dont les Bulgares tirent même vanité. Nous savons que la rivalité existant entre Serbes et Bulgares amène ceux-là à prétendre que la première poussée intellectuelle ne leur vint pas de Bulgarie, mais bien des Slaves de Macédoine. Ces derniers, en effet, furent parmi les Slaves les premiers à être initiés à la civilisation, par suite de leur contact continuel avec les Grecs. De toutes façons, une chose demeure certaine et indiscutable : c'est que tous, Bulgares, Serbes, Russes, doivent à l'hellénisme, aussi bien leur religion chrétienne que leur activité intellectuelle et leur civilisation en général [1].

Revenons maintenant aux exploits militaires de Siméon. « Obsédé, nous raconte le Père Songeon, par le souvenir des féeries qui avaient enchanté sa jeunesse, Siméon avait demandé à maintes reprises le sacre impérial et l'octroi du titre de *basileus*. L'orgueil byzantin n'admettait pas qu'un souverain bulgare devînt l'égal de l'autocrator [2]. En vain le monarque du Balkan avait-il pris sa seconde femme dans la haute société de Constantinople; en vain travaillait-il à civiliser son peuple : il ne récoltait que des quolibets. On l'appelait en riant « le merle imitateur qui se fatigue à siffler des airs grecs ». Et l'auteur de l'*Histoire de la Bulgarie* conclut : « Puis-

---

[1] En ce qui concerne la christianisation des Serbes par les Grecs, voir en outre Songeon, p. 151 sq.

[2] L'attitude observée par Byzance à l'égard de Siméon ne devrait pas surprendre le Père Songeon. Dans une note de son ouvrage, nous lisons ce qui suit : « Il n'y avait qu'un seul *basileus* au monde : celui de Byzance. Les actes du concile de 870 ne donnent à Louis II d'Allemagne (850-875) que le titre d'*archôn* et le mettent ainsi au niveau des principicules du Caucase et de l'Arménie. Le même concile, convoqué par Basile Ier le Macédonien (867-886), avait refusé aux rois des Francs la qualification impériale. Nicéphore Phocas (963-969) traita Othon le Grand lui-même (936-973) de simple *rex*, appellation vague sous laquelle les Byzantins confondaient dédaigneusement tous ceux qui portaient couronne en Occident ». (Songeon, p. 166, n. 1.)

qu'on ne voulait pas lui accorder la couronne et la chlamyde bénites, il les conquerrait à grands coups d'épée » [1]. Voilà donc, d'après la formule du R. P. Songeon, les raisons qui amenèrent Siméon à verser « des flots de sang », et à accumuler « ruines sur ruines ».

A la mort de Léon le Philosophe, en 912, le trône de Byzance fut occupé par Constantin Porphyrogénète, qui, âgé de six ans seulement, fut placé sous la tutelle de son oncle Alexandre, « homme ignorant et débauché », comme nous l'apprend le Père Songeon [2]. Ces circonstances parurent favorables à Siméon pour reprendre les hostilités contre Byzance, en envahissant la Thrace.

Songeon ramène à deux expéditions les incursions que Siméon fit en Thrace. Au cours de la première, qui eut lieu en 913, Siméon, dit-il, se montra devant les murs mêmes de Constantinople, mais là, s'étant rendu compte, comme autrefois Kroum, que ces épaisses murailles étaient inexpugnables, il se contenta d'un simulacre de couronnement auquel procéda le patriarche Nicolas, venu dans son camp pour cette cérémonie; puis Siméon se retira sans difficulté [3].

Lors de sa deuxième expédition, qui eut lieu en 914, Siméon réussit à prendre Andrinople — grâce à la vénalité du gouverneur arménien de cette ville — mais il en fut immédiatement chassé par les Grecs. « En quittant Andrinople, ajoute le Père Songeon, Siméon alla parcourir la Macédoine, la Thessalie et l'Épire. Aucun stratège ne troubla cette promenade. On eût dit un propriétaire qui visitait ses domaines » [4].

De ce passage du Père Songeon on est amené à tirer deux conclusions : d'abord que Siméon parcourut la Macédoine, la Thessalie et l'Épire, comme des pays étrangers,

---

[1] Songeon, p. 144.
[2] Songeon, p. 145.
[3] Songeon, p. 145-146.
[4] Songeon, p. 146.

des pays qui étaient loin de lui appartenir; ensuite, qu'il ne séjourna pas longtemps en ces contrées. La prétendue « promenade militaire » de Siméon n'a donc pas grande valeur pour nous et l'assertion ne vaut même pas la peine d'être réfutée. Remarquons, néanmoins, que nul auteur ancien, autant que nous savons, ne mentionne ce renseignement du Père. Quant à son affirmation suivant laquelle « aucun stratège ne troubla cette promenade de Siméon », elle contribue à nous laisser croire qu'il s'agit là peut-être d'une invention bulgare, destinée à préparer le terrain au transport sur le fleuve *Achéloos* de la bataille livrée quelques années plus tard par Siméon, près d'Anchialos ou *Achélos* [1].

Quoi qu'il en soit, Siméon devenait trop gênant pour Byzance. C'est pourquoi, lorsque la fin des guerres contre les Arabes eut donné quelque repos à l'Empire, Zoé, mère du jeune empereur, envoya à Messembrie, contre Siméon, le général Léon Phocas à la tête d'une puissante armée. La rencontre eut lieu non loin de là, près de la ville d'Anchialos, le 20 août 917. « Les Grecs, dit le Père Songeon, très supérieurs en nombre, enfoncèrent les Bulgares dès le premier choc. Mais un accident futile leur enleva la victoire. Le général Léon Phocas, accablé de fatigue, était descendu de cheval à côté d'une fontaine. Sa monture s'enfuit au travers des bataillons byzantins. Les soldats crurent leur chef tué. Quelques escadrons tournèrent bride aussitôt. Siméon, qui se retirait en bon ordre, s'aperçut de ce trouble. Il revint au combat et n'eut plus qu'à massacrer. Les meilleurs officiers grecs périrent dans la mêlée et, parmi eux, Constantin l'Africain » [2]. C'est justement à cette bataille de Siméon que nous faisions allusion tout à l'heure : certains patriotes bulgares, comme nous l'avons vu déjà, mettant à profit la res-

---

[1] Voir *supra*, p. 139.
[2] Cf. Songeon, p. 147.

semblance existant entre le nom d'Anchialos, appelée aussi au moyen âge *Achélos*, et celui du fleuve Achéloos, situèrent cette bataille aux bords de ce dernier fleuve, qui, prenant sa source en Thessalie, arrose ensuite l'Étolie et se jette dans la mer Ionienne, non loin de Missolonghi!

Est-il besoin de l'ajouter? Comme sur tous les points du globe terrestre, de même en Étolie, les patriotes bulgares ont voulu trouver des vestiges d'une vieille possession bulgare; ce fut dans le nom du village de *Vourkari* (Βουρκάρι), près de Missolonghi, dont ils tirent l'étymologie de leur nom ethnique : Vourgari, (en grec : Βουργάροι), alors qu'il est clair que le village étolien en question, situé près des marais de l'Achéloos, doit simplement son nom à la bourbe (en grec : βοῦρκος) qui l'entoure. La science nous apprend du reste que, phonétiquement, le γ de Βουργάροι ne saurait en aucune manière être représenté par un κ. Telle est la méthode singulière par laquelle les patriotes bulgares étendent les frontières « historiques » et « ethnologiques » de leur pays. Il faut toutefois rendre justice à M. Zlatarsky; il se borne à englober dans l'État de Siméon la région thessalienne de Calambaca, où prend sa source l'Achéloós [1].

Siméon, s'exagérant l'importance de sa victoire inespérée à Anchialos, estima que, pour devenir empereur, il n'avait plus besoin de l'empereur grec et de son patriarche; ayant donc choisi comme capitale Tirnovo, ville dont le caractère était éminemment grec [2], il se proclama lui-même « Tsar et Empereur des Bulgares et des Grecs ». Comme empereur, il lui fallait un patriarche. Il obtint alors cette faveur du Saint-Siège, profitant, comme jadis son père Boris, d'une nouvelle froideur intervenue dans les rapports entre les deux Églises ; cette froideur provenait de ce que le pape Sergius avait déclaré valides les qua-

---

[1] Voir *supra*, p. 184.
[2] Voir *sup. a*, p. 154.

trièmes noces de l'empereur Léon le Philosophe, alors que le patriarche Nicolas le Mystique avait refusé toute dispense au basileus [1].

Vers la fin de l'an 921 « Siméon, nous dit le Père Songeon, prit le chemin de Constantinople dans le but d'exécuter des razzias » [2]. Mais, son pays ayant été attaqué par les Serbes, Siméon fut forcé d'interrompre ses « razzias » et de retourner en Bulgarie, afin d'y faire face aux Serbes. Ceux-ci furent alors vaincus, leur pays fut envahi par Siméon et eut à subir de tels ravages qu'on a pu dire, sept ans après, que dans la Serbie entière il ne restait plus pour toute population que cinquante hommes vivant de la chasse [3]. Pendant ce temps, le pape Sergius se réconciliait avec le patriarche Nicolas. Mieux informé au sujet de son protégé Siméon, il lui retirait la protection dont il l'avait couvert vis-à-vis de Byzance [4].

C'est en septembre 924 que Siméon entreprit contre Byzance sa dernière expédition, la plus destructive de toutes. Voici comment elle nous est racontée par le continuateur de Théophane : « Au mois de septembre de la deuxième indiction, Siméon, roi de Bulgarie, se met en marche contre Constantinople; il pille la Thrace et la Macédoine, incendie et détruit tout et abat les arbres. Arrivé jusqu'à Blaquernes, il demanda qu'on lui envoyât le patriarche Nicolas et quelques-uns des hauts dignitaires afin de traiter avec eux de la paix » [5]. Avec cette version concordent celles de Georges Monachos et de Siméon le Magistre [6].

---

[1] Cf. Songeon, p. 149.
[2] Songeon, p. 148.
[3] Constantin Porphyrogénète, *De administrando imperio*, p. 158.
[4] Le Père Songeon (p. 149 sq.) attribue cet abandon de Siméon par le pape aux astucieuses calomnies du patriarche Nicolas. A l'appui de cette assertion, il cite une lettre du patriarche Nicolas à Siméon, qui ne contient, d'ailleurs, que des conseils paternels et des exhortations afin d'amener Siméon à abandonner ses guerres dévastatrices contre les chrétiens et à rentrer dans le giron de l'Église.
[5] Théoph. contin., p. 405.
[6] George Monachos, IX, 17; Siméon le Magistre, p. 735 (ch. 29), éd. de Bonn. Cf. Coconis : *Histoire des Bulgares*, p. 90.

Que démontrent avant tout ces récits des historiens byzantins? Ne démontrent-ils pas que, jusqu'à la dernière expédition de Siméon, la Macédoine et la Thrace étaient restées pour celui-ci des pays étrangers et même hostiles? D'ailleurs, cette dernière guerre elle-même ne valut pas à Siméon un agrandissement territorial, agrandissement dont l'idée, au surplus, n'avait jamais traversé l'esprit du roi bulgare. Malgré tous les coups d'encensoir du Père Songeon, Siméon démontra, même au cours de sa dernière expédition contre Constantinople, qu'il ne différait guère de son ancêtre Kroum dans ses instincts rudimentaires de pure rapine. L'espoir du butin était encore le seul mobile de Siméon; c'est pourquoi, aussitôt qu'il eut reçu, en guise de rançon, quelques riches présents de la part de Byzance, il se hâta de s'éloigner des murs de Constantinople et de rentrer dans son pays, sans même se donner le temps de conclure la paix qu'il avait demandée. Néanmoins, il eut le temps de commettre un dernier forfait et livra aux flammes Notre-Dame-des-Sources, un sanctuaire célèbre par sa sainteté et par ses reliques [1].

Après cette dernière expédition contre Byzance, Siméon entra en guerre avec les Chrobates, qui lui infligèrent une défaite complète. Il se disposait à marcher de nouveau contre Constantinople, lorsque la mort le surprit le 28 mai 927 [2]. Le Père Songeon nous dit encore qu'un an avant la mort de Siméon « ses troupes, secondées par les Slaves de Macédoine, assiégèrent Salonique »[3]. Nous n'avons pu retrouver la source de ce renseignement que le Père Songeon semble rapporter d'une manière évasive et rapide, comme si un fait aussi grave ne méritait pas quelque insistance. De toutes façons, cette entreprise des troupes de Siméon sans leur chef contre Salonique n'ap-

---

[1] Théoph. contin., p. 406 sq. Cf. Rambaud : *Constantin Porphyrogénète* p. 333-334.
[2] Songeon, p. 155-156.
[3] Songeon, *ibid.*

porterait certes aucun nouvel argument en faveur de l'occupation de la Macédoine par Siméon. Nous y trouvons au contraire l'aveu que les Slaves de Macédoine et les sujets de Siméon formaient deux catégories différentes, non seulement au point de vue politique, mais aussi au point de vue ethnique. Quoi qu'il en soit, le fait que la Macédoine ne fit jamais partie de l'État de Siméon est encore démontré, nous le verrons, par les incursions que, selon les témoignages unanimes des historiens byzantins, entreprit contre la Macédoine son fils et successeur Pierre, au commencement de son règne et avant d'obtenir de Byzance la paix que Siméon mourut sans conclure [1].

Devant le silence des auteurs byzantins, dont pas un seul ne confirme les conquêtes attribuées par eux à Siméon, les patriotes de Sophia, frémissant à la pensée que, même à l'âge d'or de la Bulgarie, la Macédoine était restée en dehors du pouvoir bulgare, entreprirent de prouver le contraire par un procédé qui ne manque pas d'originalité. Ils invoquèrent à l'appui de leur thèse une inscription « ancienne », qui délimitait les États grec et bulgare, inscription soi-disant découverte à quelques kilomètres de Salonique, précisément à l'endroit — coïncidence merveilleuse ! — où passait la frontière idéale attribuée à la Bulgarie par le traité de San-Stefano. Cette inscription fut d'abord publiée par l'archéologue russe Ouspensky, directeur de l'Institut archéologique russe de Constantinople, fondation panslaviste bien connue, dans la revue de cet Institut, *Izvestija* [2]. Elle fut ensuite reproduite par le professeur bulgare Ivanoff, dans son livre sur les antiquités bulgares... en Macédoine [3].

Selon Ivanoff, l'archéologue danois M. King et le consul d'Allemagne M. Mortdmann connurent l'existence de cette inscription, mais, naturellement, sans l'avoir vue.

---

[1] Voir *infra*, p. 200 sq.
[2] Ouspensky, dans l'*Izvestija*, t. III, p. 184.
[3] Ivanoff : *Antiquités bulgares en Macédoine* (en bulgare), p. 7 sq.

Seuls, en dehors de M. Ouspensky, l'agent commercial de la Bulgarie M. Schopoff, le consul général de Russie M. Lissine et quelques fonctionnaires turcs auraient vu cette inscription, déposée à la préfecture de Salonique. Après quoi, nous informe M. Ivanoff, l'inscription fut perdue, parce qu'elle fut détruite par les Grecs! Cette aventure, qui tient du roman, serait, à elle seule, susceptible d'inspirer quelques doutes, même aux plus crédules, sur l'existence de ladite inscription. En effet, comment les Grecs, qui ne prirent jamais au sérieux les arguments « historiques » des Bulgares et les laissèrent toujours dire tout ce qu'ils voulaient, auraient-ils subitement songé à faire disparaître cette inscription vénérable? Comment, surtout, auraient-ils pu réussir à enlever de la préfecture turque de Salonique, pour la détruire, une colonne de pierre massive, ayant $1^m 20$ de hauteur sur 57 centimètres de diamètre? Pourquoi d'ailleurs la Russie, qui attachait une si grande importance à ce document, n'a-t-elle pas soulevé, à propos d'une disparition aussi singulière, le moindre incident diplomatique? Et pourquoi les Bulgares, directement intéressés dans cette affaire et qui ont toujours jeté les hauts cris pour des faits beaucoup moins importants, ont-ils gardé cette fois un silence absolu? Il fallait donc attendre le livre de M. Ivanoff pour que nous soyons renseignés sur le sort de la fameuse inscription?

Cependant, malgré tous ces points d'interrogation, jamais nous n'aurions pu imaginer que, pour étayer leurs aspirations territoriales, les patriotes bulgares iraient jusqu'à fabriquer des inscriptions anciennes. Si nous sommes aujourd'hui fixés sur ce point, c'est que nous avons eu là-dessus des renseignements précis, grâce à quelques personnes dignes de foi, parmi lesquelles nous citerons le byzantiniste M. C. Constantopoulos, si connu dans le monde scientifique par ses travaux sur les bulles de plomb byzantines. D'après ces renseignements, l'inscription en question fut fabriquée à Sophia; elle fut ensuite transportée à Salonique et enterrée à l'endroit même où elle fut trouvée, par les soins de l'agent commercial de la Bulgarie, du directeur du gymnase bulgare de Salonique et d'un certain Georgieff. Une fois « découverte », l'inscription ne fut point remise aux autorités turques, mais transportée à Constantinople, et déposée à l'Institut archéologique russe ; c'est là qu'on la fit sans doute disparaître, jugeant peut-être que le faux, par trop évident, n'aurait pu tromper les spécialistes. On préféra ne montrer qu'une reproduction photographique.

Ces détails sont dus aux indiscrétions de ce même Georgieff qui, comme nous l'avons déjà vu, avait participé à la mise en scène. Au surplus, le faux ici n'est pas niable : d'après les assertions compétentes qui nous furent faites, le caractère de fausseté apparaît au seul examen de la reproduction du document.

Nous donnons donc une reproduction de l'inscription, telle qu'elle a été publiée dans la Revue *Izvestija*, en la faisant suivre de quelques-unes des observations auxquelles elle a donné lieu.

L'inscription, comme on le voit, est rédigée en grec, dans les termes suivants :

ετ[ογc - α]πο - κτ(ιcεωc) - κ(οcμȣ) - ....в - ιν(δικτιωνοc) - Ζ̄
οροc - ρωμαιων - κ(αι) - βȣλγαρ[ων]
επι - cγμεων - εκ - (θε)ογ - αρ(χοντοc) - βȣλγαρ[ων]
επι - θεοδωρȣ - ολγȣ - τρακανȣ
επι - δριcτρȣ - κομιτογ

Traduction :

« En l'an SYIB (?) de la création du monde, indiction Z, frontière des Grecs et des Bulgares sous Siméon, archonte des Bulgares par la grâce de Dieu, sous Théodore Olgos Tracanos, sous Dristros Comitès ».

On pourrait se demander pour quelle raison Siméon, à l'époque duquel existait déjà l'écriture cyrillique et qui mit tant de zèle à seconder la traduction d'ouvrages grecs en bulgare, a préféré employer la langue grecque sur le poteau frontière en question.

Mais, comme nous l'avons déjà vu, toutes les anciennes inscriptions bulgares sont rédigées en grec sous l'influence de l'élément hellène, si nombreux alors et si puissant dans la Mésie Inférieure, *alias* dans la Bulgarie [1]. Les auteurs du faux en question ont songé à ce fait historique et se sont résignés, sans doute à contre-cœur, à ne pas aller contre la règle historique, en se servant de la langue bulgare. De la sorte, d'une part, ils reconnaissaient la prédominance de la langue grecque dans l'ancien État bulgare, même jusqu'au Xe siècle; ils donnaient aussi une preuve nouvelle que les habitants de la région macédonienne visée par l'inscription, ne parlaient pas autre chose que le grec; mais, d'autre part, ils conféraient à leur inscription une apparence d'authenticité, par l'emploi même de la langue grecque, et c'était là le but visé. Il faut donc chercher ailleurs les preuves du faux.

Disons d'abord que M. J. Svoronos, professeur à l'Université d'Athènes et directeur du musée numismatique national de Grèce, archéologue très expérimenté dans la matière en question, nous fit la remarque que, non seulement les caractères grecs de l'inscription ne sont pas paléographiquement de la date de l'événement imaginaire auquel se rapporte ce faux monument, mais encore que, au point de vue matériel, la colonne sur laquelle est gravée cette inscription est une colonne attique sépulcrale du IVe siècle avant J.-C. Or, ce n'est qu'à partir du XVIe siècle que des marins grecs ont commencé à transporter ces colonnes vers les ports de la Mer Noire, en s'en servant comme lest pour leurs nefs non chargées. Nous le savons par tout

---

[1] Voir *supra*, p. 148.

PL. VI

FAUSSE INSCRIPTION ATTRIBUÉE A SIMÉON[*]

[*] Voir p. 193 sq.

l'historique de tous ces monuments provenant de la Grèce proprement dite, inscriptions, reliefs, etc., et trouvés dans des ports bulgares, roumains ou russes, où les navires grecs venaient prendre du blé.

En ce qui concerne les lettres de l'inscription, nous aurions à présenter, en outre, les observations suivantes. Il n'est pas besoin d'avoir des notions d'épigraphie pour constater, même sur les photographies de l'inscription, que les lettres sont de fraîche date. Cette impression se dégagerait, sans doute, encore plus nettement de l'examen de l'original disparu. En outre, les cassures ne semblent point dues au hasard. Les lettres effacées, peu nombreuses, sont facilement devinables par celles qui subsistent. La phrase la plus importante ὅρος Ῥωμαίων καὶ Βουλγάρων ἐπὶ Συμεών etc., est intacte. Seule, la date est difficile à déchiffrer. Mais elle avait peu d'importance, du moment qu'elle ne pouvait que se rapporter au règne de Siméon. Nul doute, d'ailleurs, que cette date ait, à dessein, été rendue illisible. En effet, que serait-il arrivé, si un fait historique imprévu, se rapportant à la même époque, venait à être découvert, démentant le libellé de l'inscription ? On laissa donc sagement aux savants le soin de préciser la date.

M. Ouspensky a pu, d'après ce qui reste des lettres, attribuer à l'inscription deux dates, celles de 904 et de 919 [1]. M. Ivanoff se borne à une seule, à l'année 904 [2], bien que cette opinion, au point de vue paléographique, soit la moins heureuse. En tout cas, que nous admettions comme exacte l'une ou l'autre de ces deux opinions, l'authenticité de l'inscription resterait toujours à prouver.

Plaçons-nous, d'abord, au point de vue historique. En 904, Siméon était en paix avec l'empire byzantin, conformément au traité conclu lors de l'incursion des Magyars

---

[1] Ouspensky, *op. cit.*
[2] Ivanoff, *op. cit.*

en Bulgarie (896), traité resté en vigueur jusqu'en 913, au moment où Siméon reprit la guerre contre Byzance [1]. M. Zlatarsky lui-même, dans l'atlas de Rizoff, ne mentionne aucune occupation de la Macédoine par Siméon avant l'an 913 [2]. Donc, si l'inscription est réellement de 904, elle est fausse par sa date même. Il en est de même pour l'année 919, l'autre date proposée. Siméon, en effet, avait, à cette époque, cessé d'être un simple *archonte* des Bulgares, puisqu'il s'était déjà conféré le titre de « Tsar et Empereur des Bulgares et des Grecs », à la suite de sa victoire près d'Anchialos, remportée en 917 [3]. Pourquoi ce titre alors ne figure-t-il pas sur l'inscription? De plus, sur toutes les inscriptions bulgares des VIIIe et IXe siècles, les Grecs sont toujours appelés Γραικοί. Siméon lui-même se fit appeler tsar et empereur des Bulgares et des Γραικοί. Pourquoi, sur l'inscription qui nous occupe, les Grecs sont-ils appelés exceptionnellement Ῥωμαῖοι? N'est-ce pas là une méprise des auteurs de ce faux?

Enfin, comment Siméon a-t-il eu l'idée de marquer par des pierres-frontières les nouvelles limites de son État, lui qui jamais n'avait manifesté le désir d'un agrandissement territorial? Comment, surtout, l'a-t-il fait sans avoir conclu avec Byzance un traité l'autorisant à prendre une pareille mesure? M. Zlatarsky lui-même nous dit, en effet, expressément, que jamais Siméon ne signa avec Byzance un traité lui reconnaissant ces prétendues conquêtes [4].

Ajoutons encore que la fabrication de ce faux n'est pas la seule à laquelle les Bulgares se soient livrés. Il y a quelques mois, étant de passage à Salonique, nous avons eu l'occasion d'apprendre la découverte à Ghevghéli d'anciennes fausses monnaies bulgares. D'autre part, une lettre

---

[1] Voir *supra*, p. 185 et 188.
[2] Rizoff, *op. cit.*, p. 11.
[3] Voir *supra*, p. 189-190.
[4] Voir Rizoff, *ibid*.

publiée par le journal *Patris* d'Athènes, jette une nouvelle lumière sur ces procédés bulgares. Voici cette lettre :

Monsieur le Rédacteur en chef,

A propos de la dépêche révélatrice que vous recevez de Salonique au sujet de la propagande bulgare, laquelle essaie de démontrer que la Macédoine Orientale est bulgare, je m'empresse de vous mettre au courant du fait caractéristique suivant : En 1912 et en 1913, à l'époque où les Bulgares occupaient la Thrace tout entière, je pus — me trouvant dans ce pays — voir de mes propres yeux nombre de camions chargés de plaques de dimensions et de formes diverses, portant des inscriptions bulgares, avec des dates anciennes. Selon l'aveu de plusieurs paysans de la région, les Bulgares enterrèrent secrètement ces plaques dans différents endroits, jusqu'à Examili même, à l'entrée de la presqu'île de Gallipoli, dans le but évident de les donner ensuite comme preuves attestant le caractère bulgare du pays. Par conséquent, ne soyez pas surpris par les prétendues découvertes de manuscrits des XVIIe et XVIIIe siècles, ou de je ne sais quoi encore dans le même genre.

Agréez, etc.
Athènes, le 8 octobre 1918.

(s.) N. Grammaticopoulos [1].

Ne connaissant pas le signataire de cette lettre nous ne pouvons répondre de l'exactitude des faits qu'il rapporte. Mais, pour ne pas faire allusion à l'inscription dont nous nous sommes occupé plus haut, il en devait évidemment ignorer l'existence. En ce cas il est difficile d'admettre qu'il ait pu inventer ce qu'il écrit dans sa lettre; qu'il ait pu deviner que les Bulgares avaient pensé à prouver leurs droits historiques sur la Macédoine, en y plaçant des pierres-frontières, comme on place des bornes dans un champ !

Depuis la mort de Siméon et l'avènement de son fils Pierre, l'État bulgare, fondé par Asparouch, tomba rapi-

---

[1] *Patris* d'Athènes du 9 octobre 1918 (n° 8798).

dement en décadence [1]. Pierre, suivant l'exemple de ses prédécesseurs, inaugura son règne par des incursions en Thrace et en Macédoine. Mais, à la nouvelle que l'empereur grec préparait une expédition contre lui, il s'empressa de demander la paix, qui fut ainsi conclue le 8 novembre 927. Voici comment ces faits sont relatés par un historien byzantin de l'époque, Siméon le Magistre : « A la nouvelle de la mort de Siméon, les peuplades voisines, Chrobates et autres, voulaient marcher contre les Bulgares. D'autre part, la famine et le fléau des sauterelles faisaient rage dans leur pays et les Bulgares redoutaient encore une attaque des Grecs; ils marchèrent donc sur la Romanie [2] et saccagèrent la Macédoine. Mais, en apprenant que le basileus s'avançait contre eux, ils ont aussitôt le souci de la paix, et dépêchent à cet effet auprès de lui un moine d'origine arménienne, nommé Kalokyris; celui-ci, reçu avec bienveillance par le basileus, lui confirma le désir qu'avaient les Bulgares de faire la paix et demanda à signer avec lui un traité; s'étant mis aussi d'accord pour donner comme épouse à Pierre la fille du basileus Christophe, Marie, ils écrivent à Pierre de venir » [3]. Le continuateur de Théophane nous fait un récit analogue : « Les peuplades voisines, Chrobates, Turcs et autres, ayant appris la mort de Siméon, préparaient une expédition contre les Bulgares. Ceux-ci, éprouvés par la famine, accompagnée du fléau des sauterelles, ne laissaient pas de craindre l'attaque de toutes ces peuplades, mais redoutaient surtout les Grecs. Après délibération, ils marchent contre les Grecs et gagnent la Macédoine, dans le but évident d'intimider les Grecs. Ensuite, ayant appris que le basileus Romain se préparait à marcher contre eux, Pierre et Georges dépêchent secrètement auprès de lui

---

[1] Cf. Rambaud : *Constantin Porphyrogénète*, p. 336.
[2] Nom donné à la Grèce byzantine.
[3] Siméon le Magistre, p. 740-741.

un moine, nommé Kalokyris, Arménien d'origine, porteur d'une chrysobulle. Celui-ci exposa la teneur de cette bulle, disant que les Bulgares désiraient la paix avec les Grecs et qu'ils étaient prêts non seulement à signer un traité de paix, mais encore, si les Grecs y consentaient, à préparer un projet de mariage » [1]. Georges Monachos et Cédrénus nous donnent la même version que les deux auteurs qui précèdent [2].

Que conclure de tous ces témoignages concordants des historiens byzantins, sinon que Siméon n'a pas laissé un pouce de territoire comme héritage à son fils, en dehors des anciennes frontières de la Bulgarie? Autrement, comment pourrait-on expliquer les incursions que ce dernier a faites en Thrace et en Macédoine, si ces pays, comme le prétendent M. Zlatarsky et ses compatriotes, faisaient à cette époque partie de son État? Et sur quels documents s'appuie M. Zlatarsky pour affirmer que la paix conclue par Pierre lui assurait l'annexion de ces contrées? Aucun des historiens byzantins qui se sont occupés de cette paix dans leurs écrits ne mentionne une semblable annexion. Bien au contraire, ceux-ci insistent sur le fait que Pierre, inquiet des préparatifs du basileus, se hâta de solliciter la paix. Dans ces conditions, comment aurait-il pu demander et obtenir l'annexion de régions si vastes et si chères aux Grecs? Ainsi, la carte « historique » n° IV de l'atlas de Rizoff [3], qui prétend présenter la Bulgarie telle qu'elle était à la mort de Siméon, est elle aussi imaginée de toutes pièces. Les limites de l'État bulgare, en effet, à cette époque, étaient bien les mêmes que sous le règne de Boris [4].

Mais si la paix conclue avec Byzance n'eut pas comme résultat l'agrandissement de la Bulgarie, du moins Pierre

---

[1] Théoph. contin., p. 412.
[2] Georges Monachos, p. 904; Cédrénus, II, p. 308. Cf. Rambaud: *Constantin Porphyrogénète*, p. 338 sq.
[3] Rizoff, *op. cit.*, p. 11-12.
[4] Voir *supra*, p. 171-172.

obtint un grand succès moral que son père Siméon avait vainement recherché : le premier parmi les princes bulgares, si détestés des Grecs, il épousa une princesse grecque, Marie, fille de Christophe, petite-fille de Romain Lécapène. La princesse Marie, devenue la femme de Pierre, reçut le nom d'Irène (Εἰρήνη), comme symbole de la paix que Pierre s'était engagé à maintenir [1]. Pierre, en effet, depuis ce moment, fut le plus pacifique de tous les souverains bulgares. Et, selon le continuateur de Théophane, Romain Lécapène, profitant de cette longue période de paix, « reconstruisit de très nombreuses villes de Macédoine et de Thrace, complètement détruites, et répara les dégâts des moins éprouvées » [2]. On reconnaîtra, disons-le en passant, qu'il n'aurait pu faire exécuter ces travaux, si la Macédoine et la Thrace n'avaient pas fait, comme on le prétend, partie de l'empire grec.

La paix ne fut troublée que lorsque le trône de Byzance fut occupé par l'empereur Nicéphore Phocas (963-969). Voici quelles furent les circonstances qui amenèrent ce basileus à prendre une nouvelle attitude vis-à-vis des Bulgares. Par le traité de 927, Pierre avait obtenu le paiement annuel d'une pension par la cour de Byzance. Il arrivait, en effet, souvent aux empereurs grecs de consentir de semblables largesses. Sachant que le motif des incursions bulgares était le butin, ils trouvaient que l'attribution d'une certaine somme d'argent était le moyen le plus efficace pour sauvegarder leurs provinces. Néanmoins, avec son caractère fier, Nicéphore Phocas ne pouvait tolérer qu'on payât tribut aux Bulgares, « à ces Scythes, comme il disait, à ce peuple de hideux mendiants »[3]. Donc, quand les envoyés de Pierre vinrent réclamer l'argent, l'empereur, se tournant vers eux, leur dit : « Allez-

---

[1] Le mot εἰρήνη signifie en grec *paix*.
[2] Théoph. contin., p. 431.
[3] Léon Diacre, p. 61. Cf. Songeon, p. 181.

vous-en et dites à votre prince, ce mangeur de cuirs, vêtu de peaux de bêtes, que le basileus très puissant et très grand des Grecs ira dans son pays pour lui régler, cette fois-ci, complètement son compte » [1]. S'étant mis, en effet, à la tête d'une armée, il arriva jusqu'au Balkan; la région au sud de cette montagne, la province de Zagora, rentra ainsi de nouveau en la possession de Byzance. Mais Nicéphore Phocas ne franchit pas le Balkan. Ayant à combattre en même temps les Sarrasins, ces terribles corsaires arabes, et les Allemands d'Othon Ier, il entra, par l'intermédiaire des Grecs de la Chersonèse taurique, en pourparlers avec les Russes et s'en remit à cette jeune race guerrière du soin de combattre les Bulgares.

Les Russes, mûs par l'espoir du butin, descendirent rapidement dans la péninsule balkanique, sous la conduite de leur tsar Sviatoslav. Ayant vaincu Pierre, ainsi que son successeur Boris II, ils occupèrent la Bulgarie, en l'an 970 [2]. Mais les Russes, trouvant que la Bulgarie était plus riche que leur propre pays, semblaient vouloir s'y établir définitivement, malgré les accords conclus. Bien plus, ils commençaient à franchir le Balkan et à envahir la Thrace. Ils prirent même la ville de Philippopoli où ils se livrèrent à des atrocités indescriptibles. Tous ces faits, surtout la prise de Philippopoli, cette grande ville grecque qui tombait pour la première fois aux mains de barbares, provoquèrent l'indignation et la colère des Byzantins. Ils décidèrent alors de faire la guerre pour chasser les Russes de la péninsule balkanique.

Cette tâche fut entreprise par l'empereur Jean Tzimiscès, qui venait de succéder à Nicéphore Phocas. S'étant mis en campagne contre les Russes, il les battit d'abord près d'Arcadioupolis (Lulé-Bourgas) et ensuite, après avoir franchi le Balkan, près de Preslav; enfin, les ayant vaincus

---

[1] Léon Diacre, p. 62. Cf. Songeon, *ibid.* et G. Schlumberger : *Nicéphore Phocas*, p. 554.

[2] Léon Diacre, p. 77 sq. Cédrénus, II, p. 372.

une troisième fois près de Silistrie, il les força à repasser le Danube (971) [1]. La Bulgarie fut alors occupée par les Grecs et, comme autrefois sous le nom de Mésie Inférieure, devint une province de l'Empire byzantin, administrée par un général [2]. Le patriarcat bulgare [3] fut aboli et tous les évêchés de la Bulgarie furent subordonnés au chef de l'Église de Constantinople. Tzimiscès fit une entrée triomphale dans sa capitale; Boris II suivait à pied derrière lui [4].

Si nous admettions les théories émises par certains auteurs serbes et roumains, nous devrions arrêter ici l'historique des incursions bulgares tant en Macédoine que dans les autres provinces de l'Empire grec. En effet, d'après ces théories, la Bulgarie, soumise au xe siècle par Jean Tzimiscès, après une existence indépendante de trois siècles en tout, ne put reconquérir son indépendance qu'au cours du xixe siècle, lorsque fut créée la principauté bulgare par le traité de Berlin (1878). Les Serbes, parlant du soi-disant État des Chichmanides, surtout de l' « État » de Samuel, en Macédoine et dans les provinces occidentales en général de l'Empire grec, disent qu'il faut voir dans cet « État » le résultat d'une simple poussée des Slaves de Macédoine [5]. Quant à l'empire que les Assenides rétablirent, deux siècles plus tard, sur les ruines de l'ancien État d'Asparouch, les Roumains le considèrent comme un empire valaque [6]; en effet, une grande partie de sa population, comme nous le verrons, était composée d'éléments fraîchement installés dans le pays, désignés par le nom générique de Valaques; la dynastie elle-même était d'origine valaque.

---

[1] Cf. G. Schlumberger : *Jean Tzimiscès*, p. 100 sq. et 112 sq.
[2] Cécauménos, p. 72.
[3] Voir *supra*, p. 190.
[4] Cf. G. Schlumberger, *op. cit.*, p. 176-177.
[5] Voir Georgevitch : *Macedonia*, p. 25.
[6] Voir Al. Xénopol : *Histoire de la Grande Valachie* (en roumain), Bucarest, 1883.

Nous croyons toutefois que ces théories sont un peu trop téméraires. Chichman, le père de Samuel, était, comme nous le verrons plus loin, un boyard bulgare, originaire même de Tirnovo. Son origine bulgare est attestée par les historiens byzantins Cédrénus et Zonaras[1]. Samuel, d'autre part, après avoir envahi la Macédoine, attira à lui, il est vrai, quelques éléments indigènes, slaves et grecs. Mais les Bulgares qu'il avait amenés avec lui en Macédoine, constituaient toujours sa force principale. En outre, si les Assenides étaient réellement des Valaques, il n'en est pas moins vrai que c'est le territoire de la vieille Bulgarie qui fut aussi le territoire de leur empire; par conséquent, si parmi leurs sujets figuraient de nombreux Valaques, qui s'étaient installés dans le pays, néanmoins les vieilles populations bulgares en constituaient forcément l'élément principal.

Dans ces conditions, si, nous autorisant des opinions serbes et roumaines citées ci-dessus, nous nous refusions à prendre en considération les titres historiques revendiqués ultérieurement par les Bulgares sur la Macédoine, nous aurions l'air de vouloir fuir la discussion. Donc, nous procédons à l'examen aussi de ces titres, en partant de ce point — considéré par nous comme acquis — que Samuel était un Bulgare et que l'État des Assenides était plutôt bulgare que valaque. Il nous est d'autant plus loisible de l'admettre, que l'histoire de l'empire des Assenides, pas plus que l'histoire de l'État d'Asparouch, ne donne aux Bulgares le droit de regarder la Macédoine comme une partie de leur patrimoine national.

---

[1] Voir *infra*, p. 206.

III. L'Invasion de Samuel.

« Les Bulgares, nous dit Cédrénus, s'étant révoltés aussitôt après la mort du basileus Jean, mirent à leur tête quatre frères, David, Moïse, Aaron et Samuel, lesquels, étant les fils d'un de ces *comites* (comtes) qui s'étaient distingués chez les Bulgares par leurs exploits, étaient appelés pour cette raison Comitopouli (Κομιτόπουλοι) »[1]. Zonaras nous dit de son côté : « Il y eut de nouveau de l'agitation en Bulgarie; car, apprenant la mort de Tzimiscès, les Bulgares remirent le pouvoir aux mains de quatre frères, David, Moïse, Aaron et Samuel, appelés Comitopouli, du fait qu'ils étaient les fils d'un de ces seigneurs bulgares qui s'appelaient *comites* »[2].

Ne résulte-t-il pas nettement des témoignages de ces deux historiens byzantins, que les quatre frères en question étaient les fils d'un de ces chefs bulgares appelés *comites*, ou boyards, et qu'ils furent placés à la tête d'une révolution proclamée par les Bulgares aussitôt après la mort du basileus Jean Tzimiscès, c'est-à-dire en 976? Or, malgré ces témoignages formels, l'historien bulgare Drinow n'hésita pas à émettre, dans un livre paru en 1876 à Moscou[3], ce foyer du panslavisme, une opinion toute contraire. D'après cette théorie le père des quatre frères en question, nommé Chichman, aurait, après s'être révolté contre le roi Pierre, fondé un second État bulgare, comprenant la Bulgarie occidentale, l'Albanie et la partie de la Macé-

---

[1] Cédrénus, II, p. 434.
[2] Zonaras (éd. Teubner), XVII, 6.
[3] Drinow : *Les Slaves méridionaux et Byzance au Xe siècle*. Comptes rendus de la Société d'histoire et d'archéologie de Moscou pour 1875 (en russe), Moscou, 1876.

doinc située entre ces deux contrées. Cette « Bulgarie occidentale », ayant échappé à la domination des Russes et ensuite des Grecs — lesquels se seraient bornés à occuper la « Bulgarie orientale » de Pierre et de Boris II — aurait passé, par droit de succession, aux quatre fils de Chichman et, spécialement, à l'aîné David; à David aurait succédé en 977 son cadet Samuel, qui serait parvenu à agrandir considérablement son État en annexant : au nord, le pays serbe; à l'est, la Bulgarie orientale jusqu'à la Mer Noire; au sud, la Macédoine et, en partie, l'Épire et la Thessalie [1].

La thèse soutenue par l'historien bulgare était de nature à causer la plus vive satisfaction aux Bulgares, qui n'ont cessé, depuis lors, de parler d'un *Empire bulgare d'Occident* et d'un *Empire bulgare d'Orient*. Ces deux termes magiques donnaient l'illusion que l'ancien État bulgare était quelque chose qui ressemblait à l'Empire romain, lequel, comme on sait, avait été divisé en Empire romain d'Occident et en Empire romain d'Orient. En outre, la Macédoine constituait, de cette façon, le centre d'un empire bulgare, celui d'Occident, ce qui n'était pas pour déplaire aux patriotes de Sophia. Mais ce qui est étrange, c'est que certains historiens distingués se soient laissé prendre à cette thèse. Nous citerons notamment l'éminent byzantiniste M. G. Schlumberger, qui, dans son enthousiasme pour tout progrès accompli dans les recherches de l'histoire médiévale de l'Orient, se hâta d'adopter, sans contrôle, la théorie séduisante de l'historien bulgare, qu'il prend, soit dit en passant, pour « un savant écrivain *russe* [2] ».

En réalité, la théorie de Drinow s'écarte beaucoup de la vérité. Cette théorie a eu pour base principale, sinon unique, un point d'interrogation : Que sont devenus les

---

[1] Cet État imaginaire de Samuel figure dans la carte « historique » n° V de l'atlas de Rizoff (p. 13-14).
[2] G. Schlumberger : *Jean Tzimiscès*, p. 179. La nationalité bulgare de Drinow est confirmée par Jireček dans la préface de sa *Geschichte der Bulgaren*.

territoires « conquis » par Siméon et « annexés » dans la suite par son fils Pierre à son empire? Drinow en arriva à l'histoire de l'État de Chichman. Mais, comme nous l'avons déjà démontré, jamais Siméon n'a essayé de faire ni même pensé à faire des conquêtes dans l'empire grec et jamais Pierre n'annexa ni ne put annexer des territoires dus aux conquêtes imaginaires de son père. Ainsi toute la théorie s'écroule rien que par l'inexactitude des théories sur les conquêtes de Siméon et les annexions de Pierre, dont elle découle. Mais, même si on l'examine indépendamment de ces théories, elle ne peut non plus se soutenir; non seulement elle ne repose sur aucun document historique, mais elle est encore démentie par les témoignages des historiens les plus autorisés. Si, en effet, Chichman avait, depuis 963, fondé un nouvel État bulgare, lequel, ayant échappé à la domination des Russes et puis des Grecs, aurait passé comme héritage à ses quatre fils, comment expliquer que les historiens byzantins, Cédrénus et Zonaras, ne font aucune mention d'un fait aussi important, alors que, précisément, ils ont à s'occuper, dans les passages précités, de ces quatre fils de Chichman? Pourquoi les appellent-ils tout simplement fils d'un *comite* ou boyard bulgare? Pourquoi, encore, se bornent-ils à dire, simplement, que les fils de Chichman furent proclamés chefs d'un mouvement révolutionnaire tenté par les Bulgares après la mort de Jean Tzimiscès, en 976? Les témoignages concordants de ces deux historiens byzantins n'excluent-ils pas complètement l'hypothèse de la préexistence d'un second État bulgare créé par Chichman et dévolu à ses quatre fils? D'ailleurs, il n'est nullement question de cet État dans les ouvrages des autres historiens byzantins, même dans ceux des historiens de l'époque, tels que Siméon le Magistre et Léon Diacre, lequel, pourtant, a raconté en détail les expéditions des Russes et de Jean Tzimiscès en Bulgarie. Tout au contraire, au lieu de faire allusion à cet État, ces historiens parlent de bataillons et de généraux macédoniens combattant dans les régions du nord pour repousser les incursions des Hongrois. Ces informations des historiens grecs concordent du reste avec des informations slaves, citées par M. G. Schlumberger lui-même et attestant l'arrivée des troupes de Jean Tzimiscès dans la région appelée par la suite Novi-Bazar et dans la Serbie [1]. Comment ces faits auraient-ils pu avoir lieu si, entre les régions septentrionales précitées et l'Empire grec s'interposait l'empire de Chichman, lequel devait s'étendre depuis la Bulgarie orientale jusqu'à l'Adriatique ? Tout cela ne prouve-t-il pas d'une façon péremptoire l'inexistence de l'État de Chichman ? Disons enfin que Jean Tzimiscès, ce grand homme de guerre qui avait étendu en Asie les limites de son empire jusqu'à Damas et fait de la Bulgarie une province byzantine, n'aurait certes pas toléré le développement d'un nouvel État bulgare, qui aurait ainsi porté une grave atteinte à sa souveraineté et diminué singulièrement son prestige.

Aussi l'« État bulgare d'Occident » de Chichman n'a-t-il jamais existé que dans l'imagination de l'historien bulgare Drinow. La vérité, ou du moins ce qui paraît s'en rapprocher le plus, se réduit à des points rudimentaires, admis, d'ailleurs, par M. G. Schlumberger lui-même, dans un autre de ses ouvrages [2] : Chichman, ayant réuni autour de lui, en Bulgarie, tous les éléments remuants du pays, tous les mécontents privés des bénéfices du butin, par suite de la politique pacifique de Pierre, se révolta contre lui et occupa Sophia. Ce mouvement, qui se serait produit en 963, date que les historiens bulgares attribuent à la fondation du prétendu État de Chichman [3], fut sans doute, dans la suite, étouffé, et les Bulgares qui

---

[1] G. Schlumberger : *Jean Tzimiscès*, p. 603, n. 1.
[2] G. Schlumberger : *Nicéphore Phocas*, p. 572.
[3] Cf. aussi Songeon, p. 169 et 197.

y avaient participé, comme aussi ceux qui étaient restés fidèles à Pierre et à Boris II, finirent par se soumettre à Jean Tzimiscès. S'il n'en était pas ainsi, ils ne se seraient pas de nouveau révoltés à la mort de cet empereur sous la conduite des quatre fils de Chichman, ainsi que cela est dit aux passages précités de Cédrénus et de Zonaras [1].

L'année suivante, les quatre frères entreprirent une incursion en Macédoine, au cours de laquelle Samuel resta seul chef des Bulgares. David, qui, en sa qualité d'aîné, était le véritable chef du mouvement (les historiens bulgares disent qu'il avait succédé à son père depuis la mort de celui-ci, en 969), aurait été tué à Calai Drys située entre Castoria et Prespa; ou bien encore, pris soudain de zèle religieux, il se serait réfugié dans un monastère de Mogléna. Moïse périt pendant un assaut malheureux contre Serrès; quant à Aaron, il fut assassiné par Samuel lui-même, à cause de son caractère autoritaire ou de ses tendances philhellènes [2].

On ne saurait écarter l'hypothèse d'après laquelle les quatre frères, ou bien encore leur père Chichman, qui n'avait réussi à constituer un parti qu'en faisant miroiter l'espoir du butin, auraient pu se livrer antérieurement à d'autres incursions dans des provinces grecques, en profitant des guerres soutenues par Nicéphore Phocas contre les Sarrasins et contre les Allemands d'Othon le Grand. C'est peut-être aux Chichmanides et à leurs Bulgares que fait allusion le continuateur de Théophane en parlant de ces « Scythes » qui pénétrèrent dans les pays grecs « par la vallée du Strymon » et s'y livrèrent au pillage [3]. Mais ces incursions démontrent, bien entendu, tout autre chose que l'existence d'un « État bulgare d'Occident » englobant les contrées dévastées.

---

[1] Voir *supra*, p. 206.
[2] Cédrénus. II, p. 435. — Zonaras, XVII, 6.
[3] Théoph. contin. p. 420.

Ceci est d'autant plus vrai que les témoignages des historiens byzantins nous représentent Samuel lui-même comme un simple envahisseur ; il profita des divisions intestines de Byzance, dues à la révolte de Bardas Skléros, pour envahir et dévaster les provinces occidentales de l'Empire grec, lesquelles, aux dires des historiens bulgares, auraient constitué son propre État [1]. Voici, en effet, ce qu'écrit Cédrénus au sujet de Samuel : « Étant d'un caractère guerrier et ne pouvant jamais se tenir en place, il profita de ce que les troupes grecques étaient occupées à combattre Skléros pour envahir toute la partie occidentale de l'empire, non seulement la Thrace, la Macédoine et les environs de Thessalonique, mais aussi la Thessalie, la Grèce et le Péloponèse » [2]. Voici encore ce qu'écrit Zonaras : « En Bulgarie le pouvoir passa au seul Samuel, qui profita de ce que les troupes grecques étaient immobilisées par la guerre civile pour envahir toutes les régions occidentales de l'Empire grec ; il ne se contentait pas seulement de les piller, mais encore il usurpait l'autorité ($\pi\epsilon\rho\iota\pi\text{οιούμενος}$ $\dot{\epsilon}\alpha\upsilon\tau\tilde{\omega}$) sur ces régions et ces villes » [3]. Le même auteur, en faisant allusion à l'empereur Basile II, appelé plus tard « Tueur de Bulgares », nous dit ensuite : « Donc, après avoir dompté, ainsi que nous l'apprend l'histoire, la révolte de Skléros, le basileus, brûlant du désir de repousser le barbare, résolut de prendre lui-même le commandement de l'expédition » [3]. Voilà quels sont les témoignages des auteurs byzantins au sujet de Samuel. Ainsi que nous le disions plus haut, ne le représentent-ils pas comme un envahisseur, comme un envahisseur redoutable, il est vrai, le plus dangereux peut-être des envahisseurs bulgares, mais rien, en somme, que comme un envahisseur? Ne le fut-il pas au début

---

[1] Cf. Songeon, p. 199-200.
[2] Cédrénus, II, p. 435-436. Selon des renseignements plus précis, il ne semble pas que Samuel ait poussé jusqu'au Péloponèse. Voir *infra*, p. 217.
[3] Zonaras, XVII, 6.

de sa carrière, ne le fut-il pas jusqu'au moment même où Basile II, le Tueur de Bulgares, s'étant débarrassé de Bardas Skléros, put marcher contre le « barbare »?

Les historiens bulgares croient être très habiles en nous disant que Samuel, s'étant adressé à Rome, comme autrefois Boris 1er et après lui Siméon, obtint du pape la reconnaissance du titre de tsar et d'empereur des Bulgares et des Grecs, titre pris pour la première fois par Siméon. Ils veulent voir dans ce fait la légitimation de l'occupation de la Macédoine par Samuel. Disons d'abord que cette reconnaissance du pape, inspirée uniquement par l'éternel antagonisme des églises romaine et grecque, ne peut avoir aucune valeur au point de vue ethnique, d'autant moins que dans le titre reconnu figurent également les Grecs. L'acceptation du Saint-Siège ne suffit pas, de quelque biais qu'on la prenne, à faire de l'envahisseur d'un pays étranger, comme nous représentent Samuel les témoignages de l'époque, le libérateur et le souverain légitime de ce pays, suivant la volonté des historiens bulgares de nos jours. Si vraiment les Slaves macédoniens étaient, comme ceux-ci le prétendent, de la même race que les Bulgares, s'ils voyaient dans les Bulgares leurs libérateurs du « joug byzantin », comment expliquer alors que les souverains qui se succédèrent sur le trône de Bulgarie jusqu'à Kroum ne se soient-ils jamais portés au secours de leurs « frères opprimés »? Pourquoi, tout au contraire, leur ont-ils toujours tourné le dos en dirigeant uniquement en Thrace tout leur effort militaire? Comment expliquer aussi que Kroum et ses successeurs, ayant envahi la Macédoine, se soient contentés d'y semer la mort, sans essayer ni même penser à en délivrer les populations slaves? Il leur a donc fallu attendre trois siècles depuis la fondation de l'État bulgare, pour que Samuel vînt tout à coup découvrir ces populations « de même race » et entreprendre de les libérer du « joug byzantin »?

Toutes ces considérations ne font que donner raison aux historiens byzantins. Samuel ne pénétra en Macédoine que pour l'envahir; il s'y conduisit comme un envahisseur et c'est comme envahisseur qu'il en fut chassé. S'il préféra envahir la Macédoine plutôt qu'une autre province de l'Empire grec, ce sont de simples raisons géographiques qui déterminèrent ce choix. Jusqu'à l'époque de Kroum, les envahisseurs bulgares choisissaient comme théâtre de leurs incursions la Thrace, parce que, de toutes les provinces grecques, c'est la Thrace qui était la plus proche de leur base d'opérations. Depuis que Kroum parvint à s'emparer de Sophia, dont la région était voisine de la Macédoine, cette province eut à subir comme la Thrace les incursions des Bulgares. Sophia fut, plus tard, le centre unique des Chichmanides, le reste de la Bulgarie étant sous le pouvoir de Pierre et de Boris d'abord, sous la domination des Grecs ensuite; les Chichmanides ne pouvaient donc envahir que la Macédoine et, en général, la partie occidentale de l'Empire grec « par la vallée du Strymon », comme le précise le continuateur de Théophane [1]. Quant au fait que Samuel, au lieu de s'établir en Bulgarie, préféra se fixer en Macédoine, il ne doit point nous surprendre; la Bulgarie, excepté ses régions de l'ouest (Sophia, Vidin), ne cessa jamais d'être sous la domination de l'empire byzantin, et Sophia, le principal centre des Chichmanides, en Bulgarie, se trouvait trop exposée à la menace grecque. N'est-ce pas sur Sophia que l'empereur Basile II se porta de préférence pour attaquer Samuel dans son propre pays [2]? Il est vrai que, suivant la prétention de quelques historiens bulgares, Samuel aurait, dans la suite, annexé à son empire toute la Bulgarie orientale jusqu'à la Mer Noire. Mais aucun témoignage catégorique ne vient justifier cette assertion; elle est même

---

[1] Voir *supra*, p. 210.
[2] Voir *infra*, p. 216 et 217.

inadmissible, lorsqu'on étudie de près l'histoire des expéditions de Basile II contre Samuel. Non seulement Basile II dirigea toujours ses efforts, en premier lieu, sur Sophia, ce qu'il n'aurait certes pas fait avec la menace, sur ses flancs, d'une Bulgarie indépendante, mais, comme nous le verrons plus loin, il se rendit maître de la Bulgarie tout entière par la seule prise de Preslav et de Pliska, places fortes situées dans l'ouest, et, finalement, de Vidin, situé également dans l'ouest, sur le Danube [1]. Aucun témoignage ne mentionne une expédition quelconque de Basile II, ou de ses généraux, dans la partie orientale de la Bulgarie, pour la raison bien simple que la Bulgarie orientale, depuis la conquête de Tzimiscès, n'a jamais cessé de faire partie intégrante de l'Empire grec. Ce fait est d'ailleurs reconnu par un professeur bulgare, M. Ischirkoff [2].

Samuel était sans doute un habile homme de guerre, comme nous l'atteste Cédrénus, et, à en juger par le seul fait qu'il a su entraîner avec lui jusqu'au parti puissant et peu soumis des Bogomiles [3], ses troupes bulgares devaient être fort nombreuses. Nous admettons cependant que, pourvu d'esprit politique — son entente avec les Bogomiles en témoigne — il chercha à se procurer un appui parmi les éléments indigènes et que, soit en prodiguant des faveurs, soit en employant la terreur, soit enfin en appliquant le recrutement militaire — comme à Larissa [4] — il parvint à rallier à sa cause certaines portions slaves et grecques [5]. Mais le fait que même des Grecs firent cause commune avec Samuel, enlève toute signification ethnique au geste des fractions de la population slave, qui s'allièrent également avec lui, fût-ce à ne considérer

---

[1] Voir *infra*, p. 217.
[2] Ischirkoff : *Les confins occidentaux des terres bulgares*, p. 26.
[3] Cf. Songeon, p. 171 sq.
[4] Voir *infra*, p. 216.
[5] Cf. Jireček: *Geschichte der Serben*, p. 204. Gfrörer : *Byzantinische Geschichte*, II, p. 640. Foord : *The Byzantine Empire*, p. 283.

ce geste que comme spontané. D'ailleurs la proportion fut minime; la majeure partie de la population slave se montra, en effet, hostile à Samuel. C'est là une vérité reconnue — avec, il est vrai, beaucoup de mélancolie — par le Père Songeon lui-même, lorsque, en parlant des pays qui auraient fait partie de la « Bulgarie occidentale », il ajoute ce qui suit : « Malheureusement, cet ensemble ne formait pas à proprement parler une monarchie, mais une agglomération de petites principautés *slaves et bulgares* (bien entendu, l'auteur ne fait aucune mention des Grecs). La noblesse territoriale qui gouvernait ces cantons, alliait à sa haine de Byzance *la haine du pouvoir royal. En ne voulant pas de chef suprême*, elle se condamnait à ne jamais vaincre. *Si elle s'était docilement soumise à son tsar* (!), les Byzantins n'auraient jamais pu venir à bout de cette *Bulgarie*. Malgré l'*hostilité* des grands propriétaires terriens, Samuel n'hésita pas à assumer la direction des destinées bulgares, etc., etc. »[1]

Mais l'hostilité des éléments autochtones envers Samuel et le vrai caractère de toute son entreprise ressortent également de certains faits qui nous montrent le peu de solidité de sa situation en Macédoine. En effet, l'historique des expéditions que le général Nicéphore Ouranos et Basile II entreprirent plus tard contre Samuel, nous apprend que ce dernier n'avait pu se tenir en Macédoine que dans quelques places fortes. Comme nous le verrons plus loin, Nicéphore Ouranos alla attaquer Samuel, en 996, aux bords du Sperchios, en Phthiotide, traversant la Macédoine et la Thessalie sans être inquiété par personne. En 1002, la prise par Basile II rien que de trois villes macédoniennes le rendit maître incontesté de la Macédoine presque tout entière. D'autre part, il semble que les villes conquises par Samuel ne se rendirent qu'après une vive résistance des habitants, les troupes impériales étant occupées

---

[1] Songeon, p. 200.

à étouffer la révolte de Skléros. Samuel ne prit, en effet, Verria qu'en 989 [1]; Salonique ainsi que toute la Macédoine orientale, ne tombèrent jamais sous son pouvoir. L'atlas de Rizoff lui-même en fait foi [2]. Les fréquents changements de la résidence de Samuel en Macédoine ne sont pas moins caractéristiques. Il quitte Sophia pour s'établir à Mogléna, ensuite à Vodéna ; il se fixe plus tard à Prespa, puis à Achride. Les historiens bulgares se plaisent à voir dans ces changements des « capitales » successives. Ne devrait-on pas plutôt voir dans ces déplacements successifs des changements de lieux de commandement, pour ne pas dire de repaires de chef de bandes, imposés par les hasards de la guerre ? Enfin, les excès commis par Samuel et qui justifièrent les représailles de Basile II, ne démontrent-elles pas que ce chef bulgare ne se considérait pas du tout comme chez lui ? Quoi qu'il en soit, l' « État » ambulant de Samuel fut un État mort-né. Dès que Basile eut les mains libres et put se tourner contre lui, il le fit disparaître à jamais.

Basile entreprit une première expédition contre Samuel en 986. Cette année-là, Samuel avait ravagé la Thessalie et était même parvenu à prendre Larissa par la famine. Il avait saccagé la ville et emporté un énorme butin ; il avait encore incorporé dans son armée les habitants, tous Grecs [3]. Basile, qui avait étouffé entre-temps la révolte de Skléros, « brûlant du désir de repousser le barbare », selon le mot de Zonaras [4], marcha sur Sophia ; il le fit avec trop de hâte, à la nouvelle de la prise de Larissa, avant même d'avoir achevé ses préparatifs [5]. Cette expédition hâtive ne pouvait être couronnée de succès. Basile dut se retirer. D'autres luttes l'appelaient du reste en Asie.

---

[1] G. Schlumberger : *Basile II le Tueur des Bulgares*, p. 45.
[2] Rizoff, *op. cit.*, carte X, p. 14.
[3] Cécauménos, *Stratégicon*, p. 66. Cf. G. Schlumberger : *Jean Tzimiscès*, p. 618 sq.
[4] Voir *supra*, p. 211.
[5] G. Schlumberger, *op. cit.*, p. 661.

Cette circonstance enhardit Samuel qui continua ses entreprises. Il prit Dyrrachium, et malgré les assertions de M. Zlatarsky et de ses compatriotes [1], ce fut alors la première fois que les Bulgares connurent l'Adriatique. En 989, il occupa, nous l'avons dit, Verria; en 996, se portant vers le sud, il traversa de nouveau la Thessalie; il se dirigeait sur le Péloponèse. Mais, alors, pendant qu'il campait près du fleuve Sperchios, en Phthiotide, le stratège Nicéphore Ouranos, envoyé à sa poursuite par Basile II, se précipita sur son camp et dispersa ses troupes. Samuel et son fils, blessés, arrivent à peine à trouver un refuge sur les montagnes. Les richesses saisies par Nicéphore Ouranos dans le camp de Samuel, montrent suffisamment quel était le but des campagnes du chef bulgare [2].

Depuis cette défaite, la puissance de Samuel décroît rapidement. Cette même année, ou au commencement de 997, la flotte grecque reprit Dyrrachium; ainsi se termina la courte apparition des Bulgares sur l'Adriatique. En l'an 1000 ou 1001, Basile II intervint de nouveau, en personne, dans la lutte. « Il fit irruption en Bulgarie, par Philippopoli », nous dit Cédrénus, et détruisit « plusieurs forts de Triaditza (Sophia) » [3]. Peu après « le basileus, ayant envoyé une puissante armée contre les forteresses bulgares situées au delà de l'Hémus », se rendit maître de Preslav et de Pliska [4]. Il soumit ainsi facilement de nouveau la partie occidentale de la Bulgarie qui se trouvait sous le pouvoir de Samuel, sauf Vidin, sur le Danube, dont il ne se rendit maître qu'après un long siège, en 1002 [5]. Puis, Basile descendit par la vallée de la Morava à Uskub; il y rencontra Samuel et le battit [6]. Il entra, presque immédiatement,

---

[1] Voir *supra*, p. 183.
[2] Cédrenus, II, p. 450. Cf. Jireček : *Geschichte der Bulgaren*, p. 194. G. Schlumberger : *Basile II le Tueur des Bulgares*, p. 136.
[3] Cédrénus, II, p. 452.
[4] Cédrénus, *ibid.*
[5] Cédrénus, II, p. 454. Cf. *supra*, p. 214.
[6] Cédrénus, II, p. 452 et 454.

en Macédoine, accueilli partout en libérateur; il reprit les villes fortifiées de Verria, de Servia et, enfin, de Vodéna, capturant les garnisons bulgares [1]. Ainsi, à l'exception de quelques points perdus dans les montagnes du nord-ouest de la Macédoine, celle-ci redevint province grecque, après une occupation partielle par les Bulgares qui dura seulement quelques années.

Samuel conservait encore le gros de ses forces. Il put même entreprendre une incursion contre Andrinople, le jour de la fête de l'Assomption, dans le but principal de faire une diversion à l'avance de Basile en Macédoine [2]. Cette incursion, qui fut la dernière tentée par Samuel, lui rapporta un riche butin [3]; mais elle manqua son but principal, car elle ne servit qu'à augmenter le ressentiment et l'activité de Basile II. « De 1003 à 1014, Basile II, dit le Père Songeon, bravant les plus terribles fatigues, harcelait sans répit le conquérant et le refoulait peu à peu derrière le Vardar. Le tsar tenait les hauteurs, évitait toute bataille rangée, et était obligé de se borner à tendre des embûches aux *envahisseurs* (le Père Songeon entend par là... les Grecs!) ou à barricader les défilés » [4].

« C'est devant une de ces passes fortifiées, poursuit le Père Songeon (appelée, ajoutons-nous, *Clidion* = clef), sur la route de Serrès à Melnik (Méléniko), que se présenta, en 1014, l'armée de Basile II. Les Bulgares, disséminés sur les pentes, couvraient de flèches les assaillants ou faisaient rouler au fond de la gorge d'énormes rocs qui réduisaient en bouillie hommes et chevaux » [5]. L'Empereur songeait à se retirer, affirme ensuite le Père Songeon, mais Nicéphore Xiphias, stratège du thème de Macédoine, avec

---

[1] Cédrénus, II, p. 452-453. Cette information que nous donne Cédrénus détruit une assertion du Père Songeon (p. 207), selon laquelle les Grecs ne reprirent Vodéna qu'en 1016.
[2] Cédrénus, II, p. 454-455.
[3] Cédrénus, *ibid.*
[4] Songeon, p. 206.
[5] Songeon, *ibid.*

un millier de soldats, Macédoniens naturellement, réussit à contourner le mont Belech (l'ancien Cerciné) et à attaquer les Bulgares par derrière. Ce fut une débâcle. Samuel, à peine sauvé par son fils, courut s'enfermer dans la citadelle de Prilapos. Mais quinze mille de ses soldats tombèrent entre les mains de Basile [1].

Basile, rapporte-t-on, fit crever les yeux à ces prisonniers et les renvoya à Samuel, qui, épouvanté devant un tel spectacle, en mourut deux jours après (15 septembre 1014) [2]. Si cette atrocité est vraie, elle ternit à coup sûr l'éclat du règne de Basile II, par ailleurs si glorieux. Toutefois cet acte ne doit pas être jugé isolément, et l'on conviendra que le cas de Basile se trouve considérablement atténué, dès qu'on se rappelle les atrocités auxquelles se livrèrent à diverses époques, tant sur les prisonniers grecs que sur les populations sans défense, les envahisseurs bulgares, en particulier Kroum et Siméon, dont nous avons déjà mentionné certains exploits [3], comme Samuel lui-même. D'ailleurs, Basile n'agit de la sorte que sous l'empire de la colère; il se comporta, dans la suite, avec bienveillance envers la famille de Samuel; et son administration en Bulgarie fut paternelle, ainsi que cela résulte des renseignements détaillés que nous en donne Cédrénus [4]. Le Père Songeon lui-même, après nous avoir entretenus de la Bulgarie pendant l'occupation byzantine, en arrive à cette conclusion : « Bref, la domination de Basile II ne fut pas tyrannique » [5].

Après le désastre de Klidion et la mort de Samuel, les débris de son armée se réfugièrent à Achride, qui fut bientôt le seul point d'appui des Bulgares. Là, se rendant

---

[1] Cédrénus, II, p. 457-458. Cf. G. Schlumberger : *Basile II le Tueur des Bulgares*, p. 338; Songeon, *ibid*.
[2] Cédrénus, II, p. 458.
[3] Voir *supra*, p. 165 sq., 184, 191, etc.
[4] Cédrénus, II, p. 530.
[5] Songeon, p. 209-210.

compte qu'il était inutile de continuer la lutte, les Bulgares décidèrent d'entamer des pourparlers avec Basile en vue de leur reddition. Basile entra en triomphateur dans Achride en l'an 1018. Il y trouva l'immense butin rapporté des incursions de Samuel [1], ainsi que la famille de ce dernier, envers laquelle, nous l'avons déjà noté, il se montra bienveillant et généreux [2].

Basile, ayant laissé à Achride un de ses généraux, Daphnomilis, alla visiter les provinces qui avaient souffert des incursions de Samuel et apporter des secours à leurs habitants. Puis, il poussa jusqu'à Athènes, où il fit célébrer des actions de grâces dans le sanctuaire de la sainte Vierge, au Parthénon. Il demeura à Athènes jusqu'à la fin de l'hiver [3]. Il partit ensuite pour Constantinople à bord d'un de ses vaisseaux de guerre, escorté de toute la flotte grecque. Il débarqua près de la Porte d'or et, portant une couronne, il fit une entrée triomphale dans la capitale de l'hellénisme. Le cortège était précédé par la famille de Samuel et par les boyards capturés. Le peuple, en acclamant le basileus, l'appelait *Bulgaroctone*, « Tueur de Bulgares ».

Voilà toute l'histoire de la « Bulgarie occidentale ». Elle n'a servi qu'à accroître la gloire de Basile, le Tueur des Bulgares. Loin de donner aux patriotes de Sophia des droits sur la Macédoine, il a contribué à renforcer l'hellénisme, lequel, à l'approche du péril barbare, rebondit encore une fois et regagna ses anciennes frontières. « Après une longue interruption, depuis le VIIe siècle, dit Jireček dans son histoire des Serbes, le Danube, à partir de la Mer Noire jusqu'au confluent de la Save, constituait de nouveau la frontière nord de l'Empire byzantin, dont l'influence était

---

[1] Cf. Jireček : *Geschichte der Bulgaren*, p. 199.
[2] Cf. Songeon, p. 207-208.
[3] Cédrénus, II, p. 475. Cf. G. Schlumberger : *Basile II le Tueur des Bulgares*, p. 397 sq.

remarquable même en Hongrie » [1]. Le même auteur nous dit encore dans son histoire des Bulgares : « L'Empire byzantin allait de l'Istrie jusqu'à l'Euphrate, de la Drave jusqu'à Chypre; les princes serbes eux-mêmes, ainsi que le roi des Croates Krjesimir II durent se soumettre à la domination grecque; même à Syrmion siégeaient des stratèges byzantins » [2]. Et ce furent là, ô Bulgares, les frontières d'une occupation longue et bienfaisante, et non point des limites d'incursions éphémères et destructives.

Mais Basile II ne fut pas seulement un grand stratège; il fut également un politique avisé. Il ne se contenta pas de se rendre de nouveau maître de la Macédoine ; il eut encore soin d'épurer le pays de tous les éléments non grecs qui y avaient pénétré avec Samuel, ou qui avaient simplement fait preuve d'hostilité à l'égard de l'administration byzantine. « Quelques années plus tard, dit l'historien byzantin Nicéphore Grégoras, l'empereur Basile le Bulgaroctone réussit, après de nombreux combats, à battre les Bulgares et à les soumettre; ceux d'entre eux qui étaient restés dans le pays, il les fit déporter en Mésie Inférieure, près du Danube (c'est-à-dire en Bulgarie); leur nom seul est resté comme un vestige dans la titulature de l'archevêché » [3]. En dehors des Bulgares, Basile fit déporter en Asie Mineure, jusqu'aux confins de l'Arménie, tout Slave macédonien, qui, sous les conditions précitées, s'était rallié à Samuel [4]. En agissant ainsi, il donnait toutefois un argument aux Bulgares de nos jours, lesquels prétendent, nous l'avons déjà noté, que les Grecs de l'Asie Mineure sont... des Bulgares hellénisés [5].

Samuel eut des émules, mais ce ne fut pas des Bulgares. Le premier fut un certain Délian, lequel se mit à la tête

---

[1] Jireček : *Geschichte der Serben*, p. 208.
[2] Jireček : *Geschichte der Bulgaren*, p. 200.
[3] Grégoras, I, p. 27.
[4] Cf. Jireček : *Geschichte der Bulgaren*, p. 197.
[5] Voir *supra*, p. 147.

d'une insurrection qui éclata en Serbie, à Belgrade [1], et cela suffit à nous démontrer la nationalité serbe de Délian; il est vrai qu'il se disait le petit-fils de Samuel, mais ce ne fut là qu'un stratagème auquel il eut recours plus tard, dans l'intention de se procurer le concours des Bulgares qui, au début, se battaient dans les rangs des Grecs [2]. Délian parvint à étendre le champ de ses incursions jusqu'en Macédoine; et même il entreprit une attaque contre Salonique. Mais là, le mouvement insurrectionnel reçut un coup mortel. Selon le témoignage de Cédrénus, les habitants de Salonique égorgèrent, dans une sortie, quinze mille des envahisseurs et dispersèrent le reste [3]. Ainsi Délian ne réussit qu'à donner plus d'éclat à l'entrée triomphale à Constantinople d'un empereur du reste incapable, Michel IV. Constantin Bodin, fils du grand joupan de Serbie Stéphane Michel, eut encore moins de chance. A la tête d'un second mouvement insurrectionnel, qui éclata en 1073, il parvint à peine à pousser jusqu'à Uskub, où le mouvement fut aisément étouffé. La nationalité des chefs de ces deux insurrections ainsi que le lieu où elles ont éclaté, excluent toute hypothèse d'une initiative bulgare. Aussi les historiens bulgares n'en font-ils guère mention, et dans l'atlas de Rizoff il n'existe aucune carte indiquant « les frontières historiques et politiques de la Bulgarie » à la suite de ces événements.

Bien que, comme nous venons de le voir, il ne soit pas resté trace de Bulgare en Macédoine, néanmoins depuis cette époque les Byzantins prirent l'habitude de parler de « Bulgares » et de « langue bulgare » en Macédoine. Cette habitude, ainsi que le surnom de « Bulgaroctone », donné à Basile II, le titre aussi d' « archevêque de Bulgarie » que se décernaient les archevêques d'Achride, donnèrent

---

[1] Le Père Songeon (p. 211) veut que ce soit à Nich.
[2] Cf. Songeon, *ibid.*
[3] Cédrénus, II, p. 531.

aux Bulgares les principales armes dans leurs revendications sur les Slaves macédoniens contre les Serbes.

Une vive controverse s'engagea de bonne heure à ce sujet entre Serbes et Bulgares [1]. Cette controverse se raviva encore, il y a quelques années, à la suite des travaux du professeur serbe Jovan Cvijić qui a soutenu, dans les publications de l'Académie des sciences de Belgrade, que les habitants non grecs de la Macédoine sont, en réalité de race slave et ne sont bulgares que de nom. Les professeurs MM. V. Djerić et C. Costić, venus après lui, plaidèrent en faveur de la nationalité serbe de ces Slaves [2]. M. Cvijić résuma encore sa manière de voir dans un article que publièrent, en 1906, les *Annales de géographie* de Paris; il contestait toujours, d'ailleurs à juste titre, toute signification ethnique au nom de *Bulgare* en Macédoine [3]. C'est un professeur agrégé à l'Université de Sophia, Jordan Ivanoff, qui se chargea de répondre aux érudits serbes, dans un livre, déjà mentionné, sur les Bulgares en Macédoine, paru en bulgare à Sophia, en 1915; il joignit à sa réponse des témoignages d'historiens byzantins et autres documents, où les Slaves macédoniens sont appelés bulgares [4]. L'année suivante, M. Ischirkoff vint à la rescousse, dans un livre sur les confins occidentaux de la Bulgarie, paru en français [5]. A cet ouvrage de M. Ischirkoff « destiné à soutenir la propagande bulgare dans l'Europe occidentale », répliqua immédiatement M. Cvijić par un nouvel article publié dans le *Bulletin de la Société neuchâteloise de géographie*, contenant, entre autres, des témoignages d'auteurs et

---

[1] Voir Oféicoff : *La Macédoine au point de vue ethnographique, historique et philologique*, Philippopoli, 1887.

[2] Cf. Ivanoff : *Les Bulgares en Macédoine*, préface.

[3] Cvijić : *Remarques sur l'ethnographie de la Macédoine*, dans les *Annales de géographie*, Paris, t. XV, 1906, et dans *Les Questions Balkaniques* du même auteur, Paris-Neuchâtel, Attinger frères éd., p. 41 sq. Citons encore ici l'ouvrage de M. Andonović : *Les Macédoniens sont des Slaves serbes* (en serbe), Belgrade, 1913.

[4] Ivanoff : *Les Bulgares en Macédoine*, Sophia, Imprimerie Royale, 1915.

[5] Ischirkoff : *Les confins occidentaux des terres bulgares*, Lausanne, Nouvelle librairie, 1916.

des documents dans lesquels les Slaves de Macédoine sont appelés Serbes [1]. Enfin, M. Ischirkoff répliqua à ce second article de Cvijić dans un ouvrage spécial, paru deux ans après, également en français [2].

Bien que cette question intéresse principalement les Serbes et les Bulgares, néanmoins elle n'est pas dénuée de tout intérêt pour nous, puisque nous soutenons que les Slaves de Macédoine ne sont pas bulgares. Donc, en nous réservant d'y revenir dans la partie ethnologique de cet ouvrage, nous ne jugeons pas inopportun de faire, dès maintenant, quelques remarques au sujet de cette question.

Un mot, d'abord, sur le nom de « Bulgaroctone » ou « Tueur de Bulgares » donné à Basile II. D'après Ischirkoff, pour démontrer que les Slaves de Macédoine sont des Bulgares, « il suffit de rappeler le surnom donné à Basile II, *conquérant* de la Macédoine : le Bulgaroctone » [3]. Nous répondrons à M. Ischirkoff que Basile II ne combattit point les Slaves de Macédoine, ses propres sujets, mais seulement les Bulgares de Samuel, qui avaient envahi ses provinces. C'est contre eux qu'il livra toutes ses batailles, c'est contre eux qu'il remporta la grande victoire de Klidion, sur la route de Serrès à Méléniko, et c'est cette victoire qui lui valut le surnom de Bulgaroctone. « A partir de ce jour, nous dit le Père Songeon lui-même, le basileus ne fut plus connu que sous le nom de *Bulgaroctone*, « *tueur de Bulgares* » [4]. Dans ces conditions, Basile II ne pouvait être appelé que Bulgaroctone et ce surnom ne saurait en aucune façon être invoqué à l'appui de la nationalité bulgare des Slaves macédoniens.

---

[1] Cvijić : *Les assertions d'un écrivain bulgare*, dans le *Bulletin de la Société neuchâteloise de géographie*, Neuchâtel, t. XXV, 1916. On peut voir aussi cette étude dans les *Questions Balkaniques* du même auteur, p. 14 sq.

[2] Ischirkoff : *Le nom de Bulgare ; éclaircissement d'histoire et d'ethnographie*, Lausanne, Librairie centrale des nationalités, 1918.

[3] Ischirkoff, *ibid.*, p. 17.

[4] Songeon, p. 207.

Venons-en à l'archevêché d'Achride que Basile II laissa subsister; il lui a même subordonné, par trois chrysobulles ou ordonnances successives, les évêques de plusieurs diocèses [1].

Le bulgarophile M. E. Kupfer, se faisant l'interprète des théories bulgares, s'exprime ainsi, dans une brochure récemment publiée : « Rien ne saurait mieux établir le caractère bulgare de la Macédoine que les titres portés alors par les prélats *grecs* d'Achrida, Monastir, Kastoria, etc., qui s'appelaient soit exarques, soit archevêques, soit « protothrones » de toute la Bulgarie, de l'ancienne Bulgarie, de la Bulgarie Supérieure, etc. » [2]. Disons tout d'abord que le siège de ces prélats, Achride, qui n'est autre que l'antique Lychnidos, se trouve hors des limites de la Macédoine, en Albanie, c'est-à-dire dans l'ancienne Illyrie [3]. Mais cela ne nous empêchera pas d'examiner ici la question des titres des archevêques d'Achride, étant donné que la juridiction de ces derniers comprenait bien la Macédoine [4]. Or, que signifie la mention du nom bulgare dans les titres des archevêques d'Achride? La réponse nous est

---

[1] Voir surtout Gelzer : *Ungedruckte und wenig bekannte Bistümerverzeichnisse der Orientalischen Kirche*, dans la *Byzantinische Zeitschrift*, t. I, p. 245 sq., et t. II, p. 42 sq. M. Zlatarsky (*Rizoff*, p. 15) et ses compatriotes aiment à voir dans ce geste de Basile II la reconnaissance de l' « Église nationale bulgare dans ses anciennes limites », c'est-à-dire dans les limites qu'elle avait sous Samuel. Mais, comme le fait justement remarquer M. Alexandri (*Les Balkans et les prétentions bulgares à l'hégémonie balkanique*, Lausanne, 1918, p. 9). « quand il est universellement connu que l'empereur fut intitulé « Bulgaroctone » (Tueur de Bulgares) et traita les Bulgares de « race profane », le ridicule de cette légende saute aux yeux ». En outre, l'archevêché d'Achride n'est pas une création bulgare; il fut créé en 535, soit bien avant l'apparition des Bulgares dans les Balkans, et il eut par la suite une juridiction fort étendue pour des raisons politiques visant les Francs et le pape (Cf. Alexandri, *ibid*.). C'est donc à cet archevêché que Basile II sans doute avait pensé en promulguant ses trois ordonnances successives. D'ailleurs, il y établit la juridiction de l'archevêque d'Achride, sans tenir aucun compte des limites de sa juridiction sous Samuel, comme le lecteur peut s'en rendre compte en comparant les cartes V et VI de l'atlas de Rizoff lui-même, la première représentant « la Bulgarie à l'époque de Samuel », la seconde, la juridiction de l'Église d'Achride (Ochrida).

[2] Kupfer : *La Macédoine et les Bulgares*, Lausanne, Librairie nouvelle, 1918, p. 26, n. 1.

[3] Voir *supra*, p. 21, n. 2, et p. 29.

[4] Gelzer, *op. cit.*, t. II, p. 42 sq.

fournie par l'historien byzantin Nicéphore Grégoras. Celui-ci, en effet, après nous avoir dit, dans le passage cité plus haut, comment Basile II soumit les Bulgares de Samuel et les chassa de Macédoine, ajoute : « Leur nom seul est resté comme un vestige (μνημεῖον) dans la titulature de l'archevêché »[1]. En d'autres termes, Basile II, ayant trouvé à Achride un prélat qui remplissait bien son ministère, a voulu le confirmer dans ses fonctions. Ce prélat était appelé « archevêque de la Bulgarie »; il le qualifia de ce titre dans ses ordonnances. Ce titre peut donc bien avoir une signification historique; il était, en effet, un vestige, comme le précise Nicéphore Grégoras, du passage des Bulgares par le pays; il constituait peut-être encore, aux yeux de Basile, une confirmation de la soumission des Bulgares à son pouvoir; il n'a aucun rapport avec l'ethnologie de la Macédoine.

D'ailleurs Basile II, par sa première ordonnance même, avait subordonné à l'archevêché d'Achride une bonne partie de la Bulgarie[2]. Par sa deuxième ordonnance, il lui subordonna tous les autres diocèses de ce pays[3]. Dès lors, non seulement le titre d'« archevêque de la Bulgarie », mais encore celui d'« archevêque de toute la Bulgarie » avaient leur raison d'être. Pourquoi donc conclure que les titres « archevêque de la Bulgarie » ou « de toute la Bulgarie » se rapportaient à la Macédoine et non pas à la Bulgarie même ? Cette dernière hypothèse est d'autant plus vraisemblable que ce titre n'était point le titre unique des archevêques d'Achride, comme le laissent entendre Kupfer et les auteurs bulgares[4]; leur titulature comprenait bien des titres, le plus souvent, ceux-ci : « Archevêque de la Première Justinienne, des Achridiens, de toute la Bulgarie, de la Serbie,

---

[1] Voir *supra*, p. 221.
[2] Voir Gelzer, *op. cit.*, t. II, p. 42 sq.
[3] Voir Gelzer, *ibid*.
[4] M. Zlatarsky, par exemple, nous dit dans l'atlas de Rizoff (p. 15) que le représentant de cette Église portait simplement le titre d'« archevêque de toute la Bulgarie ».

de l'Albanie, de la Moldo valachie, de la Hongro valachie et autres. » C'est avec ces titres que Gabriel signe en 1588 [1]. En 1707, Zosimas signe : « Par la grâce de Dieu, archevêque de la Première Justinienne, patriarche des Achridiens, de la Serbie, de la Bulgarie, de l'Albanie, de la Macédoine et autres »[2]. Donc, en adoptant le raisonnement des historiens bulgares, nous devrions conclure de ces titres que la Macédoine était à la fois bulgare, serbe, albanaise, moldave, valaque, hongroise, etc., etc. Pourtant, ni les Serbes ni aucune autre des nationalités mentionnées n'ont pensé à tirer parti des titres des archevêques d'Achride pour émettre des prétentions ethniques sur la Macédoine. Remarquons, en outre, que Zosimas, en mentionnant séparément la Macédoine, distingue celle-ci de la Bulgarie et des autres pays soumis à son autorité. Bien plus, dans un autre document signé de Zosimas, le titre « de la Bulgarie » manque totalement [3], ce qui dément l'affirmation de M. Ischirkoff disant que le nom bulgare n'a jamais manqué aux titres des archevêques d'Achride [4].

D'ailleurs, ceux qui attribuent une importance ethnique suelconque à la mention du nom bulgare dans les titres des archevêques d'Achride, oublient que les documents ecclésiastiques du moyen âge ne sont pas qualifiés pour servir de base sérieuse d'argumentation en matière historique ou ethnologiques [5]. Spécialement en ce qui concerne les titres des prélats, ils oublient que ceux des métropolites de Byzance étaient volontiers pompeux et ne répondaient pas toujours à la réalité. Citons quelques exemples : le métropolite de Crète était appelé et est encore appelé de nos jours *exarque de l'Europe;* le métropolite de Chio, *exarque de toute l'Ionie;* le métropolite de Salonique, *exarque de toute la Thes-*

---

[1] Voir E. Legrand : *Une bulle inédite de Gabriel, patriarche d'Achride*, dans la *Revue des Études grecques*, t. IV, 1891, p. 182.
[2] Voir Callinique Délicanis : *Documents patriarcaux* (en grec), III, p. 836.
[3] Voir Callinique Délicanis : *Documents patriarcaux*, III, p. 827.
[4] Ischirkoff : *Les confins occidentaux des terres bulgares*, p. 28.
[5] Voir *supra*, p. 170.

salie. Que devons-nous conclure de ces titres ? Rien, sinon que les titres des archevêques d'Achride répondent aussi peu que les autres à la réalité; ils sont ainsi dépourvus de toute signification historique et ethnique. Seule l'appellation de la ville d'Achride comme Première Justinienne, appellation que Justinien donna, en même temps que l'autonomie ecclésiastique, à son pays natal, Bédériana, diocèse de Scopia (Uscub) [1], et qui par là même avait acquis un certain éclat, suffit pour nous montrer que les archevêques d'Achride ne dérogèrent point à la coutume byzantine de se parer de titres pompeux, vides, en dernière analyse, de toute signification [2]. Par conséquent, la mention du nom bulgare dans les titres en question n'aurait aucune signification, même au cas où la Bulgarie n'aurait pas été subordonnée à l'Église d'Achride.

Quant aux autres évêchés dont parlent Kupfer et les écrivains bulgares, ils n'ont inscrit dans leur titre, à côté d'autres, le nom bulgare qu'après l'abolition de l'autonomie de l'Église d'Achride, en 1766 [3]; ils l'ont fait dans l'intention évidente de se substituer — ne fût-ce que de nom — à cette Église, qui, en effet, avait brillé d'un éclat tout particulier, grâce à l'administration éclairée de ses archevêques *grecs*; il suffit de rappeler les noms de Théophylacte, de Démétrius Chomatinos [4] et d'autres prélats illustres qui ont donné leurs soins non seulement au culte religieux, mais aussi au développement des lettres et des arts [5]. Il résulte de ce qui précède que ce qui est vrai pour l'archevêché

---

[1] Voir les Novelles de Justinien, XI et CXXXI, chez Callinique Délicanis: *Documents patriarcaux*, III, p. 937 et 942.

[2] Cf. Coconis: *Histoire des Bulgares*, p. 123, n. 2, et Callinique Délicanis: *Documents patriarcaux*, III, p. 1000 sq.

[3] Voir Callinique Délicanis: *Documents patriarcaux*, III, p. 895.

[4] L'activité diverse et l'étendue du savoir de ce grand prélat que fut Démétrius Chomatinos nous ont été surtout connues depuis la publication de ses œuvres par le cardinal Pitra. Voir J. B. Pitra: *Analecta sacra et classica spicilegio solesmensi parata*, t. VI, Rome, 1891.

[5] Pour les arts, voir G. Millet: *L'école grecque dans l'architecture byzantine*, p. 10 et 294.

d'Achride l'est également pour les évêchés en question, lesquels, de la sorte, n'apportent aucun nouvel argument en faveur des théories bulgares.

Plus sérieux, en apparence du moins, est l'argument avancé par les Bulgares, lorsqu'ils disent que les Byzantins qualifiaient les Slaves macédoniens de Bulgares et leur dialecte de langue bulgare. Personne ne conteste que les auteurs byzantins se soient servis de ces termes, depuis l'invasion de Samuel en Macédoine; M. Ivanoff, en recueillant leurs témoignages [1], s'est donné une peine inutile. Les faits ne justifient nullement toutefois l'emploi de ces termes; ils ne peuvent donc pas avoir une signification effective. En effet, comme nous avons déjà eu plus d'une fois l'occasion de le constater, les Slaves de Macédoine et les Bulgares sont deux nationalités nettement distinctes. D'ailleurs, aucun auteur, aucun document, ne qualifient de Bulgares les Slaves de Macédoine, avant l'époque de Samuel. Nous avons vu, d'autre part, dans le passage précité de Grégoras, que Basile II, après avoir battu et soumis les Bulgares de Samuel, « ceux d'entre eux qui étaient restés dans le pays, les fit déporter en Mésie Inférieure, près du Danube »[2].

Dans ces conditions, quelle importance peut avoir le fait que les Slaves de Macédoine aient été appelés Bulgares ? Cette appellation seule est-elle capable de changer leur caractère ethnique ? Pourrions-nous raisonnablement nous fonder sur ce nom pour les identifier, au point de vue ethnologique, avec les vrais Bulgares ? Non certes. L'emploi du nom bulgare pourrait avoir quelque valeur dans le cas seul où les Slaves de Macédoine auraient été bulgarisés par Samuel. Mais cela ne s'est pas produit. Samuel n'a eu certes ni le temps, ni l'occasion, ni les moyens d'entreprendre cette besogne; il n'y a même, peut-être, jamais

---

[1] Voir *supra*, p. 223.
[2] Voir *supra*, p. 221.

songé. Nous avons vu d'ailleurs que la population slave de Macédoine avait observé une attitude hostile vis-à-vis de Samuel [1]. Les quelques Slaves eux-mêmes qui, pour des raisons indépendantes de leur nationalité, firent cause commune avec Samuel, ne se sont nullement confondus avec les Bulgares; Basile II sut, en effet, fort bien distinguer les uns des autres et expulsa, d'une part, les Bulgares en Bulgarie et, d'autre part, les Slaves macédoniens en Asie Mineure [2]. D'ailleurs, les historiens bulgares eux-mêmes n'ont jamais prétendu que les Slaves de Macédoine aient été bulgarisés à l'époque de Samuel; une assertion pareille affaiblirait singulièrement leurs arguments ethnologiques à l'égard des Serbes. Ils prétendent, au contraire, que les Slaves macédoniens ont été bulgarisés en des temps beaucoup plus reculés, par leur fusion avec des éléments prébulgares. Mais, comme nous l'avons vu, cette thèse n'est pas plus solide que l'hypothèse de la bulgarisation des Slaves de Macédoine par Samuel [3].

Ce qui démontre surtout que les Slaves de Macédoine n'ont été bulgarisés ni à l'époque de Samuel, ni avant, ni après, c'est le fait que, si les Byzantins les ont qualifiés de *Bulgares*, eux-mêmes, ainsi que nous le verrons dans la partie ethnologique de cet ouvrage, ne se sont jamais donné ce nom, qui, de plus, à leurs yeux, renferme un sens méprisant. Dans ce cas, quelle signification peut avoir l'emploi de ce terme par les auteurs byzantins ou autres? Et pourquoi ne pas admettre simplement que les Byzantins, à qui le nom bulgare en Macédoine était devenu familier depuis que les Bulgares de Samuel avaient rempli de leur nom tout l'Empire, ont employé inconsciemment ce nom dans la suite pour désigner les Slaves macédoniens? Ceux-ci n'avaient pas de nom national propre, parlaient

---

[1] Voir *supra*, p. 215.
[2] Voir *supra*, p. 221.
[3] Voir *supra*, p. 156 sq.

une langue parente de celle des Bulgares et avaient, dans une certaine mesure, fait cause commune avec Samuel. Ne semble-t-il donc pas que cette conclusion s'impose, si nous songeons surtout que les Byzantins, particulièrement fanatiques en matière de religion, n'ont, par contre, attribué aucune importance à l'idée de nationalité ? Cette manière de voir est, d'ailleurs, confirmée par le fait que, dès le xiiie siècle déjà, devant la prépondérance serbe, le nom de Bulgare en Macédoine cède la place au nom serbe, pour disparaître bientôt complètement. « A l'époque du roi serbe Miloutin, nous apprend le professeur Cvijić, on ne le trouve (le nom de Bulgare) mentionné qu'une fois à côté des noms serbe et grec. A l'époque de l'empereur Douchan, il disparaît complètement. Le code de Douchan mentionne les Serbes, les Grecs, les Valaques, les Albanais et les Saxons, mais nulle part les Bulgares »[1]. Enfin, plus tard, sous la domination turque, ces mêmes Slaves macédoniens furent nettement distingués des Bulgares et même appelés *Roums*, terme qui signifie *Grecs*. Ce sont surtout les Bulgares qui le proclament, lorsqu'ils cherchent à affaiblir la signification ethnique du nom grec en Macédoine. Que deviennent donc alors leurs arguments ethnologiques tirés de l'appellation des Slaves macédoniens comme Bulgares ?

IV. — L'État bulgaro-valaque des Assenides.

Vers la fin du xiie siècle, l'Empire byzantin se trouvait épuisé à la suite des luttes interminables qu'il avait dû soutenir pour repousser les attaques successives d'une foule d'ennemis qui s'étaient rués sur lui : Petchenègues, Kou-

---

[1] Cvijić : *Les Assertions d'un écrivain bulgare* dans les *Questions balkaniques* du même auteur, p. 18. M. Cvijić y renvoie aux *Chartes du roi Miloutin* dans les *Monumenta Serbica* (Vindobonæ, 1858), le Spomenik de l'Académie Serbe, t. III, et à St. Novaković : *Le Code d'Étienne Douchan* (en serbe), Belgrade, 1898.

mans, Hongrois, Serbes, Normands, Croisés, voilà pour l'Europe ; Arabes, Seldjoucides, voilà pour l'Asie. De plus, de nombreux seigneurs ou *toparques* dans les provinces s'étaient détachés du pouvoir central et avaient proclamé leur indépendance. L'incapacité des successeurs de Manuel Comnène, vint aggraver une situation déjà si précaire.

Par contre, les Bulgares avaient été renforcés par de nombreux éléments finno-turcs qui s'étaient établis en Bulgarie, et qui finirent par fusionner avec eux. Ces éléments étaient surtout les Petchenègues, qui avaient envahi l'Empire byzantin au xie siècle et dont une partie se fixa en Bulgarie, en 1053, et les Koumans, qu'Alexis Ier Comnène, après les avoir vaincus en 1091, installa dans les régions de Sophia, de Nich et de Preslav, ainsi que dans la région voisine de l'Axios supérieur, qui garda leur souvenir dans le nom de la ville de Koumanovo [1].

Dans ces conditions, une insurrection qui éclata à Tirnovo en 1186, par suite des procédés fiscaux des fonctionnaires byzantins, réussit pleinement ; elle eut comme résultat la fondation d'un nouvel État en Bulgarie, après deux siècles de domination de ce pays par les Grecs. Cet État fut appelé « bulgaro-valaque », en raison de ses nombreux éléments d'origine petchenègue et koumane, qui étaient désignés sous le nom collectif de Valaques [2]. Les fondateurs du nouvel État et de la dynastie qui l'a gouverné furent deux frères : Jean et Pierre Assen, considérés par certains comme les descendants des Chichmanides, en réalité d'origine valaque et plus précisément, comme leur nom l'indique, d'origine koumane [3]. Jean Assen fut sacré « tsar des Bulgares et des

---

[1] Cédrénus, II, p. 587. Cf. Chalandon : *Essai sur le règne d'Alexis Ier Comnène*, p. 2 sq. et 132 sq. Le Père Songeon (p. 213) estime que la politique peu avisée d'Alexis Ier Comnène et de ses prédécesseurs, qui renforcèrent l'élément bulgare par l'installation en Bulgarie des Petchenègues et des Koumans — circonstance qui, comme nous le verrons plus loin, permit la fondation de l'État bulgaro-valaque, — avait comme but de « submerger la nationalité slavo-bulgare » !

[2] Nicétas Choniate, p. 482.

[3] Cf. Songeon, p. 227, et Jirecek : *Geschichte der Serben*, p. 269, n. 4.

Valaques » par l'archevêque Basile, lequel se proclama en même temps archevêque du nouveau royaume [1].

« Le premier soin de Jean Assen, dit le Père Songeon, fut de marcher sur Preslav; il ne put la prendre, dépourvu qu'il était de machines de siège; il se rattrapa en envahissant la Thrace et en exterminant tous les fonctionnaires byzantins. Isaac vint lui-même au-devant du tsar. Celui-ci, par prudence, regagna les défilés du Balkan. Les Grecs l'y rejoignirent, et, grâce à un épais brouillard, le battirent, puis lui donnèrent la chasse à travers la Mésie. Il s'enfuit chez les Koumans de Valachie. On dit que Basile II avait fait graver sur le marbre ce conseil pour ses successeurs « Si jamais les Bulgares commencent à se révolter, il fau-« dra, comme moi, traverser toute la Bulgarie et n'y lais-« ser aucune place, aucune forteresse sans garnison; c'est « l'unique moyen de tenir en bride cette nation remuante « et indocile. » Isaac n'était heureusement pas assez perspicace et pas assez ferme pour suivre cet avis. Dès qu'il sut Pierre et Assen au delà du Danube, il se contenta de brûler les moissons, et il revint triompher bruyamment à Constantinople » [2]. Ce qui revient à dire qu'Isaac renouvela la faute commise avant lui par Constantin V [3].

« Quelques mois après, poursuit le Père Songeon, Assen Ier reparut avec une bonne petite armée renforcée de nombreux Koumans. Il conquit sans peine la Bulgarie du nord. Mais il eut la maladresse d'affronter le sébastocrator Jean dans les plaines de Thrace et il fut vaincu » [4]. A partir de ce moment-là, les Bulgares suivirent la tactique des Parthes. Légèrement équipés, montés sur des chevaux rapides, ils se retiraient à temps, à l'approche d'une armée forte; ils revenaient rapidement ensuite pour fondre sur des détachements isolés. « Là où se tenait l'Empereur, dit Jireček,

---

[1] Songeon, p. 229.
[2] Songeon, ibid.
[3] Voir *supra*, p. 162.
[4] Songeon, p. 230.

on ne voyait point de Bulgares; sitôt l'Empereur parti, ils apparaissaient [1]. »

C'est ainsi qu'ils fondirent une nuit sur le César Jean Cantacuzène, un général fort brave, mais imprudent et presque aveugle. Surpris, Jean Cantacuzène fut tué et dépouillé. « Pierre et Assen, dit le Père Songeon, s'affublèrent des habits de pourpre du César et se montrèrent ainsi à leurs troupes amusées et ravies » [2]. Mais l'illustre général Branas vengea aussitôt la mort de Jean Cantacuzène. « Il se conduisit, dit le Père Songeon, en grand capitaine. Toujours sur ses gardes, n'abandonnant rien au hasard, il repoussa de poste en poste les troupes tsariennes jusqu'au delà du Danube » [3]. Ainsi, les Bulgares, malgré le renfort des Petchenègues et des Koumans, malgré l'affaiblissement de Byzance, furent par deux fois refoulés au delà du Danube, en l'espace de quelques mois. Ils n'auraient peut-être plus jamais regagné la Bulgarie et l'État bulgaro-valaque aurait été un État mort-né, si Branas ne s'était, lui aussi, trop pressé d'entrer à Constantinople, où il fut tué, et si, en outre, les Serbes n'étaient venus apporter aux Bulgares, quelque temps après, un appui inespéré.

« Vers 1150, nous dit le Père Songeon, la Rascie était divisée entre quatre frères, tous vassaux de Manuel Ier Comnène (1143-1180). Le cadet Étienne Nemania (1159-1195) battit les trois autres et expulsa les Byzantins de la Serbie du nord (1159). Il bannit ou exécuta les bogomiles venus de Bulgarie. Il réunit à son royaume toute la Serbie adriatique, aida le joupan de Bosnie à se débarrasser de la suzeraineté de l'Empire d'Orient et offrit l'appui de son épée à Jean Assen. En 1188, après entente avec le gouvernement de Tirnovo, il envahit l'Albanie et la Macédoine du nord, afin d'y attirer les Grecs et de permettre au Tsar

---

[1] Jireček : *Geschichte der Bulgaren*, p. 227.
[2] Songeon, p. 230.
[3] Songeon, p. 231.

d'avoir les coudées franches. Cette diversion eut un plein succès. Assen Ier, qui venait de recevoir un renfort considérable de Valaques et de Koumans, se remit en campagne, et, selon la coutume (sic), saccagea la Thrace »[1]. Toutefois l'empereur Isaac l'Ange, homme faible, d'ailleurs, réussit, par une victoire remportée sur Jean Assen, à obliger ce dernier à signer une trêve et à donner comme otage son frère cadet Joannice[2].

En 1191, les Bulgares, comme nous l'assure le Père Songeon, pillèrent Anchialo et Varna, sur le littoral de la Mer Noire. Isaac parvint à les battre. En outre, il prit une heureuse décision : il nomma gouverneur de Philippopoli, la ville la plus exposée aux coups des Bulgares, son cousin Constantin l'Ange. « La vaillance et l'activité du stratège, nous dit le Père Songeon, arrêtèrent net les entreprises bulgares »[3].

En 1195, les Bulgares pénétrèrent en Macédoine orientale, par la région de Sophia, et dévastèrent les alentours de Serrès. Mais cette entreprise fut aussi de courte durée et la dernière tentée par Jean Assen; quelques mois après, celui-ci tombait sous le poignard d'un certain Ivanko, à Tirnovo[4]. Son frère Pierre, qui gouvernait le territoire de Preslav, lui succéda sur le trône. Il fut bientôt, lui aussi, assassiné par les boyards et remplacé par son frère cadet Joannice (1196), qui, entre temps, était revenu de sa captivité de Constantinople.

L'État bulgaro-valaque fondé par les Assénides ne dépassa pas l'Hémus au sud. A l'est, il n'atteignit pas la Mer Noire; tout le littoral jusqu'à Varna, y compris cette ville,

---

[1] Songeon, p. 231.
[2] Songeon, p. 232.
[3] Songeon, p. 234.
[4] Cet Ivanko, ayant épousé une Grecque et feignant d'être l'ami des Byzantins, réussit à être nommé, pendant un certain temps, toparque de la province de Smoléana, sur le Rhodope. Mais ses vrais sentiments à l'égard des Grecs furent bientôt connus et il fut tué; sa toparchie fut abolie. Voir Jireček : *Geschichte der Bulgaren*, p. 232.

restait sous la souveraineté de Byzance. La carte historique n° VII de l'atlas de Rizoff attribue à l'État des Assenides une bande de la région de Zagora [1], qui avait autrefois appartenu en entier aux Bulgares. La chose est certainement dépourvue d'importance. Nous croyons toutefois qu'elle n'est due qu'au fait suivant : tandis que nous savons que la région de Philippopoli a toujours été sous la souveraineté grecque, nous ne sommes pas absolument fixés au sujet du territoire situé plus au nord. C'est ce territoire que M. Zlatarsky, l'auteur des cartes historiques de l'atlas de Rizoff, s'empressa d'attribuer à l'État des Assenides.

La culture supérieure des Byzantins avait toujours excité l'envie des barbares du Balkan. Comme autrefois Siméon, Joannice retourna de Constantinople en Bulgarie plein d'une haine farouche contre les Grecs. Joannice surpassa même Siméon en cruauté. Ce fut sans contredit le plus cruel des souverains bulgares et l'ennemi le plus acharné des Grecs. Comme nous l'avons déjà noté, il se fit appeler lui-même, pour faire pendant à Basile II, *Roméoctone* (Tueur de Grecs); en revanche les Grecs l'appelèrent *Skyloyanni* (Chien de Jean) et, par ironie, *Kaloyanni* (Jean le bon). C'est sous ce dernier surnom, transformé en Kaloïan, que les historiens bulgares célèbrent sa triste mémoire.

Joannice inaugura son règne par des incursions en Thrace et en Macédoine, dans la double intention de faire du mal aux Grecs et de ramasser du butin. Il rapportait aussi, des pays saccagés, des reliques de saints que l'archevêque de Tirnovo recevait en grande pompe [2]. En agissant ainsi, Joannice acquit rapidement une grande popularité auprès de son peuple.

Son premier succès important fut de chasser de Strounnitza, Dobromir (1198); Dobromir était un toparque aimé même des Grecs, à cause de son épouse grecque et des sen-

---

[1] Voir Rizoff, *op. cit.*, p. 17-18.
[2] Cf. Jireček: *Geschichte der Bulgaren*, p. 231.

timents profondément hostiles qu'il nourrissait contre Joannice. « En 1201, poursuit le Père Songeon, il (Joannice) s'empara de Varna, qui fit une résistance acharnée ; la plupart des habitants furent jetés tout vivants dans un fossé extérieur que l'on recouvrit de terre et sur lequel on rabattit les murailles de la cité »[1]. Après cet exploit, Joannice se porta vers l'ouest. On se rappelle l'appui prêté jadis à ses frères par le prince serbe Étienne Nemania[2] ; Joannice témoigna sa reconnaissance en enlevant aux fils d'Étienne Nemania les régions de Nich, Belgrade et Branitchevo (1204)[3]. « Il couronna cette campagne, ajoute le Père Songeon, par la prise d'Uskub, Prizrend et Kustendil »[4].

Joannice n'était pas dépourvu d'esprit politique. Prévoyant que les Latins finiraient par l'emporter en Orient, il avait commencé dès 1197, en promettant une obéissance complète au Saint-Siège, à demander la bénédiction du pape. Ainsi une fois de plus les Bulgares changeaient de religion pour des motifs politiques[5]. Le pape Innocent III, se rendant aux sollicitations de Joannice, qui ne se lassait pas de lui adresser des lettres pressantes[6], finit par envoyer, en novembre 1204, le cardinal Léon à Tirnovo. Joannice fut sacré par lui « roi de Valachie (Blaquie) et de Bulgarie (Bougrie) », tandis que son archevêque Basile devint « primat (patriarche) dans le royaume des Bulgares et des Valaques »[7].

Pendant ce temps, les prévisions de Joannice s'étaient réalisées. Le 14 avril de cette même année 1204, Constan-

---

[1] Songeon, p. 239.
[2] Voir *supra*, p. 234.
[3] Songeon, p. 239.
[4] Songeon, *ibid*.
[5] Le Père Songeon (p. 240) signale aussi que « les deux fondateurs de la dynastie assenide avaient songé à dépêcher au Pape une ambassade solennelle, mais leurs luttes incessantes avaient mis obstacle à la réalisation de ce projet. »
[6] Voir ces lettres dans Songeon, p. 240 sq.
[7] Voir Songeon, p. 242.

tinople tombait aux mains des Croisés. Baudouin, comte de Flandre, fut proclamé empereur; l'Empire grec, suivant le régime féodal, fut partagé entre les grands chefs. La majeure partie de la Macédoine, avec Salonique, échut à Boniface marquis de Montferrat, qui, bientôt, secoua la suzeraineté de Baudouin et se fit proclamer roi. Il soumit la Thessalie et poussa même jusqu'au Péloponèse.

Entre temps, les Grecs ne restaient pas inactifs. Sans parler de quelques petites toparchies indépendantes, ils réussirent à fonder trois puissants États : le despotat de l'Épire, sous Michel Ange, comprenant, outre l'Épire, le territoire macédonien qui avait échappé à la domination de Boniface de Montferrat; l'empire de Nicée, sous Théodore Lascaris; l'empire de Trébizonde, sous Alexis Ier Comnène. Le despotat de l'Épire devait bientôt prendre la place du royaume latin de Salonique; l'empire de Nicée devait restaurer l'Empire grec à Constantinople.

Joannice ne tarda pas à changer d'attitude à l'égard des Latins. Ayant demandé l'alliance de Baudouin, il reçut une réponse dédaigneuse. D'autre part, l'occupation de la région de Philippopoli par le duc Renier de Valenciennes, celle encore de la Macédoine par le marquis de Montferrat, lui interdisaient le pillage traditionnel de ces deux contrées voisines. Il renia donc l'obéissance jurée au pape et rechercha l'appui des Grecs de Thrace contre les Latins. Ainsi les Bulgares changèrent encore une fois de religion.

Les Grecs de Thrace ne restèrent pas indifférents aux avances de Joannice. L'état de paix entre Grecs et Bulgares pendant ces dernières années, si riches pourtant en événements, avait fait un peu oublier aux Grecs les maux causés à leur pays par les Bulgares. Mais ce qui surtout poussa les Grecs à un rapprochement avec les Bulgares, ce fut la haine que la perte de Constantinople avait fait germer dans leurs cœurs contre les Croisés [1]. Ainsi,

---

[1] Cf. Villehardouin, *La conquête de Constantinople*, p. 198.

pour la première fois dans l'histoire, Bulgares et Grecs se sont donné la main. Hélas! les Grecs ne devaient pas tarder à s'en repentir amèrement.

A la suite de leur entente avec les Bulgares, les Grecs de Thrace se révoltèrent; ils se mirent à chasser les garnisons latines, pendant que Joannice descendait jusqu'à Andrinople. Baudouin se porta immédiatement à sa rencontre, mais le rusé Joannice, simulant une retraite, réussit à attirer son adversaire dans un guet-apens. Baudouin, en effet, avançant sans méfiance, fut pris au piège et fait prisonnier (14 avril 1205). Joannice le fit enfermer dans un cachot de la forteresse de Tirnovo.

Ce qui suivit ce succès de Joannice est presque incroyable. Tournant les armes contre Boniface de Montferrat, il quitte la Thrace et envahit la Macédoine, dans la région du Strymon. Il fait décapiter les officiers et les soldats tombés entre ses mains. Il n'épargne personne, pas même les habitants grecs, ses alliés. Les soldats koumans sacrifient, après les avoir fouettés, les plus beaux de leurs prisonniers « à leurs démons », d'après le mot du chroniqueur [1]. Mais ce qui dépasse l'imagination, c'est la mort atroce infligée par Joannice à l'empereur latin Baudouin, son prisonnier. Voici comment nous la raconte l'historien byzantin Nicétas Choniate : « Ayant fait sortir Baudouin de prison, il (Joannice) lui fit couper, au moyen d'une hache, les pieds à la hauteur du genou et les bras jusqu'au coude [2]; il le fit ensuite précipiter, la tête en avant, dans une fosse. Baudouin y agonisa pendant trois jours; dévoré par les oiseaux de proie, il termina sa vie dans les pires souffrances » [3]. Son crâne servit ensuite de coupe à Joannice, selon la vieille coutume dont les Bulgares n'étaient pas encore parvenus à se défaire [4].

---

[1] Nicétas Choniate, p. 816.
[2] Les éditions du Louvre et de Bonn portent : Τενιδίῳ ἀντικρυς. Il est de toute évidence qu'il faut lire τενιδίῳ, diminutif de τένων = tendon.
[3] Nicétas Choniate, p. 847. Cf. G. Acropolite, I, p. 22.
[4] Cf. Songeon, p. 246.

Ces atrocités épouvantables ne pouvaient qu'indigner les Grecs, qui voyaient dans leurs alliés d'hier leurs plus féroces persécuteurs, et les rapprocher des Latins; de plus, elles déterminèrent Henri de Flandre, frère et successeur de Baudouin, et Boniface de Montferrat à se coaliser contre Joannice. Aussi, lorsque Joannice voulut, en décembre 1205, entrer dans Philippopoli, abandonnée par le duc Renier, les habitants grecs, rejetant ses avances, lui opposèrent une vive résistance. Plusieurs de ses assauts furent repoussés par les habitants que commandait un des notables de la ville, Aspiète; mais Joannice finit par l'emporter. Un drame terrible alors se déroula. « Il (Joannice) fit décapiter, raconte le Père Songeon, l'archevêque et écorcher vifs les principaux citoyens. Aspiète fut pendu la tête en bas, à une potence très élevée, par une corde qui lui traversait les talons. Palais ducal, remparts, tours, habitations, édifices publics, tout s'écroula sous le pic ou la torche »[1]. Mais Philippopoli n'est pas la seule ville grecque à qui ce sort fut réservé. « Il rasa, dit Georges Acropolite, jusque dans ses fondements, Philippopoli, ville des plus admirables, située sur l'Hèbre et, après, toutes les autres villes, Héraclée, Panion, Rodosto, Charioupolis, Trajanopolis, Macré, Claudiopolis, Mosynopolis, Périthéorion, beaucoup d'autres encore qu'il est inutile d'énumérer. De plus, il enleva les populations de tous ces pays pour les transporter sur les bords de l'Ister (Danube) »[2]. Enfin, Henri de Flandre parvint à chasser de Thrace ce démon, arrachant à ses griffes des dizaines de milliers de femmes et d'enfants, qu'il emmenait en Bulgarie, avec trois mille chariots remplis de butin. Henri de Flandre gagna ainsi l'affection des Grecs.

---

[1] Songeon, p. 247. Cf. Jireček : *Geschichte der Bulgaren*, p. 241.

[2] G. Acropolite, I, p. 23. Cf. Jireček : *Geschichte der Bulgaren*, p. 241 ; Hopf. : *Geschichte Griechenlands*, p. 216 sq.

Joannice tourna alors ses armes contre Boniface de Montferrat et lui enleva Serrès. Pour la première fois dans l'histoire, la principale ville de la Macédoine orientale tombait aux mains des Bulgares. L'événement était d'importance et méritait d'être fêté avec une solennité particulière. « La ville, nous dit Nicétas Choniate, fut livrée aux flammes, les murailles furent rasées, les habitants pris et emmenés en esclavage, chargés de chaînes »[1].

Boniface de Montferrat se porta contre Joannice et franchit le Rhodope. Mais ignorant tout du pays, il fut cerné par les Bulgares et tué avec un grand nombre d'autres croisés. Leurs têtes, atteste le chroniqueur français Villehardouin, qui avait participé à cette croisade, furent triomphalement promenées sur des piquets, pendant plusieurs jours, à travers la Bulgarie[2]. Joannice, s'étant enhardi à la suite de ce succès, avança en Macédoine et apparut devant les murs de Salonique. Mais là, pendant qu'il assiégeait la ville, il mourut (8 octobre 1207). Certains disent que sa mort fut causée par une pleurésie, d'autres qu'il a été tué par un certain Manastras, d'origine koumane. Celui-ci, indigné, paraît-il, à la pensée que Joannice allait recommencer ses atrocités habituelles dans la capitale macédonienne, le frappa d'un coup de poignard pendant qu'il dormait sous sa tente; prenant ensuite le commandement des troupes, il leva le siège et regagna la Bulgarie[3]. Mais pour les pieux Thessaloniciens,

---

[1] Nicétas Choniate, p. 816. Cf. G. Acropolite, I, p. 74; Villehardouin, *La conquête de Constantinople*, p. 233.

[2] Villehardouin, *La conquête de Constantinople*, p. 207. Pendant la Grande Guerre qui vient de finir, les Français, spécialement les Parisiens, auraient, paraît-il, rendu la pareille aux Bulgares !!! Celui qui aurait des doutes à ce sujet n'a qu'à lire un article de fond publié dans le journal de Sophia *Narodni Prava*, quelque temps après l'entrée en guerre de la Bulgarie, sous le titre : « Ce n'est pas nous les barbares. » L'auteur de l'article, dénonçant les « atrocités françaises » envers les Bulgares, en Macédoine, traite les Français de... Huns — lesquels, soit dit en passant, étaient frères des Bulgares — et termine ainsi : « Les véritables barbares sont ceux qui tuent leurs prisonniers et promènent leurs têtes sur des piquets dans les rues de Paris (!!!) » Voir les *Narodni Prava* du 16 novembre 1915.

[3] Cf. Jireček : *Geschichte der Bulgaren*, p. 241-242.

nous l'avons vu, Joannice mourut par la main de saint Démétrius, patron de la ville, qui, monté sur un cheval, pénétra dans le camp bulgare et tua de sa lance l'envahisseur barbare [1].

Voilà les hauts faits de Joannice, à propos desquels le Père Songeon l'appelle «grand roi» [2]. Ce sont aussi ces hauts faits que M. Zlatarsky prend pour base des « droits historiques » des Bulgares sur la Macédoine et la Thrace, en incorporant, dans la carte VII de l'atlas de Rizoff, ces deux infortunés pays à « la Bulgarie de l'époque de Kaloïan » [3]. Nous demandons au lecteur s'il est exagéré de qualifier ce procédé de cynique.

Le trône de la Bulgarie fut usurpé par Boril, l'un des complices du « crime », comme dit le Père Songeon, faisant allusion à la mort de Joannice [4]. L'admiration du Père Songeon pour Joannice n'a d'égale que la froideur qu'il montre à l'égard de Boril. « Son usurpation, dit-il, ne fut pas bienfaisante. Il n'eut aucunement à cœur de conserver et d'embellir l'édifice national (!); il laissa les lézardes s'agrandir et amener la chute d'une bonne portion de la monarchie bulgare, si courageusement reconstruite par l'énergique et avisé Kaloïan » [5]. Ces reproches du Père Songeon ne nous semblent pas tout à fait justifiés. Boril, en effet, tenta, lui aussi, une incursion en Thrace, en 1209, mais, malheureusement, il fut battu près de Philippopoli par Henri de Flandre [6] et, à partir de cette époque, fut obligé de rester tranquille.

En 1218, Jean Assen II, fils de Jean Assen 1er, détrôna Boril et se proclama roi de Bulgarie. Pour la première fois, nous rencontrons dans l'histoire des Bulgares un roi

---

[1] Voir *supra*, p. 124 et ci-contre la reproduction d'une icone du Saint.
[2] Songeon, p. 237. Cf. *supra*, p. 141.
[3] Rizoff : *op. cit.*, p. 17-18.
[4] Songeon, p. 248.
[5] Songeon, *ibid*.
[6] Cf. Jireček : *Geschichte der Bulgaren*, p. 244.

SAINT DÉMÉTRIUS*

* D'après une icône du Musée byzantin d'Athènes. Le Saint tue de sa lance le roi bulgare Joannice qui assiégeait Salonique. C'est cette légende qui a toujours inspiré les peintres de sujets religieux, dans leurs représentations du patron de la capitale macédonienne. Voir p. 124 et 241.

animé de sentiments humains. S'il ne put empêcher ses soldats de se livrer au pillage, il traita du moins ses prisonniers avec humanité et interdit sévèrement le massacre inutile des habitants. Il eut soin non seulement de faire de la Bulgarie un État puissant, mais encore, le premier parmi les princes bulgares, il fit quelque peu avancer son peuple dans la voie de la civilisation. Il fut sans aucun doute le meilleur des souverains bulgares. Mais le caractère doux de Jean Assen II ne pouvait plaire aux Bulgares d'aujourd'hui. Aussi le négligent-ils plutôt, tandis qu'ils ne cessent de chanter les louanges de Kroum, de Siméon et de Joannice.

Pendant que Jean Assen II était encore occupé à restaurer l'ordre en Bulgarie, que Boril avait laissée en proie aux troubles intérieurs, le despote d'Épire, Théodore Ange Comnène, accomplissait de grandes choses. Après avoir supprimé le royaume latin de Boniface de Montferrat, il transféra sa capitale de Jannina à Salonique. Son État comprenait, à cette époque, en dehors de la Macédoine, l'Albanie tout entière et la Thrace jusqu'à Andrinople. En 1223, Théodore fut proclamé basileus et reçut le sacre à Achride.

Théodore entretenait de bonnes relations avec Jean Assen II ; il conclut même avec lui une alliance contre les Latins. Mais, au lieu d'entrer en campagne contre ces derniers, Théodore préféra attaquer le monarque de Tirnovo, escomptant un succès plus facile. Toutefois, Assen II, mis au courant de ce projet, se porta rapidement à la rencontre de Théodore et le battit à Klokotnitza [1] (1229) ; il le fit prisonnier ainsi que les généraux [2]. C'est alors que Jean Assen II eut l'occasion de montrer combien il différait de ses prédécesseurs : au lieu de tuer ou de torturer ses pri-

---

[1] Le village actuel de Semidjé, au nord-ouest de Haskovo ou Haskeui, en Roumélie orientale. Voir Rizoff, *op. cit.*, p. 19.
[2] G. Acropolite, I, p. 42. Cf. Miliarakis : *Histoire du royaume de Nicée* (en grec), p. 252.

sonniers, il les laissa rentrer librement chez eux, sans même leur demander une rançon. Il se borna à garder Théodore seul, auquel, toutefois, il fit par la suite crever les yeux. Aussitôt après sa victoire, Jean Assen II occupa toutes les villes situées à l'ouest et au sud de la Bulgarie, jusqu'à une ligne partant d'Andrinople et se dirigeant, par Serrès et Méléniko, vers Dyrrachium, lequel resta grec [1]. Il installa dans quelques-unes de ces villes des garnisons bulgares, dans les autres des garnisons grecques; puis il revint en Bulgarie [2]. Le fait que Jean Assen II confia aux Grecs la garde de quelques villes ne doit pas nous surprendre; le roi bulgare avait, par sa conduite, gagné la sympathie et la confiance des Grecs, qui voyaient en lui un allié loyal dans la lutte contre les Latins. Voici, en effet, ce que nous apprend à ce sujet Georges Acropolite : « Jean Assen II fut alors, de l'aveu de tous, un prince admirable et bienheureux; car il n'usait pas de couteaux vis-à-vis des siens et il ne se teignait pas du sang des Grecs, comme les rois bulgares ses prédécesseurs; c'est pourquoi il était aimé non seulement des Bulgares, mais des Grecs et des autres peuples » [3]. D'ailleurs, comme en témoigne Jireček, Jean Assen II ne procéda à l'occupation des villes ci-dessus qu'après entente avec l'empereur grec de Nicée, Jean III Vatatzès, qui, lui aussi, appréciant les qualités personnelles du monarque bulgare, avait fait de lui son allié contre les Latins [4]. Il essaya même deux fois avec lui de reprendre Constantinople, mais les efforts des deux souverains ne furent pas couronnés de succès (1235-1236). Quelques années plus tard, en 1241, Jean Assen II mourait.

Dans la carte VIII de l'atlas de Rizoff, M. Zlatarsky ne se contente pas d'attribuer à la « Bulgarie de l'époque d'As-

---

[1] Voir *infra*, p. 245.
[2] Cf. Coconis : *Histoire des Bulgares*, p. 162.
[3] G. Acropolite, I, p. 42.
[4] Voir Jireček : *Geschichte der Bulgaren*, p. 264-265.

sen II » les territoires provisoirement occupés par ce dernier, lesquels, comme nous l'avons vu tout à l'heure, s'étendaient jusqu'à une ligne partant d'Andrinople et se dirigeant par Serrès et Méléniko vers Dyrrachium. Le professeur bulgare situe beaucoup plus au sud les limites de l'État d'Assen II ; il va même jusqu'à y englober le royaume grec de Salonique lui-même [1].

Pourtant, en ce qui concerne les conquêtes d'Assen II, nous possédons un document aussi rare qu'irrécusable. Nous voulons parler d'une inscription qu'Assen II lui-même fit graver, pour célébrer ses exploits, sur une colonne romaine, découverte dans les ruines d'une vieille église de Tirnovo par Daskaloff en 1858 [2]. Voici tout ce que dit Assen II dans cette inscription au sujet de ses conquêtes : « J'ai conquis toutes les terres d'Andrin (Andrinople) jusqu'à Drach (Durazzo), qui est resté grec, et, en outre, la terre albanaise et la terre serbe » [3]. Cette inscription concorde du reste avec les renseignements que nous possédons au sujet de la reprise par l'empereur grec Vatatzès des villes macédoniennes occupées par Assen II [4].

En ce qui concerne spécialement l'incorporation dans l'État bulgare du royaume grec de Salonique, il n'en est nullement question ni dans l'inscription d'Assen II ni dans les écrits de G. Acropolite et des autres historiens byzantins. Ces derniers nous apprennent, au contraire, que Théodore Ange ayant été fait prisonnier par Assen II, son frère Manuel prit en main le pouvoir jusqu'au jour où, après une captivité de dix ans, Théodore rentra dans son État et réoccupa son trône [5]. Ainsi donc M. Zlatarsky poussant les

---

[1] Voir Rizoff, *op cit*, p. 19-20.
[2] Daskaloff : *Découvertes de Tirnovo* (en russe), Moscou, 1859.
[3] Voir cette inscription dans Jireček : *Geschichte der Bulgaren*, p. 251-252, et dans Samuelson : *Bulgaria, past and present*, p. 179, où figure une reproduction de l'inscription. Le Père Songeon (p. 253) donne également cette inscription traduite en français, mais, prenant Drach (Durazzo) pour la *Thrace*, il traduit « jusqu'à la Thrace grecque », ce qui n'a pas de sens.
[4] Voir *infra*, p. 246.
[5] Cf. Jireček : *Geschichte der Bulgaren*, p. 251. Songeon, p. 257.

limites de l'État d'Assen II au delà de la ligne fixée par ce souverain lui-même, se montre, — et c'est le moins que l'on puisse dire — plus royaliste que le roi.

Après la mort de Jean Assen II, il n'y avait plus aucune raison de tolérer la présence des Bulgares en dehors de leurs frontières. Donc, le successeur de Théodore Ange, Michel II, occupa aussitôt l'Albanie, alors que les Serbes chassaient les Bulgares de leur pays. Vatatzès ne resta pas non plus inactif. Trois mois lui suffirent pour reprendre toutes les villes situées en Macédoine ou au nord de cette contrée, qui avaient été provisoirement occupées par Assen II. Il occupa d'abord Serrès et Méléniko, puis Stobi. Enfin, poussant vers le nord, il occupa Velessa, Scopia (Uskub), Velboujd (Kustendil) et, en général, tous les territoires situés au nord de la Macédoine, obligeant les Bulgares à signer la paix (1246)[1]. Ce fut plutôt une promenade militaire qu'une expédition. Les populations grecques s'empressaient de chasser les garnisons bulgares et d'accueillir triomphalement le souverain grec. Le récit de la reddition de la ville macédonienne de Méléniko, dans G. Acropolite, est particulièrement caractéristique. Méléniko était alors une grande cité en raison de l'affluence des réfugiés de Philippopoli, si éprouvée par les atrocités de Joannice. L'historien byzantin met dans la bouche du notable Nicolas Manclavitis ces paroles significatives : « Puisque le basileus des Grecs est arrivé jusqu'à nous, nous devons nous mettre entre ses mains; il est un maître fidèle et sait distinguer l'homme méchant de l'homme bon. D'ailleurs, il a eu de tout temps droit sur nous, car notre pays revient à l'autorité des Grecs; les Bulgares, avides du bien d'autrui, se sont rendus maîtres de Méléniko, mais nous tous nous sommes originaires de Philippopoli, de pure race grecque »[2].

---

[1] Cf. Jireček : *Geschichte der Bulgaren*, p. 264-265.
[2] G. Acropolite, I, p. 78.

Il ne restait plus aux Bulgares qu'une partie de la Thrace du nord et la région montagneuse du Rhodope. Théodore II Lascaris, qui succéda sur le trône de Nicée à Jean III Vatatzès, entreprit de compléter l'œuvre de son prédécesseur. S'étant mis en campagne contre les Bulgares, en 1256, il les battit à Berrhoé en Thrace [1]. Un an après, il remporta sur eux une nouvelle victoire non loin de ce défilé de Roupel, auquel des événements récents ont donné une triste célébrité; cette victoire lui permit d'occuper toute la région du Rhodope [2].

Pendant les longs siècles qui se sont écoulés depuis cette époque, c'est-à-dire depuis 1257, jusqu'aux dernières guerres balkaniques de 1912-1913, les Bulgares ne purent plus mettre le pied dans le moindre village de la Macédoine. Leur activité guerrière se borna par la suite, durant un siècle encore, à quelques incursions qui eurent pour théâtre la région nord-est de la Thrace. Dans ces incursions, les Bulgares furent puissamment secondés par de nouveaux éléments de même race, les Tatares ou Mongols, qui s'établirent en partie en Bulgarie et acquirent même une telle influence sur les Bulgares qu'ils surent leur imposer, à un certain moment, un roi de leur choix, Smiletz [3].

Les premières de ces incursions furent entreprises par Constantin Assen, qui occupa le trône de la Bulgarie en 1258. Faisons remarquer que ce monarque ne descendait point des Assenides; chose étrange, il était Serbe et même petit-fils d'Étienne Nemania [4]. Il prit le nom d'Assen, afin de s'identifier autant que possible avec ses sujets [5]. C'est Michel Paléologue qui, à cette époque, présidait aux destinées de l'hellénisme. Ayant succédé aux Lascaris sur

---

[1] G. Acropolite, 1, p. 112.
[2] G. Acropolite, I, p. 115. Cf. Coconis : *Histoire des Bulgares*, p. 170 sq.
[3] Cf. Coconis : *Histoire des Bulgares*, p. 167, et Songeon, p. 270.
[4] Voir *supra*, p. 234.
[5] Cf. Songeon, p. 264.

le trône de Nicée, il était parvenu à reconquérir Constantinople sur les Latins et à restaurer l'Empire grec de Byzance pour une durée de deux siècles (1261-1453). Michel Paléologue se porta aussitôt à la rencontre de Constantin Assen. Il le battit et nettoya le pays thrace jusqu'au pied de l'Hémus [1]. Mais Constantin Assen revint peu après à la tête de nouvelles troupes, auxquelles s'étaient jointes les hordes tatares. Pour écarter ce nouveau danger qui menaçait son empire, le basileus fut obligé de payer une somme d'argent au roi des Bulgares.

Michel Paléologue, craignant une nouvelle expédition des Latins, contracta une alliance, en 1272, avec Constantin Assen. Il consentit, à cette occasion, à lui donner comme épouse sa nièce Marie, lui promettant comme dot les villes d'Anchialos et de Messembria, qui se trouvaient toujours au pouvoir de Byzance. Mais Michel Paléologue dut revenir plus tard sur sa promesse, « car, nous dit l'historien byzantin Pachymère, elles (les villes en question) faisaient partie de la Grèce byzantine (Romanie) et ils (leurs habitants) étaient grecs, et il n'est pas raisonnable que des Grecs soient soumis au Bulgare » [2].

En 1277, Constantin Assen fut tué par un des partisans de Lachanas ou Ivaïlo, un porcher que les Bulgares élevèrent sur le trône de leur pays. Lachanas fut chassé peu après par Terter Ier (1280-1292). Pendant le règne de ce dernier, les Serbes commencèrent à descendre vers le sud sous le commandement de leur roi Ouroch II Miloutine (1282-1321). En 1322, les Grecs, après avoir battu Terter II, reprirent toutes les villes de la Thrace du nord jusqu'à l'Hémus [3]. En 1323, Michel Chichman, toparque de Vidin, fut proclamé roi de Bulgarie. Il réussit à enlever de nouveau aux Grecs les villes de la Thrace du nord. Mais en 1330, il fut tué au cours de la bataille de Velboujd (Kus-

---

[1] G. Pachymère, I, p. 210. Cf. Coconis : *Histoire des Bulgares*, p. 175.
[2] Pachymère, I, p. 341.
[3] Cf. Jireček : *Geschichte der Bulgaren*, p. 289.

tendil), où Étienne Ouroch III infligea aux Bulgares une défaite complète. A la suite de leur victoire, les Serbes s'emparèrent d'une grande partie de la Bulgarie de l'ouest [1]. Une révolution éclata à la suite de ces événements à Tirnovo. Le fils de Chichman Ier se vit obligé de chercher un asile chez les Tatares. Le trône de Bulgarie fut occupé par Jean Alexandre (1330-1365).

A l'époque de Jean Alexandre, la conquête serbe, avec Étienne Douchan (1330-1355), atteignit le maximum de son étendue. « En 1334, dit M. Ischirkoff, il s'empara sans rencontrer de résistance, des villes de Prilep (Prilapos), Okhrida (Achride), Kastoria, Vodéna, Stroumnitsa, etc.; mais, par le traité de paix du 26 août 1334, il dut céder à Byzance la Macédoine méridionale, ne gardant pour lui que la partie septentrionale. En 1341, il prit de nouveau Vodéna et, en 1345, Serrès » [2]. La prédominance de l'hellénisme en Macédoine, à cette époque, est prouvée, entre autres, par le fait que c'est précisément après l'occupation des villes macédoniennes précitées qu'Étienne Douchan crut devoir ajouter à son titre le nom des Grecs. « Il se fit proclamer, nous dit M. Ischirkoff lui-même, tsar des Serbes *et des Grecs* à Serrès et son couronnement solennel eut lieu le 16 avril 1346 à Scopié (Uskub) » [3]. Douchan réussit plus tard à étendre ses conquêtes dans toutes les directions; aussitôt après sa mort, toutefois, l'État ainsi constitué se disloqua.

C'est aussi à l'époque de Jean Alexandre qu'eurent lieu

---

[1] Jireček : *Geschichte der Bulgaren*, p. 293. Calligas : *Études d'histoire byzantine* (en grec), p. 418. Songeon, p. 274-275.

[2] Ischirkoff : *Les Confins occidentaux des terres bulgares*, p. 13.

[3] Ischirkoff, *ibid.* Nous ne contestons pas qu'Étienne ait employé aussi quelquefois le titre plus pompeux de « tsar et autocrate des Serbes, des Grecs, des Bulgares et des Albanais », comme le rapporte le même M. Ischirkoff un peu plus loin (p. 15), citant à cette occasion T. Florinsky (*Monuments de l'action législative de Douchan, tsar des Serbes et des Grecs* (en russe), Kiew, 1888, p. 41-42). Il est clair toutefois que la présence du nom bulgare n'est pas due à la conquête de la Macédoine, mais bien au fait que des territoires bulgares situés plus au nord avaient été rattachés à l'État serbe, depuis Étienne Ouroch III. Voir aussi Jireček : *Geschichte der Serben*, p. 414-415; Georgevitch : *Macedonia*, p. 45 sq., et *infra*, p. 253, n. 1.

les dernières guerres entre Grecs et Bulgares, toujours dans la même région située au sud de l'Hémus (Balkan). La fortune des armes fut tantôt favorable aux Grecs, tantôt aux Bulgares, secondés toujours par les Tatares [1]. La dernière guerre, qui eut lieu pendant la dernière année du règne de Jean Alexandre, en 1365, donna la victoire aux Grecs, qui réussirent encore à réoccuper Anchialos et Messembria, sur la Mer Noire [2]. Ainsi, les guerres gréco-bulgares se terminèrent par la victoire définitive des Grecs, au pied de l'Hémus, c'est-à-dire à l'endroit même où elles avaient commencé six siècles auparavant. C'est donc à juste titre que Jireček fait remarquer : « Les villes maritimes de Messembria et d'Anchialos, ainsi que la région voisine située au pied du Balkan, entre la mer et la Toundja, avec les villes d'Aétos, Rousso-Kastro, Diampolis, etc., restèrent l'éternelle pomme de discorde entre Byzance et la Bulgarie » [3].

M. Zlatarsky, ne voulant pas encore abandonner le terrain historique, ajoute aux cartes historiques de l'atlas de Rizoff, une dernière carte qui prétend représenter la Bulgarie après 1355, c'est-à-dire après la mort d'Étienne Douchan. Dans cette carte, M. Zlatarsky attribue à la Bulgarie, la Thrace du nord, sans en excepter Philippopoli. Comme nous l'avons vu plus haut, il est probable qu'en 1355, la Thrace du nord était sous la souveraineté de Jean Alexandre. Mais il est acquis que, au cours de la dernière année du règne de ce roi, c'est-à-dire en 1365, elle fut reprise, avec les villes d'Anchialos et de Messembria, par les Grecs qui, depuis cette époque, l'occupèrent définitivement.

M. Zlatarsky englobe aussi dans sa « Bulgarie après

---

[1] Cf. Jireček : *Geschichte der Bulgaren*, p. 302. Coconis : *Histoire des Bulgares*, p. 199 sq.

[2] Cantacuzène. III, p. 362. Cf. Jireček *Geschichte der Bulgaren*, p. 324 et Coconis : *Histoire des Bulgares*, p. 213.

[3] Jireček : *Geschichte der Bulgaren*, p. 377.

1355 » tout le nord de la Macédoine et la région de Castoria, en se justifiant comme suit : « Après la mort du roi Douchan, son vaste État se disloqua en de petits États, qui ne tardèrent pas à se déclarer indépendants. De cette façon en Macédoine furent constitués de territoires bulgares (sic) deux petits États indépendants : le royaume de Prilep (Prilapos), gouverné par le roi Valkachine, et, après sa mort, par son fils Kral Marco, glorifié si merveilleusement dans les chansons populaires bulgares (?) comme un héros légendaire, et puis la principauté de Velboujd (Kustendil) gouvernée par Jean Dragache avec sa mère et plus tard par son frère Constantin, gendre du roi bulgare Ivan Alexandre »[1].

Nous ferons d'abord observer que ces deux petits États, dont l'existence, d'ailleurs, fut éphémère, occupaient principalement les régions situées au nord de la Macédoine. Ils ne comprenaient de la Macédoine que la partie nord de cette contrée avec, peut-être, Castoria. Donc, la question se pose entre Serbes et Bulgares plutôt qu'entre Bulgares et Grecs. Nous ferons néanmoins remarquer que non seulement d'après les historiens serbes, mais aussi d'après Jireček lui-même, auteur de l'histoire des Bulgares, le Kral Marco (dit encore Marco Kraljevitch) était serbe[2]. Serbe était également Constantin Dragache[3]. Nous pourrions citer nombre d'autres témoignages en faveur de l'origine serbe des dynasties qui régnèrent dans les deux petits États, mais à quoi bon? Le lecteur n'admettra certainement pas qu'à la mort du tsar serbe Étienne Douchan le pouvoir ait été partagé entre des princes qui n'étaient pas serbes et qui étaient bulgares. D'ailleurs M. Zlatarsky lui-même n'ose point affirmer que Marco et Dragache fussent bul-

---

[1] Rizoff, op. cit., p. 21.
[2] Voir Jireček : Geschichte der Bulgaren, p. 331 sq. et 343 sq., et Geschichte der Serben, p. 430. D'ailleurs la langue bulgare ne possède ni le mot Kra (roi, en serbe), ni celui de Kraljevitch (fils de roi, en serbe).
[3] Voir Jireček : Geschichte der Bulgaren, p. 333 et Geschichte der Serben, p. 434 et 438. Ajoutons toutefois que le nom Dragache est d'origine grecque.

gares, ce qu'il n'aurait pas manqué de faire, s'ils l'avaient réellement été. Il se borne à nous dire de Constantin qu'il était « gendre du roi bulgare Ivan (Jean) Alexandre ». Mais cette circonstance est certes dépourvue de toute signification, et nous voulons croire que M. Zlatarsky ne la considère pas comme une raison suffisante pour prouver le caractère bulgare de l'État de Constantin.

En ce qui concerne le Kral Marco — dont l'État nous intéresse davantage, car il comprenait la région méridionale de Castoria — non seulement il était Serbe, mais, bien plus, il est le héros national des Serbes. Les chansons populaires qui célèbrent ses exploits ne sont point bulgares, comme le prétendent M. Zlatarsky et ses compatriotes [1]; elles sont bien serbes. La poésie populaire bulgare ne saurait nous offrir aucun poème historique ou héroïque. Nous traiterons cette question plus longuement dans le chapitre suivant. Nous invoquons néanmoins, dès maintenant, le témoignage d'un ami des Bulgares, d'Ami Boué qui écrit : « Dans la Bulgarie on n'entend point des poésies épiques *ni les chansons de Marc Kraljevitch*; mais on se plaît à exécuter des chansons de table, d'amour, etc. »[2]. Les Bulgares ne se contentent pas de s'approprier des pays étrangers; privés de héros nationaux et d'une poésie épique natio-

---

[1] P. ex. Ischirkoff : *Les confins occidentaux des terres bulgares*, p. 17 sq. Le même le bulgarophile Lindenberg : *Das neue Bulgarien*, Berlin, 1912, p. 75 sq.

[2] Ami Boué : *La Turquie d'Europe*, II, p. 107. Voici encore ce que dit M. Cvijić à ce sujet « Dans tous les milieux scientifiques, on sait que Marco Kraljević est un héros serbe; tout un cycle de chansons nationales glorifie ses exploits: il est l'incarnation des qualités de la nation serbe. Le nom de Marco est fameux aussi chez les autres Yougo-Slaves : Croates, Slovènes, Bulgares même. Mais les intellectuels bulgares confisquent le nom de Marco à leur profit. « Citons, dit M. Ischirkoff (voir la note précédente), une chanson populaire, où la nationalité de Marco est nettement soulignée ». Et il rappelle une chanson dans laquelle le nom bulgare revient 18 fois. Kraljević seul est noté 6 fois dans cette petite chanson : « Marco le Bulgare ». Les folkloristes savent tous que les chansons nationales ne répètent pas à chaque instant le nom national de leurs héros. Cette chanson, adultérée par les propagandistes bulgares, figure dans le *Sbornik bulgare*, édition du Ministère de l'Instruction publique de Sophia. Cette publication est remplie de chansons falsifiées, d'origine macédonienne. (Cvijić : *Questions balkaniques*, p. 26.)

nale, ils les empruntent aux autres. L'exemple du Kral Marco n'est pas unique. Nous verrons plus loin qu'ils n'hésitent pas à revendiquer plus d'un héros de la guerre de l'indépendance grecque, Marco Botzaris entre autres.

Les Bulgares, cependant, nous disent : Soit, les dynasties étaient serbes, mais les États étaient bulgares, leurs populations étant bulgares. Et ils invoquent à cette occasion les témoignages des historiens sur le caractère bulgare des Slaves macédoniens [1]. Nous avons dit plus haut ce que valent ces témoignages. Nous nous bornerons ici à faire observer que, suivant ce raisonnement, il faudrait considérer comme bulgare tout État fondé en Macédoine, voire le royaume latin du marquis de Montferrat ou le royaume grec de Théodore Ange Comnène qui l'a remplacé. Nous regrettons de ne pas pouvoir suivre M. Zlatarsky dans cette voie.

Jean Alexandre eut comme successeur Jean Chichman III, qui fut le dernier roi bulgare au moyen âge. L'État de Jean Chichman ne comprenait pas toute la Bulgarie. Déjà du vivant de Jean Alexandre, les provinces de l'ouest avaient été soumises au pouvoir de Jean Strachimir, dont la capitale était Vidin. D'autre part, les provinces riveraines de la Mer Noire avaient passé sous le pouvoir d'un seigneur valaque de Varna, nommé Dobritch, qui a légué son nom au pays situé près des bouches du Danube, la Dobroudja. Jean Chichman III crut qu'il n'y avait qu'un seul moyen de rattacher ces provinces à son État : il s'allia avec les Turcs, qui avaient déjà passé en Europe et avaient même occupé Andrinople, en 1365. Il couronna cette alliance en emprisonnant l'empereur grec Jean Paléologue, qui était venu lui demander son aide

---

[1] Voir Ischirkoff : *Les Confins occidentaux des terres bulgares*, p. 16 sq. et 132 sq. L'auteur soutient surtout que Valkachine (Vlkaschine) est appelé par certains vieux historiens « maître des pays bulgares, souverain de Bulgarie. Tsar bulgare ». Il se fit pourtant lui-même appeler « prince des Serbes et des Grecs » et non des Bulgares Voir Jireček: *Geschichte der Serben*, p. 423, 430 et 433, et Georgevitch : *Macedonia*, p. 46.

contre les Turcs [1], et en envoyant sa propre sœur au harem du sultan Mourad Ier [2].

En 1389, les Turcs battaient les Serbes à Kossovo, malgré l'héroïque résistance de ces derniers. Après cette victoire, quelques promenades militaires suffirent aux Turcs pour occuper toute la Bulgarie. Les Bulgares qui, selon les calculs du rédacteur militaire d'un journal de Sophia, ont fait quatre-vingt-trois guerres contre les Grecs [3], ne crurent pas devoir opposer de résistance aux Turcs qui venaient asservir leur pays. Dès la première attaque des Turcs, Jean Chichman III s'empressa « de se jeter aux genoux du grand vizir, comme nous le dit le Père Songeon, et de le supplier d'obtenir sa grâce » [4]. Les boyards s'empressèrent également d'embrasser en masse l'Islam, pour garder en qualité de *djorbadjis* quelques vestiges de leurs anciens privilèges [5]. Il en fut de même avec une bonne partie du peuple bulgare, surtout les bogomiles et les adamites, qui, d'après le Père Songeon, « reçurent les Turcs à bras ouverts et passèrent en nombre dans les rangs de l'Islam » [6]. Les Turcs ne rencontrèrent de résistance qu'à Tirnovo, ville, d'ailleurs, plutôt grecque que bulgare [7]; l'organisateur de la défense fut le patriarche Euthyme, le seul homme remarquable dont puisse s'enorgueillir la Bulgarie du moyen âge [8]. Mais Tirnovo ne tarda pas à tomber à son tour aux mains des Turcs (1393) [9].

L'Empire grec, après avoir pendant des siècles lutté contre les Turcs en Asie, se trouvait maintenant bloqué

---

[1] Cf. Jireček: *Geschichte der Bulgaren*, p. 325; William Miller: *The Balkans*, p. 186.
[2] Cf. Jireček: *Geschichte der Bulgaren*, p. 326 sq.
[3] Voir le *Zaria* du 15 décembre 1915.
[4] Songeon, p. 292. Cf. Jireček: *Geschichte der Bulgaren*, p. 342.
[5] Cf. Jireček, *op. cit.*, p. 393. Coconis: *Histoire des Bulgares*, p. 232.
[6] Songeon, p. 282.
[7] Voir *supra*, p. 154.
[8] Voir Jireček: *Geschichte der Bulgaren*, p. 444; Songeon, p. 297.
[9] Cf. Jireček, *op. cit.*, p. 347.

par eux sur le sol de l'Europe. Il ne pouvait plus espérer recevoir le moindre secours des Balkans. Et ses appels à l'Europe occidentale étaient vains. En 1430, Salonique tombait aux mains des Turcs. Il ne restait plus à l'Empire grec qu'à mourir en beauté. Il le fit dans sa capitale. Constantinople ne succomba que le 29 mai 1453, après une défense héroïque qui fit l'admiration du monde entier. Le dernier empereur grec, Constantin XI, tomba sur les remparts mêmes de Byzance, avec la poignée de braves qui lui était restée. Byzance n'a pas fait que survivre pendant mille ans à Rome, elle a su encore mourir [1].

V. — Conclusion.

Voilà, d'après les sources et les témoignages les plus sûrs, toute l'histoire médiévale des Bulgares dans leurs rapports avec la Macédoine et, en général, avec les provinces grecques de l'Empire de Byzance. En commençant notre récit, nous avons averti le lecteur qu'il ne s'agissait que d'une série monotone d'incursions plus sauvages les unes que les autres, comme c'est le cas de toute peuplade barbare qui n'a à son actif ni hommes supérieurs, ni actions ayant eu une influence quelconque sur la vie morale de l'humanité. Celui qui aura lu les pages qui précèdent sera sans doute de cet avis. Nous avons particulièrement insisté sur ce fait qu'on chercherait en vain le mobile des incursions bulgares en dehors de l'espoir du butin. Elles n'ont pas été entreprises dans un but de conquête et d'annexion ou d'expansion nationale, encore moins dans un but de libé-

---

[1] Sur la prise de Constantinople voir surtout Edwin Pears : *The destruction of the Greek Empire and the story of the capture of Constantinople by the Turks*, New-York and Bombay, 1903 ; de même le magnifique ouvrage de M. G. Schlumberger : *Le siège, la prise et le sac de Constantinople par les Turcs en 1453*, Paris, 1914.

ration de populations opprimées, comme les historiens bulgares ont l'impudence de le prétendre. La meilleure preuve à l'appui de notre thèse nous a été fournie, comme le lecteur a pu le voir, par Kroum et par Siméon eux-mêmes, c'est-à-dire précisément par ceux que les Bulgares considèrent comme leurs plus grands souverains et leurs plus habiles capitaines. Pareils à tous les autres chefs bulgares, ces deux souverains nous ont également montré que, une fois leur soif du butin satisfaite, ils s'empressaient de retourner en Bulgarie, abandonnant de leur propre gré les régions saccagées, les détruisant même par le fer et par le feu, tels des pays ennemis [1].

En outre, le lecteur a pu se rendre compte, par nos indications géographiques, que les incursions bulgares n'ont jamais eu pour théâtre la totalité de la Macédoine. Les Bulgares n'ont jamais atteint la mer Égée. Salonique avec la Chalcidique, Cavala, Drama et, en général, à l'exception de Serrès, la Macédoine orientale tout entière, qui, fait aujourd'hui partie de la Grèce, n'ont jamais été occupées par les Bulgares. Serrès même n'a été la première fois, enlevée aux Grecs qu'en 1206, par Joannice; ce monarque sauvage, du reste, détruisit la ville de fond en comble et ne la conserva que peu de temps. C'est encore dans des conditions spéciales que Serrès fut plus tard occupée pendant quelques années par Jean Assen II. D'une façon générale on peut dire que la plupart des incursions bulgares eurent lieu dans la partie nord de la Macédoine seulement, ou dans des villes et sur des territoires considérés généralement comme macédoniens, mais se trouvant, en réalité, en dehors des limites véritables de la Macédoine [2].

Enfin, le lecteur a pu se rendre compte, par les indications chronologiques que les incursions bulgares en Macé-

---

[1] Voir *supra*, p. 166 et 192.

[2] Nous avons traité longuement, plus haut (p. 18 sq.) la question des limites macédoniennes. Les régions d'Achride, Velessa, Scopia, etc., sont en dehors de la Macédoine.

doine ont été des entreprises éphémères. Elles n'ont duré que le temps nécessaire pour le pillage et la destruction des régions qui ont eu à en souffrir. Seules l'invasion de Samuel et l'occupation de Jean Assen II ont duré un certain nombre d'années. Mais ces deux occupations, relativement plus longues, ne donnent, non plus, aux Bulgares aucun titre historique pour la revendication de ce pays.

En effet, comme nous l'avons vu, l'invasion de Samuel ne fut, à proprement parler, qu'une série d'incursions entreprises dans un but de pillage. C'est une vérité que démontrent, entre autres, les richesses trouvées par Nicéphore Ouranos dans le camp de Samuel, près du fleuve Sperchios, et celles trouvées plus tard par Basile II à Achride [1]. D'ailleurs, Samuel ne réussit pas, lui non plus, à occuper la Macédoine tout entière; Salonique et toute la Macédoine orientale restèrent toujours aux mains des Grecs. Il ne put jamais s'établir d'une façon stable même dans les autres parties de la Macédoine; c'est grâce à l'occupation de quelques places fortes seulement qu'il parvint à imposer son autorité à la population. D'ailleurs, il dut guerroyer pendant plusieurs années avant de pouvoir occuper certaines de ces villes, alors que d'autres ne tardèrent pas à échapper à son pouvoir. D'une façon générale, Samuel ne put se maintenir en Macédoine que par la violence, profitant de ce que l'empereur grec Basile II se trouvait aux prises avec Bardas Scléros et avec les Mahométans en Asie. Dès que le basileus eut les mains libres, les entreprises de Samuel prirent fin et la Macédoine fut débarrassée des envahisseurs bulgares [2].

L'occupation de Jean Assen II est encore moins significative. Le roi bulgare n'y procéda qu'après entente avec l'empereur grec de Nicée, Vatatzès, au nom duquel, en quelque sorte, il occupa la Macédoine [3]. Il se borna,

---

[1] Voir *supra*, p. 217 et 220.
[2] Voir *supra*, p. 217 sq.
[3] Voir *supra*, p. 244.

d'ailleurs, à occuper les villes de Serrès et de Méléniko et la région extrême nord macédonienne de Stobi, en laissant ici des garnisons bulgares, là des garnisons grecques. Après la mort de Jean Assen II, ces villes s'empressèrent de se rendre à Vatatzès, qui incarnait alors l'idéal hellénique [1]. Et encore, n'insistons-nous pas sur l'origine d'Assen II qui était Valaque et non Bulgare.

D'ailleurs, l'occupation de Samuel et celle d'Assen II n'eurent qu'une durée encore très limitée. La première dura de 977 à 1002 [2], c'est-à-dire vingt-cinq ans, ou, tout au plus, jusqu'en 1018, date de la prise d'Achride, ce qui fait quarante et un ans. L'occupation de Jean Assen II dura de 1229 à 1246, époque à laquelle les quelques villes macédoniennes occupées par les Bulgares reconnurent le pouvoir de l'empereur grec Vatatzès [3]; l'occupation bulgare ne fut donc, cette fois, que de dix-sept ans. Nous avons ainsi une occupation partielle de la Macédoine par les Bulgares tout au plus de *cinquante-huit années*. Or, depuis l'installation des Bulgares dans les Balkans jusqu'au jour où, après la prise de Salonique, la Macédoine passa aux mains des Turcs, c'est-à-dire de 679 à 1430, il s'est écoulé *sept cent cinquante et un ans*. Pendant cette longue période, la Macédoine resta sous la souveraineté de l'Empire grec. Nous avons donc cinquante-huit ans d'occupation partielle de la Macédoine par les Bulgares, en face d'environ sept siècles d'occupation totale de cette contrée par les Grecs [4]. Et encore, ne comptons-nous pas les quinze siècles pendant lesquels, avant l'apparition des Bulgares, la Macédoine vécut de la vie grecque au même titre que les autres pays hellènes. Mais admettons pour un instant comme vraies les théories bulgares sur l'occupation de la Macédoine

---

[1] Voir *supra*, p. 246.
[2] Voir *supra*, p. 210 et 217-218.
[3] Voir *supra*, p. 244 et 246.
[4] Il est vrai que nous omettons la courte occupation de la Macédoine du nord par les Serbes. La prendrions-nous en considération, qu'elle n'affaiblirait en rien la valeur de nos chiffres.

par leurs ancêtres, théories dont nous avons démontré le peu de valeur. Nous aurons une occupation de cent ou, tout au plus, de cent cinquante ans, chiffre qui dépasse les calculs des Bulgares les plus chauvins. Il restera toujours six siècles d'occupation par les Grecs. Que signifient donc les études et les cartes historiques des érudits de Sophia? Dans le même ordre d'idées, les Grecs ne pourraient-ils pas revendiquer aujourd'hui non seulement la Macédoine tout entière, mais encore la Bulgarie elle-même, qu'ils occupèrent à l'époque de Jean Tzimiscès et de Basile II pendant deux siècles, et qui, avant l'invasion d'Asparouch, était une province de l'Empire grec? Et, pour soutenir ces revendications, ne pourraient-ils pas opposer à l'atlas de Rizoff les cartes historiques de l'hellénisme pendant plusieurs siècles, où non seulement la Bulgarie, mais encore bien d'autres pays se trouvaient sous la souveraineté grecque [1].

La vérité, nous l'avons vu, est bien différente de ce que Rizoff s'évertue à démontrer au moyen des cartes historiques du professeur Zlatarsky. La vraie frontière sud de la Bulgarie, sa frontière historique en même temps qu'ethnique, a été pendant tout le moyen âge le mont Hémus ou Balkan. C'est un fait reconnu même par des auteurs slaves. Citons le russe M. Nicolas Dournovo, qui dit : « Il ressort de l'histoire des Bulgares que leur royaume, qui s'effondra en 1394, ne dépassa jamais les limites du Danube, de l'Hémus et du Pont-Euxin » [2]. Et encore faudrait-il retrancher de ce territoire les régions maritimes jusqu'à Anchialos et Messembrie, qui, avec la région de Zagora située au sud de l'Hémus, ont constitué, d'après le mot

---

[1] C'est ce qu'a fait récemment M. S.-P. Phocas-Cosmétatos dans son ouvrage : *La Macédoine, son passé et son présen*', libr. Payot et Cie, Lausanne-Paris, 1919.

[2] N. Dournovo : *Les Bulgares ont-ils des droits historiques en Macédoine, en Thrace et en Vieille-Serbie?* (en russe et en grec), Moscou, 1896. Le distingué écrivain soulignait encore, dans le *Pétrogradskia Viédomosti* du 30 mars 1916, que « les Bulgares ne se sont jamais établis en Macédoine, où leurs conquêtes furent de courte durée, et d'où ils furent chassés tantôt par les Grecs, tantôt par les *Slaves macédoniens* ».

de Jireček, l'« éternelle pomme de discorde entre Byzance et la Bulgarie »[1]. Si ces territoires ont été quelquefois légitimement occupés par les Bulgares, l'occupation grecque n'en fut pas moins légitime; de plus, elle fut beaucoup plus durable. Ainsi les titres bulgares basés sur l'occupation des territoires macédoniens perdent toute valeur en regard des titres des Grecs qui, d'ailleurs, en restèrent les derniers possesseurs avant la conquête turque.

Ces conclusions de l'histoire sont confirmées par la conception qui a prévalu, dès les premiers siècles de la domination turque au sujet des limites des pays grecs et du pays bulgare. Les Turcs appelèrent *Bulgar-Ili* (pays des Bulgares), la seule contrée située au nord de l'Hémus, c'est à savoir l'ancienne Mésie Inférieure[2]; ils donnèrent par contre le nom de *Roum-Ili* (pays des Roums = des Grecs) aux territoires situés au sud de cette même montagne. Les témoignages des vieilles cartes géographiques que nous reproduisons ici sont encore plus éloquents. Ainsi que le lecteur pourra s'en rendre compte, la Macédoine non seulement y est décrite comme pays grec, mais elle est encore comprise dans la Grèce proprement dite, c'est-à-dire dans la Grèce telle qu'elle était dans l'antiquité. La Thrace, connue comme pays grec surtout à l'époque de Byzance, est appelée *Romania*, de *Roum*, le nom que l'on donnait aux Grecs au moyen âge. La Bulgarie n'occupe que le pays au delà de l'Hémus. Les géographes n'ont fait avancer ces limites que le jour où, en 1885, les Bulgares réussirent à s'approprier la Thrace du nord, qui avait été proclamée province autonome par le traité de Berlin de 1878, sous le nom de Roumélie (*Roum-Ili*) orientale, c'est-à-dire *Pays grec oriental*.

---

[1] Voir *supra*, p. 250.
[2] Cf. Mentelle et Malte-Brun: *Géographie mathématique, physique et politique*, Paris, 1804-1805, p. 110.

PL. VIII.   Carte tirée du *Theatrum Orbis terrarum* d'Abraham ORTELIUS; Anvers, 1570 *.

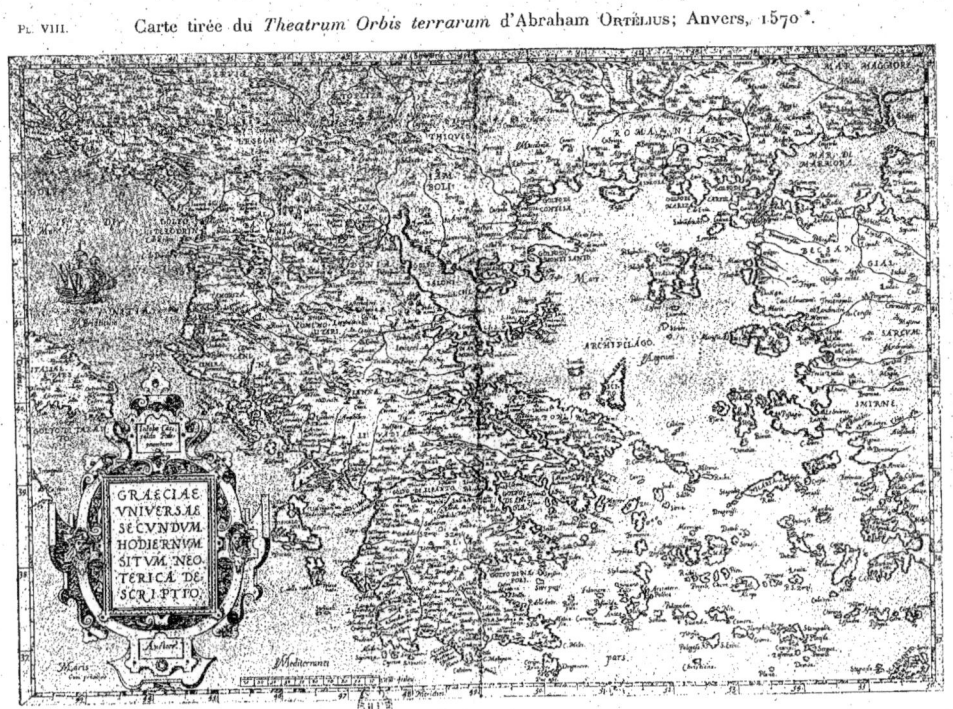

* Cette carte nous montre les pays qui, selon les géographes du XVI° siècle, devaient être englobés dans la dénomination de Grèce en général. Il est curieux de remarquer que les limites de cette Grèce concordent d'une façon surprenante avec les frontières grecques revendiquées actuellement devant le Congrès de la paix.

Pl. IX.   Carte tirée de l'*Atlas sive Cosmographia* de Gérard MERCATOR; Amsterdam, 1598 *.

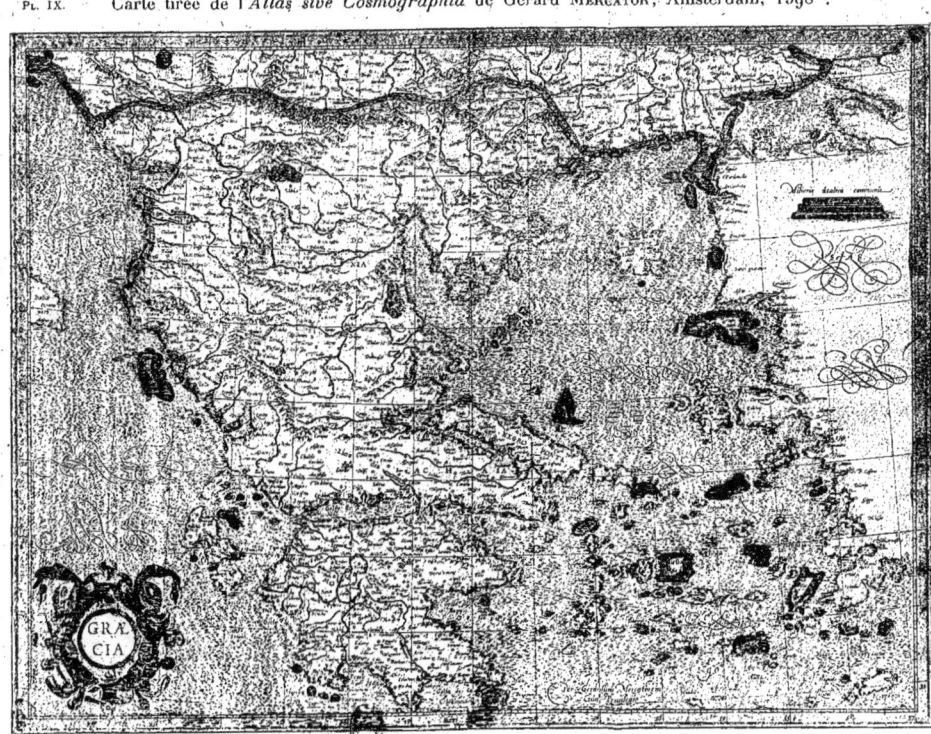

* Cette carte, comme on le voit, fait rentrer la Macédoine dans la Grèce proprement dite. La Thrace, province byzantine par excellence, figure sous le nom de *Romania*, qu'elle reçut sous Byzance, lorsque les Grecs étaient appelés *Romains*.

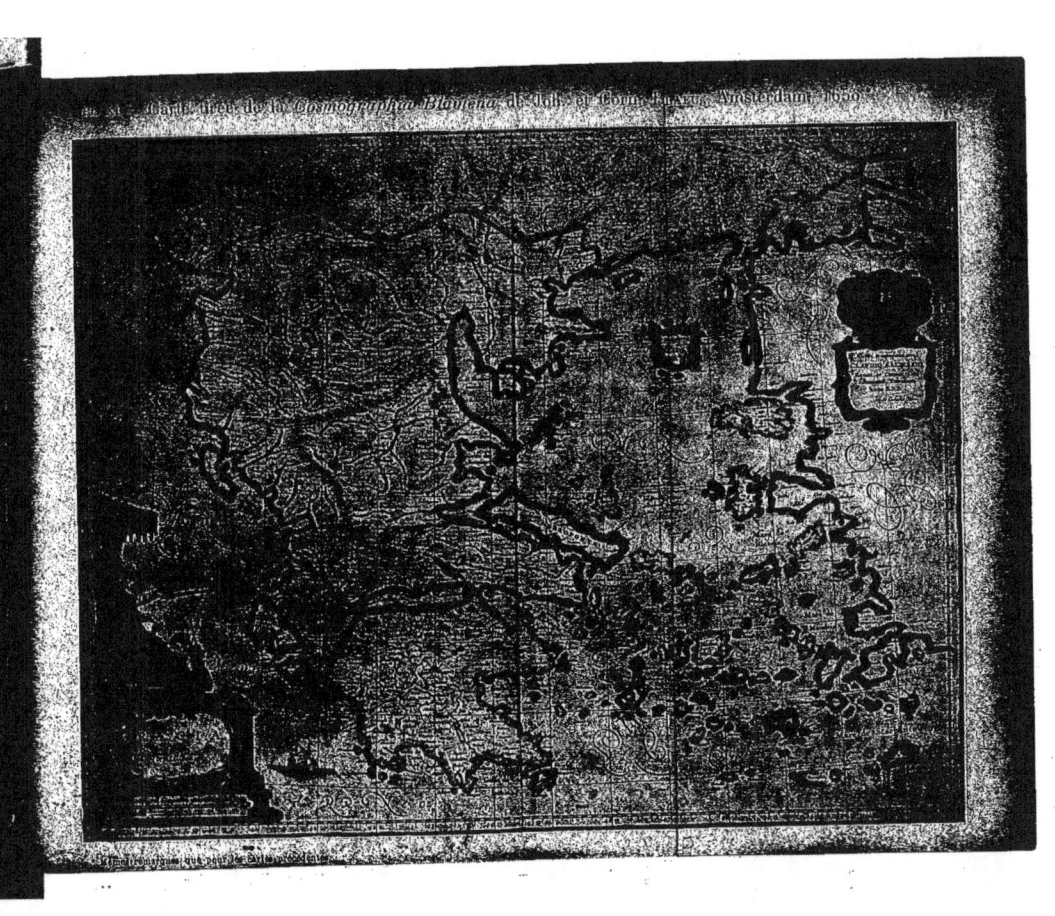

La force et l'étendue de l'État et de la nation bulgares au moyen âge sont donc loin de justifier, au point de vue historique, les patriotes de Sophia, quand, en opposition avec les Grecs, ils revendiquent la Macédoine et formulent leur prétention à l'hégémonie balkanique. Mais là où la comparaison entre Grecs et Bulgares finit par faire sombrer dans le ridicule les exigences de ces derniers, c'est quand nous nous transportons sur le domaine moral, que les Bulgares négligent complètement. Ils se bornent, en effet, à fonder historiquement leurs prétentions sur les entreprises de pillages et de dévastations réalisées par leurs ancêtres. « Ces Mongols slavisés, remarquait très justement le *Temps* à propos de ces prétentions, revendiquent, outre la Macédoine, toutes ces régions sud-danubiennes, où leurs ancêtres ne surent que détruire tous les monuments de l'antique civilisation (est-ce seulement les monuments?). En vertu de ces conquêtes passagères qui remontent à dix siècles et dont la domination musulmane ne put même pas faire oublier les horreurs, ils se proclament les maîtres légitimes des Balkans »[1] ! Pourtant le droit à l'hégémonie sur autrui ne peut pas être fondé sur des pillages et des destructions de toute sorte. L'hégémonie ne peut être que la conséquence d'une civilisation supérieure. C'est à cette seule condition que les nations avancées en civilisation établissent aujourd'hui leur hégémonie sur des nations moins civilisées, même si ces dernières sont numériquement supérieures; ce qui, empressons-nous de le dire, n'est certes pas le cas des Bulgares qui, vis-à-vis des Grecs, sont leurs inférieurs, non seulement au point de vue de la civilisation, mais encore au point de vue numérique. M. Ischirkoff lui-même avoue ce dernier désavantage en écrivant que « parmi les peuples des Balkans, les Bulgares sont, après les Albanais, les moins nombreux »[2].

---

[1] Voir le *Temps* du 30 décembre 1915.
[2] Ischirkoff : *Les confins occidentaux des terres bulgares*, p. 5.

Et nous tenant sur le terrain moral, nous voyons que le droit bulgare à l'hégémonie balkanique ne peut se fonder ni sur la façon dont les Bulgares se conduisirent au moyen âge en Macédoine et dans les autres pays étrangers, ni même sur ce qu'ils ont fait, à cette même époque, dans leur propre pays. On peut affirmer sans exagération que, malgré le voisinage de Byzance qui fut incontestablement l'État le plus civilisé du moyen âge, les Bulgares n'ont presque pas pu modifier, tout au long des siècles de leur vie balkanique, le caractère primitif de leur existence. Leurs pires cruautés, les plus grandes dévastations dans les pays qu'ils envahirent, ne les ont-ils pas commises au temps de Joannice, au XIIIe siècle, c'est-à-dire près de six siècles après leur installation dans les Balkans? Joannice ne se plaisait-il pas à boire dans un crâne humain, exactement comme Kroum le faisait cinq siècles plus tôt? Les Goths, les Syriens, les Arméniens, les Géorgiens, les Musulmans eux-mêmes acceptèrent volontiers la civilisation byzantine et subirent ainsi l'influence indirecte de l'antiquité grecque; et non seulement ils voulurent copier Byzance, en matière d'art et de littérature, mais encore développèrent-ils, avec une certaine originalité, leur civilisation nationale. C'est bien au contraire, avec peine et par la contrainte que les Bulgares purent recevoir des Grecs, outre le christianisme, certains éléments de civilisation. Et il y a encore ceci de caractéristique : alors que plusieurs Arméniens et Ibères et, avant eux, plusieurs Goths ont occupé de hautes fonctions dans l'Empire byzantin, aucun Bulgare n'a cependant pu s'y distinguer, durant le temps où leur pays était sous la souveraineté byzantine, ni comme général, ni comme écrivain, ni comme chef religieux, ni comme fonctionnaire [1].

---

[1] Cf. Bury : *Later Roman Empire*, I, p. 78; Rambaud : *Constantin porphyrogénète*, p. 535 sq. Il est également à remarquer que même parmi les Slaves purs, très peu nombreux sont ceux qui se distinguèrent à Byzance. On ne cite que quelques généraux slaves, d'ailleurs insignifiants, et un pa-

Et cette même remarque s'applique aussi à leur histoire ultérieure, dans le cadre de l'Empire ottoman [1].

Malgré un sol propice à l'élevage et à l'agriculture, les Bulgares n'ont pas réussi à obtenir leur suffisance agricole, en exploitant, ne serait-ce que par des moyens primitifs, ces deux sources de richesse. Les écrivains byzantins parlent souvent de famine en Bulgarie [2]. Et c'est peut-être dans cette insuffisance alimentaire que nous devons rechercher le mobile des si fréquentes razzias tentées par les Bulgares. Mais, d'un autre côté, si ce système des Bulgares d'entretenir leur État et de s'entretenir eux-mêmes par ces procédés de pillage et d'incursions, leur a permis de se développer dans l'art militaire, en copiant encore les Grecs, ce système a contribué en même temps à ce que le travail fût négligé dans leur pays. Les Bulgares n'ont sérieusement envisagé les moyens de se nourrir grâce à leur propre terre, qu'à partir du jour où la domination turque arrêta net leurs incursions médiévales [3]. Dans les siècles précédents, Kroum et Boris 1er lui-même, sous le règne duquel le christianisme fut introduit en Bulgarie, ignoraient jusqu'à la culture des arbres à fruits; ce n'est que vers la fin du IXe siècle que Clément initia les Bulgares, comme nous l'avons déjà dit, à cette branche de l'agriculture, en transplantant de « la terre grecque » toutes sortes d'arbres de culture et en faisant, par le moyen de la greffe, de toute la flore sauvage une flore cultivée [4]. Ce sont

---

triarche, nommé Nicétas, qui était un Slave helléniste (Voir Rambaud, *op. cit.*, p. 534 et 766 à 780). Thomas, l'adversaire de Michel II, était selon les uns slave, selon les autres arménien (Voir Bury, *op. cit.*, I, p. 11, n. 4). On a jadis prétendu que les empereurs Justinien et Basile 1er de même que le général Bélisaire étaient d'origine slave, mais ces théories furent depuis longtemps réfutées (Voir pour Justinien, Bury, *op. cit.*, I, p. 334; pour Basile 1er, Bury : *Eastern Roman Empire*, p. 165, et Vogt: *Basile Ier, empereur de Byzance*, p. 21; pour Bélisaire, Jireček : *Geschichte der Serben*, p. 49, n. 2).

[1] Voir *infra*, p. 301-302.
[2] Voir, par exemple, *supra*, p. 200.
[3] Voir *infra*, p. 295.
[4] Voir *supra*, p. 177.

encore les Grecs qui apprirent aux Bulgares les méthodes d'horticulture, comme le montrent les mots, qui en bulgare désignent les jardins : *perivol, kipourjie* et qui sont littéralement empruntés au grec (*perivoli, kipourion*)[1].

A vrai dire, les Bulgares n'ont jamais eu de commerce. Toute leur activité commerciale se réduisait surtout à des échanges de marchandises. L'emploi de la monnaie leur était, pendant des siècles entiers, inconnu. C'est l'historien Zlatarsky, le collaborateur de Rizoff, qui le confirme : « Les plus anciennes monnaies bulgares, écrit-il, connues jusqu'à présent sont frappées par le roi Jean Assen II »[2]. Elles remontent par conséquent à l'avant-dernier siècle à peine de la vie médiévale des Bulgares. Il est possible, toutefois, que précédemment ces derniers aient employé des monnaies byzantines, recueillies au cours de leurs incursions. Ces incursions rendirent, d'autre part, superflu tout développement de l'industrie bulgare. On ne rencontre chez les Bulgares, pendant tout le moyen âge, pas la moindre industrie, ils ne possédaient le moindre navire non plus.

L'administration bulgare n'a guère pu, à son tour, abandonner, pendant le moyen âge, son caractère primitif. Les boyards, véritables exploiteurs du peuple, furent, aux dernières années de la période médiévale, plus puissants encore que sous le règne d'Asparouch. Le seul mérite des Bulgares en matière administrative consista à adopter certaines fonctions byzantines, telles que celles du *Kefalia* (chef, du mot grec κεφαλή = tête, chef); *Kastrofilak* (gardien de fort, du mot grec καστροφύλαξ) ; *Katepan* (du mot grec ὁ κατεπάνω = celui qui est dessus); Primikiur (premier maître, de πριμηκύριος); Logothet (de λογοθέτης)[3]. Quant à une législation bulgare, nous n'en connaissons

---

[1] Cf. Jireček : *Geschichte der Bulgaren*, p. 413.
[2] Voir le *Bulletin de la Société archéologique* de Sophia, t. 1, 1910, p. 29. Cf. Mouchmow : *Contribution à la numismatique bulgare*, dans la même publication, t. IV, 1915, p. 49 sq.
[3] Cf. Jireček, *op. cit.*, p. 386 et 405.

pas la moindre trace, pas plus que la moindre traduction de loi byzantine. Jireček écrit à ce sujet : « Un livre de lois bulgare que l'on pourrait mettre à côté du Zakonik du tsar des Serbes Douchan, du statut croate de Vinodol, de la Ruskaya Pravda, du statut polonais de Wislicki ou du Jus Conradi de Bohême, n'a pas encore été trouvé jusqu'ici »[1]

Passons aux lettres et aux arts. Nous avons vu plus haut que c'est Cyrille, qui était grec et non bulgare ni slave non plus, qui inventa un alphabet pour les langues slaves[2]. Nous avons fait également remarquer que, grâce à l'alphabet cyrillique, il y eut en Bulgarie, sous le règne de Siméon, un certain mouvement intellectuel qui se réduisait du reste à la traduction de quelques œuvres grecques et de quelques rares œuvres latines[3]. Ce travail de traduction, interrompu avec la mort de Siméon, a repris à peine trois siècles plus tard, aux temps de Jean Assen II et ensuite de Jean Alexandre pour disparaître cette fois définitivement.

Ce manque de continuité démontre, à lui seul, que même ce simple mouvement intellectuel ne répondait pas à une manifestation spontanée de la nation bulgare; c'était un mouvement artificiel, émanant de quelques hellénistes étrangers, notamment des Grecs. Le mauvais style des traductions en témoigne aussi[4]. Les ouvrages traduits étaient, d'autre part, presque toujours d'ordre religieux. On n'a traduit que de très rares œuvres historiques grecques et, encore, non les meilleures[5]. Et il est caractéristique qu'aucun fragment historique parlant des Bulgares ou des Slaves, ne fut traduit.

---

[1] Jireček, *op. cit.*, p. 407.
[2] Voir *supra*, p. 180.
[3] Voir *supra*, p. 185 sq. Cf. Novakovitch et Malet : *Les Slaves du Danube et de l'Adriatique, jusqu'à la conquête turque*, dans Lavisse et Rambaud : *Histoire générale*, III, p. 903.
[4] Cf. Murko : *Die südslavischen Litteraturen*, dans Hinneberg : *Die Kultur der Gegenwart*, 1, 9, p. 204.
[5] Cf. *supra*, p. 186; Murko, *ibid.*, p. 200 sq. et Jireček, *op. cit.*, p. 423.

Les Bulgares n'ont fait preuve d'une certaine originalité qu'en composant quelques biographies de saints, dont s'est occupé le patriarche Euthyme, que nous avons déjà élogieusement cité [1]; il était d'ailleurs l'élève d'un moine grec, de Grégoire le Sinaïte [2]. Pour ce qui est d'œuvres poétiques, les Bulgares n'en ont produit aucune. Comme le remarque Murko, « l'année qui vit naître en Bulgarie la poésie écrite (*Kunstpoesie*) est l'année 1845 » [3] ! En matière historique, voire même chronographique, leur stérilité est tout aussi complète. « Ce peuple, dit avec raison Albert Dumont, n'a ni traditions personnelles, ni chroniques de quelque valeur; il ignore son passé : pour s'en instruire, il est réduit à consulter les Byzantins » [4].

Le bilan de la production médiévale des Bulgares est encore plus attristant, en matière artistique. Le même éminent archéologue, Albert Dumont, est obligé de remarquer : « S'il y a une civilisation bulgare, elle n'a laissé, que je sache, ni une médaille, ni un poème, ni un monument » [5]. Les Bulgares prétendent naturellement que leurs monuments furent détruits par les Grecs. C'est un mensonge. Un aveu officiel bulgare en témoigne, celui de M. Pantcheff, directeur du Musée national de Sophia. En avril 1916 on célébrait à Petritch, ville de la région macédonienne attribuée en 1913 à la Bulgarie, l'inauguration d'une fontaine érigée pour illustrer la campagne bulgare de 1912. Or, à l'occasion de cette inauguration, M. Pantcheff publiait dans les *Nouvelles militaires* de Sophia un article où, à côté de nombreuses fanfaronnades, il y a plusieurs vérités amères aux Bulgares. « Qu'il me soit permis, écrivait M. Pantcheff, d'exprimer mon regret pour la grande in-

---

[1] Voir *supra*, p. 254.
[2] Cf. Jireček : *Geschichte der Serben*, p. 381, et Ehrhard, cité par Krumbacher : *Geschichte der byzantinischen Litteratur*, p. 157.
[3] Murko : *Die südslavischen Litteraturen*, dans Hinneberg : *Die Kultur der Gegenwart*, I, 9, p. 240.
[4] Dumont : *Le Balkan et l'Adriatique*, p. 142.
[5] Dumont, *ibid*.

différence dont fait preuve notre peuple à l'égard des monuments qui rappellent les glorieux exploits de nos vaillants soldats. D'ailleurs, ce qui arrive aujourd'hui nous permet de mieux connaître notre passé national. C'est le cœur rempli de chagrin qu'on s'efforce de trouver dans ce passé ne serait-ce qu'une modeste ruine qui atteste la grandeur ancienne de l'Empire bulgare. A part quelques petites églises presque entièrement détruites et souvent privées de la moindre inscription, et à part une ou deux colonnes conservées dans les églises de Tirnovo [1] et une ou deux pierres-frontières dans la région de Salonique, qui ne contiennent rien d'important et qui, découvertes récemment, ont bien vite disparu à nouveau [2], à part cela, il n'y a plus rien. Nos anciennes monnaies elles-mêmes sont si rares et leurs signes sont si énigmatiques, qu'il faut être un habile numismate pour découvrir qu'elles sont à nous. Il en est de même avec les œuvres écrites. Cependant, dans ces mêmes régions où notre nation se mouvait, on rencontre à chaque pas de multiples monuments romains et grecs. Chaque fouille, chaque ruine révèle de solides monuments portant des inscriptions claires et précises sur tel général romain, sur telle légion, etc., si bien que, dès le premier coup d'œil, l'événement historique commémoré est nettement évoqué. Parmi les ruines de Kavak, près du golfe de Saros, à Hexamili et dans toutes les localités de la Propontide (mer de Marmara) que j'ai parcourues, j'ai rencontré de nombreux et éloquents monuments qui donnent des renseignements complets sur les nations historiques de Rome et de Grèce. Je n'ai rien trouvé nulle part sur nos illustres ancêtres. Et quand je considère avec quelle parcimonie la presse bulgare de nos jours a commenté les héroïques exploits de notre armée,

---

[1] Nous avons eu déjà l'occasion de noter (p. 245) que ces colonnes ne sont point bulgares, mais romaines.

[2] M. Pantcheff fait allusion à la fausse inscription dont nous avons eu l'occasion de nous occuper précédemment. Voir p. 193 sq.

j'aboutis à la conclusion qu'il est dans la nature de notre peuple de ne point laisser de traces derrière lui. Il s'est trouvé des étrangers qui ont décrit dans des livres nos exploits de la guerre balkanique, alors que nous, nous nous sommes bornés à en traduire quelques-uns et à nous contenter de deux ou trois études originales. C'est tout. Quant à des monuments matériels, se rapportant à ces glorieux exploits de notre nation, nous n'en avons pas laissé la moindre trace. Et si, en constatant le manque de monuments écrits ou matériels se rapportant à notre ancien passé, nous nous consolons à l'idée que de perfides ennemis les ont détruits systématiquement et les ont anéantis, que devons-nous cependant dire de notre passé récent, lorsque, poussés par une criminelle indifférence, nous n'avons aucunement aspiré à laisser le moindre monument durable remémorant les exploits de nos héros? Et qui sait si nos descendants ne seront pas forcés, eux aussi, à fouiller dans les bibliothèques étrangères pour démontrer que leurs pères et ancêtres — nos contemporains — sont arrivés victorieux jusqu'à Tchataldja, que le drapeau bulgare a flotté fièrement dans tous les chemins qui mènent vers l'Égée ou vers la Propontide, que nous sommes enfin triomphalement entrés à Salonique [1], etc.? Et je ne serais pas étonné que nos historiens de l'avenir répètent ces mêmes justifications d'à présent, en prétendant que nos perfides ennemis ont anéanti les traces que nous avons soi-disant laissées. Alors que dans la réalité, il sera incontestable qu'exactement comme par le passé, le Bulgare est indifférent et insensible à ses exploits et trop paresseux pour vouloir les immortaliser » [2].

Il n'est, certes, ni juste ni convenable d'établir la moindre comparaison entre la civilisation élémentaire

---

[1] Il s'agit des détachements bulgares qui s'introduisirent le 27 octobre 9 novembre 1912 à Salonique, sous le prétexte d'y prendre un peu de repos et avec l'autorisation du généralissime de l'armée grecque qui occupait déjà la ville. Entrée triomphale, en vérité!

[2] *Nouvelles militaires* de Sophia, n° 90 de 1916.

d'un peuple aussi primitif et la civilisation byzantine, qui a fait, qui fait et qui fera l'objet des études d'un si grand nombre de savants byzantinistes et pour laquelle des chaires spéciales ont été instituées dans tant d'universités européennes. Mais du moment que les Bulgares et leurs amis, oubliant ce qu'était la civilisation bulgare du moyen âge, n'hésitent pas à parler avec dédain de la civilisation de Byzance, nous croyons devoir leur répondre sur ce terrain aussi.

Il est vrai que Byzance n'était pas affranchie de certains usages moyenâgeux et, peut-être, de quelques autres défauts encore, que certains écrivains catholiques, le R. P. Songeon en dernier, se sont plu à souligner, obéissant à des préjugés confessionnels. Mais il est tout aussi vrai que, comme l'a observé quelque part Hesseling, le plus grand défaut de Byzance, c'est d'avoir été la descendante d'une ancêtre illustre, la Grèce ancienne. C'est à cette filiation que nous devons uniquement l'appellation de Bas-Empire qu'ont donnée à Byzance les philologues qui, comme remarque très justement Krumbacher, « dans chaque pensée, dans chaque image, dans chaque mot, ne voulaient percevoir qu'un écho de l'antiquité »[1].

La science contemporaine, libérée de tous soucis religieux et linguistiques, a heureusement commencé, depuis longtemps déjà, à juger d'une manière plus objective et plus juste cet Empire qui fut l'État le plus civilisé du moyen âge et qui rendit d'inappréciables services, non seulement à l'Orient, mais à l'Europe entière.

Nous n'avons certes pas la prétention de tracer, dans les quelques pages qui suivront, ne fût-ce qu'un tableau incomplet de la civilisation byzantine, dont, selon Bury, l'histoire « ne sera pas écrite avant plusieurs années »[2]. Nous nous bornerons à rappeler, en quelques lignes géné-

---

[1] Krumbacher : *Geschichte der byzantinischen Litteratur*, Enleitung, p. 22.
[2] Voir Bury : *Eastern Roman Empire*, préface.

rales, les grands bienfaits qu'aux côtés du christianisme — dont nous avons déjà parlé [1] — cet Empire a répandus parmi tous les peuples d'Orient et a valu à la civilisation européenne elle-même.

Nous avons déjà eu l'occasion de signaler comment l'Empire byzantin, qui apparut dans l'Orient hellénique comme une continuation de l'Empire romain, se transforma de bonne heure en un Empire grec [2]. Ce fut là un grand succès pour les Hellènes du moyen âge, qui témoigne, à lui seul, de la vitalité de l'élément grec. Et si l'on prend aussi en considération que cet État a vécu pendant onze siècles, à travers tant de cataclysmes, on doit conclure que l'hellénisme constitue dans tout l'Orient un facteur dont il n'est aujourd'hui permis à personne de méconnaître l'importance primordiale.

Pour ce qui est du développement donné, à Byzance, à toutes les branches de l'économie nationale, il nous suffira de rappeler sa richesse; c'est à cette richesse que sont dus l'éclat et le faste de la cour byzantine qui avaient fasciné tant de princes étrangers, le luxe d'une administration puissante qui servit à tant de peuples de modèle, la force de cet organisme militaire qui a su, pendant tant de siècles, briser tous les flots que l'Asie barbare roulait vers l'Europe. Rappelons encore l'épanouissement que, dans l'Empire de Byzance, ont reçu l'industrie, le commerce, la navigation, c'est-à-dire des branches de l'économie, inconnues, comme nous l'avons vu, des Bulgares. L'industrie byzantine a atteint un tel degré que certains de ses produits, telles les soieries et les broderies, étaient recherchés dans toute l'Europe, tandis que ses œuvres d'orfèvrerie, ses ivoires, ses émaux sont, encore de nos jours, considérés comme de véritables trésors artistiques. Le développement du commerce byzantin n'était pas moins

---

[1] Voir *supra*, p. 173 et 187.
[2] Voir *supra*, p. 120 sq.

intense. On croyait, dans le temps, que le commerce du Levant était surtout entre les mains des Arabes. Mais l'historien Finlay a, le premier, compris que les Grecs du moyen âge n'étaient pas très différents des audacieux commerçants de l'ancienne Ionie. Le rayonnement du commerce grec de cette époque est d'ailleurs attesté par la diffusion des monnaies byzantines, répandues non seulement en Orient, mais aussi en Occident [1]. En même temps que le commerce, les Grecs du moyen âge détenaient aussi la navigation. Ce n'est qu'à partir du XIIIe siècle que date la prospérité commerciale et maritime de Venise, de Gênes et de Raguse [2].

Les progrès réalisés par Byzance dans ces domaines de l'activité économique furent un des principaux facteurs de l'amélioration de la législation romaine. En effet, Byzance ne s'est pas bornée à adapter l'ancienne législation de Rome à l'esprit du christianisme; elle l'a en même temps développée conformément aux nouveaux besoins que créaient l'agriculture, le commerce et la navigation. L'avantage en était énorme, mais ce qui est encore plus considérable, c'est que l'Empire byzantin, par ses recueils juridiques et par ses savantes interprétations, a rendu la législation accessible non seulement à l'Orient, mais aussi à l'Occident [3]. C'est dans cette œuvre byzantine qu'ont puisé tour à tour les Géorgiens, les Serbes et les autres Slaves, les Italiens eux-mêmes, les Normands, les Roumains, dans les temps modernes, et d'autres peuples encore. Parmi les peuples d'Orient seuls les Bulgares et les Turcs furent incapables de profiter de la législation byzantine; et si les Turcs en étaient empêchés à cause de leur loi sacrée,

---

[1] Voir Heyd: *Geschichte des Levantehandels*, I, p. 59 et 208; Bury: *Later Roman Empire*, II, p. 535; Gelzer: *Byzantinische Kulturgeschichte*, p. 101 sq.; Turchi: *La civiltà byzantina*, p. 55 sq.; Diehl: *Justinien*, p. 533.

[2] Cf. Jireček: *Geschichte der Bulgaren*, p. 414.

[3] Sur l'œuvre législative de Byzance, voir l'aperçu sommaire de Krumbacher: *Geschichte der byzantinischen Litteratur*, p. 603 sq. et 612 sq; et Bury, *op. cit.*, II, p. 538.

le *Shéri*, les Bulgares ne peuvent invoquer le moindre prétexte. Notons, d'autre part, qu'outre les améliorations et la diffusion données par Byzance au droit romain, elle a, en plus, créé et formé un droit nouveau, *le droit canonique*, qui est une des plus grandes œuvres de l'hellénisme médiéval et que les peuples chrétiens d'Orient adoptèrent ensuite dans son entier.

La science des lois n'était pas, d'ailleurs, la seule occupation intellectuelle des Byzantins. La prose aussi bien que la poésie ont reçu chez eux un si grand développement, que, quand ce ne serait que pour son volume, la littérature byzantine mérite l'admiration.

Les historiographes de Byzance, faisant suite aux historiens hellènes d'avant 395 après J.-C., poursuivirent leurs travaux jusqu'à la fin du xv⁰ siècle. Ainsi, la nation grecque est-elle la seule à pouvoir se prévaloir d'un effort aussi long et aussi continu en matière historiographique. Certes, les historiens byzantins, dont quelques-uns ont été cités dans le chapitre présent, ne sont pas les égaux d'un Thucydide ou d'un Polybe. Ils sont toutefois supérieurs aux autres historiographes du moyen âge, tant de l'Orient que de l'Occident, et ce fait est par lui-même suffisamment important.

La poésie grecque du moyen âge ne nous a pas, elle non plus, légué des œuvres classiques. Nous lui en devons cependant quelques-unes de très intéressantes et un grand nombre de tout à fait originales. L'épigramme, qu'on n'a jamais cessé de cultiver depuis l'antiquité jusqu'à nos jours, s'est illustré pendant le moyen âge par une foule de poésies remarquables [1]. Quant aux autres branches de la poésie, elles sont, elles aussi, représentées par des poètes de talent, Christophore Mytilinéos et autres [2]. Une place importante est, d'autre part, occupée dans

---

[1] Voir Krumbacher, *op. cit.*, p. 725 sq.
[2] Voir Krumbacher, *op. cit.*, p. 706 et 736.

la littérature byzantine par la poésie ecclésiastique, qu'on appelle la poésie rythmique, et où se distingua notamment Romain le Mélode, surnommé le Pindare de l'Église [1]. Enfin, on commença, il y a quelque nombre d'années, à découvrir qu'il y eut aussi au moyen âge une merveilleuse poésie populaire grecque, qui se rapporte aux luttes poursuivies par les Grecs contre l'Islam, aux confins orientaux de l'Asie Mineure. Et il est à remarquer que cette poésie, la poésie *acritique*, comme on l'appelle, recueillie et transmise de bouche en bouche par le peuple grec, reçut un développement des plus intéressants et des plus variés [2].

En dehors de leurs travaux littéraires originaux, les Byzantins ont pris respectueusement soin de conserver les produits de l'antique esprit de l'Hellade. Les meilleurs manuscrits des écrivains grecs de l'antiquité, nous les devons à Byzance et c'est là un nouveau service qu'elle a rendu à la civilisation, en poursuivant la tâche qu'Alexandrie avait entreprise. Des prélats appartenant au haut clergé et des moines qui étaient des littérateurs distingués, tels Photius, Arethas, Eustathe, ainsi que d'autres chrétiens, patriotes et pieux, n'ont pas cessé de s'occuper de l'étude des œuvres profanes de l'antiquité. Et lorsque les Turcs s'emparèrent de Constantinople et menacèrent les lettres grecques d'un complet anéantissement, un grand nombre d'Hellènes érudits transportèrent en Italie et dans le reste de l'Europe le précieux héritage de l'antique civilisation et devinrent ainsi les promoteurs de l'*Humanisme*.

Le développement des arts ne fut pas à Byzance moins intense et moins important que la vie littéraire. La peinture, la fresque, les arts décoratifs, l'architecture, qui nous

---

[1] Voir Krumbacher, *op. cit.*, p. 652 et 663, et Turchi : *La Civiltà byzantina*, p. 167 sq.

[2] Voir Krumbacher, *op. cit.*, p. 825 et 827 sq., et Hesseling : *Essai sur la civilisation byzantine*, p. 213.

a entre autres laissé ce monument grandiose qu'est la Sainte-Sophie, la miniature y reçurent à leur tour une extension considérable et indépendante et furent même enseignés par les Byzantins aux autres peuples chrétiens, aux Coptes, aux Syriens, aux Arméniens, aux Géorgiens, aux Serbes, aux Russes [1]. « Les grandes églises de Kiew, de Moscou, de Saint-Pétersbourg, écrit M. Salomon Reinach, dérivent directement de Sainte-Sophie » [2]. Parmi les peuples chrétiens de l'Orient seuls les Bulgares, qui pourtant étaient les plus voisins de Byzance, se montrèrent peu disposés à s'associer à cette renaissance artistique provoquée par les Byzantins : ils se bornèrent à ériger quelques modestes petites églises byzantines et encore est-ce à des artisans grecs qu'ils eurent, selon toute probabilité, recours pour leur construction [3].

Les bonnes traditions de l'architecture byzantine influèrent même sur les peuples non chrétiens de l'Orient. C'est d'elles que s'inspirèrent les Arabes qui, après avoir envahi la Syrie et l'Égypte, donnèrent naissance à cet art auquel nous devons les mosquées du Caire et l'Alhambra de Grenade [4]. « L'art persan, dit encore M. Salomon Reinach, dans ces admirables conférences sur les arts plastiques, l'art persan, qui avait contribué à la formation de l'art byzantin, en ressentit à son tour l'influence et exerça la sienne sur l'art arabe, l'art turc et l'art hindou » [5].

Plus encore. L'influence de l'art byzantin ne s'affirma pas seulement en Orient; elle s'étendit aussi à l'Occident et notamment à l'Italie. « Même l'Occident de l'Europe, poursuit M. Salomon Reinach, n'échappa pas à cette influence, car Byzance, avec sa richesse, son commerce

---

[1] Voir la bibliographie qui s'y rapporte dans Krumbacher, *op. cit.*, p. 1124.
[2] S. Reinach : *Apollo*, p. 102.
[3] Les Russes aussi ont employé des artisans grecs à la construction des vieilles églises de Kiew. Voir Muralt : *Essai de chronographie byzantine*, p. 572 et 575.
[4] S. Reinach, *op. cit.*, p. 101.
[5] S. Reinach, *op. cit.*, p. 101-102.

étendu, ses monuments étincelants d'or et de verreries, fut l'objet de l'admiration et de l'envie des Occidentaux, jusqu'aux premières lueurs de la Renaissance en Italie. Saint-Marc, à Venise, est une église byzantine, construite vers l'an 1100 sur le modèle de l'église des Saints-Apôtres à Constantinople, dont s'est également inspiré l'architecte de la cathédrale de Saint-Front, à Périgueux »[1].

L'éminent byzantiniste, M. Charles Diehl, écrit à son tour : « L'Italie dut à Byzance l'art savant qui a produit la magnifique floraison de la fin du XIe et du XIIe siècle ; l'architecture *romane* doit à Byzance plus qu'on ne le pense ; l'art décoratif de l'Occident s'est longtemps inspiré de ses leçons. Plus d'une fois, après de brillantes renaissances où les arts indigènes semblaient être émancipés, le puissant courant byzantin, reprenant sa marche, s'est de nouveau victorieusement répandu sur l'Occident. On le voit dans l'Allemagne du XIIIe siècle, dans l'Italie méridionale du XIVe siècle »[2]. M. Diehl écrit encore : « Dans tout le monde chrétien, des coupoles de Kiew aux églises d'Italie, Byzance apparaît durant tout le moyen âge comme la grande initiatrice ; elle a, par la prodigieuse expansion de l'art qu'elle créa, tenu une place éminente dans l'histoire de la civilisation et par là, quelle que soit sa valeur propre, cet art mérite à coup sûr l'attention et l'estime de l'historien »[3].

Ainsi que nous l'avons remarqué précédemment, la Macédoine, qui forme l'objet de la présente étude, et plus particulièrement Thessalonique, sa capitale, prirent une grande part à l'ensemble du mouvement intellectuel de Byzance. C'est Thessalonique qui fut le principal centre de diffusion du christianisme chez les Slaves en général ; Cyrille et Méthode et bien d'autres prélats de marque

---

[1] S. Reinach, *op. cit.*
[2] Diehl : *Manuel d'art byzantin*, p. 688.
[3] Diehl, *ibid.*, p. 818.

étaient Thessaloniciens. C'est Thessalonique qui donna en outre aux Slaves les premiers éléments de la civilisation par son industrie et son commerce florissants; la foire qui avait lieu à l'occasion de la fête de saint Démétrius attirait, nous l'avons dit, les marchands non seulement de tout l'Orient, mais de l'Europe entière, même d'Espagne et de Portugal [1]. Thessalonique fut enfin un centre intellectuel de premier ordre, rivalisant avec Constantinople. Et ce mouvement, qui fut, est-il besoin de le dire? un mouvement purement hellénique, n'avait pas un caractère uniquement théologique : il était doublé d'un mouvement politique d'autant plus intéressant qu'à la fin du moyen âge des tendances démocratiques y prévalaient. Dans son ouvrage sur *Thessalonique au XIVᵉ siècle*, Tafrali écrit à ce sujet : « Thessalonique était devenue une seconde Athènes, où, comme nulle part ailleurs, affluaient les philosophes, les rhéteurs, les littérateurs, les musiciens et les artistes, tous admirateurs des lettres grecques, développant une activité digne de tout éloge. Les frères Démétrius et Prochoros Kydonis, les jurisconsultes Constantin Harménopoulos, Mathieu Vlastaris, voire même Nicéphore Chumnos; les frères Théodore et Nicéphore Calliste Xanthopoulos, l'auteur bien connu de l'*Histoire ecclésiastique*; Thomas Magistros (Théodoulos Monachos); les archevêques Neilos et Nicolas Cabasilas, Grégoire Palamas, le chef des Hésychastes, et Isidore de Thessalonique; Isidore Bouchéïra et Pilothée Kokkinos, devenus patriarches de Constantinople, d'autres encore, illustrèrent la ville à cette époque » [2].

Parallèlement à ce mouvement religieux et intellectuel de Thessalonique, les arts s'y épanouissaient à leur tour et la ville était décorée de ces églises dont le Gouvernement français a récemment tenu à faire souligner la valeur artis-

---

[1] Voir *supra*, p. 118.
[2] Tafrali : *Thessalonique au XIVᵉ siècle*, p. 41.

tique [1]. Voilà en quelques mots ce que fut cette Byzance à propos de laquelle le R. P. Songeon s'exprime à chaque occasion avec un tel dédain. Tels furent les grands services qu'elle a rendus à la civilisation en général et, en particulier, aux peuples d'Orient, notamment aux Bulgares, aux Serbes et aux Russes qui, pour toute leur civilisation, dépendaient de Constantinople. « Au point de vue religieux, écrivent MM. Novacovitch et Malet dans l'*Histoire générale* de Lavisse et Rambaud, la Bulgarie et la Serbie ne firent que répéter ce qui se faisait à Byzance. La littérature, à peu d'exceptions près, n'offre que des traductions d'œuvres byzantines. Il est très intéressant de constater à quel point ces pays pour toute leur civilisation dépendaient de Constantinople, alors même qu'en politique ils s'émancipèrent si complètement » [2]. Voici encore ce qu'écrit Anatole Leroy-Beaulieu au sujet des Russes : « Les métropolitains russes étaient Grecs; les grands princes se plaisaient à épouser des princesses grecques et à visiter le Bosphore; les nombreuses écoles établies par Wladimir et Jaroslav furent fondées par des Grecs sur le modèle byzantin. Pendant plus de deux siècles, Constantinople et sa fille entretinrent des relations étroites par le commerce, la religion, les arts. Byzance imprima aux mœurs, au caractère, au goût des Russes, une marque encore visible sous l'empreinte tatare qui la vint recouvrir » [3].

---

[1] Diehl- Le Tourneau-Saladin : *Les Monuments chrétiens de Salonique*, Paris, 1918, ouvrage publié sous les auspices du Ministère de l'Instruction publique et des Beaux-Arts, accompagné d'un album de 68 planches.

[2] Novacovitch et Malet : *Les Slaves du Danube et de l'Adriatique*, dans Lavisse et Rambaud : *Histoire générale*, III, p. 903.

[3] Anatole Leroy-Beaulieu : *L'Empire des Tsars*, I, p. 231. Voir pour ce qui est de l'influence exercée par la civilisation byzantine sur les Arméniens, Franz Nicolas Finck : *Die armenische Litteratur*, dans Hinneberg : *Die Kultur der Gegenwart*, I, 7. p. 286 sq.; sur les Arabes, Wahl : *Les Empires arabes, leur civilisation*, dans Lavisse et Rambaud : *Histoire générale*, I, p. 739; et en général sur les peuples orientaux, Krumbacher : *Geschichte der byzantinischen Litteratur*, p. 1126 et dans p. 1097, la bibliographie qui s'y rapporte.

Mais le suprême service rendu au monde par Byzance, c'est d'avoir su résister pendant onze cents ans environ aux innombrables invasions des tribus asiatiques qui menaçaient de plonger l'Europe entière dans la barbarie. Il est vrai que des mercenaires étrangers ont participé à ces guerres menées par l'Empire, mais il n'en est pas moins établi qu'au cours de ces luttes la fleur de la nation hellénique a péri. Nous rappellerons les guerres que Maurice, Héraclius, Constantin IV et Léon III l'Isaurien durent entreprendre contre les Perses et les Arabes. Nous rappellerons encore les luttes victorieuses poursuivies contre ces derniers en Syrie, par les grands empereurs Nicéphore Phocas, Jean Tzimiscès, Basile II ; et aussi les guerres meurtrières conduites par Jean et Manuel Comnène contre les Turcs seldjoucides, en Asie Mineure ; enfin les longues luttes de l'hellénisme contre les Turcs ottomans, ces luttes qui, entamées en Asie Mineure, devaient, hélas ! aboutir en Europe à la prise de Constantinople.

Il est hors de doute que s'il n'avait pas été harcelé par des soucis d'ordre militaire en Europe, l'Empire byzantin aurait eu définitivement raison de l'Islamisme et, peut-être, l'Europe n'aurait-elle jamais dû subir, en ce cas, la honte de voir les Osmanlis s'établir chez elle et rendre barbare toute sa partie sud-orientale. Si Byzance n'a pu résister jusqu'au bout, si elle a dû reculer pas à pas devant le torrent musulman, qui finit par la submerger, et si, de ce fait, un coup terrible fut porté à la civilisation dont les progrès subirent un retard de plusieurs siècles peut-être, la responsabilité doit, pour une grande part, en être attribuée aux Bulgares, qui pendant que Byzance luttait en Asie, saisirent à quatre-vingt-trois reprises différentes [1] l'occasion de poignarder l'Empire grec dans le dos.

Toujours est-il qu'ayant résisté jusqu'au xve siècle,

---

[1] C'est le chiffre des guerres provoquées par les Bulgares, tel qu'il est établi avec fierté, nous l'avons déjà vu, par le rédacteur militaire du *Zaria* de Sophia. Voir *supra*, p. 254.

c'est-à-dire jusqu'à une époque où l'Europe occidentale était suffisamment préparée pour se défendre contre l'envahisseur barbare, Byzance a rendu à l'Occident des services inestimables, qui lui ont, d'ailleurs, valu les éloges unanimes des historiens. « Placé au premier plan, écrit Bury, le second Empire romain fut en Europe le boulevard opposé au danger oriental; Maurice et Héraclius, Constantin IV et Léon l'Isaurien furent bien les successeurs de Thémistocle »[1]. M. Diehl remarque à son tour : « La monarchie byzantine a vécu, ce qui n'est pas un si mince mérite, et ce n'est point là le simple effet d'un hasard heureux. Par sa valeur militaire, à plusieurs reprises, elle a sauvé l'Europe; et il faut bien qu'elle ait en elle autre chose que des vices pour avoir, parmi tant de périls, survécu de mille ans à l'Empire romain d'Occident »[2]. Et Foord écrit de son côté : « La tâche remplie par l'Empire d'Orient, qu'on a tant diffamé, était d'une importance tout à fait vitale. C'était la tâche la plus glorieuse et la plus ingrate qu'une nation pouvait mener à terme. Pendant deux siècles entiers, tandis que le vieux et majestueux ordre des choses s'écroulait en Occident, l'Empire byzantin demeurait un centre de culture pacifique. Pendant huit cents ans, il fut le bouclier de l'Europe. Héraclius fit échouer et refoula la grande poussée vers l'ouest tentée par le nouvel empire persan, cette poussée qui n'était pas moins dangereuse que celle du vieil empire perse. Ses descendants défendirent victorieusement le seuil oriental de l'Europe contre le torrent furieux de l'Islamisme. Léon III rejeta ce torrent au delà du Taurus et donna à l'Europe la possibilité de se renforcer et de se consolider pendant cinq siècles »[3].

Ces considérations méritent d'être complétées par les observations générales suivantes de cet excellent historien qu'est Foord : « Pour avoir une impression exacte de la

---

[1] Bury : *Later Roman Empire*, II, p. 536.
[2] Diehl : *Études byzantines*, p. 4.
[3] Foord : *The Byzantine Empire*, p. 405.

société byzantine, on doit la comparer aux sociétés qui lui sont contemporaines. En parcourant son histoire pleine de vicissitudes, nous ne pouvons nous empêcher de reconnaître en elle une communauté civilisée. Il y a chez elle, un système gouvernemental pourvu d'une organisation supérieure, un régime social complexe et difficilement reconnaissable. Le commerce et l'industrie y sont florissants et ceux qui s'en occupent cherchent dans ces branches le moyen de s'assurer leur existence; la vie et la propriété y sont garanties et protégées soigneusement. Quelle que soit la nature des vices qui y sont secrètement tolérés, l'immoralité n'en est pas moins dans cette société sérieusement poursuivie par la loi et flétrie par l'opinion populaire. Plusieurs, parmi les traits les plus sombres qui caractérisaient la société païenne — tel l'infanticide — ont disparu; d'autres, comme notamment l'esclavage, ne figurent que très estompés. Bien que l'État soit le plus souvent, pour ne pas dire constamment, en train de lutter pour son existence, le militarisme n'y prédomine pourtant pas : « Le taureau botté » ne nous empêche pas de « voir devant nous des hommes ». La guerre y est conduite avec des procédés humanitaires qui surprennent; les troupes n'y sont pas plus mal traitées que celles de l'Europe du XIXe siècle et la cruauté contre l'ennemi y est une exception et non une règle. Il y a une législation régulière concernant l'échange des prisonniers et s'il est vrai que ces derniers sont souvent réduits en esclavage, néanmoins des facilités sont accordées pour leur rachat. L'instruction, dans les villes du moins, est commune. Il y a des établissements pour l'instruction supérieure. S'il y a trop de monastères et si la société est imprégnée d'une atmosphère par trop ecclésiastique, il y a cependant partout des hôpitaux et des orphelinats. Et lorsque parmi les hauts fonctionnaires de l'Empire, nous voyons un directeur général des postes, un ministre pour les institutions de charité, nous sentons que nous nous trouvons dans un État qui, avec des défauts alternants, est civilisé dans le véritable sens du mot »[1].

Et le même historien anglais remarque plus loin : « A une époque tout à fait sombre, l'Empire préserve les traditions scientifiques, artistiques et littéraires; et, en voyant combien cruellement son œuvre a souffert quand des mains barbares s'en emparèrent et que son sang le meilleur était nécessaire au travail vital relatif à sa défense et à son administration, nous aurions tort de déclarer qu'il n'a eu que peu de mérite. Pendant plusieurs siècles il pourvut à la sécurité et au bien-être de ses populations d'une manière qui ne fut égalée en Europe occidentale qu'en des temps bien postérieurs. Durant toute la période de son existence, il poursuivit une âpre lutte contre les ennemis de tout ce qu'il y a de mieux dans le monde; et quand, finalement, l'heure est venue où son autorité se confina à l'intérieur des murailles de la capitale, il mourut comme il avait vécu, isolé et trahi, mais il se montra, dans sa suprême agonie, comme aux jours de sa splendeur et de sa gloire, l'arrière-garde de la civilisation chrétienne »[2].

---

[1] Foord, *op. cit.*, p. 402.
[2] Foord, *op. cit.*, p. 405.

CHAPITRE III

LE JOUG OTTOMAN
GRECS ET BULGARES

I. Introduction.

La conquête turque est la plus grande catastrophe qui se soit jamais abattue sur l'Europe. Non seulement un ensemble de peuples, libres jusqu'alors, et parmi eux la nation historique des Hellènes, tomba pour de longs siècles sous le plus brutal et le plus barbare des jougs, non seulement pendant longtemps les autres peuples de l'Europe furent menacés du même sort, mais encore la *question d'Orient* fut pour toute l'Europe une source inépuisable de crises et d'épreuves, que devait couronner si tragiquement la guerre mondiale qui vient de se terminer.

Qui est responsable de ce déplorable établissement des Osmanlis à côté de l'Europe, en Europe même? L'historien anglais Bury, nous l'avons vu, qualifie les empereurs de Byzance de « successeurs de Thémistocle » [1]. L'italien Zuretti, remontant à l'histoire antérieure à la chute de Constantinople, nous rappelle lui aussi les luttes plusieurs fois séculaires de la nation grecque contre l'Asie barbare; la victoire des Turcs fut, dit-il, « la réalisation des efforts tentés à plusieurs reprises par l'Asie, depuis le vi^e siècle av. J.-C., jusqu'au xve après; c'était l'antique projet du grand Cyrus; Darius et Xerxès le pour-

---

[1] Voir *supra*, p. 279.

suivirent vainement. Ils furent arrêtés par la résistance victorieuse de la Grèce ancienne ; cette résistance fut continuée par la Grèce médiévale, qui perpétuait ainsi l'œuvre de Thémistocle, d'Alexandre le Grand et de Rome en luttant pour la domination de l'Europe en Orient »[1]. Ainsi, en persévérant dans l'ancienne lutte contre les Perses, puis contre les Arabes, l'hellénisme a soutenu en outre pendant de longs siècles les guerres les plus terribles contre les Seldjoucides et les Ottomans, et son dernier empereur est tombé sur les remparts de Constantinople, après avoir inutilement demandé secours à l'Occident. La Grèce n'a donc aucune part de responsabilité. D'autre part, nous ne voulons pas admettre que le fanatisme de l'Occident latin contre les Grecs schismatiques ait été assez fort pour nous permettre de lire, sans y voir quelque exagération, cette phrase de Constantin Sathas, le médiéviste célèbre : « Enfin, le 29 mai 1453 (date de la chute de Constantinople), l'Occident vit réaliser le but qu'il poursuivait avec fureur depuis six cents ans »[2].

Quelle que soit la cause réelle de l'abandon de l'Europe, que ce soient le fanatisme, les dissensions entre les divers princes et les chefs religieux d'Occident, ou d'autres motifs encore, une chose demeure certaine : c'est que l'Occident regarda avec indifférence la lutte de la Croix et du Croissant, et que cette indifférence était particulièrement impardonnable à l'égard d'un empire qui avait à maintes reprises déjà sauvé l'Occident, qui ne demandait qu'à le sauver encore, de la barbarie asiatique ; regarder faire et ne point bouger était donc contraire non seulement aux principes de la charité et de la solidarité chrétiennes, mais à l'intérêt bien compris de l'Europe tout entière.

Cet intérêt, l'Occident ne le comprit qu'en apprenant, avec stupeur, la nouvelle du grand événement, qu'il atten-

---

[1] Zuretti, *Bizanzio*, dans la revue *Classici et Neo-latini*, t. III, 1907, p. 141.
[2] Sathas : *La Grèce sous le joug turc*, p. 1.

dait pourtant et qui devait modifier radicalement l'aspect du monde oriental. Bessarion de Trébizonde, Andronic Callistos de Salonique, Isidore le Péloponésien, et tous les autres Grecs qui parcouraient alors l'Europe en prêchant la guerre sainte, trouvèrent en bien des endroits un favorable accueil, à cause de l'impression profonde qu'avait produite la chute de Constantinople. Mais les décisions prises ne furent ni unanimes ni telles que les circonstances l'exigeaient. Les tentatives isolées et intempestives du pape, des Vénitiens, de Naples, de la Hongrie, de la France, de l'Espagne n'aboutirent pas et l'Occident dut reconnaître le fait accompli, fait horrible pour l'Orient, menaçant pour lui-même [1].

Ainsi la date de la prise de Constantinople par les Turcs marquait la fin du moyen âge et, du même coup, le commencement d'une sombre et interminable nuit pour les peuples de l'Orient. Dans l'Europe occidentale, la Renaissance, dont les promoteurs ont été les savants grecs qui s'y étaient réfugiés, éclairait de ses clartés d'aurore toutes les nations et, les retirant graduellement des ténèbres du moyen âge, les faisait monter vers la splendeur de la civilisation moderne; pendant ce temps l'Orient grec, qui, depuis plus de deux mille ans, avait été le flambeau et le guide de la pensée, se voyait brusquement arrêté dans sa brillante carrière, juste au moment où il manifestait un renouveau intellectuel; bientôt il se flétrissait et devenait désert et barbare, sous le talon du conquérant.

Pendant environ quatre siècles, les Grecs et les autres peuples de l'Orient ont pleuré et gémi sous le plus dur et

---

[1] Le péril turc qui s'est manifesté avec Soliman le Magnifique (1520-1566) jusque sous les murs de Vienne, fut ensuite circonscrit, puis disparut entièrement au cours des siècles suivants : peu à peu, le *Grand Turc* devenait l'*Homme malade*. On sait pourtant que les Grandes Puissances ont jusqu'aujourd'hui ménagé son existence et ont même, par toute espèce de moyens, prolongé son agonie; elles se sont toujours arrêtées devant le spectre de la *Question d'Orient*, la question de la succession de l'*Homme mort* de demain et du sort réservé à son opulent héritage.

SITUATION DES GRECS ET DES AUTRES PEUPLES ASSERVIS 285

le plus féroce des jougs. Pendant quatre siècles, ils ont payé au maître le plus écrasant des tributs, faits de leur honneur et de leur sang. Pendant quatre siècles, ils ont été privés des lumières et des bienfaits de la civilisation, même la plus rudimentaire. Pendant quatre siècles ils ont vécu isolés du reste de la chrétienté et abandonnés. Vint une heure où, pour l'Europe, les Grecs n'existaient plus que dans les livres. Quant aux autres nationalités chrétiennes subjuguées, leur existence fut complètement oubliée. Hellènes et autres chrétiens n'étaient plus que les *rayas* et les *ghiaours* des *aghas* turcs ; et l'on pourrait redire d'eux ce que dit Montesquieu des nègres esclaves d'Afrique : « Il est impossible que nous supposions que tous ces gens-là soient des hommes, parce que, si nous les supposions des hommes, on commencerait à croire que nous ne sommes pas nous-mêmes chrétiens »[1]. Les lieux classiques, foyers de civilisation, où affluait l'humanité pour apprendre les lettres, les arts et les sciences, ne furent plus pour ainsi dire que des territoires sauvages, ne recevant que de loin en loin la visite de quelques explorateurs audacieux. Que les heureux touristes d'aujourd'hui et les vaillants soldats de la liberté, qui, pour venir en Orient, ont quitté leur pays, libre depuis des siècles, soient plus indulgents devant les défauts et les efforts de ces nations renaissantes ; qu'ils se rappellent les quatre siècles d'écrasante servitude qui ont passé sur elles.

Dans ces conditions, on comprend sans peine que les peuples chrétiens d'Orient, en particulier les Grecs, qui avaient le plus à perdre, aient subi un sérieux amoindrissement national. Des millions de Grecs d'Asie Mineure étaient passés à l'Islam même avant l'établissement des Turcs à Constantinople. Chez tous les peuples chrétiens de l'Europe orientale il y eut aussi souvent des désertions en masse à l'Islam. Le cruel recrutement

---

[1] Montesquieu : *Esprit des Lois*, XV, 5.

des enfants chrétiens, que les Grecs appelaient *paedomazoma*, fut pour les nations chrétiennes une sorte d'hémorragie chronique; on arrachait de force à leurs familles les mieux constitués parmi les enfants qui, élevés dans la religion musulmane, étaient destinés à former les fameux bataillons de *janissaires*, mais beaucoup d'entre eux, grâce aux dons supérieurs de la race, parvenaient aux situations les plus élevées, même fort souvent jusqu'à la dignité de grand vizir [1]. Les populations chrétiennes subirent un amoindrissement tout aussi grave du fait d'apostasies isolées, surtout de jeunes filles ou de jeunes gens, soit qu'on les vendît comme esclaves, ou qu'on les forçât à embrasser la foi musulmane, ou qu'ils voulussent simplement échapper aux horreurs de la servitude. Et à l'exception d'un petit nombre des islamisés en masse, dont la nationalité demeura connue (Turcs-Albanais, Valaades de l'Haliacmon, Pomaks du Rhodope, Turcs-Crétois), tous les autres furent totalement perdus pour la nation à laquelle ils avaient appartenu; ils se fondirent entièrement dans la race turque. La rareté actuelle du type mongol chez les Turcs montre sur quelle large échelle s'est opérée cette fusion [2]. En outre, les Grecs et les Serbes, ces deux peuples guerriers, ne se sont jamais lassés de se soulever, ici ou là, contre le conquérant; il y eut ainsi parmi eux bien des vides, à cause de ces guerres incessantes, et des supplices et des massacres en masse qui régulièrement suivaient chaque victoire du tyran. Enfin, en ce qui concerne les Grecs, le voisinage des côtes, le caractère même de la race, rendaient plus facile l'émigration; les populations helléniques furent ainsi très amoindries par le départ des Grecs les plus riches, qui s'en allaient dans les pays libres où ils perdaient avec le temps la conscience de leur nationalité, lorsque leur nombre ne

---

[1] Voir *infra*, p. 301-302.
[2] Voir Gelzer : *Geistliches und Weltliches aus dem türkisch-griechischen Orient*, p. 185.

leur permettait pas de former des communautés. La multitude et l'importance des anciennes communautés helléniques éparses dans l'Europe entière, témoignent de l'importance de cette émigration. Mentionnons les communautés de Venise, Trieste, Vienne, Pest, Moscou, Taganrog, Odessa, Livourne, Marseille, Amsterdam, Londres, Calcutta etc. Les Grecs considèrent donc à bon droit la conquête turque comme le plus grand malheur qui ait jamais fondu sur leur race [1].

Et pourtant le peuple grec et aussi les autres nationalités asservies ont subsisté tout de même. Comment y sont-ils parvenus? Comment ont-ils pu, sous un esclavage si écrasant et de si longue durée, conserver leur culte, et avec lui leurs langues, leurs caractères nationaux, leur personnalité, et se redresser, pleins d'une sève vigoureuse, pour une nouvelle vie nationale, le lendemain de la délivrance? La réponse n'est pas difficile. Ce miracle est dû à l'influence que le peuple grec, par son histoire, sa civilisation, sa résistance, son importance numérique, ses autres qualités, a exercée dès le début sur le conquérant, et qui ne fut pas dénuée de résultats pratiques. Les sultans, seldjoucides, mameluks et aussi ottomans, avaient, dès les premiers siècles, conféré au grec le caractère de langue officielle dans leurs rapports internationaux, non seule-

---

[1] Le triste sort des populations chrétiennes qui vivent sous le joug turc ne s'est malheureusement pas amélioré à une époque plus récente. Les promesses du Khat-i-Sherif ou Tanzimat n'ont pas été tenues. Celles du Khat-i-Houmayoun ont reçu un commencement de réalisation, mais n'ont pas empêché Abdul-Hamid de procéder au massacre en masse des Arméniens. Depuis l'établissement du régime jeune-turc et la proclamation de la Constitution (quelle ironie!), de nouveaux et pires malheurs ont fondu sur les chrétiens irrédimés. Le boycottage de tout ce qui est grec a été remplacé, après les dernières guerres balkaniques, par des persécutions de toute espèce et des massacres; un très grand nombre de régions grecques ont été dévastées et pillées : la Grèce entière s'est remplie de réfugiés manquant de tout. Pendant la dernière guerre, l'horreur de nouveaux massacres d'Arméniens et de Grecs a peut-être été encore dépassée par celle des tragiques déportations des populations helléniques de Thrace et d'Asie Mineure. On voulait ainsi les anéantir définitivement et pour jamais. Voir sur la question un livre intéressant par ses sources officielles, mais incomplet et insuffisant par rapport à l'étendue de la catastrophe : *Les Persécutions anti-helléniques en Turquie depuis le début de la guerre européenne*, Paris, libr. Grasset, 1918.

ment avec Byzance, mais aussi avec les princes latins. On sait également que les Grecs furent aussi les seuls que les Turcs aient reconnus comme nation (*milet*) [1], et que les sultans s'enorgueillissaient fort du titre qu'ils s'étaient donné de souverain des Romains (Grecs). Aujourd'hui encore, aux yeux de tout bon Turc, la *nation royale des Romains* occupe une place à part. C'est là simplement la marque de l'importance toute spéciale de la nation grecque aux yeux du conquérant et de son influence sur lui. Ce qui pourtant a eu la plus grande utilité pratique, ce qui a réellement sauvé les nationalités chrétiennes asservies d'une islamisation totale, c'est-à-dire de l'anéantissement, c'est le fait que Mahomet le Conquérant lui-même, dans un calcul politique, accorda par firman, quatre jours à peine après son entrée à Constantinople, au patriarche Gennadius Scholarius, la reconnaissance du principe du patriarcat hellénique ; cette reconnaissance comportait de larges privilèges relatifs aux manifestations extérieures du culte, à l'administration ecclésiastique, et même à sa compétence juridique sur certaines matières, par exemple les affaires criminelles ou civiles entre clercs ou entre clercs et laïques, mariages et divorces de laïques, recevabilité ou non de dispositions testamentaires, etc.

Ces privilèges, que le patriarcat grec ne garda pas sans luttes, il les exerça pendant toute la durée de la domination turque, sur toute l'étendue des pays asservis, et au profit de tous les chrétiens, sans distinction de nationalité. C'est grâce à eux que les Grecs, les Bulgares et les autres peuples chrétiens purent continuer à vivre et à se mouvoir dans leur cercle religieux, sous l'égide du patriarcat grec, qui méritait bien par là son titre d'*œcuménique*, du moins en ce qui concerne l'Orient ; c'est grâce à eux qu'ils purent conserver intact, avec leur religion, le sentiment

---

[1] Il en est de même pour les Arméniens qui ont eux aussi lutté pour garder leur indépendance.

national dans toutes ses manifestations. M. Charles Diehl, tout en vantant « l'esprit de tolérance et de libéralisme » dont a fait preuve le patriarcat grec envers les autres nations chrétiennes dans l'exercice de ses privilèges, dit en concluant : « Et ainsi pendant quatre siècles, dans tout l'Orient chrétien, pour tous, pour les Hellènes aussi bien que pour les Slaves, la famille religieuse a été vraiment le dernier asile de la nationalité » [1]. Rien ne démontre mieux la justesse de cette idée, que la conduite récente des Jeunes-Turcs; s'étant donné pour programme d'assimiler les éléments chrétiens de Turquie et d'ottomaniser le pays, ils n'ont rien eu de plus pressé que de s'attaquer aux privilèges ecclésiastiques des Grecs. L'histoire aussi nous enseigne que les lieux où se sont produites les apostasies en masse furent surtout ceux où, en raison de leur éloignement, l'influence du patriarcat ne pouvait pas se faire sentir. Les Albanais, islamisés à peu près pour moitié, en fournissent un éloquent exemple; de même les Bosniaques et les Herzégovins, islamisés aux sept ou huit dixièmes. Au contraire, le nombre des Grecs islamisés en masse en Europe est relativement infime; l'islamisation des Grecs de l'Asie Mineure a eu lieu avant la prise de Constantinople, c'est-à-dire avant l'octroi de ses privilèges à l'Église grecque. Enfin, si l'on ne fait pas entrer en ligne de compte les Bulgares qui, lors de la conquête, se sont convertis en foule à l'islamisme [2], le nombre est fort petit des Bulgares qui se sont ensuite convertis en masse, à cause de la proximité de Constantinople, siège du patriarche.

Dans la partie ethnologique du présent ouvrage, nous verrons comment les Bulgares, poussés par une propagande effrénée, ont plus tard rendu à l'Église grecque cet immense service, d'autant plus appréciable que, par suite de l'absence de sentiment national, ils étaient plus

---

[1] Diehl : *L'Église grecque et l'Hellénisme*, dans *La Grèce*, p. 59.
[2] Voir *supra*, p. 254.

faciles à islamiser. Bornons-nous à noter ici leurs calomnies d'après lesquelles le clergé hellénique, dans l'exercice des privilèges du patriarcat œcuménique, n'a poursuivi et réalisé que l'hellénisation de populations bulgares, surtout en Macédoine, où il n'en existait pas. Cet argument fallacieux a surpris la religion de plus d'un honnête homme en Europe; nous en ferons plus loin justice. Mais ici une question se pose : Étant donné que les Bulgares (le précédent chapitre nous l'a prouvé) ne possédaient à l'époque de la conquête turque aucun territoire plus méridional que l'Hémus (Balkan); que toute la race bulgare, alors comme toujours, était massée dans la région comprise entre le Danube et le versant méridional, tout au plus, de cette même montagne; étant donné, au contraire, que l'hellénisme n'a cessé d'étendre son empire de Constantinople sur les Balkans, qu'enfin les Bulgares (eux-mêmes l'affirment) n'ont, après la conquête turque, reçu aucune extension ethnique aux dépens de l'hellénisme, mais que, au contraire, ils ont subi quelque diminution, par suite de la prétendue hellénisation des populations bulgares, on se demande : Quel est donc l'événement historique qui s'est passé pendant la domination turque et qui autorise les Bulgares, dès leur affranchissement, et même avant, à se présenter le plus naturellement du monde comme les héritiers de l'Islam et comme les continuateurs de l'hellénisme dans l'hégémonie de la péninsule hellénique ? Quel événement leur permet de faire valoir des « droits » sur la partie la plus vaste et la plus considérable de la Turquie d'Europe, de la Thrace et de la Macédoine, des deux régions qu'ils ont autrefois envahies pour les mettre à feu et à sang et dont ils ne possédaient pas la moindre parcelle à l'époque de la conquête turque ? Quel événement les autorise à réclamer comme leur propriété des débouchés sur trois mers, la Mer Noire, l'Égée, l'Adriatique, alors que dans leur existence antérieure à la conquête turque ils n'ont jamais connu que la première, et encore à travers le mur formé par les populations grecques côtières[1]? Qu'est-ce qui autorisait leur roi Ferdinand pendant les dernières guerres balkaniques, à commander pour lui et sa très haute épouse des costumes d'empereurs byzantins, de *basileis*, pour entrer à Constantinople capitale grecque, où jamais Bulgare n'a mis le pied et terminer, dans l'église grecque de Sainte-Sophie, la messe commencée jadis par un moine grec et interrompue par les Turcs, suivant une légende grecque aussi[2]? Pourquoi, en un mot, les Turcs une fois chassés d'Europe, pourquoi faudrait-il que les Bulgares prennent aux Grecs la place que ceux-ci ont occupée antérieurement, pendant une longue série de siècles?

Auraient-ils donc obtenu quelque titre légal à tant d'avantages, du fait de services rendus aux populations chrétiennes gémissant sous le joug turc, au point d'effacer l'antique prestige de l'hellénisme et ses droits séculaires, et justifier encore le sacrifice du caractère ethnique des deux pays en question? Seraient-ce les Bulgares qui, par leurs insurrections, par leurs luttes pour la liberté, par leurs sacrifices, auraient sapé et renversé l'édifice turc, alors que les Grecs et les autres chrétiens restaient spectateurs impassibles? Ou bien encore, serait-ce dans le domaine moral qu'il se serait produit cet événement si extraordinaire qui permet aux barbares d'hier de prétendre à l'hégémonie balkanique? Auraient-ils montré tout d'un coup des aptitudes au progrès et à la civilisation supérieures à celles des Grecs, soit avant, soit après leur affranchissement et leur constitution en État? Auraient-ils, surtout, alors donné un exemple d'administration paternelle et libérale à l'égard des populations grecques tombées en leur pouvoir, pour atténuer en quelque mesure les inconvénients

---

[1] La courte apparition de Samuel à Dyrrachium (voir *supra*, p. 217) ne peut certainement pas être prise en considération.

[2] Voir *infra*, p. 322. Cf. Balcanicus : *La Bulgarie, ses ambitions, sa trahison*, p. 2, n. 1, et Yves Guyot : *La Question bulgare*, dans le *Journal des Économistes*, t. XLVIII, déc. 1915, p. 360.

qu'il y a à imposer une administration étrangère à une population autochtone?

Voilà les questions auxquelles nous allons répondre dans le présent chapitre, en nous référant à l'histoire des cinq derniers siècles et en comparant le rôle joué par les Grecs et les Bulgares comme peuples conquis et comme États libres. Nous verrons, de cette façon, si et dans quelle mesure le rôle des Bulgares justifie leurs prétentions à l'hégémonie et à la suzeraineté dans les Balkans et si et dans quelle mesure celui des Grecs, en particulier des Macédoniens, vient étayer ces prétentions.

II. — Les nations grecque et bulgare.

Nous avons eu, dans les pages précédentes, l'occasion de signaler les luttes séculaires que la nation grecque soutint en Asie Mineure contre les Mahométans. Nous avons rappelé aussi celles qu'elle eut à soutenir en Europe et qui eurent comme épilogue l'héroïque défense de Constantinople. La prise du centre politique, religieux et intellectuel des Grecs fut certes un coup terrible pour l'hellénisme; il ne fut néanmoins pas le coup de grâce. De nombreuses régions grecques continuèrent la lutte de longues années encore; quand elles furent, elles aussi, soumises à leur tour, la nation hellène fut encore loin d'offrir le spectacle d'un troupeau résigné à son sort. Des milliers de Grecs prirent les armes et allèrent respirer sur les montagnes l'air de la liberté. Ce sont les Klephtes fameux, dont dit le poète :

Un Klephte a pour tous biens l'air du ciel, l'eau des puits,
Un bon fusil bronzé par la fumée, et puis
    La liberté sur la montagne [1].

---

[1] V. Hugo : *Les Orientales, Lazzara.*

Ils ont si bien tenu tête à la Porte, qu'ils l'obligèrent à traiter sous main avec eux et à reconnaître leurs *capitanats* et *armatoliks* comme échappant à ses lois [1]. Nombreux furent aussi les mouvements insurrectionnels des Grecs d'un caractère plus général. L'épopée de 1821, qui ressuscita la Grèce, les a rejetés dans l'ombre, mais l'histoire n'en a pas moins pieusement gardé le souvenir des insurrections précédentes étouffées finalement toutes dans le sang [2]. Ainsi les Grecs « tels que de généreux coursiers rongeant leur frein, et indignés, du joug qui pesait sur eux », comme les représente William Eton [3], et, comme dit Henry Houssaye, « triomphants quelquefois, vaincus souvent, décimés, repoussés au haut des montagnes et dans le fond des ravines, mais faisant payer cher la victoire à leurs vainqueurs, ne se soumettaient que pour se révolter de nouveau. La domination des Ottomans ne fut jamais solidement établie en Grèce. Éteint ici, l'incendie se rallumait là » [4].

A l'inverse des Grecs — et des Serbes, qui succombèrent vaillamment à Kossovo, et n'ont guère cessé, eux aussi, de mordre avec rage le talon du vainqueur [5] — les Bulgares, nous l'avons vu, n'ont rien fait de notable pour sauvegarder leur indépendance. Le dernier de leurs rois, on s'en souvient, ne se distingua que par sa pusillani-

---

[1] Cf. Zinkeisen : *Geschichte der griech. Revolution*, I, p. 31.

[2] Outre les histoires générales, voir le précis de Const. Sathas : *La Grèce sous le joug turc. Essai historique sur les insurrections de la nation grecque contre le joug ottoman (1453-1821)*. Cet ouvrage a pour épigraphe une phrase du comte de Choiseul-Gouffier écrite dès 1872 : « Sous ce point de vue, les Grecs, impatients du joug qui les écrase, redeviennent intéressants. Et quelle est la nation moderne qui ait signalé son amour pour la liberté par une haine plus soutenue contre les tyrans qui la lui ont ravie? N'est-ce rien, après quatre siècles, de détester ses vainqueurs autant que le premier jour, de s'être révoltés mille fois, et d'être tout prêts à se révolter encore »?

[3] William Eton : *Tableau historique, politique et moderne de l'Empire ottoman*, traduit de l'anglais par le capit. Lefebvre, Paris, 1801, II, p. 72.

[4] Henry Houssaye : *La Grèce héroïque*, dans *La Grèce*, p. 280.

[5] Nous laissons de côté les Albanais : leur race est assurément guerrière elle aussi; mais une conscience nationale ne les unit point, parce qu'ils sont répartis entre divers cultes religieux; aussi ont-ils combattu aux côtés du tyran aussi bien que dans les rangs des peuples esclaves.

mité, et les boyars, peut-être plus puissants que le roi lui-même, s'empressèrent d'embrasser en masse l'Islam, ainsi qu'une grande partie du peuple [1]. Asservis sans opposer de résistance, les Bulgares ne soutinrent pas non plus les efforts des Hongrois de Sigismond et de Ladislas, qui étaient venus se battre pour leur intérêt et sur leur propre sol. Ni les exploits de Yanko Hunyade, ni encore l'héroïsme de George Castriotis, le fameux Scanderbeg, ne purent émouvoir leurs âmes veules. Et ils vécurent ainsi, pendant toute la durée de la servitude, dociles et calmes, pareils aux troupeaux qu'ils paissaient, ethniquement annihilés, plongés dans une noire ignorance, ne sachant rien du passé, entièrement indifférents à l'avenir.

Il n'en pouvait être autrement. Ce peuple, malgré l'influence de l'Empire byzantin, n'avait pas réussi, nous l'avons vu, à sortir, durant presque toute son existence médiévale, de sa condition primitive; il ne fut jamais poussé par une haute pensée, le cœur chez lui ne joua jamais aucun rôle; conduit par les instincts d'une humanité rudimentaire, il ne sut mieux faire que de suivre aveuglément, comme un lourd troupeau, ses chefs qui le menaient au pillage ou qui le louaient comme mercenaire à Byzance même, qui, parfois, se servit de soldats bulgares pour combattre leur propre pays [2]. N'ayant eu pour héros nationaux, à vrai dire, que de simples chefs de bandes, pour histoire que des actes de pillage, ce peuple ne sut également produire ni poète ni historien pour exalter au moins ses héros nationaux et leurs exploits, quels qu'ils fussent, et les transmettre à la postérité; il est demeuré dans une condition rudimentaire, sans existence intellectuelle, sans tradition nationale, sans passé. Dans ces conditions comment aurait-il pu avoir quelque idée

---

[1] Voir *supra*. p. 254.
[2] Voir Songeon : *Histoire de la Bulgarie*, p. 281.

de nationalité, de culte, de patrie, de liberté ou de quelque autre idéal que ce soit? Au premier souffle donc de la rafale, l'édifice bulgare s'écroula : les chefs bulgares accueillirent le Turc à bras ouverts pour sauver quelques-uns des avantages de leur situation, jusqu'alors privilégiée ; et le peuple, privé de chefs, accepta docilement son sort et chercha ses moyens de subsistance dans la culture de la terre et autres besognes pacifiques, sans jamais montrer, jusqu'au moment même où les Russes l'affranchirent, la plus mince velléité de rébellion contre le tyran.

Les Bulgares ne présentant ainsi aucun intérêt historique d'un bout à l'autre de la domination turque, les historiens de cette période ne s'occupent guère d'eux. Ce silence des historiens confirme déjà ce que nous avons dit de l'annihilation au point de vue national des Bulgares et de l'obscurité dans laquelle ils ont vécu pendant la domination turque; mais il existe aussi des témoignages positifs à ce sujet, dus à des voyageurs qui ont, à divers moments, visité la Bulgarie et étudié les Bulgares de près. Le propagandiste bulgare, M. Mikhoff, a eu dernièrement la bonne idée de réunir en deux cent quarante pages les témoignages les moins désagréables portés sur son pays par les plus favorables de ces écrivains [1]. Même en se bornant à ce choix de M. Mikhoff, on découvrira bien des aveux significatifs, malgré l'évident effort des auteurs pour déguiser la vérité. En voici quelque exemples. Ami Boué dit des Bulgares : « Ils sont bons, humains et économes; ils aiment davantage le travail que leurs voisins, et sont plus soumis à tout gouvernement que le Serbe et le Bosniaque; mais aussi, se rapprochant davantage des Russes, ils semblent aimer davantage le plaisir et la récréa-

---

[1] M. Mikhoff : *La Bulgarie et son peuple d'après les témoignages étrangers*, Lausanne, 1918. Iw. Mich. Mintscheff, pour répondre à certains arguments du professeur serbe Cvijié, avait déjà tenté auparavant, mais sur une plus petite échelle (18 pages), un travail analogue : *Les Bulgares jugés par les étrangers*, Sophia, 1917.

tion. Il leur manque surtout ce courage et ce profond sentiment de nationalité »[1]. J. Blanqui dit : « Les Grecs aiment le bruit, la guerre, le mouvement et les intrigues (?); les Bulgares sont modestes, prudents, économes et sensés »[2]. Cyprien Robert, ce grand bulgarophile, écrit : « Si formidable à l'entrée du moyen âge par ses tendances belliqueuses, par sa richesse et son activité commerciale (?), alors que l'ambitieuse race tartare occupait le trône national, le peuple bulgare est aujourd'hui le moins enclin au luxe et le plus pacifique peut-être qu'il y ait en Europe. » Et plus loin : « On l'accuse de trembler devant le Turc : le Bulgare ne tremble point; mais quand toute résistance est impossible, il sait comme tout homme raisonnable se soumettre en silence à la force. » Et plus bas encore : « Si le Grec dans la péninsule a la suprématie de l'intelligence et le Serbe celle du courage, le Bulgare ne peut prétendre qu'à la supériorité de la patience et du travail »[3]. Jean Ubicini écrit : « Ils avaient jadis une aristocratie puissante, mais qui a disparu au milieu de leurs luttes intérieures, de même que l'esprit guerrier qui les animait s'est usé par un long asservissement. » Au sujet de la supériorité des Grecs au point de vue civilisation, il ajoute : « C'est une opinion généralement reçue que là où leur influence (des Grecs) cesse de se manifester, la barbarie commence. » Et enfin : « Les Grecs méprisent les Slaves qu'ils traitent de barbares et de *Kondro-Kephalai* (lisez : *Khondroképhali*, têtes de bois), comme ils faisaient déjà en 1261, du temps de Michel Paléologue »[4]. Guillaume Lejean écrit : « Le Bulgare est essentiellement agriculteur et semble avoir peu d'aptitudes militaires, ce qui

---

[1] Ami Boué : *La Turquie d'Europe*, Paris, 1840, II, p. 63.
[2] Blanqui : *Voyage en Bulgarie pendant l'année 1841*, Paris, 1843, p. 210.
[3] Cyprien Robert : *Les Slaves de Turquie*, Paris, 1852, II, p. 240 et 241.
[4] Ubicini : *Lettres sur la Turquie*, Paris, 1853-1854, II, p. 174-175. La même remarque a été faite également par Albert Dumont (*Le Balkan et l'Adriatique*, p. 133) : « Les Grecs ont remarqué la grosseur de son crâne (du Bulgare) et le nomment par moquerie *Khondro Kephali*, grosse tête vide. » Voir aussi Launay : *La Bulgarie d'hier et de demain*, 3ᵉ éd., 1912, p. 312.

le distingue éminemment du Serbe, guerrier et surtout pasteur »[1]. Camille Allard note : « Les Serbes, persévérants, énergiques, tenaces, froids, sont surtout une nation militaire. Les Bulgares, au contraire, sont essentiellement agriculteurs ; leur intelligence est vive et toute méridionale ; la douceur de leur caractère a rendu leur résistance moins souvent efficace contre leurs oppresseurs »[2]. Albert Dumont écrit : « De tous les peuples qui habitent la Turquie d'Europe, les Bulgares ont été jusqu'ici les plus paisibles ; ni l'exemple des Bosniaques et des Serbes, ni celui des Grecs et des Albanais n'ont pu les engager à se révolter contre la Porte. » Et plus loin : « Le contact des Grecs, leur exemple d'activité et d'intelligence, ont stimulé les Bulgares »[3]. Auguste Dozon écrit : « Les Bulgares et les Hongrois ont eu, dans l'Europe du moyen âge, une fort mauvaise renommée qu'ils devaient à leurs expéditions dévastatrices[4]... Cette race (les Bulgares), qu'on a peine à reconnaître aujourd'hui dans une population essentiellement agricole et fort peu belliqueuse, comme il semble, est le produit d'un mélange, etc. »[5]. Anatole Leroy-Beaulieu écrit : « Ce peuple (les Bulgares) — du reste, qui, à l'inverse de ses voisins serbes ou grecs, n'a jamais pris qu'une faible part aux insurrections, ce peuple avant tout paisible et patient, est le moins exigeant de tous ceux qui vivent sous la domination turque. De tous les rayas, les Bulgares sont ceux qui se laisseraient contenter à moins de frais, et s'il est des chrétiens que la Porte puisse se rattacher par d'habiles concessions, ce sont eux »[6]. North écrit : « Petit, trapu,

---

[1] Lejean : *Ethnographie de la Turquie d'Europe*, Gotha, 1861, p. 28.
[2] Allard : *Souvenirs d'Orient. La Bulgarie orientale*, Paris, 1864, p. 169.
[3] Dumont : *Le Balkan et l'Adriatique*, 2ᵉ éd., Paris, 1874, p. 130 et 131.
[4] Le passage que M. Mikhoff remplace par des points donne l'étymologie du mot *bougre*.
[5] Dozon : *Chansons populaires bulgares*, Paris, 1875, p. xi.
[6] Anatole Leroy-Beaulieu : *Les Réformes de la Turquie*, dans la *Revue des Deux Mondes*, Paris, 3ᵉ période, tome XVIII, 1876, p. 521.

fortement bâti, le Bulgare *à grosse tête* offre, au physique et au moral, l'aspect d'une longue décadence. » Et plus loin : « Il n'a point d'histoire, il ne rattache ses espérances à aucun souvenir : son aspiration à la liberté est vague et inconsciente » [1]. Georges Guibal écrit : « Les Bulgares ne sont pas une nation de héros, mais un peuple de travailleurs » [2]. Xavier Marmier écrit : « Il (le Bulgare) n'a point l'ardeur belliqueuse de l'Albanais, ni l'active intelligence du Grec » [3]. Le géographe Élisée Reclus, quoique inspiré par des écrivains bulgarophiles, écrit : « Pris dans leur ensemble, les Bulgares, surtout ceux de la plaine, sont un peuple pacifique, ne répondant nullement à l'idée qu'on se fait de leurs féroces ancêtres, les dévastateurs de l'Empire byzantin. Bien différents des Serbes, ils n'ont aucune fierté guerrière, ils ne célèbrent point les batailles d'autrefois et même ils ont perdu tout souvenir de leurs aïeux. Dans leurs chants, ils se bornent à raconter les petits drames de la vie journalière ou les souffrances de l'opprimé ainsi qu'il convient à un peuple soumis » [4]. Kanitz lui-même écrit : « L'ensemble de sa physionomie (du Bulgare) est pacifique et indique plutôt la bonté que le courage ». Et plus loin : « D'une façon générale, le Bulgare se distingue avantageusement par son goût pour l'industrie, de son voisin, le belliqueux Serbe » [5]. M. Louis Leger, dont l'enthousiasme pour les Bulgares n'a pas diminué, même après l'alliance de la Bulgarie avec les ennemis de la France, même après tant de noble sang français versé par les descendants de Kroum, n'hésite pas à mettre en parallèle avec les luttes sacrées que les Grecs et les Serbes ont soutenues pour la liberté,

---

[1] North : *Étude sur la question d'Orient*, Turin, 1876, p. 102.
[2] Guibal : *Les Bulgares*, dans la *Revue de géographie* de L. Drapeyron, Paris, tome II, 1877, p. 161.
[3] Marmier : *Nouveaux récits de voyage (Pétition pour la Bulgarie)*, Paris, 1879, p. 98-99.
[4] Reclus : *Nouvelle géographie universelle*, Paris, 1879, I, p. 221.
[5] Kanitz : *La Bulgarie Danubienne et le Balkan*, Paris, 1882, p. 29.

l'activité de la propagande bulgare, dirigée pourtant non contre la tyrannie, mais contre des chrétiens, des frères et des compagnons de douleur et d'esclavage. Voici ce qu'il en dit : « L'exemple donné par les Grecs, par les Serbes qui organisent leur indépendance, enflamme à leur tour les Bulgares : ils se mettent... à imprimer des livres, à ouvrir des écoles. C'est par les armes que les Grecs et les Serbes ont commencé leur affranchissement ; c'est par le livre et par l'école que les Bulgares ont commencé le leur (!) »[1]. L'économiste belge Émile Laveleye, le grand bulgarophile bien connu, compare ainsi le Bulgare au Serbe : « Le Bulgare diffère beaucoup du Serbe. Celui-ci est plus vif, plus ouvert, plus dépensier, plus éloquent, plus chevaleresque, plus poète, mais moins laborieux et moins persistant. Le Bulgare est froid, concentré, réfléchi, même taciturne, il marche lentement et sûrement vers son but »[2]. Le capitaine Lamouche écrit : « Bien qu'ayant l'esprit moins vif que ses voisins grecs et roumains, il (le Bulgare) a cependant l'intelligence ouverte. » Et plus loin : « Leur nature (des Bulgares) essentiellement pacifique les porte à la résignation et ils ont subi le joug turc plus longtemps et plus patiemment que les autres peuples de la péninsule »[3]. Launay, enfin, dit des Bulgares : « Turcs, Hellènes, Roumains s'entendaient pour railler ces « Champenois » qui paraissaient, plus que tous autres chrétiens d'Orient, dociles aux Turcs, et l'on disait proverbialement à Constantinople : *Tandis que le Serbe se met en colère, le Bulgare pleure* »[4].

Nous répétons que les témoignages précédents sont tous empruntés à l'ouvrage de propagande du Dr Mikhoff, qui a naturellement pris soin d'exclure tout auteur qui

---

[1] Louis Léger : *La Bulgarie*, Paris, 1885, p. 215.
[2] Laveleye : *La Péninsule des Balkans*, Bruxelles, 1886, II, p. 125.
[3] Lamouche : *La Bulgarie dans le passé et dans le présent*, Paris, 1892, p. 136.
[4] Launay : *La Bulgarie d'hier et de demain*, Paris, 1907, p. 314.

ne servait pas la cause bulgare, et de laisser tomber tous les passages des autres auteurs dans lesquels ils n'avaient pu se montrer suffisamment agréables [1]. Que disent pourtant ces témoignages ? Ce que nous disions tout à l'heure : que les Bulgares, bien loin de tenter un soulèvement national contre le tyran qui les écrasait, ont traversé tous les siècles de l'esclavage dans une tranquillité docile, sans faire autre chose que cultiver leurs champs et paître leurs troupeaux ; que, d'autre part, ils n'ont cessé d'être un objet de raillerie et de mépris des peuples voisins, non seulement les Grecs et les autres chrétiens, mais même des Turcs, à cause de leur complète ignorance et en général de leur civilisation rudimentaire, situation pour laquelle ils ne sauraient invoquer aucune excuse.

En effet, les Bulgares, après les ténèbres des premiers siècles qui suivirent la conquête turque et pesèrent également sur toutes les nations chrétiennes soumises, se trouvèrent dans une situation relativement privilégiée. Ne faisant pas la guerre contre le tyran, ainsi que les autres nations serves, ils avaient plus de temps et plus d'occasions de progresser et de se cultiver. Impeccables dans leur conduite d'esclaves soumis au maître, ils n'eurent de ce chef à subir ni vexations, ni massacres, ni autres persécutions, ou tout au moins pas dans la même mesure que les autres nations en guerre avec le Turc. Le comte Ferrières-Sauveboeuf, diplomate français, qui fut chargé en 1782 d'une mission diplomatique à Constantinople, atteste que « les Bulgares sont les moins molestés de tous les tributaires des Turcs » [2]. David Urquhart, diplo-

---

[1] Parmi ces passages sautés comme contraires au but visé, signalons le passage d'Auguste Dozon mentionné plus haut (p. 297, n. 4), ceux du même auteur cités p. 308 sq., ceux d'Albert Dumont, cités dans le chapitre précédent (p. 266) et plus loin (p. 307), etc.

[2] Ferrières-Sauveboeuf : *Mémoires historiques, politiques et géographiques des voyages faits en Turquie, en Perse et en Arabie*, Paris, 1790, II, p. 249, et chez Mikhoff : *La Bulgarie et son peuple d'après les témoignages étrangers*, p. 5.

mate et écrivain anglais, qui visita l'Empire ottoman au commencement du siècle dernier, quand la Grèce n'était encore qu'un monceau de ruines fumantes après sept ans de luttes pour son indépendance, dit également des Bulgares qu' « il n'y a pas de paysans plus heureux sur la terre ». Et décrivant leur existence calme et fortunée, il s'écrie : « Où donc est, demandera-t-on, la tyrannie sous laquelle on suppose, en général, que gémissent les sujets chrétiens de la Porte? Certes ce n'est pas parmi les Bulgares »[1]. N'oublions pas non plus que si les autres nations asservies sont sorties des ténèbres des premiers siècles de domination turque et se sont cultivées et régénérées, c'est à leur initiative, c'est à leurs propres moyens qu'elles le doivent; tandis que les Bulgares ont eu l'immense avantage d'être l'objet des attentions et de la protection d'une grande puissance de l'Europe et de sa propagande. Mais voici ce qui est particulièrement caractéristique : Comme nous l'avons dit plus haut [2], un grand nombre de chrétiens islamisés sous la domination turque arrivèrent, grâce aux qualités supérieures de la race, jusqu'aux plus hautes dignités de l'Empire ottoman; eh bien, l'histoire ne mentionne pas un Bulgare islamisé qui soit arrivé à quelque dignité, ou qui se soit fait remarquer d'une manière quelconque. Et pourtant la râfle des enfants chrétiens s'exerçait par les Turcs en Bulgarie avec non moins d'intensité que dans les autres pays asservis, et les classes supérieures de la société bulgare s'empressèrent, nous l'avons vu, dès les premiers jours de la conquête turque, de passer en masse à l'Islam. Paparrigopoulos cite une liste de noms de grands vizirs, généraux, amiraux, qui étaient des Grecs islamisés; il en cite plusieurs qui étaient Albanais, et encore Bosniaques,

---

[1] Urquhart : *Turkey and its ressources*, Londres, 1888, et, en français : *La Turquie, ses ressources*, etc., Paris, 1836, I, p. 438, n. 64, et chez Mikhoff : *op. cit.*, p. 24.

[2] Voir *supra*, p. 286.

Herzégovins et autres Slaves, mais pas un seul Bulgare [1]. Gelzer, qui ne paraît pas avoir eu connaissance de l'enquête antérieure de Paparrigopoulos, a tiré au clair la nationalité de plusieurs des soixante grands vizirs donnés par Hammer comme étant d'origine chrétienne [2]; il n'a trouvé parmi eux aucun Bulgare [3]. On ne découvrira pas davantage de Bulgare qui se soit signalé dans l'administration publique de l'Empire ottoman, sans avoir abandonné son culte et sa nationalité, à l'époque où la nation grecque pouvait déjà se vanter de toute cette série de Cantacuzène, des Nicoussios, des Mavrocordato, des Mourousi, des Caradja, des Soutso, des Ypsilanti, des Mavroyéni, des Callimachi, qui se distinguèrent dans les plus hautes charges de l'Empire, celle surtout de Grand Interprète, qui rendirent les plus éminents services aux chrétiens esclaves, et qui fournirent presque tous les princes chrétiens de Moldavie et de Valachie [4].

M. Mikhoff, dans son recueil cité plus haut, n'a admis que des écrivains de langue française, surtout français et belges. Mais les descriptions que donnent du

---

[1] Paparrigopoulos : *Histoire de la nation grecque*, voir p. 480 sq. Le grand vizir Mahmoud-pacha, sous Mahomet le Conquérant, était Grec de naissance; il avait de l'élévation dans les sentiments et les pensées, il a laissé un nom comme poète, comme protecteur des lettres et des sciences, et comme fondateur de nombreuses églises, écoles, hôpitaux et autres établissements, dont quelques-uns subsistent encore aujourd'hui. Isac-pacha était également Grec; lui aussi fut grand vizir sous Mahomet le Conquérant, puis sous Bajazet II. Grecs comme eux furent les grands vizirs qui lui succédèrent : Mezi-pacha et Hodja-Moustapha-pacha, les grands vizirs Ibrahim-pacha et Soliman-pacha sous Soliman le Magnifique, plus tard, le grand vizir Nassou-pacha, les quatre grands vizirs que donna à l'Empire la famille des Kœprulu, de même les grands vizirs Damad-Hassan-pacha, Djœrlulu Ali-pacha, Topal-Osman-pacha. Étaient également Grecs de naissance, sans compter beaucoup d'autres, l'amiral Sali-pacha et le célèbre héros national turc Khaïr-Ed-Din Barberousse.

[2] Hammer : *Geschichte des Osman. Reiches*, 2e éd., II, p. 434 sq.

[3] Gelzer : *Geistliches und Weltliches aus dem türkisch-griechischem Orient*, p. 181, n. 1.

[4] De très nombreux Grecs s'illustrèrent aussi, surtout comme diplomates ou généraux, aux services d'autres États, en particulier la Russie. Tel fut le comte Capodistria, de Corfou, qui devait présider plus tard aux destinées de la Grèce affranchie, et qui fut ministre des affaires étrangères et plénipotentiaire de Russie au Congrès de Vienne de 1815 où il soutint la thèse de la conservation de l'Alsace-Lorraine à la France.

peuple bulgare sous le joug turc les voyageurs anglais ou allemands, ou même tchèques et russes, sont identiques. Les plus favorablement disposés d'entre eux, en l'absence de toute réaction nationale des Bulgares contre le tyran, dirigent habilement leurs louanges en sens contraire et vantent le « paisible amour du travail », la « patience », la « douceur », la « bonté d'âme » des Bulgares, toutes vertus négatives, si l'on veut bien noter que les circonstances réclamaient assurément quelque chose de plus que la paisible mise en valeur des campagnes, quelque chose de plus effectif que les gémissements de la patience, les acceptations de la douceur et de la bonté d'âme. Nous ne voulons pas blâmer par là les Bulgares de leurs vertus paisibles. Elles étaient en tout cas préférables pour les peuples voisins aux incursions et aux pillages de leurs ancêtres médiévaux. Et elles permettent d'espérer que lorsque les peuples des Balkans rétablis dans leurs frontières historiques et ethnologiques, se livreront aux œuvres de la paix, le laboureur bulgare pourra vivre en harmonie et dans des rapports affectueux avec l'éleveur serbe et le marchand grec, comme il le faisait sous la domination turque, avant que la propagande panslaviste eût jeté la zizanie dans la péninsule balkanique. Nous voulons seulement répondre aux patriotes braillards de Sophia qu'une nation qui n'a point participé aux luttes contre le tyran, qui a laissé à d'autres le soin de rompre ses chaînes et d'affranchir son propre territoire, ne peut pas, du petit coin balkanique des bords du Danube où elle s'enterra sans gloire pendant la conquête turque, s'élancer d'un bond, en poussant des clameurs triomphales, jusqu'au centre de la péninsule pour y succéder à l'Islam et y supplanter l'Hellénisme ; et encore, qu'une nation qui n'a montré de tout temps aucune disposition pour le progrès et la civilisation et n'a pu qu'encourir de ce chef les railleries et le mépris de ses voisins, ne peut aujourd'hui prétendre sérieusement à l'hégémonie, ni à une influence quelconque sur eux. Le mot de Pachymère : « Il n'est pas raisonnable que des Grecs soient soumis au Bulgare » [1], est aussi vrai aujourd'hui qu'au moyen âge.

Que les Grecs soient bien au-dessus des Bulgares, non seulement au point de vue de leurs capacités nationales et intellectuelles, mais aussi pour leur application aux œuvres pacifiques et pour leur amour du travail, vertus que ressassent, à défaut d'autres, les écrivains bulgarophiles, cela est encore témoigné par les voyageurs qui pendant ces derniers siècles ont visité la Grèce encore esclave et dont beaucoup étaient de hautes personnalités [2], ainsi que par les nombreux historiens qui se sont occupés de la Grèce et dont nous ne pourrons donner plus bas qu'une liste bien incomplète [3]. Si l'on réunissait tous les renseignements et tous les jugements favorables aux Grecs, on arriverait à faire non un mince volume, comme celui du propagandiste bulgare M. Mikhoff, mais toute une bibliothèque. Mais à quoi bon un tel effort, quand les faits parlent d'eux-mêmes et n'ont pas besoin de démonstration? Nous citerons pourtant, à titre d'exemple, un de ces jugements sur le peuple grec moderne qui ne porte point la signature d'un ordinaire touriste, mais d'un grand historien, G. Gervinus; voici ce qu'il dit dans sa brillante *Histoire du XIXe siècle*, dont les volumes V^e et VIe sont consacrés à l'insurrection et à la régénération de la Grèce : « Même parmi les voyageurs les plus mal disposés pour les Grecs, il n'y en avait pas un seul qui ne fût frappé d'étonnement en voyant la mobilité, la soif de s'instruire, l'intelligence, l'indépendance individuelle, le jugement sain, le sens pratique et l'habile façon de ce

---

[1] Voir *supra*, p. 248.
[2] Ainsi le comte de Choiseul-Gouffier (*Voyage pittoresque de la Grèce*), Guys (*Voyage littéraire de la Grèce*), Savary (*Lettres sur la Grèce*), William Eton (*Tableau historique, etc. de l'Empire ottoman*), Sonnini (*Voyage en Grèce et en Turquie*), Pouqueville (*Voyage de la Grèce*), Edgard Quinet (*De la Grèce moderne et de ses rapports avec l'antiquité*), etc., etc.
[3] Voir p. 325, n. 2.

peuple. Dans ce pays si merveilleusement formé par la nature et possédant en petit, pour ainsi dire, la quintessence de tous les avantages dont jouissent les divers pays de l'Europe, pays qui, par les labyrinthes de ses montagnes et par le grand nombre de ses golfes et de ses baies, peut donner à ses habitants à la fois les qualités les plus éminentes d'un peuple montagnard et d'un peuple marin; dans ce pays on aurait pu apercevoir l'influence d'un génie salutaire donnant, dans des conditions d'une vie semblable, aux possesseurs actuels du sol, des traits caractéristiques nationaux semblables à ceux des plus anciens habitants de ces contrées et une élasticité d'esprit pareille à celle des anciens Grecs, quand même il n'y aurait pas eu de rapports de parenté entre eux. Néanmoins de toutes les races habitant l'Empire ottoman, il n'y avait que la race grecque qui possédât ces éminentes qualités. Les Grecs seuls entre tous s'occupent activement d'industrie; ils sont plus laborieux qu'aucun autre peuple du Midi. A impôts égaux et justice égale, les Grecs, par leur seule industrie, feraient mourir de faim leurs maîtres turcs. Aux premiers commencements de leur régénération, ils se sont montrés tellement supérieurs dans le commerce et dans la navigation, pratiqués sur une grande échelle, que les Anglais, observateurs et tout étonnés de leurs talents, de leur circonspection, de leur expérience, de leur persévérance dans le travail, de leur économie et de leur honnêteté, ont prédit, avec la plus grande certitude, leurs succès si extraordinaires. Dans leur désir de s'instruire, dans leur soif de se perfectionner, dans les soins prodigués à leurs écoles, là où la jalousie des Turcs les laissait faire, les Grecs ont montré une facilité à s'instruire et à se civiliser comme aucune autre race de l'Orient. Ils possèdent une vie de famille beaucoup plus intime, plus unie et plus pure que beaucoup de peuples méridionaux plus civilisés qu'eux; ils traitent les femmes avec le respect qui leur est dû, et ont, par cette seule raison, la perspective d'une civilisation supérieure ouverte devant eux. Nous venons d'énumérer les quatre grands traits caractéristiques qui distinguent le Grec également du Turc paresseux et craignant la mer, de l'Albanais sauvage et grossier, qui avilit sa femme jusqu'à en faire sa servante, du Tartare et du Slave, incapables tous les deux de se laisser civiliser, du Juif et de l'Arménien cupides et ne sachant pas faire du produit de leur travail un usage profitable aux autres, traits caractéristiques qui rapprochent les Grecs de la civilisation occidentale »[1].

Mais les vertus qu'on loue chez les Bulgares, amour du travail, patience, douceur, bonté d'âme, indiquent-elles au moins une transformation réelle de l'antique mentalité bulgare, ou bien ne sont-elles que le produit de circonstances dont la gravité exigea la contrainte provisoire des anciens instincts sauvages des Bulgares? Nous admettrions bien volontiers la première hypothèse, mais les faits plaident malheureusement en faveur de la seconde. Ses instincts sauvages, conséquence naturelle du manque de culture, le peuple bulgare ne les a jamais perdus. Ils se sont simplement assoupis lorsqu'il manqua de chefs pour l'entraîner aux pillages et aux dévastations, et qu'il se trouva sous de nouveaux maîtres fort peu disposés à tolérer de pareilles entreprises. Ils se sont immédiatement réveillés lorsque leurs anciens chefs ont reparu sous la forme de *comitadjis*, ayant l'impunité assurée auprès de l'État bulgare reconstitué. Les sauvages persécutions dont l'élément grec eut à souffrir à partir de la fondation d'un État bulgare, dans les régions livrées à son autorité ou provisoirement possédées par lui, fournissent la preuve la plus absolue de cette vérité. Même sous la domination turque, il ne manque pas de manifestations de ces instincts du peuple bulgare.

---

[1] G. Gervinus : *Insurrection et régénération de la Grèce*, traduction française, par J. Minssen et L. Sgouta, Paris, 1863, 1, Introduction, p. 137-138.

Nous voulons parler des *haïdouts*, brigands bulgares, qu'il ne faut point confondre avec les *haïdouks* des Serbes et les *klephtes* des Grecs. Ceux-ci sont des héros nationaux, très souvent des personnages historiques; les *haïdouts* bulgares sont des criminels de droit commun sans personnalité, auxquels manque jusqu'à la virile audace des brigands ordinaires. Mais ce qui, mieux encore que les lâches procédés des *haïdouts*, caractérise l'âme bulgare, c'est la glorification de leurs crimes par la muse populaire bulgare, qui n'a trouvé ni plus beaux héros ni meilleurs sujets à chanter.

Quelle suggestive antithèse entre cette poésie populaire bulgare et la poésie populaire patriotique des Grecs, si bien analysée par Henry Houssaye : « Quand les Grecs ne se battaient plus, ils chantaient : « Jamais, dit un *tra-*« *goudi*, jamais nous ne sommes inactifs du sabre ou de la « voix », et à leurs chants se levaient d'autres combattants. Par des récits de batailles et de morts glorieuses, de martyres et d'exploits, par des hymnes à la patrie et par des lamentations funèbres sur les vaillants tués à l'ennemi, l'improvisation populaire entretenait dans le cœur des Grecs le feu du patriotisme et de la foi religieuse »[1]. Tout au contraire : « Dans la Bulgarie, dit Ami Boué, on n'entend point des poésies épiques ni les chansons de Marc Kraljevitch (le héros serbe); mais on se plaît à exécuter des chansons de table, d'amour, etc. »[2]. Albert Dumont complète Ami Boué : il énonce d'abord ce jugement général : « Les chants populaires sont jusqu'ici la seule littérature qu'aient produite les Bulgares... Il ne faut chercher dans ces compositions aucune des qualités qui font la beauté des *pesmas* de la Serbie, des *tragoudia* de la Grèce moderne »; venant ensuite aux détails, à propos des chants populaires bulgares qui glorifient les *haïdouts*

---

[1] Henry Houssaye : *La Grèce héroïque*, dans *La Grèce*, p. 280.
[2] Voir *supra*, p. 252.

et leurs actes, Albert Dumont remarque que « les Bulgares n'ont pas de héros national », et il spécifie : « Les chants bulgares racontent avec complaisance des cruautés atroces, peignent des cadavres coupés en morceaux, des têtes séparées du corps, des urnes pleines d'un sang encore tiède; le Grec ne s'arrête pas à ces images; s'il les rencontre, il détourne les yeux » [1].

L'opposition entre la poésie bulgare et la poésie grecque, c'est-à-dire entre l'âme bulgare et l'âme grecque, est encore mise en lumière par Auguste Dozon, si favorable d'ailleurs aux Bulgares, dans la longue introduction qui précède son recueil de chants populaires bulgares. Nous en extrayons ce qui suit : « Dans la poésie de plusieurs peuples, les brigands occupent une grande place, et même, en particulier chez les Serbes et les Grecs, jouent un beau, sinon le premier rôle. C'est qu'en effet, ils se sont plus d'une fois conduits en héros; ici le klephte, comme là l'uscoque (ouskok) [2] et le haïdouk, prolongeaient à leurs risques et périls la résistance à la domination étrangère. Les romances espagnoles, qui racontent tant de petites expéditions dirigées contre les Maures, ignorent tout à fait les brigands; c'est apparemment qu'elles ont toutes été composées en pays libre, et non par les sujets opprimés et révoltés des Arabes. Moins heureux, les haïdouks et les klephtes savaient de plus, quand ils étaient pris, mourir bravement et supportaient les plus affreux supplices avec la constance des Hurons, attachés au pal de torture. Le bandit (haïdout) bulgare, à en juger par les chants que remplissent ses aventures, n'est qu'un vulgaire et féroce assassin, un lâche chauffeur, et un ouvrage anglais [3], très défavorable, il est vrai, aux *rayas*, lui opposait récemment, comme un modèle de chevalerie en quelque

---

[1] Albert Dumont : *Le Balkan et l'Adriatique*, p. 159 et 163-164.
[2] Ce terme était en usage dans la Dalmatie.
[3] Saint-Clair and Brophy : *A residence in Bulgaria*, Londres, Murray, 1869.

sorte, le *balkan-tchelebi*, le détrousseur turc des Balkans ; il exploite les grandes routes pour enlever entre autres les *fonds royaux*, mais sans que le sentiment patriotique y entre pour rien ; il s'agit simplement de faire du butin ; la haine, même religieuse, contre le Turc, ne se montre nulle part. La différence des motifs éclate avec évidence dans l'adaptation d'une courte et bonne pièce serbe à une aventure de coupe-jarret. Le vaillant Marko laboure les chemins dans le dessein de braver les janissaires, tandis que Tatountcho le Bulgare, cédant aussi aux suggestions de sa mère, après les avoir labourés, s'y embusque pour détrousser les voyageurs. Le meurtre est le grand sujet de gloire du haïdout, et voici ce qu'il chante dans des vers devenus comme un lieu commun de la poésie :

J'ai plongé bien des mères dans le deuil,
j'ai privé bien des épouses de leur foyer, et plus encore fait de
[petits orphelins,
pour qu'ils pleurent, pour qu'ils me maudissent [1].

On aimerait à croire qu'il y a là de la forfanterie, si des pièces, qui retracent sans doute des faits réels, n'attestaient ce penchant à la cruauté. Il est vrai que dans une des trois versions du passage cité, le nom de Turc apparait et semble, surtout si on l'isole du reste de la pièce, manifester l'idée patriotique :

J'ai donné la chasse à bien des Turcs,
plus encore fait périr de *Kadeunas* [2]...

expressions qui rappellent celles qu'un chant grec met dans la bouche d'une femme brigand :

Ἔκαμα Τούρκες ὀρφανές, ἔκαμα Τούρκες χῆρες...
(J'ai rendu des Turques orphelines, j'ai fait des Turques
(veuves [3]...)

---

[1] Dozon : *Chansons populaires bulgares*, n° 24, p. 203.
[2] Femmes musulmanes.
[3] Passow : *Popularia carmina Graeciae recentioris*, n° 175, p. 131.

Mais quelle différence entre cette demi-vanterie rétrospective et les fières paroles du klephte :

Moi, je ne deviens pas raya, moi je ne me soumets pas aux Turcs;

celles-ci surtout, et je ne puis m'empêcher de citer la pièce tout entière, tant elle est pleine d'énergie et émouvante :

Ils ont eu beau devenir turcs, les défilés occupés par les Albanais,
Stérios est vivant, des pachas il ne lui chaut guère.
Tant que les montagnes neigeront et que fleuriront les champs,
tant que les crêtes auront de fraîches eaux, aux Turcs nous ne
[nous soumettrons point.
Nous irons faire notre gîte là où les loups ont leur tanière,
sur la cime des monts, dans les cavernes, dans les gorges et les
[ravins.
Des esclaves demeurent dans les lieux habités et se courbent
[devant les Turcs,
nous, pour habitation, nous avons les déserts et les gorges sau-
[vages;
plutôt qu'avec les Turcs, il vaut mieux vivre avec les bêtes
[fauves [1].

Il faut, nous le savons, des conditions topographiques particulières, pour que de tels sentiments, s'ils naissent, portent du fruit; c'est dans les pays frontières ou dans les régions montagneuses presque inaccessibles que les hommes d'une forte trempe trouvent un refuge, pour fondre ensuite de temps à autre sur la plaine où les *esclaves* se courbent, comme dit Stérios. Mais l'Hémus et le Rhodope n'offraient pas, comme il semble, un point d'appui beaucoup moins favorable que le Pinde et l'Olympe, pour une lutte au moins temporaire, et si, en parcourant la petite contrée de Souli qui peut être si facilement prise à revers, on admire l'héroïsme de ceux qui y ont si longtemps bravé Ali-pacha, on s'étonne aussi de ne pas apercevoir, dans la poésie qu'ont enfantée les sommets de la Vieille Mon-

---

[1] Passow, *op. cit.*, n° 54, p. 48.

tagne, de Rila et du Périn, le plus vague écho d'une protestation contre la conquête musulmane. Les Bulgares qui ont, durant tant de siècles, si violemment résisté à la civilisation grecque, avaient-ils donc au fond plus d'affinités pour la race issue des steppes turkomanes »[1]?

Voilà ce que nous dit Auguste Dozon sur le contraste si suggestif des muses populaires grecque et bulgare. Qu'il nous soit permis d'y appuyer encore un peu en mettant ici en parallèle quelques-uns des produits de l'une et de l'autre. Voici d'abord une des nombreuses chansons bulgares, qui glorifient d'une manière stéréotypée les hauts faits des haïdouts :

> Laltcho disait à ses pallicares :
> — Pallicares, braves d'élite,
> j'ai appris que Kerima,
> Kerima, la blanche dame turque,
> que Kerima doit passer
> avec cinq cents hommes choisis,
> tous noirs asiatiques,
> mêlés avec des arnautes.
> Qui osera, qui se risquera
> à séduire et tromper Kerima?
> Kerima a un collier d'or, —
> à lui couper son collier,
> à la baiser à la gorge? —
> Il ne s'en est pas risqué un seul,
> mais Dimitri s'est risqué,
> Dimitri, le jeune pallicare.
> Les pallicares disent à Dimitri :
> — Ne fais pas, Dimitri, une gageure
> au sujet de Kerima, la blanche Turque,
> car tu es sot, Dimitri,
> Kerima te fera périr,
> n'est-ce pas dommage pour toi? —
> Dimitri ne dit rien,
> il mit de beaux habits,
> s'en alla à la rencontre de Kerima,

---

[1] Dozon : *Chansons populaires bulgares.* Introd., p. XXVII sq.

de loin lui fit un salut,
de près lui baisa le bas de la robe,
et à Kerima il disait :
— Kerima, blanche dame,
j'ai de l'amour pour toi,
je veux te dire un mot en particulier,
envoie ton escorte en avant. —
Kerima, la sotte femme,
envoya son escorte en avant,
et laissa Dimitri entrer dans la voiture.
Dimitri dit à Kerima :
— Kerima, mon grand amour,
lève un peu la tête
que je te baise à la gorge,
sur ton collier d'or. —
Kerima, la sotte femme,
ayant levé la tête,
il lui trancha la tête
et arracha le collier d'or,
ramassa ses vêtements précieux,
ressortit avec son butin,
puis il retourna vers Laltcho
et jeta la tête à ses pieds.
Tous les pallicares s'étonnèrent,
comment Dimitri avait trompé
Kerima, la blanche Turque [1].

Comme on le voit, ce que glorifie ce poème ce n'est qu'un vulgaire brigandage avec assassinat; le sentiment patriotique ne joue aucun rôle; le meurtrier n'est même pas représenté comme un homme courageux : c'est un hypocrite et lâche gredin. Voilà les *haïdouts* bulgares. Comparons-les à Sterios, le klephte grec, dont, nous l'avons vu, Dozon cite le poème à côté des chants bulgares; comparons-les à Nico-Tsaras, à Cazavernis, à Tsélios, au capitaine Romféis, aux autres héros macédoniens que nous rencontrerons plus loin, à tous les klephtes grecs en général, dont la muse chante les nobles sentiments et les

---

[1] Dozon : *Chansons populaires bulgares*, n° 20, p. 195-197.

patriotiques actions[1], et que définit si bien Henry Houssaye en disant : « Les pallikares n'estiment rien de plus beau, de plus enviable que la mort sur le champ de bataille. A la fin des repas de bivouacs, ils se portaient mutuellement cette santé : « A une heureuse balle ! » Aussi les approches de la mort n'abattent pas le héros grec ; elles l'exaltent, elles le transportent. Il jette son dernier cri comme on déploie une bannière de bataille : « Mange ma « chair, dit un klephte du mont Olympe, mange ma chair, « aigle, pour que ton aile croisse d'une aune et ta serre d'un « empan. » — « Compagnon, dit Ghiftakis, je suis blessé. « Achève-moi, coupe-moi la tête et cache-la, afin que les « ennemis ne se réjouissent pas de ma mort ! » — « Qu'im-« porte ma mort, dit Kitsos, le sang des braves fait « pousser des lames de sabre dru comme le froment »[2]. Voilà les klephtes grecs. Et pourtant un livre, publié récemment à Paris et qui n'est qu'un pamphlet contre les peuples balkaniques et spécialement contre les Grecs, dit des *haïdouts* bulgares : « Ces chefs de bandes, ces *haïdouts*[3], comparables aux klephtes de la Grèce, furent excessivement nombreux ; mais, malgré leurs efforts, ils ne purent réussir à délivrer leur patrie (!) »[4].

Mais pour assassiner *Kerima*, il se trouve des haïdouts

---

[1] Voir plus loin quelques spécimens de ces chansons. Parmi les nombreux recueils de chants populaires grecs en général, voir surtout : Fauriel : *Chants populaires de la Grèce moderne*, tome I : *Chants historiques*; tome II : *Chants historiques, romanesques et domestiques*, Paris, 1824-1825 ; Th. Kind : *Neugriechische Anthologie*, Leipzig, 1844 ; M. de Marcellus : *Chants du peuple en Grèce*, Paris, 1851 ; Sp. Zambelios : *Chants populaires de la Grèce* (recueil grec), Corfou, 1852 ; A. Passow : *Popularia carmina Graeciae recentioris*, I : *Carmina clephtica*, II : *Carmina historica*, Leipzig, 1860 ; Émile Legrand : *Recueil de chansons populaires grecques*, Paris, 1874 ; G. F. Abbot : *Songs of modern Greece*, Cambridge, 1900 ; Ch. Christovasili : *Chants nationaux* (recueil grec), Athènes, 1902 ; Hubert Pernot : *Anthologie populaire de la Grèce moderne*, Paris, 1910 ; N. G. Politis, *Choix de chansons du peuple grec* (recueil grec), Athènes, 1914, etc.

[2] Henry Houssaye : *La Grèce héroïque*, dans *La Grèce*, p. 282-283. Cf. Fauriel, *op. cit.* I. *Discours préliminaire*, p. XIII sq.

[3] Le texte porte, *haïdouks*, forme serbe du mot. L'auteur aurait-il confondu haïdouks serbes et haïdouts bulgares ?

[4] Louis André, professeur au lycée Louis-le-Grand : *Les États chrétiens des Balkans depuis 1815*, Paris, 1918.

non seulement mâles, mais aussi femelles. « Un trait particulier du brigandage bulgare, dit Dozon, c'est la part active que les femmes paraissent y avoir prise, et la tradition, d'après ce qu'on rapporte à Philippopoli, confirme celui des pesmas sur ce point. Parmi les chants grecs, il y en a quatre, il est vrai, variantes d'un même fait, qui parlent d'une *klephtopoula*, faisant campagne incognito et se retirant dès que le hasard a trahi son sexe, mais un début, deux fois répété, manifeste assez l'étonnement du poète :

Qui a jamais vu un poisson sur la montagne et la mer ense-
[mencée?
Qui a vu une belle fille revêtue des habits de klephte [1]?...

Les héroïnes bulgares n'y mettent pas tant de façons, et l'une d'elles aussi termine honnêtement par le mariage sa vie d'aventures » [2]. Voici quelques vers d'un chant populaire bulgare, traitant d'une femme haïdout :

> Boïana dit à Kerima :
> — Kerima, blanche dame,
> passe la tête en dehors,
> que je te coupe la tête. —
> Kerima dit à Boïana :
> — Ma chère sœur, Boïana,
> à toi l'argent, je te l'abandonne,
> seulement ne m'ôte pas la vie,
> car ma mère n'a d'enfant que moi
> et je suis récemment fiancée,
> une jeune promise non mariée. —
> Boïana n'écoute point Kerima,
> mais elle lui coupe la tête [3].

Le Bulgare n'est pas plus tendre pour celle qui partage son sommeil; plutôt bête de somme, elle en fait par-

---

[1] Passow, *op. cit.*, p. 131.
[2] Dozon, *op. cit.* Introd., p. xxxii.
[3] Dozon, *op. cit.*, n° 17, p. 188.

fois le travail. Voici ce que dit une épouse bulgare dans un chant populaire :

> Quand je lui porte le dîner chaud
> Il dételle un de ses bœufs,
> et m'attelle pour que je laboure [1].

Mieux encore. Entre sa famille et les bêtes de son étable, le Bulgare n'hésite guère à donner la préférence aux bêtes, même quand il s'agit de la vie, ainsi que le montre ce chant populaire bulgare :

> La maison brûle, Todor la regarde,
> Todor la regarde, il est consterné et hésite
> s'il entrera dans le feu, qui il en retirera,
> sera-ce sa jeune épouse avec ses petits enfants,
> ou le cheval noir avec la selle d'or?
> Et sa mère lui dit à voix basse :
> — Tire du feu ton cheval noir
> parce qu'un tel cheval se trouve rarement ;
> si ta femme brûle avec tes enfants,
> tu en prendras une plus belle, tu en engendreras de meilleurs,
> on ne trouve pas (aisément) un cheval à son gré. —
> Todor fit sortir le jeune cheval,
> la flamme entoura son épouse,
> son épouse avec les petits enfants.
> Les enfants gémissent, la mère les calme,
> de ses larmes brûlantes elle apaise leurs blessures [2].

Si l'épouse, après avoir longtemps en vain attendu le retour du haïdout, est contrainte de se remarier, le châtiment dépasse alors toute cruauté imaginable. Voici un chant bulgare qui raconte la vengeance du haïdout Koyo revenant à la maison, après neuf ans d'absence; Stana sa femme ne s'est remariée qu'après le délai fixé, et encore, parce que son frère l'y a contrainte :

> ... Alors Stana ouvrit,
> et Koyo entra avec ses hommes,

---

[1] Dozon, *op. cit.*, n° 63, p. 290.
[2] Dozon, *op. cit.*, n° 55, p. 281-282.

soixante et dix-sept ils étaient,
et à Stana il disait :
— Chère Stana, ma chère,
veux-tu nous servir du vin,
ou veux-tu éclairer avec une torche
mes fidèles compagnons ? —
Et Stana répond à Koyo :
— Cher Koyo, mon cher,
je servirai du vin à la ronde
et j'éclairerai avec une torche. —
Koyo dépouilla Stana,
il l'enduisit de goudron,
qu'il alluma pour qu'elle servît de torche,
pour qu'elle éclairât sa troupe;
trois jours ils mangèrent et burent,
Stana était la torche qui les éclairait [1].

« Si Néron n'avait pas existé, dit justement le professeur Politis, le Bulgare Koyo ne partagerait avec personne la gloire de cette horrible invention des torches humaines. Et ce forfait abominable, qui inspire de l'horreur à tout homme, le poème bulgare le décrit sèchement, froidement, parce que le meurtre d'une épouse n'a rien qui répugne à la morale bulgare »[2].

Les sentiments des Grecs et leur conduite envers leurs épouses sont bien différents : « Leurs femmes, dit Henry Mathieu, sont des compagnes et non des esclaves »[3]. De même, l'historien Gervinus dit des Grecs : « Ils traitent les femmes avec le respect qui leur est dû »[4]. Et le professeur Politis ajoute : « De nombreux chants populaires grecs dépeignent la tendresse des époux, et racontent avec émotion le retour du mari, après des années de séjour au loin ou de captivité, la reconnaissance touchante ou bien l'enlèvement de l'épouse par le mari au moment où

on la bénit avec un autre, avec un autre on la marie.

---

[1] Dozon, *op. cit.*, n° 35, p. 235-236.
[2] N. G. Politis : *Les Klephtes bulgares d'après les chants populaires bulgares*, dans le périodique *Hestia*, tome XX, 1885, p. 757.
[3] Henri Mathieu : *La Turquie et ses différents peuples*, II, p. 96.
[4] Voir *supra*, p. 305-306.

Le mari l'enlève, elle le revoit avec allégresse, et le cheval, rapide comme le vent, les met bientôt à l'abri de leurs poursuivants »[1]. D'ailleurs toute la conduite du klephte grec envers les femmes est toujours inspirée par des sentiments chevaleresques. Si le haïdout bulgare Stoïan, dans un chant bulgare, égorge Nédélia tombée entre ses mains, et envoie la tête de la jeune fille au père, malgré la rançon payée par le père au chef des brigands [2], les klephtes grecs, dit Mendelssohn Bartholdy, « se conduisaient toujours chevaleresquement envers les femmes qui tombaient entre leurs mains. Un capitaine ayant voulu outrager une dame turque prisonnière, fut mis à mort par ses propres pallicares »[3]. Voici, à ce sujet, un chant populaire grec, de la collection Passow, et qui laisse bien voir ces nobles sentiments :

— Où étais-tu, ma colombelle, depuis si longtemps disparue ? —
— J'étais allée ramasser des châtaignes avec Vasilo,
et des klephtes nous ont aperçues du haut d'un poste de
— Filles aux yeux noirs, où allez-vous toutes seules ? [guetteur.
Venez dans nos retraites, nous vous dirons deux mots. —
Des montagnes, des ravins ont défilé devant nos yeux.
Le soir nous mangeâmes notre pain dans la retraite des
— Filles aux yeux noirs, dites-nous la vérité : [klephtes.
N'est-il pas venu des Turcs dans les villages, n'est-il pas venu des
— Nous avons quitté notre village de bon matin, [Albanais ?
et nulle part nous n'avons vu de Turcs ou d'Albanais. —
Il y avait quarante klephtes étendus en rond,
et un jeune petit klephte, tout habillé d'or,
nous offrit des poires et de l'eau fraîche de la source.
— Bon retour, mes enfants, et pas un mot à personne »[4].

---

[1] Politis, *op. cit.*, p. 757.

[2] Dozon, *op. cit.*, n° 21, p. 197-198.

[3] Mendelssohn Bartholdy : *Geschichte Griechenlands von der Eroberung Konstantinopels durch die Türken in Jahre 1453 bis auf unsere Tage*, I, p. 52.

[4] Passow, *op. cit.*, n° 141, p. 109-110. Cf. aussi n°ˢ 325, 326, 327, 328 332, p. 241-245.

Réservons au lecteur, comme bouquet, le chant populaire bulgare que voici :

> La forêt touffue s'épanouit
> le cœur d'une mère s'emplit (de chagrin).
> A Stoïan sa mère disait :
> — Stoïan, mon fils Stoïan,
> cet été tu n'as pas fait de butin ;
> hier soir des marchands sont passés,
> des marchands, des jeunes gens de Kotel,
> ils se sont enquis de toi, mon fils :
> — Où est, commère, le jeune Stoïan,
> le jeune Stoïan, le jeune pallicare,
> que nous l'emmenions faire du butin,
> à Rila, dans la Vieille Montagne? » —
> Stoïan disait à sa mère :
> — Ne te suffit-il pas, mère,
> (d'avoir) neuf chariots pleins de richesses,
> et un dixième de jaunes pièces d'or?
> N'es-tu pas lasse, vieille mère,
> de cacher des corps de marchands,
> de laver des chemises sanglantes?
> — Écoute, mon fils Stoïan,
> cet été (encore), va, amasse du butin,
> puis à l'avenir demeure en paix, repose-toi. —
> Stoïan répondit à sa mère :
> — Ma mère, ma chère mère,
> quelles belles choses tu dis !
> Tire un peu ta langue,
> que je te baise sous la langue
> parce que tu me parles à ravir,
> tu me donnes de bons conseils. —
> Et sa mère se laissa tromper
> et sortit sa langue de sa bouche,
> et Stoïan lui emporta la langue [1].

On ne sait ce qu'il faut le plus admirer dans cette scène de famille, de la dureté de cœur de la mère et de la femme bulgare en général, ou de l'acte abominable de son Bulgare de fils. Qu'aurait dit à son fils dans les mêmes cir-

---

[1] Dozon, *op. cit.*, n° 22, r. 199-200.

constances une mère grecque et qu'aurait répondu le fils ?
Nous l'apprenons par le chant suivant :

> — Reste là sagement, Basile, et tu deviendras propriétaire,
> tu auras moutons, vaches et paires de bœufs,
> villages, champs et vignes, valets à ton service.
> — Ma mère, je ne veux pas devenir propriétaire,
> avoir champs et vignes, valets à mon service
> et être esclave des Turcs, domestique de ces chiens.
> Apporte-moi mon sabre pesant et mon fusil léger,
> je m'élancerai comme l'oiseau vers les hautes cimes,
> je côtoierai les montagnes, je parcourrai les forêts,
> à la recherche du repaire des klephtes, du gîte des capi-
> [taines [1]...

Ces quelques extraits de la poésie grecque et de la poésie bulgare suffisent, croyons-nous, à marquer toute la différence d'âme et de sentiments du Bulgare et du Grec. Celui-là est caractérisé par sa cruauté, sa lâcheté, et aussi par le manque complet de tout sentiment national et patriotique; celui-ci par la noblesse et la générosité des sentiments, et surtout par l'amour de la nation et de la patrie qui inspire tous ses actes et conduit sa vaillance dans la lutte contre un rude tyran. N'oublions pas non plus que les personnages qui apparaissent dans la poésie populaire bulgare sont simplement créés sur le modèle de haïdouts bulgares, dénués de toute personnalité, tandis que ceux que chante la muse grecque sont des personnages réels, qui ont combattu pour la liberté et dont les hauts faits et l'esprit de sacrifice ont inspiré la muse populaire et remplissent l'histoire. Les chants grecs sont à la fois héroïques et historiques.

Mais la poésie populaire grecque, à l'inverse encore de celle des Bulgares qui ne saurait fournir un seul exemple de chant à sujet historique, ne se borne point à magnifier des héros nationaux : elle chante aussi d'anciens événe-

---

[1] Pernot : *Anthologie populaire de la Grèce moderne*, p. 57. Voir aussi le texte grec dans Passow, *op. cit.*, n° 24, p. 21.

ments historiques d'une portée plus générale. Car la nation grecque, malgré de longs siècles du plus sombre esclavage, n'a jamais oublié sa florissante gloire d'autrefois; et malgré tant d'épreuves infligées par le tyran elle n'a jamais perdu l'espoir d'une restauration. « Les Grecs, écrivait William Eton, supportent bien plus impatiemment le joug de la Turquie que les autres chrétiens, qui, depuis longtemps, s'y sont soumis avec résignation... Ils n'ont pas oublié leur ancienne gloire. Toutes leurs chansons populaires la rappellent et ils en parlent comme d'un événement tout nouveau »[1]. Mais nulle image n'est plus profondément gravée dans le cœur du peuple grec, nulle n'est demeurée plus ineffaçable que l'image funèbre de la prise de Constantinople, la *Ville* chérie des Hellènes. La grande catastrophe nationale qui a fait du jour de la semaine, et du mois de l'année où elle s'est produite, un jour et un mois néfastes (le mardi et le mois de mai)[2] a ouvert une source inépuisable d'inspiration à des créations populaires pleines de poésie et d'émotion. Les romances et les complaintes des poètes grecs contemporains de la chute de Constantinople constituent toute une littérature pleine d'intérêt[3]. Voici, par exemple, quelques vers empruntés à une complainte sur ce sujet, attribuée à Emmanuel Georgillas, et qui expriment toute la douleur de l'âme hellénique[4] :

Plût à Dieu que le ciel d'un éclair eût consumé cette heure,
que la lune et le soleil ne se fussent point levés,
et que ce sombre jour n'eût jamais eu d'aurore!

---

[1] William Eton : *Tableau historique* etc. *de l'Empire ottoman*, II, p. 74.
[2] On sait que les Grecs n'entreprennent aucun travail le mardi, et qu'au mois de mai, mois de l'hymen, il ne se célèbre pas de mariages entre Grecs. Ces deux superstitions démontrent avec une évidence caractéristique que l'âme grecque n'a pas cessé de porter le deuil de la perte de Constantinople.
[3] Voir Sp. Lambros : *Romances et complaintes ayant pour sujet la prise de Constantinople*, dans le *Nouvel Hellénomnémon*, t. V, 1908, p. 190 sq., où bibliographie de tous les recueils.
[4] Emmanuel Georgillas : *Prise de Constantinople*, vers 117-124, dans Legrand : *Bibliothèque grecque vulgaire*, 1, Paris, 1880, p. 173.

C'était au mois de mai, le vingt-neuf du mois,
le troisième jour de la semaine, consacré à Mars [mardi].
A cette heure douloureuse, moment décisif de la planète,
les Turcs, écume de l'Orient, ont pris la *Ville*
les Turcs, chiens sacrilèges. — O malheur immense !

Et quand les ténèbres de la servitude eurent étouffé, avec le reste de la civilisation, la poésie écrite, la muse populaire continua à dire le deuil de la nation dans tous les pays grecs depuis le Péloponèse et l'Épire, jusqu'au Pont et à la Cappadoce. Voici un de ces chants, que chante partout le peuple grec :

Ils (les Turcs) ont pris Constantinople; ils l'ont prise; ils ont
[pris Salonique;
ils ont pris aussi Sainte-Sophie, le grand monastère,
qui a trois cents clochettes, et soixante-deux cloches;
et pour chaque cloche un prêtre, pour chaque prêtre un
diacre.
Au moment où le Saint Sacrement, où le roi du monde sortait
[du sanctuaire,
une voix du ciel descendit par la bouche des anges :
— Cessez la psalmodie, reposez le Saint Sacrement sur l'autel,
et envoyez un message au pays des Francs, pour que les
[Francs viennent le prendre,
pour qu'ils viennent prendre la Croix d'or, le Saint Évangile
et la table de l'autel, afin qu'ils (les Turcs) ne la souillent pas. —
Quand la Vierge entendit cette (voix), toutes ses images se
[mirent à pleurer.
— Calme-toi, ô Vierge, ne te lamente pas, ne pleure pas;
avec les ans, avec le temps (toutes ces choses) seront de
[nouveau à toi [1].

---

[1] Fauriel : *Chants populaires de la Grèce moderne*, II, p. 339. Kind : *Neugriechische Anthologie*, n° 1, p. 2. Cf. Zambelios : *Chants populaires de la Grèce*, 599, 1, 600, 2. Passow, *op. cit.*, n° 194, p. 145; cf. aussi n° 195, 196 et 197 (p. 146-147). Cf. aussi N. G. *Politis* : *Choix de chants du peuple grec*, n° 2, p. 4-5. Christovasilis a publié des vers inédits du poème en question (*Chants nationaux*, n° 1, p. 13-15), et aussi tout un chant populaire inédit, qui a trait à la mort du roi martyr Constantin Paléologue (*op. cit.*, n° 2, p. 19).

Les *traditions* sont une autre manifestation de la fidélité du peuple grec à son passé et de l'espoir d'une restauration qu'il a toujours conservé [1]. Une de ces traditions complète le poème donné ci-dessus, sur la chute de Constantinople. Elle raconte que le service divin fut interrompu à Sainte-Sophie par l'irruption des Turcs dans l'église, et qu'alors « le prêtre qui célébrait la messe saisit aussitôt le saint calice, monta à la catéchuménie, et disparut par une porte qui se ferma immédiatement sur lui ». Cette porte, dit la tradition, les Turcs n'ont jamais réussi à la détruire, malgré tous leurs efforts « parce que c'est la volonté de Dieu que cette porte s'ouvre toute seule, quand l'heure sera venue, et livre passage au prêtre qui achèvera à Sainte-Sophie la messe interrompue, quand nous aurons repris Constantinople. » [2]. Suivant une autre tradition, un vaisseau qui emportait la sainte table de Sainte-Sophie dans le pays des Francs s'ouvrit en cours de navigation; la sainte table s'abîma dans la Propontide. Mais elle n'y est point immobile. Graduellement elle se rapproche d'Héraclée, et quand elle aura atteint la terre ferme, alors les temps seront révolus et les Grecs recouvreront Constantinople [3]. Une troisième, où trouvent leur plus haute expression les désirs de restauration de l'antique grandeur de la nation grecque, de châtiment et de vengeance exercée sur le tyran, est celle du roi pétrifié : Constantin Paléologue, le dernier des basileis grecs, n'est pas tombé sur les remparts de Constantinople, mais « un ange du Seigneur est venu l'enlever et l'a porté dans une

---

[1] Les Bulgares ont, eux aussi, leurs légendes, réunies, il y a quelques années, par Adolf Strauss dans son livre : *Die Bulgaren; ethnographische Studien*. Leipzig, 1898. « On n'y trouve, dit M. Léon Maccas (*La littérature bulgare*, dans les *Études franco-grecques*, mai 1918, p. 99), que des pièces grotesques ou stupides, où l'imagination et la délicatesse font également défaut ».

[2] N. G. Politis : *Études sur la vie et la langue du peuple grec. Traditions*, n° 35 (dans Ire partie, p. 23, et IIe partie, p. 678). Cette tradition, très connue, est mentionnée aussi par W. R. Lethaby et Harold Swainson (*The Church of sancta Sophia*, Constantinople, Londres, 1894), Edm. de Amicis (*Costantinopoli*, p. 262), etc.

[3] N. G. Politis, *op. cit.*, n° 38 (dans Ire partie, p. 24 et IIe, p. 680 sq).

caverne, près de la Porte d'Or, profondément enfoncée dans le sol. Le roi demeure là, changé en pierre; il attend l'heure où l'ange viendra le reprendre. Les Turcs savent cela, mais ils ne peuvent trouver la caverne. Aussi ont-ils muré la porte par où ils savent que le roi entrera pour leur reprendre Constantinople. Mais à l'heure de Dieu, l'ange descendra dans la caverne, ranimera le roi, et lui mettra dans la main l'épée qu'il avait lors de la bataille. Le roi se mettra en marche, il entrera dans Constantinople par la Porte d'Or, et, à la tête de ses armées, il poursuivra les Turcs et les chassera » [1].

C'est dans cette atmosphère de souvenirs et d'espoirs que le peuple grec a vécu pendant toute la durée des siècles d'esclavage : il n'a jamais oublié ses caractéristiques nationales, il n'a jamais perdu courage; il a concentré toutes ses pensées, toute son énergie sur un seul but, autour d'un seul désir, sur une unique et grande idée : abattre la tyrannie barbare et reconstituer la grande Grèce. C'est pour cette grande idée que le peuple grec esclave a lutté pendant toute la domination turque, et c'est elle qui dans la suite a constitué le pivot sur lequel a évolué la politique populaire de la Grèce contemporaine.

Cette grande idée de l'hellénisme n'est vraisemblablement pas entièrement réalisable encore aujourd'hui. Mais elle n'en est certes pas moins juste ni moins respectable. Les Bulgares, et avec eux leurs amis, ont pu toutefois trouver dans la grande idée grecque matière à de faciles ironies et à d'inconvenantes injures. Cela s'explique sans doute par leurs intérêts politiques qui sont en opposition avec elle. Mais, après ce que nous avons appris des Bulgares, une autre explication se présente.

---

[1] N. G. Politis, *op. cit.*, n° 33 (Ire partie, p. 22, et IIe partie, p. 658 sqq.). Voir aussi entre autres, *ibid.*, les traditions n° 31-32, 42, 327, sur les « poissons frits »; la « croix de Sainte-Sophie », le « cyprès » (Ire partie, p. 21, 26 et 179, et IIe partie, p. 636-658, 688-689, 920-923).

Les Bulgares sont incapables de comprendre les idées nationales des autres peuples, parce qu'ils n'en ont pas eux-mêmes. « Il n'y a pas de pensée bulgare, disait un Grec à Georges Gaulis, qui voyageait en Macédoine. Il n'y a qu'un instinct, un sauvage instinct de conquête ». Et le voyageur français conclut : « Pour un Grec, les peuples d'au delà le Rhodope sont toujours les Barbares, incapables *d'idée* »[1]. Pour un *Grec*, seulement? L'opportunisme des vues bulgares, qui s'adaptent sans cesse aux circonstances, aux nécessités du moment, le vaste champ des combinaisons bulgares, fondées tantôt sur des droits historiques, tantôt sur des droits ethnologiques, ici sur des raisons stratégiques, là sur des raisons géographiques, la facilité avec laquelle les Bulgares changent d'origine ethnique ou de culte, se présentant aux uns comme Turcs, aux autres comme Slaves, aujourd'hui orthodoxes, demain catholiques, tout cela ne suffit-il pas à convaincre qui que ce soit de la justesse des paroles de ce Grec? Mais laissons le dernier mot à Victor Kuhne, qui paraît avoir si bien étudié les Bulgares et la Bulgarie : « Il serait inexact, dit-il, de parler d'une politique nationale bulgare dans le sens d'une conception mûre et déterminée, qui attesterait chez un peuple la conscience de ses proportions, de son rôle et du chemin le plus sûr pour y arriver. Libérée du joug tardivement et avec l'aide d'autrui, la Bulgarie n'a pu encore puiser son idée politique dans la conscience réveillée de sa nation. Le peuple, qui a aussi peu d'influence sur la politique extérieure que sur les questions intérieures, est conduit, soit par l'autorité et par un petit nombre de professionnels de la politique, soit, dans les rares occasions où il a quelque liberté, par ses instincts trop peu civilisés encore. La politique de ce peuple pratique et, comme disent ses amis,

---

[1] Gaulis : *Bulgarie et Macédoine*, dans la *Revue de Paris*, tome VI, an. 1902, p. 75 et dans Mikhoff : *La Bulgarie et son peuple d'après les témoignages étrangers*, p. 179.

dénué de sentimentalisme et de préjugés de religion ou de race, est dominée toujours par des combinaisons plutôt que par des idées. On y chercherait vainement une idée conséquente. Si l'on voulait néanmoins découvrir, dans la longue suite d'aventures et d'écarts qui résument la politique bulgare dans le passé et dans le présent, un système ou une idée conductrice, ce système ne pourrait consister qu'en ceci : la Bulgarie désire tout ce qu'il lui semble possible d'obtenir à un moment donné »[1].

III. — La Macédoine sous le joug ottoman.

Ni les limites ni le but du présent ouvrage ne nous permettent d'évoquer ici, même d'une façon succincte, les luttes interminables que la nation grecque a dû soutenir pour conquérir son indépendance. Le lecteur désireux d'en connaître l'histoire pourra consulter les ouvrages des nombreux historiens qui ont employé leur talent à décrire les phases mouvementées et pleines d'intérêt de la régénération de la Grèce [2]. Quant à nous, nous nous bor-

---

[1] Voir Kuhne : *Les Bulgares peints par eux-mêmes*, p. 20.

[2] Outre les ouvrages de l'histoire générale de l'Empire ottoman ou du XIXᵉ siècle, voici les principaux travaux qui parlent particulièrement des efforts de la Grèce pour s'affranchir de la domination turque : F. Pouqueville : *Histoire de la régénération de la Grèce, comprenant le précis des événements depuis 1740 jusqu'en 1824*, quatre volumes, Paris, 1824. J. Rizo Néroulos : *Histoire moderne de la Grèce*, Genève, 1828. Sam. Howe : *An historical sketch of the Greek Revolution*, New-York, 1828. Al. Soutzo : *Histoire de la Révolution grecque*, Paris, 1829. J. Emerson : *The history of modern Greece from its conquest by the Romans B. C. 146, to the present time*, deux volumes, Londres, 1830. Thomas Gordon : *History of the Greek Revolution*, deux volumes, Londres, 1832. J. Zinkeisen : *Geschichte der griechischen Revolution nach dem Englischen des Thomas Gordon bearbeitet*, deux volumes, Leipzig, 1840. Ambr. Frantzis : *Abrégé de l'Histoire de la Grèce régénérée, de 1715 à 1835* (en grec), quatre volumes, Athènes, 1833-1841. Sp. Tricoupis : *Histoire de la Révolution grecque* (en grec), quatre volumes, Londres, 1853, 2ᵉ édit., 1860. I. Philémon : *Essai historique sur la Révolution grecque* (en grec), quatre volumes, Athènes, 1859-1861. George Finlay : *History of the Greek Revolution*, deux volumes, Edinbourg et Londres, 1861. G. Gervinus : *Insurrection et régé-*

nerons, dans les pages qui vont suivre, à jeter un coup d'œil rapide sur la part que la Macédoine a prise dans ces luttes, où, soit dit préalablement, on cherche en vain un seul nom bulgare, et, d'une façon générale, non grec.

Après la chute de Constantinople, l'événement qui a impressionné le plus la nation grecque, fut sans aucun doute la prise de Salonique, sa deuxième capitale. La muse populaire chantait, dans tous les coins de la terre hellène :

Les Turcs ont pris Constantinople; ils ont pris Salonique [1]...

La Macédoine est encore un des pays grecs qui ont éprouvé devant la conquête turque la plus profonde douleur, et qui ont le plus hautement manifesté leur haine contre le conquérant. C'est un Macédonien, Andronic Callistos de Salonique, qui s'est lamenté sur la prise de Constantinople, en ces termes si touchants :

Bienheureux ceux qui sont morts; misérables ceux qui ont survécu; ils sont dignes de larmes [2]...

Et Pouqueville, voulant réserver une mention spéciale aux Grecs qui, pendant la domination turque, se sont montrés les plus indomptables, fait choix des Macédoniens. « Quelle voix, dit-il, pouvait être entendue des peuplades guerrières de l'Épire, de la Thessalie, de la Macédoine, et de ces enfants de Tubalcaïn qui épurent dans leurs fournaises ardentes les métaux du mont Pangée [3] ? »

---

nération de la Grèce, traduction française, par J. Minssen et L. Sgouta, deux volumes, Paris, 1868. C. Sathas : *La Grèce sous le joug turc, essai historique sur les insurrections faites par le peuple grec pour secouer le joug ottoman* (1453-1821), (en grec). Athènes, 1869. K. Mendelssohn-Bartholdy : *Geschichte Griechenlands von der Eroberung Konstantinopels durch die Türken im Jahre 1453 bis auf unsere Tage*, deux volumes, Leipzig, 1870-1874. C. Papparrigopoulos : *Histoire de la nation grecque* (en grec), t. V, Athènes, 1874. Hertzberg : *Geschichte Griechenlands, seit dem Absterben des antiken Lebens bis zur Gegenwart*, Gotha, 1878, et *Geschichte Neugriechenlands seit der Erhebung gegen die Pforte*, 1879, etc. Il est impossible d'énumérer les mémoires et monographies d'auteurs grecs ou étrangers.

[1] Voir *supra*, p. 321.
[2] Voir Migne : *Patrologia græca*, t. CLXI.
[3] Pouqueville : *Histoire de la régénération de la Grèce*, I, p. 6.

En effet, au cours de tant de siècles d'esclavage, l'ardeur révolutionnaire ne se calma pour ainsi dire jamais en Macédoine. C'est l'Olympe surtout, l'antique séjour des dieux de la Grèce, qui, avec ses hautes cimes, couvertes de neiges et perdues dans les nuages, fut encore le sanctuaire de la conscience religieuse et nationale des Grecs, pendant les sombres jours de la domination turque. Et voici comment il est chanté dans un poème allégorique, qui est un des joyaux de la poésie populaire de la Grèce :

L'Olympe et le Kissavos [1], ces deux montagnes se querellent...
— Eh! Kissavos, eh! vilain, toi sur qui marchent les Koniars [2]...
C'est moi qui suis l'Olympe, célèbre par le monde.
J'ai soixante-deux cimes, quarante monastères,
sur chaque mamelon une église, à chaque cime une fontaine;
j'ai des gîtes où les klephtes passent l'hiver,
et, lorsque vient le printemps, que les rameaux s'entr'ouvrent,
mes sommets se couvrent de klephtes, les gîtes s'emplissent
[d'esclaves [3]...

Mais arrivons aux faits :

En 1495, les Grecs de Macédoine apprenaient que Charles VIII, roi de France, était entré triomphalement à Naples et préparait une expédition contre Constantinople : il devait passer par Valona. Les Grecs de Macédoine, ceux d'Épire et de Thessalie encore se révoltèrent avec l'intention de se joindre à l'armée du roi de France qui allait traverser leurs territoires. Les Turcs furent alors saisis d'une telle épouvante, que ceux qui demeuraient sur la côte macédonienne se retirèrent à l'intérieur; le sultan Bajazet lui-même se préparait à quitter Constantinople et passer en Asie. Mais le pape et les divers

---

[1] Nom moderne de l'Ossa.
[2] Turcs habitant la Macédoine, originaires de Konieh.
[3] Pernot: *Anthologie populaire de la Grèce moderne*, p. 59. Cf. Fauriel : *Chants populaires de la Grèce moderne*, I, p. 38. Kind : *Neugriechische Anthologie*, p. 26. Zambélios : *Chants populaires de la Grèce*, 605, 10. Passow : *Popularia carmina Græciæ recentioris*, nos 131 et 132, p. 103-104. Voir aussi les chants de klephtes de l'Olympe dans Passow, *op. cit*, nos 136 et 137, p. 105-107.

princes italiens, les armes à la main, obligèrent Charles VIII d'arrêter là sa marche victorieuse, et Bajazet « fit abattre des milliers de têtes, pour punir les Grecs d'avoir mis leur espoir dans les victoires des Français »[1].

En 1571, les Grecs de Macédoine apprennent que la flotte turque vient d'être détruite près de Naupacte (Lépante), par les flottes réunies des Vénitiens, de l'Espagne et du pape : ils se soulèvent avec les Grecs de la mer Égée, de la Grèce continentale et du Péloponèse. Mais l'insurrection échoue. Trente mille Grecs, clercs ou notables de Salonique, du mont Athos et de l'île de Carpathos, sont massacrés ou jetés aux galères et envoyés à Constantinople : là, les vieillards sont mis à mort, les jeunes gens et les jeunes filles sont enfermés au sérail; les plus robustes sont envoyés aux chiourmes de galériens. Pour comble de barbarie, l'archevêque de Salonique, celui de Patras encore, sont brûlés vifs sur le bûcher [2].

Quelque temps après, les klephtes et les armatoles redoublent d'efforts en Macédoine. Leur principal centre de résistance est le mont Olympe. Pendant deux siècles ils opposent une protestation énergique à la violence brutale du conquérant. La Macédoine est pleine du bruit de leurs exploits; ils enthousiasment l'hellénisme tout entier et sèment la terreur chez le conquérant. Les hauts faits de ces « lions de l'Olympe », comme les appelle Pouqueville [3], furent tels, que la Porte fut bientôt obligée de leur reconnaître, outre l'Olympe, dix autres districts indépendants en Macédoine : ceux de Servia, Grévéna, Mélia, Verria, Cozani, Vodéna (Édesse), Kalamaria, Madémochoria, Serrès, etc. [4].

---

[1] Sismondi : *Histoire des Français*, XV, p. 195. Cf. Sathas, *op. cit.*, p. 57 et Papparrigopoulos, *op. cit.*, V, p. 590 sq.
[2] Charrière : *Négociations de la France dans le Levant*, III, p. 262. Cf. Sathas, *op. cit.*, p. 172 et Papparrigopoulos, *op. cit.*, p. 594.
[3] Pouqueville, *op. cit.*, I, p. 6.
[4] Zinkeisen : *Geschichte der Griechischen Revolution*. I, p. 31, n. 1. Philippidès : *Insurrection et destruction de Naoussa*, p. 13-14.

Nous citerons quelques noms parmi les plus célèbres de ces héros macédoniens.

Voici d'abord Syros et Nannos, chantés dans les vers qui suivent, par la muse populaire grecque :

Syros est de Servia et Nannos de Verria ;
ils ont des konaks à Tsapournia, des konaks à Kanalia [1].

Et dans un autre chant :

Nannos est allé aux montagnes, sur les hautes crêtes des mon- [tagnes ;
il rassemble les klephtes, des jeunes garçons et des braves ;
il en rassemble, il en réunit, il en trouve trois mille,
et tout le jour il leur fait la leçon, toute la nuit il leur dit :
— Écoutez, mes braves et vous, mes enfants :
je ne veux point de klephtes à chevreaux, de klephtes à mou- [tons ;
je veux des klephtes à sabre, des klephtes à mousquet [2]...

Nommons encore le fameux Tsaras, qui fut assassiné dans sa vieillesse par Ali-pacha de Tépéléni [3] ; le grand armatole Zidros, Photis, son fils, et Lappas, son fils adoptif, de Litochoron, à qui tous trois la muse populaire a consacré aussi des vers inspirés [4] ; Lazos Exarque auquel se rapportent ces vers pleins d'angoisse :

Mon Dieu qu'est-il donc arrivé à Lazos Exarque,
qui était si connu et renommé dans le monde ?
Mon Lazos, pourquoi ne parais-tu pas cet été [5] ?

Les quatre fils de Lazos que mentionnent les vers populaires suivants [6] :

A Nico est échue la rive du fleuve, Elassone à Christos :
Tolios est, cette année, capitaine à Caterini,
et Platamone est au fils cadet de Lazos... [7].

---

[1] Passow, n° 30 d, p. 26.
[2] Fauriel, I, p. 79. Cf. Passow, n° 30, p. 26.
[3] Philippidès, *op. cit.*, p. 17.
[4] Fauriel, I, p. 65-71. Marcellus, I, p. 240-241 et 308-311. Passow, n°s 15-17 et 75, p. 15-18 et 63. Christovasilis, n°s 26-27, p. 167-170.
[5] Marcellus, I, p. 300-301. Voir aussi Christovasili, n°s 110-111, p. 308-309.
[6] Philippidès, *op. cit.*, p. 18.
[7] Fauriel, I, p. 32. Fauriel confond ici à tort ce Nicos avec Nico-Tsaras (Ni-

Alexandris et les deux frères Nicolos et Stathakis sont des armatoles célèbres, chantés aussi par la poésie populaire [1]. Christos, ou Kitsos, est le neveu des deux frères, celui dont parlent les vers que voici :

> Christos est allé s'enfermer là-haut au Caratassi,
> il se bat contre la Turquie, contre les Derven-aghas [2].

Et peut-être aussi ce chant qui est un des meilleurs de la poésie populaire grecque :

> La mère de Kitsos est assise au bord du fleuve [3]...

Citons encore Jean Caralis, qui lui aussi a inspiré la muse [4]; Totskas, le fameux armatole de Grévéna, qui chassa les Albanais de Kourd-pacha et son lieutenant Nakas, qui sont chantés dans les vers suivants :

> Voici bien des Turcs qui viennent vers nous, beys et aghas,
> laissez-les venir, nous les attendons.
> Occupez le défilé, mes enfants, cernez-les,
> puis élancez-vous à l'assaut, et égorgez les aghas.
> Ainsi les Turcs verront l'épée de Totskas, le fusil de Nakas [5].

Le vieux-Bitzos, le vieux-Tzachilas et Liacos qui commença par être son lieutenant et qui refusa de faire sa soumission à Ali-pacha, comme le raconte le chant suivant :

> Soumets-toi au pacha, Liacos, soumets-toi au vizir,
> pour être premier armatole, pour devenir Derven-agha.
> Et Liakos répond au vizir, il lui envoie à son tour des nouvelles :
> — Tant qu'il est vivant, Liakos ne se soumet point aux pachas ;
> pour pacha, Liakos a son sabre ; pour vizir, son fusil [6]...

---

cotsaras) ; il s'agit en effet, nous l'avons dit, des quatre fils de Lazos. Passow, n° 116, p. 93. Cf. aussi n°s 122 et 123, p. 97-98. Christovasili, n° 83, p. 259. Cf. aussi n° 112, p. 309.

[1] Zambélios, 630, 41. Passow, n°s 25 et 137, p. 23 et 107.

[2] Passow, n° 25, p. 23.

[3] Fauriel, I, p. 98-99. Passow, n° 26, p. 23. Cf. n°s 27 et 28, p. 24 et 25. Abbott, p. 18.

[4] Marcellus, I, p. 254. Passow, n° 24 a, p. 22.

[5] Passow, n° 21, p. 20. Cf. Zambélios 620, 31 et 668, 88, et Passow, n°s 22 et 23, p. 20-21.

[6] Fauriel, I, p. 134-135. Zambélios, 609, 17. Passow, n° 88, p. 73. Christo-

Citons également Michel Petsavas, Jean Drachilas (armatole de Mélia), Jean Tsiaknakis de Litochoron, Sotiris, armatole de Servia, Théodore Ziakas, armatole de Grévéna, Georgeakis Saltapitas, armatole de Cozani, son frère Théodore, Deli-Démos et Argyris Carabatakis, de Naoussa, Démos, armatole de l'Axios, mentionné dans le poème suivant :

> Au Vardar, au Vardar et dans la plaine du Vardar
> Démos était couché [1]...

Et Costas encore, dont la muse populaire a pleuré la mort dans ces vers, qui se chantent encore à Salonique :

> [à gémir?]
> Qu'avez-vous, hêtres, à pleurer, et vous, retraites des klephtes,
> Hêtres et retraites ont répondu, soupirant profondément :
> — Nous avons perdu nos klephtes et le brave Costas
> qui avait douze frères et trente-deux cousins [2]...

Complétons cette liste avec les noms de Jean Pharmakis, armatole de Calamaria, en Chalcidique, dont le pouvoir s'étendait de la porte est de Salonique jusqu'à Saint-Mamas (ancienne Olynthe), de l'audacieux Caramitsos d'Osliani (district de Vodéna), de Constantin Binos, de Vodéna également, de Cosmas, armatole d'Achride, de Mitros Liakopoulos, des fils et descendants du fameux armatole Syros, de ceux aussi de Bitsos, de ceux du vieux-Tzachilas (Démos et Georges), de ceux de Lazos l'Exarque (Démos et Tolios), d'un autre Lazos et de son frère Thomas, qu'a glorifié un chant conservé à Naoussa [3], enfin de Nico-Tsaras, petit-fils du vieux-Tsaras et de Zidros, de Cazavernis, de Tsélios Rouméliotis, du capitaine Romféis, de

---

vasilis, nº 84, p. 260. Voir auss les chants de Liakéna dans Fauriel, I, p. 138-139, dans Passow, nºˢ 85, 86 et 87, p. 71-72, et dans Christovasilis, nº 85, p. 262.

[1] Zambélios, 669, 89. Passow, nº 158, p. 121.
[2] Passow, nº 167, p. 126.
[3] Philippidès, p. 19.

Caratassos, d'Anghélis Ghatsos et de beaucoup d'autres dont nous aurons l'occasion de parler encore plus loin.

L'activité révolutionnaire de tous ces héros fut si grande et si persévérante, que la Porte, nous l'avons dit, impuissante à les anéantir, dut composer avec eux, et reconnaître leurs *armatoliks* ou villages libres presque partout en Macédoine.

Mais un nouvel ennemi, plus terrible encore, devait bientôt se manifester dans la personne d'Ali-pacha de Tépéléni. Le cruel satrape de Jannina, ayant secoué la suzeraineté de la Porte, avait réussi à soumettre à son pouvoir, en dehors de l'Épire, la Thessalie, la Grèce continentale et le Péloponèse. Pour achever son programme de conquêtes, il ne lui restait plus qu'à soumettre la Macédoine. C'est donc là qu'il allait porter tous ses efforts. L'Olympe constituait assurément le principal obstacle à l'extension du pouvoir d'Ali-pacha en Macédoine. Il lança donc les hordes sauvages de ses Albanais à l'assaut de la montagne sacrée, véritable nid de l'hellénisme. Mais les vaillants armatoles de l'Olympe furent assez forts pour repousser chaque fois ces attaques furieuses, et rabattre l'orgueil insensé du farouche satrape albanais [1].

La résistance de Náoussa ne fut pas moins héroïque. Naoussa était le second boulevard de la Macédoine. La première expédition contre cette ville aboutit au plus lamentable échec, grâce au courage des habitants. Une nouvelle expédition, organisée quelques années plus tard, en 1798, avec des forces supérieures, eut le même sort. Les habitants de Naoussa étaient protégés cette fois par une forte muraille, qu'ils avaient élevée autour de leur ville, en moins de trois ans, sur l'initiative du patriote Thomas-Hatzi-Chimonas. Leur victoire fut si complète qu'ils étaient autorisés à croire qu'Ali-pacha ne recommencerait pas ses tentatives. Mais c'est pour cela précisément qu'une

---

[1] Sathas : *La Grèce sous le joug turc*, p. 576 sq.

troisième expédition organisée par lui en 1804 contre la Macédoine prit les Grecs au dépourvu. Elle eut comme résultat la prise de Verria et ensuite de Naoussa. Le siège de cette dernière ville fut long. Ses habitants montrèrent un héroïsme digne de tout éloge, en faisant de fréquentes sorties contre l'assiégeant. Mais la ville finit par manquer de munitions et de vivres; elle tomba alors entre les mains d'Ali-pacha et fut incendiée [1]. « Les assiégés, raconte Cousinéry, sortirent du village pendant une nuit obscure, passèrent à travers la troupe ennemie, et, après avoir tué beaucoup de monde, ils se retirèrent à Salonique, où leur chef (du nom de Basili) se mit sous la protection du consul d'Angleterre. Les suites d'un pareil événement sont dignes d'un monstre tel qu'Ali, de qui l'ambition n'était jamais satisfaite. La femme, le fils et la fille de Basili, restés dans le village, furent transportés à Jannina, et Basili n'ayant pu les délivrer, ni par rançon, ni par protection, alla se retirer dans un monastère du mont Athos, où il est devenu fou » [2]. Le souvenir de ce siège de Naoussa et de l'héroïque défense des habitants s'est conservé dans un chant populaire qu'on chante encore en Macédoine :

Trois oiseaux sont posés sur le Karatassi,
l'un regarde vers Vodéna, l'autre vers Verria,
le troisième, le plus petit, se lamente et dit :
— Résiste, malheureuse Naoussa, à l'armée d'Ali-pacha...
— Comment résister, hélas ! Et comment prendre patience,
ce n'est pas depuis un jour, ou depuis trois, ou depuis cinq,
mais voilà quatre mois et quinze jours que cela dure [3]...

La chute de Naoussa ouvrit toute la Macédoine à Ali-pacha, qui, après avoir reçu la soumission de divers potentats turcs de la région, arriva bientôt devant Philippopoli, à la tête de 80.000 hommes [4]. Ces succès du satrape de

---

[1] Philippidès, *op. cit.*, p. 28-29. Cf. Passow, p. 71.
[2] Cousinéry : *Voyage dans la Macédoine*, p. 73-74.
[3] Philippidès, *op. cit.*, p. 29-30. Cf. Passow, p. 71.
[4] Pouqueville : *Histoire de la régénération de la Grèce*, I, p. 217-218.

Jannina obligèrent les armatoles à chercher sur mer leur vengeance. Nico-Tsaras arma une petite flotte, dont il prit le commandement. Le terrible armatole devint alors un redoutable corsaire. Il poursuivait les bateaux ottomans et il terrorisait par ses descentes les populations turques de la côte. Ses exploits furent tels que l'amiral russe Siniavine, qui avait occupé Ténédos en 1807 (la Russie était alors en guerre avec la Turquie), ne négligea rien pour se l'attacher; il espérait se servir de lui pour combattre le Turc d'une façon plus efficace [1].

Mais Nico-Tsaras, pris de la nostalgie des luttes sur terre, résolut d'abandonner la mer [2]. Il prend le commandement d'un corps de Macédoniens, auxquels s'étaient joints quelques braves de Thessalie et de l'Égée; il défait en bataille rangée les troupes turques envoyées de Salonique contre lui; il arrive jusqu'à Demir-Hissar (Macédoine Orientale). Son plan était grandiose. Il voulait arriver jusqu'en Serbie et opérer sa jonction avec les révolutionnaires que commandait Carageorges, soulevant ainsi tous les Balkans contre le Turc. Mais les Serbes étaient bien loin et les Bulgares venaient au secours des Turcs. « Les

---

[1] Sathas, *op. cit.*, p. 577 sq., où l'on trouvera la correspondance échangée à ce sujet.

[2] Peu de temps après, un armistice fut conclu entre la Turquie et la Russie; l'amiral Siniavine quitta Ténédos et abandonna les combattants qui s'y trouvaient, Russes et Grecs, Macédoniens surtout, à la merci de la flotte turque. Le commandant de place, un Russe, ayant décidé la reddition, les Grecs opposèrent un fier refus. Un de ces Grecs, Jean Xouris, composa, à cette occasion, un poème; en voici quelques vers:

« ...Jeunes ou vieux, nous resterons tous les armes à la main,
en terribles Macédoniens que nous sommes, nous frapperons le Turc....
Le jour de notre naissance sera aussi le jour de notre mort.
En vrais Macédoniens, nous allons nous couvrir de gloire.
Nous ne ferons pas de notre nom un objet de honte et de risée,
pour qu'on n'en parle qu'avec reproche.
Nous allons tous l'illustrer avec notre épée,
et le bruit de nos exploits remplira toute la Russie.
Les glorieux Macédoniens, célèbres par le monde,
combattent aujourd'hui, hélas, seuls contre tous les Turcs...
Aujourd'hui la mer entière va devenir rouge,
qu'aucun Turc ne puisse retourner en Orient...»

(Voir C. Gounaropoulos: *Evénements de l'Athos et de Ténédos en 1807*, dans le *Bulletin de la Société historique et ethnologique* d'Athènes, t. I, 1883, p. 461 sq.)

Turcs de Méléniko, nous dit en effet C. Sathas, avaient été renforcés par de nombreux Yourouks [1] et par des Bulgares; ils occupèrent le défilé situé au-dessus de Démir-Hissar; ils s'y fortifièrent et attendirent Nico-Tsaras »[2]. C'est dans cette seule circonstance, au cours de toute l'histoire des luttes de la Macédoine contre le joug ottoman, que l'on rencontre le nom des Bulgares; le lecteur pensera certainement qu'il eût mieux valu que cette fois encore il n'en fût pas question. « Mais lui (Nico-Tsaras), continue Sathas, les mit en fuite (les Turcs et les Bulgares) par sa seule présence; il entra dans le bois de Cerciné et se dirigea vers Névrokopi. Le Turcs, malheureusement, avaient occupé tous les débouchés et l'empêchèrent de passer. Nico-Tsaras retourna en arrière vers Tsernova; il y prit quelque repos, puis il traversa pendant la nuit le fleuve de Névrokopi et se dirigea, en toute hâte, vers l'Hémus. Cependant les Turcs s'étaient rassemblés de différents côtés, et ils avaient enveloppé Nico-Tsaras. Celui-ci, incapable de percer leurs lignes, dut reculer. Il fut assiégé sur le mont Menœcion par 4.000 Turcs, Albanais et Yourouks, sous les ordres des chefs de districts de Névrokopi et de Serrès. Il se battit vaillamment trois jours et trois nuits, et enfin, s'ouvrant un passage à travers les ennemis, l'épée à la main, il se dirigea vers Zichna. Le nazir de Drama arriva sur ces entrefaites à la tête de 5.000 Turcs et Yourouks; Ismaïl-bey arriva également de Serrès avec 3.000 hommes. Nico-Tsaras se fortifia dans les défilés de Zichna, livra un combat de plusieurs heures, fit subir à l'ennemi de lourdes pertes et entra à Zichna, où, menaçant les habitants de tout mettre à feu et à sang, il les contraignit à la neutralité. Déjà tout le caza de Zichna, qui comprenait environ soixante-quinze villages, avait pris les armes, et, sous les ordres du derven-agha Youssouf-bey, se jeta sur lui. Trois jours entiers les

---

[1] Turcs des environs de Konieh et que les Grecs appellent aussi, pour cette raison, *Koniars*.

[2] Sathas, *op. cit.*, p. 584.

compagnons de Nico-Tsaras luttent avec la plus opiniâtre bravoure contre 15.000 ennemis; leurs fréquentes sorties le repoussent et lui tuent beaucoup de monde. C'est au combat de Zichna, dit-on, que le commandant en chef, voyant la pénurie de munitions, ordonna à ses compagnons de ne viser que les Turcs de marque. Dans des sorties fréquentes, ils en tuèrent un grand nombre à l'arme blanche. Dans la nuit, Nico-Tsaras se résigna à faire ce que voulaient ses compagnons décimés : il sortit de Zichna et se dirigea vers le golfe du Strymon. Il espérait y trouver la flotte russe. Mais, comme il se dirigeait vers Pravi, il trouva le pont sur l'Anghite fermé par une lourde porte et par des chaînes gardées par de nombreux Turcs. Aussitôt il s'élance, brise les chaînes lui-même, enfonce la porte, chasse l'ennemi, et avec ses compagnons, se dirige vers Pravi. Il s'y fortifie et y passe la nuit. A l'aube il en sort, et suivant la crête du Pangée, il descend jusqu'à Orphano. Là, il ne trouve ni Russes, ni bateaux. Il longe la côte, arrive en Chalcidique et trouve son salut dans les couvents de l'Athos [1]... »

Cette campagne fameuse et la retraite plus fameuse encore du héros indomptable ont trouvé un écho enthousiaste dans de nombreux chants populaires. Voici quelques vers empruntés à l'un d'eux :

Quel est ce bruit qu'on entend et cette vaste clameur?
Sont-ce des buffles qu'on égorge ou des bêtes féroces qui se
[querellent?
— Ce ne sont point des buffles qu'on égorge, ni des bêtes féroces
[qui se querellent :
C'est Nico-Tsaras qui combat contre trois vilayets,
Zichna, Chantaka et le rude Pravi...
Trois jours il se bat, trois jours et trois nuits,
sans pain, sans eau et les yeux sans sommeil.
Ils mangeaient de la neige, ils buvaient de la neige et leur âme
[était en feu.
Nicos à minuit appelle ses pallikares :
— Écoutez, mes pallikares, peu nombreux mais si vaillants,

---
[1] Sathas, *op. cit.*, p. 581-582.

que votre cœur soit de la pierre et votre poitrine du fer,
et marchons avec décision vers Pravi. —
Ils partirent dès l'aube, ils arrivèrent au pont.
Les Turcs s'enfuient comme des boucs, et abandonnent Pravi [1].

Voici encore quelques vers d'un autre poème sur le même sujet :

Il s'approche (Nico-Tsaras), il s'approche, le voilà près de Pravi.
Un nuage noir de dix mille Turcs s'est abattu.
Il se bat toute la journée dans la plaine,
il tue des mécréants à pied et à cheval.
Le soir, ils donnèrent l'assaut, le glaive à la main.
Ils trouvèrent les portes fermées et le pont barré par une chaîne ;
ils cassèrent la chaîne, ils brisèrent les portes.
De leurs épées, ils taillèrent les Turcs en pièces, et ils passèrent.
Alors Nico à grande voix appela ses pallikares :
— O mes invincibles vaillants, mes fiers guerriers,
n'acceptons pas le déshonneur d'être pris par les Turcs,
tuons-les tous ou périssons tous.
Cinq jours ils se battent, cinq jours et cinq nuits,
sans pain, sans eau, sans aucun renfort.
Ceux qui retournèrent à l'Athos étaient cinquante-deux.
La plupart étaient morts, l'épée à la main [2].

Nico-Tsaras n'est pas seul à remplir la Macédoine orientale du bruit de ses armes. Un autre vaillant capitaine, Cazavernis, soutint lui aussi de terribles combats contre les Turcs auprès de Serrès et de Cavala, et la muse populaire, infatigable, le glorifie lui aussi dans les vers que voici :

Au milieu de Khiliadou, à gauche de Goura,
Cazavernis combat contre deux et trois mille hommes,
contre Serrès, contre tout le caza, contre le misérable Pravi,
trois jours il se bat, trois jours et trois nuits,
sans pain, sans eau, sans aucun renfort [3]...

---

[1] Christovasilis, n° 98, p. 278. Cf. Fauriel, I, p. 192. Zambélios, 676, 100. Passow, n° 78, p. 65.

[2] Passow, n° 82, p. 68. Voir d'autres chants sur Nico-Tsaras, dans Fauriel, I, p. 194 sq. Kind, p. 20 sq. Marcellus, I, p. 248 sq. Passow, n°s 77, 79, 80 et 81, p. 65 sq. Legrand, n° 60, p. 92. Abbot, p. 30. Christovasilis, n° 99, p. 279. Politis, n° 66, A' et B', p. 75-76.

[3] Zambélios, 609, 16. Passow, n° 114, p. 91.

Et c'est aussi Tsélios Rouméliotis. Il combattit contre Ismaïl-bey, gouverneur de Serrès, « un lieutenant de Véli-pacha, dit Marcellus, qui épouvantait la riche vallée du Strymon et les penchants du mont Rhodope »[1]. La poésie populaire l'a glorifié ainsi :

Il (Tsélios) tire son sabre, le brandit et appelle ses camarades :
— Enfants, faisons une pointe contre Ismaïl-bey.
Ils tirent leurs sabres, les brandissent, s'élancent sur Ismaïl, lui coupent la tête et l'apportent à Tsélios.
Véli-pacha, en l'apprenant, en eut un grand chagrin [2].

Ali-pacha, apprenant les prouesses de Nico-Tsaras, écumait de rage; ne respirant que vengeance, il lança ses hordes albanaises contre les armatoles, menaçant « de noyer l'Olympe dans le sang ». Les armatoles défendirent leur sol héroïquement : les deux fils de l'armatole Lazos se distinguèrent particulièrement. Mais il fallut céder devant le nombre. Ils trouvèrent de nouveau leur refuge sur la mer. Ils armèrent une flotte, et faisant la course du golfe du Strymon jusqu'à l'Hellespont, ils inquiétaient les côtes et s'emparaient de vaisseaux turcs [3]. La poésie populaire a consacré à cet épisode un beau poème où la mère des Lazos se lamente et montre toute son âme virile :

— Cessez un peu vos chants, rossignols de l'Olympe;
et vous, platanes touffus, fanez-vous cette année.
Quelle folie, mes enfants, vous a passé par la tête,
que vous avez quitté l'Olympe, le campement paternel,
pour errer sur la mer, dans de vilains navires?
Notre Olympe est la gloire des armatoles,
c'est là que se reposent les lions, là que les bêtes fauves ont leur repaire.
Maudit sois-tu, Ali-pacha, chien empoisonné!
Jour et nuit, tu fais la chasse aux pauvres enfants de Lazos.
Puisses-tu crever, vilain Turc, vilain Albanais!
Jamais les armatoles ne se sont soumis aux Turcs.

---

[1] Marcellus, I, p. 307.
[2] Marcellus, I, p. 304-305.
[3] Sathas, *op. cit.*, p. 584-585.

Enfants, soyez maudits, et puissent vos corps ne pas pourrir,
Si, durant votre vie, vous faites votre soumission à la Turquie [1].

Le lecteur ne croit-il pas entendre les accents d'une mère spartiate?

Aux armatoles de l'Olympe auxquels la mer avait offert un refuge, s'adjoignirent peu après le capitaine Romphéis, le péloponésien Colocotronis, et enfin Nico-Tsaras. Le renfort fourni par ce dernier éleva à soixante-dix le nombre des navires de la flotte. Le commandant en était le vaillant Yannis Stathas. Elle causa une telle épouvante aux populations turques de la côte, et aux navires ottomans, qu'Ali-pacha, cédant aux demandes du Divan, retira ses Albanais du mont Olympe [2]. Les armatoles rentrent alors dans leurs foyers; ils reprennent leurs districts d'autrefois. Aucun d'eux toutefois n'abandonna la lutte.

Au commencement de 1808, des envoyés russes, venus de Serbie, apportent au mont Olympe des lettres de Carageorges et de Rodophinikis, un Grec qui remplissait auprès de lui les fonctions de conseiller de l'Empire russe. Les Grecs étaient exhortés « à prendre une dernière fois les armes pour la liberté ». Ce fut comme de l'huile sur le feu. Les armatoles tiennent conseil sur le mont Olympe, et choisissent le 29 mai, anniversaire de la prise de Constantinople par les Turcs, comme date d'une nouvelle insurrection. D'autres régions grecques entrent dans le complot, en particulier la Thessalie qui, sous son fameux armatole Papa-Efthymios Vlachavas, brûlait du désir de se révolter. Mais Ali-pacha apprit ce qui se tramait : il fit une nouvelle expédition contre les révolutionnaires, mettant tout à feu et à sang. Les Grecs durent une fois de plus se réfugier en mer. Vlachavas s'unit à Nico-Tsaras, aux fils de Lazos et à d'autres armatoles macédoniens, et constitue une nouvelle

---

[1] Legrand, n° 64, p. 116.
[2] Sathas, *op. cit.*, p. 585-586, où l'on trouvera le chant populaire qui rappelle les exploits maritimes de Yannis Stathas.

flottille de course. Il recommença, avec désespoir, à attaquer les bateaux turcs, et à opérer d'audacieux débarquements sur les rivages de la mer Égée. Cependant, quelque temps plus tard, étant descendu à Catérini, il est fait, par traîtrise, prisonnier par les Albanais d'Ali-pacha; il meurt au milieu des pires supplices à Jannina [1]. Le martyre du héros thessalien, auquel assista Pouqueville, alors consul de France auprès d'Ali-pacha [2], parut avoir calmé la soif de vengeance du satrape de Jannina. Mais les armatoles de Macédoine ne cessèrent pas de lutter contre les Turcs. C'est, semble-t-il, alors que fut tué aussi le capitaine Romphéis, le fameux armatole de Naoussa [3], dont la mort héroïque a été chantée par la muse populaire dans les vers suivants :

... — Capitaine Romphéis, d'où viens-tu? Où peux-tu bien [aller?
— Je viens d'Elassone et je vais à Catérini.
— Mais, là-bas, se dressent devant toi des maisons turques et [des villages de Koniars.
— Oui, mais je n'ai pas peur des Turcs et ne crains pas les Ko-
Je suis le célèbre Romphéis, Romphéis l'illustre. — [niars.
Et il est allé s'enfermer dans une petite église.
Le combat dure trois jours, cinq jours, et cinq nuits.
Ils (les Turcs) amènent du canon de campagne et des pièces prises pour tirer sur l'église isolée et la détruire.   [aux bateaux,
Mais lui mangeait et buvait et ne s'inquiétait pas.
Au premier assaut qu'ils donnèrent, le glaive à la main,
on lui tua cinq de ses hommes, dont Constantin Tsamaris.
Le blessé dit, forçant avec peine sa faible voix :
— Emporte-moi, capitaine, ne me laisse pas ici. —
Il s'élance de nouveau à l'assaut et il trouve la mort.
Les villes le pleurent et les villages, et les vilayets,
et aussi la pauvre Naoussa, la pauvre Catérini [4]...

---

[1] Sathas, *op. cit.*, p. 587 sq.
[2] Pouqueville : *Histoire de la régénération de la Grèce*, p. 293-294.
[3] Cf. Christovasilis, p. 287.
[4] Passow, n° 84, p. 70.

Voici une variante :

Le combat dura trois jours, trois jours et trois nuits,
ils amènent des canons de l'intérieur des terres et des canons [de marine,
pour tirer et tuer le capitaine Romphéis.
Un pacha lui cria, un pacha lui dit :
— Romphéis, rends tes armes ; Romphéis, rends-toi !
Je te ferai armatole de tout le pays de Catérini. —
Le capitaine Romphéis répond avec colère :
— Que dis-tu là, espèce de pacha, que dis-tu, espèce de vizir ?
Un rêve s'est présenté à mes yeux, un rêve que je n'avais jamais [eu,
et qui m'apprend que je serai tué, qui m'apprend que je dois [mourir !.
Au premier assaut qu'il donna le glaive à la main,
On lui tua cinq de ses hommes, et avec eux Tsamaris,
Il livre alors un autre assaut, puis un autre encore,
il tue des Turcs en foule, des Koniars, des Albanais,
mais comme il se battait le glaive à la main,
une balle d'Antéchrist l'atteignit en plein cœur !
Les villes le pleurent, et les villages, et Elassone,
et la pauvre Naoussa, et la pauvre Catérini [1].

Mais le patriotisme macédonien ne se borne pas seulement aux limites de la Macédoine ; il ne se manifeste pas seulement par des luttes héroïques et le plus souvent stériles contre les Turcs et les Albanais d'Ali-pacha. Les nombreux enfants de la Macédoine qui demeurent à l'étranger sont inspirés par des sentiments tout aussi patriotiques ; ils ne négligent rien pour émouvoir, en faveur de leur patrie et en général de toute la Grèce en armes, l'intérêt de l'Europe chrétienne. Ils pensaient sans doute, et à juste raison, que des efforts isolés, que nul secours extérieur ne seconde, étaient d'avance, malgré tous les héroïsmes et tous les sacrifices, voués à l'impuissance.

C'est le cas, au XVIIe siècle, de Jean Couttounios, né à Verria, dans la suite professeur de philosophie à l'Université de Padoue, où il est mort en 1658. A côté de ses occupations intellectuelles il n'oublie point

---

[1] Christovasilis, n° 101, p. 286.

sa patrie : la restauration de la grande Hellade est le rêve qui l'obsède. Il y consacre toute son énergie et toute sa fortune. Il fait partie, avec l'Athénien Philaras, de la société fondée par le duc de Nevers en vue de la libération de la Grèce. Il dédie ses ouvrages au roi de France Louis XIV. Il affecte sa fortune à l'instruction de la jeunesse grecque [1].

C'est aussi le cas de Georges Papazolis. Il était de Siatista (Macédoine occidentale) et servait comme officier dans l'armée russe, à l'époque où monta sur le trône l'impératrice Catherine II. Profitant de son amitié avec Orloff, le fameux favori de l'impératrice, il lui soumit un plan d'insurrection générale de la Grèce avec le secours de la Russie. Le projet était fait pour plaire à l'ambitieuse souveraine : elle l'approuva. En 1766, Papazolis est envoyé en Grèce afin de mettre de la coordination et de la simultanéité dans les efforts tentés isolément par les Grecs, de manière à provoquer un soulèvement général. Il compose et distribue un manuel de tactique. La révolution, on le sait, éclata en effet en 1770. Mais la Russie n'apporta point l'aide qu'elle avait laissé espérer, et le mouvement aboutit à des massacres épouvantables des Grecs du Péloponèse, de la Thessalie, des îles et de Smyrne [2].

Les Grecs ne perdent point courage. Peu de temps après, Rhigas de Velestino (Thessalie) prépare de Vienne le terrain pour une insurrection générale de la Grèce. Il traduit et répand, dans les régions grecques, le *Voyage du jeune Anacharsis* de l'abbé Barthélemy, et d'autres ouvrages propres à instruire les Grecs et à exalter leur moral. Il publie et fait circuler une carte historique « pour servir à la lecture du *Jeune Anacharsis* » ainsi que des gravures représentant Alexandre le Grand, immortelle incarnation des luttes des Grecs contre les Barbares de l'Asie. Quand il juge l'heure

---

[1] Voir Sathas : *Philologie néo-hellénique* (en grec), Athènes, 1868, p. 301-302. Ém. Legrand : *Bibliographie hellénique*, Paris, Picard, 1895, III, 389 sq.
[2] Sathas : *La Grèce sous le joug turc*, p. 452 sq.

UNE GRAVURE D'ALEXANDRE LE GRAND

C'est cette gravure du grand roi macédonien que le patriote Rhigas de Velestino distribuait aux Grecs asservis, pour leur rappeler les luttes séculaires de l'hellénisme contre la barbarie asiatique. (Voir p. 342.)

favorable à un soulèvement national, il rédige et publie une proclamation révolutionnaire, accompagnée d'une constitution, fondée sur la loi constitutionnelle française de 1793. Il lui donne le nom d'*Enseignement démocratique préparatoire*. Enfin, il compose et publie le fameux hymne guerrier qui commence par ces vers :

Jusques à quand, ô braves, nous faudra-t-il, comme des lions,
vivre seuls dans les défilés, sur les hauteurs, dans les montagnes,
habiter dans des cavernes, n'avoir devant les yeux que des [forêts ;
fuir le monde, pour éviter la dure servitude ;
quitter frères, patrie, parents,
nos amis, nos enfants et tous nos proches ?
Une heure seule de vie libre
vaut mieux que quarante ans de servitude et de captivité [1]...

Or, dans toutes ses tentatives révolutionnaires, Rhigas ne trouva pour collaborer à ses desseins, des patriotes plus dévoués et plus énergiques que parmi les nombreux Macédoniens qui formaient le noyau des colonies grecques d'Autriche et de Hongrie [2]. Le Gouvernement autrichien, qui « voyait d'un mauvais œil tout ce qui avait trait à des complots révolutionnaires et à des projets tendant à renverser le gouvernement dans un État voisin et ami », fit arrêter Rhigas et avec lui les Macédoniens : Georges Pouliou, propriétaire d'une imprimerie à Vienne, Théocharis Georges Torountzias, de Siatista, Georges Théocharis et les frères Jean et Panayotis Emmanuel, de Castoria, et Constantin Doucas, de Cozani. Trois d'entre eux, Torountzias et les frères Emmanuel, furent livrés par le Gouvernement autrichien au Gouvernement ottoman, sous prétexte qu'ils étaient sujets ottomans. Partageant le martyre de leur chef, ils furent étranglés à Belgrade, en 1798 [3].

---

[1] Traduction de Fauriel, II, p. 20 sq. Cf. Sp. Lambros : *Révélations sur le martyre de Rhigas*, p. 25 sq.

[2] Voir Sp. Lambros : *Pages choisies de l'Histoire de l'hellénisme macédonien en Hongrie et en Autriche*, dans le *Nouvel Hellénomnémon*, t. VIII, 1911, p. 257 sq.

[3] Cf. Sp. Lambros : *Révélations sur le martyre de Rhigas*, p. 60 sq.

En 1814, un autre Macédonien, Grégoire Zalykis, lettré distingué, établi à Paris, conçoit l'idée de fonder une association pour préparer la révolution générale en Grèce. L'association ainsi fondée fut placée sous la protection de Napoléon Ier. La présidence fut donnée à un noble philhellène français, le comte de Choiseul-Gouffier, ancien ambassadeur de France à Constantinople, que nous connaissons déjà comme auteur du *Voyage pittoresque de la Grèce* [1]. Cette association n'était autre que celle qui fut par la suite si célèbre sous le nom de *Pliliki Hétairia* (Association amicale) ou *Hétairie*; c'est elle qui organisa la révolution de 1821. « Tsakalof, qui en était membre, dit en effet C. Sathas, passant par Bucarest en 1815, y fit quelques prosélytes; arrivé à Moscou, il prit comme collaborateur Nicolas Scouphas. Après la chute de Napoléon, l'Association, ayant perdu son principal appui, fut transportée à Moscou, et c'est là que, toujours sous le titre bien connu d'Hétairie, elle organisa si habilement l'insurrection grecque » [2].

Les efforts des Macédoniens et des autres Grecs résidant à l'étranger ne tardent pas à donner les résultats espérés. Partout retentit l'hymne de Rhigas, cette *Marseillaise* grecque, appelant tout le monde à un nouveau soulèvement. Les cœurs macédoniens frémissent aux vers qui leur sont spécialement consacrés :

Vaillants Macédoniens, élancez-vous comme des animaux de [proie
et versez tous à la fois le sang de nos tyrans [3].

---

[1] Cf. J. Philémon : *Essai historique sur l'insurrection grecque*, IV, Prolégomènes, où se trouvent les documents qui s'y rapportent.
[2] Sathas, *op. cit.*, p. 609. Cf. J. Philémon, *op. cit.*, IV, p. x.
[3] Traduction de Fauriel. Voici, à ce sujet, une scène émouvante racontée par le même auteur : « Un Grec de ses amis traversait la Macédoine en 1817. Arrivant dans un village, il s'arrête pour se reposer dans la boutique d'un boulanger. Le garçon boulanger s'approche du voyageur, le considère attentivement, puis « plonge la main dans sa poitrine, et en tire quelque chose, attaché au bout d'une ficelle passée autour de son cou. C'était un petit livre qu'il présenta au voyageur, en le priant de lui en lire quelque chose, et ce petit livre c'étaient les chansons de Rhigas. Le voyageur les prend et

Les communications des agents de l'Hétairie sont accueillies avec enthousiasme. La Macédoine est parcourue par J. Pharmakis, D. Hypatros, Ar. Papas, membres de l'Hétairie; ils préparent le terrain à la révolution depuis le Nestos jusqu'au Drinos, du Rhodope à l'Olympe; ils rallient à leur cause les gens les plus notables de Macédoine, en particulier des membres du clergé, par exemple Chrysanthos, métropolite de Serrès, Ignace, évêque d'Ardamérion, Hiérothée, évêque de Hiérissos et de l'Athos, Benjamin, évêque de Cozani, Anthime, évêque de Grévéna, et beaucoup d'autres, religieux et laïques [1].

En 1821, la grande insurrection éclate. La nation grecque est alors si puissante dans toute la péninsule balkanique, et telle est l'idée qu'on se fait de l'extension du futur État, que c'est de Moldavie et de Valachie que part le premier signal. Il y eut au début quelques succès, grâce à l'héroïsme des insurgés grecs; mais l'ennemi est trop nombreux, et ces succès sont annulés par les durs combats de Galatz et de Skouléni; c'est là que trouvèrent une mort glorieuse deux héros de Salonique, Georges Xénocratès et Nicolas Touzounidès [2]. En outre, le fameux « bataillon sacré » de l'Hétairie, qui était composé de la fleur de la jeunesse grecque, accourue des universités d'Europe à la voix de la patrie, est écrasé à Draghatsani, le 8 juin 1821. Cependant, le mouvement se prolonge quatre mois encore en

---

se met, non à les chanter, mais simplement à les lire avec un peu de déclamation. Au bout d'un moment, il lève les yeux sur son auditeur; mais quelle n'est pas sa surprise? Son auditeur n'est plus le même homme : son visage est enflammé et tous ses traits peignent l'exaltation; ses lèvres entr'ouvertes frémissent, deux torrents de larmes tombent de ses yeux, et tout le poil qui ombrage sa poitrine se redresse, s'agite et se crispe vivement en tout sens. — Est-ce pour la première fois que vous entendez lire ce petit livre? lui demande le voyageur. — Non, répondit-il; je prie tous les voyageurs qui passent de m'en lire quelque chose; et j'ai déjà entendu tout cela. — Et toujours avec la même émotion? ajouta le premier. — Avec la même, répliqua l'autre. Si ce garçon boulanger vit encore aujourd'hui, ajoute Fauriel (qui écrivait au commencement de la révolution de 1821), je gagerais volontiers que ce n'est plus dans une boutique, et à pétrir du pain, que ses bras sont employés ». (Fauriel, II, p. 18-19.)

[1] Philippidès : *Insurrection et destruction de Naoussa*, p. 37.
[2] Pouqueville : *Histoire de la régénération de la Grèce*, t. II, p. 485.

Moldavie, sous un chef macédonien, Georges Olympios, de la famille d'armatoles des Lazos. L'héroïque Macédonien, aidé de son ami et lieutenant Pharmakis, Macédonien lui aussi, ne tue guère moins de douze mille hommes aux Turcs dans différents engagements; puis il se réfugie dans le monastère de Séco, met le feu à des barils de poudre, et saute avec ce qui lui restait de compagnons d'armes [1]. Et, jamais lasse, la muse populaire chante encore les hauts faits des deux héros macédoniens [2].

Aux premières nouvelles de Valachie et de Moldavie, l'insurrection gagne tous les pays grecs. En tous lieux l'enthousiasme et l'ardeur révolutionnaires des Grecs étaient tellement irrésistibles que l'étincelle se transmit spontanément. « Dans toute la Grèce, dit Henry Houssaye, on attendait un signal. Ce signal ne vint pas; les fusils partirent tout seuls. La révolution grecque fut spontanée. Chaque canton prit impulsivement les armes pour la liberté, sans se demander si le canton voisin marcherait avec lui et sans regarder au nombre des ennemis » [3].

En ce qui concerne plus particulièrement la Macédoine, voici ce que dit l'historien J. Philémon : « En Macédoine, l'Hétairie avait suffisamment de ramifications; de plus, il y avait là un certain Emmanuel Papas, d'un patriotisme et d'une abnégation incomparables. Et pourtant, en Macédoine comme en Crète, ce sont plutôt les Turcs eux-mêmes qui ont brusqué et forcé la révolution... C'est là où la barbarie turque était le plus épaisse, que la tyrannie pesait le plus lourdement sur les chrétiens, par exemple au milieu

---

[1] Fauriel, II, p. 42 sq. Cf. Zinkeisen : *Geschichte der Griechischen Revolution*, I, p. 156 sq. Tricoupis : *Histoire de la Révolution grecque* (2ᵉ édit.), I, p. 137 sq. Philémon : *Essai historique sur la révolution grecque*, II, p. 208. Finlay : *History of the greek revolution*, I, p. 168 sq. Gervinus : *Insurrection et régénération de la Grèce*, I, p. 208 sq. Mendelssohn-Bartholdy : *Geschichte Griechenlands*, etc., I, p. 175 sq., etc.

[2] Voir deux chants populaires sur Georges (Georghakis) Olympios et sur Pharmakis, dans Fauriel, II, p. 44-53; Passow, nᵒˢ 226 et 227, p. 167-169, etc.

[3] Henry Houssaye : *La Grèce héroïque*, dans *La Grèce*, p. 285-286. Cf. Gervinus, I, p. 246 sq.

UN HÉROS MACÉDONIEN

Georges Olympios, cerné par les Turcs, se fait sauter dans le monastère de Seco, en Moldavie, le 5 septembre 1821. (Reproduction d'une fresque de Hess du Palais royal de Munich). (Voir p. 346.)

des Turcs grossiers et à demi sauvages de la Macédoine...
Ainsi, les maux que souffraient les Grecs de Macédoine
sont indescriptibles ; ils dépassent l'imagination, ils passent
les bornes de toute méchanceté, comme aussi de toute
patience humaine. Nulle part on ne vit tant de vexations
variées, d'incessantes exigences, de confiscations arbitraires, de meurtres, et aussi d'enlèvements et de rapts de
jeunes filles et de jeunes gens. Il fallut, par surcroît, que
le représentant du satrape à Salonique, le *mouteselim*, fût
alors un Turc scélérat, un buveur de sang. Son administration à elle seule, n'y eût-il eu aucune autre raison, eût
suffi à pousser le peuple de Macédoine, qui respirait à peine,
non seulement à une, mais à plusieurs révolutions »[1].

Ce mouteselim de Salonique se nommait Youssouf-bey.
Il était fils du terrible Ismaïl-bey de Serrès[2]. Il se rendit
compte de la fièvre révolutionnaire qui possédait les Grecs,
et comme partout en Grèce on massacrait tout ce qu'il y
avait de Grecs notables, d'intellectuels, il suivit cet horrible
exemple, prit des otages de différentes villes macédoniennes, et les incarcéra à Salonique. Emmanuel Papas,
dont nous avons parlé, était un des notables de Serrès,
influent, chaud partisan de l'Hétairie ; quand il se rendit
au mont Athos, Youssouf-bey soupçonna un mouvement
insurrectionnel, et envoya contre lui une forte troupe.
Mais les habitants de Polyghyros se soulevèrent et obligèrent les soldats à reculer. A cette nouvelle, le mouteselim
de Salonique, fou de rage, empala ses otages et fit décapiter l'évêque de Kytros et d'autres notables (Christodoulos
Balanos, Christós Ménexès, Cydoniatis, etc.) ; il fit enfermer
2.000 Grecs dans l'église et la cour de la Métropole ; enfin
il fit piller de nombreuses maisons[3]. « Les places publiques, dit à ce sujet Pouqueville, avaient été couvertes de

---

[1] Philémon, III, p. 141.
[2] Voir *supra*, p. 338.
[3] Tricoupis, I, p. 188 sq. Philémon, III, p. 141 sq. Finlay, I, p. 251. Gervinus, I, p. 245 sq., etc.

pals, les créneaux du château des sept tours chargés de têtes, les églises transformées en prisons; et la terreur était telle que, sans la présence du chevalier Bottu, consul de France, homme plein de générosité, les négociants étrangers auraient quitté une ville prête à dévorer sa population chrétienne. Ces excès dérivaient d'une source commune, le fanatisme, et ils eurent pour résultat l'insurrection forcée des Grecs » [1].

Aussitôt se formèrent en Chalcidique deux corps d'insurgés grecs, l'un sous les ordres d'Emmanuel Papas, qui fut proclamé *chef et protecteur de la Macédoine*, l'autre sous les ordres de Khapsas de Cassandra, avec, pour lieutenants, C. Doumbiotis, J. Hatzi-Christodoulou, etc.; ils battirent à plusieurs reprises les troupes que Youssouf-bey envoya contre eux; ils s'emparèrent du mont Chortiatis, et arrivèrent ainsi jusqu'aux portes de Salonique [2]. La poésie populaire, répondant aux questions angoissées des femmes de Macédoine, leur disait :

...— Vos maris ne sont pas ici, ils sont en marche vers Saloni-
Ils vont aiguiser leurs épées, fourbir leurs fusils,   [que :
et commencer la guerre avec le sultan Mahmoud [3].

Mais alors apparut Baïram-pacha; amenant un renfort aux troupes turques qui combattaient dans le Péloponèse, il attaqua les Macédoniens avec la totalité de ses forces. L'armée turque de Salonique reprit courage; renforcée par Ahmet-bey de Yanitsa, elle se jeta, elle aussi, sur eux [4]. Les Grecs se trouvèrent entre deux feux. Ils n'avaient ni artillerie ni cavalerie, contrairement à l'adversaire. Ils combattirent plusieurs heures près de Basilica, mais ils furent obligés de battre en retraite, laissant sur le terrain

---

[1] Pouqueville, *op. cit.*, III, p. 57.
[2] Zinkeisen, I, p. 337. Tricoupis, I, p. 189 sq. Philémon, III, p. 144 sq. Finlay, I, p. 252. Gervinus, I, p. 246, etc.
[3] Ce chant a été publié par A. Iatridès: *Recueil de chants populaires*, Athènes, 1859, p. 84.
[4] Tricoupis, I, p. 190. Gervinus, I, p. 246, etc.

et leurs morts et leurs blessés. Les Turcs coupèrent alors et envoyèrent à Constantinople la tête et les oreilles de ces malheureux, et la Sublime Porte « fut décorée de guirlandes de ces tristes dépouilles »[1].

Après deux autres combats malheureux, à Galatista et à Polyghyros, au cours desquels il y eut quatre fois plus de Turcs tués que de Grecs, les insurgés grecs durent se réfugier dans les trois pointes de la Chalcidique, Cassandra (Pallène), Longos (Sithonie), et la Montagne-Sainte (mont Athos). Les Turcs demeurèrent maîtres de tout le reste du pays, et se livrèrent aux massacres et atrocités habituelles sur la population[2]. A Basilica « tous les chrétiens, raconte Pouqueville, furent passés au fil de l'épée, à l'exception des femmes et des enfants en bas âge, qui furent réduits en esclavage »[3]. Galatista fut incendiée[4]. D'autres atrocités furent commises à Polyghyros. Les Turcs incendièrent aussi les riches villages de Kiératin ou Antigrade, Panomi, Phanaraki, Kolyndros, Ormilia, Aghios Mamas; femmes et enfants furent emmenés en caravanes à Salonique, et vendus dans les bazars de la ville « depuis cinq jusqu'à vingt talaris par tête de bétail chrétien »[5].

Les révolutionnaires macédoniens, qui s'étaient réfugiés dans la presqu'île de Cassandra, creusèrent un fossé dans sa partie la plus étroite; ils opposèrent une forte résistance et ils infligèrent de si lourdes pertes à l'armée turque que le commandant en chef Ahmet-bey fut destitué et remplacé par Youssouf-bey. Celui-ci ne fut pas plus heureux que son prédécesseur : il attaqua huit fois Cassandra sans succès, puis fut battu à plate couture par les révolutionnaires : ceux-ci avaient été renforcés par de nombreux klephtes de l'Olympe, sous les ordres de Liacopoulos et Binos, et aussi

---

[1] Pouqueville, III, p. 59.
[2] Zinkeisen, I, p. 337.
[3] Pouqueville, III, p. 60.
[4] Tricoupis, I, p. 190.
[5] Pouqueville, III, p. 60-61.

par le fameux chef Diamandis Nicolaou avec des troupes d'élite, venues par mer [1].

Enfin, la direction des opérations contre les révolutionnaires fut confiée au nouveau pacha de Salonique, Abdoul-Aboud. « une de ces créatures, dit Pouqueville, sorties du sein de la tyrannie et formées, comme elle, pour le malheur des hommes » [2]. Il enrôla tous les Turcs de seize à soixante ans [3] et partit en expédition contre les Grecs qui occupaient la presqu'île de Cassandra. Il attaqua avec succès la petite presqu'île et s'en rendit maître le 30 octobre 1821; il pilla alors et incendia tous les villages et fit égorger ou réduire en esclavage insurgés et habitants [4]. « Les Turcs, dit Gervinus, y avaient alors préludé à la tragédie de Chio, qui fut jouée quatre mois plus tard : on dit que dix mille hommes et femmes, pour la plupart des gens paisibles et tranquilles, furent massacrés ou vendus comme esclaves, atrocité qui, déjà avant la ruine de Chio, avait commencé à exciter à un haut degré l'exaspération de l'Europe contre les Turcs » [5].

Abdoul-Aboud, après avoir fait ainsi un désert de Cassandra, se tourna vers les deux autres presqu'îles de Chalcidique, Longos et le mont Athos. Mais sentant bien qu'il était trop difficile de les enlever de haute lutte, il préféra proposer l'amnistie aux insurgés qui s'y étaient fortifiés. Ces derniers, comprenant eux aussi qu'il était inutile de prolonger la lutte, s'échappèrent presque tous par mer avec Emmanuel Papas; ceux qui restèrent, ajoutant foi aux promesses d'Abdoul-Aboud, capitulèrent le 15 décembre 1821 [6]. Les dures conditions de cette capitulation n'em-

---

[1] Pouqueville, III, p. 61 sq. Zinkeisen, I, p. 337 sq. Tricoupi, I, p. 191. Philémon, IV, p. 282. Finlay, I, p. 252. Gervinus, I, p. 246, etc., etc.
[2] Pouqueville, III, p. 270.
[3] Gervinus, I, p. 378.
[4] Zinkeisen, I, p. 338 sq. Philémon, IV, p. 283. Finlay, I, p. 252, etc.
[5] Gervinus, I, p. 378. Cf. Zinkeisen, p. 339.
[6] Zinkeisen, I, p. 339. Philémon, IV, p. 283 sq. Finlay, I, p. 253 sq. Gervinus, I, p. 378, etc.

pêchèrent pas les Turcs, bien entendu, de continuer leur œuvre de mort, en particulier au mont Athos. Les habitants de Psara, accourus avec leurs bateaux « sauvèrent un grand nombre de religieux, qui déploraient trop tard leur imprudente capitulation »[1]. « Abdoul-Aboud, conclut Zinkeisen, mit ainsi tristement fin aux événements de Macédoine, au delà de l'Axios : la catastrophe de Cassandra, un des plus grands malheurs de cette guerre sanglante, laissa une profonde et durable impression d'horreur »[2].

Mais les Grecs de Macédoine ne perdent pas courage. Leur révolte avait été étouffée dans le sang en Chalcidique : elle reprit avec une vigueur nouvelle peu de temps après dans le centre de la Macédoine. L'héroïque Naoussa et la région d'alentour se remirent bientôt des coups d'Ali-pacha; elles devinrent le foyer d'un nouveau mouvement révolutionnaire dirigé par le notable Zaphirakis Théodosiou Logothétis, et par les deux fameux armatoles, le vieux Caratassos de Verria et Anghélis Gatsos de Vodéna[3].

Le plan élaboré par ces trois chefs consistait à prendre Naoussa pour centre d'un soulèvement de toute la Macédoine située à l'ouest de l'Axios, c'est-à-dire les districts de Naoussa, Verria, Kozani, Siatista, Grévéna, Castoria, Vodéna, Mogléna, Monastir, etc., auxquels ils avaient envoyé des émissaires sûrs. Au début de 1822 des délégués de ces districts, parmi lesquels Jean Barbarescos de Castoria, Néopoulos (ou Nioplos) de Siatista, Panayotis Naoum de Vodéna, etc., se réunirent au couvent de la Vierge de Dobra, près de Verria. Ils prirent connaissance des communications de D. Ypsilanti et de son représentant en Macédoine, N. Cosomoulis, de Cozani; il y était dit que des vaisseaux avaient quitté Nauplie depuis quelque

---

[1] Pouqueville, III, p. 397.
[2] Zinkeisen, I, p. 340.
[3] Pouqueville, III, p. 529 sq. Zinkeisen, I, p. 465 sq. Finlay, I, p. 254 sq. Gervinus, I, p. 378 sq. Philippidès : *Insurrection et destruction de Naoussa*, p. 33 sq.

temps déjà, qu'ils apportaient des munitions aux insurgés, et qu'ils étaient accompagnés par Grégoire Sallas, général grec de l'armée russe, qu'Ypsilanti avait nommé général en chef des insurgés de Macédoine. Les délégués décidèrent que chacun dans son district proclamerait la révolution dès l'arrivée des vaisseaux de Nauplie, et qu'ils occuperaient aussitôt le pont sur l'Axios, la vallée de Tempé et les défilés de Castoria, de manière à couper tout moyen de communication et d'aide réciproque entre Abdoul-Aboud, pacha de Salonique, et Chourchid, pacha de Jannina [1].

Le rusé Abdoul-Aboud devina ce que tramaient les Grecs : il se mit à fortifier Salonique, il éleva des redoutes à Cara-bouroun et à Litochoron, pour défendre le golfe de Salonique [2]. Pour plus de sûreté, il emmena comme otages les notables de plusieurs localités suspectes et il les enferma dans diverses prisons. Les notables de Monastir furent incarcérés à Larissa; ceux de Mégarovo, Croussovo, Mélovista, Resna et Achride, à Monastir, ceux du mont Athos et d'autres encore, à Salonique. De même, il désigna pour venir se livrer comme otages à Salonique, Zaphirakis, ou son fils, puis Caratassos, Gatsos, ainsi que l'un des capitaines de l'Olympe, Diamandis Nicolaou; aucun d'eux n'obéit. Une pareille désobéissance les exposait à des violences de la part d'Abdoul-Aboud; celui-ci du reste faisait de grands préparatifs de guerre. Les trois chefs de l'insurrection projetée durent donc en hâter l'explosion : ils attaquèrent l'armée turque en voie de concentration à Verria. Ainsi la révolution éclata le 22 février 1822, d'une façon si prématurée et si hâtive que, sauf pour Naoussa où les choses étaient plus mûres, les autres districts n'y purent participer [3]. Les bateaux partis de Nauplie avec des munitions, sous les ordres du général Sallas, auraient

---

[1] Pouqueville, III, p. 530. Zinkeisen, I, p. 466-467. Gervinus, I, p. 379. Philippidès, p. 36 sq.
[2] Pouqueville, III, p. 529.
[3] Finlay, I, p. 254. Philippidès, p. 41 sq.

permis aux autres districts de se soulever aussi, s'ils étaient arrivés à temps; mais ils eurent du retard dans les Cyclades et ce ne fut qu'un mois après, le 22 mars, qu'ils accostèrent à Eleuthérochori, près de l'embouchure de l'Haliacmon; mais alors le sort s'était décidé contre les insurgés; du reste ces bateaux n'apportaient que quatre canons en tout et fort peu de munitions [1].

En outre, la précipitation des chefs du mouvement avait été telle, qu'ils avaient négligé de s'assurer le concours immédiat même de l'Olympe, toujours sur pied de guerre. Ce n'est que quinze jours après la proclamation de l'insurrection, le 8 mars, que les chefs songèrent à faire connaître leur décision aux capitaines des troupes de l'Olympe, Diamandis Nicolaou et Goulas Draskou, et à leur demander leur aide. La lettre qu'ils leur adressèrent se terminait ainsi : « Dans quelques jours, nous espérons nous rencontrer avec vous à Verria et tous ensemble, la sainte croix à la main, nous ferons une expédition contre Abdoul-Aboud et contre Salonique, dont, n'en doutez pas, héros macédoniens, descendants d'Alexandre, nous nous rendrons facilement maîtres » [2].

Cette insurrection de Naoussa, hâtive et prématurée, n'était pas destinée, malgré l'optimisme de ses chefs, à réussir. Les insurgés combattirent comme des héros; ils purent au début infliger de lourdes pertes à l'armée turque, et arriver jusqu'à Verria, où ils brûlèrent même quelques maisons turques. Mais ce ne fut là qu'un succès éphémère. Malgré les décisions prises, ils oublièrent d'occuper le pont de l'Axios et la vallée de Tempé. Ils permirent ainsi à Abdoul-Aboud d'envoyer librement des secours à Verria, et à Chourchid-pacha, qui faisait campagne en Thessalie, d'envoyer du renfort à Abdoul-Aboud. Les Grecs, craignant d'être cernés, battirent donc en retraite [3].

---
[1] Zinkeisen, I, p. 466-467. Gervinus, I, p. 379. Philippidès, p. 49-50.
[2] Philippidès, p. 48.
[3] Gervinus, I, p. 379-380. Philippidès, p. 48 sq.

Caratassos occupa alors le couvent de la Vierge de Dobra, déjà mentionné. Là il engagea une terrible lutte avec les Turcs. Un corps d'armée turc, fort de quatre mille hommes, cavaliers et fantassins, commandé par Kékhaya-bey, de Verria, fut dispersé par les hommes de Caratassos, à l'aide de qui étaient accourus, au moment critique, Zaphirakis et Gatsos. Quinze cents Turcs restent sur le champ de bataille et deux drapeaux ennemis tombent entre les mains des vainqueurs [1]. Les Grecs enhardis décident alors une nouvelle expédition contre Verria; mais de nouvelles troupes turques arrivent avec du canon. Abdoul-Aboud en personne les accompagnait. Le 14 mars, il se met à la tête d'environ seize mille hommes, fantassins ou cavaliers, avec ce qu'il fallait d'artillerie, et attaque les insurgés. Pendant plusieurs jours, les Grecs, dont le front allait jusqu'à Castania [2], lui opposent une résistance efficace. Ils sont du reste renforcés par Diamandis accouru à leur aide avec de nombreux combattants de l'Olympe, ainsi que par le général Sallas, à peine arrivé avec le Polonais philhellène Leckzinsky et le théologien Théophile Caïris, à la tête d'un nombre de combattants, apportant les quatre canons et les munitions mentionnés plus haut.

La lutte se prolonge pendant quelques jours sous le commandement de Sallas. Mais les Turcs recevaient quotidiennement des renforts; ils finissent par porter aux Grecs un coup décisif. Sallas et Leckzinsky ont grand'peine à se sauver et retournent dans le Péloponèse « après des souffrances indicibles ». Zaphirakis et les autres capitaines, avec leurs hommes, battent en retraite vers Naoussa; refusant de se rendre, ils s'y enferment. Après un siège de huit jours, Abdoul-Aboud s'empare de la ville (6 avril 1822), à la suite d'un assaut général, auquel prirent part, outre son armée, les troupes des beys accourus des districts

---

[1] Philippidès, p. 51 sq.
[2] Gervinus, I, p. 380. Cf. Philippidès, p. 53 sq.

de Caïlar, d'Anasélitsa, de Khroupitsa, de Tikfèche et de Vélessa [1].

Ce fut alors une effroyable tragédie : pendant quatre jours, on se bat dans les rues de la ville. Zaphirakis s'est enfermé avec cinq cents hommes dans une tour des remparts et il oppose une résistance héroïque ; il réussit enfin à s'échapper de nuit avec ses hommes et quelques familles. Caratassos et Gatsos ouvrent aussi un passage à des femmes et des enfants qui cherchaient leur salut dans la fuite. La ville et les habitants demeurent à la merci d'Abdoul-Aboud. Les maisons sont pillées et incendiées. Il se déroule des scènes de destruction et de massacre d'une indescriptible horreur. « Cinq mille hommes, précise Gervinus, furent tués ou vendus à Naoussa, et autant à Palaiopyrgo ; beaucoup d'autres furent torturés sans pitié et les femmes brûlées ; les femmes enceintes furent martyrisées ; les enfants furent égorgés sous les yeux de leurs parents, et les nourrissons furent pendus, de telle sorte que beaucoup de femmes se précipitèrent avec leurs enfants dans le marais (l'*Eau Noire*), près du port Palaiopyrgo, pour échapper à l'infamie et à la torture »[2].

Philippidès explique que l'*Eau Noire* est le cours d'eau rapide qui coule près de Naoussa, et qui s'appelle Mavronéri (*Eau Noire*) ou Arapitsa. C'est du haut de ses rives escarpées que les jeunes femmes et les jeunes filles de Naoussa se jetèrent, en s'embrassant dans une ronde effrénée ; elles choisirent ainsi la mort qu'avaient trouvée, dix-huit ans auparavant, les femmes de Souli, en se jetant dans le précipice de Zalongo [3].

Les meurtres eurent lieu non seulement dans les premiers jours qui suivirent la prise de Naoussa, mais plusieurs jours encore. Abdoul-Aboud, ainsi qu'en témoigne

---

[1] Gervinus, I, p. 380. Philippidès, p. 58 sq.
[2] Gervinus, I, p. 380-381.
[3] Philippidès, p. 62 sq.

Pouqueville, avait institué des bourreaux spéciaux; « chaque jour ils égorgeaient devant sa tente une multitude d'hommes, de femmes et d'enfants »[1]. On entendit un des meurtriers « se vanter d'avoir exécuté 64 chrétiens en un seul jour. Ce monstre, ajoute Pouqueville, et ses pareils formaient un corps de six cents victimaires transportés d'un aussi horrible zèle; nous laissons à juger quel dut être le nombre de leurs assassinats »[2].

Le fils de Zaphirakis fut une des victimes : il fut assassiné sous les yeux de sa jeune femme qui, elle aussi, fut emmenée comme esclave. Voici ce qu'en dit la poésie populaire :

...Comme ils ont ruiné Naoussa, le pays célèbre!
Ils ont pris les jeunes mères avec leurs enfants, des belles-
[mères et leur brus,
ils ont pris aussi la jeune épouse de Zaphirakis, mariée depuis
qui a des anneaux aux pieds et les ongles teints. [trois jours,
Pour la tenir, il y a cinq pachas et dix voïvodes;
et un jeune pacha la prend par la main :
— Marche, jeune femme, passe et ne fais pas la fière.
Sont-ce tes vêtements qui te pèsent, tes *kamboukhalia*[3],
ou la ceinture d'argent qui vaut neuf mille piastres?
— Ce ne sont ni mes vêtements, ni mes kamboukhalia qui me
ni la ceinture d'or qui vaut neuf mille piastres. [pèsent,
Ce qui alourdit mes pas, ce sont les chagrins et le martyre de
Je l'ai vu égorger comme un bélier gras; [mon époux.
sa bouche était pleine de sang, sa poitrine de poison[4].

Ce n'est pas seulement dans Naoussa qu'on égorgeait les gens, qu'on les réduisait en esclavage, et qu'on portait partout le fer et le feu. Le district tout entier, si riche et habité par une population si dense, et même l'Olympe, eurent à souffrir. « Cent vingt villes, villages ou hameaux, raconte Zinkeisen, furent réduits en cendres; les chrétiens

---

[1] Pouqueville, III, p. 534.
[2] Pouqueville, III, p. 535. Cf. Zinkeisen, I, p. 468-469.
[3] Les *kamboukhalia* du texte sont de précieux tissus de soie et, d'une façon générale, des ornements de prix aux vives couleurs.
[4] Philippidès, p. 76.

qui eurent la vie sauve furent forcés de se cacher dans des endroits inaccessibles »[1]. Bon nombre de ces villages ont été, depuis lors, reconstruits, mais pour beaucoup la catastrophe fut si absolue et le meurtre des habitants si complet, que toute résurrection fut impossible. Aujourd'hui quelques rares vestiges montrent seuls qu'ils ont existé avant la révolution. Citons, par exemple, les bourgs de : Gymnovo, Méga-Rheuma, Périsiorion, Koutsouphliani, Lefkonéro, Skoutina, Sélias, Doliani, Xérolivado, Amaroussi, Dobras (patrie de Caratassos), Dikhalevri, Osliani (patrie de Caramitsos dont nous avons également parlé), Yannakovo, Episkopi, Arkoudokhori, Koutsokhori, Katranitsa, Phrangos, Ghrammatikovo, etc., etc. »[2].

Mais l'horreur de toutes ces sanglantes orgies fut dépassée par celle des supplices qu'Abdoul-Aboud fit subir aux Grecs à Salonique. Il y était entré triomphalement le 7 mai 1822; derrière lui, on portait des milliers de têtes de chrétiens, fixées à des piques; une foule de prisonniers de guerre suivaient : ils portaient des chaînes de fer. Parmi eux étaient les femmes des trois chefs de la révolution, Zaphirakis, Caratassos et Gatsos. Laissons la parole à Pouqueville, qui, à cette époque, était consul de France dans la capitale macédonienne. Voici ce qu'il écrit dans son histoire, sur ces crimes d'Abdoul-Aboud : « Le bey, qui n'avait pas réussi à saisir Zaphyris (Zaphirakis)[3], fut d'abord solennellement décapité au milieu de la cour de son palais. Il livra ensuite aux tortures les primats de Cara-Véria (Verria), dont trente-quatre seulement résistèrent aux épreuves du feu, de l'huile bouillante, et de l'eau dégouttante. Ces derniers, ayant obtenu à prix d'argent le rachat de leur vie, furent transportés sur des brancards à Cara-Véria, où ils obtinrent la faculté d'aller

---

[1] Zinkeisen, I, p. 468. Cf. Gervinus, I, p. 380 sq.
[2] Philippidès, p. 72.
[3] Voir supra, p. 355.

mourir de misère au milieu de leurs compatriotes. Les otages que les religieux du mont Athos lui avaient livrés périrent, à leur tour, sous le bâton, etc. Salonique n'était plus qu'un théâtre de tortures et de supplices » [1]. Mais il sembla, vers la fin des exécutions, qu'Abdoul-Aboud avait réservé les raffinements de sa cruauté pour tourmenter les femmes grecques qui avaient été prises pendant la durée de son expédition. Beaucoup d'entre elles furent enterrées nues jusqu'à la ceinture, et moururent soit sous les coups, soit brûlées par des torches enflammées qu'on leur promenait sur le corps [2]. D'autres subirent de plus atroces supplices. Laissons de nouveau parler Pouqueville : « J'ai longtemps hésité, dit-il, si je devais rapporter ces faits; mais la voix impérieuse de la vérité m'oblige de parler et j'en atteste la divinité, mon siècle et l'avenir, devant lesquels je suis responsable de mes récits, qu'il n'y a malheureusement rien que de trop véritable, quand je dirai que les malheureuses auxquelles on avait proposé de renier le Dieu rédempteur, furent mises à des épreuves telles, que je frissonne d'horreur en traçant ces lignes... Plusieurs d'entre elles furent renfermées nues jusqu'aux épaules dans des sacs artistement tissés, qu'on remplissait les uns de chats et les autres de rats, qu'on excitait pour les mordre, et qu'on laissait ensuite affamer, afin de les ronger lentement en se repaissant de leur chair palpitante. Ces moyens n'ayant pas obtenu le succès souhaité, qui était de forcer les chrétiennes à l'apostasie, on plongea dans un sac rempli de serpents l'épouse du capitaine Tassos (Caratassos), que ce chef des braves n'avait pu soustraire à la violence des Turcs. Abdoul-Aboud [3] se flattait que les reptiles, s'insinuant dans les entrailles de cette infortunée, la feraient

---

[1] Pouqueville, III, p. 536.
[2] Philippidès, p. 78 sq.
[3] Pouqueville écrit *Abdoulouboud*.

mourir dans d'horribles souffrances. Mais la morsure d'une multitude de vipères ayant répandu un venin subtil dans les veines de la martyre, une douce léthargie l'enleva à ses bourreaux, pour qui elle ne cessa de prier avec ferveur, en invoquant le nom du *Dieu des forts* et celui de la *Vierge couronnée*, jusqu'à son heure suprême. Ainsi mouraient les femmes et les filles chrétiennes, lorsqu'un supplice pareil à celui d'Ugolin fut connu de la population entière de Salonique qu'elle glaça d'épouvante. L'élève de Dgézar-pacha, Abdoul-Aboud, était destiné à surpasser en férocité celui qui fut son maître. On venait d'exhumer d'un souterrain six femmes condamnées à mourir de faim, qu'il y avait fait enfermer depuis douze jours. Toutes étaient vivantes, et on apprit de leur bouche qu'elles s'étaient nourries de charbon, qu'elles avaient découvert dans un coin de leur cachot. C'était un avis pour le pacha de respecter celles que la Providence semblait protéger... Fronçant le sourcil, le tyran ordonna de faire déchirer les martyres à coups de fouet, d'enlever le charbon qui leur avait servi d'aliment, de sceller de nouveau l'entrée du cloaque, et ce ne fut que le sixième jour après cette sentence que la dernière de ces victimes, âgée de plus de soixante ans, rendit son âme au Seigneur »[1].

Voilà quels furent les héroïques sacrifices des malheureux Grecs de Macédoine sur l'autel de la liberté, de la foi chrétienne et de la patrie hellénique. Ils constituent un monument splendide autant que douloureux de patriotisme et d'abnégation, vertus qui, ô patriotes bulgares, remplissent l'histoire de la nation grecque.

Et ces martyres n'étaient pas terminés encore. Zaphirakis échappa, comme nous avons vu, avec ce qui lui restait d'hommes, et avec les femmes et les enfants qu'il avait réussi à sauver; de Naoussa, il se réfugia à Saint-Nicolas, où trouvèrent aussi un asile Caratassos, Gatsos

---

[1] Pouqueville, III, p. 536-538.

et tous ceux qui avaient pu sauver leur vie. Malgré la tragédie de Naoussa et tant de malheurs, les trois chefs ne perdirent pas courage. Il fut décidé que Caratassos et Gatsos passeraient dans l'Olympe pour y continuer l'insurrection et que Zaphirakis choisirait un endroit convenable pour s'y opposer à toute attaque du nord.

En même temps on préparait un nouveau soulèvement à Siatista, Vlatsa, Klissoura, Seltsa, et en d'autres endroits encore. Mais déjà l'insurrection faisait rage dans la Grèce continentale et dans le Péloponèse; elle ébranlait fortement tout l'édifice turc. Le Gouvernement ottoman, épouvanté, rassemblait et envoyait en toute hâte de forts contingents contre les insurgés; c'est par la Macédoine, à cause de sa situation géographique, que ces troupes devaient passer. Tout nouveau soulèvement, toute résistance en Macédoine est donc, plus que jamais, un acte de folie. Zaphirakis essaya de s'opposer au torrent turc : il fut écrasé et succomba avec tous ses hommes. « Ils se défendirent vigoureusement, raconte Pouqueville, et cette poignée de Grecs, réduits au désespoir, s'étant fait tuer jusqu'au dernier, le sérasker ne recueillit que leurs têtes et leur drapeau, qui furent exposés pendant trois jours à la porte de son palais visiriel à Salonique »[1].

Diamandis Nicolaou se chargea alors de la protection des femmes et des enfants, et les conduisit dans un bois épais, plus bas que Mélia. Gervinus dit que « les mères étouffèrent leurs petits enfants pour que leurs cris ne révélassent pas leur retraite à ceux qui les poursuivaient »[2]. Malgré tout, les Turcs les découvrirent plus tard; on les conduisit comme des moutons à Naoussa; un sort affreux les y attendait. En même temps le Turc-Albanais Maxout, envoyé par Chourchid-pacha de Jannina à la tête d'un gros contingent, apparaissait devant Siatista, centre de la

---

[1] Pouqueville, III, p. 534. Cf. Zinkeisen, I, p. 468. Gervinus, I, p. 390. Philippidès, p. 69.
[2] Gervinus, I, p. 380.

nouvelle insurrection. La sagesse des habitants, qui avaient sous les yeux le tragique exemple de Naoussa, réussit à peine à sauver la Macédoine méridionale de la catastrophe [1].

Caratassos et Gatsos, et avec eux tous les Macédoniens, comprennent enfin qu'il n'y avait plus rien à faire dans leur patrie. Il suffisait qu'elle restât avec la gloire d'avoir sacrifié à la lutte ses plus florissantes provinces, et la satisfaction d'avoir détourné sur elle la rage du tyran pendant les deux premières années de la révolution grecque, ce qui permit aux régions plus éloignées de la Grèce de consolider leurs premiers succès. Sous l'empire de ces pensées, les deux chefs macédoniens accompagnés de ce qui leur restait d'hommes, huit cents environ, abandonnent leur chère Macédoine et vont au secours de leurs frères qui combattaient dans le reste de la Grèce [2]. Ils traversent la Thessalie, entrent en Épire, livrent bataille à Komboti, puis à Plaka, et arrivent à Missolonghi assiégé. Diamandis Nicolaou, Doumbiotis, Apostoloras, Mitros Liacopoulos, une foule d'autres chefs macédoniens ou de simples combattants, imitent leur exemple et se répandent un peu partout à travers la Grèce en armes. Pas de combat, pas de péripétie où les Macédoniens n'aient leur part. Péta, l'Eubée, Trikéra, Athènes, le Péloponèse sont arrosés de sang macédonien. Le vieux Caratassos remporte de brillantes victoires sur les Turcs à Halonèse, à Skiathos. En outre, le premier, il est vainqueur de l'armée égyptienne d'Ibrahim-pacha, à Skhinolacca de Messénie. Six cents Macédoniens tombent encore glorieusement lors de la destruction de Psara [3].

Mais enfin tant de luttes, tant de sacrifices, tant d'effroyables hécatombes excitent l'intérêt de l'Europe civilisée. Ses plus éminents intellectuels se dressent, les uns par leur plume, les autres par leur épée, en défenseurs des

---

[1] Cf. Philippidès, p. 68-69 et 82-83.
Cf. Gervinus, I, p. 380.
Cf. Philippidès, p. 70 et 85-86.

combattants hellènes. Et le berceau de ce mouvement fut la France, cette terre des nobles traditions, qui a toujours mené le bon combat pour le droit et la liberté. « La France, dit un historien allemand qui n'est autre que Gervinus, se mit à la tête d'un mouvement philhellénique qui, d'une manière vraiment exemplaire, était exempt de toute vue secondaire, égoïste, nationale, politique ou financière »[1]. Certes, et encore avant la grande insurrection de 1821, il y avait déjà un mouvement en faveur des Grecs, surtout en France, et nous avons eu déjà l'occasion de signaler le nom du comte de Choiseul-Gouffier[2]. Le premier des grands philhellènes fut Voltaire lui-même[3]. A plus d'une reprise le grand philosophe avait élevé la voix, lors de l'insurrection de 1770, en faveur de « ses pauvres Grecs ». Et il écrivait à Catherine II : « Ce n'est pas assez de faire une guerre heureuse contre ces barbares pour la terminer par une paix telle qu'elle; ce n'est pas assez de les humilier, il faudrait les reléguer pour jamais en Asie »[4]. La France officielle, elle-même, n'était pas inspirée de sentiments moins généreux. Quand, en 1781, une commission de Grecs avait fait appel à l'appui de Louis XVI pour secouer le joug turc, le roi de France, sensible aux souffrances « de ce berceau de la civilisation européenne », avait promis les secours demandés; mais l'orage qui grondait et qui annonçait 1789 avait détourné son attention de l'Orient[5]. Napoléon, l'auguste protecteur de la société qui se fonda à Paris pour préparer la révolution grecque[6], avait rêvé, à son tour, à la création

---

[1] Gervinus : *Histoire du XIXᵉ siècle* (trad. Mienssen), XIV, p. 15.

[2] Voir *supra*, p. 344.

[3] Cf. Sathas : *La Grèce sous le joug turc*, p. 612. J. Psichari : *Les Études de grec moderne en France au XIXᵉ siècle*, p. 4, n. 1.

[4] *Œuvres complètes de Voltaire*, Paris, éd. Garnier, *Correspondance* XV, 1882, p. 249. Voir aussi les lettres en date des 15 novembre 1768, 18 mai, 4 juillet, 20 juillet, 14 septembre 1770, etc.

[5] Cf. Sathas : *op. cit.*, p. 608, n. 1.

[6] Voir *supra*, p. 344.

d'une Grèce indépendante : « La Grèce attend son libérateur, disait-il à Sainte-Hélène. Et sa libération serait une belle couronne de gloire. Celui qui entreprendrait cette œuvre écrirait son nom pour toujours à côté de ceux d'Homère, de Platon, d'Épaminondas ! Je n'en ai peut-être pas été loin »[1]. Mais, comme du reste on le voit, tous les sentiments étaient inspirés par la pensée que — ainsi que le remarque Choiseul-Gouffier — « ces infortunés n'étaient pas seulement des hommes, c'était la postérité des Grecs »[2]. Il fallait la grande révolution de 1821 pour remuer, comme l'écrit Gaston Caminade, les sentiments « de pitié à l'égard d'un peuple opprimé par un fanatisme sanguinaire, d'admiration pour l'héroïsme de ces montagnards et de ces marins »[3].

Mais la révolution de 1821 ne se bornait pas à informer l'Europe que là-bas, à son extrémité sud-orientale, il existait un peuple héroïque qui luttait de toutes ses forces contre le plus barbare et le plus sanglant des jougs : ensemble avec l'écho des coups de feu du *klephte* arrivaient jusqu'à elle, pour la première fois, les sons de la lyre populaire grecque, qui, exaltée au milieu de la fumée révolutionnaire, révélait tout un monde de sentiments et de passions qu'on considérait depuis longtemps comme à jamais perdu. Et chacun pensait : Qui sait ? L'esprit hellénique n'est peut-être pas mort dans ce pays. « Au mois d'avril 1821, écrit Alfred Gilliéron, la Grèce sort de la nuit de l'oubli comme Pallas jaillit des nuages noirs, une épée dans une main, une lyre dans l'autre. Alors se déroule une épopée grandiose, qui a la Grèce entière pour théâtre et le peuple tout entier pour héros; cette épopée, écrite en traits flamboyants sur les rochers

---

[1] Le comte de Las Cases : *Mémorial de Sainte-Hélène*, Paris, éd. Garnier, 1840, I, p. 250. Voir aussi Driault : *La Question d'Orient*, p. 73.
[2] Choiseul-Gouffier : *Voyage pittoresque de la Grèce*, I, *Discours préliminaire*, p. v.
[3] Caminade : *Les Chants des Grecs et le philhellénisme de Wilhelm Müller*, p. 8.

et les mers de la Grèce par les épées des klephtes et les brûlots des croiseurs, a trouvé son Homère, Homère plus naïf encore et plus fidèle que ne le fut le chantre d'Achille ; cet Homère, c'est la muse populaire qui, après avoir pendant longtemps nourri dans l'âme de la nation le culte silencieux de la patrie absente, a enfin, au jour de la victoire, fidèlement posé sur la tête des héros la couronne des vainqueurs. On le voit aux preuves directes et positives que nous avons recueillies sur notre chemin, il serait facile d'ajouter des preuves morales tout aussi frappantes, que nous trouverions dans les hauts faits des héros des guerres d'indépendance et dans la mâle simplicité des chants qui les illustrent. Niebuhr avait raison de prophétiser au peuple grec un grand avenir, sur la simple lecture de ses chants nationaux : un peuple ne saurait avoir tant d'ardeur patriotique et tant de sensibilité poétique, une âme si profonde et une lyre si sonore, s'il n'était point réservé d'ores et déjà à de grandes destinées »[1].

Fauriel recueille et édite en une traduction française les *Chants populaires de la Grèce moderne*. La critique est enthousiaste. Dans le long *Discours préliminaire* dont il fit précéder sa traduction, il conclut qu' « il faut regarder la poésie grecque moderne, comme une tradition, comme une suite, comme un reste plus ou moins altéré de l'ancienne poésie grecque »[2]. Et pour employer les termes de M. René Canat, « Fauriel compulse Athénée et son catalogue des chansons de métiers, des complaintes funéraires, des romances appropriées aux danses populaires. Il relit Théocrite et « le chant des moissonneurs », les poèmes homériques et cette « chanson de l'hirondelle » entonnée par les enfants de Samos lorsqu'ils quêtaient de porte en porte pour la fête d'Apollon. Les chants funèbres ne remon-

---

[1] Alfred Gilliéron : *Grèce et Turquie*, préface, p. xiv-xv.
[2] Fauriel : I, *Discours préliminaire*, p. 97 sq.

tent-ils pas à la plus haute antiquité? Dans l'*Iliade*, la famille de Priam gémit sur le cadavre d'Hector. Chez Sophocle, Electre pleure sur l'urne qui contient les cendres de son frère. C'est aux origines de l'histoire que prirent naissance les chants des pâtres dans les montagnes, les romances des nourrices pour endormir les enfants, les cantilènes des matelots pour lever et baisser l'ancre »[1].

Et ce que Fauriel a fait en France, Goethe et, surtout, Wilhelm Müller, l'ont fait en Allemagne. Et ce dernier ne se borne pas à traduire; directement inspiré par les exploits des Grecs, il compose ses *Lieder der Griechen*[2]. Et il n'est pas le seul. A la tête des philhellènes d'Allemagne, nous voyons un roi, Louis Ier de Bavière.

Mais ce qui arrive en France est presque incroyable. La presse célèbre sans cesse les exploits des *pallicares* en des récits que tout le monde lit passionnément. Le *Constitutionnel*, le *Courrier Français*, le *Journal des Débats* prêtent leurs colonnes pour des articles philhellènes[3]. Une foule de brochures philhellènes circulent. La maison Firmin-Didot se charge de les éditer gratuitement. Les héros grecs et leurs faits d'armes sont immortalisés par un Victor Hugo, un Lamartine, un Casimir Delavigne, un Pierre Brun et un grand nombre d'autres poètes, moins connus, de l'école romantique et de l'école classique. Pichald fait représenter au Théâtre-Français sa tragédie *Léonidas*, où il ne cesse de faire allusion à la vaillance des Grecs modernes, ce qui lui vaut un succès éclatant; Talma y tient le premier rôle[4]. Népomucène Lemercier écrit une tragédie en cinq actes sous le titre : *Les martyrs de Souli ou l'Epire moderne*. Ary Scheffer expose sa toile *Les femmes souliotes*[5]. Delacroix devient célèbre avec son *Massacre*

---

[1] Canat : *La Renaissance de la Grèce antique*, p. 22.
[2] Voir Gaston Caminade : *Les Chants des Grecs et le philhellénisme de Wilhelm Müller*, Paris, Alcan, éd.; 1913.
[3] Cf. Isambert : *L'Indépendance grecque et l'Europe*, p. 220-221.
[4] Isambert, *ibid.*, p. 227.
[5] Musée du Louvre.

de Chio [1]. Les noms des héros grecs deviennent familiers à tout le monde. L'héroïne de Spetzai, Bouboulina, est surnommée « la seconde Jeanne d'Arc »; « sa bravoure, nous conte Iken, excita à Paris tant d'admiration que les élégantes de l'époque voulaient toutes s'habiller « à la Bobeline » (sic) [2]. Ainsi René Canat n'a pas tort en disant que « la Grèce moderne faisait concurrence à la Grèce antique et en effaçait la vision au lieu de la prolonger. Comment songer à l'époque homérique, à la lutte contre les Perses, à Léonidas et à Philopœmen quand on avait Souli, Parga, Chio, Missolonghi et les Canaris et les Botzaris? En 1824, la régénération de la Grèce est la question du jour. Il est entendu que son avenir offre plus d'intérêt que son passé » [3].

Mais le philhellénisme se manifeste aussi de façon bien plus pratique. Des comités de secours, des sociétés pour l'assistance des Grecs sont fondés à Paris. Le duc de la Rochefoucauld-Liancourt, le général Sebastiani, Guizot, Benjamin Constant, Chateaubriand, Casimir Périer, etc., en font partie [4]. « Rue du Gros-Chenet, raconte M. Gaston Deschamps, on expose une collection de tableaux au profit des Grecs. Au *Cosmorama* du Palais-Royal on montre également, à leur bénéfice, les principales vues de Grèce. Il n'y a pas de réunion mondaine qui ne se termine par une collecte. Des dames patronnesses allaient, de porte en porte, demander l'aumône pour l'Hellade en détresse, et personne ne résistait à ce casque de Bélisaire, présenté de si belles mains. Mme Récamier en personne faisait la quête » [5].

Ce mouvement gagne aussitôt les provinces. Des représentations théâtrales, des fêtes de bienfaisance, des expo-

---

[1] Musée du Louvre.
[2] Iken : *Hellenion*, Anhang, p. 237.
[3] Canat : *La Renaissance de la Grèce antique*, p. 11.
[4] Cf. Isambert, *op. cit.*, p. 222.
[5] Gaston Deschamps : *Le Philhellénisme* et le *Journal des Débats*, dans le *Livre de Centenaire* du *Journal des Débats*, p. 560.

sitions, des quêtes sont organisées en faveur des Grecs. M. Gaston Deschamps cite vingt-cinq villes françaises qui ont offert ainsi leur contribution matérielle au bénéfice des guerriers grecs. La tragédie de Pishald triomphe encore à Montargis. Et le *Journal des Débats* du 11 février 1827 contient cette information assez curieuse : « Cinq avocats de Tarbes, qui avaient été renvoyés devant la Cour royale de Pau pour avoir joué la comédie avec les actrices, au profit des Grecs, ont été acquittés par toutes les chambres réunies » [1].

Une société pour l'assistance des Grecs est aussi fondée à Genève, par les soins du banquier Eynard. Le philhellène suisse entreprend plusieurs voyages à Paris, à Londres, à Munich, à Rome pour obtenir l'autorisation d'émettre des emprunts en faveur de la Grèce insurgée [2]. En Grande-Bretagne, plusieurs banquiers et hommes d'affaires prêtent, à leur tour, aux insurgés leur concours financier [3]. Une multitude de petites associations se forment aussi sur les bords du Rhin ou dans l'Allemagne du Sud. Le célèbre philologue Thiersch, fondateur de l'Institut de Munich, ne se borne pas à publier une étude sur la poésie grecque, ou encore son ouvrage plus connu : *De l'état actuel de la Grèce et des moyens d'arriver à sa restauration* ; il apporte encore aux Hellènes des subsides importants recueillis dans toute la Bavière [4]. Chateaubriand avait raison lorsqu'il écrivait : « Des vœux et des offrandes leur arrivent jusque des rivages de l'Inde, jusque des fonds des déserts de l'Amérique : cette reconnaissance du genre humain met le sceau à la gloire de la Grèce » [5].

Ce n'est pas tout. Victor Hugo ne se contente pas de célébrer les *Klephtes* de Grèce et de chanter Canaris. Il ne

---

[1] Gaston Deschamps, *op. cit.*, p. 559-560.
[2] Cf. Isambert, *op. cit.*, p. 225.
[3] Cf. Isambert, *op. cit.*, p. 237.
[4] Voir Gaston Deschamps, *op. cit.*, p. 557.
[5] Chateaubriand : *Note sur la Grèce*.

se borne pas à écrire, à propos de la destruction de Chio, ce vers fameux :

> Les Turcs ont passé là : tout est ruine et deuil [1] !

Il invite encore les peuples à courir à la rescousse de la Grèce combattante :

> En Grèce ! En Grèce ! Adieu vous tous ; il faut partir !
> Qu'enfin, après le sang de ce peuple martyr,
> le sang vil des bourreaux ruisselle [2] !

Lord Byron fait plus encore. Il débarque en Grèce pour se sacrifier dans la lutte entreprise contre le tyran. Et les vers de Victor Hugo, l'exemple de Lord Byron ne restent pas sans résultat. Aux centaines des philhellènes qui se battent en Grèce, de nouveaux héros s'ajoutent en masse tous les jours, venus de tous les pays du monde. Fabvier, Roche, Hastings, Gordon, Finlay, Lord Cochrane, Sir Richard Church, Heydeck, Normann, le comte de Santa-Roza, voici les noms de quelques-uns des héros étrangers venus verser leur noble sang pour la liberté de la Grèce.

Mais, se sentant battu, le tyran appelle à son secours l'Égypte. Ibrahim-pacha débarque en Grèce. Missolonghi, qui, cruellement assiégé, tenait haletante, par son héroïque défense, l'Europe entière, tombe. Et la diplomatie demeure encore indifférente, distraite, hostile peut-être. Comme le précise M. Gaston Deschamps [3], « on se demandait encore si le philhellénisme était bien conforme aux pures doctrines de la Sainte-Alliance. Les Grecs n'étaient-ils pas en révolte contre leur souverain légitime ? Un homme d'ordre pouvait-il être philhellène ? » Béranger flétrit dans ses vers la diplomatie et les gouvernements. La Grèce est abandonnée :

> Les rois chrétiens ne la vengeront pas [4] !....

---

[1] Victor Hugo : *Les Orientales. L'enfant.*
[2] Victor Hugo : *Les Orientales. Enthousiasme.*
[3] *Op. cit.*, p. 557.
[4] Béranger : *Psara ou chant de victoire des Ottomans.*

Malte-Brun écrit un *Traité de légitimité, considérée comme base du droit public de l'Europe chrétienne;* il conclut : « Écoutez, rois chrétiens, écoutez la Grèce, cette mère de vos institutions et de vos lois, cette seconde mère de la sainte religion à laquelle vos croyances se rattachent; vous la voyez meurtrie de coups, couverte de sang et traînant encore les débris de ses chaînes, mais vous la voyez aussi animée d'un courage céleste, rayonnante de la foi des martyrs, et levant sur de nouvelles Thermopyles cette croix qui fait pâlir les enfers ». Chateaubriand écrit sa *Note sur la Grèce :* « La Grèce, disait-il, sort héroïquement de ses cendres : pour assurer son triomphe, elle n'a besoin que d'un regard de bienveillance des princes chrétiens. On n'accusera plus son courage, comme on se plaît encore à calomnier sa bonne foi. Qu'on lise dans le récit de quelques soldats français qui se connaissent en valeur, qu'on lise le récit de ces combats dans lesquels ils ont eux-mêmes versé leur sang, et l'on reconnaîtra que les hommes qui habitent la Grèce sont dignes de fouler cette terre illustre. Les Canaris, les Miaoulis auraient été reconnus pour véritables Grecs à Mycale et à Salamine. La France, qui a laissé tant de grands souvenirs en Orient, qui vit ses soldats régner en Égypte, à Jérusalem, à Constantinople, à Athènes : la France, fille aînée de la Grèce par le courage, le génie et les arts, contemplerait avec joie la liberté de ce noble et malheureux pays, et se croiserait pieusement pour elle. Si la philanthropie élève la voix en faveur de l'humanité, si le monde savant, comme le monde politique, aspire à voir renaître la mère des sciences et des lois, la religion demande aussi ses autels dans la cité où saint Paul prêcha le Dieu inconnu. Quel honneur pour la Restauration d'attacher son époque à celle de l'affranchissement de la patrie de tant de grands hommes ! Qu'il serait beau de voir les fils de saint Louis, à peine rétablis sur leur trône, devenir à la fois les libérateurs des rois et des peuples opprimés ! »

L'exemple du Lord Erskine, attaquant la politique de Castlereagh et de Strangford, ne reste pas sans imitateurs en France. A la Chambre des Députés, le 5 mars 1826, le général Sebastiani et Benjamin Constant reprochent vivement au ministère son affectation de neutralité. Mais, comme le remarque M. Gaston Deschamps, « le meilleur argument en faveur des Grecs devait être fourni par les Turcs eux-mêmes. A force d'empaler, de crucifier, de brûler leurs prisonniers à petit feu, de clouer des têtes au mur du Sérail, de dévaster les villages et de profaner les églises, ils découragèrent les indulgents les plus tenaces et firent disparaître les dernières préventions contre leurs ennemis »[1].

Le 20 octobre 1827, les escadres anglaise, française et russe se trouvaient en face de la flotte ottomane, en rade de Navarin. « Les canons partirent tout seuls ». Le soir de cette journée mémorable le Sultan n'avait plus de vaisseaux. Les soldats français du général Maison nettoyaient quelques mois après le Péloponèse des Égyptiens d'Ibrahim-pacha. De longues et laborieuses négociations diplomatiques s'ensuivirent : il en est sorti un État grec indépendant mais très réduit. La Macédoine, aussi bien que la Thessalie, l'Épire et tant d'autres contrées grecques et la plupart des îles n'en faisaient pas partie. Malgré l'histoire, malgré le caractère grec de ces pays, malgré les luttes qu'elles avaient soutenues pour reconquérir leur indépendance, ces provinces continuèrent à gémir sous le joug des sultans. La diplomatie européenne a décidé, sous la pression de l'opinion publique, de réaliser la libération de la Grèce, mais elle n'a voulu en faire que le premier pas.

Après une si grande déception, la Macédoine, de même que tous les autres territoires irrédimés de l'hellénisme, n'avait plus le droit d'espérer en une rapide restauration nationale. Elle est nourrie par les vaines promesses

---

[1] Gaston Deschamps, *op. cit.*, p. 558-559.

de la Porte sur l'amélioration du sort des populations chrétiennes et attend du jeune royaume de Grèce la réalisation de ses espérances. Cependant, ses anciennes et héroïques traditions ne sont point oubliées. Le vieux Caratassos meurt le 31 janvier 1830 à Naupacte, en conjurant son fils de lutter sans répit pour la libération de la Macédoine et des autres terres grecques esclaves. Et ce dernier, Démétrius Caratassos, qu'on surnommait *Tsamis* pour sa haute et majestueuse allure, deviendra un héros digne de son père.

L'île de Crète lui offre la première occasion de remplir le mandat qu'il en a reçu. A la tête d'un corps d'élite composé de Macédoniens, il débarque en 1841 dans l'héroïque île hellénique qui lutte pour briser ses chaînes. Ses exploits sont tels que le roi Othon en fait son aide de camp. En 1854, un nouveau mouvement révolutionnaire éclate en Macédoine, à l'occasion de la guerre de Crimée. Tsamis est nommé général en chef. Il inflige aux troupes turques trois défaites successives, en Chalcidique. Mais les puissances occidentales sont, cette fois, les alliées des Turcs. Leur flotte fait couler le navire qui transportait de Grèce des munitions aux révolutionnaires macédoniens. On n'hésite même pas à bloquer la Grèce, à saisir les navires helléniques et à occuper le Pirée. Encore une grande désillusion de réservée au patriotisme des Hellènes [1].

Cependant Tsamis ne désespère pas de sauver sa malheureuse patrie. Il entreprend, en 1859-1861, une longue tournée en Europe. Il commence par parcourir l'Italie qui luttait, elle aussi, pour son unité nationale; il se rend ensuite en France, en Angleterre, en Russie : obsédé par l'exemple italien, il rêve à un sort semblable pour son pays. Mais ses démarches n'ont pas de succès; il vient en Valachie, au Monténégro, en Serbie : il s'entend avec les princes souverains de ces trois pays, en vue d'une action commune

---

[1] Voir W. Miller : *The Ottoman Empire*, p. 221.

ayant pour but de chasser les Turcs d'Europe. Mais la destinée ne voulait pas qu'il menât à terme sa mission. Il tomba malade et mourut le 20 octobre 1861 à Belgrade. Les Serbes l'enterrèrent avec des honneurs exceptionnels.

Les Macédoniens se soulèvent encore une fois en 1878, à la nouvelle que la Russie, par son traité de San Stefano, cherchait à incorporer leur pays, contrairement à toutes les règles du droit et de la morale, à la principauté bulgare projetée. Leurs appels de détresse ne furent pas vains. Le traité de Berlin épargna la Macédoine d'un nouvel asservissement. Mais les Bulgares n'en pénétrèrent pas moins dans le pays pour exercer un régime de terreur. Aux bachibouzoucks du Sultan s'ajoutèrent les comitadjis de Ferdinand, ces agents stipendiés d'une propagande effrénée qui, désespérant de pouvoir jamais altérer par la création d'écoles et d'églises le caractère ethnique de la Macédoine, décida d'obtenir ce but par le fer et par le feu. Nous verrons dans la partie ethnologique du présent ouvrage comment la Macédoine hellénique affronta ce nouvel ennemi. Ici, bornons-nous à souligner encore une fois qu'en dehors de ces tristes héros de la propagande bulgare, qui dirigeaient leurs armes non pas contre le barbare oppresseur mais contre leurs frères chrétiens opprimés, on ne voit aucun nom bulgare associé sous n'importe quelle forme à la lutte nationale de Macédoine.

Nous n'avions certes pas la prétention de trouver des héros bulgares dans un pays où des Bulgares n'existaient pas. La nation bulgare, qui a inondé ces dernières années l'Europe entière d'hymnes célébrant ses vertus militaires, n'en pouvait pas moins participer à une lutte libératrice, au cours de laquelle et à plus d'une reprise l'Empire ottoman a été conduit au bord de l'abîme.

> Bulgares, Serbes, Albanais, Grecs,
> insulaires ou du continent, du même élan
> ceignons tous l'épée pour la liberté !

A ces sons émouvants du chant guerrier de Rhigas [1] seuls les Bulgares demeurèrent insensibles, maintenant leur attitude passive face au tyran. Ils restent encore sourds aux appels des agents de l'Hétairie, dont les écrivains bulgares avouent malhabilement la propagande en Bulgarie [2]. Ils restent indifférents aussi bien aux succès qu'aux malheurs de leurs frères en esclavage.

Cette attitude observée par les Bulgares, à l'heure où l'Orient entier était secoué par l'impétueuse action révolutionnaire des autres peuples chrétiens aspirant à leur liberté, ne milite certes pas en faveur des prétentions des patriotes de Sophia qui revendiquent pour leur pays l'héritage balkanique de l'Islam. Qu'à cela ne tienne! S'ils n'ont pas de héros nationaux à montrer, ils s'approprieront facilement ceux des autres. Ils appliqueront à deux héros de la révolution grecque, à Marco Botzaris et à Hatzi-Christo [3], la même méthode de bulgarisation qu'ils ont appliquée à Marco Kraljevitch [4]. Sans doute, deux ou trois héros, ou même une poignée de combattants bulgares [5], — desquels, soit dit en passant, pas un seul ne s'est battu en Macédoine, — ne rehaussent pas le prestige de la Bulgarie. Et si nous nous donnons la peine de réfuter la prétention sur l'origine bulgare de ces héros, nous ne le faisons pas tant pour mettre en relief la veulerie nationale que témoignèrent les Bulgares, même aux circonstances les plus

---

[1] Voir Fauriel : *Chants populaires de la Grèce moderne*, II, p. 25.

[2] Voir par exemple D. Micheff : *La Serbie et la Bulgarie devant l'opinion publique*, Berne, Paul Haupt, 1918.

[3] Ces deux noms, auxquels on pourrait en ajouter un troisième, celui moins connu de Hatzi-Stettcho, sont les seuls que nous ayons pu recueillir dans l'abondante bibliographie de la propagande bulgare. On ne trouve pas autre chose, parmi les élucubrations et fanfaronnades sur la prétendue participation des Bulgares aux luttes libératrices des chrétiens des Balkans. Voir Ruland : *Geschichte der Bulgaren*, p. 60; A. Schopoff : *L'Union balkanique* (en russe), p. 11 sq.; A. Ischirkoff : *Le nom de Bulgare*, p. 60, et *La Macédoine et la constitution de l'Exarchat bulgare*, p. 7, n. 2; Iv. Mintchew : *Serbien und die bulgarische nationale Bewegung*, p. 7, et *La Serbie et le mouvement national bulgare*, p. 7; D. Micheff : *La Serbie et la Bulgarie devant l'opinion publique*, p. 69-70; etc.

[4] Voir *supra*, p. 251-253.

[5] Voir *infra*, p. 376, n. 2.

favorables à leur soulèvement, que pour démontrer une fois de plus les méthodes employées par les patriotes de Sophia pour berner le public simpliste.

En ce qui concerne Marco Botzaris, il est suffisamment connu que ce héros, dont une rue parisienne porte le nom, était originaire de Souli (Épire). Or, Souli n'a jamais eu aucun rapport avec les Bulgares. Il est vrai que Cyprien Robert, le premier des écrivains chaleureusement bulgarophiles, écrit qu' « un de ces Slaves, Botchar, né à Vodéna, émigré au mont Soulion, est devenu célèbre dans toute l'Europe sous le nom grec de Botzaris »[1]. Cependant, non seulement cet étrange renseignement de Cyprien Robert ne peut rien contre la généalogie connue de Marco Botzaris, mais encore est-il à remarquer que l'écrivain bulgarophile ne parle pas du héros grec comme d'un Bulgare, mais comme d'un Slave et même Macédonien, — et cela nous suffit. D'ailleurs, M. Ischirkoff lui-même, qui dit, dans un de ses livres, que « Botzaris et tant d'autres *Bulgares* ont combattu pour la croix »[2], s'explique dans un autre de ses ouvrages, en écrivant : « Beaucoup d'auteurs considèrent Marco Botzaris (Botchar), le héros le plus célèbre de l'insurrection grecque, comme un Bulgare de Vodéna, *mais nous n'en possédons pas des preuves sûres* »[3]. Cet aveu du professeur bulgare suffit amplement, selon nous, à prouver que le héros grec n'était pas d'origine bulgare.

« Par contre, ajoute le même professeur de l'Université de Sophia, on sait positivement que Hatzi-Christo, commandant de la cavalerie bulgare[4], pendant l'insurrection grecque, était un Bulgare natif »[5]. Et Mintcheff va jusqu'à préciser que Hatzi-Christo était originaire de Stara-Za-

---

[1] Cyprien Robert : *Les Slaves de la Turquie*, p. 302. Cf. Iv. Mintchew : *La Serbie et le mouvement national bulgare*, p. 7, n. 2, et Micheff : *La Serbie et la Bulgarie devant l'opinion publique*, p. 69, n. 2.
[2] Ischirkoff : *Le nom de Bulgare*, p. 60.
[3] Ischirkoff : *La Macédoine et la constitution de l'Exarchat*, p. 7, n. 2.
[4] Voir *infra*, p. 376, n. 2.
[5] Ischirkoff, *op. cit.*, p. 7, n. 2.

gora [1]. Cette thèse bulgare s'appuie sur quelques chansons populaires grecques qui appellent Hatzi-Christo Bulgare, parce que parlant une langue slave, et sur quelques renseignements de l'historien roumain Aricesco. Ce dernier écrit que, lorsque Alexandre Ypsilanti proclama en 1821 la révolution grecque, Hatzi-Christo se présenta à lui et lui déclara que la Bulgarie était prête à se révolter [2]. Il existe pourtant un témoin plus autorisé que cet historien roumain : c'est P. G. Sporidès qui fut, pendant de longues années, l'officier d'ordonnance de Hatzi-Christo et écrivit plus tard sa biographie, d'après ce que son chef lui-même lui avait dit et d'après les documents de la famille. Ce livre de Sporidès nous apprend que « Hatzi-Christo est né à Belgrade, capitale de la principauté serbe, en 1783, de parents chrétiens orthodoxes d'origine serbe : Pierre Dankovitch (selon d'autres, Lobanovitch) et sa femme Anne » [3]. La prétendue entrevue d'Alexandre Ypsilanti et de Hatzi-Christo est non moins inadmissible. En effet, la biographie de ce dernier nous apprend qu'ayant pris part à la révolution serbe, au cours de laquelle son père et son frère ont trouvé la mort, il fut poursuivi par les Turcs et contraint à quitter la Serbie, bien avant que la révolution grecque éclatât, et à se rendre en Égypte. Son tempérament militaire et les nécessités de son entretien l'obligèrent d'accepter un poste d'officier dans l'armée égyptienne : c'est à ce titre qu'il vint au Péloponèse en 1824, avec Ibrahim-pacha. Aussitôt trouvé face aux Grecs, au siège de Tripolitza, il déserta dans leurs rangs, ne voulant pas combattre contre des

---

[1] Mintchew : *Serbien und die bulgarische nationale Bewegung*, p. 7, et *La Serbie et le mouvement national bulgare*, p. 7.

[2] Aricesco : *Histoire de la Révolution roumaine de 1821* (en roumain), I, p. 155 sq. Cf. N. Jorga : *Histoire des États balkaniques à l'époque moderne*, p. 200-201, et Ruland : *Geschichte der Bulgaren*, p. 60.

[3] Sporidès : *La vie de Hatzi-Christo* (en grec), Athènes, 1855, p. 8. Nous savons personnellement que la famille de Hatzi-Christo était grecque de Macédoine; fuyant les Turcs, elle s'établit en Hongrie et, ensuite, pour des raisons commerciales, à Belgrade, où elle fut serbisée. Mais ce qui nous intéresse ici c'est que Hatzi-Christo n'était point Bulgare.

chrétiens [1]. Tous ces détails sont confirmés par tous les historiens qui ont traité ce sujet et récemment encore par M. Const. Rados, qui écrit : « Le commandant de la cavalerie Hatzi-Christo est appelé à tort Bu'gare. Hatzi Christo Lobanovitch, qui devint plus tard général et aide de camp du roi Othon, était un Serbe, né à Belgrade. Étant officier de la cavalerie turque (= égyptienne), il déserta dans les rangs des Grecs pendant le siège de Tripolitza » [2].

Nous avons jusqu'ici réduit notre étude à l'examen du sentiment national de la Macédoine, pendant les siècles de la domination turque, tel qu'il s'est manifesté par les armes. Mais parallèlement à l'action militaire poursuivie pour la réalisation de leur idéal national, les Macédoniens cultivaient aussi les arts et les lettres. Il est inutile de prouver par des témoignages ce fait bien connu et évident, à savoir que l'art macédonien était, aux temps de la domination turque, de même que précédemment, un art purement grec. Salonique et le mont Athos constituent deux centres sans lesquels on ne saurait concevoir l'évolution de l'art byzantin et le style néo grec. Et la Macédoine, examinée en tant que foyer de lumière et de culture, conserve, à tra-

---

[1] Cf. Sporidès, op. cit., p. 9 sq. L'auteur ajoute plus loin le détail caractéristique suivant : En 1833, écrit-il, « le prince de Serbie Miloch Obrénovitch envoya à Hatzi-Christo et à sa femme de magnifiques cadeaux accompagnés d'une longue lettre, où il exprimait sa satisfaction que la Serbie eût témoigné, par Hatzi-Christo, à la noble Grèce les sentiments qu'elle lui doit, et où il le chargeait d'offrir à Sa Majesté ses respectueux hommages, l'assurance de ses sentiments généreux pour la grandeur de son trône et son immense désir de voir la Grèce devenir la voisine de la Serbie ». Sporidès, op. cit., p. 48, n. 2.

[2] Const. Rados : *Documents et lettres de Georges N. Voïnasco, officier d'ordonnance de D. Ypsilanti, général en chef des troupes de la Grèce orientale*, dans le *Bulletin de la Société historique et ethnologique de Grèce*, t. VII, 1916, p. 285, n. 1. L'historien grec ajoute plus loin que quelques cavaliers bulgares qui capturés à Tripolitza, exprimèrent le désir de servir la Grèce, combattirent sous les ordres de Hatzi-Christo. Si c'étaient effectivement des Bulgares, c'est là, en ce cas, l'unique contribution apportée par la Bulgarie à la lutte dirigée contre le régime turc. Nous soupçonnons toutefois qu'il s'agit de Slaves macédoniens que la muse populaire qualifia de Bulgares à cause de l'idiome slave qu'ils parlaient. (Cf. C. Gounaris : *Échos de Macédoine* dans l'*Annuaire Macédonien*, 1909, p. 75). Ces mêmes considérations expliquent la réserve avec laquelle nous accueillons la prétendue origine bulgare de Hatzi-Stotfcho (Voir p. 373, n. 3), de même que de ce traître bulgare qui déserta pendant le siège de Missolonghi dans les rangs d'Ibrahim et avertit ce dernier de la sortie imminente des habitants de la ville héroïque. (Voir W. Miller : *The Ottoman Empire*, p. 92.)

vers les siècles de la domination turque, ses anciennes traditions byzantines, ajoutant de nombreux nouveaux noms à la pléiade de ses intellectuels du moyen âge [1]. Et ces noms nouveaux sont, encore une fois, tous, sans exception, des noms grecs. Qu'il nous soit permis d'en rappeler quelques-uns, pour compléter le tableau si lumineux et si grec que nous présente la Macédoine, pendant la période, d'ailleurs si sombre, de l'oppression turque.

Théodore Ghazis et Andronic Callistos, dont nous avons parlé plus haut [2], sont deux Saloniciens érudits, qui se sont distingués lors de la conquête turque. Fuyant le barbare conquérant, ils se réfugièrent tous les deux en Italie où ils enseignèrent la littérature grecque, le premier à Ferrare, le second dans diverses villes italiennes. Andronic Callistos a même professé plus tard à l'Université de Paris et peut être regardé comme l'initiateur de l'étude systématique des lettres grecques en France. Au même siècle, se sont encore distingués deux autres maîtres, Joseph le Salonicien et Mathieu Kamariotis, lui aussi originaire de Salonique; ce dernier a professé la philosophie et écrit de multiples ouvrages. Jean Anagnostis était, enfin, lui aussi, natif de Salonique et c'est à lui que nous devons le récit de la prise de Salonique par les Turcs en 1430.

Au XVIe siècle la capitale macédonienne fut illustrée par Démétrius Stouditis, un prélat érudit qui a écrit de nombreux et variés ouvrages; par Démétrius le Salonicien, qui voyagea longtemps en Allemagne et eut des rapports étroits avec le célèbre théologien Mélanchthon; par Théophane le Salonicien, qui fut le maître de Michel Mavroudis le Martyr; et par Joseph le Salonicien. Un autre intellectuel macédonien, Théonas, occupa à la même époque le poste éminent de métropolite de Salonique et fut, après sa mort, canonisé par l'Église.

---

[1] Voir *supra*, p. 275 sq.
[2] Voir *supra*, p. 326.

Au XVIIᵉ siècle, Verria nous donna Métrophane Critopoulos, qui, s'étant rendu en Angleterre, fut nommé membre de l'Académie d'Altford. Il enseigna également la littérature grecque à Venise et occupa, plus tard, le trône patriarcal d'Alexandrie. Profond connaisseur de la littérature grecque et latine, il y fonda une riche bibliothèque et écrivit de nombreux livres. C'est à Verria qu'est né également Jean Couttounios, que nous avons déjà mentionné [1], ce médecin philosophe qui professa les lettres grecques à Rome et la philosophie à l'Université de Bologne. Invité ensuite par la République de Venise, il fut le premier à être nommé professeur de philosophie à l'Université de Padoue et fut honoré, pour son brillant enseignement, du titre de chevalier de Saint-Georges. Le patriote macédonien légua sa fortune, avant sa mort, pour l'institution d'une annexe à l'université de Padoue, afin que les jeunes Grecs de Macédoine et des autres pays y fussent entretenus et instruits. Cette fondation, qui fut appelée le *Musée grec couttounien*, fut dissoute lorsque la République de Venise fut supprimée par Napoléon, mais le legs fut repris par l'université de Padoue et est affecté, jusqu'à nos jours, conformément à la volonté du testateur, à des bourses en faveur d'étudiants hellènes. Couttounios nous légua également de nombreux ouvrages philosophiques et théologiques [2]. Nous devons encore citer Romanos Nicéphore, de Salonique, qui, venu en France, a écrit une grammaire du grec ancien et moderne; le moine Neophytos et Georges Contaris, de Servia; ce dernier édita, en grec, à Venise, en 1676, une *Histoire d'Athènes*.

Au XVIIIᵉ siècle, nombreux sont les érudits grecs qui ont vu le jour à Siatista, tel Michel Papageorgiou, qui, après avoir fait ses études à Jannina et après avoir été instituteur à Méléniko, se rendit à Vienne, où il fut nommé pro-

---

[1] Voir *supra*, p. 341-342.
[2] Voir *supra*, p. 342.

-fesseur au collège de Sainte-Barbe, et enseigna plus tard à Pest; Michel Papageorgiou fut un esprit des plus cultivés, et aussi un excellent orateur, poète et philosophe, et laissa un grand nombre d'ouvrages; Georges Zaveiras, qui est l'auteur de plusieurs livres, notamment de celui intitulé *Nouvelle Grèce*, ouvrage occupant une place éminente dans la littérature néo-grecque, et qui légua une importante bibliothèque à la communauté gréco-macédonienne de Pest; son frère, Constantin Zaveiras; Démétrius Caracassis, médecin et poète, qui laissa un grand nombre d'ouvrages de médecine et d'hymnes panégyriques; Nerantzios Matrapezopoulos, qui traduisit en grec le Coran; Georges Roussis; les trois frères Argyriadès; les frères Pouliou, fondateurs du premier journal grec à Vienne [1], etc. Castoria, d'autre part, a produit, pendant ce siècle, de nombreux savants et hommes de lettres, tels l'éloquent prédicateur Sévastos Léontiadès; le médecin Thomas Mandacassis, docteur de l'université de Leipzig, qui laissa quelques ouvrages et poésies; Jean Théologétos, auteur d'un « poème moralisateur » publié à Venise en 1773, et de quelques études commerciales; Constantin Michel, médecin philosophe, auteur d'un traité sur l'*Arbitrage* et d'une *Histoire de la médecine*, ouvrages parus à Vienne, en 1785 et 1794; le précité Jean Emmanuel [2], etc. Se distinguèrent en outre, au même siècle, Bessarion, originaire de Rapsani, qui combattit l'hérésie des « collyvistes » aussi bien par la parole que par son ouvrage *Des Messes des morts*; le poète Stamatios Bekellidès et Anastase Perdikaris, tous les deux originaires de Verria; Georges Skarlatos, de Ressina (près de Verria), qui traduisit en grec moderne plusieurs œuvres latines et italiennes. A Naoussa sont nés : Anastase Michel, qui se rendit en Allemagne où sa brillante culture et ses multiples ouvrages lui valurent

---

[1] Voir *supra*, p. 343.
[2] Voir *supra*, p. 343.

d'être élu membre de l'Académie de Berlin; Cambitis Papafrangou, qui écrivit une messe de saint Théophane, des épigrammes et diverses autres œuvres; le moine Théophane, Polycarpe Papadimitriou; etc. A Cozani sont nés Georges Sakellarios et sa femme, l'érudite Méto; Georges Rossiadès, qui fut professeur de littérature grecque à Vienne; Harissios Megdanos, qui enseigna les lettres grecques à Pest et auquel nous devons, parmi d'autres ouvrages le *Panthéon hellénique*, paru à Pest en 1812, la *Lanterne de Diogène* (Vienne, 1818), *De la poétique* (Vienne, 1819). Sont nés à Salonique : le prélat qui devint plus tard le patriarche œcuménique Philothéos, le moine Grégoire et Assanos Lascaris, tous les trois savants et lettrés éminents. Sont nés, à Klissoura : les frères Démétrius et Pierre Darvaris, qui écrivirent plusieurs livres d'utilité publique; à Méléniko : le médecin philosophe Manassis Héliadès, qui fit ses études en Italie et en Allemagne, et professa à l'Académie de Bucarest; à Cavalla : l'excellent grammairien du XVIIIe siècle Théodore Anastassiou, auteur d'une grammaire grecque et de divers dictionnaires; à Blatsa : Constantin Bellios; à Stagire : Athanase le Stagirite, savant écrivain et professeur de grec à l'Académie viennoise des langues modernes.

Au début du XIXe siècle se distinguèrent également dans les lettres : Grégoire Zalykis, déjà mentionné [1], qui, originaire de Salonique, étudia longuement les manuscrits grecs et composa divers ouvrages historiques et linguistiques, un dictionnaire français-grec et aussi des poésies; Athanase Christopoulos, de Castoria, un des plus gracieux et des plus célèbres poètes néo-grecs, qui fut surnommé l'Anacréon moderne et qui, outre ses poésies, composa un remarquable ouvrage sur l'art poétique, un *Traité de versification de la langue courante*, enfin un drame très admiré : *Achille*. Grammairien excellent en même temps que poète, il com-

---

[1] Voir *supra*, p. 344.

posa une grammaire, un essai sur la prononciation du grec chez les anciens, où il réfute les théories d'Érasme, et un dictionnaire, qu'il a laissé inachevé. Il écrivit en outre une archéologie hellénique et divers ouvrages politiques.

Il faut également mentionner le savant macédonien Marco Dragoumis, qui, né à Bogatziko, travailla notamment à Constantinople et fut l'auteur de plusieurs ouvrages; sa bibliothèque ainsi que son autre fortune ayant été confisquées en 1821 par les autorités turques, il ne nous reste que trois de ses œuvres : un *Précis de théologie dogmatique*, un *Recueil de mots et de phrases d'écrivains célèbres*, et une *Exégèse de divers mots notamment de synonymes*. Marco Dragoumis représenta en 1822 la Macédoine à l'Assemblée nationale tenue par les insurgés grecs à Trézène. D'autres intellectuels macédoniens se distinguèrent également au début du xixe siècle, tels Georges Lassanis, originaire de Cozani, qui enseigna à Odessa et fut un des membres distingués de l'Hétairie et le fondateur d'un concours dramatique patronné par l'université d'Athènes; Minas Michaïdès qui, né à Serrès, a passé presque toute sa vie à Paris où il se distingua en éditant plusieurs textes inédits; Joachim, métropolite de Sophia, et ensuite de Jannina, et Anastase Polyzoïdès, tous les deux originaires de Méléniko. D'autre part, plusieurs intellectuels macédoniens s'établirent en Grèce, après sa libération, et enseignèrent les lettres et les sciences, tels les professeurs à l'université d'Athènes Michel Potlis, devenu aussi ministre, Damianos Georgiou, Paul Ioannou, Georges Vouros, Athanase Roussopoulos, Anastase Christomanos, originaire de Névrokopi, Jean Pantazidès, de Croussovo, Théodore Manoussis, de Siatista, qui légua aussi une somme considérable à l'université d'Athènes pour encourager les études des étudiants macédoniens et autres, etc., etc.

Nous n'avons pas compris dans cette liste, d'ailleurs incomplète, des intellectuels macédoniens du temps de la domination turque, les nombreux savants et lettrés que nous devons à Moschopolis, car si ce centre intellectuel, commercial et industriel appartenait administrativement au vilayet « macédonien » de Monastir, il n'en reste pas moins attaché au point de vue historique et géographique à l'Épire du Nord [1].

D'autre part, nous considérons inutile de nous attarder à l'étude de la précieuse contribution apportée aux lettres et aux arts en Grèce par le travail effectué dans les différents monastères de Macédoine, qui respectaient ainsi une tradition datant des temps byzantins. Nous ferons seulement remarquer que ces monastères, et notamment ceux du mont Athos, servirent aux manuscrits grecs de précieux coffres-forts et furent de véritables pépinières de culture, illustrées par toute une légion de copistes. D'ailleurs, nombreux furent aussi les écrivains qui s'y réfugièrent pour s'éloigner du monde et dont les plus connus sont Néophytos et Raphael Cavsokalyvitis, Bartholomé Coutloumoussianos et Nicodème Haghioreitis, qui fut à juste titre surnommé le « Bénédictin du mont Athos » pour sa puissance de travail et son érudition. D'autres monastères macédoniens servirent également de centres importants à la culture hellénique : notamment le monastère de Prodromos (près de Serrès), où se trouve aussi le tombeau de Gennadius Scholarius, le premier patriarche après la prise de Constantinople par les Turcs [2]; le monastère de Vlattées, à Salonique; le monastère Kossinitza; l'ancien monastère Rossno, etc. Et il en est jusqu'à des églises, telle la cathédrale de Cozani,

---

[1] Rappelons toutefois que cette cité épirote, que les Albanais convoitent aujourd'hui, fut un des centres intellectuels les plus rayonnants de l'hellénisme pendant les siècles de la domination turque, non seulement grâce à l'activité littéraire de plusieurs écrivains (Ambroise Pembéris, Démétrius Procopiou, Constantin Tzechanis, Nectarios Terpos, Athanase Stirias, Constantin Moschopolitis, Georges Papasimos, etc., etc.), mais aussi grâce à l'imprimerie hellénique fondée au XVIIe siècle dans cette cité et qui fut pendant longtemps la seule imprimerie grecque. Étaient également originaires de Moschopolis plusieurs généreux donateurs de la nation grecque, notamment le baron Sinas, qui vécut à Vienne et à la magnificence duquel nous devons deux splendides bâtiments d'Athènes, l'Observatoire et l'Académie.

[2] Voir *supra*, p. 288.

où des recueils de manuscrits sont jusqu'à nos jours conservés, pour témoigner encore une fois de l'intensité avec laquelle la culture grecque était entretenue et développée en Macédoine, sous la domination turque de même qu'à l'époque byzantine.

Et les Bulgares, quels noms et quels résultats ont-ils à opposer dans le domaine du mouvement intellectuel, en Macédoine, dans ce pays qui est, selon leurs dires, « le berceau du bulgarisme », « la source de la littérature slave », dans ce pays qui « a engendré le génie bulgare », qui « a créé lettre à lettre sa culture maternelle bulgare », qui « a bâti pierre à pierre son édifice national bulgare » [1]? C'est ce que nous allons voir dans la partie ethnologique de ce livre, où il sera question de la propagande slavo-bulgare en Macédoine. Ici, bornons-nous à remarquer que, lors de leur dernière incursion en Macédoine, les Bulgares ne se sont pas contentés de dépouiller les monastères et les églises de tous les trésors artistiques qui y étaient conservés, — ainsi que nous l'avons déjà signalé plus haut [2], — mais qu'ils ont aussi fait main basse dans ces monastères et ces églises sur tous les livres et manuscrits qui y étaient entretenus, acharnés comme ils étaient à altérer le caractère historique et ethnologique du pays. Et ces livres et ces manuscrits enlevés étaient si nombreux que, d'après le journal de Sophia *Outro*, « le Ministère du commerce a décidé que tous les livres et manuscrits, recueillis dans les *nouvelles provinces*, seraient envoyés à l'Imprimerie Nationale, au lieu d'être détruits. Ils devront être utilisés comme matière première pour la fabrication de papier, dont la valeur sera évalué à 25 centimes le kilo » [3].

---

[1] Ces expressions sont empruntées au mémoire adressé le 11 mai 1915 par le *Comité national bulgare de* Sophia aux ministres des Affaires étrangères, etc. des six Grandes Puissances.

[2] Voir *supra*, p. 132-134.

[3] Télégramme de Berne à la presse française en date du 25 avril 1918.

IV. — Grèce et Bulgarie.

Alors qu'il a fallu tant de luttes et tant de sacrifices pour que la Grèce pût s'attirer l'intérêt de l'Europe chrétienne dans son effort de restauration nationale, il a suffi par contre aux Bulgares d'un acte isolé de la cruauté turque pour provoquer l'indignation de la diplomatie européenne et son intervention, que la guerre russo-turque de 1877-1878 est venue compléter. Et, alors qu'après tant de luttes et tant de sacrifices, les Hellènes n'obtinrent que la libération d'une partie minime de leur territoire national, le traité de Berlin de 1878 accoucha d'une principauté bulgare qui comprenait plus ou moins tous les territoires ayant appartenu aux ancêtres des Bulgares; et peu s'en est fallu que, par le traité turco-russe de San Stéfano, cette principauté ne comprît, en plus, dans ses frontières, de vastes territoires étrangers, où le souvenir des ancêtres des Bulgares ne s'est perpétué que par des traces de sang et par les vestiges de leur œuvre dévastatrice.

Loin de nous la pensée de critiquer Gladstone pour s'être indigné à la suite des massacres de Batak. Mais en publiant son fameux pamphlet sur les horreurs bulgares [1] le « grand vieillard » « généralisait, comme le fait remarquer M. Yves Guyot, en présentant les Bulgares comme les seules victimes »[2]. Et le distingué écrivain français rappelle que les autres peuples chrétiens irrédimés n'ont pas souffert moins que les Bulgares. Un an à peine avant les événements de Batak, en été 1875, les Bosniaques et les Herzégoviniens s'étaient révoltés et les Serbes et les Monténé-

---

[1] Gladstone : *Bulgarian horrors*, Londres, John Murray, 1876.
[2] Yves Guyot : *La Question bulgare*, dans le *Journal des Économistes*, t. XLVIII, décembre 1915, p. 356.

grins avaient couru à leur secours. Eh bien ! les malheurs infligés par le tyran à ces quatre peuples slaves, à la suite de leur mouvement, ne peuvent certes pas se comparer à ceux dont les Bulgares ont souffert. Et pourtant la diplomatie européenne y est restée presque tout à fait insensible, pour se laisser émouvoir avec une prodigieuse facilité au lendemain des massacres de Batak. Et si l'on évoque les massacres et les martyres que les Turcs ont fait subir, pendant des siècles, à la nation hellénique, les « horreurs » de Batak, avec leurs 5.000 ou 10.000 victimes bulgares [1], apparaissent, en comparaison, comme un incident insignifiant de l'histoire de la domination turque. Nous rappelons les massacres réitérés des Grecs de Macédoine, que nous avons racontés plus haut [2], et encore ceux du Péloponèse, de la Thessalie, des Iles, de Smyrne, en 1770 [3], les massacres commis en 1822 à Patras, où 15.000 habitants périrent, à Constantinople, où trouvèrent une mort atroce, avec des milliers d'habitants, le patriarche Grégoire V et le métropolite de Salonique, enfin les massacres de Chio, à la suite desquels, comme nous le précise M. William Miller, la population grecque de l'île, qui comptait en avril 113.000 âmes, s'est trouvée réduite au mois d'août de la même année à 1.800 à peine [4] ! Et pourtant cette île martyre ne fut arrachée aux mains de ses bourreaux qu'un siècle environ plus tard et, encore, grâce aux armes helléniques.

Il n'y a certes rien non plus de répréhensible dans le geste de la puissance chrétienne qui a cherché à affranchir par les armes des populations chrétiennes et à les soustraire aux bachi-bouzouks du Sultan. Cependant les Grecs, eux, n'ont pas eu à bénéficier d'un geste aussi majestueux, comme l'intervention balkanique de la Russie qui lui a

---

[1] Voir Bousquet : *Histoire du peuple bulgare*, p. 161.
[2] Voir *supra*, p. 347-351 et 355-359.
[3] Voir *supra*, p. 342.
[4] W. Miller : *The Ottoman Empire*, p. 80. Cf. Driault : *La Question d'Orient*, p. 110-111.

coûté près de 300.000 combattants. Et pourtant, sinon grâce à autre chose, du moins grâce à leurs longues luttes et à leurs sacrifices héroïques, les Grecs étaient, pensons-nous, incomparablement plus dignes que les Bulgares d'une pareille sollicitude. Ainsi que nous l'avons rappelé fréquemment, les Bulgares ne se sont à aucun moment soulevés contre leur oppresseur. Ils n'ont jamais manifesté le moindre désir de reconquérir leur liberté ou d'améliorer en quoi que ce soit leur sort. Et l'on n'exagère guère en disant que tous les sacrifices qu'ils ont supportés, au cours de leur vie d'esclaves, se réduisent aux victimes des massacres de Batak.

Et alors que, pendant la guerre russo-turque de 1877-1878 — et sans parler des Roumains, — les Serbes et les Monténégrins n'ont pas hésité, à leur tour, un instant à se ranger aux côtés des Russes, bien qu'ils vécussent dans le souvenir encore frais des malheurs que leur récente lutte libératrice leur avait valus, alors que les Grecs de Thessalie, d'Épire et de Macédoine ont saisi, eux aussi, l'occasion pour s'insurger contre la tyrannie turque [1], cependant les Bulgares, en faveur desquels principalement et sur le territoire desquels la guerre se poursuivait, sont restés les bras croisés, quand ils n'ont pas fui pour abandonner aux autres le soin de les libérer. « Au commencement de cette campagne, affirme le professeur tchèque Niéderlé, les Bulgares s'enfuirent en masse de Stara-Zagora, de Kazanlyk, de Cjopsa, de Zlatista, aux pays du nord et ne revinrent dans leurs foyers que lorsque les Russes s'avancèrent vers le sud » [2]. C'est en vain que les Russes cherchaient, à leur passage en Bulgarie, leurs *bratuchki* (petits frères) pour les secourir dans leur campagne libératrice. Ils ne les trouvaient presque nulle part, si bien que, comme tout le monde sait et comme l'écrivain belge Hogge-

---

[1] W. Miller : *The Ottoman Empire*, p. 381.
[2] Niéderlé : *La Race slave* (trad. Louis Léger), 2ᵉ édit., Paris, 1916, p. 189.

Fort le certifie, on lança alors en Europe un jeu qui eut une grande vogue et qui consistait à « chercher le Bulgare »[1].

Il est naturel que les patriotes de Sophia et leurs amis ne veuillent pas en faire l'aveu. Ils parlent, avec leur audace habituelle, d'une participation sérieuse des Bulgares à la campagne russe. Et le R. P. Songeon va jusqu'à faire sérieusement état de la « formation d'une légion bulgare comptant 6.000 hommes »[2]. Le renseignement a, sans doute, une apparence de vérité, à en juger par le témoignage oculaire du colonel russe Vereschaguine, qui participa à la campagne et dont M. Yves-Guyot résume de la manière suivante les impressions : « Le colonel Vereschaguine, frère du peintre, a raconté ses souvenirs de la guerre 1877-1878. Il constate la terreur que les Bulgares avaient des Turcs. Ils ne savaient pas se servir d'un fusil, ayant vécu sous un régime où n'importe quel Turc, rencontrant un Bulgare porteur d'un fusil, avait le droit de le tuer sur-le-champ. Mais à l'abri des Russes, ils se vengeaient; ils enchaînaient les Turcs avec les fers qui leur avaient été destinés; ils les pillaient; et un jour, pour faire passer leur pillage à travers le camp russe, ils simulèrent

---

[1] Hogge-Fort : *Les Pays d'avenir. En Bulgarie*, p. 9. Cf. Mikhoff : *La Bulgarie et son peuple*, p. 190. Un témoin oculaire de cette fuite des Bulgares nous donne les détails caractéristiques suivants : « Le visage des émigrants n'exprime que la plus complète indifférence; ils se retirent devant l'armée turque, laissant leurs chaumières abandonnées et exposées à être saccagées et détruites; pas un mot, pas une plainte ne se font entendre; c'est la résignation de la servitude ». (Dick de Lonlay : *L'Armée russe en campagne. — Souvenirs de guerre et de voyage par un volontaire du 26e régiment de cosaques du Don*, Paris, Garnier, édit., 1889, p. 177.) Quant aux rares Bulgares qui restaient sur les lieux, le même témoin nous apprend qu'ils ne montraient, eux-mêmes non plus, aucune sorte d'enthousiasme pour la campagne libératrice des Russes. Voici ce qu'il dit : « Le général Zotoff lui-même, commandant le 4e corps, a dû se passer de poulets pendant plusieurs jours, parce que les Bulgares de Poradine refusaient de lui en vendre. Ces chrétiens ne négligent, du reste, aucun des avantages de leur position et ils font payer l'orge et le foin plus cher, ici, au cœur de la Bulgarie, que les marchands de Bucarest, qui est notoirement connue comme la ville la plus coûteuse du monde. Les Russes tolèrent les astucieuses exigences de ces misérables Bulgares avec une longanimité qui est réellement merveilleuse ». (Dick de Lonlay, *op. cit.*, p. 65-66.)

[2] Songeon : *Histoire de la Bulgarie*, p. 336.

une attaque de Turcs »[1]. On voit que les Bulgares participèrent effectivement à la guerre; mais ils ne combattirent pas pour leur liberté; fidèles à leur tradition, ils se bornèrent, en ce moment suprême et critique pour leur nation, à perpétrer des cruautés contre des prisonniers inoffensifs et à se livrer à la besogne chère à leurs ancêtres : au pillage.

Et cependant, le traité de San-Stéfano, alors qu'il se souciait à peine des autres nations chrétiennes ayant pris part à la guerre aux côtés des Russes, donnait pourtant aux Bulgares la part du lion et créait une Bulgarie, unique dans les annales de la diplomatie, qui comprenait, en dehors de la véritable Bulgarie, toute la province qui fut appelée plus tard Roumélie Orientale, une grande partie de la Thrace et la plus grande partie de la Macédoine, c'est-à-dire toute cette province, la région au sud de Castoria, la région de Salonique et la Chalcidique exceptées [2] !

Cette création artificielle, qui constitue le premier titre historique des Bulgares sur la Macédoine et que nous examinerons, au point de vue ethnologique, dans la seconde partie de notre ouvrage, portait atteinte aux intérêts les plus sacrés et les plus vitaux de l'hellénisme : les Grecs habitant les territoires ainsi menacés de bulgarisation, se révoltèrent comme un seul homme. Cette œuvre monstrueuse portait également atteinte aux intérêts des puissances européennes rivales du slavisme : les gouvernements de ces puissances provoquèrent, dans ces conditions, la réunion du Congrès revisionniste de Berlin [3]. N'empêche que, même par le traité de Berlin, les Bulgares ont recueilli un bénéfice qu'ils ne méritaient pas : ils eurent le bonheur de se voir entièrement rétablis dans leurs frontières historiques, en dehors desquelles ils ne formaient qu'une infime minorité. Et il est hors de doute qu'ils se

---

[1] Voir Yves-Guyot, *op. cit.*, p. 356.
[2] Voir Pierre Albin, p. 187 sq.
[3] Voir Driault : *La Question d'Orient*, p. 231 sq.

seraient considérés à jamais satisfaits des frontières qui leur étaient ainsi faites, si la propagande panslaviste n'avait précédé, engendrant chez eux cette mégalomanie dont nous n'avons cessé, depuis, de voir les manifestations.

Les Grecs n'ont pas eu, de leur côté, à bénéficier d'une aussi grande bienveillance de la part de l'Europe, pas plus pendant leur guerre d'indépendance qu'au cours de leurs luttes ultérieures. Le Congrès de Berlin se contenta de reconnaître, à titre de compensation, le droit de la Grèce libre à s'annexer la Thessalie et une partie de l'Épire. Et encore, cette concession elle-même ne devait-elle se réaliser que partiellement. Laissée en tête à tête avec la Turquie pour régler ses nouvelles frontières, la Grèce ne put arracher aux oppresseurs de sa race qu'une Thessalie amputée et un petit lambeau du territoire épirote qui lui avait été attribué. Quant aux autres populations grecques, celles du reste de l'Épire, de la Macédoine, de la Thrace et des autres régions helléniques, le Congrès de Berlin les abandonna, sans même se soucier d'y assurer l'introduction de réformes sérieuses.

La diplomatie européenne a, d'ailleurs, continué, même après le Congrès de Berlin, à répandre ses faveurs sur les Bulgares. Tous leurs coups d'État étaient tolérés. Toutes leurs prétentions étaient accueillies avec complaisance. Tous leurs caprices étaient satisfaits. La Bulgarie finit par devenir l'enfant gâté de l'Europe. Tout le monde se mit à considérer l'hégémonie bulgare sur les Balkans comme la chose la plus naturelle du monde. Et au cours de la guerre balkano-turque de 1912-1913 l'Europe attendait de voir Ferdinand entrer sans faute à Constantinople et se faire couronner empereur à Sainte-Sophie. Dans la partie ethnologique de notre ouvrage nous signalerons bien des faits témoignant de cette conduite partiale observée par la diplomatie européenne en faveur des Bulgares en Macédoine. Bornons-nous ici à rapprocher l'un de l'autre deux événements caractéristiques. Alors que le coup d'État de Philippopoli, par lequel les Bulgares firent main basse, en 1885, sur la Roumélie Orientale, suscita l'enthousiasme de l'Europe et qu' « une manifestation navale, comme le dit M. Yves-Guyot, imposa aux Grecs l'obligation de reconnaître à la Bulgarie le droit de violer le traité de Berlin » [1], cette même Europe donnait, quelques années plus tard, à ses flottes l'ordre de bombarder les héroïques insurgés de Crète et insistait, ensuite, pendant longtemps, à entourer d'une garde d'honneur le drapeau turc qu'elle avait laissé flotter sur cette île comme symbole de la tyrannie. Et pourtant l'élément bulgare ne constituait en Roumélie Orientale que la minorité, en face des Grecs et des Turcs, alors que la population de Crète était grecque dans sa presque totalité, à l'exception des 15 %, qui étaient, du reste, eux aussi, composés de Turcs d'origine grecque.

A quelles raisons doit-on attribuer cette attitude partiale de l'Europe? Pour ce qui est de la Russie, toute explication est superflue. La Bulgarie était toujours à ses yeux l'hinterland tout indiqué d'une Constantinople devenue russe. Mais pour l'Autriche aussi, la Bulgarie était un instrument de valeur : elle devait être pour elle le boulevard qui s'opposerait à toute infiltration du slavisme dans le sud. Et nous avons eu l'occasion d'exposer précédemment avec quelle habileté la diplomatie bulgare caressait alternativement ces deux rêves si opposées [2]. Quant à l'intérêt allemand, il coïncidait sur ce point avec celui de l'Autriche. Et l'intérêt anglais était, lui aussi, en l'occurrence, le même, la Grande-Bretagne constituant la force destinée à équilibrer la puissance slave. L'intérêt italien n'était pas lésé. Enfin, en France, dans ce pays traditionnellement philhellène, la diplomatie, qui se laisse toujours guider par des mobiles plus pratiques que l'opinion publique, considérait que les droits helléniques ne justifiaient point suffi-

---

[1] Yves-Guyot, *op. cit.*, p. 357.
[2] Voir *supra*, p. 149-150.

samment une attitude anti-bulgare propre à mécontenter des puissances fortes et amies.

Mais aussi, — à quoi bon le dissimuler? — la Grèce avait baissé dans l'estime de tout le monde. N'importe où elle tournait ses regards, elle voyait non seulement la diplomatie mais l'opinion publique elle-même se détourner d'elle et témoigner à ses rivaux la faveur à laquelle on l'avait habituée [1]. « L'enthousiasme d'autrefois, dit M. Alfred Berl, avait fait place, à l'égard du peuple grec, non seulement aux critiques plus ou moins justifiées, mais au dénigrement systématique, au préjugé hostile. La littérature avait suivi le courant, le pamphlet avait succédé au dithyrambe, la satire caricaturale du *Roi des Montagnes* à la poétique exaltation des Orientales. » [2].

Ce revirement datait du lendemain même du jour où la Grèce recouvrait son indépendance; et il était inévitable. Après le grand bruit et l'enthousiasme inouï provoqués en Europe par la lutte des Grecs pour leur indépendance, après la prose ailée d'un Chateaubriand et les poésies d'un Victor Hugo, tout le monde avait fini par croire que de la victoire remportée sur les Turcs sortirait une Grèce pareille à celle qui avait jailli dans l'antiquité des champs de bataille où les Perses avaient été battus. On méconnaissait les résultats inévitables d'une tyrannie barbare de quatre siècles et personne ne pouvait deviner l'ampleur de la catastrophe que ces siècles avaient valu, au double point de vue matériel et moral, à la race grecque. Dès les premières années de sa vie nouvelle et libre, la Grèce a donc provoqué la déception chez ses amis les plus chaleureux eux-mêmes. « Ses héros, dit M. Gaston Deschamps, descendus de leurs montagnes et rentrés dans la vie privée, ont perdu quelque chose du prestige qui les entourait; ceux qui les ont vus de près ont éprouvé une certaine décep-

---

[1] Cf. Théophile Homolle : *Pourquoi nous aimons la Grèce*, dans *La Grèce*, p. 10 sq.
[2] Alfred Berl : *La Grèce moderne*, dans *La Grèce*, p. 303 sq.

tion et ne l'ont pas cachée; comme il arrive communément, leurs petits défauts ont fait tort à leurs grandes vertus... De lourds censeurs ont reproché à la nation adolescente de n'avoir pas mis au monde, dès les premières années de son existence, un Périclès ou un Phidias »[1]. De la Bulgarie, au contraire, personne n'attendait rien; le moindre progrès accompli par les Bulgares, après qu'ils eurent reçu la liberté, était donc salué avec enthousiasme par l'Europe entière, habilement mis en valeur par leur inlassable propagande.

Ce qu'on regardait notamment en Europe comme impardonnable, c'était, dans le cas de la Grèce, les tendances du jeune royaume à étendre ses frontières au delà de celles que la diplomatie étrangère lui avait fixées. « Ses amis eux-mêmes, écrit M. Gaston Deschamps, en parlant de cette Grèce toujours inquiète, ont trouvé qu'en maintes circonstances elle avait fait flamboyer avec une turbulence trop ingénue l'épée toute neuve qu'on lui avait mise entre les mains ». Et plus loin l'écrivain français ajoute : « On ne lui a pas pardonné de penser quelquefois, dans ses rêves, à Constantinople et à Sainte-Sophie »[2]. Il est certain — et nous l'avons déjà fait remarquer en parlant de la « grande idée » des Grecs, — que cette malveillance à l'égard des aspirations nationales de la Grèce émanait notamment de ceux dont l'intérêt politique était en jeu. On ne doit pas moins en rechercher les raisons, du moins pour ceux qui n'avaient aucun intérêt particulier à défendre, dans les conceptions erronées qui existaient en Europe en ce qui concerne les Grecs modernes. « En effet, écrivait dernièrement M. A. Andréadès, si l'histoire de l'hellénisme est trois fois millénaire, de ces trente siècles les étrangers n'étudient guère que les Ve et IVe avant J.-C. Cette période brillante, justement dite classique, est peut-

---

[1] Gaston Deschamps: *Le Philhellénisme et le Journal des Débats*, dans le *Livre du centenaire du Journal des Débats*, p. 561.
[2] Gaston Deschamps, *ibid*.

être (cela n'est pas sûr) suffisante pour donner une idée du génie littéraire et artistique de la Grèce, mais à coup sûr elle ne l'est pas pour faire connaître l'hellénisme, son caractère et son évolution. Elle en fausse même la notion, car elle habitue l'étranger à résumer l'histoire grecque en deux noms : Athènes et Sparte. Aussi quand, en 1832, on vit Sparte et Athènes libres, beaucoup de gens furent très étonnés d'apprendre que les quatre cinquièmes des Grecs restaient encore sous le joug turc »[1].

En d'autres termes, en fondant le royaume hellénique, l'Europe croyait encore rétablir la Grèce de Périclès, alors qu'elle ne rendait la liberté qu'à une petite parcelle de la Grèce byzantine. Les Grecs qui luttaient et chantaient sur les montagnes du Péloponèse ou de l'Attique ne se souvenaient que très vaguement des gloires de Sparte et d'Athènes : Chateaubriand en a témoigné. C'est Constantinople qui attirait leurs regards et leurs aspirations. C'est vers elle que se portaient leurs chants et leurs traditions. C'était elle qui était leur seule vraie capitale : la *Ville*. Athènes n'était, à leurs yeux, qu'une capitale provisoire. C'est pourquoi l'Europe n'a jamais compris, plus tard, la politique de la Grèce moderne, de même que la Grèce moderne n'a jamais compris la politique de l'Europe. « Des diplomates peu avisés ou trop égoïstes, disait M. Gaston Deschamps, n'ont pas voulu comprendre que la Grèce ne contient pas tout l'hellénisme, que les Grecs libres ne peuvent oublier leurs frères moins heureux »[2]. Mais, en dehors de ces « diplomates peu avisés ou trop égoïstes », en dehors aussi de tous ceux qui n'aimaient pas la Grèce, ses rares amis eux-mêmes pensaient qu'elle faisait beaucoup trop de sacrifices pour sa *Grande Idée*. Voici ce qu'en écrivait par exemple Alfred Gilliéron, cet ami chaleureux de la Grèce : « Si la diplomatie a eu tort de faire une Grèce de

---

[1] A. Andréadès : *La Thrace et l'Asie Mineure dans l'histoire de l'hellénisme* dans *L'Europe Nouvelle*, 2e année (1919), n° 5, p. 208.
[2] Gaston Deschamps, *op. cit.*, p. 561.

fantaisie et de l'arrêter bien en deçà de ses légitimes frontières, le royaume, de son côté, a trop sacrifié les progrès lents mais sûrs de chaque jour, à ses rêves de grandeur qu'il appelle la *Grande Idée*. Comme dit un spirituel auteur, c'est un hôte bien incommode et bien coûteux qu'une grande idée logée dans une petite maison; elle a bientôt fait d'en mettre à sec le coffre-fort et l'on dépense pour sa gloire un argent qui aurait pu servir à drainer les champs ou à bâtir des écoles »[1]. La Grèce s'attirait ainsi les critiques de tout le monde pour son « irrédentisme » ou encore pour son « impérialisme ».

Cependant, ce même Alfred Gilliéron écrivait dans son ouvrage que nous venons de citer et qui a paru en 1877, c'est-à-dire juste au moment où la Grèce était empêchée par la diplomatie européenne de courir, comme elle voulait, au secours de ses enfants révoltés d'Épire, de Thessalie et de Macédoine : « Notre génération est décidément dure aux faibles, elle se pique de plus d'être positive et regarderait presque comme une honte tout accès d'enthousiasme. Aussi n'est-il plus guère de mise aujourd'hui d'être ami des Grecs; notre génération a depuis longtemps oublié que tous ses pères étaient philhellènes; elle n'a plus que de l'indifférence pour le sort des Grecs esclaves et elle professe un mépris de grand seigneur pour le microscopique royaume que l'opinion publique de l'Europe a jadis créé. Nous croyons avoir montré, dans le cours de nos récits, que si le royaume grec n'est point encore ce qu'il devrait être, il n'en a pas moins fait de grands progrès; quant à la vitalité de la race elle-même, elle nous semble surabondamment prouvée par tout ce que nous disons de son activité commerciale et intellectuelle, et surtout par ce que nous aurions pu dire de son histoire, si nous avions eu un autre plan et plus d'espace »[2]. Et ailleurs

---

[1] Alfred Gilliéron : *Grèce et Turquie*. p. 294.
[2] Alfred Gilliéron, *op. cit.*, préface, p. XIII.

M. Gilliéron écrivait : « Serbes et Grecs ont, je le veux bien, fait jusqu'ici de la politique de hidalgos, mais aussi pourquoi l'Europe s'acharne-t-elle à contrecarrer la volonté des peuples ? Il est dangereux pour un jeune État d'avoir de grandes aspirations ; mais peut-on lui demander de ne point prêter l'oreille à l'appel de frères qui lui tendent le bras ?... Le royaume est sans doute considéré par tous les Grecs comme la terre élue où le Grec se sent libre au foyer paternel ; mais au-dessus du royaume il y a la vieille Hellade, dont les frontières s'étendent jusqu'où vont les établissements des Grecs ; à côté des frères libres qui se livrent aux dangereux égarements des discordes intérieures, il y a des Grecs captifs dans les montagnes de la Thessalie et de l'Épire, sur les îles de l'Archipel, ou le long des grands fleuves de la Macédoine et de l'Asie et dont le sort ne peut être compromis par les fautes des gouvernants d'Athènes. Le Grec lui-même peut se prendre parfois à désespérer de l'avenir immédiat du royaume, mais il ne saurait mettre en question la durée et la vitalité de l'hellénisme et de la nationalité grecque ; car le propre de l'hellénisme c'est d'être indestructible » [1].

Et en 1913, lorsque la situation créée à la suite de la première guerre balkanique était encore obscure et n'avait pas été liquidée, M. Charles Vellay publiait de son côté un ouvrage, où il examinait l'irrédentisme grec et où il réfutait les critiques lancées contre lui. « Le problème de l'irrédentisme hellénique, écrit-il dans sa préface, offre un aspect exceptionnel. L'irrédentisme danois en Allemagne, l'irrédentisme italien en Autriche, l'irrédentisme serbe en Bosnie et en Herzégovine, et en général tous les mouvements de protestation qui s'accomplissent au nom du principe des nationalités, ont pour caractéristique l'effort d'une minorité détachée de l'agglomération principale et qui tend à y revenir. Ici, au contraire, par une sorte de paradoxe,

---

[1] Alfred Gilliéron, *op. cit.*, p. 294-295.

c'est l'énorme majorité de la race hellénique qui est rejetée hors de son centre, et la Grèce tout entière ne constitue qu'une faible minorité dans l'ensemble de cette race. Entre les frontières politiques de l'hellénisme et ses frontières ethniques, il y a une disproportion énorme, puisque la Grèce ne comptait, à la veille de la guerre balkanique, que 2.632.000 habitants, tandis que les populations grecques irrédimées formaient un total de 6 à 7 millions d'âmes. On peut mesurer, par l'écart de ces deux chiffres, toute l'ampleur du problème, et aussi tous les obstacles qui s'opposent à sa solution normale. La frontière ethnique de la Grande Grèce part de Valona sur l'Adriatique, se dirige vers Bérat, où l'élément grec est très actif et très influent, descend au sud vers Tépéléni, remonte ensuite au nord-est vers Florina, puis vers Guevghéli sur le Vardar, continue sa marche vers l'est en englobant Doiran, Demir-Hissar, Drama et Xanthi, c'est-à-dire toute la côte de la mer Égée, y compris les ports de Cavala, de Dédéagatch et d'Énos ; elle remonte ensuite vers Ortakieuy, passe par Andrinople et Kirk-Kilissé, et va aboutir à la mer Noire dans les environs d'Agathoupolis [1]. Tout ce qui est au sud et à l'est de cette ligne appartient à l'influence et à l'activité grecques, non pas sans doute à titre exclusif, mais parce que les agglomérations grecques qui s'y trouvent enfermées, et qui d'ailleurs sont considérables, y représentent l'élément intellectuel et économique le plus puissant. En Asie, la frontière ethnique de l'hellénisme englobe, presque sans solution de continuité, toutes les côtes, depuis Trébizonde jusqu'à Adalie, avec une faible pénétration dans l'intérieur. Enfin, à ces territoires continentaux il

---

[1] « On conçoit (c'est M. Vellay toujours qui parle) que la ligne de démarcation indiquée ici n'est qu'approximative. Au nord de cette ligne se trouvent de très importantes colonies grecques, notamment à Philippopoli et sur les côtes bulgares de la mer Noire. Les Grecs établis en Bulgarie sont au nombre de 80.000. De même, au nord de Valona et de Bérat, le caza de Lousnia, en Albanie, renferme des agglomérations helléniques nombreuses et actives ; dans ce seul caza, on ne compte pas moins de 25 écoles grecques, avec 623 élèves. »

faut ajouter l'île de Crète, l'île de Chypre, et toutes les îles de la mer Égée sans aucune exception »[1].

En décrivant ce domaine de l'hellénisme, M. Charles Vellay estimait en 1913 qu'il était politiquement irréalisable. Peut-être aujourd'hui encore n'est-il pas considéré comme entièrement réalisable. Il ne s'ensuit pourtant pas que la *Grande Idée*, qui, comme nous l'avons vu[2], inspirait les Grecs irrédimés dans leur lutte incessante contre la tyrannie turque, devait être abandonnée, aussitôt que devant un lambeau du territoire hellénique s'ouvrait l'horizon de la liberté.

Mais, sans parler de la tendance sentimentale à libérer la plus grande partie de l'hellénisme pour l'arracher au plus accablant des jougs, il ne faut pas oublier que d'autres raisons aussi, non moins sérieuses, des raisons inhérentes à l'existence même et au progrès du royaume hellénique, dictaient à ce dernier une politique expansionniste. « Comme si cet infortuné pays, écrivait Alfred Gilliéron, n'était point déjà assez accablé, la diplomatie l'étendait sur le lit de Procuste et lui coupait ses articulations et ses bras. La Grèce s'appuie au nord sur les plaines nourricières de la Macédoine, de l'Épire et de la Thessalie, au sud elle a pour piédestal la grande île de Crète, la patrie de l'antique Minos... En refoulant la Grèce libre sur les îles les plus rocheuses et dans les cantons les plus âpres, l'Europe lui mettait une camisole de force ». Et faisant allusion aux critiques lancées contre la Grèce pour « ses lents progrès », à ces critiques formulées justement par ceux qui avaient pris soin de lui mettre « une camisole de force », ce même écrivain s'exclame : « Comment s'étonner après cela que cette Grèce, mutilée par la diplomatie, troublée par le triste héritage des siècles de servitude, encore toute saignante des coups de fouet de vingt maîtres divers, n'ait marché pendant trente ans que d'un pas chancelant et

---

[1] Cf. Ch. Vellay : *L'Irrédentisme hellénique*, p. 4-6.
[2] Voir *supra*, p. 323.

mal affermi dans la voie du progrès où la conduisait la main timide et inexpérimentée d'un prince étranger »[1]?

Car, la diplomatie européenne a fait encore ce tort à la Grèce : Tandis qu'elle se souvenait assez bien de la Grèce de Périclès pour tracer les frontières du jeune royaume hellénique, elle oubliait cependant tout à fait l'esprit qui dominait dans cette ancienne Grèce lorsqu'elle eut, d'après le mot de M. Gaston Deschamps, « l'idée extraordinaire de mettre sur le trône d'Athènes un prince bavarois »[2]. Othon fut sans doute animé des meilleurs sentiments envers les Grecs et aima passionnément leur pays, mais ne comprit jamais, — et ne pouvait du reste comprendre, — l'esprit démocratique et libéral du peuple grec[3]. Trois décades se sont écoulées ainsi, sans profit, avant que le peuple hellène jouisse d'un régime qui puisse s'adapter à sa mentalité ; et comme si cette perte de temps précieux ne suffisait pas, le peuple grec a eu, en plus, la malchance de s'attirer, à cause de ses tendances libérales, les critiques de ses amis eux-mêmes, dont l'opinion désobligeante fut jadis résumée par M. Gaston Deschamps : « La nation adolescente a eu des caprices de jeunesse. Elle a montré trop d'inclination aux changements politiques, un respect trop superstitieux pour certaines traditions de l'antiquité, un amour immodéré pour les démagogues et pour les révolutions de l'Agora »[4].

Cependant, lors même que les décisions défavorables des grandes puissances lui étaient communiquées sous la forme de notes collectives, la Grèce a toujours eu le mérite de distinguer ses amis de ses ennemis. Elle ne se montra, en tout cas, jamais ingrate envers ses trois puissances bienfaitrices. Peut-être la protection de ces dernières n'en-

---

[1] Alfred Gilliéron, op. cit., p. 284.
[2] Voir la conférence faite le 28 décembre 1918, par M. Gaston Deschamps à la Sorbonne dans L'Effort grec, publication du comité « L'Effort de la France et de ses Alliés », Paris, Bloud et Gay, 1919, p. 20.
[3] Voir infra, p. 421 sq.
[4] Gaston Deschamps : Le Philhellénisme et le Journal des Débats, dans Le Livre du centenaire du Journal des Débats, p. 561.

traînait-elle pas souvent de résultat. Peut-être l'attitude d'une ou de plusieurs d'entre elles ne fut-elle pas toujours dépourvue d'hostilité; ainsi, il est incontestable qu'une de ces puissances a voulu sacrifier les intérêts les plus sacrés de l'hellénisme à l'autel de la « Grande Bulgarie ». N'empêche que la Grèce n'oublia jamais Navarin. Elle n'oublia jamais le geste britannique qui lui valut les îles Ioniennes. Elle n'oublia jamais les paroles bienveillantes dont elle fut l'objet au Congrès de Berlin. Elle n'oublia pas, enfin, 1897. Elle observa toujours une attitude honnête et loyale, et non seulement envers les trois puissances bienfaitrices, mais envers tout le monde, les Bulgares eux-mêmes compris. L'histoire est là pour en témoigner.

La Grèce ne connaissait qu'un seul ennemi : le Turc. Celui qui avait privé la nation grecque de sa liberté, qui l'avait soumise à tant de martyres, qui lui avait infligé tant de calamités. Elle avait non seulement le droit mais aussi le devoir de le regarder comme l'ennemi de la race. Et si, au courant du dernier siècle, aux Turcs sont venus se joindre, encore une fois, les Bulgares, ce n'est pas à la Grèce qu'on peut s'en prendre. Comme nous le verrons d'une manière plus analytique dans la partie ethnologique de notre ouvrage, ce sont les Bulgares qui, poussés par la propagande panslaviste, ont toujours commencé les hostilités, — au début par des livres, enseignant la haine, ensuite par des assassinats, plus tard par la guerre. Les Grecs ne nourrissaient à leur endroit la moindre haine. Leurs anciens pillages avaient été oubliés. La domination turque, comme tous les malheurs communs, avait, dès le premier jour, réconcilié les deux peuples.

Faisant appel à l'appui des souverains de l'Occident pour la libération de Constantinople, Emmanuel Georgillas traitait la Bulgarie comme un pays ami. Il chantait :

La Bulgarie et l'Albanie, elles aussi, sont avec vous [1] !

---

[1] Emmanuel Georgillas, *La Prise de Constantinople*, vers 970, dans Legrand : *Bibliothèque grecque vulgaire*, I.

On ne saurait, d'autre part, trouver dans aucune chanson populaire grecque des temps de la domination turque la moindre manifestation de haine contre les Bulgares. Toute l'animosité des guerriers et des chansonniers grecs a pour objet exclusif les Turcs et les Albanais d'Ali-pacha, de ce nouveau Phalaris. Rhigas de Velestino, qui voulut rallier tous les peuples chrétiens de la péninsule dans un mouvement de commune révolte, ne néglige pas de comprendre parmi eux les Bulgares [1]. L'Hétairie en fait autant dans ses proclamations. Et alors que le chant patriotique des Bulgares avait pour refrain « égorgez le Grec » [2], nous possédons un grand nombre de poésies patriotiques grecques qui expriment des sentiments amicaux à l'égard des Bulgares; citons, par exemple, Alexandre Soutzo et ses poésies de 1854. En 1856, Papadopoulo-Vrétos, ancien consul de Grèce à Varna, publie un livre sur les Bulgares, où il parle d'eux avec une égale sympathie [3]. En 1860, le publiciste grec Pitzipios publie sur la question d'Orient un livre où les Bulgares sont encore favorablement traités [4]. Un an plus tard, G. S. Mano, consul général de Grèce à Florence, ne ménage pas, lui non plus, sa sympathie aux Bulgares dans son ouvrage : *L'Orient rendu à lui-même* [5]. Et les commentaires consacrés par ces trois écrivains aux Bulgares sont si favorables que M. Mikhoff s'est empressé de les mentionner dans son livre de propagande, qui contient les témoignages des auteurs étrangers sur la Bulgarie [6].

Et il est à noter que la politique officielle du royaume de Grèce n'était pas inspirée de sentiments différents à

---

[1] Voir les vers de son chant guerrier déjà cités (*supra*, p. 372).

[2] Voir Kasasis : *L'Hellénisme et la Macédoine*, p. 14. Voir plus loin quelques autres spécimens de poésie bulgare patriotique (p. 415, etc.).

[3] Papadopoulo-Vrétos : *La Bulgarie ancienne et moderne*, Saint-Pétersbourg, p. 175 sq.

[4] Pitzipios : *La Question d'Orient*, Paris, p. 34-36.

[5] G.-A. Mano : *L'Orient rendu à lui-même*, Londres, p. 143 sq.

[6] Mikhoff : *La Bulgarie et son peuple d'après les témoignages étrangers*, p. 57-58, 65-67, 72-73.

l'égard de cette dernière. Le premier en date des grands bulgarophiles, Cyprien Robert, écrivait en 1844 que « le Cabinet d'Athènes est le seul gouvernement qui n'ait pas de vues sur la Bulgarie »[1]. En 1891, le président du Conseil de Grèce, Charilaos Tricoupis, qui avait l'intention de donner une suite pratique aux tendances de la politique grecque vers un rapprochement avec Sophia et Belgrade, faisait un voyage politique dans ces deux capitales. « Cet homme éminent, raconte M. Bourchier, un des plus notoires bulgarophiles anglais, n'hésita pas à proposer que la Grèce, la Serbie et la Bulgarie signassent une alliance pour le partage de la Macédoine. Il estimait que les Grandes Puissances n'interviendraient pas si les États chrétiens prenaient les armes simultanément pour expulser les Turcs. Le plan trouva faveur à Belgrade, mais fut rejeté à Sophia. Stambouloff, poussé peut-être par quelque puissance, alla jusqu'à le dénoncer au sultan Abdul-Hamid et marchanda comme récompense des concessions en Macédoine »[2]. Stambouloff obtint, en effet, comme nous le verrons dans la partie ethnologique, trois évêchés. En 1897, la Grèce déclarait la guerre à la Turquie. Mais Stambouloff poursuivait la même politique et obtenait trois nouveaux évêchés[3]. En 1909, sous la pression de la nouvelle crise traversée par la question crétoise, la Grèce faisait encore une fois des ouvertures au Cabinet de Sophia, mais en vain. M. Paprikoff a même préféré déclarer à un rédacteur du *Berliner Tageblatt* que la seule puissance à laquelle la Bulgarie avait intérêt à s'allier c'était la Turquie[4].

Ce sont les efforts de MM. Milovanovitch et Vénisélos qui ont enfin convaincu le Gouvernement bulgare de la néces-

---

[1] Cyprien Robert : *Les Slaves de Turquie*, 1, p. 313. Voir aussi Victor Bérard : *La Turquie et l'Hellénisme contemporain*, p. 288.
[2] Bourchier : *The Balkan question*, Londres, 1915, p. 89.
[3] *Livre jaune*, n° 594.
[4] Voir le *Temps* du 26 juillet 1909. Cf. A. Andréadès : *L'union balkanique* dans la *Revue hebdomadaire* de Paris, XXIV° année, n° 11 du 13 mars 1915, p. 143.

sité de prendre part à l'alliance balkanique de 1912 [1]. Au cours de la guerre qui s'ensuivit les Alliés ont joué honorablement chacun son rôle. Néanmoins, les Bulgares, grâce à la parfaite organisation de leur propagande, ont réussi à faire autour d'eux, dès le début, le plus de bruit. Qui a oublié l' « éclatante victoire de Kirk-Kilissé » que M. Driault lui-même cite dans son livre [2] ? Et pourtant il n'y eut pas de bataille à Kirk-Kilissé; comme l'écrit avec raison M. Yves-Guyot, « en dépit de l'armée organisée par von der Goltz, les Turcs abandonnèrent Kirk-Kilissé sans résistance, et les Bulgares qui l'occupèrent devinrent des héros » [3]. Et s'il est vrai que les Bulgares ont remporté une véritable victoire à Lulé-Bourgas, il est non moins vrai que les autres alliés ont gagné, silencieusement, des batailles non moins dures. Sans parler des brillants succès des Serbes, lesquels ont même aidé les Bulgares à la prise d'Andrinople, n'oublions pas que les Grecs ont dû livrer trois batailles avant d'entrer victorieux à Salonique. Ils se sont, en outre, — et sans l'appui de personne, — emparés de la forteresse de Jannina, un des trois grands forts que les Turcs ont défendus dans les Balkans. Et s'il n'y avait pas eu la flotte grecque qui, souveraine de la mer, empêchait le transport des réserves turques concentrées en Asie Mineure, l'armée bulgare eût été détruite tout entière, malgré son succès de Lulé-Burgas, et la victoire générale des États balkaniques eût été compromise [4].

---

[1] Voir le livre de M. Guéchoff, alors premier ministre de Bulgarie : *L'Alliance balkanique*, p. 14 sq et 63 sq.

[2] Driault : *La Question d'Orient*, p. 285.

[3] Yves-Guyot, *op. cit.*, p. 360.

[4] Sur la contribution de la Grèce à la guerre balkanique de 1912-1913, voir Lt-colonel Boucabeille : *La Guerre turco-balkanique*, Paris, Chapelot, 1914. Jean Leune : *Une revanche, une étape. Campagne de l'armée hellénique en Macédoine, en 1912*, Paris, Chapelot, 1914. G. Bourdon : *Avec les armées helléniques*, Paris, 1914. Cl. Nicolaïdès : *Griechenlands Anteil an den Balkan-Kriegen, 1912-1913*, Leipzig, 1914. G. Tsocopoulos : *Histoire de la guerre gréco-turque* (en grec), New-York, 1914. D.-J. Cassaveti : *Hellas and the Balkans Wars*, Londres, 1914. W. H. Crawfurd Price : *The Balkan Cockrit. The political and military Story of the Balkans Wars in Macedonia*, Londres, 1915. A. Trapman : *The Greeks triumphants, Balkans Wars 1912-1913*, Londres, 1915, etc.

Les prétentions des Bulgares furent proportionnées au bruit fait autour de leurs « exploits ». Sans parler de celles qu'ils opposaient aux aspirations serbes, ils ne réclamaient, face aux Grecs, ni plus ni moins que Salonique elle-même. Mais ce qui était véritablement comique c'est que cette prétention se fondait sur la soi-disant priorité que l'armée bulgare avait eue dans l'occupation de la capitale macédonienne. Dans cette question, les Bulgares se surpassèrent en cynisme : ils ne mettaient plus, en effet, en doute quelque événement historique ancien ou d'importance secondaire ; ils intriguaient autour d'un fait tout récent, particulièrement important et qui n'avait manqué d'émouvoir tout le monde. Personne n'ignorait que Salonique avait capitulé et s'était rendue à l'armée grecque, qui y est entrée le 26 octobre/8 novembre 1912[1], c'est-à-dire, par une coïncidence des plus curieuses, l'anniversaire même de la fête de Saint Démétrius « patron et protecteur » de Salonique. Et ce n'est qu'au lendemain que pénétra, de son côté, dans la ville occupée déjà par les Grecs, un faible contingent de l'armée bulgare, envoyé en hâte par le commandement bulgare. Et encore, ce contingent qui s'est avancé jusqu'à la capitale macédonienne à marches forcées et sans rencontrer l'ombre d'un soldat turc, n'y pénétra-t-il qu'après avoir demandé et reçu l'autorisation du généralissime grec, lui permettant d'y faire un séjour provisoire, afin de prendre du repos. Telle fut « l'entrée triomphale » des Bulgares à Salonique, que les patriotes de Sophia ont voulu ensuite faire mousser autant que possible et dont ils n'ont jamais cessé de parler avec fierté[2].

Les prétentions plus qu'exorbitantes de la Bulgarie n'étaient certes pas acceptables dans leur totalité ni pour les Serbes ni pour les Grecs. Comme l'écrit M. Ernest

---

[1] Voir le fac-similé du protocole de reddition de Salonique à l'armée hellénique dans Jean Leune : *Une revanche, une étape. Campagne de l'armée hellénique en Macédoine, en 1912*, p. 360 et 376.

[2] Voir *supra*, p. 268.

Daudet, Serbes et Grecs « avaient eu dans les victoires remportées une part au moins égale à celle des troupes bulgares et par conséquent les mêmes droits à l'honneur et aux profits »[1]. C'est pourtant en vain que la Serbie reconnut à la Bulgarie le droit d'étendre ses frontières jusqu'à la rive gauche de l'Axios et proposa, suivant ses accords avec la Bulgarie[2], l'arbitrage de la Russie quant aux territoires situés sur la rive droite. C'est en vain qu'au cours des négociations de paix poursuivies à Londres avec la Turquie, M. Vénisélos fit preuve d'une attitude conciliante, qui contrastait tellement avec la rapacité indomptable des délégués bulgares qu'un diplomate a dit de lui que « c'était la conciliation faite homme »[3]. M. Vénisélos envisageait en effet la possibilité de la création d'une confédération balkanique et abandonnait à la Bulgarie la Macédoine Orientale et la Thrace avec Rodosto, tout cela malgré les innombrables mémoires et adresses que lui envoyaient les populations grecques de ces régions, devant la menace d'être bulgarisées[4]. Et si l'on prend en considération que, de cette manière, le royaume de Grèce perdait toute liaison territoriale avec le reste de la Thrace et avec Constantinople, on s'aperçoit qu'il s'agissait là d'un sacrifice de près d'un million de Grecs et du sacrifice aussi des espérances les plus chères de l'Hellénisme. Par contre, comme l'a noté M. Vénisélos lui-même, il était ainsi créé une Bulgarie « aussi grande que la Bulgarie de San Stefano, avec cette seule différence qu'elle échangeait contre la Thrace une partie de la Macédoine occidentale »[5]. Cette différence, d'ailleurs, elle-même, n'offrait à la Bul-

---

[1] Ernest Daudet : *Ferdinand Ier, tsar de Bulgarie*, p. 193.
[2] Voir l'article 4 de l'Annexe secrète au Traité d'amitié et d'alliance entre le royaume de Serbie et le royaume de Bulgarie, dans Guéchoff : *L'Alliance balkanique*, p. 201 et ailleurs.
[3] Voir A. Andréadès, op. cit., p. 145.
[4] Voir les textes dans Ch. Vellay : *L'Irrédentisme hellénique*, p. 199 sq.
[5] Voir le mémoire présenté par M. Vénisélos au Congrès de Paris : *La Grèce devant le Congrès de la paix*, p. 9.

garie que des avantages : l'État bulgare acquérait ainsi une constitution géographique plus régulière et obtenait un large littoral lui donnant accès à la mer Égée, avec plusieurs ports, tels Cavala, Porto-Lagos, Dédéagatch, etc. Mais tous ces efforts et tous ces sacrifices furent consentis en vain. Rien ne pouvait satisfaire l'avidité et la mégalomanie des Bulgares et leur armée entreprenait bientôt contre ses alliés de la veille cette attaque brusquée et traîtresse du 16/29 juin 1913.

Est-il besoin de le dire ? Aussitôt après qu'ils eurent commis cette attaque, les Bulgares se sont hâtés de jouer aux victimes et de proclamer que les auteurs de l'agression n'étaient autres que les Serbes et les Grecs. Ils se sont attachés à ce mensonge, depuis notamment que leur coup s'est tourné contre eux. Bien plus : au lieu de chercher plus tard à faire oublier leur infâme action, ils n'ont pas hésité à l'invoquer, dans leurs publications de propagande, comme un argument en faveur du rétablissement de « l'iniquité » qui leur aurait été faite par le traité de Bucarest ! Nous voyons ainsi M. Alexandre Kiproff, « ancien député et secrétaire du Sobranié à Sophia », écrire sans sourciller dans son livre intitulé : *La Vérité* (!) *sur la Bulgarie* : « Sur ces entrefaites, la Serbie concentra des masses importantes de troupes prêtes à l'attaquer et occupa tous les points stratégiques à la frontière occidentale de la Bulgarie. Au début, le soldat bulgare ne pouvait et ne voulait pas croire possible une pareille *trahison* (sic) de la part d'un frère slave. Les faits se chargèrent de lui démontrer que ce frère, cet allié, était devenu son pire ennemi »[1]. M. D. Micheff

---

[1] Voir Kiproff : *La Vérité sur la Bulgarie*, Berne, libr. Ernest Kuhne, 3ᵉ édit., p. 14-15. Il est encore à noter que M. Kiproff commence son livre par ces phrases : « Les Bulgares sont de caract re doux et paisible. Ils ont toujours fait à leurs voisins les plus grandes concessions quand il s'agissait de s entendre en vue d e orts communs pour réaliser de nouveaux progrès en mati re d évolution p litique et d économie nationale, etc. etc. ». Voilà la « vérité sur la Bulgarie » ! L'agression du 16/29 juin 1913 est également qualifiée de « félonie serbe » par le fameux Rizoff, ministre de Bulgarie à Berlin, dans son article paru dans le *Vorwaerts* du 12 août 1917 (Voir cet article dans la brochure *Pro Macedonia*, Paris, G. Roustan, 1918, p. 50).

attribue à son tour aux Serbes et aux Grecs la responsabilité de cette trahison [1]. Et ces mêmes mensonges ont été propagés par les patriotes bulgares en Amérique aussi, où l'opinion publique, tenue sur les choses balkaniques moins au courant que l'opinion européenne, était mieux disposée à les accueillir [2]. Enfin les pseudo-socialistes bulgares n'ont pas hésité, eux non plus, à prétendre, dans le mémorandum qu'ils soumirent en juin 1917 à la Commission d'organisation de la Conférence socialiste de Stockholm, que « les Grecs et les Serbes avaient préparé depuis longtemps en secret la seconde guerre balkanique ». A la lumière de cette simple citation, on peut deviner de combien de mensonges les patriotes bulgares ont inondé, pendant ces dernières années, les milieux socialistes d'Europe.

Prouver que le 16/29 juin 1913 les Bulgares ont attaqué traîtreusement et sans déclaration de guerre les Serbes et les Grecs, qui ne cherchaient pas autre chose que de conclure la paix *à tout prix*, est vraiment inutile. Le fait est encore vivant dans toutes les mémoires. Il est d'ailleurs certifié par tous les historiens, sauf les Bulgares. Néanmoins les aveux bulgares eux-mêmes ne font pas défaut. Et qu'il nous soit permis d'en mentionner quelques-uns, pour ceux de nos lecteurs qui sont moins au courant de ces pages d'histoire.

Nous avons, d'abord, les aveux de M. Guéchoff, c'est-à-dire du président du Conseil bulgare, sous le gouvernement duquel fut conclue l'alliance balkanique et fut menée la guerre turco-balkanique de 1912-1913; M. Guéchoff, on s'en souvient, désapprouvant la politique des chauvins bulgares, qui se prononçaient déjà pour une guerre d'agression contre leurs alliés, démissionna un mois avant que cette guerre fratricide éclatât [3]. Or, pour défendre

---

[1] D. Micheff : *La Serbie et la Bulgarie devant l'opinion publique*, p. 31 sq.
[2] Nous renvoyons nos lecteurs au livre de la propagande bulgare, signé Will. S. Monroe et intitulé : *Bulgaria and her people*, Boston, 1914, p. 132.
[3] Voir Guéchoff : *L'Alliance balkanique*, p. 113, 131, 153 sq.

sa politique de conciliation, M. Guéchoff publia, en 1914, à Sophia, en bulgare, un livre intitulé : *La Folie criminelle et l'enquête parlementaire*. La « folie criminelle » n'est autre chose que le nom qui fut donné dans le sein du Sobranié à l'attaque brusquée et traîtresse entreprise le 16/29 juin 1913 par l'armée bulgare contre les armées ci-devant alliées des Grecs et des Serbes [1]. Ce livre de M. Guéchoff, outre plusieurs autres documents révélateurs, contient l'ordre du jour adressé télégraphiquement la veille de l'attaque par le généralissime Savoff à l'armée bulgare. Cet ordre se terminait par cette phrase : « Préparez-vous à de nouvelles victoires et avec votre « en avant » invincible, montrez à l'ennemi (aux Grecs et aux Serbes), montrez à l'univers tout entier, que la patrie bulgare mérite un peu plus de considération » [2].

On a pris soin, comme bien on pense, d'enlever aussitôt que possible de la circulation le livre en question de M. Guéchoff. En son lieu et place, ce dernier fit paraître en français un autre livre, où il traitait la même question des raisons qui ont motivé la rupture de l'alliance balkanique, mais d'une manière appropriée au public européen auquel cette fois il s'adressait [3]. N'empêche que même dans ce nouvel ouvrage de M. Guéchoff, il y a une note dans laquelle l'ancien président du Conseil s'exprime dans des termes nettement accusateurs contre ses adversaires politiques. Il écrit : « Si les outranciers ont conseillé et accompli la folie criminelle du 16/29 juin 1913, pas un mot, pas un acte de ma politique ne peut leur servir d'excuse » [4]. Et plus loin M. Guéchoff précise : « Le 16/29 juin, sur un ordre du haut commandement bulgare, la deuxième et la quatrième armées bulgares attaquèrent nos alliés » [5].

[1] Cf. Balcanicus : *La Bulgarie, ses ambitions, sa trahison*, Paris, Armand Colin, 1915, p. vi-vii.
[2] Iv. E. Guéchoff : *La Folie criminelle*, p. 46 sq. — Cf. Balcanicus, *op. cit.*, p. 9.
[3] C'est le livre précité : *L'Alliance balkanique*, Paris, Hachette, 1915.
[4] Guéchoff, *op. cit.*, p. 154, n. 1 *in fine*.
[5] Guéchoff, *op. cit*, p. 158.

Bien qu'amplement suffisants, les aveux de M. Guéchoff ne sont pourtant pas les seuls qui nous soient venus de Bulgarie. Le généralissime Savoff, dont nous avons déjà eu l'occasion de parler, a publié dans le journal *Dnevnik* de Sophia et sous le titre *La Vérité sur la catastrophe*, un article de polémique où il rapporte qu'au cours du conseil des ministres tenu à Andrinople en sa présence, le 22 mars/ 4 avril 1913, et présidé par Ferdinand, les décisions suivantes ont été prises : « 1° Suspendre les opérations contre les Turcs et secrètement, à l'insu des Alliés, entamer les négociations en vue d'une armistice; 2° jusqu'à la conclusion de la paix, laisser en Thrace l'effectif strictement nécessaire pour la défensive, et jeter tout le reste de l'armée contre les Serbes et les Grecs en Macédoine » [1]. Ceci nous prouve que l'attaque du 16/29 juin 1913 avait été depuis longtemps l'objet de la préméditation du Gouvernement bulgare. D'autre part, le chef du parti démocratique bulgare, M. Alexandre Malinoff, publia à son tour, dans le journal *Zaria* de Sophia et à l'occasion du premier anniversaire de la fameuse attaque, un article où il disait : « Pour moi, la date du 16/29 juin, celle à laquelle a été donné l'ordre d'attaquer les armées alliées, serbe et hellène, n'a pas plus d'importance que toutes les autres dates que portent, après la chute d'Andrinople, les autres ordres délivrés par le haut commandement, en vue de préparer la seconde guerre, cette guerre si ardemment désirée et dont l'idée a été soutenue avec tant d'enthousiasme par une foule de gens » [2]. Enfin le publiciste bulgare M. Léon Savadjian rapporte que le général Ivanoff, qui commandait les forces bulgares opposées à l'armée grecque, déclara : « Le 16/29 juin rappellera toujours le malheur de la Bulgarie, malheur dans lequel elle fut jetée d'une manière criminelle par des personnalités incapables, aux

---

[1] Voir le *Dnevnik* du 29 mai 1914. Cf. Balcanicus, *op. cit.*, p. 19.
[2] Voir le *Zaria* de Sophia du 16/29 juin 1914. Cf. Balcanicus, *op cit.*, p. VI.

instincts criminels, auxquelles étaient confiées les destinées de la Bulgarie et l'honneur de l'armée » [1].

Ces aveux bulgares, qui ne sont pas les seuls [2], suffisent amplement, croyons-nous, pour prouver que c'est la Bulgarie qui a préparé et exécuté l'attaque brusquée du 16/29 juin 1913, afin de s'approprier les bénéfices territoriaux obtenus par ses alliés aux dépens de la Turquie. « Mais, comme le remarque M. A. Debidour, cette attaque, qui était une véritable trahison, ne devait pas lui être profitable » [3]. Dans l'espace de trente jours, après avoir couru de victoire en victoire, les Serbes et les Grecs avaient refoulé triomphalement les Bulgares au delà de la Macédoine, à l'intérieur de leurs frontières. Les Grecs avaient même victorieusement progressé en Thrace, où ils avaient occupé toute la région jusqu'à l'Hèbre (Maritza) [4]. Enfin, l'intervention *in extremis* des Roumains et des Turcs avait porté à la Bulgarie le coup de grâce.

À la conférence de Bucarest qui s'ensuivit et où fut élaboré le traité homonyme, la Grèce fut représentée à nouveau par M. Vénisélos et fit preuve de la même modération dont elle avait témoigné à Londres. Dans son ardent désir d'établir, sinon une confédération balkanique, du moins une paix durable, elle sacrifia de vastes régions que ses troupes victorieuses avaient pourtant occupées au cours des opérations. Elle céda ainsi à sa fidèle alliée, la Serbie, Guevguéli et Doïran qui sont les clefs de Salonique. Elle renonça également à ses prétentions sur le district de Mo-

---

[1] Léon Sayadjian : *La Bulgarie en guerre*, Genève, Georg & Cie, p. 15.
[2] De nombreux autres aveux sont contenus dans les ouvrages précités de MM. Guéchoff, Balcanicus et Léon Savadjian, de même que dans le livre serbe signé « Veritas » : *La Bulgarie actuelle et ses prétentions*, Belgrade, 1915, et aussi dans Victor Kuhne : *Les Bulgares peints par eux-mêmes* (Voir surtout p. 31, note 1 et p. 35), etc., etc.
[3] Debidour : *Histoire diplomatique de l'Europe*, II, p. 207.
[4] Outre les ouvrages historiques cités à la page 402, n. 4, voir aussi C. N. Rados : *La Guerre gréco-bulgare*, Paris, 1913 (numéro spécial de la revue *Graecia*); lieutenant-colonel Boucabeille : *La Guerre interbalkanique*, Paris, Chapelot, 1914; T. Ambélas : *Histoire de la guerre gréco-bulgare* (en grec), New-York, 1914, etc.

nastir. D'autre part, elle céda aux Bulgares la Macédoine nord-orientale avec les villes de Stroumnitza, Pétritch, Méléniko et Névrokopi. Elle leur céda encore toute la Thrace occidentale entre les fleuves Nestos et Hèbre (Maritza), avec les villes de Xanthi, de Gioumouldjina, de Dédéagatch, etc., etc. Ainsi, la Grèce abandonna à la Bulgarie des territoires occupés grâce au sang de ses soldats, plus vastes que ceux qu'elle conservait : ils avaient une superficie de 26.100 kilomètres carrés [1], et une population hellénique bien plus forte que la population exarchiste incorporée dans les frontières grecques [2]. Et ce sacrifice, consenti par la Grèce en faveur de la Bulgarie et en dépit de la trahison et de la défaite de cette dernière, apparaît encore plus considérable, lorsqu'on pense aux appréhensions plus que justifiées que les précédentes persécutions antihelléniques des Bulgares inspiraient aux Grecs, quant au sort de leurs compatriotes qui, abandonnés entre leurs mains, furent effectivement soumis, aussitôt après, à de nouvelles souffrances, dont nous parlerons plus loin [3]. Et ce qui augmentait encore la valeur du sacrifice hellénique, c'était le morcellement de l'hellénisme en deux, consé-

[1] Voir dans la *Revue hebdomadaire* (XXIVe année, n° 11, du 13 mars 1915), une carte extraite de la *Nineteenth Century* et indiquant les régions occupées par les troupes grecques et cédées par la Grèce à la Bulgarie.

[2] Cf. A. Andréadès, *ibid.*, p. 151 et 153. Sur la population de la Thrace voir le mémoire précité de M. Vénisélos, p. 5 et sq; les statistiques citées par M. Léon Maccas dans les *Études franco-grecques*, octobre 1918, p. 413 sq. Mais rien ne saurait mieux prouver le caractère non bulgare des territoires obtenus par la Bulgarie en 1913, qu'une carte des territoires bulgares présents et futurs, que le Gouvernement bulgare publiait en 1907, à l'usage des recrues. Cette carte fait partie du petit volume édité sur l'ordre n° 76 du Ministère de la guerre bulgare et portant le titre : « Le camarade du soldat, manuel pour le soldat de toutes les armes » (p. 56). M. André Chéradame la reproduit dans son ouvrage : *Le plan pangermanique démasqué* (p. 210). Victor Kuhne écrit à son sujet : « La lecture de cette carte montre que la Bulgarie reçut en 1913 un territoire que ce document officiel ne reconnaît pas comme « terre bulgare » (Voir Victor Kuhne : *La Macédoine. Prétentions bulgares*, p. 35, n. 2). Les cartes ethnographiques réunies dans l'atlas de Rizoff démontrent, elles aussi, le caractère grec de la Thrace (Voir, par exemple, les cartes d'Ami Boué, de Lejean, de Mackensie et Irby, d'Élisée Reclus, de Kiepert, de Synvet, dans Rizoff : *Die Bulgaren in ihren historischen, ethnographischen und politischen Grenzen*, p. 26, 32, 38, 42, 44, et 46).

[3] Voir les appels adressés par ces populations au Gouvernement grec dans Charles Vellay : *L'Irrédentisme hellénique*, p. 119.

quence inévitable de l'abandon de la Thrace. Le bénéfice recueilli par la Bulgarie grâce à la générosité de la Grèce était, d'autre part, d'autant plus important que le royaume du roi Ferdinand obtenait, en acquérant la Thrace, un très large accès à la mer Égée, avec deux ports : Porto-Lagos et Dédéagatch, ce dont les Bulgares n'avaient jusqu'alors jamais bénéficié au cours de leur histoire [1]. Et en général la Bulgarie sortait de Bucarest plus grande que la Grèce ou que la Serbie, bien que la nation bulgare soit numériquement plus faible que ces deux autres nations balkaniques [2]. On était, dès lors, en droit d'espérer que toutes ces concessions et tous ces sacrifices apaiseraient la politique bulgare et ouvriraient à la péninsule balkanique une longue ère de paix et de prospérité. Mais telles n'étaient ni l'opinion ni la volonté des patriotes de Sophia. Leur premier soin, après la conclusion du traité de Bucarest, fut d'introduire à nouveau en Macédoine le régime de terreur imposé par leurs comitadjis. Mais la défaite écrasante infligée aux bandes de ces derniers par les troupes serbes à Valandovo mit fin à ces sortes d'entreprises; elle servit, néanmoins, aux chauvins de Sophia pour proclamer à cor et à cri que les Serbes massacraient les populations bulgares de Macédoine qui se révoltaient contre leur « joug » [3]. La propagande bulgare se poursuivit d'ailleurs sans relâche dans la presse, aussi bien que par la publication de brochures, de livres ayant une apparence scientifique, etc., etc.

Mais c'est surtout depuis le déclenchement de la Grande Guerre que les Bulgares entreprirent avec acharnement cette violente campagne, lançant à l'adresse de ces « infâmes bandits » qu'étaient leurs ci-devant alliés les pires

---

[1] Voir *supra*, p. 256. Toutefois les Bulgares n'ont pas su utiliser ces ports.
[2] Voir *supra*, p. 261.
[3] Voir le mémoire adressé le 11 mai 1915 par le Comité national bulgare de Sophia aux Ministres des affaires étrangères, etc., des six Grandes Puissances, p. 7.

des injures, pour le « crime » qu'ils ont commis à Bucarest, et inondant l'univers entier des théories et des renseignements les plus stupéfiants et les plus mensongers sur le caractère soi-disant bulgare de la Macédoine. Et considérant leur victoire certaine aux côtés des Empires centraux, ils se mirent à formuler des prétentions territoriales chaque jour plus étendues, menaçant d'un véritable démembrement la Grèce, la Serbie et la Roumanie. L'Entente eut beau offrir au Gouvernement de Sophia d'importants territoires grecs et serbes, en échange du concours militaire de la Bulgarie et en vue de l'établissement d'une union balkanique dirigée contre les Empires centraux. Les Gouvernements serbe et grec eurent beau, de leur côté, observer une attitude résignée et soutenir ainsi les démarches de l'Entente, en vue de l'intérêt général [1]. La Bulgarie, qui était déjà, depuis un an, attachée au sort des Empires centraux par une alliance qu'elle n'avait cessé de solliciter depuis 1913 [2], après s'être longtemps moquée des Puissances de l'Entente qui ne pouvaient soupçonner un double jeu aussi perfide, a lâchement profité de l'agression autrichienne contre les Serbes pour donner à ces derniers un coup de couteau dans le dos, de même qu'au moyen âge elle attaquait par derrière les Byzantins pendant qu'ils luttaient contre le danger asiatique.

---

[1] Voir Yves-Guyot : *La Question bulgare*, dans le *Journal des Économistes*, t. XLVIII, décembre 1915, p. 371, et Léon Maccas : *Ainsi parla Vénisélos...* Paris, Plon édit., 1916. Les dispositions modérées des Grecs et des Serbes, qui se heurtaient à l'intransigeance des Bulgares dans leur effort d'établir la Confédération balkanique apparaissent d'une manière évidente à la lumière d'une enquête faite par la *Revue hebdomadaire* pour fixer les points de vue des pays balkaniques au sujet de leur union éventuelle. Voir les réponse de M. Andréadès (*L'Union balkanique — La Grèce*), de M. Cvijić (*La Pensée de la nation serbe*) et de M. Matéi Ghéroff (*Le Problème national bulgare*), dans la *Revue Hebdomadaire*, XXIV° année, n° 11, du 13 mars 1915, n° 13, du 27 mars 1915, et n° 15, du 10 avril 1915.

[2] Voir surtout, dans le *Journal des Débats* du 1er avril 1919, les textes du *Traité d'amitié et d'alliance* et des *Conventions secrètes*, signés entre l'Autriche-Hongrie et la Bulgarie en août-septembre 1914 et en août-septembre 1915, accompagnés d'un article explicatif de M. Auguste Gauvain. Voir aussi *Le Temps* du 3 avril 1919 et le *Memorandum Berchtold* adressé en juillet 1914 à l'empereur d'Allemagne, dans le *Temps* du 29 mai 1919.

Est-il besoin de le dire? Renouvelant leur tentative du lendemain du 16/29 juin 1913, les patriotes de Sophia n'ont pas, de nouveau, hésité à prétendre que ce sont les Serbes qui attaquèrent les premiers les malheureux Bulgares! Voici en effet ce que nous lisons dans le livre de M. D. Micheff, intitulé : *La Serbie et la Bulgarie devant l'opinion publique :* « Et en 1915, ce n'est pas la Bulgarie qui a attaqué la Serbie, c'est, au contraire, la Serbie qui, la première, avait massé à la frontière bulgare des troupes, prêtes à envahir le territoire bulgare et à paralyser toute mobilisation des forces bulgares » [1]. Du reste, toujours d'après les patriotes bulgares, les Serbes n'étaient pas là, ni à leur première, ni à leur seconde provocation. En juillet 1914, ce sont encore eux qui attaquèrent, les premiers, l'Autriche-Hongrie, de même que les Français furent les agresseurs de l'Allemagne et par conséquent les responsables de la guerre. Le *Narodni Prava* de Sophia ne craint pas de l'affirmer formellement : « C'est Sazonow qui a donné la possibilité aux Serbes de rejeter l'ultimatum austro-hongrois et d'envahir le territoire austro-hongrois deux jours avant la déclaration de guerre, tout comme les Français ont pénétré sur le territoire allemand un jour avant la notification officielle des hostilités » [2].

Envers le Gouvernement germanophile qui dirigeait en ce moment la politique grecque et à l'inaction criminelle duquel on doit attribuer le succès de l'agression bulgare contre la Serbie, la politique bulgare ne fut pas empreinte de moins d'ingratitude. Le jour même où les troupes bulgares pénétraient à Monastir (4 décembre 1915), on affichait une proclamation du général Théodoroff adressée aux « Bulgares de la Macédoine et de la région de la Morava ». Après une entrée en matière pleine de fanfaronnades, qui

---

[1] Micheff : *La Bulgarie et la Serbie devant l'opinion publique*, p. 29. Voir aussi p. 38 et 39.

[2] *Narodni Prava* du 21 juin 1916. Cf. Victor Kuhne : *Les Bulgares peints par eux-mêmes*, p. 31, n° 1 *in fine*.

nous apprend pour la première fois que la Bulgarie ne fut pas libérée par les Russes mais par suite d'une révolution bulgare contre le joug turc, la proclamation du véridique général informait les « Bulgares de la Macédoine et de la région de la Morava » qu'en 1912 c'est l'armée bulgare qui « par sa gloire et sa vaillance a permis à la Grèce et à la Serbie de se distinguer aux yeux du monde, malgré leur faillite morale, militaire et politique »; qu' « à l'heure où l'armée bulgare se battait en faveur de tous les alliés, la Serbie a conclu, derrière nous, avec les Grecs, les Roumains et les Turcs une alliance digne de brigands infâmes; et l'on a voulu nous piller, croyant qu'étant battus nous ne pourrions pas défendre notre droit. Quelle bassesse! Quelle infamie! » Et encore, que « les Serbes et leurs alliés, ces bandits, ont accouru à Bucarest, — telle une véritable bande de brigands, — pour s'emparer à qui le plus de morceaux de cette Bulgarie qui luttait avec honneur pour le bien commun ». Et le général Théodoroff ajoutait : « Nous sommes prêts à supporter de nouveaux sacrifices pour libérer aussi nos autres frères, témoignant ainsi notre fidélité à la mémoire des premiers ouvriers nationaux de la Macédoine ». (Suivaient les noms de quelques comitadjis, tels Gotche Deltcheff et Yaghof, l'un de Kilkis, l'autre de Castoria, villes appartenant toutes les deux à la Macédoine grecque) [1].

Nous ne parlerons pas de la conduite ultérieure de la Bulgarie qui alla jusqu'à formuler des prétentions, non plus seulement sur la Macédoine orientale qui, contre de vaines et mensongères promesses, avait été honteusement livrée à ses troupes par le Gouvernement germanophile du roi Constantin, mais aussi sur d'autres territoires hellé-

---

[1] Aux représentations faites à cette occasion par le Gouvernement grec, M. Passaroff, ministre de Bulgarie à Athènes, n'hésita pas à répondre, suivant les usages diplomatiques bulgares, par un démenti écrit et verbal, niant formellement la proclamation de Théodoroff. Et lorsqu'en guise de réplique on lui fit lire un exemplaire de cette proclamation envoyé à Athènes par le consul de Grèce à Monastir, M. Passaroff dut s'enfuir précipitamment du ministère grec.

niques qui s'étendent « jusqu'à Jannina et encore plus loin » suivant les déclarations mêmes faites en avril 1918 par le généralissime bulgare Jekoff à la *Kambana* de Sophia. Nous nous bornerons seulement à publier ici une des poésies du poète bulgare M. Arkoudoff, que ses compatriotes surnomment « le Pindare de la Bulgarie »; on y verra un vivant témoignage de la haine effrénée qui anime les Bulgares contre les Grecs et aussi une preuve des progrès médiocres que le lyrisme bulgare a accomplis depuis qu'il se dépensait à célébrer les exploits des haidouts. Voici la traduction littérale de ce poème :

Avant que l'astre du jour ne s'élève au ciel à une hauteur de sept toises, que le lac de sang, que l'épée bulgare fera verser, s'élève lui aussi plus haut que sept toises. Vois-tu ce vieillard courbé qui traîne derrière lui sa misérable vieillesse et cherche à se moquer de la mort et de ton élan guerrier? Écrase-le sous tes pieds, arrache-lui avec une fourchette les yeux troubles qui ne sont pas dignes d'admirer la grandeur de la Bulgarie et fais-les-lui avaler, car, depuis trois jours, il n'a rien ni mangé ni bu. Qu'attends-tu, jeunesse bulgare? En avant! Toujours en avant!

Le tapis que nous font les corps veloutés des femmes et des enfants est plus mou que l'herbe d'avril. Jouis d'abord à satiété de leur fraîcheur, et quand ton âme sera assouvie en mordant au fruit succulent de la jeunesse, quand tu seras déjà saoul de volupté et d'héroïsme, mets alors ces corps en morceaux et marche sur eux comme sur un tapis royal. Que le fer de ton cheval s'abatte sur le sein des femmes, pour faire tarir la source du lait qui donne de la vie à nos ennemis. Qu'attends-tu, jeunesse bulgare! En avant! Toujours en avant!

Fils de Typhon, imite ton père. Partout où tu passeras qu'il ne reste pierre sur pierre, qu'aucun enfant ne se réjouisse au sein de sa mère et qu'aucun vieillard n'ait pour soutien l'épaule de son petit-fils. Donne leurs têtes aux chiens affamés, qui flairent dans la nuit ton approche et se lèchent de contentement! Et leurs âmes, jette-les aux enfers, là où s'ouvre l'immense abîme, qui est prêt à avaler toute âme indigne de dévisager la lumière du soleil bulgare. Et qu'avant que le jour de Dieu ne se lève, il ne reste sur les décombres, accumulées grâce à ta main, que des squelettes et des lambeaux humains! Et que monte vers le ciel la fumée de cette chair humaine qui se consume et que les dieux de l'Olympe bulgare chérissent tant ! En avant, jeunesse bulgare ! Toujours en avant [1] !

Mais ce qui constitue un véritable et unique monument d'ingratitude, ce fut la conduite observée par les Bulgares envers la Russie, c'est-à-dire envers la puissance qui, abstraction faite de ses propres arrière-pensées, a sacrifié 300.000 de ses enfants pour soustraire les Bulgares au joug tyrannique des Turcs. Si, au moins, ces ingrats s'efforçaient de sauver les apparences, en entreprenant contre les Russes leur guerre matricide ! Mais non ! La cathédrale de Saint-Alexandre-Nevski qui fut érigée à Sophia en l'honneur de l'empereur de Russie Alexandre II, « le tzar libérateur », et, pour la plupart, grâce à des souscriptions russes, fut appelée par eux église des Saints Cyrille et Méthode, « saints nationaux bulgares » [2]. Ils s'en prirent aussi à la statue d'Alexandre II qui s'élève à Sophia. Le professeur M. Gheorghieff écrivait dans la *Neue Freie Presse* du 17 septembre 1916 qu'on se demandait dans les couloirs du Sobranié : « A quoi peut servir encore ici le monument de l'Empereur libérateur ? » Mieux encore. En souvenir de la rencontre à Constanza de l'empereur Nicolas et du roi de Roumanie, les *Narodni Prava* du 26 septembre 1916 proposaient d'élever « un monument de honte dont le piédestal aura la forme d'une tête de poule et d'une bouteille de votka, symboles de l'apachisme valaque et de la bêtise russe » [3]. L'*Écho de Bulgarie* disait, dans son numéro du 17 octobre 1916 : « On a tort de considérer à l'étranger que la Bulgarie a été appelée à la vie autonome par la volonté exclusive de la Russie. Lorsque les armées du tsar traversèrent le Danube, elles trouvèrent une nation déjà formée, un peuple apte à l'existence indépendante » [4]. La *Kambana*

---

[1] Ce poème caractéristique a été lu, à la Chambre grecque, par M. Popp, député de Psara. Il a paru dans l'*Hestia* d'Athènes du 10/23 octobre 1917.
[2] Voir Victor Kuhne : *Les Bulgares peints par eux-mêmes*, p. 158.
[3] Voir aussi Victor Kuhne, *op. cit.*, p. 160-161.
[4] Cf. *supra*, p. 386-388.

du 8 septembre 1916 écrivait à son tour : « Les soldats russes tombés sous le couteau des héros bulgares implorèrent la vie sauve par ces cris : « Nous sommes des frères, « nous sommes des parents... Grâce ! Le Bulgare ne fut jamais aussi fier qu'au moment où il vit à genoux devant lui le protecteur orgueilleux et lâche d'hier, le voisin criminel et l'ennemi héréditaire. » Le métropolite de Stara Zagora, Mgr Methodié, envoyait à Ferdinand, à l'occasion de la prise de Tutrakan, la dépêche suivante, publiée par les *Narodni Prava* du 15 septembre 1916 : « L'Esprit saint est avec nous. Voilà pourquoi les Serbes, les Anglais et les Italiens mourront par l'épée de nos soldats. La mère russe, la « matouchka », a ressenti aussi son tranchant ! Mais elle sera reconnaissante quand même. Elle a éprouvé la valeur de notre acier et s'est convaincue que ses élèves sont devenus de remarquables maîtres... » [1]. Et M. Jacques Bainville de conclure dans un article sur « le cynisme bulgare » que la Bulgarie « n'a haï personne autant que la Russie à qui elle devait sa délivrance » et de faire remarquer qu' « il y a deux mots qui manquent dans la langue bulgare : c'est *amour* et *reconnaissance* » [2].

Et la Grèce — et lorsque nous disons *la Grèce* nous entendons le peuple grec et le gouvernement populaire de M. Vénisélos — la Grèce que faisait-elle pendant ce temps ? Elle offrait son alliance à ses trois puissances protectrices, au moment même où les nouvelles annonçaient la retraite des armées françaises, refoulées par l'attaque brusquée des Allemands, et impressionnaient l'univers entier, au moment où rien encore ne faisait prévoir la première victoire de la Marne. Et plus tard, lorsque, aux élections du 31 mai/13 juin 1915, il fut placé devant le dilemme de choisir entre la guerre, avec tous les maux qu'elle comporte, et la neutralité lui garantissant la paix et la tranquillité, le peuple grec,

---

[1] Victor Kuhne, *op cit.*, p. 155-156, 159-160 et 277-278.
[2] Voir la *Liberté* de Paris, du 6 mai 1918.

qui pourtant venait à peine de sortir de deux guerres successives, répondit : *La guerre aux côtés de l'Entente*, en approuvant par une majorité écrasante la politique de M. Vénisélos. Mais le peuple grec a fait mieux. Il a fait une révolution pour participer à une guerre étrangère. C'est là un événement unique dans l'histoire et c'est avec un légitime sentiment de fierté que M. Politis, ministre des affaires étrangères de Grèce et professeur honoraire de droit international à la Faculté de droit de Paris, disait dans son discours prononcé le 28 décembre 1918 à la Sorbonne : « Je ne connais pas dans l'histoire, d'exemple de révolution entreprise pour permettre la guerre étrangère. D'ordinaire les révolutions sont faites pour éviter ou pour terminer la guerre. Cette fois elle avait lieu pour la rendre possible »[1]. Plus tard encore les soldats grecs ont choisi les jours sombres qui ont précédé la seconde bataille de la Marne pour donner à leurs camarades d'Occident un peu de réconfort moral : c'est en mai 1918 qu'ils attaquèrent en Macédoine et remportèrent la victoire de Skra-di-Legen. Et ce n'est que lorsque la réunion du matériel nécessaire permit que le nombre des divisions grecques fût porté à dix, que fut entreprise sur le front macédonien cette attaque générale qui, au bout de quinze jours, mettait la Bulgarie hors de combat, qui marqua le commencement de la fin de la Grande Guerre et qui inspira au généralissime Franchet d'Espérey ces paroles, dans une dépêche adressée au président du Conseil de Grèce : « Les enfants sont dignes de leurs ancêtres »[2].

---

[1] Voir *L'Effort grec*, publication du Comité « L'Effort de la France et de ses Alliés », Paris, Bloud et Gay, édit., p. 37.

[2] Voir *L'Effort grec*, p. 38. Sur l'effort militaire de la Grèce dans la Grande Guerre, voir aussi Général Milne (commandant en chef de l'armée britannique sur le front d'Orient) : *Rapport sur l'offensive en Macédoine*, publié dans le supplément de la *London Gazette* du 22 janvier 1919, et, en ce qui concerne spécialement la participation des troupes helléniques, dans *La Grèce devant le Congrès*, Paris, Boivin, éd., 1919, p. 35 sq.; Général Guillaumat (qui avait précédé le Général Franchet d'Espérey au commandement de l'armée d'Orient) : *Récit de la bataille de Skra-di-Legen*, dans *La Grèce devant le Congrès*, p. 48 sq.; Général Malleterre : *La Bataille*

Ajoutons que les soldats grecs ont, dans la suite, combattu à côté des troupes françaises en Russie et que leur conduite, dans ce pays, fut encore si digne d'éloges que M. Abrami, sous-secrétaire d'État de l'Administration de la guerre, a cru devoir faire devant la Chambre française, au cours de sa séance du 17 juin 1919 et au milieu de ses applaudissements, les déclarations suivantes : « Nos hommes, vous le savez, n'ont pas été seuls en Orient. Spécialement dans l'affaire d'Odessa, ils ont rencontré les éléments d'une armée amie que son chef a, par deux fois et dans des circonstances impressionnantes pour la France, vouée à notre cause et à celle de l'Entente. La première fois, c'était avant notre victoire sur la Marne, en 1914; au moment le plus cruel de nos revers, quand beaucoup pouvaient désespérer du sort de ce pays, M. Vénisélos a dit au roi Constantin et à son peuple : « Le moment est « venu de vous déclarer. Même si la France est malheureuse, « surtout alors qu'elle est malheureuse, même si sa cause « doit succomber, le moment pour ses amis est venu de « se compter autour d'elle ». Vous savez comment s'est comportée cette armée. Les hommes que nous avons rencontrés à côté des nôtres à Odessa, à Beresowska, à Kherson, sont restés les émules de leurs frères du Kaïma Kalan, du Dobropolje, de la Strouma, de tous ceux qui ont contribué à la victoire de l'armée d'Orient et qui ont à nos côtés battu la Bulgarie et par là ouvert la grande brèche. Au lendemain même de l'armistice avec la Bulgarie, pour la seconde fois, enlaçant pour ainsi dire la cause de sa patrie à celle de la France et de l'Entente, le grand chef d'État qui préside aux destinées de la Grèce

---

de la Macédoine, ibid., p. 7 sq.; les chroniques du colonel Bujac, dans les Études franco-grecques de janvier, mars et avril 1919, p. 585 sq., 741 sq. et p. 11 sq.; et de Stagiritis, dans les Études franco-grecques de juillet et novembre 1918, p. 218 sq. et p. 457 sq.; Colonel Mazarakis : L'Armée hellénique en Macédoine, dans la Revue de Paris du 15 décembre 1918 et en tirage spécial; L'Armée grecque et la victoire d'Orient, avec 49 photographies inédites et 2 cartes. Paris, Berger-Levrault, 1919; The Greek Army and the recent Balkan offensive, London, George Allen & Unwin, Ltd, 1919, etc.

a dit spontanément au général Franchet d'Esperey et au Gouvernement français : « Notre tâche contre le Bulgare « est terminée. Si la France, si l'Entente ont besoin du « concours de la Grèce pour une mission quelconque, dans « le cadre de l'alliance, mes troupes sont à votre disposi-« tion. » C'est pour cela, Messieurs, que le Gouvernement français a eu l'honneur de prélever un certain nombre de bataillons de l'armée hellénique et de les engager dans l'affaire d'Odessa. Ils s'y sont conduits dignement et, par deux fois, après avoir subi des pertes cruelles, ils ont été cités à l'ordre du jour par le général d'Anselme. Je suis sûr que la Chambre voudra se joindre à l'orateur qui occupe en ce moment la tribune pour marquer sa reconnaissance, en même temps qu'aux poilus français, à leurs frères de l'armée hellénique. » Et le Ministre des affaires étrangères, M. Stephen Pichon, de s'exprimer, à son tour, au cours de la même séance, en ces termes : « Mon premier mot sera pour m'associer à l'hommage qui vient d'être rendu par M. Abrami aux troupes grecques qui collaborent avec nous à l'œuvre que nous entreprenons en Orient. Depuis le retour de M. Vénisélos au pouvoir, nous n'avons pas eu d'alliés plus sûrs, plus fidèles et plus courageux que les Grecs. Nous les avons rencontrés à nos côtés en toutes circonstances, toujours sûrs et toujours fidèles, particulièrement au moment des événements si regrettables, parfois si douloureux, qui font l'objet du présent débat, et je suis heureux de les remercier, au nom du Gouvernement, du haut de cette tribune ». (*Applaudissements*) [1].

Telle fut la conduite de la Grèce et telle fut l'attitude de la Bulgarie dans leurs rapports internationaux, aussi bien dans leurs rapports mutuels que dans leurs relations avec les Grandes Puissances. Qu'il nous soit à présent permis, pour compléter le parallèle entre la politique des deux

---

[1] *Journal officiel* du 18 juin 1919.

pays, de jeter un rapide coup d'œil sur leur action intérieure. Nous verrons ainsi l'usage que Grecs et Bulgares ont fait de leur autorité gouvernementale et administrative, vis-à-vis surtout des populations étrangères habitant dans leurs territoires ou provisoirement soumises à leur régime d'occupation. D'ailleurs, ce point est le plus important.

Il est, croyons-nous, inutile de souligner la ressemblance que présentent les Grecs modernes avec les Grecs anciens, au double point de vue physique et moral. Depuis que Pierre-Augustin Guys a fait, en 1783, le parallèle entre les uns et les autres, dans son *Voyage littéraire de la Grèce*, un grand nombre d'écrivains sont venus confirmer ce fait important et montrer que les Grecs de nos jours ont hérité de toutes les vertus et aussi de tous les défauts de leurs ancêtres, malgré les théories de Fallmerayer, de « ce pédant d'Allemagne », comme l'a appelé M. Gaston Deschamps, qui « a prétendu ôter aux Grecs modernes le plaisir de regarder l'Acropole comme leur propre bien »[1]. Et parmi les vertus transmises et conservées, il n'en est certes pas de plus précieuse que l'attachement de l'Hellène moderne aux principes libéraux et démocratiques[2].

Nous avons déjà signalé que Rhigas de Vélestino, qui, le premier parmi les Grecs, pensa au régime futur de la Grèce bientôt affranchie, élabora une constitution fondée sur la base de la loi constitutionnelle française de 1793[3]. Ces mêmes principes libéraux inspiraient les autres patriotes grecs qui préparaient, d'accord avec lui, la lutte pour l'indépendance hellénique : ils n'hésitèrent pas à en faire l'aveu, au cours de l'instruction ouverte contre eux en 1798

---

[1] Gaston Deschamps, dans *Le Livre de Centenaire du Journal des Débats*, p. 561.
[2] Voir Élisée Reclus : *Nouvelle Géographie universelle*, I. L'Europe méridionale, Paris, Hachette, 1876, p. 63 sq. Cf. un intéressant article de M. Gomez-Carillo sous le titre : *Le Monde hellénique*, dans *L'Hellénisme*, numéro du 1er-15 décembre 1908, p. 14 sq.
[3] Voir *supra*, p. 343.

à Vienne par le Gouvernement autrichien, par cet ennemi de toute liberté. En effet, il ressort des documents publiés par Émile Legrand sur Rhigas de Vélestino, que Panayotis Emmanuel n'a pas dissimulé au juge instructeur que « plus d'une fois dans les cafés (de Vienne) il a parlé de l'esprit rénovateur français de nos jours, tant au point de vue politique que militaire, et qu'il s'est exprimé favorablement sur la liberté des Français, ajoutant que tout Grec qui connaît le régime politique de l'ancienne Hellade est, de ce fait, bien disposé envers le régime actuel de France, parce que celui-ci est presque en entier emprunté aux lois de Solon, le célèbre savant, et parce que les Grecs ne peuvent que se rendre compte de la grande différence qui existe entre le régime actuel de la Turquie et celui des anciens Hellènes »[1]. Argentis s'est exprimé dans le même sens en faveur des Français et de la république, et il a déposé, au cours de l'instruction, que d'autres Grecs aussi avaient fréquemment parlé chez lui en faveur des Français et ne cachaient pas l'enthousiasme que leur inspirait le régime de ces derniers. Quant au vaillant Dr Nicolidès, il a proclamé qu'il chantait, avec d'autres, des strophes de la *Marseillaise* dans la maison d'Argentis ; « il a aussi parlé de la constitution française et il défendit le régime actuel des Français à cause de sa grande ressemblance avec l'ancien régime de la Grèce ». Il a enfin courageusement avoué qu'il avait mis en cause les tyrans et qu'il les avait accusés d'opprimer le peuple, alors qu'en France règne la justice, qui n'existe pas dans les monarchies. Les autres patriotes qui entouraient Rhigas louaient souvent, à leur tour, les institutions françaises et souhaitaient de les voir introduites dans leur pays[2].

Après les premiers succès de leur grande révolution de 1821, les Grecs s'attachèrent à se donner une constitution.

---

[1] Cf. Sp. Lambros : *Révélations sur le martyre de Rhigas*, p. 44-45.
[2] Cf. Sp. Lambros, *ibid.*, p. 45.

En 1822 ils votèrent à Épidaure une constitution provisoire. A Astros, une nouvelle charte provisoire fut votée l'année suivante. Une troisième constitution fut enfin élaborée en 1827 à Trézène. Or, la seconde était plus libérale que la première et la troisième plus démocratique encore que la seconde.

Mais la diplomatie européenne récompensa ce zèle libéral et démocratique des Grecs en installant dans le royaume de Grèce, à peine fondé, la réaction et l'absolutisme [1]. Et, comme nous l'avons déjà remarqué, il a fallu trente années de luttes pour que les Grecs acquissent un régime s'adaptant davantage à leur caractère libéral et démocratique [2]. Or, il est peut-être vrai que ces trois décades furent perdues pour le progrès général de l'État, ce qui attira incontestablement sur la Grèce les critiques et les reproches de l'opinion européenne. Il n'en est pas moins certain que ce pays devint, dans les Balkans, grâce à ses efforts, le modèle d'un État constitutionnel où chaque citoyen a appris non seulement ses obligations mais aussi ses droits, contrairement à ce qui a lieu dans la plupart des autres pays balkaniques, où les élections législatives ne sont qu'une parodie du régime constitutionnel. En outre, les Grecs n'étant point xénophobes, contrairement encore aux Bulgares et à d'autres peuples balkaniques, ils ont fait de leur pays un pays hospitalier à tout le monde, agréable au Grec comme à l'étranger, au chrétien comme au non-chrétien, qui peuvent tous respirer avec une égale facilité l'air de la liberté et de la sécurité [3].

Voici en effet ce qu'écrivait à propos de la Grèce, il y a une vingtaine d'années, le professeur allemand Gustav Weigand, qui ne peut sans doute pas être considéré comme philhellène : « Le peuple veut être libre, veut se gouverner

---

[1] Voir *supra*, p. 398.
[2] *Ibid.*
[3] Voir Berl : *La Grèce moderne*, dans *La Grèce*, p. 313 sq.

tout seul et conduire ses destinées ; en Grèce règne plus de liberté que chez nous, ce qui n'est pas difficile, mais peut-être plus qu'il n'en faut. Quelle immense différence, lorsqu'on passe de la Macédoine ou de l'Épire en Thessalie, qui a fait de si grands progrès sous l'administration grecque, et où, là, on se sent délivré d'un poids écrasant. C'est le sentiment que j'éprouvai lorsque, après un voyage de sept mois en Épire, en Albanie et en Macédoine, j'arrivai en Thessalie ; je tressaillis littéralement de joie de pouvoir enfin respirer dans une ville où règne la précieuse liberté si chère au cœur de l'homme » [1].

Remarquons encore qu'aussitôt la Thessalie annexée en 1881 à la Grèce, nombreux furent les députés turcs qui siégèrent au Parlement grec. D'autres Turcs furent encore élus maires de districts où, pourtant, l'élément musulman ne constituait pas souvent la majorité. Un libéralisme administratif tout à fait semblable fut appliqué depuis 1912 à la Macédoine, qui a, entre autres, envoyé à la Chambre grecque dix-huit députés turcs [2]. Nombreux sont aussi en Macédoine les maires turcs, et la préfecture de Drama a, en ce moment, à sa tête, un Turc également, Naïp Zadé, qui est regardé comme un des meilleurs fonctionnaires de l'administration grecque. Ajoutons encore que jamais il n'y eut en Grèce le moindre mouvement antisémite ; les Israélites y vivent et travaillent en toute liberté, ne craignant qu'une chose de la part des Grecs : la concurrence de leur esprit commercial [3].

Mais ce qui honore encore plus les Grecs c'est leur conduite envers les populations slaves exarchistes que la propagande bulgare avait si intensément fanatisées. Aussitôt

---

[1] Weigand : *Die nationalen Bestrebungen der Balkanvölker*, Leipzig, 1898, p. 15.

[2] Il est vrai qu'aux dernières élections législatives bulgares, un certain nombre de députés turcs furent aussi envoyés au Sobranié par la Thrace, qui est, comme on sait, exclusivement habitée par des Grecs et des Turcs. Nous verrons néanmoins plus loin (p. 436 sq.) ce que pensent ces députés de l'administration bulgare.

[3] Voir Léon Maccas : *La Grèce et les Israélites*, Athènes, 1913.

ces populations incorporées dans son territoire, le Gouvernement grec s'empressa de les informer qu'elles étaient libres de quitter la Grèce, si tel était leur désir, et toute facilité leur fut accordée pour la vente ou la location de leurs biens immobiliers [1]. Ceux qui restèrent, et ce fut la presque totalité, ont toujours joui, ainsi que les Musulmans, d'un traitement en tous points égal à celui dont les Grecs furent l'objet, et ils ont appris qu'ils peuvent toujours compter sur une administration juste et impartiale [2]. Certes, les patriotes bulgares, qui transformèrent leurs comitadjis battus à Valandovo par les troupes serbes en victimes d'un prétendu mouvement révolutionnaire dirigé contre le « joug » de la Serbie, ne peuvent pas avouer ouvertement le caractère irréprochable de l'administration grecque. Leurs aveux sont néanmoins contenus dans plusieurs lettres adressées de Bulgarie par des agents de la propagande bulgare à leurs anciens collaborateurs parmi les Slaves exarchistes de la Macédoine grecque. Ces derniers étaient invités à y fomenter des troubles; ils s'empressèrent de communiquer ces documents aux autorités helléniques, ajoutant qu'ils désapprouvaient toute idée de mouvement hostile à un Gouvernement qui s'était conduit paternellement à leur égard. Nous avons pu avoir connaissance de deux de ces lettres, dont nous estimons utile de publier aussi bien le fac-similé que la traduction. Les voici :

Smolari, le 12 novembre 1914.

A M. Chr. Triantaphylloff.

J'espère que la présente lettre vous trouvera en bonne santé, de même que nous sommes en bonne santé à notre tour. Cette lettre est déjà la troisième que je vous envoie sans avoir de vous aucune réponse. Je suis surpris que tu ne me répondes

---

[1] Voir le *Livre blanc hellénique* de 1917, *Supplément*, doc. 35.
[2] Voir le *Rapport du professeur Dr R.-A. Reiss de l'Université de Lausanne, sur la situation des Macédoniens et des Musulmans dans les nouvelles provinces grecques*, Paris, Plon, 1918.

pas. Ne serais-tu pas devenu, toi aussi, un *grécomane*, au point d'oublier ta nationalité? Penses-y deux fois, car le jour viendra où nous y retournerons, et alors tous ceux qui ont changé de nationalité s'en repentiront. Je t'en parle amicalement, à toi ainsi qu'à tous les nôtres. Ne fréquentez pas l'église grecque et n'envoyez pas vos enfants à une école grecque. Plaignez-vous autant que vous pouvez du Gouvernement grec et, dans chacune de vos lettres, écrivez que vous n'en êtes pas satisfaits, car nous montrons vos lettres aux journaux, pour que le monde apprenne quelle vie vous menez là-bas. Et ces paroles ne sont pas de moi; ce sont celles de quelqu'un de « grand » qui est venu à cet effet de Pétritch. Et comme je n'ai rien d'autre à vous écrire, je vous laisse, tout en vous saluant aussi bien vous que tous les amis qui demandent de nos nouvelles.

Bonne santé à vous tous et au plaisir de se revoir.

(s.) Athanase CONSTANTINOFF.

Et voici la seconde lettre :

Smolari, le 23 novembre 1914.

IVAN,

Je viens vous trouver par ma présente en bonne santé; nous sommes, nous aussi, en bonne santé. Ivan, je veux que tu m'écrives comment vous passez là-bas, sous l'administration grecque. Je sais que vous n'allez pas bien, mais n'ayez pas crainte. Le jour viendra, et bientôt, où notre Macédoine sera libérée des étrangers. Mais pour que cela se fasse, il faut que vous nous aidiez. Ainsi, quand l'autre jour, nos enfants se sont montrés à Bélech et vous ont fait signe d'aller vers eux, pourquoi en avez-vous eu peur? Je vous écris encore une fois pour que vous vous mettiez en garde contre les Grecs et, plus encore, contre les grécomanes. Vous devez toujours vous plaindre des autorités grecques et crier qu'on vous bat, qu'on vous insulte et qu'on vous humilie. Et, chaque fois que vous nous écrivez, plaignez-vous toujours d'elles et dites que vous ne pouvez plus vivre. Car, nous autres nous donnons ici toutes les lettres au Comité et elles sont envoyées en Europe. C'est seulement de cette façon que nous pourrons libérer notre Macédoine. Mais prenez bien garde. Il vaut mieux que ces lettres, vous les envoyiez à l'adresse de femmes, comme je le fais de mon côté.

Salutations à tous ceux qui demandent de mes nouvelles. Je te laisse en t'embrassant.

(s.) Georges TRAÏCOFF.

се чуда защото нема да
баранщ. дали иматъ
да рѣкоматъ избирава
четырма даскала при
училищав за иматете и
сѣки иакъ баше бил
и сегра комито изваде
немате васъ писаръ
което на правтещъ та и
не само на тебе но насреки
на Черква продкъ даре от
една уздко училищете и
да прииматъ. сѣки
да прабате пометъ от
по правителството

2   Зое 2. Иванъ

23, ... Иване

въ послѣднъо ида да
ви ка да ви заправе како и
такани . . . да зарабе.

Иване инъ да ми го
пом . . . .
знай и да заминат куди
прьви ка то тозу, пе са
съ . . . . . вы корато каси
ва си и съ . . . даи наде
. . . . прев. та
             И . . . рукъ отъ

DEUX LETTRES BULGARES

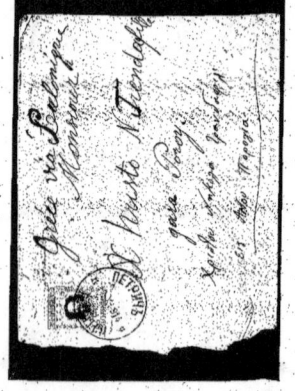
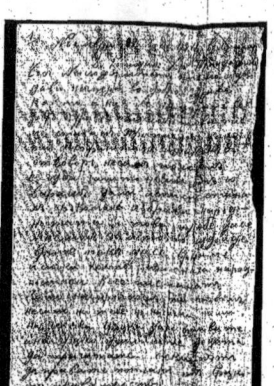
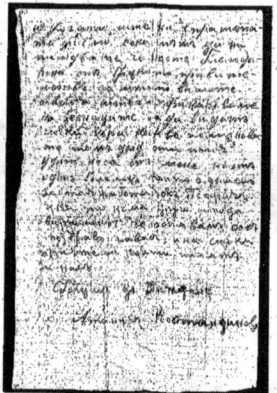

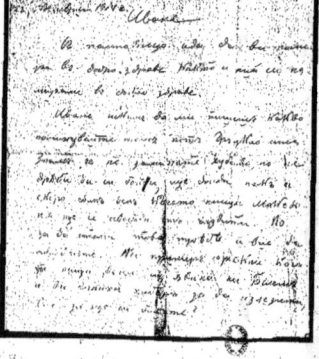
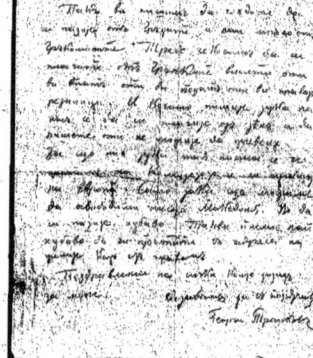

Passons maintenant à l'administration bulgare. Voyons comment les Bulgares, qui ont la prétention d'étendre leur hégémonie aux autres peuples balkaniques, se sont comportés envers les populations étrangères et notamment grecques soumises à leur domination. La première réponse à cette question nous est fournie par les persécutions inqualifiables commises en 1906 [1] contre les populations grecques de Varna, de Philippopoli, de Stenimachos, de Bourgas et d'un grand nombre d'autres localités de la Bulgarie proprement dite et de la Roumélie Orientale, où, notamment, la ville purement hellénique d'Anchialos fut incendiée et entièrement détruite. Nombreux furent les Grecs tués et l'on ignore le nombre de ceux qui furent enterrés sous les décombres; quant aux rescapés, ils se sont tous réfugiés en Grèce. Le nombre total des Hellènes qui furent alors persécutés était de 80.000 âmes. Rien que dans la région de Philippopoli furent pillées par la populace bulgare et confisquées seize églises grecques, trois monastères, seize écoles, cinquante biens-fonds appartenant à la communauté grecque de Philippopoli et un grand nombre de propriétés rurales appartenant à d'autres communautés helléniques. Quant aux dommages subis par les Grecs d'Anchialos, ils furent évalués à 19.250.000 francs. Et ces persécutions furent perpétrées sous l'œil impassible ou avec la complicité des autorités bulgares; elles atteignirent une population qui était d'origine grecque mais qui était, dans sa majorité, composée de sujets bulgares; et elles furent commises en violation des garanties dont jouissaient les populations étrangères soumises à la souveraineté bulgare en vertu du traité de Berlin de 1878 [2] et du statut de la Roumélie Orien-

---

[1] Pour les abus dont l'administration bulgare s'était antérieurement rendue passible envers les Grecs de Bulgarie, voir Kasasis : *L'Hellénisme et la Macédoine*, p. 28, et surtout le volume très documenté : *Agissements bulgares ayant pour but la suppression de l'autorité de l'Église grecque et la destruction de la nationalité grecque en Roumélie Orientale et en Bulgarie* (en grec), Athènes, 1908.

[2] Voir l'article 5.

tale [1] garantissant à ces populations le libre exercice de leur religion et le libre usage de leur langue [2].

La situation des Grecs de Bulgarie et de Roumélie Orientale qui survécurent à cette catastrophe ne s'est jamais, depuis, sensiblement améliorée. Mais leurs souffrances furent rejetées dans l'ombre lorsque les Bulgares accomplirent des horreurs et des atrocités pires encore, en Macédoine Orientale, d'octobre 1912 à juin 1913, c'est-à-dire aussi longtemps qu'ils occupèrent avant la guerre européenne cette province et surtout pendant la retraite de leurs troupes. Pareils aux soldats de Joannice [3], ceux de Ferdinand et leurs collaborateurs, les comitadjis, détruisirent à nouveau Serrès et aussi Nigrita et Doxato; et ils se livrèrent contre la population de cette région, qu'ils ont l'audace de revendiquer, à de tels massacres et à de telles cruautés, que Harden dut écrire à leur adresse dans la *Zukunft* : « Vous avez conservé les sauvages et hideux instincts des hordes dont vous êtes les descendants et qui ont, il y a mille ans, épouvanté le monde de leurs forfaits.

---

[1] Voir l'article 336.

[2] Sur les persécutions commises en 1906 en Bulgarie et en Roumélie Orientale et qui ont provoqué une interpellation de M. Denys Cochin à la Chambre française, voir le récit émouvant de M. Athos Romanos, ministre de Grèce à Paris, qui se rendit sur les lieux sinistrés quelque temps après : *Persécutions des Grecs en Bulgarie*, Athènes, 1906, et les publications officielles : *Mouvement antihellénique en Bulgarie et en Roumélie Orientale* (Extraits des rapports des autorités consulaires helléniques, juillet-août 1906) et *Tableau des fondations et des biens-fonds des communautés grecques pillés ou confisqués par la populace bulgare depuis le 16 juillet jusqu'au 14 août à Philippopoli, Sténimachos et en général dans toute l'étendue de la juridiction du consulat général de Philippopoli*. — Voir aussi la publication du patriarcat œcuménique : *Memorandums adressés aux représentants des Grandes Puissances à Constantinople et autres documents relatifs aux récents événements de Bulgarie et de Roumélie Orientale*, Constantinople, 1906; l'*Appel aux Gouvernements et aux peuples civilisés* (Memorandum des associations patriotiques d'Athènes), Athènes, 1906, et la publication de l' « Association patriotique des Thraces » : *Persécution des Grecs en Bulgarie et en Roumélie Orientale*, Athènes, 1906. De même : *Les horreurs bulgares et l'Europe* (en grec), Athènes, 1906; *Les horreurs bulgares contre l'hellénisme de la Roumélie Orientale*, dans la revue *Hellenismos* (en grec), 1906, p. 677 sq.; *La puissance de l'hellénisme de la Roumélie Orientale avant sa destruction*, dans la même revue, 1908, I, p. 373 sq.; D. J. Drossos : *Un mouvement antihellénique en Bulgarie*, dans *La Revue de Grèce*, 1ʳᵉ année, numéro du 1ᵉʳ septembre 1918, p. 52 sq. Voir aussi *Le Bulletin d'Orient*, juillet-août 1906, et *L'Hellénisme* (de Paris), numéros de mai-août 1906 et suivants.

[3] Voir *supra*, p. 241.

Vous les continuez aujourd'hui, vous les primaires incivilisés, qui vous trouvez au niveau le plus bas du développement intellectuel et moral »[1].

Un chapitre à part est, d'un autre côté, formé par les persécutions commises contre les populations grecques et turques des districts macédoniens et thraces incorporés à la Bulgarie par le traité de Bucarest. Nous empruntons les lignes suivantes à un long rapport que nous avons sous les yeux et qui consigne les persécutions commises rien que pendant les premiers mois : « Dès leur réinstallation, les Bulgares, au su des autorités, tant civiles que militaires, mirent à sac toutes les maisons et magasins appartenant à des Grecs, qui à leur approche fuyaient de peur. Jusqu'au moindre meuble, tout fut pillé et emporté... A côté du pillage des biens, les arrestations, les tortures corporelles, les expulsions sont à l'ordre du jour. Des 12.000 Grecs habi-

---

[1] *Die Zukunft*, juillet 1913. Sur ces cruautés bulgares, qui attestent, elles aussi, le caractère grec des régions où elles furent commises, voir surtout : *Les cruautés bulgares en Macédoine Orientale et en Thrace 1912-1913. Faits, rapports, documents, témoignages officiels*, Athènes, Sakellarios, 1914, volume de 320 pages, contenant plusieurs photographies. Voir aussi : *Atrocités bulgares en Macédoine (faits et documents). Exposé soumis par le recteur des Universités d'Athènes aux recteurs des Universités d'Europe et d'Amérique*, Athènes, 1913; *Rapport du professeur Dr R.-A. Reiss, de l'Université de Lausanne, sur la situation des Macédoniens et des Musulmans dans les nouvelles provinces grecques*, Paris, Plon, 2e éd., 1918; *Une triste page de l'histoire des Balkans. Les atrocités commises par les troupes bulgares pendant la guerre gréco-bulgare de 1913 (Documents photographiques pris par la Commission d'enquête de l'Association macédonienne, rendue sur les lieux)*, Athènes, 1913. Voir encore les photographies de M. de Jessen, dans *L'Illustration* du 2 août 1913, etc., etc. L'impression produite en Europe par ces atrocités a fortement ému les patriotes de Sophia. Faute de pouvoir opposer un démenti aux documents photographiques qui ont immortalisé leurs horreurs, ils s'attachèrent à prouver que leurs voisins en avaient commis tout autant dans les pays qu'ils ont occupés. La Bulgarie obtint alors que la Dotation Carnegie pour la paix internationale constituât une commission d'enquête, dont la plupart des membres furent choisis parmi les plus chaleureux bulgarophiles. M. Milioukoff et M. Brailsford en faisaient naturellement partie. Les Gouvernements de Serbie et de Grèce, qui ne furent pas informés à temps de la constitution de cette commission, demandèrent qu'elle fût reconstituée. On ne les écouta malheureusement pas, ce qui les obligea de déclarer à l'avance qu'ils ne reconnaissaient point une commission formée avec une telle partialité. N'empêche que MM. Milioukoff et Braïlsford, ainsi que les autres membres de cette assemblée bulgarophile, se rendirent à Sophia et y recueillirent tous les mensonges que les patriotes bulgares leur communiquèrent. Le résultat de cette enquête (?) unilatérale fut publié sous le titre pompeux : *Enquête dans les Balkans. Rapport présenté aux directeurs de la Dotation Carnegie par les membres de la Commission d'enquête*, Paris, 1914.

tant Xanthi, il n'en reste que 150; les autres ont dû fuir ou furent chassés ». Le même rapport signale qu'à Dadia « vingt jeunes filles furent enlevées. Plus de deux cents personnes furent emprisonnées ». A Mandritsa, « le 13 octobre 1913, soixante-dix comitadjis bulgares, après avoir cerné le village, ont commencé à tirer des coups de fusils sur les maisons grecques. Deux paysans furent tués, les autres s'enfuirent laissant entre les mains des Bulgares leurs biens ». A Tsikirtali, « le 13 octobre, des comitadjis ont occupé le village. Ils coupèrent les bras du prêtre Dimitri et les oreilles à Chryssaphi Papazoglou et Christo Pourgatsi. Les autres villageois ont pu sauver leur vie en payant 200 livres turques ». A Cantili, « les deux filles de Dimitri Papazoglou furent assassinées ». A Clovou, « cinq personnes ont été tuées devant les yeux de tous les habitants du village, réunis de force dans l'enceinte de l'école grecque pour assister à ce triste spectacle ». A Dédéagatch, « toutes les maisons des primats grecs furent saccagées... Le marché de la ville, jadis florissant et exclusivement grec, présente en ce moment un aspect lamentable »; à Ghioumouldjina, « tous les biens tant privés que communaux furent saisis ». Et le rapport continue à signaler des pillages, confiscations, emprisonnements, mauvais traitements, meurtres, à Soufli, à Ortakioï, à Aïdonochori, à Lititza, à Palikrava, à Akkalas, à Pasmaktzi, à Hirkas, à Kavadjik, à Makri, à Maronia, etc., etc.

Ces persécutions, au moyen desquelles on se proposait d'exterminer les Grecs et les Turcs et de bulgariser les territoires en question, n'ont jamais cessé et continuent hélas! encore. Et ce qui aggrave la responsabilité bulgare, c'est qu'elles n'ont plus pour uniques auteurs la populace ou les hordes des comitadjis, agissant avec la simple tolérance ou sous la simple protection des autorités : c'est le Gouvernement bulgare lui-même qui s'en est rendu responsable dans l'exercice de son autorité gourvernementale. C'est en effet le Gouvernement qui procéda par ses agents officiels à des expulsions en masse, sans que rien ne justifiât une pareille mesure; c'est lui qui ordonna, par le décret royal sub n° 49 de 1915, que les biens des personnes expulsées et de toutes celles parties de Bulgarie devenaient propriété de l'État. Ce n'est que pour la forme qu'on accorda à ces personnes, par la circulaire ministérielle sub n° 139 du 17 juin 1915, un délai de cinq jours, afin de produire leurs titres de propriété, après quoi seulement elles pourraient les conserver. Il est cependant à peine besoin d'ajouter que personne parmi ces « indésirables » n'avait le temps matériel de rentrer en Bulgarie et de produire ses titres dans le délai fixé; mais, quand même ce délai eût été plus long, il est douteux que qui que ce fût aurait entrepris une démarche aussi téméraire.

Quant à la portée de la catastrophe, il suffit, pour s'en rendre compte, de rappeler que, d'après les statistiques officielles et détaillées dressées par le Gouvernement grec, le nombre rien que de ceux des Grecs qui se réfugièrent en Macédoine Orientale, venus des districts macédoniens de Stroumnitza, Pétritch, Névrokopi, Kizilagatch et des districts thraces de Xanthi, Lagos, Ghioumouldjina, Agathoupolis, Dédéagatch, Soufli, Ortakioï, Andrinople, Moustapha-Pacha, Vassiliko, Sozopolis, c'est-à-dire des districts qui venaient d'être soumis à la domination bulgare, s'est élevé à 8.754 familles qui abandonnaient derrière elles des fortunes de 167.684.912 francs. A ces chiffres, il faut ajouter le nombre et les fortunes de ceux qui se réfugièrent dans les autres provinces de la Grèce, notamment dans les îles, et au sujet desquels des statistiques ne furent pas établies [1].

Et alors que de pareilles exactions étaient commises en Bulgarie, le *Comité national bulgare* de Sophia n'hésitait pas à proclamer, dans son mémoire déjà cité, qui fut

---

[1] Voir au sujet de ces persécutions le *Livre blanc hellénique de 1917, Supplément*, doc. 35 et le tableau statistique y annexé.

soumis aux Ministres des affaires étrangères et aux Ministres plénipotentiaires de six Grandes Puissances, « qu'en Bulgarie tous les éléments de nationalité étrangère jouissent des libertés civiques et politiques les plus larges », et que « l'âme du peuple bulgare ne peut supporter la violence et ne saurait l'exercer lui-même. Il respecte les droits de qui que ce soit et de quelque nationalité que l'on soit. Le peuple bulgare, démocrate et libéral, ne peut se contredire lui-même en opprimant les nationalités étrangères. Sa vie politique et nationale libre donne une garantie réelle que, lorsqu'il aura réalisé son unité avec sa sœur chérie et martyrisée, la Macédoine, la liberté régnera dans cette contrée, la paix et l'équité, sources de progrès et de culture » [1] !

Mais la cruauté bulgare ne devait atteindre son comble qu'après l'intervention de la Bulgarie dans la guerre mondiale. Les horreurs commises en Serbie et en Macédoine serbe par l'armée bulgare, qui, en dehors des anciens comitadjis, comptait 8.000 condamnés de droit commun [2], ne peuvent être comparées qu'aux sauvageries commises en 921 par les hordes de Siméon, lors de leur campagne de Serbie [3]. Si bien que le député anglais Mac Niel n'hésita pas à s'écrier, le 31 octobre 1917, à la Chambre des Communes, à la suite d'une interpellation bulgarophile du fameux ami de la Bulgarie M. Noel Buxton, que « les célèbres massacres de Batak en 1876, qui avaient considérablement ému l'opinion publique anglaise et Gladstone, au point qu'on doit y chercher le principal facteur de l'autonomie bulgare, pâlissent et deviennent un événement insignifiant en présence des horreurs inouïes que l'infâme canaille militaire bulgare a, depuis deux ans, perpétrées en Serbie et qui sont si épouvantables qu'elles ne sauraient être décrites publiquement ». Et il va sans dire que les Grecs

---

[1] Voir les pages 7 et 8 du Mémoire en question.
[2] Voir le *Figaro* du 30 avril 1916.
[3] Voir *supra*, p. 191.

habitant la Macédoine serbe ne tombèrent pas moins que les Serbes victimes de ces actes d'atrocité [1].

Les actes dont les Bulgares se rendirent les auteurs en Macédoine Orientale, à l'effet d'exterminer la population grecque de cette région, ne sont pas moins abominables. Ces actes sont même passibles d'une circonstance aggravante pour les Bulgares : ils ne furent pas commis en territoire ennemi, comme en Serbie, mais, tout au moins pendant une certaine période, en territoire neutre. Car les Bulgares se mirent à l'œuvre dès que leurs troupes, grâce à la complicité du Gouvernement germanophile d'Athènes, eurent pénétré en Macédoine Orientale, malgré leurs assurances officielles que « la liberté individuelle, la propriété et les conditions religieuses établies seront respectées » et que « les alliés se comporteront d'une manière absolument amicale vis-à-vis de la population du pays » [2].

Après l'entrée de la Grèce dans la lutte, les Bulgares, se sentant déliés de tout engagement, redoublèrent d'efforts en vue d'exterminer la population de la Macédoine Orientale. Ils y furent particulièrement encouragés par le Gouvernement de Berlin, qui communiquait au ministre de Bulgarie, M. Rizoff, le 13 octobre 1917, ce qui suit :
« Il est probable qu'un changement de gouvernement en Russie nous amènera à des pourparlers de paix séparée avec la République russe. En prévision de cette éventualité, nous avons déjà envisagé les principes démocratiques sur lesquels peut être basée cette paix, prenant naturellement en considération l'état d'esprit qui règne en Bulgarie. Il

---

[1] Voir au sujet de ces actes les *Documents relatifs aux violations des Conventions de La Haye et du droit international en général, commises de 1915 à 1918 par les Bulgares en Serbie occupée*, publication de la Délégation serbe au Congrès de la Paix, Paris, 1919; les publications de M. R.-A. Reiss : *Les infractions aux règles et lois de la guerre*, publication illustrée, Lausanne-Paris, Payot, 1918; *Les infractions aux lois et conventions de la guerre commises par les ennemis de la Serbie, depuis la retraite serbe de 1915*, Paris, Grasset, 1919; *Sourdoulitza*, Paris, Grasset, 1919; *Réquisitoire contre la Bulgarie*, Paris, Grasset, 1919, etc.

[2] Voir le *Livre blanc hellénique* de 1917, doc. 48 et 49.

est certain que nous n'avons aucune intention de léser le peuple bulgare dans ses intérêts vitaux, mais il est de notre devoir de faire comprendre à Sophia que notre tâche dans la défense de la cause bulgare sera grandement facilitée *si le Gouvernement bulgare se préoccupe activement d'imposer, surtout dans le camp ennemi, l'idée du caractère bulgare des provinces convoitées par lui*[1]. Le Gouvernement impérial a toujours estimé que les revendications bulgares sont parfaitement justes, mais il est des questions dont un seul jugement, fût-il celui de Berlin, ne saurait suffire pour en faire accepter la légitimité. Il est donc nécessaire de *faire parler* les populations elles-mêmes de la Macédoine et de la Dobroudja. Le Gouvernement impérial estime en outre que les dirigeants bulgares se rendent compte de la transformation graduelle de la guerre en lutte de principes et qu'il serait dangereux de ne pas *arranger d'avance* le problème des nationalités, conformément à ces principes. Cette communication est faite dans le seul intérêt de la Bulgarie, *qui détient le pouvoir dans les provinces envahies et qui a toute liberté pour s'en servir énergiquement* »[2].

Les méthodes employées en vue de l'extermination de la population hellénique du pays envahi furent la famine organisée, les déportations en Bulgarie, le recrutement forcé des habitants, les exécutions arbitraires, les meurtres, tout cela accompagné de pillages, de mauvais traitements, de viols, d'autres excès et d'atrocités de tout genre. Serrès, que nous avons visitée le lendemain du retrait des troupes bulgares, eut particulièrement à en souffrir une fois de plus; des 24.000 habitants qu'elle comptait lors de

---

[1] C'est ainsi que, entre autres, M. Ivanoff publia son livre : *La région de Cavalla*, Berne, Haupt, 1918. La meilleure réponse à M. Ivanoff y est donnée par la communication allemande elle-même, que nous reproduisons ici, et surtout par sa fin.

[2] Cette communication allemande fut transmise par Rizoff à son Gouvernement par une dépêche, qui, interceptée, fut publiée par la presse suisse. Elle est aussi reproduite par M. Arvanitaki : *Sur la réponse des socialistes bulgares*, p. 19-20.

l'invasion bulgare, il n'en restait plus que 6.000[1]. Il en fut de même pour les régions du Pangée et de Cavala. Les autres régions envahies ne furent pas épargnées non plus, et ce n'est pas sans raison qu'un officier grec, fait prisonnier par les Bulgares et qui réussit à s'échapper[2], qualifia tout le pays macédonien envahi de « vaste cimetière.[3] »

Et pendant que ce régime effrayant continuait à sévir contre les malheureuses populations des pays serbes et grecs provisoirement occupés par les Bulgares[4], ces derniers ne craignaient pas de proclamer encore une fois, à l'adresse de l'opinion publique européenne, que « le peuple bulgare est opposé à toute tyrannie envers qui que ce soit. On ne peut citer en Bulgarie aucun exemple d'intolérance politique, religieuse ou autre. A la moindre tentative de violence, les citoyens bulgares prennent parti pour la victime et protestent au nom des lois »[5]. On peut ainsi juger du degré que peut atteindre l'impudence bulgare !

---

[1] Ce chiffre s'est élevé plus tard à 13.000, par suite de la rentrée de ceux des habitants déportés qui purent survivre aux privations et aux mauvais traitements.

[2] Voir l'*Hestia* d'Athènes, du 8 juin 1918.

[3] Au sujet de tous ces actes bulgares commis en Macédoine Orientale, voir le *Livre blanc hellénique* de 1917, doc. 69-77, et le *Supplément* de ce livre, doc. 29, 30 et 35; les documents déposés par M. Politis, Ministre des affaires étrangères, à la Chambre hellénique le 7/20 avril 1918 et reproduits par le *Messager d'Athènes* du 8/21 avril 1918; la circulaire adressée le 1er/14 février par la franc-maçonnerie grecque aux puissances maçonniques du monde entier; le *Rapport de la Commission universitaire grecque sur les atrocités et dévastations commises par les Bulgares en Macédoine Orientale*, Berger-Levrault, Nancy-Paris, 1919, et les *Rapports et enquêtes de la Commission interalliée sur les violations du droit des gens commises en Macédoine Orientale par les armées bulgares*, Berger-Levrault, 1919. Voir aussi René Puaux : *Les persécutions bulgares en Macédoine*, dans les *Études franco-grecques*, avril 1918, p. 7-15; G. Arvanitaki : *Dossier bulgare, contribution à l'histoire de la civilisation bulgare*, Genève, 1918; Charles Vellay : *Dans l'enfer bulgare*, Paris, 1919; R.-A. Reiss : *Bulgares et Turcs contre les Grecs*, Paris, Grasset, 1919, et *Réquisitoire contre la Bulgarie*, Paris, Grasset, 1919; etc.

[4] Il est encore à noter que la conduite des Bulgares ne fut guère meilleure envers leurs prisonniers, les soldats français et anglais y compris. Voir au sujet du traitement infligé pendant la grande guerre aux prisonniers détenus en Bulgarie, Léon Savadjian : *La Bulgarie en guerre*, p. 31 sq.; R.-A. Reiss : *Le traitement des prisonniers et des blessés par les Germano-Austro-Bulgares*, Paris, Grasset, 1919; Charles Vellay : *Dans l'enfer bulgare*, Paris, 1919, p. 33 sq.; etc.

[5] Voir D. Micheff : *La Serbie et la Bulgarie devant l'opinion publique*, Berne, Paul Haupt, 1918, p. 42-43.

Pour terminer, reproduisons sans commentaires la lettre suivante qui fut adressée au président du Conseil de Grèce, M. Vénisélos [1] :

Sophia, le 31 décembre 1918.

Excellence,

Les soussignés, Turcs musulmans, députés de la Thrace Occidentale au parlement bulgare, quoique ayant des vues probablement différentes des vôtres au sujet de l'avenir politique de la Thrace Occidentale, fermement convaincus de votre libéralisme, avons recours à vous pour porter à votre connaissance les faits suivants et vous prier de vouloir bien, rien que pour des raisons humanitaires, intervenir en notre faveur dans le sens que nous vous indiquons.

Au chef de la mission hellénique à Sophia, le colonel Mazarakis, nous avons déjà remis une lettre à ce sujet. Maintenant nous nous permettons de vous faire part que nous venons d'adresser au général d'Esperey, commandant en chef des armées alliées, une lettre ainsi conçue :

« Mon Général,

« Les soussignés, Turcs musulmans, députés de la Thrace Occidentale au parlement bulgare, qualifiés, par conséquent, pour représenter cette région, après nous être fermement persuadés qu'il est tout à fait impossible à nos compatriotes demeurant là-bas de vivre sous le Gouvernement bulgare, vu le manque total de tolérance que les Bulgares montraient et qu'ils montrent encore envers nous, comme envers tous ceux de leurs sujets qui ne sont pas bulgares de race, et à cause des vexations et des abus fréquents et indignes d'une nation civilisée, qu'ils commettent, d'accord avec tous nos compatriotes de la Thrace Occidentale, avons eu l'honneur de demander une audience au général chrétien commandant les troupes alliées d'occupation en Bulgarie.

« Notre but était de lui exposer que toute la région comprise entre la Mesta et la Maritza, la mer et à peu près l'ancienne frontière turco-bulgare de 1912, divisée en deux préfectures : celle de Ghioumouldjina et celle de Cara-Agatch-Odrin, est

---

[1] Cette lettre a paru pour la première fois dans le *Journal des Hellènes de Genève*, dans son numéro du 12/25 mai 1919.

habitée par une masse compacte de Turcs musulmans, une minorité de Grecs et quelques Bulgares.

« Nous voulions, en outre, au nom de cette majorité écrasante, le prier de vouloir bien nous protéger, afin que ceux de nos compatriotes de la Thrace Occidentale émigrés en Turquie puissent librement regagner leurs foyers, que les vexations et abus bulgares en Thrace contre nos malheureux compatriotes prissent fin et qu'une mesure fût prise au Congrès de la Paix en notre faveur, vu que sans garantie notre vie ne serait pas possible sous la domination bulgare.

« N'ayant pas encore été reçus par le général chrétien, nous nous sommes permis, dans un rapport, dont copie ci-jointe, d'exposer la situation de la Thrace Occidentale avec statistiques exactes à l'appui, que nous lui avons remis et nous nous réservions de lui demander son intervention pour la protection actuelle de nos compatriotes en Thrace.

« Malheureusement les vexations et les abus bulgares vont s'aggravant et se multipliant chaque jour contre nos compatriotes, une irritation sourde contre les Bulgares se fait sentir en Thrace et il ne serait pas improbable qu'elle éclatât un jour ou l'autre contre ces oppresseurs. Nous avons plus d'une fois interpellé au Sobranié les ministres bulgares au sujet de leur administration impossible en Thrace Occidentale, mais le Gouvernement n'entend donner aucune satisfaction. Il est même arrivé à vouloir démolir la seule mosquée turque qui se trouve à Sophia, ce qui prouve sa tolérance.

« Mon général, au moment où la guerre mondiale menée pour les principes immortels de l'égalité et de la justice vient de finir, au moment où le Congrès de la Paix va établir sous une forme durable ces principes éternels, il ne serait pas juste de nous laisser souffrir sous le joug bulgare.

« En attendant les mesures qui seront prises au Congrès de la Paix à ce sujet et qui, nous l'espérons, seront de nature à nous libérer par n'importe quels moyens des Bulgares, pendant toute la durée de l'armistice, nous vous prions instamment, mon Général, de prendre une mesure militaire, même provisoire, pour améliorer notre situation, qui est intolérable.

« Une occupation de la Thrace Occidentale par les troupes alliées mettrait fin à nos maux et préviendrait toute agitation qui, comme nous venons de l'exposer, est à craindre. Il serait désirable que des troupes helléniques prissent part à cette occupation, vu que les Grecs se trouvant en Thrace subissent les mêmes vexations que nous, que les Hellènes se sont toujours montrés libéraux envers nous, que c'est une nation avec laquelle nous pouvons très bien nous entendre et qu'ils pourraient en même temps que leurs compatriotes, nous protéger, nous qui nous trouvons dans les mêmes conditions, contre les vexations et abus bulgares ».

Excellence, comme nous l'indiquons dans cette lettre, il nous serait désirable que, dans l'avenir, la Thrace Occidentale soit libérée de toute façon du joug bulgare qui est insupportable.

Mais en attendant la solution qui sera donnée à ce sujet par le Congrès de la Paix, nous vous prions instamment, Excellence, au nom de tous nos co-nationaux opprimés, de faire tout votre possible en faveur de l'occupation que nous demandons dans la lettre adressée au général d'Esperey.

Veuillez agréer, Excellence, l'assurance de notre respect le plus profond.

(s) Mehmed DJELA,
Edhem ROUHI,
Ismaël HAKKI,
Saffet CHUKRI,
Salim HOURI,
Mehmed HACHIM,
TEVFIK,
KEMAL H.

V. — Conclusion.

Cet aperçu sur les cinq siècles vécus par la Macédoine sous la domination ottomane est suffisant, croyons-nous, pour servir de réponse aux questions que nous avons posées au début du présent chapitre. Pendant ces cinq cents ans la Macédoine n'est pas restée inactive; constamment bouleversée, elle a tout fait pour secouer le joug qui l'opprimait. Et, au cours de ces cinq siècles, de même que par le passé, ses manifestations nationales, celles d'ordre militaire comme celles d'ordre moral, ont été des manifestations purement helléniques. Si, dans l'antiquité, elle a été foncièrement grecque et si elle a même présidé aux destinées de l'hellénisme; si au cours du moyen âge son caractère ne fut nullement altéré par suite de l'établissement des Bulgares dans les Balkans, mais au contraire fut conservé tel quel, au point d'en faire le pays élu de l'hellénisme et l'ennemie irréconciliable de l'incurseur bulgare, pendant les cinq siècles de domination turque de nouveaux liens ont attaché la Macédoine aux autres pays helléniques et au sort de l'hellénisme, et ces liens furent cimentés par l'âpre lutte commune poursuivie contre la tyrannie turque et par la solidarité intellectuelle entre les Macédoniens et les autres Hellènes. Les calamités et les malheurs que pendant ces dernières années les Bulgares ont accumulés sur ce pays infortuné et qu'on ne saurait comparer qu'aux anciennes catastrophes subies du fait toujours des Bulgares, n'ont fait, à leur tour, que raffermir encore plus ces liens et renforcer la barrière qui sépare ce pays martyr de ceux qui furent ses bourreaux séculaires. Désormais, toute prétention bulgare sur la Macédoine se heurte non seulement à toutes les considérations déjà développées mais aussi aux principes humanitaires les plus sommaires.

Mais ce qui résulte encore de l'examen historique des cinq derniers siècles, c'est combien injustifiées et déplacées sont les prétentions des patriotes bulgares à l'hégémonie balkanique. Aucun événement n'est venu, ni pendant la domination turque ni au cours de l'histoire ultérieure de la Bulgarie libre, légitimer tant soit peu leurs prétentions à la succession de l'Islam et leur tendance à substituer leur hégémonie à celle que l'hellénisme détenait dans les Balkans avant la conquête turque. Les Bulgares n'ont rien fait pour contribuer à abolir le régime turc qui était la honte de l'Europe sud-orientale. Ils sont restés têtes courbées et bras croisés alors que les autres peuples chrétiens poursuivaient les luttes les plus acharnées et offraient, à l'autel de la liberté les sacrifices les plus lourds. Ils sont restés sourds à tous les appels, à tous les cris qui réclamaient leur appui. Ils sont restés impassibles et indifférents même lorsque les Russes traversaient victorieux leur propre territoire, leur apportant cette liberté dont ils ne voulaient pas.

Mais les prétentions des patriotes de Sophia à l'hégémonie balkanique ne se justifient pas au point de vue moral non plus. Les Bulgares sont en effet restés à un niveau de civilisation inférieur à celui atteint par tous les autres peuples chrétiens de leur voisinage. Par l'état primitif de leur vie, ils sont allés jusqu'à provoquer l'ironie des Turcs eux-mêmes. Et leur fameuse régénération, qui ne fut que le produit des agissements panslavistes de Moscou, n'a rien ajouté, elle non plus, à leur actif. Enseignant le mensonge à la place de la vérité et la haine au lieu de l'amour, la propagande panslaviste n'a fait qu'aiguiser les vieux instincts spoliateurs et destructeurs des Bulgares et leur a inculqué un amour illimité pour la politique d'hypocrisie et d'ingratitude envers les Grandes Puissances, la Russie non exceptée, d'hostilité intransigeante et de perfidie envers leurs voisins, enfin cette lâche tactique qui a consisté à exterminer les populations étrangères ayant vécu ou placées sous leur domination. Et si les catastrophes dont les Bulgares se rendirent en Macédoine les auteurs, par leurs comitadjis et leurs troupes régulières, suffisent à elles seules pour leur aliéner définitivement tout droit sur ce pays, ces mêmes cruautés et aussi tout ce qu'ils ont commis contre les populations étrangères soumises à leur joug suffisent tout aussi amplement pour exclure quand ce ne serait que l'hypothèse de l'établissement dans les Balkans de l'hégémonie bulgare.

Aux heures historiques que nous vivons et au cours desquelles sera fixée la nouvelle carte de l'Orient, la Grèce réclame les pays qui lui appartiennent au double point de vue historique et ethnologique. Contrairement aux ambitions des patriotes bulgares, elle ne demande pas le moindre pouce de territoire étranger. Elle n'aspire à établir aucune hégémonie sur aucune autre nation ; si dans quelques-unes des régions qu'elle revendique il existe aujourd'hui des populations étrangères, ces populations y constituent pourtant une minorité. Cette considération à elle seule suffit certainement à justifier tout à fait l'extension de la souveraineté hellénique à ces régions. La minorité doit être soumise à la majorité, puisqu'il n'y a pas moyen de faire autrement. Mais nous devons aussi ajouter ceci : ces populations étrangères ne sont pas à plaindre. Les idées libérales et démocratiques qui caractérisent la race grecque et dont la Grèce moderne a donné tant d'éclatants témoignages, depuis que la liberté lui fut rendue, constituent un gage imposant de l'avenir qui est réservé à ces populations dans le sein du royaume hellénique : elles y trouveront un régime d'égalité et de justice tel qu'elles n'auraient pas trouvé sous une administration nationale, tel que la Bulgarie ne pourrait jamais leur offrir. Sans doute est-ce là un grand bien, mais il n'est pas le seul. Ceux qui ont bien connu la Grèce moderne et les progrès qu'elle a accomplis, malgré la médiocrité de ses ressources et l'importance considérable de ses obligations, malgré ses vicissitudes intérieures et internationales et les dispositions souvent défavorables de l'Europe, sont unanimes à prévoir que ces populations étrangères, administrées par la Grèce, se développeront et prospéreront.

Nous avons déjà parlé des critiques souvent formulées contre la Grèce pour la « lenteur de ses progrès », et nous croyons avoir suffisamment justifié cette lenteur. Mais ces progrès ont-ils été vraiment aussi lents que d'aucuns l'ont soutenu ? Nous n'hésitons pas à répondre négativement. La Grèce fut toujours jugée plus sévèrement que tout autre pays, « parce qu'elle est la Grèce », écrit M. Alfred Gillièron. « On la met en parallèle non pas avec ce qu'elle était au sortir des mains des Turcs, non pas même avec la Turquie actuelle, mais avec la Grèce de Périclès qui a mis six siècles à franchir les étapes qui séparent Homère de Phidias, ou même avec les pays de l'Occident dont la civilisation a demandé pour s'achever autant de générations que la Grèce a mis d'années à devenir ce qu'elle est »[1].

Le distingué philhellène écrivait en 1877. Depuis, la Grèce n'a cessé de réaliser les progrès les plus considérables dans toutes les branches de l'économie et dans tous les domaines de la civilisation.

Le meilleur moyen pour s'en rendre compte est, certes, de relire les impressions de voyage de quelque ancien visiteur de la Grèce, comme par exemple l'*Itinéraire de Paris à Jérusalem* de Chateaubriand, et de visiter ensuite soi-même la Grèce actuelle. Donnons néanmoins à ce sujet, dans les pages qui suivront, certains renseignements d'ordre général et surtout quelques chiffres éloquents. Voici, par exemple, ce que disait, il y a déjà dix ans, M. Théophile Homolle, le distingué directeur de la Bibliothèque nationale de Paris, en parlant des progrès de cette Grèce qu'il a si attentivement et si longtemps étudiée : « J'ai vécu, dit-il, dans les villes et presque dans le désert : j'ai connu les citadins et les paysans, les insulaires et les continentaux, les Grecs du midi et du nord. Je leur dois, je leur apporte ici mon témoignage. Permettez que je vous les fasse à la hâte connaître, et que je vous expose en un court résumé ce qu'en ce tiers de siècle je les ai vus tenter d'effort, accomplir de progrès, mériter de sympathie, et parfois aussi — le mot n'est pas trop gros — d'admiration. Athènes n'était qu'une bourgade et le Pirée comptait en tout quelques huttes de pêcheurs quand la Grèce sortit libre, mais épuisée, de la révolution de 1821. La capitale avait déjà 70.000 habitants à ma première arrivée en Grèce dans l'année 1876; le Pirée commençait à prendre tournure et de ville et de port. Aujourd'hui, l'agglomé-

---

[1] Alfred Gilliéron : *Grèce et Turquie*, p. 291.

ration atteint le chiffre de 200.000 âmes [1], et les deux cités, tendant l'une vers l'autre les bras, peuvent prévoir le jour où elles seront réunies, non plus comme autrefois par les Longs Murs d'une fortification, mais par une ligne ininterrompue de fabriques, de magasins, de maisons et de villas. C'est un phénomène remarquable de croissance rapide, comme on croit qu'il ne s'en produit que sur les terres jeunes du nouveau monde. Et les progrès du confort, de l'élégance, du luxe, ont marché du même pas que ceux de la population. Athènes est une des villes les plus propres et les plus coquettes, les mieux tracées et les mieux desservies qui soient en Orient, — elle a son métropolitain, ses tramways à vapeur et électriques; — il n'en est pas de mieux approvisionnée, de mieux achalandée en articles de goût; il n'en sera pas décidément de plus charmante à habiter, quand elle sera devenue tout à fait européenne et prochaine par la jonction du Pirée—Larisse avec l'Express-Orient. Or, la transformation qui s'accomplit dans Athènes, on l'observe d'un bout à l'autre de la Grèce, dans les villes secondaires et jusque dans les villages » [2]. Et le savant français de jeter un rapide coup d'œil sur l'agriculture, sur l'industrie, sur la navigation helléniques, pour conclure que « la Grèce est riche ».

M. Edmond Théry donnait à son tour les chiffres suivants, il y a également dix ans : « Le commerce extérieur de la Grèce atteint 225 millions de drachmes [3] contre seulement 60 millions en 1862, et les recettes publiques dépassent 125 millions [4] contre à peine 22 millions en 1862. La marine marchande hellénique, d'après le bureau Veritas, a vu le nombre de ses navires à vapeur s'élever de 107 en 1896 à 201 en 1905, et le tonnage de ses navires a progressé de 145.000 tonneaux en 1896 à 347.000 tonneaux en

---

[1] Ce chiffre a presque atteint le double à l'heure qu'il est.
[2] Th. Homolle : *Pourquoi nous aimons la Grèce*, dans *La Grèce*, p. 19-20.
[3] Statistique pour l'année 1905.
[4] Budget de 1905.

1905. Enfin le mouvement général de la navigation dans les ports de Grèce, qui n'avait constaté que 5.809 vapeurs en 1896, a enregistré, par l'entrée et la sortie des ports, 8.394 vapeurs en 1905. » Et le savant économiste ajoutait : « En 1896, le change grec cotait 174, ce qui revient à dire que pour 100 francs on obtenait en Grèce 174 drachmes... Aujourd'hui, le change grec a baissé à 107,50. » Parlant enfin des chemins de fer helléniques, M. Théry soulignait que « les lignes en exploitation en Grèce, en 1896, étaient de 949 kilomètres; elles sont en 1905, ajoutait-il, de 1.200 kilomètres » [1].

Combien plus heureux serait M. Edmond Théry si c'est aujourd'hui qu'il devait parler sur ce même sujet ! Il pourrait mentionner des chiffres bien plus éloquents et d'autant plus expressifs que, ces dix dernières années, la Grèce a souffert de tant de vicissitudes et a dû poursuivre trois guerres successives. Voici quelques-uns des chiffres qu'il aurait à citer. Le commerce extérieur de la Grèce atteignit pendant l'année 1915 la somme de 312.691.908 drachmes [2], contre 60 millions en 1862, et 225 en 1905. Les recettes publiques, qui étaient de 22 millions en 1862 et de 125 en 1905, atteignirent en 1914 la somme de 581.932.275 drachmes. Il est vrai que pendant ce même laps de temps la Grèce s'est doublée au point de vue territorial; toutefois, cette augmentation des recettes publiques n'en est pas moins expressive, surtout si l'on prend en considération que la Grèce n'a pas encore eu le temps de mettre en valeur ses nouveaux territoires [3].

Les chiffres relatifs à la navigation grecque sont encore plus expressifs. La marine marchande hellénique a vu le nombre de ses navires à vapeur s'élever de 107 en 1896, de

---

[1] Edmond Théry : *La Grèce économique*, dans la *Grèce*, p. 258 sq.

[2] Sans compter les nouvelles provinces grecques, dont le commerce extérieur s'est élevé, pendant la même année, à 195.054.740 drachmes.

[3] Voir aussi A. Andréadès : *Les finances de la Grèce* (Extrait du *Journal des Économistes*), Paris, 1915.

201 en 1905, à 474 en 1915, et le tonnage de ses navires a progressé de 145.000 tonneaux en 1896, de 347.000 tonneaux en 1905, à 820.000 tonneaux en 1915 [1]. Ajoutons que le pavillon grec vient au troisième rang dans les ports italiens, après les pavillons italien et anglais. Dans le port de Marseille, il occupe la même place, venant après celui de la France et de l'Angleterre. Et sa position est encore plus importante dans la Méditerranée orientale et dans la mer Noire. C'est ainsi que, d'après les statistiques des dernières années d'avant-guerre, dans le commerce de transit des Dardanelles, le pavillon grec vient second, suivant de près le pavillon anglais, qu'il concurrence aussi à Taganrog. A Soulina et sur le Danube, il dépasse même le pavillon britannique, occupant ainsi la toute première place. Et, au point de vue du tonnage, c'est encore la première place qu'il occupe dans les ports bulgares, où le tonnage de la flotte bulgare elle-même est dépassé [2].

Pour compléter les autres chiffres aussi dont M. Edmond Théry a fait état, remarquons encore que le change grec a, depuis plusieurs années, atteint le pair et qu'à l'heure où nous écrivons, il est coté à Paris à 0,85. Quant à la longueur de ses voies ferrées, elles sont, sans compter les lignes préexistantes de Macédoine, longues de 1.750 kilomètres, grâce à l'exploitation de la ligne Le Pirée—Klidi et de ses embranchements.

A propos de l'industrie grecque, bornons-nous à dire que, malgré le manque de matières premières, le Pirée n'en a pas moins réussi à devenir la première ville indus-

---

[1] Ne sont compris dans ces chiffres que les navires grecs jaugeant plus de 30 tonnes. Il est à noter que, par suite de la guerre sous-marine, 163 de ces navires furent coulés, ayant un tonnage brut de 406.383 tonnes, et sans compter les navires à voile. La navigation grecque a ainsi atteint proportionnellement, parmi les marines marchandes du monde entier, le chiffre de pertes le plus élevé, à cause de la guerre sous-marine : elle a perdu plus de 50 % de ses effectifs, alors que la navigation britannique qui, après elle, a subi le plus de pertes, n'en accuse que 44 %.

[2] Voir aussi A. Andréadès : *La marine marchande grecque* (Extrait du *Journal des Économistes*), Paris, 1913, et Yves Guyot : *La marine marchande grecque*, dans les *Études franco-grecques*, mai 1918, p. 83 sq.

trielle de l'Orient et que la valeur en bourse du capital des sociétés anonymes a plus que décuplé dans les derniers quatorze ans [1].

Et passons à l'agriculture, c'est-à-dire à cette branche de l'activité économique que les détracteurs de la Grèce se plaisent à invoquer à l'exclusion de toute autre, chaque fois qu'ils veulent comparer le royaume hellénique à la Bulgarie. L'opinion courante prête au Grec de brillantes qualités de navigateur et de commerçant, mais parle de lui comme d'un cultivateur médiocre : on considère que l'agriculteur balkanique par excellence, c'est le Bulgare et rien que lui. Nous avons signalé plus haut les dithyrambes que les écrivains bulgarophiles ne cessent de chanter sur ce motif [2]. Or, la théorie qui refuse au Grec des capacités agricoles est une théorie essentiellement erronée. Les témoignages suivants, qui sont dignes d'une foi absolue, le prouvent surabondamment. Ch.-Ed. Guys, ancien consul de France à Salonique, écrivait dès 1857, en parlant des Grecs de Macédoine : « La contrée singitique est celle où les Turcs sont plus nombreux qu'ailleurs. Mais les Grecs surpassent leur nombre et occupent toutes les terres. Au reste, c'est un bien pour le pays en général, car le Grec est plus laborieux que le Turc... Dans mes courses, j'ai toujours vu les Grecs sur pied et les Musulmans assis. L'indolence de ceux-ci fait le bien des Grecs, car ils ont recours à ces derniers pour les aider dans leurs travaux agricoles et se tirer d'affaire. Quant aux grands propriétaires turcs, ils connaissent si bien leurs coreligionnaires qu'ils n'en veulent pas pour paysans. Leurs choix tombent sur les Grecs » [3]. Lord Carliste affirme, de son côté, que les grands propriétaires turcs préféraient faire cultiver leurs propriétés

---

[1] Voir sur l'industrie grecque, Vulkanus : *L'avenir industriel de la Grèce* dans les *Études franco-grecques*, mai 1918, p. 87 sq., et le tout récent et excellent ouvrage de M. A. Andréadès : *Les progrès économiques de la Grèce*, p. 34 sq.

[2] Voir *supra*, p. 295 sq.

[3] Ch.-Ed. Guys : *Le guide de la Macédoine*, Paris, 1857, p. 90-91.

par des Grecs que par leurs coreligionnaires [1]. Xavier Heuschling, un des auteurs bulgarophiles que M. Mikhoff cite dans son livre : *La Bulgarie et son peuple d'après les témoignages étrangers*, remarque, lui aussi, en parlant du carectère de chacun des peuples balkaniques : « Les Grecs excellent dans l'horticulture et l'arboriculture » [2]. M. Théophile Homolle constate encore : « Le paysan grec aime la terre ; il est ingénieux à la cultiver, ardent à la posséder » [3]. Si bien que, nous passant d'autres témoignages non moins affirmatifs, il ne nous reste qu'à poser cette question : Pourquoi dans ces conditions les Grecs n'ont-ils pas accompli de grands progrès en matière agricole, comme, du moins, on le prétend communément ?

Si l'on prend en considération ce que nous avons remarqué plus haut sur la fondation du royaume de Grèce et sur l'exiguïté et la nature du pays auquel il fut réduit, la question que nous venons de poser équivaudrait à la question qu'on se poserait : Pourquoi les Suisses n'ont-ils pas accompli de grands progrès en matière de navigation ? Alors, en effet, que la Bulgarie « se compose de deux immenses plaines, comme le remarque très justement M. Andréadès, formant un bloc compact séparé seulement par les Balkans qui leur fournissent l'eau en abondance, des forêts et de riches pâturages » [4], en Grèce « jusqu'à l'annexion de la Thessalie, en 1881, constate M. Yves Guyot, les plaines ne représentaient que 12 % de la superficie totale. Encore aujourd'hui, elles ne dépassent guère 20 % » [5]. Et si l'on prend en considération que la terre est, d'une manière générale, en Grèce, pauvre et impropre à la culture des céréales, il n'y a pas lieu de s'étonner que la Grèce

---

[1] Lord Carliste : *A diary in Greek and Turkish waters*, p. 77.
[2] Heuschling : *L'Empire de Turquie*. Bruxelles, 1860, p. 109.
[3] Théophile Homolle : *Pourquoi nous aimons la Grèce*, dans *La Grèce*, p. 23.
[4] Andréadès : *Les Progrès économiques de la Grèce*, p. 6. Cf. entre autres, L. de Launay : *La Bulgarie d'hier et de demain*, p. 403 sq.
[5] Yves Guyot dans sa préface à l'ouvrage précité de M. Andréadès.

ne suffise pas pour le blé et soit obligée de l'importer de l'étranger. Ceux qui en font un grief à la Grèce moderne oublient, d'ailleurs, que même dans l'antiquité, l'Hellade de Périclès faisait chercher son blé en Thrace et en Crimée [1].

Et encore, le manque de plaines suffisantes et la pauvreté du sol, ne sont-ils point les seuls obstacles auxquels le jeune royaume hellénique s'est heurté, aussitôt fondé, quand il a voulu pourvoir au développement de son agriculture. D'autres difficultés existent aussi. Les montagnes sont, en Grèce, peu boisées, les Turcs en ayant détruit toutes les forêts, pendant leur domination quatre fois séculaire. Chateaubriand en témoigne, en racontant : « Nous commençons à gravir une région montueuse qui serait couverte d'une admirable forêt de chênes, de pins, de phyllyræ, d'andrachnés, de térébinthes, si les Turcs laissaient croître quelque chose, mais ils mettent le feu aux jeunes plantes, et mutilent les gros arbres. Ce peuple, ajoute l'illustre écrivain, détruit tout, c'est un véritable fléau » [2]. Or, ce déboisement de la Grèce comporte des conséquences funestes pour l'agriculture : la rareté des pluies, l'absence d'un nombre suffisant de cours d'eau, la formation d'impétueux torrents, qui inondent les plaines et entraînent tout sur leur passage. En outre, il se forme des marais qui non seulement empêchent la culture d'étendues considérables mais aussi deviennent des foyers de fièvres et rendent la terre environnante inhabitable, bien qu'elle soit susceptible d'être cultivée. A tout cela, il faut ajouter comme obstacle à l'intensification de la culture, la configuration du sol : car on doit reconnaître qu'un pays montagneux comme la Grèce se prête mal au transport rapide et économique des produits, condition première des progrès de l'industrie agricole [3].

---

[1] Voir *supra*, p. 22.
[2] Chateaubriand : *Itinéraire de Paris à Jérusalem*, I, p. 285.
[3] Voir Andréadès, *op. cit.*, p. 12 sq.

Les obstacles auxquels l'agriculture se heurte en Grèce sont, comme on voit, nombreux et difficilement franchissables. La remarque de M. Andréadès est juste : « Pour changer radicalement la situation, il faudrait transformer la nature et reboiser les montagnes »[1]. Or, si le Gouvernement ne pouvait réussir ni à multiplier les plaines ni à déplacer les montagnes, il n'en est pas moins arrivé à des résultats appréciables, dans le domaine de tout ce qui était humainement possible. On a adapté des mesures législatives pour le reboisement du pays; on a régularisé le cours de plusieurs torrents; on a desséché des marais, notamment le grand lac de Copaïs; en créant des écoles et des stations d'agriculture, on a enseigné aux populations rurales la culture scientifique de leurs champs et aussi la culture de nouvelles plantations pouvant se développer, sur le sol peu riche de la Grèce, plus facilement que les céréales; on a percé des montagnes pour créer de nouvelles voies ferrées; on a enfin construit des ports. Si bien que ces diverses mesures gouvernementales, jointes à l'activité du peuple grec, ont tellement changé les conditions de la vie économique hellénique, que les visiteurs étrangers en sont réellement surpris, sachant dans quel état les Turcs avaient laissé le pays, à la suite surtout de la lutte que ce dernier a menée pour recouvrer son indépendance. A ce propos, qu'il nous soit permis de citer, en exemple, le témoignage d'un diplomate français, M. Lefeuvre-Méaulle, auteur d'une étude récente sur la Grèce économique [2] : « Au cours de la révolution de 1821-1832, pendant dix longues années de luttes, la terre de Grèce eut à subir de l'oppresseur turc tous les outrages matériels imaginables; à cent lieues à la ronde, bâtiments, arbres, haies, murs, tout est détruit, sapé, brûlé, éparpillé en poussière aux quatre vents. Le Turc rasait au niveau du sol, à sa manière. Les routes

---

[1] Voir Andréadès, *op. cit.*, p. 17.
[2] H. Lefeuvre-Méaulle, *La Grèce économique et financière*, avec préface de M. Paul Deschanel. Paris, Alcan, 1916, p. 9-10. Cf. Andréadès, *op. cit.*, p. 6.

elles-mêmes, transformées en fondrières, s'encadraient de rocs calcinés. Quand le Turc fut chassé, il semblait bien que nul effort humain ne pouvait réparer l'immensité du désastre... Quatre-vingt-cinq ans ont passé; considérons la Grèce d'aujourd'hui, et nous sommes bien près de crier aux miracles. J'ai parcouru le pays, j'y ai vu des pentes toutes verdoyantes d'une végétation tropicale et fournie; j'ai vu des routes paisibles reliant des villages reposant dans le calme quotidien, des voies ferrées reliant des villes toutes blanches, prises dans le ronronnement de leur labeur. C'est une résurrection dans le sens propre du mot : un cadavre revenu à la vie en pleine jeunesse. La tâche accomplie est considérable. C'est seulement en jetant un regard vers le passé que nous pouvons juger impartialement du présent et étudier avec un esprit sain l'économie de la Grèce moderne ».

Et citons, à l'appui, quelques chiffres expressifs. La production en céréales a triplé, de 1880 à 1915, malgré le peu de rendement du sol et malgré la tendance des populations rurales à s'occuper de cultures plus rétributives, comme, par exemple, celle du tabac. L'étendue des vignobles qui, en 1830, était de 380 hectares à peine, s'est élevée à 4.350 en 1878, et à 56.400 en 1911. Le tabac n'était cultivé en 1860 que sur 2.600 hectares et en 1911 sur 15.500, ce à quoi il faut ajouter que sa qualité a été en même temps rendue incomparablement meilleure. La culture du coton, celle de la pomme de terre, celle de l'olivier, celle des arbres à fruits, etc., ont accusé, à leur tour, des progrès non moins considérables [1].

Ce qui caractérise également les progrès économiques accomplis par un pays, ce sont les chiffres qui attestent l'augmentation de sa population et notamment de celle de ses villes. Or, la densité de la population du royaume de Grèce, qui était en 1834 de 13,2 habitants par kilomètre

---

[1] Voir Andréadès, *op. cit.*, p. 20 sq.

carré, était en 1907 de 40,9, alors que dans l'ancienne Grèce elle-même, d'après les travaux de Béloch, le spécialiste le plus autorisé en la matière, 39 habitants peuplaient en moyenne chaque kilomètre carré [1]. C'est à cette surpopulation que nous devons chercher la raison principale qui a déterminé le courant d'émigration qui portait, depuis quelques années, de nombreux Grecs vers l'Amérique. En ce qui concerne les villes, il est à noter que, tandis qu'en 1853, il y avait en Grèce trois villes à peine ayant une population supérieure à 9.000 habitants, dans les mêmes frontières cette même population est aujourd'hui dépassée par dix villes. Et l'accroissement constaté dans la population d'Athènes et du Pirée, dont nous avons déjà parlé [2] et aussi de Patras et de Calamata, au Péloponèse, est réellement considérable. L'accroissement que signalent les statistiques relatives aux territoires de Thessalie et d'Épire libérés en 1881 par la Grèce est encore plus éloquent. Alors qu'à cette date, ces territoires n'étaient habités que par 293.993 âmes, leur population était de 422.577 en 1907. Et c'est dans les villes que cet accroissement y fut particulièrement intense. C'est ainsi qu'à Triccala, la population, de 5.563 habitants en 1881, a atteint 17.809 en 1907, et à Volo, de 4.987 en 1881, elle s'est élevée en 1907 à 18.576 [3]. Les circonstances anormales de ces dernières années n'ont pas permis qu'un nouveau recensement fût effectué après 1907. Toutefois, on peut se rendre compte des progrès considérables qu'il eût établis, en constatant que la population de Volo est aujourd'hui évaluée à près de 40.000 âmes : elle est donc huit fois plus nombreuse qu'elle n'était, il y a à peine trente-deux ans. Ce qui donne également une idée des progrès agricoles réalisés en Thessalie, c'est le renchérissement considérable des terres.

---

[1] Cf. Andréadès, p. 7 sq.
[2] Voir *supra*, p. 442.
[3] Voir Andréadès, *op. cit.*, p. 8 sq.

C'est autour de deux de leurs qualités principalement que les Bulgares entonnent à travers le monde entier des hymnes de vantardise. Ils soulignent leur application aux travaux de la terre et leurs capacités militaires. Néanmoins, les chiffres que nous venons de citer suffisent, pensons-nous, à prouver que le prestige agricole ne doit pas être exclusivement réservé dans les Balkans aux « paysans du Danube »; de même, la guerre de 1913 et la récente offensive du front macédonien indiquent, à elles seules, que « les Prussiens des Balkans » n'ont pas monopolisé non plus le prestige militaire de la Péninsule.

Il est, croyons-nous, inutile d'insister sur l'aptitude de la nation grecque dans le domaine des lettres, des sciences, des arts, et, en général, de la culture. M. Théophile Homolle qualifie la nation grecque d' « intellectuelle » [1]. Et personne ne le conteste. Edgar Quinet écrivait en 1830 : « Il n'est aucun pays où l'activité d'instruction soit plus grande qu'en Grèce » [2]. Et M. Alfred Berl affirmait, il y a une dizaine d'années : « En 1827, Capo d'Istria fondait 71 écoles, les premières du royaume. En 1906, il y en avait 3.607 avec 246.000 élèves » [3]. A l'heure qu'il est, ajoutons-nous, il y a, y compris les nouvelles provinces, 8.270 écoles avec 12.130 instituteurs et 588.921 élèves. Gervinus affirmait de son côté, lorsque la Bulgarie faisait encore partie intégrante de la Turquie : « Les Grecs sont encore aujourd'hui les seuls architectes, ingénieurs, peintres et statuaires en Turquie. Là où le commerce, les industries et les connaissances ont été portés à un certain degré de développement, c'est aux Grecs qu'en revient l'honneur » [4]. Un autre auteur, M. Henri Sensine, écrivait aussi, il y a une dizaine d'années : « Quand on voyage en Grèce en se rappelant ce qu'était ce pays il

---

[1] Th. Homolle : *Pourquoi nous aimons la Grèce*, dans *La Grèce*, p. 30.
[2] Edgar Quinet : *De la Grèce moderne et de ses rapports avec l'antiquité*, p. 218.
[3] Alfred Berl : *La Grèce moderne*, dans *La Grèce*, p. 321.
[4] Gervinus : *Insurrection et régénération de la Grèce*, I, 130-131.

y a cinquante ans encore, on éprouve pour lui une grande admiration. De toutes les nations de l'Orient chrétien, c'est certainement celle qui a fait les progrès les plus rapides. Elle donne aujourd'hui l'impression d'un pays très civilisé... Les progrès matériels de tous genres sont évidents; les progrès intellectuels et moraux ne le sont pas moins. Si le Pirée est en passe de devenir le principal port de l'Orient européen, Athènes en est sûrement le centre intellectuel. Il n'y a qu'à lire les travaux des archéologues grecs pour se rendre compte de ce qu'est aujourd'hui l'élite hellénique ». Et l'auteur terminait son ouvrage en disant : « La Grèce n'a certes pas dit son dernier mot dans l'histoire »[1].

Et pour terminer, citons un passage d'Alfred Gilliéron; ces paroles, écrites à l'époque où la guerre russo-turque de 1877-1878 faisait croire à l'Europe qu'une vie nouvelle s'annonçait en Orient, s'adaptent non moins heureusement à la situation actuelle : « C'est à elle (à la race grecque), écrivait cet auteur, qu'appartient, sans contestation possible, le bassin de la mer Égée ou de l'Archipel, qu'elle remplit depuis plus de trois mille ans du bruit de son activité, de ses chants et de sa gloire. Restée fidèle à sa foi et à sa langue, en dépit des Goths, des Bulgares, des Francs, des Albanais et des Turcs, elle a montré une vitalité et une ténacité dans l'espérance, qui sont peut-être uniques dans l'histoire, et elle peut à bon droit espérer une seconde vie. Maîtresse des mers et du commerce de l'Orient, comme au temps de Cimon et de Périclès, la race grecque a su garder jusqu'à nos jours la plupart des qualités qui firent jadis sa fortune. Encore aujourd'hui le Grec l'emporte sur tous les Orientaux par la finesse et la subtilité de l'intelligence, par le goût des entreprises commerciales et le génie industriel avec lequel il se joue de toutes les difficultés; il a de plus le

---

[1] Henri Sensine : *Dans la lumière de la Grèce*, Lausanne, Payot, 1908.

vif sentiment de l'égalité et le goût de ces associations où chacun apporte sa part de travail ou d'argent ; il n'a que de la répulsion pour les plaisirs grossiers et l'intempérance, qui font tant de ravages chez les peuples du Nord ; enfin, il s'honore par la pratique des vertus domestiques et se distingue presque toujours par un patriotisme ardent qui court au-devant de tous les sacrifices et corrige souvent ce qu'il y a d'égoïsme et d'instinct par trop individualiste dans le caractère national. Il nous semble qu'un peuple qui a gardé dans le malheur une confiance si inébranlable dans ses destinées et qui se montre encore aujourd'hui doué d'aptitudes si diverses, mérite de vivre et ne saurait périr à l'heure où l'Orient s'ouvre à la vie »[1].

---

[1] Alfred Gilliéron : *Grèce et Turquie*, préface, p. XI-XII.

SECONDE PARTIE

LE DOMAINE ETHNOLOGIQUE

CHAPITRE UNIQUE

LES GRECS ET LES SLAVES DE MACÉDOINE

I. — Introduction.

La physionomie ethnographique de la Macédoine actuelle est certes différente de celle de jadis, par suite de l'établissement dans le pays de différents éléments étrangers.

Les éléments ethniques qui habitent aujourd'hui la Macédoine sont : les Grecs, les premiers habitants du pays, qui descendent des anciennes tribus péoniennes et macédoniennes et des colons des cités grecques.

Avec les Grecs sont étroitement liés ces braves pasteurs du Pinde qu'on appelle Koutsovalaques, ou tout court Valaques ou Vlaques [1] ou encore Aromounes [2] — terme qui provient du nom *Arâmân* qu'ils se donnent eux-mêmes et qui ne signifie rien d'autre que Romains, c'est-à-dire Grecs. Leur origine est inconnue. Les uns les considèrent comme des descendants des anciens Pelasges, d'autres ne s'éloignent pas, en réalité, de cette opinion, qui attribue aux Valaques une origine grecque, en les qualifiant de descendants des anciens Thraces (lisez *Péoniens*) ou Macédoniens romanisés; d'autres prétendent que ce sont des descendants de colons romains établis en Macédoine par Tibère, et d'aucuns vont jusqu'à voir en eux des descen-

---

[1] Ce nom est, pour la première fois, cité par Cédrénus, II, p. 435.
[2] Ce nom leur fut donné par le professeur allemand G. Weigand dans son ouvrage *Die Aromunen*, Leipzig, 1895, où il essaie de trouver en eux une parenté ethnologique avec les Roumains.

dants des Koumans (appelés aussi, comme nous l'avons vu, Valaques [1]) et plus spécialement des prisonniers que l'empereur Alexis 1ᵉʳ Comnène avait faits au cours de sa campagne contre cette tribu et qu'il avait ensuite établis sur les pentes du Pinde; leur infirmité leur aurait valu le nom de Koutsovalaques, qui veut dire en grec *Valaques boiteux* [2].

Quant à nous, sans nous attacher ici à départager ces diverses opinions et à établir l'origine exacte des Koutsovalaques, c'est-à-dire sans aborder une question où, suivant la remarque de Krumbacher, « vu la rareté des informations historiques, il est impossible en général d'obtenir un résultat concluant » [3], nous nous bornerons à enregistrer ici certains faits qui sont incontestables : les Koutsovalaques en question se disent Grecs; à côté de leur idiome particulier ils emploient la langue grecque la plus pure, qui est également leur langue écrite; un grand nombre d'entre eux ne parlent d'ailleurs que le grec [4]; leurs poésies sont également pour la plupart composées en grec [5]; enfin, — remarque décisive — leur conscience nationale est essentiellement grecque. Les Koutsovalaques ont en effet donné à la Grèce certains parmi ses plus grands patriotes; ils ont pris une part des plus actives à la guerre de l'indépendance hellénique [6]. Et depuis la fondation du royaume de Grèce, les plus riches d'entre eux n'ont point cessé d'offrir leurs fortunes pour l'érection

---

[1] Voir *supra*, p. 232.

[2] Sur les différentes origines attribuées aux Valaques, voir en généra Victor Bérard : *La Turquie et l'Hellénisme contemporain*, p. 241 sq. et Cl. Nicolaïdès : *La Macédoine*, p. 195 sq. Voir aussi Iorga : *Geschichte des rumänischen Volks*, I, p. 100. Wace and Thompson : *The Nomads of the Balkans*, p. 257 sq. Murnu : *Histoire des Roumains du Pinde* (en roumain), Bucarest, 1913. Fischer : *Die Herkunft der Rumänen*, p. 117 sq., etc.

[3] Voir Cl. Nicolaïdès : *La Macédoine*, p. 197.

[4] Cf. Cuijié : *Questions balkaniques*, p. 78.

[5] Voir Wace and Thompson : *The Nomads of the Balkans*, p. 277. Toute une série de poésies populaires koutsovalaques en grec furent publiées par M. Euyalis dans la revue *Hellénismos* (année 1911, p. 249, 382, 509, 569, 635, 761, et année 1912, p. 1, 49 et 126).

[6] Voir Zinkeisen : *Geschichte der Griechischen Revolution*, 1, p. 313.

des plus splendides monuments d'Athènes et, en général, pour tout but vraiment national [1].

La question de l'origine ethnique des Koutsovalaques ne présente d'ailleurs pas pour notre étude un grand intérêt. Ils sont très peu nombreux, et leur majorité habite hors de la Macédoine, notamment en Épire et en Thessalie. « Les Koutsovalaques sont très peu nombreux, écrit M. Édouard Driault, une vingtaine de mille, de quoi peupler une petite ville. Ils sont établis sur les pentes du Pinde de Thessalie, depuis Mezzovo au sud, jusque dans la direction de Monastir » [2].

Parmi les éléments ethniques qui peuplent la Macédoine, il y a encore les Slaves, ceux-là mêmes que revendiquent les Bulgares et qui constituent les traces vivantes des incursions slaves du VIe et notamment du VIIe siècle de notre ère. Nous en parlerons plus loin d'une manière détaillée.

La Macédoine est aussi habitée par des Turcs, descendants des populations turques originaires de l'Asie Mineure qui furent installées en masse dans les provinces européennes aux premières années de la conquête ottomane [3]. Parmi les Turcs, il faut également comprendre les autres Musulmans, c'est-à-dire les indigènes qui furent islamisés, soit par suite de la rafle d'enfants pratiquée par le conquérant [4], soit par d'autres moyens analogues, soit enfin par la conversion en masse, à laquelle se sont livrés les Valaades des environs de l'Haliacmon (Vistriza) et les Pomaks, qui, pourtant, habitent pour la plupart la région du Rhodope, c'est-à-dire hors des limites de la Macédoine.

---

[1] Voir Alfred Berl : *La Grèce moderne*, dans *La Grèce*, p. 314-315.

[2] Driault : *La Question orientale*, Paris, éd. de 1898, p. 284.

[3] Un certain mouvement de colonisation turque s'était aussi affirmé en Macédoine au IXe siècle, dans la région de l'Axios (Vardar), d'où les colons tiennent d'ailleurs leur nom de Vardariotes. Mais ces colons furent convertis au christianisme. Le patriarcat fonda même pour eux un évêché spécial qui relevait de la métropole de Salonique (Voir Rambaud : *Constantin Porphyrogénète*, p. 214).

[4] Voir *supra*, p. 285-286.

Les Valaades étaient, dans le temps, des Grecs, qui furent islamisés, mais qui ne continuent pas moins à parler le grec. Ils furent appelés ainsi, à cause du fréquent usage qu'ils font, dans leurs conversations en grec, du serment *Valachi* (au nom de Dieu) [1]. Choisissant comme critérium de nationalité la conscience nationale et non l'origine historique, les Grecs ne comprennent pas les Valaades parmi les populations grecques de Macédoine.

Au sujet des Pomaks, les opinions sont divisées : d'aucuns prétendent que ce sont des Slaves islamisés, d'autres que ce sont des indigènes, voire des descendants des anciens Agrianes [2], qui auraient reçu des Slaves la langue et des Turcs la religion et la conscience nationale [3]. Ce qui milite en faveur de la seconde thèse, c'est qu'ils sont aussi appelés, en certains endroits, Achrianes [4]. Ceci n'empêche pas les Bulgares de les considérer comme des Bulgares, bien que leur conscience nationale soit purement turque ; au cours de la guerre russo-turque de 1877-1878, ils ont combattu contre les Russes et contre les Bulgares eux-mêmes, et depuis que le traité de Bucarest de 1913 les incorpora à la Bulgarie, ils n'ont pas cessé de montrer par leurs soulèvements armés leurs sentiments hostiles au régime bulgare, si bien que M. A. Strasimiroff écrivait, le 18 juillet 1915, dans le *Dnevnik* de Sophia, qu' « il est indispensable de désarmer les Pomaks, qui, tant qu'ils conservent leurs fusils, considèrent le régime bulgare comme provisoire ». Et, alors que leur origine slave elle-même est contestable, un grand nombre parmi eux sont d'une origine grecque nettement établie. En effet, voici ce

---

[1] Voir sur les Valaades l'intéressante étude parue dans l'*Annuaire macédonien* (en grec), année 1911, p. 113 sq.

[2] Thuc., II, 96. Voir *supra*, p. 99.

[3] Voir Fligier : *Ethnologische Entdeckungen im Rhodopegebirge*. Vienne, 1879.

[4] Niederlé (*La Race slave*, p. 208) soutient que « ce nom vient de l'ancienne forme Agariana, les enfants d'Agar ». Nous considérons cette étymologie comme la moins probable, étant donné que les Agrianes habitaient jadis à peu près le même pays.

que Jireček lui-même écrit à ce sujet : « Dans le Rhodope, en dehors des Grecs de Sténimachos, on trouve d'autres restes des anciennes populations byzantines. Parmi les Musulmans bulgares, il y a aussi dans la montagne quelques Musulmans grecs. D'après les récits des gendarmes musulmans qui m'accompagnaient, le gros village de Ljabovo (90 maisons), au sud de la ville de Névrokopi, est habité par des Grecs, qui professent la religion musulmane ; de même le village voisin de Loznik ainsi que Kornik durent avoir une population pareille, qui, toutefois, a été bulgarisée, à la suite de son commerce avec les Pomaks voisins. D'après la tradition, il y aurait une *veine grecque* chez les Pomaks de Tmros ; de même, près de la bourgade de Perustica, aujourd'hui bulgare, au milieu du pays montagneux, nous avons entendu quelques noms de villages manifestement grecs (Mavroghi, Kokkino) » [1].

Outre ces éléments, il faut aussi compter parmi les habitants de la Macédoine un petit nombre d'Albanais, qui vivent près des frontières macédo-albanaises et qui sont les descendants des anciens Illyriens [2] ; et encore quelques Tsiganes, qui, dispersés un peu partout, sont d'origine indienne et sont venus en Macédoine au xive siècle [3] ; enfin, quelques dizaines de mille d'Israélites, venus au xvie siècle d'Espagne et qui habitent, presque tous, Salonique [4], etc.

A cette simple énumération, le lecteur se rend compte que la salade dite « Macédoine » n'a pas volé son nom.

---

[1] Jireček : *Das Fürstentum Bulgarien*, p. 115. Outre les Valaades et les Pomaks, il y a encore quelques Valaques musulmans dans le sud de la province de Caralzova (Voir l'*Annuaire macédonien*, en grec, année 1909, p. 91 sq.) et aussi quelques Juifs musulmans à Salonique, qui furent islamisés au xviie siècle et sont connus sous le nom de *Donmès*.

[2] Claude Ptolémée fut le premier géographe qui a donné le nom d'Albanais aux Illyriens habitant les environs de Croïa (Claude Ptolémée, *Traité géographique*, Muller, I, p. 506. Cf. Jireček, *Geschichte der Serben*, p. 152).

[3] Cf. Jireček : *Geschichte der Bulgaren*, p. 477.

[4] Cf. Tafrali : *Thessalonique au* xive *siècle*, p. 39. Salonique avait reçu des Juifs même avant cette date, attirés par l'importance commerciale de la ville. Mais leur nombre était très restreint.

Néanmoins, parmi tous les éléments que nous avons cités, il n'y a que trois qui comptent au point de vue numérique : les Grecs, les Slaves et les Turcs. Mais ces derniers qui, suivant un mot devenu célèbre, n'ont fait que « camper » en Europe, n'ont jamais été pris en considération, chaque fois qu'il s'est agi d'établir le caractère ethnologique du pays. Et aujourd'hui, il convient encore moins de les mettre en ligne de compte. Nous nous bornerons donc, dans les pages qui suivront, à étudier les deux autres éléments, l'élément grec et l'élément slave, que les Bulgares considèrent comme devant leur être assimilé.

II. — Les Éléments grec et slave.

Les Slaves de Macédoine, comme d'ailleurs tous ceux de la péninsule balkanique, sont, nous l'avons dit, les descendants des envahisseurs, qui, venus au vi^e et surtout au viie siècle, appartenaient à différentes races slaves habitant des régions au nord du Danube : les Grecs les comprenaient sous le nom générique de Sclavènes (Σκλαβηνοί) ou Slovènes (Σθλοβένοι) [1].

Les renseignements que nous possédons sur les invasions des Slaves, ainsi que des autres tribus barbares, qui se déversèrent dans les pays au sud du Danube, sont, pour la plupart, contradictoires et inexacts. Comme le remarque judicieusement Hopf, il faut les suivre « avec une attention des plus minutieuses » et les soumettre à « une critique vigilante » [2]. Cette mise en garde n'a pas empêché, il est vrai,

---

[1] Ce nom se rencontre pour la première fois chez Césarius, frère de Grégoire de Nazianze, au ive siècle, c'est-à-dire à l'époque où ces tribus habitaient encore exclusivement au nord du Danube. Voir Migne, *Patrologia Græca*, t. XXXVIII, p. 985.

[2] Hopf : *Geschichte Griechenlands von Beginn des Mittelalters bis auf unsere Zeit*, p. 76.

Hopf lui-même de commettre à son tour des erreurs, en réfutant les paradoxes de Fallmerayer, si bien qu'on peut affirmer que, d'une manière générale, l'histoire des incursions datant des premiers siècles du moyen âge, n'a pas encore été établie jusqu'à nos jours, à la lumière d'un contrôle critique sévère et d'une manière définitive [1].

Procope, qui fut le principal historien du vi^e siècle, n'a pas su, lui non plus, éviter les contradictions. En voici un exemple : Dans ses *Anecdota*, c'est-à-dire dans le pamphlet qu'il lança contre Justinien, il écrit sous forme de critique : « Le pays des Illyriens et toute la Thrace, qui s'étendent de la mer Ionienne jusqu'aux faubourgs de Byzance et qui comprennent la Grèce et la Chersonèse, étaient chaque année, depuis que Justinien assuma le pouvoir dans l'Empire grec, envahis par les Huns et les Sclavènes et les Antes, qui s'y livraient à des actes inouïs contre les habitants. Je sais, en effet, qu'à chaque incursion, plus de deux cent mille Grecs étaient tués ou réduits à l'esclavage, à telles enseignes que tout le pays ne fut plus, pour ainsi dire, qu'un complet désert » [2]. Mais ce même historien se contredit dans quelques-uns de ses autres ouvrages, où Justinien est loué et où l'auteur oublie totalement ce renseignement des *Anecdota*, lequel, soit dit en passant, est exploité par les slavophiles sans le moindre contrôle. C'est ainsi que dans son ouvrage *De ædificiis*, il écrit que, grâce aux nombreuses forteresses construites dans la Thrace septentrionale, c'est-à-dire dans la Bulgarie actuelle, Justinien « a complètement soustrait aux pillages le pays qui était auparavant exposé aux incursions ennemies » [3]. Procope exagère encore, lorsqu'il affirme dans un autre ouvrage qu'en 549, trois mille Sclavènes auraient traversé le Danube, l'Hémus (Balkan) et

---

[1] Voir sur les Slaves, Bury : *Later Roman Empire*, II, p. 11 et l'article *Slaves*, dans l'*Encyclopedia Brittanica*.
[2] Procope, *Anecdota*, p. 114.
[3] Procope, *De ædificiis*, IV, 11.

l'Hèbre (Maritsa) et que, divisés en deux colonnes, ils auraient vaincu et massacré les garnisons de Thrace, détruit la ville de Topéros, près du Nestos, et qu'ils seraient rentrés chez eux, en ramenant un grand nombre de prisonniers [1].

Un autre témoignage, — celui-ci d'Evagrius, — remplit, lui aussi, les panslavistes de joie. Le voici : « S'étant avancés, à deux reprises, jusqu'à ce qu'on appelle la longue muraille, les Avars ont assiégé et réduit à l'esclavage Singédone, Anchialos et la Grèce entière et d'autres villes et forteresses encore; ils ont semé partout autour d'eux la mort et le feu, alors que le gros des troupes se trouvait dans l'est » [2]. L'absurdité du renseignement est évidente : Comment, après avoir cité Singédone et Anchialos, peut-on ranger à côté d'elles « la Grèce entière », comme une ville, et faire suivre la mention de son asservissement par celle de la prise « d'autres villes et forteresses encore »? Et pouvons-nous, en outre, oublier que les Avars, qui, après tout, n'étaient pas des Slaves, se livraient à leurs incursions à cheval, ce qui excluait pour eux la possibilité de s'attarder à des sièges? Les nouveaux éditeurs d'Evagrius se sont efforcés de corriger le principal contresens que contient le passage de l'historien et ils ont proposé de lire « Illyrie », au lieu de « Grèce » (Ἰλλυρίδα, au lieu de Ἑλλάδα) [3]. La correction est insuffisante; mais ce qui nous intéresse ici, c'est qu'il est interdit de tirer argument de ce passage d'Evagrius, comme l'ont fait triomphalement Fallmerayer, et, en général, tous les panslavistes [4].

---

[1] Procope, *De bellis*, VII, 38, 1.
[2] Evagrius, *Histoire ecclésiastique* (édition J. Bidez et L. Parmentier), p. 228. Cf. Bury, *Later Roman Empire*, II, p. 143.
[3] Voir l'édition de J. Bidez et L. Parmentier, p. 228, n. 1.
[4] Les théories extravagantes de Fallmerayer, d'après lequel la nation grecque aurait disparu à la suite des incursions slaves des VIe et VIIe siècles, furent émises, comme tout le monde sait, sous l'influence de la politique de Metternich, à l'effet de battre en brèche le philhellénique qui régnait à cette époque dans l'Europe entière. Loin de s'imposer, elles furent réfutées notamment par Hopf (*Geschichte Griechenlands von Beginn des Mittelalters bis auf unsere Zeit*) et elles ne cessèrent d'être l'objet des critiques unanimes de tous

Nous n'avons certainement pas l'intention de conclure à la suite de ces observations, en refusant toute importance aux incursions menées par les Slaves, au sud du Danube. Nous voulons tout simplement montrer qu'elles n'ont eu ni l'envergure ni la portée que leur assignent les témoignages invoqués par les panslavistes; et que celui qui y ajoute foi, sans les soumettre au préalable au contrôle de la critique, commet une flagrante erreur scientifique. Ainsi, il est incontestable que, pour ce qui est des incursions barbares du VIe siècle, elles furent toutes repoussées au delà du Danube, malgré les assertions contraires formulées de nos jours encore par les panslavistes [1]. Et, si, aux temps de Justinien, il y eut effectivement des incursions slaves, néanmoins, le fait que cet empereur a construit des forteresses dans la Thrace du nord, c'est-à-dire dans la Bulgarie actuelle, non seulement nous prouve que les Grecs avaient repoussé les Barbares au delà du Danube, mais encore établit la probabilité que, pour un assez grand laps de temps, les incursions de ces derniers ne furent point renouvelées. En outre, si vers la fin du VIe siècle, en 584 et 586 de notre ère, les Slaves se sont livrés à de nouvelles incursions et ont poussé l'audace jusqu'à attaquer Salonique même [2], il n'en est pas moins certain que ces entreprises ont abouti à un échec tout aussi complet que les précédentes, ce dont on peut facilement juger rien qu'en évoquant le rôle joué, d'après les traditions, par Saint Démétrius, le patron et protecteur de la capitale macédonienne. D'ailleurs, l'histoire nous apprend que quel-

---

les historiens impartiaux. Les historiens slaves et bulgares eux-mêmes sont bien forcés de désapprouver Fallmerayer, à l'instar des autres historiens. Ils ne s'efforcent pas moins d'attribuer aux incursions slaves des VIe et VIIe siècles une partie territoriale qu'elles n'ont jamais possédée (Voir par exemple, Vasilieff : *Les Slaves en Grèce*, dans la revue russe de Petrograd : *Annales byzantines* (*Byzantiniskii Vremenik*), t. V, 1898, p. 404-438 et 628-670.

[1] Voir par exemple N. E. Derjavine, professeur agrégé à l'Université de Petrograd : *Les Rapports bulgaro-serbes et la question macédonienne*, ouvrage récemment traduit en français, par les soins de la propagande bulgare, Lausanne, Librairie centrale des nationalités, 1918, p. 31.

[2] Voir Jireček : *Geschichte der Serben*, p. 87 et 89.

ques années à peine plus tard, en 600 après Jésus-Christ, le général byzantin Priscos traversa le Danube, remporta au delà de la Theiss plusieurs victoires écrasantes sur les Avars et sur les Slaves et ramena 17.200 prisonniers [1]. On peut donc conclure d'une manière générale que les races barbares du nord dont les capacités militaires étaient de beaucoup inférieures à celles des Byzantins, ne se sont fait remarquer pendant le VIe siècle que par des coups de main brusqués, et par des guets-apens, qui ne leur valaient que des succès éphémères : aussitôt que les guerres poursuivies contre les Perses et autres luttes sérieuses permettaient aux Byzantins de distraire certaines forces, les incurseurs étaient mis en déroute et refoulés au delà du Danube. C'est aussi la conclusion de M. Charles Diehl, qui a écrit au sujet des incursions barbares du VIe siècle : « Sans doute, aucune de ces incursions n'aboutit, comme il arrivera au siècle suivant, à un établissement durable des barbares dans l'empire; toujours, les généraux impériaux finirent par rejeter au delà du Danube les hordes des envahisseurs »[2].

Au VIIe siècle, si les événements ne furent pas tels que Fallmerayer et les panslavistes, qui le suivent plus ou moins directement, les présentèrent, il y eut néanmoins au sud du Danube de très importantes installations de Slaves. Les longues guerres qu'Héraclius a dû conduire contre les Perses ont permis aux Slaves de traverser le Danube et de s'établir en deçà des frontières de l'Empire grec, à l'est jusqu'à l'Hémus (Balkan) et à l'ouest jusque dans la Macédoine septentrionale, d'où certaines tribus descendirent plus tard vers le sud, attirées sans doute par Salonique, dont la prise leur promettait un riche butin. En effet, en 658-659, plusieurs tribus barbares, les Drougoubites, les Sagoudates, les Baïounites, les Berzites, les Vélégézites, attaquèrent à plus d'une reprise la capitale

---

[1] Cf. Bury : *Later Roman Empire*, II, p. 140.
[2] Diehl, *Justinien*, p. 220.

macédonienne [1]. Mais la protégée de Saint Démétrius fut encore, cette fois, sauvée par l'empereur Constas qui mena campagne contre ces tribus et les battit [2]. Cependant, certaines d'entre elles, notamment les Drougoubites et les Sagoudates, réussirent à s'installer dans la région de Verria [3].

Mais, il est à remarquer d'abord que toutes ces tribus en question ne semblent pas avoir été des tribus slaves, comme les historiens slaves se plaisent à l'affirmer. C'est ainsi que les Sagoudates, qui justement se sont établis dans la région de Verria, portent un nom qui, d'après Jireček, n'a absolument rien de slave [4]. Il en est de même, semble-t-il, des Rynchines ou Réchines qui se seraient établis dans la région du Strymon [5], en dépit de ce qu'écrivent le Russe Ouspenski et le Bulgare Ivanoff [6]. Tougard assure, à propos d'eux, qu'ils sont d'origine inconnue [7]; d'ailleurs, dans le passage cité par ce dernier écrivain, il y a distinction entre le Strymon et le Rynchinos, ce dernier devant certainement être l'ancien Réchios qui prenant sa source dans le lac Bolbé se jette dans le golfe du Strymon [8]. On remarque facilement l'étroite parenté qui existe entre le nom *Rynchine* qui se dit aussi *Réchine* et le fleuve *Réchios*, — parenté qui est, du reste, reconnue par l'historien bulgare Drinow lui-même, et qui indique que les Rynchines ou Réchines n'étaient que les habitants de la région environnante de ce fleuve [9]. Leur nom n'est donc pas d'origine slave.

---

[1] *Acta Sancti Demetrii*, dans Migne : *Patrologia Græca*, t. CXVI, p. 1325.

[2] L'érudit Pierre Papageorgiou publia, il y a quelques années, dans la *Byzantinische Zeitschrift*, t. XVII, p. 380, une inscription commémorative de cette victoire de l'empereur Constas.

[3] Jean Caméniate, *De excidio Thessalonicensi*, p. 496.

[4] Jireček : *Geschichte der Serben*, p. 94.

[5] Voir à leur sujet Migne : *Patrologia Græca*, t. CXVI, p. 1349. Voir également Tougard : *Histoire profane*, p. 156.

[6] Ivánoff : *Les Bulgares en Macédoine* (en bulgare), p. XXIII.

[7] Tougard, *ibid.*, p. 262.

[8] Voir la *Carte historique de la Macédoine*, supra, p. 38.

[9] Voir Jireček : *Geschichte der Bulgaren*, p. 120. Le nom du fleuve Réchios est aussi cité par Procope (*De ædificiis*, IV, 3).

Il est ensuite à noter que ces tribus installées en Macédoine n'étaient pas assez nombreuses pour pouvoir déplacer ou étouffer la population hellénique des régions où elles se sont établies. Jean Caméniate remarque à propos de la région de Verria qu'elle comprenait aussi « quelques villages mixtes, où habitent certaines populations nommées Drougoubites et Sagoudates » [1]. La cohabitation de ces tribus avec les habitants indigènes suppose en outre l'existence de relations amicales entre elles et les Grecs, ce que Jean Caméniate certifie du reste formellement [2]. D'ailleurs, ce même historien, décrivant la prise de Salonique par les Arabes, en 904, rapporte que ces populations slaves n'ont pas manqué de venir au secours des Thessaloniciens [3]. Et, dans la partie historique du présent ouvrage, nous avons eu maintes fois l'occasion d'observer que les Slaves de Macédoine n'ont pas gardé une attitude moins hostile envers les envahisseurs bulgares [4].

Il en résulte que dans cette partie du moins de la Macédoine que la Grèce revendiquait de tout temps et qui lui fut attribuée par le traité de Bucarest, les agglomérations slaves n'avaient que de faibles effectifs et que les Slaves qui s'y sont installés ont bientôt établi des rapports amicaux avec les Grecs indigènes. Bien plus : dans la Macédoine septentrionale elle-même, qui, par suite de son voisinage avec le noyau de la masse slave installée au sud du Danube, a dû subir l'immigration de nombreuses populations slaves, l'hellénisme ne disparut nullement ; loin de là, il continua à détenir par endroits, comme par exemple dans la région de Monastir, la majorité numérique, alors que dans les autres districts il conserva une prédominance économique et intellectuelle absolue. Il en est ainsi jusque dans la région d'Achride, qui, bien que située, comme nous

---

[1] Jean Caméniate, *De excidio Thessalonicensi*, p. 496.
[2] *Ibid.*
[3] *Ibid.*, p. 514, 515 et 523.
[4] Voir *supra*, p. 215 et 259. Voir aussi Lombard, *Constantin V*, p. 96 sq.

l'avons établi [1], au delà de la frontière nord-occidentale de la Macédoine, conserva cependant sa vie hellénique, malgré les invasions slaves, malgré encore l'invasion de Samuel, qui même s'y installa; encore mieux, Achride devint — nous l'avons également signalé plus haut [2] — un centre important de culture hellénique; s'il en fallait d'ailleurs encore une preuve, on la trouverait dans les nombreux documents grecs qui, publiés par Gelzer, par Callinique Delicanis et par d'autres encore, établissent la vitalité et la puissance numérique de sa population hellène.[3] Ce n'est pas sans raison que Jireček, en parlant d'Achride du XIIe siècle, qualifie cette cité de « boulevard de l'Hellénisme. »[4]. Citons encore Stroumnitza, une autre puissante citadelle de l'Hellénisme dans la Macédoine du Nord, où les lettres grecques furent cultivées avec succès dans les temps modernes et dont l'histoire médiévale est illustrée par un grand nombre de monuments helléniques. Près de Stroumnitza, fut fondé en 1080, le monastère de Notre-Dame-de-Pitié, dont plusieurs documents furent publiés, il y a quelques années, par l'archevêque catholique d'Athènes, Louis Petit. Ces documents, rédigés tous en grec, témoignent de l'activité et de l'importance de la population hellénique de cette région et ne font absolument aucune mention ni de Slaves ni de Bulgares [5]. Nous omettrons de parler d'autres districts situés dans le nord de la Macédoine et dont la population grecque fut conservée intacte et toujours florissante, tels Méléniko, dont nous avons signalé l'activité hellénique au moyen âge [6], Névrokopi, etc.

---

[1] Voir *supra*, p. 29-30.

[2] Voir *supra*, p. 228.

[3] Gelzer: *Das Patriarcat von Achrida*, dans les *Abhandlungen der Sächsischen Gesellschaft der Wissenschaft*, t. XX, Leipzig, 1903, Callinique Delicanis: *Documents patriarcaux* (en grec), 1905. Voir aussi la *Byzantinische Zeitschrift*, t. V, p. 114 et Paul Marc : *Plan eines Corpus der griechischen Urkunden des Mittelalters und der neueren Zeit*, Munich, 1903, p. 98.

[4] Jireček : *Geschichte der Bulgaren*, p. 211.

[5] Voir Louis Petit : *Le monastère de Notre-Dame-de-Pitié en Macédoine*, dans a revue *Izvestija*, t. VI, 1900, p. 1 sq.

[6] Voir *supra*, p. 246.

Ainsi, voyons-nous l'Hellénisme sauvegarder sa vie, poursuivre son activité et se maintenir en masses compactes dans les régions les plus exposées de la Macédoine du Nord. Quoi d'étonnant, dans ces conditions, si dans le reste du pays il parvint à conserver sa prédominance absolue ?

Il est, en effet, hors de doute qu'en dépit des incursions slaves et malgré la domination cinq fois séculaire des Turcs, la Macédoine n'a point cessé d'appartenir ethnologiquement aux Grecs, qui ont continué à vivre de leur vie hellène, en gardant le souvenir de leur passé glorieux [1] et en espérant un avenir meilleur. Certes, les invasions slaves et la conquête ottomane ont considérablement altéré l'homogénéité jusque-là complète de la population macédonienne. Mais il est non moins certain que, pas plus que les Romains dans l'antiquité, ni les Slaves au moyen âge, ni les Turcs plus tard, n'ont pu modifier en leur faveur le caractère ethnique du pays, resté éminemment hellénique. C'est là une vérité indiscutable qu'une heureuse observation de M. Nicolaïdès vient fortement confirmer : « Des cinquante-huit villes, écrit cet auteur dans son livre sur la Macédoine, que compte aujourd'hui la Macédoine, quatre seulement tirent leur origine de colonies romaines, et encore celles-ci furent-elles hellénisées en peu de temps. Une seule ville, celle de Servia, dans le sud de la province, fut fondée par les Slaves; mais, depuis plusieurs siècles, ses habitants ont adopté la langue et les sentiments des Hellènes [2]. Les Turcs n'ont pas créé non

---

[1] Voir ce qui a été dit *supra*, p. 61-62, au sujet des traditions d'Alexandre le Grand. Notons encore ici qu'un voyageur anglais du xiv° siècle, John Maccedenville, raconte avoir vu en Macédoine des fêtes célébrées en souvenir d'Aristote (Voir Tafrali : *Thessalonique au XIV° siècle*, p. 149).

[2] Écrivant sur Servia, M. Nicolaïdès semble avoir été influencé par quelque auteur slavophile. Cette ville ne fut pas non plus construite par des Slaves; elle a tout simplement emprunté son nom à quelques Serbes qui s'y sont installés sous le règne du basileus Héraclius. Constantin Porphyrogénète en témoigne explicitement (III, *De adm. Imper.*, p. 152), en écrivant : « Des deux frères qui succédèrent au pouvoir en Serbie, l'un qui assuma le gouvernement de la moitié du peuple se rendit chez Héraclius, basileus des Grecs; et

plus d'autre ville en Macédoine que Yénidsché [1] (c'est-à-dire Ville-Nouvelle), sur le Vardar, laquelle a conservé sa population ottomane. Les cinquante-deux autres cités furent construites par les Grecs et organisées par eux comme des foyers de culture hellénique [2]. Aucune autre peuplade de la Macédoine n'a produit un seul homme qui ait marqué son nom dans l'histoire du progrès intellectuel ou économique du pays. Chaque église, chaque monastère, chaque établissement d'éducation digne de ce nom, a été fondé par l'élément grec » [3].

Mais les patriotes de Sophia, qui revendiquent les Slaves macédoniens, appelés à tort Bulgares [4], prétendent que si les Grecs peuvent effectivement se prévaloir de la suprématie économique et intellectuelle en Macédoine, ils y sont cependant, au point de vue numérique, inférieurs à ces Slaves ou « Bulgares ». Et pour justifier leur prétention, ils invoquent les témoignages de quelques écrivains étrangers, et aussi certaines cartes ethnographiques, statistiques, etc. On appréciera plus loin la véritable valeur de toutes ces pièces de procès lorsque nous aurons à parler des populations grecque et slave de la Macédoine, d'après

---

Héraclius l'accueillit et lui désigna où camper, dans le thème de Thessalonique, à Servia, qui, depuis, reçut cette dénomination ». Mais ce renseignement de Constantin Porphyrogénète paraît lui-même improbable et ne semble que la reproduction d'une légende due au nom de la ville de Servia (Cf. Jireček : *Geschichte der Serben*, p. 107, n. 1). Il est également inexact que les Serbes installés à Servia — si tant est qu'ils s'y soient jamais installés — ont adopté la langue et les sentiments helléens. En effet, ces Serbes n'ont pas tardé à quitter ce pays, d'après les témoignages concordants de Constantin Porphyrogénète et du *Chronicon Moreas* (II, p. 210), où on lit : « Seul est conservé à cette ville le nom donné par les habitants (Serbes), qui étaient venus au siècle (VIIe, sous l'empereur Héraclius) et qui retournèrent dans leur patrie ». Il est du reste notoire que depuis que la religion chrétienne a prévalu chez les Hellènes, ces derniers ont négligé d'helléniser les autres peuples, se contentant de les convertir simplement au christianisme.

[1] Yannitsa.

[2] Il est à noter que seule la fondation de quelques-unes d'entre elles remonte aux temps de l'antiquité. Il suffit pour s'en convaincre de comparer la carte historique de la Macédoine, annexée à la page 38, à n'importe quelle carte de la Macédoine moderne.

[3] Cl. Nicolaïdès : *La Macédoine*, p. 8.

[4] Voir *supra*, p. 222 sq. et *infra*, p. 491 sq.

les diverses statistiques officielles. Certaines observations s'imposent néanmoins ici même.

Tous les écrivains qui concluent à la supériorité numérique de l'élément slave en Macédoine, sont soigneusement cités dans plusieurs livres de la propagande bulgare. Nos lecteurs n'auront qu'à s'y reporter [1]. Mais le meilleur recueil qui en ait été fait est, sans doute, celui de M. Rizoff, l'ex-ministre de Bulgarie à Berlin, auteur de ce fameux atlas que nous avons tant de fois déjà cité : M. Rizoff a, en effet, publié le 8 juillet 1917, dans le *Vorwärts*, une lettre par laquelle il s'est efforcé de réfuter un article anti-bulgare paru dans ce même journal sous la signature de M. Hermann Wendel, député socialiste au Reichstag allemand. Il y a étalé les noms d'une trentaine d'écrivains étrangers dont les témoignages sont antérieurs à l'année 1877, c'est-à-dire remontent à une période « où, comme il dit, l'État bulgare n'existait pas encore pour pouvoir les influencer ou les amener avec de l'argent à adhérer à son point de vue » [2]. Nous devons d'abord remarquer que si, en effet, l'État bulgare n'existait pas encore jusqu'en 1877, pour pouvoir influencer, etc., ces écrivains, la propagande panslaviste des « impérialistes » de Moscou existait cependant et travaillait avec acharnement. D'ailleurs, la moitié parmi les trente auteurs invoqués sont des Slaves — Russes ou Tchèques. Et parmi les autres, nous rencontrons des noms dont la bonne foi est fort douteuse, tel ce bulgarophile effréné de M. Brailsford que M. Rizoff n'a pas manqué d'appeler à l'appui de sa thèse. Mais ce qui est encore plus significatif, c'est que parmi les écrivains étrangers dont les chauvins bulgares reproduisent les témoignages,

---

[1] Voir par exemple Oféicoff : *La Macédoine au point de vue ethnographique, historique et philologique*, p. 44 sq.; A. Schopoff : *Les États balkaniques et le principe confédératif*, p. 22, n. 1; D. Mischeff : *The truth about Macedonia*, p. 4 sq.; M. Skopiansky : *La Macédoine telle qu'elle est*, p. 19 sq.; N. Mikhoff : *La Bulgarie et son peuple d'après les témoignages étrangers*; E. Kupfer : *La Macédoine et les Bulgares*, p. 16 sq., etc., etc.

[2] L'article en question de Rizoff est reproduit dans la brochure *Pro Macedonia*, Paris, Roustan, 1918, p. 22.

il n'y a qu'un très petit nombre qui aient visité la Macédoine, soit avant, soit après 1877. La plupart d'entre eux se sont bornés à puiser leurs renseignements dans les milieux de la propagande bulgare, dont, comme on sait, l'omniprésence n'a d'égale que la serviabilité.

C'est ainsi que l'ardent bulgarophile belge, le professeur Laveleye, qui publia un ouvrage pour annoncer à l'opinion publique euorpéenne que les Grecs de Macédoine ne sont pas plus de... 65.000, avoue que ses renseignements ethnologiques émanent d'un mystérieux « correspondant, qui a longtemps habité la Macédoine et qui a visité tout le pays », mais qui, ajoutons-nous, pour fournir ses informations ethnologiques a eu recours à « une brochure de M. Oféicoff, intitulée *Makedonia* »[1]. Le correspondant de M. Laveleye, tout en avouant la source de ses informations, ajoute : « L'autorité de M. Oféicoff ne pourra pas être mise en doute, lorsqu'on saura qu'il s'occupe depuis trois ans de la question macédonienne, et qu'il y a quelques mois il a fait de fréquents voyages dans cette malheureuse contrée »[2]. Or, l'autorité de M. Oféicoff fut mise au contraire fort en doute depuis qu'on a su que le pseudonyme Oféicoff dissimulait, ainsi que nous l'avons remarqué plus haut, M. Athanase Schopoff, secrétaire de l'Exarchat bulgare, lequel n'a d'ailleurs jamais visité la Macédoine, comme il fut révélé par M. Gopchévitch, dans son ouvrage : *Macedonia und Altserbien*.

Mais les renseignements ethnologiques de ceux-là mêmes qui ont visité la Macédoine — ces derniers dussent-ils être de bonne foi — ne peuvent pas être considérés comme authentiques : les voyageurs se fondent, en effet, le plus souvent, uniquement sur l'idiome linguistique parlé par

---

[1] Laveleye : *La Péninsule des Balkans*, Bruxelles, 1886, p. 367. Cet auteur avoue lui-même n'avoir jamais visité les Balkans. Ce qui n'a pas empêché M. L. Leger d'écrire dans la *Grande Encyclopédie* que « M. de Laveleye a rapporté de son voyage dans la péninsule balkanique, etc., etc. » Voir la *Grande Encyclopédie*, t. VIII, *Bulgarie*, p. 402.

[2] Laveleye, *ibid*.

les diverses populations, ce qui constitue — comme nous le montrerons par la suite — un critérium très peu sûr, pour juger de la nationalité de ces populations; de plus, rien ne prouve que ces voyageurs ne se sont trouvés, au cours de leur voyage, devant une mise en scène habilement combinée. A ce titre, le livre de M. A. Blanqui, le célèbre publiciste et économiste [1], constitue un exemple typique. Son auteur rapporte qu'il était accompagné, pendant sa tournée, par un interprète dévoué, Alexandre Stoïlowitch Boyglou Exarque. Qui était-ce cet obligeant interprète, qui portait ce nom gréco-slave?

Mais ce qui met surtout en évidence la partialité, volontaire ou involontaire, des écrivains dont les patriotes bulgares invoquent les témoignages, ce sont surtout les flagrantes exagérations qu'ils commettent fréquemment. Exemple Cyprien Robert, qui, effrayé de ses propres énormités, essaie de les justifier de la façon suivante : « Pourquoi donc le nom de Bulgarie ne désigne-t-il qu'un si petit territoire? Ce fait trouve son explication dans la politique rusée des Turcs, qui ont embrouillé à dessein les limites des peuples subjugués, pour qu'il leur fût impossible de se distinguer entre eux » [2]. Le premier en date des ardents bulgarophiles fait allusion à la dernière division administrative de l'Empire ottoman, lorsque les Turcs remplacèrent les noms ethniques qui désignaient les différentes provinces par des noms de villes. Mais si cette mesure visait à faire oublier l'existence des différentes nationalités vivant sous l'étiquette ottomane, elle ne visait certes pas, ni elle ne pouvait, d'ailleurs, viser, à diminuer l'étendue des régions appelées auparavant de leurs noms. Et comme le souvenir de la vieille division administrative turque s'est conservé, tout le monde sait encore aujourd'hui que les Turcs n'appelaient *Bulgar-Ili*

---

[1] A. Blanqui : *Voyage en Bulgarie pendant l'année 1841*, Paris, 1843.
[2] Cyprien Robert : *Les Slaves de Turquie*. Paris, 1852, p. 231.

(pays des Bulgares) que, fort justement, la contrée située entre le mont Balkan et le Danube, alors qu'ils appelaient Roum-Ili (pays des Grecs) tous les territoires situés au sud de cette contrée et jusqu'à la mer Adriatique, vu la prépondérance numérique des Grecs dans ces territoires [1]. Il s'ensuit que s'il y a quelque chose qui « embrouille à dessein les limites des peuples subjugués », ce n'est pas la « politique rusée des Turcs », mais bien celle de Cyprien Robert.

Quant à M. Laveleye, dont nous venons de signaler une des nombreuses exagérations, il suffit d'ajouter qu'il écrit plus loin dans son livre bulgarophile : « La Macédoine bulgare s'étend vers le sud-est jusqu'à Kortcha (Corytsa), Satichta et Verria. Au sud de ces villes, vers la Grèce, le pays est principalement peuplé de Grecs et de Valaques, bien que, cependant, il y ait bon nombre de villages bulgares » [2]. Toutefois, les écrivains slaves eux-mêmes, tel le Russe Kondakoff ou le Tchèque Niederlé, assignent aux Slaves des frontières bien plus réduites que celles que leur fixe M. Laveleye [3]; et les statistiques bulgares ne s'occupent même pas des régions du sud, où pourtant M. Laveleye a trouvé moyen de découvrir un « bon nombre de villages bulgares » [4].

Relevons encore les exagérations de l'abbé Dupuy-Peyou, vicaire général, procureur délégué de l'archevêque de Bulgarie pour la France et la Belgique, qui écrivait en 1896 : « Un coin de la Serbie, récemment annexé depuis les derniers traités, est presque exclusivement habité par les Bulgares. Il y en a encore d'établis en Hongrie, en Roumanie

---

[1] Voir *supra*, p. 260.

[2] Laveleye : *La Péninsule des Balkans*, p. 370.

[3] Kondakoff (*La Macédoine. Voyage archéologique*, p. 290) désigne comme limite extrême du slavisme la ville d'Ochrida (Achride) ; quant à Niederlé qui englobe aussi Castoria dans la sphère slave (*La Race slave*, p. 192), il s'empresse de rectifier, plus loin, la ligne extrême en la faisant passer au nord-est vers le lac d'Ostrovo.

[4] Voir Brancoff : *La Macédoine et sa population chrétienne*, Paris, 1905.

et en Russie ; et tous ces Bulgares peuvent constituer un nombre approximatif de 800.000 (!). Mais, parmi ceux qui résident en dehors de la principauté, nous devons surtout mentionner les Bulgares habitant la Macédoine, puisqu'on en compte 2.000.000 (!). On sait que cette province appartint bien des fois à la Bulgarie, laquelle pourrait seule établir des droits pour en revendiquer la possession. Cependant la Serbie, s'il faut en croire certains auteurs serbes d'une authenticité intéressée, devrait être l'unique nation suzeraine de la Macédoine, dont la population, d'après eux, est de race serbe, ce qui n'est pas prouvé. Restent les Grecs avec leurs revendications arbitraires dépassant souvent les bornes de la raison et de l'équité, etc., etc. »[1]. Mais, ce qu'il faut plutôt demander, c'est quelles bornes dépassent les statistiques de M. l'abbé Dupuy-Peyou, lorsqu'en ajoutant les 800.000 Bulgares de Serbie, de Roumanie et de Russie, et les 2.000.000 de Bulgares de Macédoine aux 3.310.713 qu'il assigne à la principauté bulgare, il nous présente un total de plus de 6.000.000 de Bulgares ?

En mettant en ligne les conclusions de dix, vingt ou trente écrivains, les savants bulgares, qui veulent ainsi démontrer le caractère bulgare de la Macédoine, n'ignorent cependant pas qu'outre ces témoins, il y a encore une foule d'autres écrivains qui ont visité les Balkans et leur ont consacré des études importantes. Le nombre total de ces écrivains n'est pas inférieur à sept cents[2] ! Comment les Bulgares négligent-ils d'en faire la moindre mention ? Serait-ce par hasard parce que ces écrivains se seraient abstenus de se livrer, en Macédoine, à des observations ethnologiques ? Non certes. Ouvrons, par exemple, le *Guide de la Macédoine* que fit paraître à Paris, en 1857,

---

[1] Dupuy-Peyou : *La Bulgarie aux Bulgares*. Paris, 1896, p. 126.
[2] Ce chiffre nous a été communiqué l'année dernière par M. Laurent-Vibert, professeur d'histoire et officier de réserve attaché à l'armée française d'Orient, auquel M. Anghélakis, maire de Salonique, a confié le soin d'organiser une bibliothèque municipale spécialement composée d'ouvrages se rapportant à la Macédoine.

Ch.-Ed. Guys, ancien consul de France à Salonique, membre de l'Académie de Marseille et de plusieurs sociétés savantes. Cet écrivain ne s'est pas borné à explorer simplement la Macédoine. En sa qualité de consul, il y est resté pendant six ans, comme il le dit lui-même dans sa préface, et il a parcouru le pays à plus d'une reprise et dans tous les sens. De plus, son livre n'est pas un ouvrage de littérature ou de propagande, mais un ouvrage pratique écrit « pour guider le voyageur »[1]. Ses renseignements ne sont ni vagues ni abstraits, et il s'abstient de calculer combien de Grecs ou de Bulgares il y a, en tout, en Macédoine. Il prend soin, en revanche, de donner sur chaque district, chaque ville et chaque village, et à côté d'une foule d'autres renseignements intéressant l'étranger, les précisions les plus utiles sur les populations, qu'il a à maintes reprises visitées, parmi lesquelles il a vécu, et qu'il a étudiées dans le but unique de donner un fidèle tableau de la Macédoine au voyageur qui l'ignorerait.

Or, que nous rapporte Ch.-Ed. Guys? Reproduisons d'abord ses renseignements relatifs à la population de Salonique, à travers lesquels on discerne déjà l'impartialité et on apprécie la modération de l'écrivain. « Si l'on a calculé, écrit-il, qu'il y eût jusqu'à 100.000 âmes dans la ville, il ne faut plus en compter que la moitié, dont voici la répartition : 20.000 Turcs, 8.000 Mamins[2], 6.000 Grecs, 16.000 Israélites. En tout, 50.000. Je ne compte pas quelques familles arméniennes et européennes, qui, en tout, ne font pas 500 individus »[3]. Plus loin, il remarque : « La

---

[1] Ch.-Ed. Guys : *Le Guide de la Macédoine*. Paris, 1857.
[2] Ce sont les *Donmès*. Voir *supra*, p. 461, n. 1.
[3] Ch.-Ed. Guys, *op. cit.*, p. 40. Sa modération apparaît à la lecture du *Tableau du commerce de la Grèce* (Paris, 1800), ouvrage de Félix Beaujour que Ch. Guys connaissait, comme il le dit lui-même dans sa préface. Beaujour donne le tableau statistique suivant de la population de Salonique : 30.000 Turcs, 16.000 Grecs, 12.000 Juifs, 2.000 marchands francs, Mamins et Tsiganes (I, p. 53). Beaujour ne mentionne, lui non plus, la présence à Salonique du moindre Slave ou Bulgare. Et il est caractéristique que son ouvrage, bien qu'ayant la Macédoine pour sujet, est intitulé : *Tableau du*

ville de Jénidjé, gouvernée par un voïvode, est presque en entier habitée par des Grecs »[1]. Et plus loin : « Gniousta (Naoussa), nommé aussi Niagostos, qui paraît être son premier nom, est encore une ville remarquable. Les Grecs y dominent comme à Jénidjé. Une fois dans la ville, le Pacha fit égorger les habitants et on n'épargna que les enfants en bas âge, qui furent vendus publiquement et rachetés par les Grecs des villes voisines. La population grecque est donc nouvelle »[2]. Plus loin, en parlant de l'arrondissement de Caradagh, il rapporte : « Cet arrondissement aboutit aux hautes montagnes qui séparent la Macédoine de la Bulgarie, il confine à l'ouest avec le pays de Mogléna, à l'est avec le beylik de Serrès; au midi, avec le pays d'Avret-Hissar ou Deret-Hissar... L'arrondissement de Caradagh produit beaucoup de tabac et c'est son principal commerce. Tout le pays est habité par des Grecs : on y voit aussi des familles bulgares et même quelques Serviens »[3]. Plus loin, en parlant de la ville de Vodéna, il observe : « Les Grecs y sont en plus grand nombre que les Turcs, et c'est à peu près de même dans toutes les villes de l'intérieur »[4]. Ces citations sont, croyons-nous, suffisantes.

Nous pourrions multiplier à l'infini ces témoignages étrangers favorables à la population grecque de Macédoine. Parmi les écrivains modernes nous pourrions citer entre autres, M. Édouard Engelhardt[5] et M. Victor Bérard[6], bien que ce dernier se montrât souvent injuste

---

commerce de la Grèce, et qu'il se donne le titre d' « ex-consul en Grèce », alors qu'il fût consul de France à Salonique. Ami Boué (Recueil d'itinéraires dans la Turquie d'Europe, 1, p. 153) compte lui aussi 10.000 Grecs à Salonique, sans mentionner aucun Slave ou Bulgare.

[1] Ch.-Ed. Guys, op. cit., p. 74.
[2] L'auteur fait allusion aux massacres d'Abdoul-Aboud en 1822 (Voir supra, p. 355).
[3] Ch.-Ed. Guys, op. cit., p. 79.
[4] Ibid, p. 82.
[5] Ed. Engelhardt : La Question macédonienne, Paris, 1906.
[6] Victor Bérard : La Turquie et l'Hellénisme contemporain. Paris, 6e éd., 1911.

envers les Grecs, de peur de faire preuve de partialité en leur faveur. Nous pourrions encore invoquer le fameux maréchal allemand von der Goltz, qui, dans une étude écrite en 1905 et publiée dans la revue allemande *Rundschau*, à l'occasion des troubles provoqués en Macédoine par les Bulgares, a exprimé l'opinion catégorique que voici : « Les Bulgares sont loin de constituer l'élément le plus nombreux dans les pays qui sont le théâtre des troubles, encore moins peut-on prétendre qu'ils y forment la majorité des habitants. La population hellène leur est infiniment supérieure en nombre. Les succès des Bulgares dans ces dernières années sont dus en grande partie à la protection que le Gouvernement et les autorités ottomanes leur accordaient par crainte de Russie »[1]. Mais à quoi bon reproduire tous ces témoignages? Il est superflu de vouloir y puiser la preuve de la supériorité numérique de l'élément grec en Macédoine : cette démonstration, les statistiques que nous possédons et que nous produirons plus loin, sans excepter la statistique officielle bulgare elle-même, se chargeront bien de la faire. Ce qu'il importait d'établir ici, c'est que les témoignages des écrivains dont les patriotes bulgares se hâtent de faire état, sont loin d'avoir la valeur qu'on veut leur attribuer à Sophia. Et nous croyons l'avoir, dans les pages qui précèdent, assez nettement démontré[2].

---

[1] Voir *L'Hellénisme* de Paris du 1er janvier 1906, p. 11.
[2] Il est intéressant d'y ajouter aussi l'anecdote suivante que raconte le distingué publiciste anglais M. Crawfurd Price, qui est resté pendant sept ans en Macédoine et qui a judicieusement approfondi les questions intéressant ce pays. « Pendant le gouvernement de Hilmi-pacha en Macédoine, écrit-il, un écrivain anglais arriva à Salonique et demanda l'autorisation de voyager à l'intérieur. L'honnêteté de ses intentions a été bien spécifiée dans la lettre d'introduction que le consul général britannique lui remit pour le vali. « Monsieur X..., écrivit notre représentant, désire visiter la Macédoine « dans le but d'établir la vérité sur la situation respective des Grecs et des Bul-« gares ». Quelque temps après un autre homme de lettres arriva à son tour. Lui aussi, il était avide de recueillir des renseignements de première main : Le consul lui remit une semblable lettre d'introduction, mais il crut nécessaire d'y ajouter : « Je dois seulement prévenir Votre Excellence que la vérité « que désire établir ce gentleman n'est pas la même que celle que recherchait « M. X... que je vous ai présenté récemment ». (Voir Crawfurd Price : *Light on the Balkan Darkness*. Londres, Simpkin, 1915, p. 25-26.)

Nous pourrions nous livrer à des observations analogues au sujet des cartes ethnographiques invoquées par les patriotes bulgares et que D. Rizoff a si soigneusement réunies dans son atlas, déjà maintes fois cité [1]. Mais donnons de préférence la parole à M. Léon Savadjian, publiciste bulgare : « Ces cartes, dit-il, en dehors des influences que leur établissement a subies, se prêtent à des critiques que M. Rizoff lui-même ne pourra réfuter : La carte ethnographique de Chafarik [2], par exemple, est basée sur les relations de l'auteur avec les habitants de ces pays. Mais M. Rizoff affirme que Chafarik n'a jamais parcouru les contrées. L'aveu est à retenir [3]... La carte de Lejean (1861) [4] est tendancieuse. Comme vice-consul de France, Lejean a parcouru la Macédoine sur l'invitation du groupe bulgare, qui projetait déjà la création de l'Exarchat bulgare, et en suivant les indications expresses de ce groupe intéressé [5]... Les cartes ethnographiques russes, celle de Mackenzie et Irby (1867) [6], du professeur Erben (1868) [7] ont été dressées toujours sous l'influence des luttes entre l'Église grecque et l'Église bulgare. Cette dernière étant favorisée par le Gouvernement turc, tout ce monde a été officiellement induit en erreur. La carte d'Elisée Reclus [8] ne prouve pas non plus grand'chose parce que l'auteur lui-même, s'apercevant de l'erreur où il était tombé, accompagne sa carte de la note suivante : « Cette carte ne peut avoir qu'une valeur tout approximative. La plupart des populations de races

---

[1] D. Rizoff : *Die Bulgaren in ihren historischen, ethnographischen und politischen Grenzen*. Berlin, 1917.

[2] Chafarik : *Slovansky Zemévid*. Prague, 1842.

[3] Chafarik dans son *Histoire des littératures slaves* (Bude, 1826), avait fixé le chiffre total de la population bulgare à 600.000.

[4] Voir *supra*, p. 49, n. 3.

[5] Ce renseignement est également donné par Victor Kuhne : *La Macédoine. Prétentions bulgares*, p. 11, n. 1.

[6] G.-M. Mackenzie and A. P. Irby : *The Turks, the Greeks and the Slavons*. Londres, 1867.

[7] Jaromir Erben : *Mapa Slovanského Svéta*, 1868.

[8] Élisée Reclus : *Nouvelle géographie universelle*, 1, pl. 24.

et de langues diverses sont entremêlées et non juxtaposées »[1]. La carte de Kiepert (1876)[2] est basée sur « l'interrogatoire que l'auteur a fait subir à beaucoup de Bulgares à Constantinople »[3]... La carte de Synvet (1877)[4] serait composée d'après les indications fournies par le patriarcat grec. Or, ceci n'est pas exact. Professeur de géographie au lycée de Constantinople, Synvet a puisé sa documentation dans les archives turques dont on connaît la partialité pour les Bulgares... La carte : « La Bulgarie d'après le prince Tcherkasky » (1877)[5] n'existe pas de fait. Elle a été tracée par un professeur bulgare[6] sur la base d'un rapport du prince Tcherkasky (agent civil de la Bulgarie pendant l'occupation)[7]. Une carte dressée sur la base d'un rapport diplomatique ! »[8]

M. Cvijić nous dit encore que la base qui a servi à toutes les cartes ethnographiques invoquées par les savants bulgares c'est la carte qu'a publiée en 1847 le géologue Ami Boué[9] et « sur laquelle la Macédoine était coloriée comme bulgare »[10]. Plus loin M. Gvijić nous apprend que « c'est uniquement sur les renseignements fournis par le propagandiste bulgare Verković[11], que sont fondés les travaux de F. Bradaška[12], qui ont servi de base à Pe-

---

[1] D'ailleurs Élisée Reclus remarque, sur le corps même de la carte, qu'elle est dessinée d'après Lejean, Kanitz et de Czoernig.

[2] H. Kiepert : *Ethnographische Uebersicht des europäischen Orients* 1/300.000. Berlin, 1876, 2ᵉ éd., 1878.

[3] Sur la carte de Kiepert, voir aussi *infra*, p. 483-484.

[4] Synvet : *Carte ethnographique de la Turquie d'Europe*, Paris, 1877.

[5] Voir Rizoff, *op. cit.*, p. 59.

[6] M. Ischirkoff.

[7] Voir aussi *infra*, p. 543.

[8] Léon Savadjian : *Je dénonce!...*, préface de M. Fernand David, Granchamp éd., Annemasse (Haute-Savoie), 1918, p. 28-29.

[9] Voir *supra*, p. 49, n. 4.

[10] Cvijić : *Questions balkaniques*, p. 66.

[11] Voir *infra*, p. 524-528.

[12] Fr. Bradaška : *Die Slaven in der Türkei* dans *Petermann's Mitteilungen*, XV, 1869, p. 441-458, pl. 22.

termann pour sa carte de l'extension des Slaves en Turquie et dans les territoires limitrophes »[1].

Mais les savants bulgares ne se contentent pas de faire élaborer par des étrangers des cartes ethnographiques tendancieuses, conformes à leurs aspirations et à leurs *pia' desideria*. Ils en fabriquent eux-mêmes, et d'analogues à ces cartes historiques dont nous avons parlé plus haut. C'est ainsi que cinq savants bulgares, MM. Ischirkoff, Milétitch, Ivanoff, Romansky et Zoneff, ont rédigé de toutes pièces, au début de la guerre européenne, une carte ethnographique qu'ils ont intitulée *La Bulgarie dans la péninsule balkanique en 1912* et qu'ils ont fait paraître dans les *Petermann's Mitteilungen*[2]. Mais, comme l'observe M. Cjivić, « les Allemands eux-mêmes, fait caractéristique, n'ont pu s'empêcher de remarquer la mégalomanie et la rapacité bulgares ». Et le savant serbe de citer la critique de Otto Maull, suivant lequel « il est très difficile de trouver, même dans la littérature ethnographique du sud-est de l'Europe, un exemple analogue à ce que la coalition des ethnographes bulgares a fait dans la lutte pour l'anéantissement, surtout en Thrace, contre les Grecs »[3].

Ces révélations et ces commentaires jettent, à notre avis, une éclatante lumière sur la valeur plus que douteuse des cartes ethnographiques bulgarophiles ou bulgares. En ce qui concerne pourtant les cartes des bulgarophiles, nous devons peut-être faire encore remarquer ce que nous avons déjà observé au sujet des témoignages émanant

---

[1] A. Petermann : *Die Ausdehnung der Slaven in der Türkei und den angrenzenden Gebieten*, dans les *Petermann's Mitteilungen*, XV, 1869, pl. 22. Cvijić : *Questions balkaniques*, p. 69

[2] Ischirkoff : *Das Bulgarentum auf der Balkanhalbinsel im Jahre 1912*, dans les *Petermann's Mitteilungen*, 1915, pl. 44. Naturellement, Rizoff n'a pas manqué de joindre cette carte aussi aux autres de son atlas, p. 54.

[3] Otto Maull, dans les *Mitteilungen der Geographischen Gesellschaft* de Munich, t. I, fasc. 2, décembre 1915. Cf. Cvijić : *Questions balkaniques*, p. 28, et l'article du député socialiste au Reichstag allemand, M. Herman Wendel, publié dans le *Vorwärts* du 2 juillet 1917, et reproduit dans la brochure *Pro-Macedonia*, Paris, Roustan, 1918, p. 14.

Pl. XVIII. — Les éléments grec et bulgare d'après la carte ethnographique de F. Bianconi.

Pl. XIX. — LES ÉLÉMENTS GREC ET BULGARE D'APRÈS LA CARTE ETHNOGRAPHIQUE DE STANFORD.

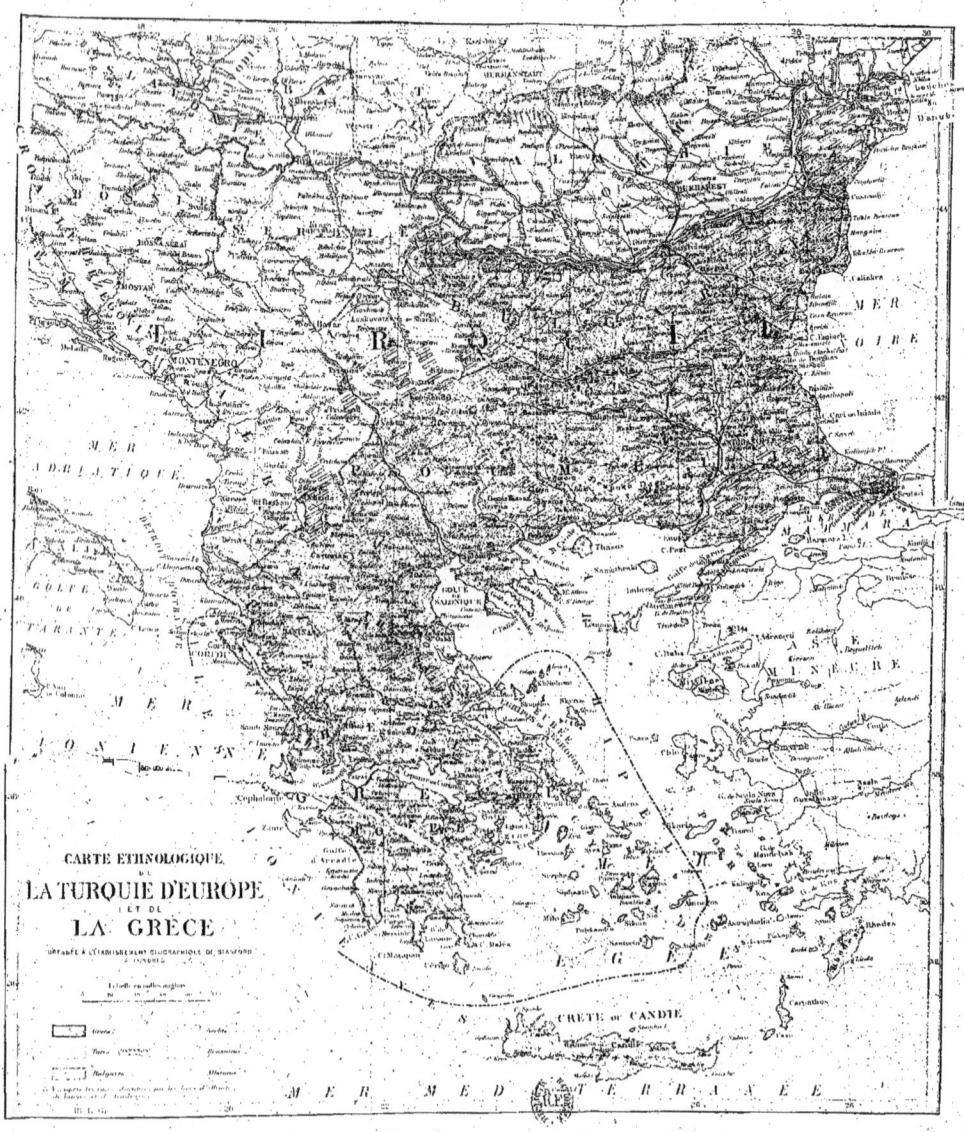

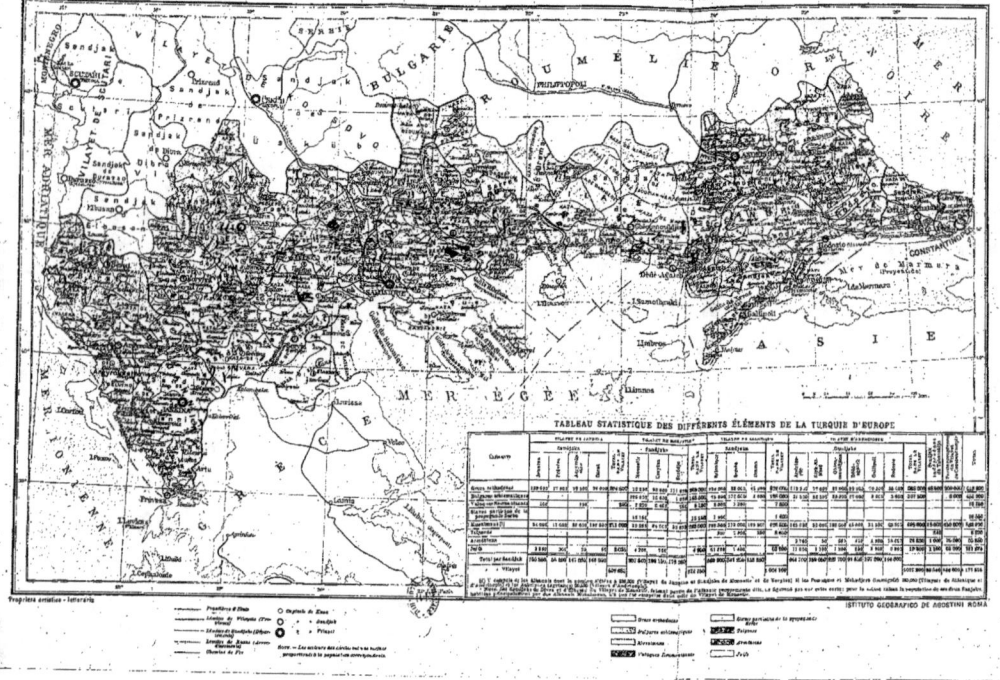

Pl. XX — LES ÉLÉMENTS GREC ET BULGARE D'APRÈS LA CARTE ETHNOGRAPHIQUE DE G. AMADORE-VIRGILJ.

VILAYETS DE JANNINA - MONASTIR - SALONIQUE ET ANDRINOPLE
SANDJAK INDÉPENDANT DE TCHATALDJA ET PARTIE EUROPÉENNE DU VILAYET DE CONSTANTINOPLE
(CARTE INDIQUANT LA PRÉPONDÉRANCE DES DIFFÉRENTES NATIONALITÉS SUR LES DIVERS POINTS DES VILAYETS)

d'écrivains amis de la Bulgarie : à savoir qu'outre les documents invoqués par les savants de Sophia, il en existe d'autres encore, que les Bulgares s'efforcent de laisser dans l'ombre. Parlant des cartes ethnographiques recueillies par Rizoff, M. Wendel observe très justement : « Il va sans dire enfin — et cela seul suffirait à condamner la nouvelle tentative de propagande bulgare — que cet atlas de propagande ne contient aucune des nombreuses cartes qui sont en contradiction avec la thèse bulgare »[1]. Parmi ces cartes ethnographiques, qui furent mises de côté, nous pourrions citer celles de F. Bianconi[2], de Stanford[3], d'Amadore Virgilj[4], etc., qui, toutes plus ou moins, assignent à l'élément grec la première place non seulement en Macédoine, mais aussi en Thrace et en Roumélie Orientale[5]. Cependant, pour prouver le caractère hellénique de la Macédoine, nous n'invoquons pas ces cartes — bien qu'elles s'accordent mieux avec les vieilles cartes géographiques que nous avons reproduites plus haut[6] et dont on ne saurait mettre en doute l'impartialité — pas plus que nous n'avons invoqué les nombreux témoignages d'écrivains que nous aurions pu reproduire à ce même effet. De ces cartes, comme de ces témoignages, nous nous bornons à rappeler l'existence, pour donner son vrai prix à l'argument tiré par les savants bulgares des cartes ethnographiques qui sont favorables aux vues impérialistes de leur pays.

Mais la preuve la plus éclatante du peu de valeur que possèdent les cartes mises en avant par les Bulgares nous est fournie par H. Kiepert lui-même. Cet érudit allemand,

---

[1] Voir *Le Temps* du 23 mars 1918.
[2] F. Bianconi : *Ethnographie et statistique de la Turquie d'Europe à 1.300.000*. Paris, 1877.
[3] *An ethnological Map of European Turqey and Greece with introductory remarks on the distribution of races in the Illyrian peninsula and statistical tables of population*, Londres, Stanford, 1877. Édition française, Paris, E. Dentu, 1877.
[4] Voir G. Amadore-Virgilj : *La Questione rumeliota e la politica Italiana*.
[5] Voir ci-contre ces cartes en fac-similé.
[6] Voir *supra*, p. 260.

qui fait certes autorité en matière de cartes historiques, mais qui, comme ethnographe, est très peu sérieux, a fait paraître, comme nous venons de l'écrire, une carte ethnographique qui a servi aux panslavistes pour déterminer les frontières de la Bulgarie de San-Stefano. Cette carte a même eu les faveurs du prince de Bismarck lui-même qui, dans son discours du 9 février 1878, déclara : « La situation ethnographique de la Bulgarie, comme je le sais de source authentique et comme il résulte de la meilleure carte que nous connaissions, celle de Kiepert, est telle que ses limites nationales descendent à l'ouest, à peu près sans mélange, jusqu'au delà de Salonique et vont à l'est, avec un peu de mélange d'éléments turcs, jusqu'à la Mer Noire »[1]. Or, ce même H. Kiepert, lorsqu'il fut chargé par le *Syllogue pour la propagation des lettres grecques* d'Athènes de publier une nouvelle carte ethnographique des Balkans, n'hésita pas un instant à désigner comme frontière de l'Hellénisme la crête même de l'Hémus (Balkan)[2]. Décidément Kiepert ne voulait mécontenter personne.

Mais abordons à présent une autre question. Que représentent au juste les Slaves macédoniens? D'après les Serbes, ce sont des Serbes. D'après les Bulgares, ce sont des Bulgares. Rien ne saurait mieux prouver que ce ne sont ni des Bulgares ni des Serbes — vérité scientifique depuis longtemps reconnue par tous les ethnographes impartiaux. M. Cvijić lui-même [3] — et c'est en son honneur — partage cette opinion, qui inspira aussi à la Société de bienfaisance slave de Petrograd la publication d'une carte

---

[1] Voir Adolphe d'Avril : *Les Négociations relatives au traité de Berlin*, Paris, 1886, p. 317. M. Laveleye (*La Péninsule des Balkans*, p. 205) invoque ces paroles du prince de Bismarck comme un argument en faveur de sa thèse, en copiant à la lettre le Bulgare Ofeïcoff (*La Macédoine au point de vue ethnographique*, etc., p. 65-66).

[2] Voir une réduction de cette carte, en langue française, dans la *Notice explicative sur la carte ethnographique des pays helléniques, slaves, albanais et roumains*, dessinée par M. Henri Kiepert, Berlin, Kersken et Hohmann, 1878. Un fac-similé de cette carte est annexé ci-contre.

[3] Voir *supra*, p. 223 et *Questions balkaniques*, p. 43 sq.

PL. XXI.

TABLEAU ETHNOCRATIQUE DES PAYS DU SUD-EST DE L'EUROPE.
Réduction de la grande carte murale en langue grecque dressée par H. Kiepert.

Fac-similé de la carte contenue dans la *Notice explicative sur la carte ethnocratique des pays helléniques, slaves, albanais et roumains*, dessinée par H. Kiepert, Berlin, imprimerie de Kerskes et Hohmann, 1878, p. 8.

ethnographique des peuples slaves; élaborée par Komarow, cette carte représente les Slaves macédoniens sous des couleurs différentes de celles désignant les Bulgares ou les Serbes [1]. Mais que sont alors les Slaves macédoniens? « La population, elle-même, dit Gelzer, n'est pas à même de répondre à cette question » [2]. En d'autres termes, elle est dépourvue de toute conscience nationale [3]. C'est là une vérité reconnue aussi par les Bulgares les plus chauvins, y compris Oféicoff lui-même [4].

Les Slaves de Macédoine, ainsi que ceux de la Vieille Serbie, semblaient offrir, dans ces conditions, un terrain propice à la propagande. Les patriotes bulgares s'en saisirent sous le patronage des panslavistes de Moscou. En enseignant la haine du clergé grec, en recrutant des élèves qui étaient admis à suivre gratuitement les cours des écoles et qui souvent étaient même payés pour cela, en instaurant enfin, par les comitadjis, un véritable régime de terreur, les Bulgares ont réussi à convertir les Slaves macédoniens à leur Exarchat. Mais ceci ne constitue point un avantage particulier des Bulgares. Si les Serbes, ou n'importe quelle autre nation, parvenaient à obtenir la reconnaissance d'une église autocéphale à eux, et exerçaient, les premiers, une propagande analogue, nul doute qu'ils auraient obtenu le même résultat.

D'ailleurs, la conversion des Slaves de Macédoine à l'Exarchat bulgare n'implique pas nécessairement leur transformation en Bulgares. « L'homme, dit Renan, ne s'improvise pas. La nation, comme l'individu, est l'aboutissant d'un long passé d'efforts, de sacrifices et de dévouements. Avoir des gloires communes dans le passé, une volonté

---

[1] V.-V. Komarow : *Carte des peuples slaves* (en russe), Petrograd, 1890. Cf. Niederlé : *La Race slave*, p. 212. Voir aussi *infra*, p. 504.
[2] Gelzer : *Geistliches und Weltliches aus dem türkisch-griechischen Orient*.
[3] Voir E. Gersin : *Makedonien und das türkische Problem*, Vienne, 1903, p. 48.
[4] Voir Oféicoff : *La Macédoine au point de vue ethnographique, historique et philologique*, p. 45 et *infra*, p. 487. Cf. Cvijić : *Questions balkaniques*, p. 44.

commune dans le présent, avoir fait de grandes choses ensemble, vouloir en faire encore, voilà les conditions essentielles pour être un peuple »[1]. Et Pittard ajoute : « Les nationalités sont le résultat de contingences d'un autre ordre à la fois plus profondes et plus complexes; la volonté de vivre ensemble, des traditions communes, des nécessités économiques semblables, la recherche d'un même idéal politique, une confiance réciproque : combien d'autres impondérables ne faut-il pas pour qu'en dehors de la race et de l'histoire soit créée l'âme d'un peuple »[2].

Ces quelques considérations mettent en relief — si tant est qu'il le faut — cette éternelle vérité : que la conscience nationale n'est imposée aux peuples ni par des faveurs, ni par des menaces, ni par d'autres moyens semblables — et encore moins par le couteau. Les Bulgares ont méconnu cette vérité et n'ont pas compris non plus que quand même on arriverait à créer une certaine « conscience nationale » par les moyens qu'ils ont employés, cette conscience nationale serait fausse, et se réduirait à un simple calcul égoïste, puisqu'elle ne serait inspirée par d'autre idéal que par le mirage d'un profit éphémère et par le désir d'éviter un danger imminent. Inaccessible à n'importe quel idéal supérieur, elle ne durera que tant que durera le profit ou le danger qui a présidé à sa création fictive. Et c'est pourquoi, lorsqu'en 1903 les agents du Comité bulgare proclamaient la révolution, il ne s'est pas trouvé un seul Slave macédonien pour bouger — à moins qu'un mobile intéressé ne le poussât — et, plus tard, en 1913, sauf naturellement les agents de la propagande bulgare, toutes les populations exarchistes attribuées soit à la Grèce, soit à la Serbie, accueillirent, non sans soulagement, le nouveau régime, aussitôt qu'elles s'aperçurent de sa stabilité et aussitôt qu'elles comprirent qu'elles n'avaient plus rien à craindre de la part

---

[1] Ernest Renan : *Qu'est-ce qu'une nation?* Voir ses *Discours et conférences*, p. 306.
[2] Pittard : *Les Peuples des Balkans*, p. 135.

des comitadjis bulgares. Ce résultat était d'ailleurs si naturel, que les patriotes bulgares eux-mêmes l'escomptaient. « Ah ! c'est un aveu amer et humiliant, concluait Oféicoff, dans son petit livre paru en 1885, mais il faut confesser que la majeure partie de la Bulgarie macédonienne n'a pas encore de conscience nationale, et si l'Europe permettait au peuple de Macédoine de choisir une patrie, je suis bien sûr que la majorité nous échapperait »[1]. M. Chéradame écrit aussi à ce sujet : « L'exarque bulgare, Mgr Joseph, qui avait organisé et dirigé depuis 1870 la propagande bulgare en Macédoine, ne s'étonnait nullement de ce résultat. Il convint devant moi, à Sophia, en février 1914, que la partie était perdue par la Bulgarie dans le sud de la Macédoine et qu'au bout de très peu de temps la plupart des adhérents qu'il avait recrutés jadis se montreraient de très bons Serbes »[2]. En ce qui concerne la Grèce, ajoutons encore que lors de l'évacuation par les troupes helléniques du nord-est de la Macédoine, attribué à la Bulgarie, en vertu du traité de Bucarest de 1913, un grand nombre de slavophones exarchistes des cazas de Stroumnitsa, Pétritch, Ano Tzoumaya, Méléniko, Névrocopi, etc., se joignirent aux populations grecques, qui, fuyant le contact des Bulgares, avaient abandonné leurs fortunes et mis le feu à leurs maisons, pour aller vivre sous le régime grec.

En somme, malgré les longs et persévérants efforts de la propagande bulgare, nous nous trouvons toujours en Macédoine en présence d'une population slave, dont non seulement l'origine ethnique est indécise, mais dont la conscience nationale elle-même est inexistante, puisqu'on la voit prête à accepter la première nationalité qu'on lui offrira. Le sort des armes a voulu que la plus grande partie de cette population fût incorporée à la Serbie. Puisque cette population est slave, il est incontes-

---

[1] Oféicoff : *La Macédoine ; exposé de l'état présent du bulgarisme en Macédoine.* Cf. V. Bérard : *La Turquie et l'Hellénisme contemporain*, p. 193.
[2] André Chéradame : *Le plan pangermanique démasqué*, p. 223.

table qu'elle est bien à sa place, là où le traité de Bucarest l'a fixée. Les Serbes sont de purs Slaves et les Slaves de Macédoine peuvent admirablement cohabiter avec eux, de même que les Croates et les Slovènes qui sont aujourd'hui appelés à faire partie avec les Serbes d'un royaume commun. Les Bulgares sont, par contre, issus d'une race mixte — ainsi qu'il fut établi dans la partie historique de notre ouvrage. Au sang qu'ils ont hérité des Slaves de la Mésie Inférieure, se trouve mêlé dans leurs veines le sang des Bulgares d'Asparouch, auquel il faut aussi ajouter celui des Petchénègues, des Koumans et des Tatares ou Mongols [1]. Ils forment donc une race slavo-touranienne.

Cette vérité est reconnue par les Bulgares eux-mêmes : sans parler de tout ce qu'ils ont dit ou écrit de leur origine touranienne, à l'occasion de leur intervention dans la guerre, aux côtés des Hongrois et des Turcs [2], il ne faut pas oublier que, pour revendiquer les populations slaves de la Macédoine, ils ont adopté la théorie du prébulgarisme en essayant de démontrer qu'aux Slaves de Macédoine il s'était mêlé des Bulgares avant Asparouch [3]. Mais, comme on l'a vu dans le deuxième chapitre de la partie historique, il n'y eut aucun mélange entre Slaves macédoniens et Bulgares, pas plus avant Asparouch que, plus tard, au cours des incursions entreprises à travers la Macédoine par Kroum et ses successeurs. Enfin, aucun groupe bulgare ne s'est installé en Macédoine au cours de la période moderne de l'histoire. Il est vrai qu'un écrivain bulgarophile, M. Castonnet des Fosses, écrit que « ce sont les Bulgares qui constituent, en Macédoine, la population réellement en progrès, grâce à l'émigration qui s'est produite à la fin du XVIIIe et au commencement du XIXe siècle » [4]. Mais c'est là une contre-vérité. Seuls,

---

[1] Voir *supra*, p. 232 et 247..
[2] Voir *supra*, p. 150 sq.
[3] Voir *supra*, p. 149 et 156 sq.
[4] Castonnet des Fosses : *La Macédoine et la politique de l'Autriche en Orient*, Lyon, 1889.

quelques Bulgares venaient périodiquement en Macédoine « pour aider les moissonneurs aux temps des récoltes », comme le dit Ch.-Ed. Guys [1]; après quoi, ils rentraient dans leur pays. A ces ouvriers agricoles, il faut encore ajouter quelques maçons bulgares qui parcouraient la Macédoine en été, à la recherche de travail, mais qui retournaient, eux aussi, en Bulgarie, comme le rapporte également M. Salomon Reinach, en rappelant les ravages dont ces maçons se sont rendus les auteurs en matière d'antiquités [2]. Mais pour ce qui est d'immigration ou d'installation de Bulgares, il n'y en eut jamais en Macédoine. Ce n'est que dans la Thrace du Nord, et plus spécialement dans la province qui, plus tard, fut appelée Roumélie Orientale, qu'un mouvement d'émigration bulgare est enregistré. Ainsi, Robert Walsch, un des auteurs dont le témoignage a eu l'heur d'être recueilli par M. Mikhoff, écrivait en 1828: « Le district actuel de la Bulgarie s'étend depuis l'embouchure du Danube, en remontant ce fleuve, jusqu'au Timoch, au-dessus de Vidin. Le Danube forme sa frontière nord et la chaîne parallèle du Balkan forme celle du midi, ce qui fait un espace de terrain de trois cent cinquante milles de long sur quarante à cinquante milles de large. Mais les habitants se sont étendus au delà de ces limites : ils ont par degrés pénétré dans la chaîne des montagnes, et ils occupent presque exclusivement un espace considérable de la Roumanie, de l'autre côté du Balkan, où ils remplacent la population de cette province, qui a disparu dans les démêlés des Turcs et des Grecs » [3]. Le professeur tchèque Niederlé, qui s'occupe longuement des mouvements d'émigration des Bulgares à travers les siècles, énumère de son côté le mouvement qui porta quelques-uns d'entre eux dans le

---

[1] Voir Ch.-Ed. Guys : *Le Guide de la Macédoine*, p. 14.
[2] Voir *supra*, p. 129.
[3] Walsh : *Voyage en Turquie et à Constantinople*, Paris, 1828, p. 147-148. Cf. Mikhoff : *La Bulgarie et son peuple d'après les témoignages étrangers*, p. 11-12.

Banat de Temesvar, celui vers la Russie méridionale, et celui vers la Bessarabie, d'où la plupart des émigrés rentrèrent dans leur pays, enfin, quelques autres mouvements d'émigration « sur le pays situé entre Andrinople et Bourgas, entre Trispan et Stara Zagora, aux environs de Kavakali, de Kyzil Agatch, d'Iambol et, sous le règne pacifique de Mahomed II, jusqu'aux environs de Rodosto, de Derkos et de Constantinople ». Et alors qu'il fait avancer les Bulgares jusque-là, cet écrivain pourtant n'enregistre pas la moindre installation bulgare en Macédoine [1].

Ces conclusions de l'histoire sont du reste confirmées par les observations anthropologiques, qui sont d'autant plus concluantes que les Bulgares se distinguent nettement des autres populations par leur type mongoloïde [2]. Un publiciste danois, M. de Jessen, qui, pour avoir pendant longtemps séjourné dans les Balkans, a bien connu les peuples qui les habitaient, a fait les remarques suivantes : « Le type bulgare a gardé les caractéristiques du Mongol ; depuis que les Japonais ont adopté le costume militaire européen, il y a souvent une ressemblance frappante entre le soldat japonais et le soldat bulgare [3], tandis qu'hommes et femmes serbes se rapprochent de très près des types qu'on rencontre en Pologne, en Ukraine et dans la Russie méridionale » [4]. Victor Kuhne s'exprime, d'autre part, de la sorte : « Les Macédoslaves ont, pour la plupart, un type slave très accusé, de telle sorte qu'un observateur pas averti les distingue aisément des Bulgares et discerne la similitude de type entre Macédoslaves et Yougoslaves ». Faisant ensuite allusion aux particularités du type mongoloïde des Bulgares, il ajoute : « Ces particularités anthro-

---

[1] Voir Niederlé : *La Race slave*, p. 188-189.
[2] Cf Cvijić : *Questions balkaniques*, p. 53 sq.
[3] Est-ce cette ressemblance qui a inspiré à M. André Chéradame (*Douze ans de propagande en faveur des peuples balkaniques*, 2ᵉ édit., Paris, Plon, 1913, p. 287) le surnom, d'ailleurs si peu heureux, qu'il donne aux Bulgares, de *Japonais de l'Orient* ?
[4] J. de Jessen : *Les troupes françaises en Macédoine*, dans la *Revue Hebdomadaire*, 1915, t. X, p. 671.

pologiques des Bulgares n'ont pas échappé à la sagacité du paysan serbe qui, dans ses productions poétiques, appelle ses voisins de l'Est, les « noirs Bulgares » (*cerni Bulgari*) »[1]. M. Cvijić se livre, en outre, à un long examen du caractère psychique des Bulgares. Il se résume en disant que chez les Bulgares « toutes les expressions des sentiments vitaux et les actes physiologiques sont en général plus grossiers que chez les autres Yougoslaves »[2].

Il reste à examiner l'origine du nom de Bulgares, qui fut prêté aux Slaves de Macédoine, au moyen âge, à l'époque où Samuel envahit ce pays, et sous lequel ils sont généralement connus de nos jours, ou du moins jusqu'à ces derniers temps. Nous avons signalé plus haut la controverse qui s'est élevée à ce sujet entre savants serbes et bulgares, les principaux intéressés[3]. Et nous croyons avoir suffisamment démontré qu'en Macédoine le nom « Bulgare » n'avait, au moyen âge, absolument aucun rapport ni avec le caractère ethnologique ni avec la conscience nationale des Slaves macédoniens[4]. Il ne nous reste donc qu'à examiner ici les arguments que les Bulgares puisent dans la période moderne de leur histoire, pour étayer leur thèse.

Les savants bulgares, ainsi qu'ils le font pour le moyen âge, s'empressent de ranger les uns à côté des autres les témoignages d'un certain nombre d'écrivains modernes qui donnent aux Slaves macédoniens le nom de Bulgares. Ces écrivains sont les mêmes qu'ils invoquent aussi pour établir la prétendue supériorité numérique de l'élément bulgare en Macédoine[5]. Ils mentionnent encore tout particulièrement le géographe turc Hadji-Kalpha et l'écrivain grec M. P. Aravantinos, qui parlent, eux aussi,

---

[1] Victor Kuhne : *La Macédoine. Prétentions bulgares*, p. 27.
[2] Voir Cvijić : *Questions balkaniques*, p. 54.
[3] Voir *supra*, p. 223 sq.
[4] Voir *supra*, p. 224 sq.
[5] Voir *supra*, p. 472.

de Bulgares et de langue bulgare en Macédoine[1]. Les savants bulgares présentent aussi un autre argument, à savoir l'habitude qu'ont aussi les autres peuples balkaniques, voire les Grecs, de nommer les Slaves de Macédoine Bulgares et leur langue bulgare. Ils prétendent enfin — et c'est leur argument le plus sérieux — que les Slaves macédoniens s'appellent eux-mêmes Bulgares.

En ce qui concerne les témoignages des auteurs invoqués par les savants de Sophia, il est à remarquer que, quand même ils seraient impartiaux, ils ne possèdent pourtant pas plus de valeur que les vieux témoignages byzantins. En effet, ou ils sont inspirés par ces derniers ou bien ils sont dus à ce que leurs auteurs ont entendu, au cours de leurs voyages, des Grecs ou d'autres encore donner le nom de Bulgares aux Slaves de Macédoine et, en général, à ceux qui parlent un dialecte slave. Ce dernier fait constitue certes un argument plus important que celui tiré des témoignages de quelques écrivains, peu versés dans les questions ethnologiques des Balkans et, qui ne forment leur opinion qu'après un examen superficiel du problème. D'ailleurs d'autres voyageurs — de ceux-là dont les Bulgares passent le témoignage sous silence, et qui, pourtant, sont, comme nous l'avons déjà dit, incomparablement plus nombreux[2], — ne font, en rapportant leurs impressions de voyage, absolument aucune mention du nom de Bulgares et appellent même tous les Macédoniens « Grecs », en traduisant probablement le terme turc « Roum ».

Il est certes incontestable que les Slaves macédoniens sont, le plus souvent, appelés « Bulgares » — et leur langue pareillement — par leurs voisins, les Grecs y compris. Les autorités helléniques elles-mêmes, accordant bien plus d'im-

---

[1] Hadji-Kalpha : *Rumeli und Bosna*, trad. allemande par J. von Hammer, Vienne, 1812; P. Aravantinos : *Chronographie de l'Épire et des pays voisins grecs et illyriens* (en grec), Athènes, 1856-1857, t. II. Cf. Ischirkoff : *Le nom de Bulgare*, p. 31 et 48, n. 1.

[2] Voir *supra*, p. 476.

portance aux faits qu'aux noms, faisaient souvent mention, dans leurs documents officiels, de populations macédoniennes « bulgarophones », c'est-à-dire de populations parlant la langue bulgare — ce qui fut critiqué par quelques écrivains étrangers pour des raisons purement scientifiques [1]. Mais il est non moins vrai — nous le montrerons plus loin — que le dialecte slave que parlent certaines populations macédoniennes n'est pas du tout la langue bulgare, de même que les populations qui l'emploient ne sont point bulgares, elles non plus. Mais alors pourquoi leurs voisins les appellent-ils Bulgares? Cela tient à plus d'une raison, mais dont aucune n'a le moindre rapport avec l'ethnologie. Ainsi les Grecs modernes les appellent de la sorte, en vertu de la tradition hellénique qui veut qu'à toute personne parlant le dialecte slave on prête de préférence ce nom, comme étant, chez les Grecs, le plus connu parmi les noms nationaux slaves. D'autre part, chez les Serbes, — comme l'a si bien démontré M. le professeur Cvijić, — le nom de Bulgare désigne « toute population fruste vouée à des occupations agricoles rudes et pénibles » et encore « les caractères psychiques que cet état d'abaissement ne pouvait manquer de produire »[2]. C'est-à-dire il arrive ce qui est arrivé jadis avec le nom « Bougre », qui désignait le Bulgare et qui, petit à petit, s'est transformé en un adjectif dénué de toute signification ethnologique [3].

Cet usage d'un nom national, qui pourtant ne comporte aucun sens ethnologique, n'a rien de surprenant dans les Balkans. Ce fut là toujours, au contraire, une habitude très répandue. C'est ainsi que les Grecs donnent le nom

---

[1] Voir par exemple la première édition du *Rapport sur la Situation des Macédoniens*, etc., de M. Reiss, p. 4.
[2] Cvijić : *Questions balkaniques*, p. 21. Voir aussi *ibid.*, p. 65 sq.
[3] Voir *supra*, p. 155. Amédée Thierry (*Histoire d'Attila et de ses successeurs*, t. I, p. 291) écrit à ce propos : « Le Bulgare, sans freins dans ses appétits, avait la lubricité des bêtes; tous les vices étaient son partage et il en est auxquels il a la gloire infâme d'avoir donné son nom dans presque toutes les langues d'Europe ».

de Valaques (Βλάχοι) non seulement aux véritables Valaques, ces braves bergers qui habitent la région du Pinde, mais aussi à tous les pasteurs des montagnes, à cause justement du genre de leur occupation. « La qualification de Βλάχος, écrit Philippson, s'est naturalisée dans le grec moderne, dans le sens de « pasteur nomade »; elle désigne d'une manière plus générale un homme pauvre, inculte, grossier, rustre. Le nom de « Valaque » pris dans le sens de « berger » est également usité au Péloponèse, sans qu'il faille, pour cela, en conclure qu'il y eût jamais des Valaques »[1]. Les Grecs de Constantinople appellent, d'autre part, Bulgares tous les laitiers ambulants, indépendamment de leur nationalité et sans penser que la plupart d'entre eux sont des Grecs. Les Grecs qui habitent les régions archéologiques donnent encore de nos jours le nom d'Anglais à tous les voyageurs européens qui s'y rendent et il nous fut donné d'entendre personnellement un brave cocher parler d'un « Anglais... français »! Ailleurs aussi, dans le district de Syrmion, dans le Banat et dans d'autres endroits de la Hongrie, tout commerçant en détail ou tout épicier était, jusqu'à ces derniers temps, appelé « Grec », quand même il était Serbe, et pour la simple raison que le commerce était, dans le temps, détenu, dans ces pays, presque exclusivement par des Grecs[2]. Les habitants des villes de la Dalmatie et ceux des îles adriatiques appellent à leur tour *vlaks* tous les paysans slaves de l'intérieur de la Dalmatie, de l'Herzégovine et de la Bosnie[3]. Les Albanais donnent enfin aux Macédoslaves le nom de « Skla » ou « Ska »[4], qui dérive sans doute du nom « Sclavène », c'est-à-dire « Slave »[5], ce que les Bulgares prennent

---

[1] Philippson: *Zur Ethnographie des Peloponnes*, dans les *Petermann's Mitteilungen*, t. XXXVI, p. 40.
[2] Voir Cvijić : *Grundlinien der Geographie und Geologie von Makedonien und Altserbien*, p. 52.
[3] Voir Cvijić : *Questions balkaniques*, p. 66.
[4] Voir Jireček : *Geschichte der Serben*, p. 114, n. 1.
[5] Voir *supra*, p. 462.

naturellement soin de négliger quand ils traitent cette scabreuse question. Les exemples que nous venons de citer ne sont pas les seuls ; ils suffisent néanmoins, croyons-nous, pour enlever toute valeur ethnologique à la dénomination courante de Bulgares, prêtée aux Slaves de Macédoine, qu'ils soient appelés ainsi par les Grecs ou par n'importe qui.

Abordons à présent l'autre argument par lequel on veut justifier la thèse bulgare : les Slaves macédoniens, dit-on, s'appellent eux-mêmes Bulgares. M. Djerič, professeur à l'université de Belgrade, dans un ouvrage qu'il a publié sur le nom « Serbe » en Macédoine et en Vieille Serbie, aboutit à cette conclusion que jusqu'à la fondation de l'Exarchat bulgare, en 1870, aucun Slave macédonien ne songeait à s'appeler Bulgare [1]. Et d'après le consul russe Jastrebov, c'est grâce à l'Exarchat bulgare de Constantinople, fondé en 1870, que le nom de Bulgare s'est répandu en Macédoine [2]. Au surplus, tous ceux qui connaissent la Macédoine et ses habitants peuvent certifier que parmi ceux-là mêmes des Slaves macédoniens qui avaient adhéré à l'Exarchat bulgare, très peu nombreux étaient ceux qui s'appelaient Bulgares, exception faite naturellement des agents directs de la propagande bulgare. La majorité se contentait de s'appeler tout simplement des Macédoniens, et d'autant plus facilement que le nom « Bulgare » avait, à leurs yeux, un sens méprisant, par suite peut-être de la signification qu'il avait acquise chez les Serbes [3]. La remarque suivante de M. Kasasis est, dans cet ordre d'idées, très caractéristique : aucune organisation de propagande bulgare ayant pour but d'agir en Macédoine ne s'est jamais prévalu, en choisissant son titre, du nom de bulgare : les patriotes de Sophia étaient en effet loin d'ignorer combien ce nom sonnait mal aux oreilles des Macédoniens [4]. Et c'est à cette

---

[1] Voir Cvijié : *Questions balkaniques*, p. 22, n. 2.
[2] Voir Cvijié, *ibid.*, p. 20.
[3] Voir Cvijié, *op. cit.*, p. 21-22. Cf. le témoignage de l'historien russe Goloubinsky, *infra*, p. 564.
[4] Voir Kasasis : *La Macédoine et l'Hellénisme*, p. 58.

même raison qu'il faut attribuer le contraste entre la formule employée par les Grecs pour revendiquer la Macédoine et celle à laquelle avaient recours les Bulgares. Les premiers manifestaient ouvertement leur intention d'annexer la Macédoine au royaume hellénique, alors que les Bulgares déclaraient se contenter de l'autonomie de ce pays, quitte, naturellement, à le conquérir plus tard, par un coup d'État analogue à celui de Philippopoli, après que, sous l'influence de leur propagande, ils l'auraient suffisamment bulgarisé. Mais quand même l'emploi du nom bulgare par les Macédo-slaves aurait été plus général, cela n'autoriserait aucunement la conclusion qu'à Sophia on veut en tirer : c'est en effet l'Exarchat bulgare qui a imposé cette dénomination.

Les patriotes bulgares contestent que l'Exarchat bulgare ait jamais imposé en Macédoine le nom bulgare et qualifient l'assertion contraire d'infâme mensonge. Et pour se justifier, ils invoquent le témoignage de quelques Slaves « de Macédoine », lesquels, disent-ils, se sont donné le nom de Bulgares, bien avant l'établissement de l'Exarchat. Le fait qu'avant même que l'Exarchat fût établi il y avait des Slaves s'appelant Bulgares est hors de doute. Mais il est également certain que, bien avant qu'il y eût un Exarchat bulgare, la propagande slavo-bulgare avait commencé à travailler, en vue de bulgariser les populations slaves des Balkans. Et ce que nous contestons ici, c'est qu'il y ait jamais eu de pareils Slaves *en Macédoine* : ces Slaves qui s'appelaient Bulgares se trouvaient uniquement dans les régions plus au nord et notamment en Vieille-Serbie, c'est-à-dire là où la propagande panslaviste avait, au début, dirigé son activité, attirée par les masses slaves qui y habitent bien plus compactes qu'en Macédoine.

En effet, tous les « Bulgares macédoniens » dont se réclament les patriotes de Sophia [1], comme s'étant donné le nom

---

[1] Voir surtout Oféicoff : *La Macédoine au point de vue ethnographique, etc.*, p. 28 sq., et Ischirkoff : *Le nom de Bulgare*, p. 35 sq.

de Bulgares avant l'établissement de l'Exarchat bulgare, ne sont point réellement originaires de Macédoine; au surplus, la ténacité avec laquelle ils invoquent la nationalité bulgare, de même que leurs autres agissements, trahit leur qualité d'agents de la propagande slavo-bulgare et démontre même les difficultés qu'ils rencontraient à faire accepter le nom de Bulgare par les autres Slaves. Le moine Païssi, qui est le premier de ces « Bulgares macédoniens » dont les patriotes de Sophia font état, n'était, dit-on, qu'un Grec renégat; il était, en tout cas, et de son propre aveu, originaire du diocèse de Samokov, qui est situé au sud de la capitale bulgare, dans la Bulgarie proprement dite [1]. Païssi fut aussi, comme nous le verrons plus loin, le premier en date des agents de la propagande slavo-bulgare [2]. Il écrivit, en 1762, une histoire slavo-bulgare, où nous trouvons, entre autres, cette apostrophe caractéristique adressée aux Slaves balkaniques, dépourvus de toute conscience nationale : « Bulgare, s'écrie-t-il, ... apprends à connaître ton peuple et ta langue » [3]! Après avoir cité ce Païssi, M. Ischirkoff poursuit son énumération : « En 1792, dit-il, un grand commerçant bulgare de Razlog (Macédoine septentrionale) fait paraître à Vienne un abécédaire slavon devant servir à l'instruction d'enfants serbes et bulgares. La couverture de cette publication porte le nom du bienfaiteur Marko Théodorovitch avec mention : « Bulgare de Razlog ». Les premiers Bulgares macédoniens, poursuit le professeur bulgare, qui ont fait imprimer des livres en bulgare, en 1814-1819, sans oublier de rappeler sur la couverture que ces livres sont écrits ou traduits en « bulgare », en « simple bulgare », sont : Hadji Yakim de Kitchevo, Cyrille Peytchinovitch du village de Téartzé près de Tétovo » [4]. Or, aussi bien Razlog que Kitchevo et Téartzé se

---

[1] Ischirkoff (*op. cit.*, p. 35) situe Samokov « dans le nord de la Macédoine ».
[2] Voir *infra*, p. 518.
[3] Ischirkoff, *op. cit.*, p. 35.
[4] Ischirkoff, *ibid.*

trouvent au delà des frontières de la Macédoine ; les agents de propagande qui en sont originaires ne sont pas, par conséquent, des Macédoniens, — ce qui, seul, importe dans la question dont il s'agit. N'empêche que M. Ischirkoff continue : « Mais peut-on souhaiter un aveu plus solennel de sa nationalité bulgare, de son nom bulgare que celui de Natanaïl Bogdan Stoyanovitch, dans la suite évêque d'Ochrida (Achride), qui en 1852 fit paraître à Prague le livre : *Épître amicale d'un Bulgare à un Grec*. Et ce Natanaïl est natif du village de Koutchevichta dans la Tchernogoria, le coin le plus septentrional de la Macédoine »[1] ! Pourtant Natanaïl Bogdan Stoyanovitch n'était pas Macédonien, lui non plus ; et c'était un agent des panslavistes comme cela résulte de son *Épître amicale d'un Bulgare à un Grec*, et aussi de son auto-biographie, où il écrit : « Je suis un Bulgare macédonien, slave, moine du mont Athos-Zographos, étudiant à l'Académie de Théologie de Kiew »[2]. Des remarques analogues s'appliquent aux cas de Jordan H. Constantinoff et du poète Jenzifoff, tous les deux de Vélessa. C'est ainsi que Constantinoff écrivait dans une lettre parue dans les *Tsarigradski Vestnik*[3], ces lignes, d'ailleurs admirables : « Si l'on me demande ce que je suis, Serbe ou Bulgare, je réponds catégoriquement : je suis Bulgare. C'est mal de nuire et de trahir mon peuple slavo-bulgare. Le vrai Bulgare ne ment pas, ne porte pas envie, ne reste pas oisif, n'est pas hypocrite, n'est pas débauché, ne vend pas sa foi pour une poule rôtie. Bulgare (*Bolgarin*) vient de Bog (Dieu). *Bolgaria reka-Bogata Reka*, ce sont aussi les degrés irréguliers de l'adjectif : *Bolii, Bolchi*, — le plus haut, le plus grand. Et en effet, il n'y a rien de plus grand que le Bulgare ; le Bulgare travaille énormément, laboure, ensemence, fait le commerce, observe la foi jurée, professe l'hospitalité, craint Dieu, aime

---

[1] Ischirkoff, *ibid.*, p. 36.
[2] Ischirkoff, *ibid.*
[3] N° 44 de 1851.

son souverain et observe tout ce qui est établi par la loi divine ou royale. Pour tout cela, je suis Bulgare »[1] ! Quant au poèse Jenzifoff « qui a fait ses études à Moscou », il s'écrie, dans une de ses poésies parue dans le *Bratski Troud*[2] :

> La Macédoine, pays merveilleux,
> ne sera, elle non plus, un pays grec...
> Je suis Bulgare, oui, Bulgare je suis,
> des Bulgares habitent dans ce pays[3].

Parmi les « Macédoniens » cités par les Bulgares à ce propos il n'en reste qu'un seul de vrai. C'est Antim Rizoff. Mais lui aussi est originaire de Stroumnitza, c'est-à-dire d'une région située à l'extrême nord de la Macédoine, et il semble être d'origine grecque, appelé de son vrai nom Rizos, ce qu'il changea en Rizoff pour s'inféoder au service lucratif de la propagande panslaviste[4]. M. Ischirkoff nous informe en effet que dans une longue lettre qu'il a adressée à V. Apriloff, un riche commerçant d'Odessa, fondateur généreux d'écoles bulgares[5], ce Rizoff écrivait : « Jusqu'à l'an passé — 1846 — j'ai été en Grèce où j'ai étudié dans le collège et à l'université avec le projet de rentrer dans notre pays pour apprendre autant qu'il est de ma force, aux Bulgares, non pas le grec, mais puisque je suis Bulgare, le bulgare... »[6]. Et dire qu'en citant ces témoignages, M. Ischirkoff croit prouver clair comme le jour que les Slaves de Macédoine s'appelaient Bulgares avant même l'établissement de l'Exarchat bulgare !

Mais les érudits bulgares ont plus d'un tour dans leur sac. Peu rassurés — et non sans raison — sur le succès

---

[1] Ischirkoff, *op. cit.*, p. 37.
[2] Moscou, 1862, n° IV, p. 16.
[3] Ischirkoff, *ibid.*, pp. 37-38.
[4] Voir *infra*, p. 514.
[5] Voir *infra*, p. 521.
[6] Ischirkoff, *ibid.*, pp. 36-37.

de leurs théories, suivant lesquelles les Slaves de Macédoine seraient de vrais Bulgares descendant de Slaves et de Prébulgares, ou simplement Bulgares, ils formulent subsidiairement une autre théorie. Ils prétendent que, même si l'on considère ces Slaves comme restés purs de toute fusion bulgare, ce n'en sont pas moins des Bulgares ! Et ils citent à l'appui de cette thèse une ancienne opinion, celle que Chafarik a émise en 1837 dans son livre : *Slovanski Strarozitnosti*, et qui peut se résumer ainsi : Les Slaves du Sud sont divisés en deux groupes : le groupe serbo-croate, qui, venu des régions des Carpathes, a occupé la partie nord-occidentale de la péninsule balkanique, et le groupe oriental qui, venu des pays russes, s'est installé en Mésie Inférieure (la Bulgarie actuelle), en Thrace, en Macédoine et dans le reste de la Grèce [1]. Cette théorie plus qu'improbable fut récemment encore développée par M. Jordan Ivanoff, professeur agrégé à l'Université de Sophia, dans son livre déjà mentionné : *Les Bulgares en Macédoine* [2]. M. Ivanoff a cru rendre ainsi un signalé service à la cause de son pays. Mais sa théorie, même si nous l'acceptons pour exacte, n'a guère de valeur. En effet, Bulgares et Slaves ne sont point la même nationalité. Parce que les ancêtres des Bulgares se sont mêlés à des agglomérations slaves qui se trouvaient déjà établies au sud du Danube bien avant que les nouveaux venus ne fussent venus s'y installer, sommes-nous obligés d'en déduire que toutes les autres populations slaves, qu'aucun mélange n'est venu altérer, sont devenues elles aussi bulgares? Mais, en ce cas, pourquoi les savants bulgares ne revendiqueraient-ils pas aussi les populations de Russie, qui, à leur tour, sont incontestablement originaires « des pays russes », au même titre que les Slaves de la Mésie Inférieure, auxquels les Bulgares sont venus se mêler? Le raisonnement des érudits

---

[1] *Sobranié Spisy*, t. II, p. 250 sq.
[2] Voir *supra*, p. 223.

de Sophia est, selon toute évidence, mal fondé, et l'on peut être certain que, lorsqu'il exposait sa théorie, Chafarik n'a jamais pensé qu'elle pourrait servir de base permettant aux patriotes bulgares de revendiquer en faveur de leur pays tous les originaires des « pays russes ».

La théorie de Chafarik n'est d'ailleurs qu'une des nombreuses et diverses opinions qui furent soutenues sur le processus de l'établissement des Slaves dans les Balkans. Elle n'est fondée que sur la simple ressemblance entre certains noms géographiques balkaniques et russes. Sa fragilité est telle qu'elle ne compte guère de partisans. Niederlé lui-même, dont M. Ivanoff se plaît à dire qu'il a confirmé l'opinion de Chafarik, se borne à dire dans son ouvrage sur la *Race slave* que les Slaves bulgarisés de la Mésie Inférieure « ont eu leur berceau beaucoup plus au nord, quelque part près des Carpathes, dans le voisinage des Russes »[1]. Et l'historien bulgare Drinow a substantiellement réfuté la théorie de Chafarik, en invoquant surtout des témoignages historiques sur les incursions des Slaves et sur les diverses voies transversales suivies par ces derniers dans les Balkans et en concluant que les Slaves du Sud sont, d'une manière générale, le produit du mélange de plusieurs tribus slaves[2]. La tentative de M. Ivanoff de ressusciter l'opinion de Chafarik semble vouée à un insuccès complet. Les preuves citées à l'appui sont peu sérieuses et arbitraires. C'est ainsi que sa prétention de vouloir trouver un certain rapport étymologique entre les Smoléanes qui habitent le Rhodope et la ville Smolensk de Russie — d'où il déduit que les Slaves sont venus de Russie et ont traversé la Bulgarie[3] — cette prétention est une opinion qui ne se fonde nulle part et qu'historiquement on ne sau-

---

[1] Niederlé : *La Race slave*, p. 183.
[2] Drinow : *La Colonisation de la Péninsule balkanique par les Slaves* (en russe), Moscou, 1872.
[3] Voir Ivanoff : *Les Bulgares en Macédoine* (en bulgare), p. 18. Cf. Ischirkoff : *Le nom de Bulgare*, p. 9.

rait justifier. Jireček prête d'ailleurs au nom « Smoléanes » une origine étymologique tout à fait différente [1]. Enfin l'examen le plus sommaire de l'orographie balkanique suffit pour nous convaincre qu'il est bien plus probable que les Slaves de Macédoine soient descendus par la vallée de la Morava et par celle du Vardar (Axios), que par la Bulgarie. Il n'est guère plausible en effet qu'ils aient méprisé les riches régions thraces qui s'étendaient devant eux du côté de la mer Égée et de la mer de Marmara et qu'ils aient préféré se donner la peine de traverser le massif du Rhodope et les autres montagnes avoisinantes, au sujet desquels M. Cvijić remarque fort justement qu' « à l'exception des Alpes et des Pyrénées, il n'existe nulle part en Europe de frontière naturelle aussi formidable que ces massifs montagneux qui s'étendent entre la Bulgarie et la Macédoine » [2].

Le dialecte macédo-slave que les Bulgares invoquent également pour prouver que les populations qui le parlent sont apparentées à eux et non aux Serbes, ne favorise guère davantage la thèse bulgare. Nous devons d'abord faire remarquer que ce dialecte n'est point partout uniforme : il présente des variantes suivant les diverses régions et se divise même en divers langages, dont très justement M. Cvijić dit ce qui suit : « Il ne semble pas douteux qu'en travaillant à un point de vue exclusif l'on puisse découvrir des traits qui sont propres à ces langages seuls et d'autres qui ne sont que bulgares ou que serbes » [3]. Ceux qui prétendent que le dialecte macédo-slave est du bulgare choisissent et soulignent ces éléments linguistiques seuls qui sont communs aux deux langues. Mais ce n'est point là une méthode scientifique sérieuse qui autorise de conclure au caractère bulgare du dialecte macédo-slave. En effet, si quelques-uns des traits de ce dernier, ceux notam-

---

[1] Voir Jireček : *Geschichte der Serben*, p. 71.
[2] Cvijić : *Questions balkaniques*, p. 40.
[3] Cvijić : *Questions balkaniques*, p. 50.

ment qui se rapportent à la morphologie, se rapprochent de la langue bulgare, il n'en est pas moins vrai qu'il y en a d'autres, ceux surtout relatifs à la phonétique, qui se rapprochent du serbe; il y a enfin d'autres traits, et ce sont les plus nombreux, qui éloignent le dialecte macédo-slave aussi bien du bulgare que du serbe. D'ailleurs les traits communs au macédo-slave et au bulgare ne sont point, en eux-mêmes, de nature à établir le caractère bulgare du premier. Le principal en effet de ces traits, c'est l'emploi commun de l'article postpositif (employé après le substantif)[1]. Mais c'est là une particularité linguistique qui semble n'être pas d'origine slave, mais bien plutôt d'origine roumaine ou thrace[2].

Les slavisants en ont retiré la conviction que le macédo-slave n'est ni le bulgare, ni le serbe, mais un dialecte particulier. M. Kasasis cite toute une liste de spécialistes qui l'ont reconnu « comme un idiome distinct » : Chafarik, Chapcareb, Pawlowski, Draganoff, Gron, Novacovitch, Betsikoff, etc.[3] Jagič, Niederlé et leurs partisans ne disent pas autre chose quand ils professent que le dialecte macédo-slave constitue un idiome de transition, un dialecte intermédiaire, entre la langue serbo-croate (le serbe chtokavski) et la langue bulgare[4]. Les cartes linguistiques modernes établissent enfin elles aussi entre ces dernières et le macédo-slave une distinction tout à fait nette, en colo-

---

[1] Voir Niederlé : *La Race slave*, p. 215.

[2] Cf. Jireček : *Geschichte der Bulgaren*, p. 114. Cet auteur y étudie aussi certains traits linguistiques communs à l'albanais, au roumain et au bulgare. Voir aussi Jagié : *Die slavischen Sprachen*, dans Hinneberg : *Die Kultur der Gegenwart*, I, 9, p. 20, et Cvijić : *Questions balkaniques*, p. 50. Les Bulgares et leurs amis (Voir E. Kupfer : *La Macédoine et les Bulgares*, p. 14) citent comme un trait commun au dialecte macédo-slave et au bulgare l'emploi du subjonctif au lieu de l'infinitif dans tous les cas où un verbe a pour complément un autre verbe (p. ex. : *désirez-vous que vous lisiez ce livre ?* au lieu de : *désirez-vous lire ce livre ?*). Mais, suivant la juste remarque de Victor Kuhne (*La Macédoine. Prétentions bulgares*, p. 15, n. 1), la langue serbe « emploie la même circonlocution que le bulgare ».

[3] Kasasis : *L'Hellénisme et la Macédoine*, p. 61.

[4] Jagié : *Einige Kapitel aus der südslavischen Sprachen*, dans l'*Archiv für slavische Philologie*, XVIII et XXII; Niederlé : *La Race slave*, p. 215. Cf. Cvijić : *Questions balkaniques*, p. 50.

rant chacune des trois d'une manière différente. C'est ainsi que la grande carte linguistique d'Europe, qui fut éditée, il y a deux ans, par Stanford, sur la base des plus récents enseignements et conclusions de la science, colore de rouge les populations slavophones de la Macédoine, alors que les Bulgares y sont colorés de gris et les Serbes de mauve [1]. La même distinction est établie dans la grande carte des races de l'Europe Orientale, publiée par Alexandre Gross dans la série des cartes du *Daily Telegraph* [2]. Et il en est de même dans la carte jointe au livre que tout récemment M. Seton Watson a consacré aux Balkans [3].

La vérité que les Macédo-Slaves constituent, au double point de vue ethnologique et linguistique, un ensemble différent des Bulgares et des Serbes, résulte encore de ce qu'écrit dans son livre M. Brailsford lui-même; le bulgarophile impénitent s'efforce naturellement de présenter cette population, autant que possible, comme ayant été mêlée à des éléments bulgares et touraniens, en général. La vérité n'en éclate pas moins à travers les lignes de son livre, comme le lecteur en jugera lui-même par l'extrait suivant : « Les Macédoniens, se demande M. Brailsford, sont-ils Serbes ou Bulgares? Cette question ne cesse de se poser et reçoit à Belgrade comme à Sophia une réponse également dogmatique. Mais la leçon de l'histoire est que, selon toute évidence, il n'y a pas du tout de réponse à donner. Ce ne sont point des Serbes, parce que leur sang peut difficilement être purement slave. Il doit y avoir un certain mélange avec du sang bulgare et avec celui d'autres tribus aryennes (Koumans, Tatares, Petchénègues, etc.). Il est, d'autre part, difficile que ce soient des Bulgares,

---

[1] Voir : *A sketch map of the linguistic areas of Europe*, Stanford's Geographical Establishment, Londres, 1917.

[2] Alexander Gross : *Races of Eastern Europe*, dans la série des cartes du *Daily Telegraph*, n° 25.

[3] Seton Watson : *The Rise of Nationality in the Balkans*, Londres, 1917. — Voir aussi *supra*, p. 484-485.

car il est tout à fait certain que les immigrations et les conquêtes serbes ont dû laisser beaucoup de sang serbe dans leurs veines et le mélange de leur sang avec du sang non aryen peut difficilement être aussi considérable qu'en Bulgarie. Ce sont probablement exactement ce qu'ils étaient avant l'existence aussi bien de l'Empire bulgare que de l'Empire serbe, à savoir : un peuple slave qui dérive plutôt des multiples races qui ont envahi la péninsule à des périodes différentes. Mais, à leur origine, ils ne possédaient aucune conscience raciale claire, et tout puissant État slave pouvait facilement s'imposer sur eux. On peut avancer avec certitude que, pour des raisons historiques, la population de Kossovo et du nord-ouest est définitivement serbe, alors que celle d'Achride est nettement bulgare. Les affinités qui existent dans le reste de la Macédoine sont déterminées par des raisons relevant du pur domaine politique. Dans ces parties, la langue ne nous apprend que peu de chose. Les différences entre le serbe et le bulgare ne sont point considérables, mais elles sont très nettement définies. Le dialecte macédonien n'est ni l'un ni l'autre, mais, par certains traits de sa structure, il s'accorde avec le bulgare plutôt qu'avec le serbe » [1].

Les Serbes et les Bulgares, de même que leurs amis parlant des Slaves macédoniens, et en général des populations slavophones de Macédoine et de la région qui s'étend au nord de ce pays, qui formait jadis partie de la Dardanie et qui aujourd'hui est nommée par les Serbes : Vieille Serbie [2], négligent toujours de faire la moindre mention de l'hellénisme. Les populations en question sont serbes selon les uns, bulgares selon les autres et, suivant l'opinion des dissidents, de simples Slaves. Les Grecs auraient pourtant leur mot à dire dans ce débat, non, certes, pour revendiquer les populations slaves de la Vieille Serbie et de la Macédoine ou n'importe quelles

[1] Brailsford : *Macedonia, its races and their future*, p. 101.
[2] Voir *supra*, p. 48.

autres populations qui ne possèdent point une conscience nationale grecque, mais pour affirmer dans un but scientifique que ces populations qualifiées tantôt de Bulgares, tantôt de Serbes, tantôt tout simplement de Slaves, sont loin, d'autre part, au double point de vue historique et ethnologique, d'être totalement étrangères à l'Hellénisme.

Consultons d'abord l'histoire : si ces populations ont été soumises, pendant quelques décades, à la domination bulgare et si elles ont vécu, pendant une période à peu près aussi longue, sous la souveraineté serbe, il n'en est pas moins certain qu'elles sont demeurées sous celle des Grecs pendant sept siècles entiers et qu'elles se sont unies avec ces derniers, comme du reste il était naturel, par des liens si multiples qu'elles ont combattu — nous l'avons déjà signalé — avec eux contre les ennemis de l'Empire grec, voire contre les Bulgares [1]. Ce fait suffit à lui seul pour montrer qu'à défaut d'autre chose ils commettent un fâcheux oubli de l'histoire tous ceux qui se sont occupés de ces populations et qui se sont bornés à conclure, les uns que ces populations ne peuvent vivre qu'avec les Serbes, les autres qu'elles ne doivent revenir qu'à la Bulgarie. Cependant, les populations en question n'ont pas seulement cohabité amicalement avec les Grecs et n'ont pas seulement accueilli volontiers la souveraineté hellénique pendant sept longs siècles. Elles ont, en outre, subi la bienfaisante influence de la civilisation grecque, et ceci non seulement pendant les sept cents ans qu'elles ont vécu dans les frontières de l'Empire grec du moyen âge [2], mais encore pendant les siècles d'après, durant la domination turque, en ces temps où l'élément hellénique a continué de détenir dans les Balkans le monopole dans le domaine des lettres, des arts et de la vie sociale en général. Par contre, sur ces populations ni les Bulgares ni les Serbes n'ont jamais exercé la moindre influence. En effet, pour

---

[1] Voir *supra*, p. 215, 259 et 468.
[2] Voir *supra*, p. 275-276.

ce qui est des Bulgares, nous avons vu, dans le chapitre II de la partie historique de notre livre, qu'ils n'ont accompli, jusque dans leur propre pays, aucune œuvre de civilisation supérieure et qu'en Macédoine et dans les autres régions qu'ils envahissaient ils se sont bornés à massacrer, à asservir, à piller et à détruire. Et quant aux Serbes, lesquels, il faut le reconnaître, ont érigé, eux, de nombreuses églises, ont introduit une législation particulière et ont, en général, gouverné les pays qu'ils ont conquis d'une manière beaucoup plus politique que les Bulgares, ils n'ont pourtant pas eu le temps, à leur tour, à cause de la brève durée de leur conquête, de communiquer dans ces pays leur propre esprit national, sans parler que cet esprit était lui-même — comme le montrent leurs églises et leur législation — profondément imprégné de la civilisation byzantine. D'ailleurs, les Serbes eux-mêmes ne nient pas cette influence exercée par la civilisation grecque sur les Slaves macédoniens. « C'est la culture byzantine, écrit M. Cvijić, qui a laissé sur eux (les Slaves macédoniens) les traces les plus profondes. Son influence, principalement sur les couches supérieures et urbaines de la population slave macédonienne, ne cesse même pas de se faire sentir à l'époque des conquêtes bulgares et serbes; elle continue à travers toute la période turque » [1]. Dans un autre de ses ouvrages, M. Cvijić parle de l'influence prédominante exercée par la civilisation byzantine jusqu'à Char Planina [2]. Et un autre Serbe, M. Georgevitch, écrit : « La Macédoine a, elle aussi, influencé sans aucun doute la Serbie. Mais ici, non plus, nous ne trouvons la moindre trace de quoi que ce soit de bulgare. L'influence y était purement grecque. La Macédoine est une ancienne province grecque. Et bien qu'après l'immigration des Slaves sa population fût devenue slave dans sa majorité, pourtant la civilisation

---

[1] Cvijić : *Questions balkaniques*, p. 52. Cf. aussi p. 61.
[2] Cvijić : *Grundlinien der Geographie und Geologie von Makedonien und Altserbien* dans les *Petermann's Mitteilungen*, vol. n° 162 (1908), p. 50.

grecque s'y maintint fortement enracinée. Dans les villes, les Grecs constituaient souvent la majorité. De bonne heure, ils devinrent chrétiens et ils détenaient à la fois entre leurs mains, la puissance ecclésiastique, la littérature, la civilisation supérieure, les professions libérales, le commerce et l'administration » [1].

Ces quelques références suffisent sans doute pour prouver que les rapports historiques qui réunissent les Grecs aux populations slaves en question sont bien plus étroits que ceux rapprochant ces dernières aux Bulgares ou à quelque autre nation. Mais, au point de vue ethnologique aussi, la parenté entre elles et les Grecs n'est pas moins intime, si bien qu'on n'exagérerait nullement en affirmant que dans leurs veines le sang grec coule en abondance et que, parmi elles, il y a de grandes masses qui ne sont que des Grecs slavisés.

En effet, aux temps des invasions slaves, non seulement la Macédoine, mais tout le pays qui s'étend au sud du Skardos (Char) était habité par des populations grecques et grécisées. Ce fait est attesté par l'ensemble de l'histoire du magnifique essor de l'hellénisme antique, dont nous avons retracé le tableau dans la partie historique du présent ouvrage [2]. Et lorsqu'on se rappelle que l'hellénisme s'étendait à travers la région même du Rhodope [3] et qu'à l'intérieur même de la Bulgarie l'élément hellénique vivait en masses compactes [4], que devons-nous, à plus forte raison, conclure pour la Macédoine, qui était, de tout temps, un pays grec et qui se trouvait bien plus près des centres helléniques *ab antiquo?* D'ailleurs des preuves particulières ne font pas défaut, qui établissent qu'à l'époque des incursions slaves, des éléments helléniques existaient jusque dans le pays central des Balkans, jusqu'au Skadros

---

[1] Georgévitch: *Macedonia*, p. 69. Voir aussi *supra*, p. 187.
[2] Voir *supra* p. 57 sq.
[3] Voir *supra*, p. 460-461.
[4] Voir *supra*, p. 148 et 153-154.

même. Hiéroclès, dans son *Synecdemus*, qui est une œuvre du vi[e] siècle, rapporte que de son temps étaient encore conservés en Macédoine les noms des anciennes provinces macédoniennes d'Eordée et d'Almopie [1]. Dans la liste des forteresses construites en Macédoine par Justinien, nous trouvons également des noms incontestablement grecs, tels Pelekon, Nymphion, Kratéa, Haradros, Cassopes, etc. [2]. Et les inscriptions des vi[e] et viie siècles, ainsi que des siècles postérieurs jusqu'au xe, sont, toutes, grecques, et plusieurs d'entre elles ont été découvertes dans des localités situées bien au delà des frontières les plus septentrionales de la Macédoine [3]. Jireček désigne la ligne extrême en deçà de laquelle les inscriptions et les autres monuments étaient presque toujours grecs, comme suit : « Les limites entre la langue latine et la langue grecque peuvent être établies assez précisément d'après la langue des inscriptions, les bornes milliaires et les monnaies des cités. Elles quittaient la mer Adriatique près de Lissos, allaient à travers les montagnes des Miredites et de Dibra dans la Macédoine septentrionale entre Scopia et Stobi et contournaient Naïssos (Nisch) et Remesiana avec leurs habitants latins, alors que Pautalia (Kustendil) et Sardique (Sophia) avec la région de Pirot appartenaient au domaine grec ; finalement, elles se dirigeaient le long des pentes septentrionales de l'Hémus sur la côte du Pont. Le domaine de la langue grecque était étroitement lié avec la Grèce et l'Asie Mineure » [4].

Nous avons vu d'autre part, dans la partie historique,

---

[1] Hiéroclès, *Synecdemus*, éd. Parthey, p. 638.

[2] Procope, *De ædificiis*, IV, 4.

[3] Plusieurs parmi ces inscriptions découvertes au delà des frontières les plus septentrionales de la Macédoine sont mentionnées dans les recueils déjà cités aux pages 24, n. 1, et 119, n. 1, auxquels il importe d'ajouter les recueils de S. Aristarchi : *Inscriptions grecques, latines et serbes de la province de Belgrade* (en grec), dans la revue du *Syllogue littéraire* de Constantinople, t. XIII (1880), p. 84 sq., et de Gelzer : *Byzantinische Inschriften aus Westmacedonien* dans les *Athenische Mitteilungen*, t. XXVII (1902), p. 431 sq.

[4] Jireček : *Geschichte der Serben*, p. 38. Voir aussi Paparrigopoulos : *Histoire de la civilisation hellénique*, Paris, Hachette.

qu'aussitôt après la conquête d'Achride et des villes macédoniennes de Castoria, Vodéna, Stroumnitza et Serrès, le prince serbe Étienne Douchan s'est empressé de se proclamer, à Scopia, « tzar des Serbes et des Grecs »[1]. Ce titre de Douchan prouve non seulement l'absence de Bulgares en Macédoine, mais encore ce fait historique que l'hellénisme s'y est maintenu et conservé bien des siècles après les invasions slaves et jusque dans des régions macédoniennes qui sont, pour la plupart aujourd'hui, des districts slavophones par excellence. Le chef de l'Église serbe était, lui aussi, appelé « patriarche des Serbes et des Grecs ». Et ce qui n'est pas moins caractéristique, c'est que les souverains serbes employaient couramment, dans leurs États, la langue grecque, ce qui permet à Gelzer de conclure que « sous la souveraineté des rois et tzars serbes, le grec, à en juger d'après les monuments, était la langue qui dominait de la façon la plus absolue »[2]. Mais voici d'autres preuves encore, d'ordre plus spécial. Sous le règne du prince serbe Miloutin (1282-1320), on cite l'existence d'une agglomération hellénique près de la Bregalnitcha[3]. Il y a, en outre, de nos jours encore, au nord de Scopia et non loin du Vardar (Axios), un village qui porte, en slave, le nom : « Greiste », c'est-à-dire « village grec ». Jean Caméniate rapporte, à son tour, — nous l'avons déjà remarqué — l'existence, près de Verria, de villages mixtes, grecs et slaves[4]. Or, il n'existe plus actuellement un seul habitant grec ou grécophone près de Bregalnitcha. Le village Greiste est devenu lui aussi tout entier slavophone. Et la région où Jean Caméniate situe les villages mixtes qu'il mentionne, fait partie, à son tour, de nos jours, d'une région slavophone. Que sont donc devenus les Grecs qui habitaient

---

[1] Voir *supra*, p. 249.
[2] Gelzer : *Byzantinische Inschriften aus Westmacedonien*, dans les *Athenische Mitteilungen*, t. XXVII (1902), p. 477. Voir la liste des documents helléniques rédigés par les princes serbes dans Marc : *Plan eines Corpus der griechischen Urkunden des Mittelalters*, p. 41 et 95.
[3] Voir les témoignages cités par Jireček : *Geschichte der Bulgaren*, p. 221.
[4] Voir *supra*, p. 468.

dans le temps toutes ces localités ? Il est évident qu'ils ont été slavisés.

Certains noms grecs de lieux ne sont pas moins éloquents. Citons en exemple la montagne qui est aujourd'hui appelée en slave Char (Char planina) et dont le nom n'est que la corruption de l'ancien Scardos. Comment expliquer que les Slaves venus dans les Balkans ont appris et adopté dans leur langue ce nom hellénique ? L'auraient-ils lu dans Strabon ou dans Ptolémée ? Non, certes. Ce sont tout simplement les Grecs habitant la région du Scardos qui le leur ont appris, avant d'être slavisés. Il y a, en outre, plusieurs noms de villages aujourd'hui slavophones qui sont des noms essentiellement grecs ; et comme on ne saurait admettre que ce sont les Slaves qui, spontanément, ont baptisé ainsi ces villages, nous devons nécessairement conclure que leurs populations étaient jadis grecques et que, peu à peu, à la suite de l'installation des Slaves ou bien de leur commerce avec les populations slaves de villages environnants, elles ont été slavisées. Pour nous borner aux régions englobées dans les limites de la Macédoine, mentionnons les villages slavophones: *Klissoura* et *Klino* du caza de Tikfèche, *Kokkino* et *Monastiri* du caza de Perlepé, *Diabato*, *Megarreuma* et *Pétrino* du caza de Monastir, *Papadia* et *Aïtos* du caza de Florina, *Aposképos*, *Bambaki*, *Photinitsa* et *Lakka* du caza de Castoria, *Paléohor* ou *Paléochori* et *Lakka* du caza de Caïlar, *Arkoudochori* et *Episkopi* du caza de Verria, *Messiméri* et *Nissi* du caza de Vodéna, *Paliokastro* du caza de Yanitsa, *Kaména* du caza de Pétritch, *Christos* et *Lakkos* du caza de Serrès, *Anastassià* du caza de Zichna, etc., etc.[1].

Mais ce qu'il y a surtout d'intéressant, c'est que ces noms grecs ne datent pas de l'antiquité, mais du moyen âge ou des temps modernes, ce qui indique que l'hellénisme

---

[1] Tous ces villages figurent comme exclusivement « bulgares » sur les tableaux de la statistique officielle bulgare (Voir Brankoff : *La Macédoine et sa population chrétienne*, p. 89 sq.).

de ces districts macédoniens aujourd'hui slavophones, non seulement ne fut pas anéanti au cours des invasions slaves, mais, au contraire, résista à la slavisation pendant de longs siècles. Et nous devons ajouter que ces quelques noms que nous venons de citer ne sont que le produit d'une investigation sommaire et hâtive; celui qui se livrerait à un examen plus détaillé de la toponymie de la Macédoine découvrirait sans doute encore plusieurs autres noms grecs de villages slavophones, que la prononciation slave a corrompus et qu'on prend soin de rapprocher au point de vue étymologique de mots slaves [1].

La slavisation de nombreuses populations grecques résulte encore de l'examen des éléments qui constituent le dialecte slave parlé en Macédoine. Dans une brève étude, le professeur George Boucouvalas a réuni 657 mots grecs employés par les Macédoniens slavophones [2], alors que les recueils détaillés de Gustave Meyer, consacrés à l'étude des éléments slaves contenus dans la langue grecque, montrent que celle-ci ne contient même pas 300 mots slaves. Et il est hors de doute qu'en poussant d'une manière plus minutieuse le travail de M. Boucouvalas, on verrait que le nombre des mots grecs du dialecte macédo-slave est bien plus grand [3]. Il est, d'autre part, caractéristique que ce

---

[1] Nous avons vu plus haut (p. 32 sq.) que les investigations numismatologiques de M. Svoronos ont établi l'origine grecque de plusieurs noms géographiques, de la Macédoine Orientale notamment, auxquels on veut donner une interprétation étymologique slave. Tel est encore le cas de Castoria dont Gelzer (*Vom Heiligen Berge und aus Makedonien*, Leipzig, 1904, p. 23) écrit : « Le nom de la ville de Castoria est bulgare, Kostour, dont les Grecs, lorsqu'ils se sont emparés de la ville, en 1018, ont fait ce nom de Castoria. » Cependant le nom de Castoria est déjà cité par l'historien byzantin du VIᵉ siècle Procope (*De œdificiis*, IV, 3); il est, par conséquent, grec et est dû au mot : castor (Cf. Jireček : *Geschichte der Serben*, p. 16). De même, le nom Pelka (près de Castoria) n'est autre chose que le nom corrompu de la forteresse Pelekon, également citée par Procope (Voir *supra*, p. 509). Ces exemples prouvent que l'étymologie slave de plusieurs noms de lieux n'est guère authentique.

[2] G. Boucouvalas : *La langue des Bulgarophones de Macédoine* (en grec) Le Caire, 1905.

[3] Un pareil travail donnerait peut-être aussi lieu à des observations se rapportant à des temps plus anciens et intéressant la langue grecque elle-même : il résulte, en effet, de quelques recueils récents et encore inédits de la Société linguistique d'Athènes, que de nombreux mots grecs se sont conservés, ayant une signification ancienne inconnue de la plupart des Grecs.

dernier dialecte a emprunté plusieurs verbes au passé défini des verbes grecs qui se termine en *sa* et en a formé des verbes mixtes leur donnant les terminaisons *sam* et *souvam*, comme, par exemple : χαιρετίsouvam = saluer, χωνέψouvam = digérer, προστάξouvam = commander, καλέsouvam = appeler, πταίsouvam = faillir, etc. Et ce fait typique ne se rencontre pas seulement en Macédoine, mais aussi dans la région du Rhodope [1].

Les observations anthropologiques viennent, à leur tour, confirmer les conclusions qui se dégagent de ces observations linguistiques. L'anthropologie établit, en effet, que plusieurs districts slavophones présentent un type purement hellénique et qu'au surplus le caractère psychique des Macédo-Slaves les rapproche à un degré surprenant des Grecs. C'est aussi la conclusion qui se dégage de ce qu'écrit M. Cvijić qui remarque qu' « il y a deux caractères complexes qui sont presque spécifiques des Slaves macédoniens : ce sont quelques traits archaïques et byzantino-balkaniques qui se sont conservés ou développés, grâce à leur disposition géographique, à la morphologie de leur pays et à leur développement historique particulier » [2]. La plupart des slavophones de Macédoine possèdent en effet la mobilité des Grecs, émigrent facilement comme ces derniers, s'occupent volontiers, comme eux, de commerce et sont d'une manière générale plus actifs et plus ingénieux que les vrais Slaves et beaucoup plus que les Bulgares. Dans son livre sur la Macédoine et sur la Bulgarie, M. Gaulis établit une distinction bien nette entre le Bulgare et le Macédo-Slave; et encore a-t-il, selon toute apparence, réduit ses observations seulement aux Macédo-Slaves vivant en Bulgarie, lesquels devraient être naturellement regardés comme les plus rapprochés des Bulgares. « Le Bulgare, dit-il, surtout celui du Danube, est un paysan

---

[1] Voir Gustav Meyer : *Neugriechische Studien*, I, p. 47 et II, p. 90.
[2] Cviji⁵ : *Questions balkaniques*, p. 59.

attaché à la terre, qui ne consent à la quitter que pour entrer dans les fonctions publiques, dans l'armée ou dans le clergé : encore faut-il mesurer tout ce que la Bulgarie politique et militaire doit à la Roumélie Orientale et à sa capitale hellénisée Philippopoli. Le Macédonien, lui, se sent des aptitudes pour tous les métiers que le Bulgare néglige. Il est maître à Sophia de la petite industrie et du petit commerce ; boulanger, boucher, il nourrit le Bulgare ; maçon, charpentier, serrurier, il loge le Bulgare ; avocat, professeur, fonctionnaire, officier, ministre, un jour, peut-être, il gouvernera le Bulgare » [1]. On voit que les Slaves macédoniens parmi les Bulgares ne font pas autre chose que les Grecs parmi les Turcs. Ajoutons encore que pour un grand nombre de ces Slaves, leur origine grecque ressort aussi de leurs noms de famille. Panarétoff, Triantaphylloff, Rizoff et bien d'autres noms que nous avons rencontrés jusqu'ici, sont des noms manifestement grecs ; la terminaison seule est bulgare [2].

Les témoignages modernes ne font pas défaut au sujet de la slavisation de l'élément grec de Macédoine. Il y a déjà plusieurs années, le savant français Cousinéry a exprimé l'opinion que les habitants de la région de l'Orbélos, c'est-à-dire la région macédonienne la plus rapprochée de la Bulgarie, ne sont que des Grecs anciens bulgarisés, comme il est dit, seulement au point de vue linguistique [3]. Et sans parler de plusieurs autres opinions ana-

---

[1] Gaulis : *Bulgarie et Macédoine*, Paris, 1902, p. 77-78.

[2] Un des premiers soins de la propagande bulgare en Macédoine était de bulgariser, par la terminaison *off*, les noms non bulgares des adeptes de l'Exarchat. Ce procédé reçut, pendant la Grande Guerre, la consécration officielle du Gouvernement bulgare. Ainsi que nous le rapporte M. Léon Savadjian, dans une circulaire adressée, sub n° 1387, en date du 4 décembre 1917, aux préfets en Macédoine occupée et en Vieille Serbie, le Ministre de l'Intérieur de Sophia ordonnait que la terminaison *itch* des noms serbes fût remplacée par la terminaison *off* (Voir Léon Savadjian : *Je dénonce !...*, p. 11). D'autre part, l'administration des postes bulgares déclarait irrecevables toutes les lettres adressées à des personnes dont les noms se terminaient en *os*, *idès*, *poulos* et *akis*. Pour que ces lettres pussent arriver à destination, les expéditeurs étaient tenus de remplacer toutes ces terminaisons grecques par la terminaison bulgare *off* (Voir l'*Hestia* d'Athènes, du 13 mai 1918).

[3] Cousinéry : *Voyage dans la Macédoine*, Paris, 1831, 1, p. 94.

logues, enregistrons encore celle de M. Cvijić qui, lui non plus, et bien que cela s'opposât à la thèse serbe, n'hésita pas à reconnaître cette origine aux Slaves macédoniens, dans des termes assez clairs : « Ils ont, dit-il en parlant des Slaves macédoniens, assimilé, comme les Serbes eux-mêmes, une population préexistante, les anciens Macédoniens, les tribus illyriennes romanisées et les Thraces byzantinisés » [1]. Et dans un autre ouvrage, le savant serbe précise encore plus nettement son opinion : « L'influence de la culture byzantine était beaucoup plus puissante dans les villes des pays balkaniques méridionaux qu'elle ne l'est de nos jours; dans ces pays, la culture byzantino-valaque avait atteint même les populations des villages. Les causes principales de cela sont les suivantes : *Dans ces régions méridionales, il existait une population paysanne grecque et valaque, plus nombreuse qu'aujourd'hui.* » [2].

Ces témoignages sont, croyons-nous, assez convaincants et démontrent suffisamment la slavisation d'une partie de la population hellénique de Macédoine et, pour une beaucoup plus grande part, de la population grecque des régions septentrionales, jusqu'au mont Scardos. D'ailleurs, ce n'est pas là un phénomène unique et sans pareil. Nous avons déjà remarqué précédemment que des éléments helléniques compacts ont été bulgarisés dans l'intérieur de la Bulgarie [3], que d'autres populations grecques ont été slavisées dans la région du Rhodope [4]. Ajoutons encore qu'en dehors des Grecs, il y a aussi des Albanais slavisés, que l'on distingue facilement grâce à leur large figure. Les Bulgares regardent toutes ces populations slavisées comme des populations bulgares. Ils prennent, ainsi que nous le verrons plus loin, pour critérium de leur

---

[1] Cvijić : *Questions balkaniques*, p. 58.
[2] Cvijić : *Grundlinien der Geographie und Geologie von Makedonien und Altserbien*, dans les *Petermanns Mitteilungen*, n° 162 (1908), p. 52.
[3] Voir *supra*, p. 148 et 153-154.
[4] Voir *supra*, p. 460-461.

caractère bulgare le dialecte parlé par ces populations, lequel, pourtant, comme nous l'avons vu, n'est pas bulgare lui non plus. Ils méconnaissent et ils négligent que c'est la conscience nationale qui, seule, constitue un vrai critérium de nationalité. C'est là, par contre, le critérium que choisissent toujours les Grecs, qui n'ont jamais manifesté le moindre intérêt pour les populations slavophones privées de conscience nationale grecque. L'Hellénisme a considéré ces populations comme étrangères à sa race et a laissé libres les Bulgares et les Serbes de prendre soin de leur sort. Les Grecs ont été plus loin encore : ils ont étendu leur désintéressement à celles-là mêmes parmi les populations slavophones dont les caractéristiques anthropologiques et les autres particularités dénotaient clairement l'origine hellénique. Mais il existe aussi dans certains districts macédoniens de telles populations slavophones, qui, en outre, ont conservé une conscience nationale purement grecque. L'Hellénisme ne pouvait naturellement que regarder ces populations comme étant siennes : elles possèdent, en effet, tous les traits de la race grecque; elles ont, avec les autres Grecs, les mêmes traditions, les mêmes us et coutumes, notamment pour tout ce qui concerne la naissance, le mariage et le décès [1], et jusqu'à leur costume, la « foustanelle », qui est portée même dans les districts de Mogléna ou de Caradjova, que les Bulgares revendiquent avec le plus d'acharnement; elles ont, au surplus, donné — ce qui est bien plus important — des preuves palpables de la conscience grecque dont elles sont animées, en luttant notamment avec acharnement contre les comitadjis bulgares. Comment les Grecs pourraient-ils s'en désintéresser? Comment pourraient-ils les abandonner, lorsque, menacées de bulgarisation, elles tendaient vers eux la main, implorant du secours? Les patriotes bulgares les appellent

---

[1] Voir Abbot : *Macedonian Folklore*, Cambridge, 1903. Voir aussi Jeanne Z. Stéphanopoli : *La Macédoine inconnue*, dans sa brochure : *Grecs et Bulgares en Macédoine*, Athènes, 1903.

« Bulgares grécisants » ou « grécomanes », ce qui est un terme bien plus fort que « grécophile ». Cette appellation seule suffit à montrer combien légitime était la volonté hellénique de les considérer comme des populations grecques et combien flagrante était l'atteinte que les Bulgares, en les revendiquant, portaient à la liberté la plus élémentaire des peuples de disposer de leur sort, à ce droit démocratique qui fut, heureusement, érigé en dogme au cours de cette guerre.

III. — La propagande slavo-bulgare en Macédoine.

Les tendances de la politique panslaviste russe en Orient datent de l'époque de Pierre le Grand. Son « testament politique » consistait notamment dans l'expansion de la Russie ou plutôt de la *Panslavie* vers la Méditerranée, par la conquête du Proche-Orient et surtout de Constantinople, ce futur *Tzarigrad* du panslavisme [1].

Catherine II a entrepris la première tentative sérieuse pour exécuter ce projet. Dans l'esprit et aux yeux de la Russie de son temps les Grecs, ses coreligionnaires, constituaient des instruments propres à son exécution. C'est ainsi qu'un des petits-fils de Catherine la Grande avait reçu le nom de Constantin et son éducation l'avait préparé à devenir le futur empereur d'un nouvel empire grec. En 1768, le Macédonien Georges Papazolis a voulu, comme nous l'avons vu [2], profiter de ces dispositions de l'Impératrice pour libérer la Grèce et il a réussi à être envoyé en Grèce pour y fomenter et organiser une révolution géné-

---

[1] Voir Djuvara : *Cent projets de partage de la Turquie*, p. 240 sq.
[2] Voir *supra*, p. 342.

rale contre l'Empire ottoman et à assurer en même temps le concours militaire de la Russie. Effectivement, la flotte russe arrivait bientôt au Péloponèse. Elle occupa dix-huit îles de la mer Égée et menaça, à un moment, de s'emparer de Constantinople même. Mais le concours des troupes russes de terre n'ayant pas été prouvé suffisant, la révolution des Grecs, qui éclata en 1770, fut, bientôt après, étouffée dans le sang [1].

Cependant, le projet de la restauration de l'Empire grec sous le grand-duc Constantin ne fut pas encore abandonné. En 1781, le fameux « projet grec », élaboré par la Russie et l'Autriche, prit une nouvelle forme. Il comportait la création de deux États chrétiens; la Moldo-Valachie, dont le souverain serait élu aussitôt cet État formé, et l'Empire grec, restauré à Constantinople, pour être gouverné par le grand-duc Constantin [2]. Mais l'empereur d'Autriche Joseph II mourait avant que ce projet fût mis en exécution et bientôt on commençait à y renoncer en Russie même, où une autre politique conquérait chaque jour plus de terrain et voici comment :

En 1755, le Patriarcat Œcuménique avait nommé et envoyé comme archimandrite à Moscou un moine du monastère de Hilendar, du nom de Païssi, originaire du diocèse bulgare de Samakovo et auquel on prête la nationalité grecque [3]. On ignore les différends qui le séparaient d'avec les Grecs, mais ce qui est certain, c'est qu'une fois arrivé à Moscou, tenté probablement par les caisses bien garnies des panslavistes, il leur suggéra l'idée que ce n'était pas aux Grecs qu'on devait avoir recours pour réaliser les grandioses projets qu'on avait conçus, mais bien plutôt à une autre race, voisine elle aussi de Constantinople et qui présentait l'avantage d'être une race slave et de parler une langue slave. Cette race, c'était les Bulgares. Si cette

---
[1] Voir *supra*, p. 342.
[2] Voir Driault : *La Question d'Orient*, p. 56.
[3] Voir *supra*, p. 497.

idée séduisante n'a pas immédiatement réuni les suffrages de tous les panslavistes, c'est parce que les Bulgares, nuls au point de vue national et plongés dans l'ombre, étaient à cette époque complètement ignorés de tout le monde. Mais Païssi se chargea du soin de les faire connaître et composa à cet effet, en 1762, une *Histoire des peuples, des tzars et des saints slavo-bulgares*.

L'œuvre de Païssi ne cesse pas, de nos jours, de provoquer l'admiration des patriotes bulgares, qui y voient non seulement le premier produit de la littérature moderne de la Bulgarie, mais aussi un modèle d'ouvrage historique, qui, au surplus, a révélé aux leurs leur « glorieux passé ». Au début, il ne fut que copié; plus tard, il fut édité à plus d'une reprise; et le professeur agrégé à l'université de Sophia, M. Jordan Ivanoff, en publia récemment une édition critique [1]. N'empêche que cette œuvre de Païssi n'est autre chose que le premier instrument de la propagande slavo-bulgare, qui traça aux propagandistes à venir la voie qu'ils devaient suivre pour altérer la vérité historique et inspirer, par de faux renseignements sur le passé bulgare, un fanatisme national intense aux paysans ignorants de la Bulgarie, auxquels le nom de bulgare ne disait pas, jusque-là, grand'chose. Qu'il nous suffise de signaler que Païssi comprend parmi les tzars bulgares les empereurs byzantins de la dynastie macédonienne, qu'il bulgarise par conséquent Basile le Bulgaroctone (le tueur des Bulgares) lui-même! Païssi n'a d'ailleurs pas manqué de se livrer dans son « Histoire » à de violentes attaques contre le Patriarcat grec et aussi à des appels adressés au « plus glorieux des peuples slaves » qu'il invitait à sortir de sa torpeur et à renouveler « les gloires de ses ancêtres » [2]. En résumé, comme il fut remarqué par M. D. Brancoff, « cette œuvre est un panégyrique du passé bulgare, en même temps

---

[1] *Histoire slavo-bulgare recueillie et rédigée par le religieux Païssi en l'année 1762*, publiée d'après l'original par J. Ivanoff, Sophia, 1914.
[2] Voir aussi *supra*, p. 497.

qu'une philippique contre les Grecs et surtout contre le clergé grec »[1].

Ces appels de Païssi n'ont produit aucun résultat sur l'âme des Bulgares, abrutis à force de barbarie; l'œuvre de ce moine provoqua cependant une grande émotion dans les milieux panslavistes et on peut dire que c'est de cette époque que datent les sympathies russes pour les Bulgares. Il reste à savoir pourquoi les panslavistes ont-ils préféré s'appuyer sur les Bulgares plutôt que sur les Serbes. La réponse à cette question est aisée. Les Bulgares habitaient plus près de Constantinople, alors que les Serbes habitaient à l'autre extrémité des Balkans. D'ailleurs le nom de Bulgare appliqué aux populations slaves de la Vieille Serbie et de la Macédoine les faisait confondre avec l'élément bulgare et présentait celui-ci comme étant plus important dans les Balkans que l'élément serbe. Quant à l'abandon des Grecs, il est, lui aussi, facilement explicable. Bien qu'orthodoxes, les Grecs appartenaient à une autre race et un puissant sentiment national les animait. Ils n'ont d'ailleurs jamais manqué de manifester leur intention de former un État à eux, indépendant de toute influence étrangère, ce qui n'était pas le cas des Bulgares; rusés et dissimulateurs, ces derniers ont toujours et jusqu'au lendemain de leur libération masqué et même nié leurs velléités d'indépendance de l'influence moscovite.

L'œuvre de Païssi fut poursuivie par son élève Sophronius, évêque de Vratza, et par d'autres encore, que nous avons cités plus haut et dont nous avons signalé les rapports avec la Russie et les panslavistes[2]. Mais les Bulgares restaient toujours ignorés en dehors du cercle encore étroit de ces derniers, qui d'ailleurs eux-mêmes accueillaient avec méfiance ce que leurs futurs « bratuchki » leur chantaient. L'existence des Bulgares ne fut révélée,

---

[1] Brancoff : *La Macédoine et sa population chrétienne*, p. 53.
[2] Voir *supra*, p. 497 sq.

d'une manière plus générale, qu'au cours de la guerre russo-turque de 1828-1829, lorsque, pour la première fois depuis le Xe siècle [1], les Russes envahirent les Balkans et poussèrent jusqu'à Andrinople [2].

Dès lors, l'idée bulgare devient de plus en plus populaire en Russie, ce qui aliène chaque jour davantage à l'Hellénisme les sympathies qu'il y possédait. Les panslavistes se mettent à intensifier leur propagande pro-bulgare et à assumer un gros effort pour créer une nationalité bulgare aussi puissante que possible. Le moine russe Yury Vénéline publie, en 1830, encore un ouvrage, intitulé *Bulgares anciens et modernes* et appelé à exciter l'intérêt des Russes en faveur des Bulgares et à provoquer le fanatisme national de ces derniers contre le clergé grec et en général contre les Grecs [3]. En 1835, un riche commerçant d'Odessa, nommé Apriloff, fonde à Gabrovo, près de l'ancienne capitale bulgare Tirnovo, la première école bulgare [4]. Depuis lors, l'argent des panslavistes commence à couler à flots. En 1838, on fonde une imprimerie bulgare à Salonique même [5]. Huit ans plus tard, on peut déjà compter cinquante-trois écoles bulgares fonctionnant avec l'argent de la Russie [6] : il y en a une dans chacune des villes d'Ichtip, l'ancienne Astivos, de Vélessa, de Vania, de Tzoumaya et de Névrokopi de Macédoine. On voit que la manœuvre d'enveloppement tentée par la propagande slavo-bulgare contre la population slave de la Macédoine a commencé de bonne heure.

Les efforts des panslavistes ne devaient d'ailleurs pas tarder à être appuyés par la Russie officielle elle-même. Comme le remarque Destrilhes, dans ses *Confidences sur la Turquie*, publiées en 1855, « la Russie a fait élever à

---

[1] Voir *supra*, p. 203.
[2] Voir Leger : *La Bulgarie*, p. 45.
[3] Voir Brancoff, *La Macédoine et sa population chrétienne*, p. 53.
[4] Voir Brancoff, *ibid.*, et *supra*, p. 499.
[5] Voir Derjavine : *Les Rapports bulgares et la question macédonienne*, p. 78.
[6] Voir Miller : *The Ottoman Empire*, p. 340.

Sophia une belle église, près de laquelle elle a fondé à ses frais une école ou petit séminaire à l'usage des pauvres bulgares qui se destinaient à l'état religieux. Elle y entretient cent cinquante élèves qui y prient publiquement et tous les jours pour l'empereur régnant et pour la réussite de ses projets. Ceux d'entre les jeunes gens de ce séminaire qui avaient fait preuve de quelques dispositions pour l'intrigue et la propagande, étaient envoyés, toujours aux frais de la Russie, à Odessa; là, ils se perfectionnaient et terminaient gratuitement leur instruction d'apôtres. Dès qu'ils étaient en état de servir la politique de Saint-Pétersbourg, on les renvoyait en Bulgarie »[1]. On préparait ainsi petit à petit le terrain de l'indépendance ecclésiastique des Bulgares.

Mais parallèlement aux efforts entrepris pour convertir à l'idée bulgare les populations slaves des Balkans, on mena aussi une campagne énergique pour faire adhérer l'opinion publique et les milieux dirigeants de l'Europe aux vues des panslavistes et de la propagande bulgare. Aussi, voyons-nous apparaître bientôt à l'horizon la première fournée de ces écrivains bulgarophiles, Cyprien Robert en tête, qui ont rivalisé à qui célébrerait le mieux les qualités du facteur bulgare et à qui improviserait les renseignements statistiques les plus exagérés sur la puissance de cet élément[2].

Ce n'est pas tout. Les patriotes bulgares regardaient les mensonges historiques de Païssi et de ses élèves comme insuffisants à stimuler la fierté nationale de leurs concitoyens. D'autre part, l'action de la propagande slavo-bulgare, qui visait à bulgariser tous les Balkans, se heurtait à des populations entières animées d'une puissante conscience nationale grecque; en présence de ce fait éclatant, les renseignements et les théories des divers écrivains bul-

---

[1] Destrilhes : *Confidences sur la Turquie*, Paris, 1855, p. 144-145.
[2] Voir *supra*, p. 471 sq.

garophiles ne pouvaient que rencontrer la méfiance et l'incrédulité. En plus des tentatives de lèse-histoire commises par Païssi et ses élèves, il fallait donc inventer un nouveau moyen d'action plus propre à inspirer aux Bulgares l'outrecuidante et fanatique fierté nationale qu'on voulait leur inculquer, et plus apte, en même temps, à transformer sur le papier les Grecs... en Bulgares ! Ce moyen fut bientôt trouvé : on fabriqua de toutes pièces des prétendues légendes bulgares ; deux patriotes bulgares se distinguèrent tout particulièrement dans cette nouvelle industrie nationaliste : Rakovsky et Stefan Verkovitch.

Voici ce qu'écrit Auguste Dozon sur Rakovsky et sur l'ouvrage que celui-ci fabriqua et publia en 1859 à Odessa sous le titre *Indicateur* (Rakazalek) : « L'auteur, Rakovski, que j'ai connu, a joué un certain rôle dans la politique orientale, et il avait, comme écrivain, assez de talent pour être utile à ses compatriotes, s'il n'eût consumé presque toute sa vie dans l'intrigue. Journaliste, auteur de pamphlets et de poésies, il était, en outre, atteint de grécophobie au premier chef, et c'est la haine qui lui a tenu lieu de toute science pour établir dans la préface de son *Indicateur* les propositions suivantes comme base de l'ouvrage : 1º les Bulgares sont venus de l'Hindoustan ; 2º depuis leur arrivée en Europe (de longs siècles avant l'ère chrétienne), ils ont toujours vécu dans les lieux qu'ils habitent aujourd'hui ; 3º la langue bulgare, telle qu'elle est parlée actuellement, ne diffère que très peu du sanscrit et du zend, que le monde savant regardait comme des langues mortes. C'est cette langue qui, dit-il, « est notre source principale et la plus sûre pour la démonstration que nous voulons donner » ; 4º l'alphabet grec et le cyrillique sont tirés du zend ; 5º le bulgare est plus riche que le grec ; 6º dans toute la Grèce antique, il n'y a pas une dénomination géographique qui ne soit bulgare ; 7º l'oracle de Dodone a été fondé par les anciens Bulgares ; 8º les philosophes grecs ont volé toutes leurs idées dans l'Hindoustan, et les ont fait passer pour leurs, etc. Or, Rakovski, poursuit Auguste Dozon, ne savait pas plus le sanscrit que le zend, comme le démontrent surabondamment les preuves étymologiques qu'il prétend donner à l'appui de ses assertions. L'ignorance et l'outrecuidance vont ici de pair. » Et M. Dozon termine sa critique sur le factum de Rakovski par cette amère observation : « Il semble qu'aucun homme de bon sens ne demandera à une nation : Es-tu aryenne, touranienne, ou quelque autre chose que ce soit? mais : qu'as-tu fait pour l'humanité? Or, la réponse que l'histoire impose aux Bulgares est faite pour leur inspirer plus de modestie, dans leur propre intérêt, et s'ils ne veulent s'aliéner d'utiles sympathies »[1]. Ajoutons encore que ce même Rakovsky publia en 1860, à Belgrade, un autre ouvrage du même acabit intitulé : *Blgarska Starina*, et qui est censé étudier l'histoire des tzars bulgares Jean Assen Ier et Jean Assen II. Suivant M. Louis Leger, lui-même, il y « introduisait trois chants sur les guerres bulgares évidemment fabriqués »[2].

Les tentatives de Stefan Verkovitch, un Macédo-Slave inféodé dans la propagande slavo-bulgare[3], furent plus sérieuses. Il débuta par l'envoi à l'exposition ethnographique tenue en 1867 à Moscou, d'une prétendue chanson populaire : *Le Chant d'Orphée*, qu'il affirmait avoir recueillie de la bouche d'un vieillard de cent cinq ans. Cette chanson fut, comme bien on pense, immédiatement éditée dans la capitale des panslavistes, précédée d'une préface de Verkovitch; celui-ci voulut faire croire que cette découverte établissait la communauté de race unissant les anciens Bulgares aux nations indo-européennes; c'est pourquoi il s'efforça de prouver l'existence d'une étroite parenté entre les traditions mythologiques de ces Bulgares, et les

---

[1] Dozon : *Les chants populaires bulgares. Rapports sur une mission littéraire en Macédoine*, Paris, Imprimerie nationale, 1874, p. 7-8.

[2] L. Leger : *Nouvelles études slaves*, p. 67.

[3] Voir Kuhne : *La Macédoine. Prétentions bulgares*, p. 11, n. 1.

légendes helléniques sur Orphée ainsi que les anciennes fables hindoues du *Rig-Véda*.

L'impression produite par cette publication sur le public simpliste et la foi naïve que quelques rares lettrés se sont empressés de prêter à l'authenticité de cette chanson, ont enhardi l'écrivain mystificateur, qui proclama, bientôt après, que le peuple bulgare et notamment les Pomaks du Rhodope ont, soi-disant, conservé d'innombrables anciennes chansons, datant des temps préhistoriques et composant toute une épopée de 250.000 vers, plus longue, comme on voit, que la Ramayana et la Mahabharata des Hindous!! Et, pour étayer son affirmation, Verkovitch publia une partie de ces chansons en 1874 à Belgrade, sous le titre *Veda Slovena* et à Paris, en français, sous le titre : *Le Véda slave* [1].

La publication de ces chansons avait pour but, comme il fut montré par le Russe Pypin, de justifier la thèse de Rakovsky [2], d'établir, par conséquent que les Bulgares ne sont pas une nation parente des Turcs, originaire du Volga et de la Kama, mais qu'ils sont venus en Europe directement de l'Hindoustan, plusieurs siècles av. J.-C., et ensemble avec les Pélasges; que la langue bulgare diffère à peine du sanscrit et de la langue zende; qu'elle est même plus riche que le grec; que les anciens Hellènes, de même que les Celtes et les Francs, étaient des ...Bulgares dont ils ne se seraient séparés que plus tard; que les savants grecs n'étaient que des plagiaires qui ont pillé les écrivains de l'Inde, c'est-à-dire de la patrie particulière des Bulgares; que les Fortunes de la mythologie grecque ne sont pas autre chose que les *Samodivas* des Bulgares; qu'enfin, — et c'est ce qui est le plus intéressant, — les héros anciens qu'on considérait jusqu'ici comme Thraces ou Macédoniens, par conséquent, Philippe aussi et Alexandre le Grand, étaient de vrais et purs Bulgares!!!

---

[1] *Le Véda slave*, recueilli et publié par M. Verkovitch. Paris, Leroux, 1874.
[2] A. N. Pypin : *Histoire des littératures slaves* (en russe), I.

La fausseté de ces chansons populaires, dont on sait aujourd'hui qu'elles furent fabriquées par divers instituteurs bulgares, agents de la propagande slavo-bulgare, ne tarda pas à être mise à jour par la critique. M. Louis Leger, que nous sommes heureux de pouvoir citer ici, a écrit toute une étude sur la fausseté du Véda slave, qui figure sous le titre : *Un essai de mystification littéraire*, dans ses *Nouvelles études slaves* [1]. En voici quelques extraits : « Avant sa publication, ce volume (le *Véda slave*) avait déjà piqué la curiosité des savants ; grâce à des réclames plus ou moins habiles, il avait intéressé quelques lettrés étrangers aux études slaves ; il avait été l'objet d'un rapport, peu favorable d'ailleurs, au Ministère de l'instruction publique [2]. Il vient d'être mis en vente à Paris, et nos lecteurs, avant de parcourir la traduction française qui l'accompagne, ne seront peut-être pas fâchés d'être éclairés sur certains détails qui auraient chance de leur échapper. Nous espérons leur démontrer aisément que le *Véda slave* n'est pas aussi *védique* qu'on pourra le faire croire. A beau mentir qui vient de loin, dit le proverbe. Le mystificateur ignorant qui a voulu nous imposer ses prétendues découvertes, a évidemment compté sur la complicité de ceux qui peuvent savoir quelque chose *in slavicis*. Il s'est trompé et nous n'aurons pas de peine à le prouver ». Et après avoir établi, preuves à l'appui, la mystification, M. L. Leger poursuit toujours avec la même bonne humeur : « M. Verkovitch est marchand d'antiquités ; c'est un commerce où l'on aime à vieillir sa marchandise ; d'autre part, M. Verkovitch est absolument ignorant. Il serait fort possible qu'il fût tout ensemble trompeur et trompé : quand on est si aisément dupe de son imagination, on peut bien se laisser duper par les autres, quitte à tâcher de les *engeigner* à son tour,

---

[1] L. Leger : *Nouvelles études slaves*, p. 49 sq.
[2] M. Leger fait allusion aux *Rapports sur une mission littéraire en Macédoine*, par Auguste Dozon, que nous avons déjà cités plus haut (p. 524, n. 1).

comme disaient nos aïeux. Nous faisons donc toutes nos réserves sur l'authenticité et l'intégralité des poèmes qu'on nous présente. Pour ce qui est de leur valeur, elle nous semble fort douteuse. Il y a d'ailleurs dans la littérature des Slaves méridionaux des essais antérieurs de fabrications poétiques qui ne doivent pas être oubliés. » Et M. Leger de conclure : « Le fait n'est-il pas piquant, et n'avions-nous pas raison de rappeler, en commençant, que M. Verkovitch fait à Serrès, en Macédoine, le commerce d'antiquités ? Nous nous plaisons à croire que ses médailles sont de meilleur aloi que sa mythologie » [1].

Mais il était impossible aux Slaves eux-mêmes de se laisser berner par ce monument de mensonges qu'est le *Véda slave* de Verkovitch. « Malgré le titre flamboyant, affirme M. Leger, le public slave est resté froid ; en 1874, au Congrès archéologique de Kiew, personne n'a voulu se compromettre à étudier la question du *Véda slave*, bien que le volume ait été adressé au Congrès » [2]. Jireček, avant même de se donner la peine de lire les légendes de Verkovitch, s'est empressé d'écrire à M. Leger : « Il paraît qu'il y a des manuscrits renfermant des chants soi-disant historiques ; je serais curieux de savoir d'après quel manuel d'histoire bulgare ils ont été fabriqués. Je connais fort bien cette littérature peu critique et je pourrais déterminer si l'honnête auteur a eu sous les yeux le livre de Vojnik, de Rakovsky [3], etc. » Le Russe Pypin [4], à son tour, en réponse aux appels de Verkovitch, sur la prétendue nécessité de cultiver la fierté nationale des Bulgares, n'hésitait pas à proclamer que « malheureusement, la conception que certains patriotes bulgares se font de la fierté nationale est bien trop naïve ». Enfin, lorsque le faux commis par Ver-

---

[1] L. Leger : *Nouvelles études slaves*, p. 52-53, 66 et 74.
[2] L. Leger : *op. cit.*, p. 73, n. 1.
[3] L. Leger : *op. cit.*, p. 73. Cf. Jireček : *Geschichte der Bulgaren*, p. 68. On y verra également une juste critique de la théorie anti-scientifique sur les Bulgares autochtones.
[4] Voir p. 525, n. 2.

kovitch fut découvert, il s'est trouvé jusqu'à des Bulgares qui renièrent son œuvre et établirent le caractère mystificateur de celle-ci. « Oféicoff, par exemple, raconte M. Kasasis, avoua à Jireček que, au cours de ses voyages dans le pays du Rhodope, il n'avait point découvert la moindre trace des *Védas* de Verkovitch. Il ne craignit point d'émettre l'opinion que tous ces chants prétendus antiques avaient été fabriqués de toutes pièces par des professeurs bulgares. Un autre de ces scrupuleux, Slavéicoff, révéla que Charizanoff, instituteur à Melnik (Méléniko) et, plus tard, magistrat en Bulgarie, lui avait avoué sa collaboration aux *Védas*, innocente supercherie littéraire, par laquelle il pensait contribuer à l'édification de la grandeur nationale » [1].

Les patriotes bulgares, encouragés d'ailleurs et appuyés par certains de leurs amis, n'en avaient pas moins pris l'habitude de parler depuis, malgré et contre tous, d'Orphée, de Philippe, d'Alexandre le Grand, d'Aristote, etc., comme de Bulgares authentiques et purs. Nous avons déjà signalé que le bulgarophile autrichien Kanitz commence son livre sur la Bulgarie, par cette phrase : « La Bulgarie, ce pays qui vit naître Alexandre le Grand (!)... » [2]. M. de Launay écrit, de son côté, dans son ouvrage consacré à la Bulgarie : « D'autres Bulgares que mon député le sentent bien et ils éprouvent une certaine fierté à rappeler l'empire des antiques souverains de la Thrace, ou celui de Philippe et d'Alexandre, qui, Macédoniens, se trouvent, par le fait même, avoir déjà été sans le savoir, si l'on admet l'incorporation logique de la Macédoine à la Bulgarie, de premiers et très glorieux Bulgares (!) » [3]. Mais les Bulgares vont encore plus loin. Ils enseignent ces théories dans leurs écoles, en vertu du programme officiel. Et il n'y a pas que les instituteurs bulgares qui professent ainsi

---

[1] Kasasis : *L'Hellénisme et la Macédoine*, p. 13-14.
[2] Voir *supra*, p. 138.
[3] Launay : *La Bulgarie d'hier et de demain*, p. 17.

ces mensonges, obligés et couverts par l'État bulgare. Les généraux bulgares font de même et inculquent ces mêmes contre-vérités historiques dans l'esprit de leurs soldats. C'est ainsi que le général Kirkoff, qui commandait, lorsque son pays intervint dans la Grande Guerre, les troupes bulgares opposées à l'armée grecque, ne craignait pas de leur déclarer, dans une proclamation : « Souvenez-vous de l'héroïsme de vos ancêtres et faites renaître la gloire d'Alexandre le Grand, ce grand Bulgare (!) ». Le *Figaro*, qui publia, lui aussi, cette amusante proclamation du descendant du grand roi macédonien, ajoutait : « O général, les Bulgares, que notre langue populaire a appelés les *Bougres*, peuplade slave, d'origine ouralienne, n'ont pénétré dans les Balkans qu'à partir du VIIe siècle de notre ère. Alexandre le Grand, qui se vantait de descendre d'Achille, était Grec d'origine, d'éducation, de civilisation et, comme il est mort en l'an 323 av. J.-C., à Babylone, comment peut-il être bulgare »[1] ? On voit que le rédacteur du *Figaro* n'avait encore lu ni Rakovsky ni Verkovitch...

Mais revenons aux efforts entrepris et poursuivis par la propagande slavo-bulgare sur le domaine ecclésiastique. Nous avons déjà signalé que la Russie a fondé à Sophia un séminaire, qui devait être la pépinière des agents ecclésiastiques du futur exarchat bulgare. De nombreux ecclésiastiques bulgares faisaient en même temps leurs études en Russie, et c'est, pour une grande part, à leurs intrigues que nous devons la fondation de ces comités slaves d'Odessa, de Moscou, de Saint-Pétersbourg, qui, notamment depuis la guerre de Crimée, ont travaillé avec acharnement, par la presse et aussi par d'autres moyens moins académiques, pour avoir raison du philhellénisme de l'opinion publique russe et pour préparer le terrain en vue de la création de l'Exarchat bulgare et par là même de la Grande Bulgarie de San-Stéfano.

---

[1] Le *Figaro* du 29 octobre 1915.

Quelles sont les raisons qui expliquaient ou justifiaient l'établissement d'un exarchat bulgare indépendant, avant que la Bulgarie eût acquis son indépendance politique? D'après les écrivains bulgares et bulgarophiles, les raisons invoquées étaient les excès et abus auxquels le clergé grec aurait soumis les populations bulgares, les tentatives du Patriarcat grec d'helléniser ces populations, surtout en Macédoine, en leur imposant l'usage du grec dans les églises et la fréquentation des écoles grecques, et d'autres calomnies analogues formulées contre l'hellénisme par les élèves de Païssi et par d'autres écrivains, tout aussi peu scrupuleux [1]. Mais, en réalité, l'Exarchat bulgare fut établi pour tout à fait d'autres raisons. Les frontières démesurées que la propagande slavo-bulgare avait l'intention d'assigner à la future Bulgarie, étaient injustifiables au double point de vue historique et ethnologique. Il fallait donc créer, chez les populations slaves vivant au delà des frontières bulgares, une espèce de conscience bulgare, qui pût justifier plus tard leur incorporation dans la Grande Bulgarie. Et pour atteindre ce but, il n'y avait point de moyen autre que la fondation d'une Église bulgare, indépendante du Patriarcat grec. Cette Église bulgare, pensaient les panslavistes et leurs collaborateurs bulgares, ne différerait aucunement, ni au point de vue du dogme ni au point de vue du cérémonial, de l'Église grecque; elle pourrait donc facilement obtenir la conversion des populations visées qui, pour la plupart, ne possédaient aucune conscience nationale. Elle pourrait encore développer en elles une conscience négative, antigrecque, grâce aux calomnies et aux mensonges dont le clergé grec serait l'objet. Elle pourrait, enfin, imposer petit à petit aux populations qu'il s'agissait de gagner, la conscience bulgare tant désirée. Mais même si ce dernier

---

[1] Voir Grigorovitch : *Esquisse de voyage dans la Turquie d'Europe* (en russe); Kanitz : *La Bulgarie danubienne et les Balkans*; Oféicoff : *La Macédoine au point de vue ethnographique, historique et philologique*, etc., etc.

résultat n'était pas obtenu, les patriotes bulgares n'en pourraient pas moins prétendre que les adhérents de l'Exarchat bulgare n'étaient autre chose que des Bulgares. Ne dit-on pas communément en Europe qu'en Turquie la religion fait la nationalité? Le projet ne reposait pas, comme on voit, sur un mauvais calcul.

Sans doute, les patriotes bulgares ne pouvaient pas avouer publiquement que leur lutte contre le Patriarcat Œcuménique avait pour but d'improviser une nationalité bulgare sur une échelle aussi grande que possible. Et c'est pourquoi, pour justifier leur activité anti-patriarchiste et pour fanatiser en même temps contre les Grecs, les Bulgares, les Slaves et les slavophones, ils se mirent à inonder le monde entier des calomnies les plus odieuses contre le Patriarcat et le clergé grecs : ils oubliaient que c'est aux Grecs que les Bulgares doivent leur religion chrétienne et que c'est le Patriarcat grec qui les a sauvés de l'islamisation et par conséquent de leur complet anéantissement ethnique [1].

Pour prouver le caractère tendancieux et faux des accusations lancées contre le Patriarcat grec et contre le clergé grec en général, il suffirait sans doute de signaler que leurs auteurs étaient les mêmes qui ont aussi, et toujours dans le même but politique, inventé ces mensonges sur le « glorieux passé » des Bulgares et sur l'origine bulgare d'Alexandre le Grand. Et si les auteurs étrangers n'ont pas réfuté ces calomnies aussi minutieusement qu'ils avaient révélé le caractère mensonger de ces assertions historiques bulgares, la raison en est, non seulement dans les sentiments d'antipathie que certains milieux en Europe n'avaient cessé de nourrir contre le Patriarcat grec, mais encore au fait que cette nouvelle campagne slavo-bulgare était dénuée d'intérêt scientifique. Ainsi Gelzer, rapportant les accusations de Grigorovitch et de Kanitz contre

---

[1] Voir *supra*, p. 173 sq. et 287 sq.

le métropolite grec de Tirnovo, Hilarion, lequel aurait, selon eux, incendié la bibliothèque de l'ancien patriarcat bulgare et aurait ainsi fait disparaître les « chefs-d'œuvre de la littérature bulgare », écrit : « J'étais d'avis qu'il s'agissait là d'une légende bulgare ou d'une forte exagération; mais l'Exarque m'a confirmé ce fait fâcheux, à savoir qu'en effet, dans la première moitié de notre siècle, les prélats grecs en Bulgarie avaient systématiquement perpétré ce vandalisme » [1]. Mais que pensait donc, ce naïf Gelzer, que l'Exarque bulgare pût lui dire d'autre?

L'histoire tout entière de Byzance et des siècles de la domination turque est là pour témoigner qu'en aucun moment les Grecs n'ont songé à helléniser les Bulgares ou les Slaves, pas plus qu'aucune autre nationalité étrangère vivant dans les frontières de l'Empire grec et de l'Empire ottoman qui lui succéda. Comme nous avons déjà eu l'occasion de le faire remarquer, l'incomparable puissance d'hellénisation que possédait dans l'antiquité l'Hellénisme fut remplacée, depuis la conversion des Grecs au christianisme, par une propagande purement religieuse. A Byzance, contrairement à ce qui se passait dans l'Empire romain d'Occident, jamais aucun Grec n'a manifesté l'intention de propager sa langue et, d'une manière plus générale, sa nationalité auprès des peuples étrangers soumis à la souveraineté hellénique. Le souci et l'effort de tout le monde ne visaient qu'un seul but : convertir au christianisme. Outre cette propagande, aucune action de prosélytisme ne fut entreprise.

Ce fait historique est remarquablement analysé par Krumbacher, qui réduit l'œuvre d'hellénisation du moyen âge au cas de quelques Slaves descendus, comme on le prétend, par la Thessalie, à la Grèce centrale et au Péloponèse, qui se sont ainsi trouvés éloignés de leurs centres

---

[1] Gelzer : *Geistliches und Weltliches aus dem türkisch-griechischen Orient*, p. 117.

et qui, submergés par l'hellénisme, ne pouvaient qu'être hellénisés. « En reconnaissant, écrit-il, comme un fait indiscutable la situation prédominante du grec dans l'Empire romain d'Orient, on ne doit pas en conclure à l'existence, dans cet Empire, de l'unité nationale et linguistique qui était la base de l'ancien Empire et qui régissait encore plus tard l'Empire romain d'Occident. En abandonnant le latin, l'Empire a, en même temps, abandonné son ancienne âme nationale et linguistique, qui n'eut jamais, par la suite, son exact équivalent. Dans l'ouest, suivant pas à pas la puissante expansion graduelle de la domination romaine, la langue latine fut à son tour introduite dans les nouvelles provinces, aussi bien dans l'intérieur de l'Italie qu'en dehors d'elle, en Espagne, en Gaule et en Afrique; si bien qu'à l'époque de la scission de l'Empire, il existait une masse compacte latine ou tout au moins latinisée. Dans l'est, si l'on excepte les Valaques (Roumains), la latinisation n'y a jamais obtenu de résultats et jamais il n'y eut d'efforts sérieux dans ce sens. Lorsque, après la dislocation de l'Empire d'Occident, le latin recula progressivement, en tant que langue d'État, son équivalent plein et entier fut trouvé dans le grec; mais la pensée d'helléniser graduellement l'Orient, de même que l'Occident avait été auparavant latinisé, ne pouvait pas être conçue, par suite de l'absence de certaines conditions historiques et parce que, notamment, il n'y avait pas de liaison progressive et spontanée entre les parties non grecques de l'Empire et un centre grec. Dès les premiers siècles, la pensée d'une hellénisation systématique n'a pu prendre des racines, parce qu'on était fortement attaché à la fiction d'une langue officielle générale latine. Au surplus, les Grecs ne possédaient ni cette force populaire qui ne recule devant rien ni cette vertu politique, grâce auxquelles les Romains avaient obtenu l'assimilation de tribus étrangères; et, d'autre part, ils avaient, face à eux, des civilisations orientales essentiellement conservatrices. L'hellénisation fut confinée, dans ces conditions, sur un domaine réduit; l'unique cas quelque peu important, c'est l'accaparement des Slaves qui pénétrèrent en Grèce centrale et au Péloponèse; en dehors d'eux, il n'y eut que quelques cas insignifiants et rarement établis d'une façon rigoureuse de fusion entre Grecs et peuples étrangers, tels les Italiens ou les Français, venus comme conquérants ou comme commerçants, tels, par-ci par-là, les Albanais, les Valaques et les derniers représentants de tribus barbares disparues. Mais la plupart des peuples non grecs, qui ont appartenu pour un temps plus ou moins long au domaine de l'Empire grec, tels les Coptes, les Syriens, les Arabes, les Arméniens, les Géorgiens, les Bulgares, les Serbes, les Albanais, les Valaques, ont maintenu leur propre nationalité et, avant tout, leur propre langue. Il y a là une différence foncière entre l'Empire d'Occident et l'Empire d'Orient; elle se manifeste avec une portée particulièrement importante et elle paraît grosse de conséquences dans l'œuvre de christianisation des provinces des deux empires. Dans l'ouest, cette christianisation s'est opérée, au moyen de la langue latine, jusque chez les Germains eux-mêmes qui n'étaient pas romanisés, et cette langue latine est demeurée prédominante en matière de culte, dans les rapports de l'État avec l'Église, dans l'enseignement et aussi, pour une grande part, dans la littérature. Il en fut tout autrement en Orient. Bien que le grec, qui était la langue des livres saints, avait des prétentions datant de plus loin et mieux qualifiées que le latin pour aspirer à devenir une langue ecclésiastique universelle, néanmoins il ne s'est jamais élevé à une pareille situation dominante, contrairement à ce qui est arrivé en Occident avec le latin. Les livres saints ont été traduits de bonne heure, en Orient, dans les langues des diverses nations, en syrien, en copte, en arménien, en géorgien, en gothique, en bulgare, etc. Il en fut de même avec le service divin et le sermon qui étaient tenus dans les diverses langues particulières. Un résultat très important de ce particularisme fut qu'à certains peuples s'attachèrent certaines particularités dogmatiques et disciplinaires. Et c'est ce qui provoqua ailleurs de nouvelles Églises, ailleurs des sectes dissidentes, telles celles des Coptes nestoriens, des Syriens monophysites, l'Église arménienne, etc. Finalement, ce fut encore une conséquence de cette effervescence nationale et ecclésiastique que la création dans les temps modernes et dans l'époque toute récente des différentes Églises slaves. Et jusqu'au plus grand et plus important schisme ecclésiastique, à savoir celui qui sépare l'Église grecque de l'Église romaine, il se développa, lui aussi, beaucoup moins par suite de controverses dogmatiques que par suite des différences linguistiques et nationales »[1].

Rien que le fait, mentionné par Krumbacher, de la traduction des livres saints en slavon et dans les autres langues étrangères — traduction faite par des Grecs, voire par des ecclésiastiques grecs[2] — suffit pour établir la complète indifférence qu'éprouvaient les Grecs du moyen âge à propager leur langue et leur nationalité. Il y en a pourtant d'autres preuves encore. De nombreux témoignages concordants dénotent cette indifférence et montrent aussi que cet état d'esprit ne fut pas particulier aux Grecs du moyen âge, mais continua de s'affirmer au cours de la domination turque. Prenons, en exemple, les archevêques grecs d'Achride : non seulement ils se plaisaient à s'appeler et à signer exarques « de Bulgarie », ou « de toute la Bulgarie », mais aussi ils soutinrent, contre le Patriarcat, l'autonomie de leur Église particulière. Le partisan le plus chaleureux de cette autonomie fut l'éminent archevêque grec, Démétrius Chomatinos[3]. Un autre exemple éloquent nous est

---

[1] Krumbacher : *Die griechische Literatur des Mittelalters*, dans Hinneberg : *Die Kultur der Gegenwart*, 1, VIII, p. 241-242.

[2] Nous avons en effet rappelé (p. 180 et 186) que la traduction des livres saints en slavon fut tentée pour la première fois par Cyrille, et, dans la suite, par d'autres ecclésiastiques grecs.

[3] Voir *supra*, p. 228.

donné, en plein xviiie siècle, par le prince de Valachie et de Moldavie, Constantin Mavrocordato. Comme nous l'avons déjà vu, ce prince grec établit l'alphabet roumain, qu'il employa pour composer une grammaire de la langue roumaine; après avoir fait faire plusieurs copies de l'Ancien et du Nouveau Testament, traduits dans cette langue nouvelle, il en ordonna la lecture dans les Églises, et il encouragea les habitants à étudier leur langue dans les règles de sa propre grammaire, si bien que, comme l'atteste l'écrivain anglais Wilkinson, « en peu d'années on apprit ainsi à lire et écrire dans les hautes classes de la société »[1]. Pourtant, rien n'eût été plus facile pour Constantin Mavrocordato que d'helléniser les Roumains. Et cependant, non seulement il ne l'a pas fait, mais il imposa au contraire la langue roumaine à la haute société de la Roumanie elle-même, qui se plaisait à parler le grec. Il est également hors de doute qu'il eût été encore plus facile aux Grecs d'helléniser les Bulgares et, en général, les Slaves des Balkans : ces derniers étaient restés pendant de longs siècles sous leur souveraineté, et lorsque l'Empire grec fut remplacé par l'Empire ottoman, c'est encore le grec, qui, par un firman impérial daté de 1455, fut déclaré langue officielle, à côté de la langue turque[2]. Les Bulgares et les Slaves se sont conservés pourtant, tout au moins en Thrace et en Macédoine, ce qui est peut-être la meilleure preuve de ce qu'effectivement les Grecs n'ont jamais pensé à leur transmettre leur propre langue et, avec elle, leur nationalité.

D'ailleurs, faute de pouvoir faire autrement, les écrivains bulgares eux-mêmes se trouvent bien forcés de reconnaître cette vérité historique. Ils prétendent toutefois qu'au xviiie siècle le Patriarcat Œcuménique conçut cette idée, d'helléniser « les Bulgares ». « C'est à cette époque,

---

[1] Voir *supra*, p. 182.
[2] Voir Cl. Nicolaïdès : *La Macédoine*, p. 43.

dit M. Brancoff, que surgit l'idée de gréciser les Bulgares, les Koutzovalaques et les Serbes. Le premier pas est dû au patriarche Samuel »[1]. Stef. Zankow, à son tour, écrit dans son livre récemment paru sur la constitution de l'Église orthodoxe bulgare : « Toujours est-il que jusqu'au XVIIIe siècle aucune action systématique n'eut lieu de la part du Patriarcat de Constantinople pour helléniser le peuple bulgare »[2]. Or, cette double mention de l'œuvre d'hellénisation que le patriarche Samuel aurait soi-disant entreprise ne se base que sur la suppression, en 1766, par ce Patriarche, de l'évêché d'Achride et sur ce qu'il fonda des écoles grecques. Mais la suppression de l'autonomie de l'évêché d'Achride, dont le trône était, du reste, occupé par des prélats grecs, n'est pas due à une autre raison qu'à la décadence de cette Église et aux difficultés qu'il y avait à l'administrer[3]. Quant aux écoles grecques, si Samuel en a fondé quelques-unes, il l'a fait dans des centres helléniques et pour la formation intellectuelle des jeunes Grecs seulement, qui, jusque-là, restaient dans l'ignorance, par suite de la persécution menée par le conquérant contre la culture et contre la civilisation en général.

On sait, en effet, qu'aux premiers temps de la domination turque, qui furent marqués par les dispositions favorables de Mahomet le Conquérant et de ses successeurs à l'égard de l'Hellénisme et de sa langue, succédèrent des siècles ténébreux, que les Grecs aussi bien que les autres peuples balkaniques vécurent au milieu de la plus complète absence d'instruction. C'est à peine si par-ci par-là, et encore seulement depuis la fin du XVIIe siècle, il y eut quelques « écoles secrètes », fonctionnant tant bien que mal au fond des églises et des monastères; quelques rares

---

[1] Brancoff : *La Macédoine et sa population chrétienne*, p. 51.
[2] Zankow : *Die Verfassung der bulgarischen orthodoxen Kirche*, p. 23.
[3] Voir le texte de la convention stipulant la réunion de l'Église d'Achride avec le Patriarcat de Constantinople dans Callinique Delicanis : *Documents patriarcaux*, III, p. 895.

élèves — ceux qui pouvaient échapper à la vigilance de cet ennemi de l'instruction qu'était le Turc — s'y rendaient nuitamment... Et l'on connaît l'émouvante poésie que chantaient les enfants des Grecs, inspirée par cette triste nécessité :

> Ma petite lune brillante,
> éclaire mon chemin,
> afin que j'aille à l'école
> pour y apprendre les lettres,
> ces bienfaits de Dieu [1].

Et il est si évident que ces écoles étaient insuffisantes non seulement pour helléniser des populations étrangères, mais même pour éduquer la jeunesse grecque, que Brancoff et les autres écrivains bulgares ou bulgarophiles se voient forcés, nous l'avons déjà fait observer, de prétendre que cette œuvre d'hellénisation des non-Grecs ne commença qu'à l'époque du patriarche Samuel.

Mais quand Samuel s'est mis à fonder de véritables écoles grecques, il était déjà trop tard pour entreprendre une pareille politique : la régénération hellénique et la propagande slavo-bulgare furent parallèles. Païssi, « l'initiateur de la renaissance bulgare », comme le nomment les savants bulgares, était le contemporain de Samuel. D'ailleurs, avant même Païssi, le slave était enseigné parallèlement au grec un peu partout. Brancoff nous apprend qu'il était professé « dans les monastères d'Ochrida, de Dibra, de Perlépé, de Rilo, etc. » [2]. Zankow écrit, lui aussi : « Les seuls endroits où l'on apprenait encore un peu à lire et à écrire le bulgare et où brillait encore l'idée nationale, c'étaient les monastères bulgares et les quelques écoles d'églises bulgares, où les curés de villages de nationalité bulgare

---

[1] Cf. Diehl : *L'Église grecque et l'hellénisme*, dans *La Grèce*, p. 54.
[2] Brancoff : *La Macédoine et sa population chrétienne*, p. 52.

enseignaient la jeunesse dans le slavon ecclésiastique »[1]. Les écrivains bulgares se plaignent que le nombre de ces écoles était insuffisant. Mais les écoles grecques n'étaient pas, elles non plus — nous venons de le voir — proportionnellement plus nombreuses, en cette douloureuse période de la vie balkanique. D'ailleurs — on l'a également remarqué plus haut — les écoles de la propagande slavo-bulgare n'ont pas tardé de suivre les écoles grecques fondées par Samuel. Et l'on n'exagère pas en affirmant que, grâce aux innombrables moyens matériels dont elle disposait, la propagande bulgare aurait finalement triomphé de l'hellénisme, si les Grecs n'étaient pas animés d'un si profond amour pour l'instruction et la culture.

Le témoignage de Zankow que nous venons de mentionner nous apprend en outre qu'il existait de tout temps des prêtres bulgares : c'est là un fait que les Bulgares dissimulent chaque fois qu'ils veulent justifier les attaques qu'ils ont dirigées contre le Patriarcat. Cependant, la règle était toujours la suivante : à des populations bulgares, des prêtres bulgares. Seuls, ou presque, les évêchés étaient le plus souvent pourvus de prélats grecs, vu l'absence de prélats bulgares assez cultivés; mais même en supposant que ces ecclésiastiques étaient des Grecs fanatiques, ils ne pouvaient, certes, personnellement rien faire pour helléniser leurs ouailles, et les prêtres locaux, même quand ils n'étaient pas bulgares ou slaves, étaient de simples paysans, presque ignorants et incapables de toute intrigue politique. En parlant des Bulgares, dans son *Voyage en Orient*, Lamartine écrit qu' « ils sont pleins de respect pour leurs prêtres et de zèle pour leur religion, qui est la religion grecque. Les prêtres sont de simples paysans laboureurs comme eux »[2].

Brancoff lui-même ne perd pas de vue cette vérité sur

---

[1] Zankow : *Die Verfassung der bulgarischen orthodoxen Kirche*, p. 23.
[2] Lamartine : *Œuvres complètes*, 1860-1863, t. VII, p. 435-436.

le mode de recrutement et sur l'état du bas clergé et se voit obligé de réduire à néant la plupart de ce que ses compatriotes ont raconté sur l'hellénisation des populations bulgares. « Cette hellénisation, dit-il, n'avait réussi que dans certaines villes — résidences des évêques phanariotes et des pachas turcs — qui étaient en relations commerciales avec l'étranger. Le souffle grec avait épargné les villages et les petites villes, restés purement bulgares ». M. Brancoff va même ensuite jusqu'à dire que « formant l'immense majorité de la population et la clientèle des bourgeois commerçants, les villageois obligeaient ces derniers à parler leur langue »[1]. Cependant, la question de savoir s'il y a eu vraiment succès dans l'hellénisation de « certaines villes » est, elle aussi, sujette à de sérieuses réserves. Contrairement à ce qu'affirme Brancoff, l'historien Gervinus parle dans un sens tout différent de l'activité déployée dans les villes par les Grecs, notamment par les Grecs cultivés, et il ajoute : « Ils sont même destinés à raviver le sentiment national des autres tribus chrétiennes ; là où l'hellénisme a exercé son influence, des Bulgares acquéraient une conviction plus intime de leur propre valeur »[2].

Ce qui précède prouve amplement, à notre avis, que les Bulgares n'avaient aucune raison avouable pour déclarer la guerre au Patriarcat Œcuménique, et que, s'il n'y avait pas les intrigues des patriotes bulgares, on ne saurait formuler contre ce dernier la moindre accusation sérieuse. Les efforts qui tendaient à la proclamation de l'indépendance de l'Église bulgare n'étaient guère motivés par les prétendus procédés d'oppression et par les prétendues tendances à l'hellénisation des Slaves qu'on attribue au clergé grec : les efforts slavo-bulgares n'avaient point — nous le répétons — d'autre motif déterminant que la

---

[1] Brancoff : *La Macédoine et sa population chrétienne*, p. 53.
[2] Gervinus : *Insurrection et régénération de la Grèce*, I. Introduction, p. 131.

volonté de créer de toutes pièces une nationalité bulgare englobant aussi les autres populations slaves ou slavophones des Balkans.

Les premières intrigues des panslavistes et de la propagande bulgare contre le Patriarcat Œcuménique avaient commencé dès 1830, date à laquelle furent élevées les premières prétentions de nommer dans certains districts des évêques bulgares [1], alors qu' « il n'y avait, remarque l'historien russe Goloubinsky, sur toute l'étendue de la Péninsule balkanique, pas un Bulgare qui voulût entendre la messe en bulgare »[2]. Bientôt après, Constantinople devenait le centre de la propagande slavo-bulgare, avec comme programme de diffamer le Patriarcat Œcuménique, de « travailler » les populations destinées à être incorporées dans la juridiction de l'Exarchat bulgare, bref d'user de tous les moyens pour établir une Église bulgare indépendante. Voici comment M. Ischirkoff nous présente la chose : « Vers le milieu du xixe siècle la communauté bulgare (?) à Constantinople s'était consolidée et bien organisée. En 1849, elle y fit bâtir l'église bulgare de Saint-Étienne, sur le terrain accordé par le prince Étienne Bogoridi. Plus tard, un cloître surgit à côté de l'église. En 1848 fut fondé le *Tzarigradski Vestnik* (*Journal de Constantinople*) [3], et, en 1857, la société littéraire bulgare qui publiait la revue *Bulgarski Knijitzi* [4]. Le journal et la revue répandaient la lumière parmi le peuple et le guidaient dans la lutte entreprise pour obtenir des droits religieux. En 1858, Hilarion Stoyanovitch fut sacré évêque

---

[1] Voir Ischirkoff : *La Macédoine et la constitution de l'exarchat bulgare*, p. 10 et Victor Kuhne : *La Macédoine. Prétentions bulgares*, p. 24, n. 1.

[2] Goloubinsky : *Petite esquisse de l'histoire des Églises orthodoxes bulgare, serbe et roumaine* (en russe). Moscou, 1871, p. 176.

[3] Il suffirait peut-être pour expliquer le véritable but de la lutte menée par les panslavistes contre le Patriarcat Œcuménique de rappeler que Constantinople fut baptisée *Tsarigrad*.

[4] M. Ischirkoff (*op. cit.*, p. 8, n. 2) donne la liste de plusieurs autres journaux bulgares de propagande publiés à Constantinople en vue de la lutte entreprise contre le Patriarcat Œcuménique.

de l'Église bulgare à Constantinople, et la même année on commençait à fêter, le 11 mai, le jour des Saints Cyrille et Méthode, qui a joué longtemps un grand rôle dans le réveil national des Bulgares »[1].

Les prétentions originales des panslavistes et des patriotes bulgares devenaient chaque jour plus exagérées, ce à quoi, d'ailleurs, a beaucoup contribué l'appui que leur prêtait la Sublime Porte, convaincue que ces dissentiments créés au sein de l'Église grecque étaient le meilleur moyen de consolider dans les Balkans la domination ottomane. Finalement, les prétentions slavo-bulgares devinrent si exorbitantes, que le Gouvernement russe en fut lui-même effrayé, au point qu'il ne les soutint désormais qu'avec hésitation et réserve. C'est alors que les Bulgares eurent recours à cette même comédie qui leur avait tant de fois réussi au moyen âge. Ils recommencèrent à menacer de se réunir à l'Église romaine, et ils poussèrent leur menace jusqu'à lui donner un commencement d'exécution. « Dragan Zankow, écrit M. William Miller, le *leader* intellectuel de son parti, a plaidé dans son journal *Bulgaria* en faveur de l'union avec l'Église catholique romaine, dans l'espoir d'obtenir par cette tactique l'appui de la France, que celle-ci, par tradition, étendait aux catholiques de l'Orient. Zankow se rendit à Rome à la tête d'une députation, et, en 1861, Pie IX a sacré Sokolski, un ancien brigand devenu moine, archevêque de l'Église bulgare uniate »[2]. Cinquante mille Bulgares se sont alors empressés d'adhérer au catholicisme[3], reniant ainsi leur propre religion, pour laquelle ils se déclaraient soi-disant décidés à lutter jusqu'à la mort ! La Russie en fut toute bouleversée et confia aussitôt la direction de sa politique aux panslavistes et bulgarophiles les plus extrêmes, à

---

[1] Ischirkoff, *op. cit.*, p. 13.
[2] W. Miller : *The Ottoman Empire*, p. 341.
[3] Voir Cl. Nicolaïdès : *La Macédoine*, p. 103.

ceux-là mêmes qui se sont surtout distingués dans la lutte contre le Patriarcat Œcuménique et contre l'Hellénisme : au fameux comte Ignatiev, ce général qui devait devenir plus tard ambassadeur de Russie à Constantinople; au prince Tcherkasky, chef des affaires politiques au Ministère des affaires étrangères, et au lieutenant de division A.-S. Anoutsine [1]. Les prétentions bulgares ne tardèrent pas, dès lors, à recevoir leur forme définitive : elles consistèrent à réclamer la création d'une Église bulgare autocéphale.

Quelle fut l'attitude du Patriarcat en face des revendications, chaque jour plus exorbitantes, des Bulgares? Ces derniers qualifient sa conduite d'« intransigeante », et cette opinion, habilement soutenue par la propagande antihellénique, devint l'opinion prédominante en Europe. Cependant, quand même les accusations lancées contre le Patriarcat Œcuménique seraient vraies, les milieux de l'Europe Occidentale ne devaient point — surtout eux — s'étonner de la résistance opposée par le Patriarcat pour la défense de l'autorité et du prestige de la suprême puissance spirituelle de l'orthodoxie. Le Patriarcat Œcuménique ne pouvait certes pas, pour le plaisir de quelques panslavistes et de quelques brailleurs bulgares, renier d'un moment à l'autre des privilèges qu'il lui avait fallu des luttes incessantes pour pouvoir conserver à travers les siècles, et qu'il avait exercés pour le plus grand bien de tous les peuples chrétiens asservis au joug turc. Et il pouvait d'autant moins le faire qu'il savait mieux que personne que les accusations dont il était l'objet étaient des calomnies systématiques et que, d'autre part, le véritable mobile de ces calomniateurs n'était pas un mobile religieux mais politique, à savoir l'utilisation de l'Église pour une propagande nationale profitable au panbulgarisme et préjudiciable à l'hellénisme.

---

[1] Cf. Cvijié : *Questions balkaniques*, p. 24.

Malgré cette campagne d'insultes et de calomnies, le Patriarcat n'hésita pourtant pas à consentir d'importantes concessions en faveur des Bulgares. Il nomma notamment plusieurs nouveaux métropolites et évêques de nationalité bulgare, tels Païssios, métropolite de Philippopoli, Auxentios, métropolite de Durazzo, Anthime, métropolite de Vidin, Hilarion, de Makarioupolis; ce dernier fut même placé à Constantinople à la tête de l'église bulgare de Saint-Étienne, dont le Patriarcat favorisa de toutes ses forces l'établissement. Et il est à noter que tous ces prélats n'ont pas tardé de rompre leurs relations avec le Patriarche, au point qu'ils ont même cessé de citer à la messe son nom. Nous rencontrons encore trois autres métropolites bulgares dans le synode réuni le 24 février 1861 à Constantinople, les nommés Ignace, Dorothée et Païssios (de Vratsa). Enfin, le 25 février 1861, le patriarche Anthime VI fit de nouvelles et très sérieuses concessions aux Bulgares, qu'il communiqua officiellement à la Sublime Porte et qui firent l'objet d'un firman impérial en date de fin Ramazan 1277. Ces concessions, qui constituaient, en quelque sorte, la charte religieuse des Bulgares, stipulaient :

1) La nomination de métropolitains et d'évêques de nationalité bulgare dans les diocèses purement bulgares;

2) Le droit aux Bulgares de désigner eux-mêmes leurs métropolitains et évêques, le Patriarcat devant accepter les candidats proposés, s'ils possédaient les aptitudes requises par les canons de l'Église;

3) La création, dans un des diocèses bulgares, d'une école théologique pour l'instruction du clergé bulgare, les frais d'entretien de cette école devant être fournis aussi bien par les chrétiens des diocèses purement bulgares que par ceux des autres parties de l'Empire;

4) La préférence accordée, dans toutes les écoles bulgares, à l'étude de la langue et de la littérature bulgares;

5) La présence dans le sein du Saint Synode, comme par

le passé, de deux métropolitains bulgares qui devraient être remplacés tous les deux ans;

6) L'admission, comme par le passé, d'élèves bulgares à l'école théologique de Halki;

7) L'usage de la langue bulgare (slavonne) pour les cérémonies religieuses dans toutes les églises bulgares;

8) La présence de Bulgares, élus parmi les notables orthodoxes bulgares résidant à Constantinople, dans les commissions du Patriarcat et des autres institutions nationales;

9) La création, dans l'enceinte de l'église bulgare de Constantinople, d'une école pour les enfants des Bulgares orthodoxes résidant dans la capitale;

10) L'usage de la langue bulgare, conjointement avec la langue grecque, dans les documents ecclésiastiques officiels envoyés aux métropolitains et évêques et aux chrétiens se trouvant dans les diocèses purement bulgares.

Le professeur bulgare M. Ischirkoff commente ces concessions du Patriarcat Œcuménique par cette phrase éloquente : « Elles dépassaient de beaucoup les demandes bulgares telles qu'elles avaient été formulées dix ans plus tôt »[1]. Cet aveu ou plutôt ce fait suffit à lui seul pour réduire à néant toutes les accusations sur la prétendue intransigeance du Patriarcat et pour montrer combien ce dernier fit preuve, au contraire, de modération et de bienveillance envers des gens qui n'avaient rien négligé pour le diffamer et battre en brèche son autorité et son prestige. M. Ischirkoff n'en ajoute pas moins : « Mais ces concessions ne satisfaisaient plus personne ». Pourquoi ? Le professeur bulgare ne nous en donne pas l'explication. Quant à nous, qu'il nous soit permis d'estimer que quand même ces concessions du Patriarcat Œcuménique auraient été accordées dix ans plus tôt, elles n'auraient toujours pas satisfait personne : les Bulgares avaient, en effet, de tout

---

[1] Ischirkoff : *La Macédoine et la constitution de l'Exarchat bulgare*, p. 18.

temps, l'arrière-pensée d'instituer une Église bulgare autocéphale, qui, seule, faciliterait la réalisation de leur but politique; quant aux autres demandes qu'ils formulaient, elles n'avaient pour objet que de préparer le terrain.

En effet, aussitôt après qu'ils apprirent les concessions précitées du Patriarche Œcuménique, les Bulgares réclamèrent la création de l'Exarchat, ardemment soutenus par l'ambassadeur de Russie à Constantinople, comte Ignatieff. Le patriarche Grégoire VI donna alors encore une preuve de l'esprit de conciliation et des traditions libérales du Patriarchat Œcuménique : il élabora un projet, d'après lequel les Bulgares obtenaient une Église autonome sous un exarque, englobant, nommément, les diocèses de la Bulgarie, sans en excepter celui de Varna, grec par excellence, et en plus, le diocèse serbe de Nisch [1]. Le comte Ignatieff, ébloui par ce geste de Grégoire VI, eut un moment de faiblesse et conseilla aux Bulgares d'accepter le projet [2]. L'ambition d'incorporer la Macédoine dans la Bulgarie n'avait pas encore mûri jusque dans le cerveau des panslavistes les plus extrêmes. Mais le comte Ignatieff changea bien vite d'avis et estima que le projet du patriarche Grégoire VI était insuffisant; les chauvins bulgares qui l'entouraient l'en avaient convaincu, en « brandissant continuellement, suivant l'expression de M. N. Dournovo, la menace de l'union avec Rome » [3].

On entreprit, dès lors, de nouvelles démarches auprès de la Porte, à l'effet de faire édicter un firman impérial plus conforme aux vues des Bulgares. Et la Porte, toujours favorable à ces derniers, se montra d'autant mieux disposée à satisfaire les réclamations bulgares que la révolution venait d'éclater en Crète. « L'insurrection crétoise, écrit M. Ischirkoff, soutenue par les Grecs de l'Empire, fut

---

[1] Voir Ischirkoff, *op. cit.*, p. 19.
[2] Voir Ischirkoff, *ibid.*
[3] Voir le *Petrogradskia Viédomosti* du 30 mars 1916.

pour les Bulgares d'une grande utilité »[1]. Mais donnons la parole à M. William Miller : « L'insurrection crétoise et l'hostilité de la Grèce poussèrent les hommes politiques turcs à approuver l'opinion émise par Fuad-pacha, dans son testament politique, c'est-à-dire « isoler les Grecs « autant que possible des autres chrétiens » et « arracher les «Bulgares à la juridiction de l'Église grecque». Ali-pacha, qui venait d'arriver de Crète, soutint l'opinion de Fuad; Ignatieff, l'ambassadeur russe à Constantinople, plaida pour la fondation d'une église bulgare séparée, dans l'intérêt du panslavisme. Le Patriarche, obligé de se prononcer, renvoya le ministre turc aux canons de l'Église; les Turcs, invités à statuer sur un point délicat de théologie chrétienne, préférèrent s'inspirer d'arguments remplis de ruse politique. Le 11 mars 1870, un firman créa un exarchat bulgare, avec juridiction sur tout le vilayet du Danube, sauf sur les villes et les villages indiscutablement non bulgares, telle Varna, mais, en revanche, s'étendant aux villes de la Nouvelle-Serbie, Nisch et Pirot »[2].

Voici d'ailleurs le texte de la disposition relative de l'article 10 du firman en question : « La juridiction spirituelle de l'Exarchat bulgare se compose des diocèses métropolitains de Roustchouk, Silistrie, Choumla, Tirnovo, Sophia, Chehir-Kioï (Pirot), Custendil, Samakovo, Vélica, Varna, non compris la ville de Varna et une vingtaine de villages environ sur le littoral de la mer Noire, jusqu'à Custendjé, dont les habitants ne sont pas bulgares; le sandjak d'Islimié (Sliven), sans les bourgs d'Anchialos et de Messembrie; le caza de Sozopoli, excepté les villages du littoral; Philippopoli, excepté la ville même de Philippopoli, le bourg de Sténimachos, les villages de Hogbounar, Vodina, Arnautkioï, Panaya, Novoselo, Lascovo, Arkhlani, Padj-

---

[1] Ischirkoff, *op. cit.*, p. 19.
[2] W. Miller : *The Ottoman Empire*, p. 345.

kovo, Velatitza, et les monastères de Padjkovo, Ayiï Anarguiri, Ayia Paraskevi et Ayios Yeorguios ».

On s'aperçoit que la juridiction de l'Exarchat bulgare, telle qu'elle fut déterminée par le firman du 12 mars 1870, ne différait pas essentiellement du projet du patriarche Grégoire VI. Elle ne s'étendait ni à la Macédoine, ni même à la Thrace d'aujourd'hui. L'article 10 contenait cependant une clause, la dernière, ainsi conçue : « Si la totalité ou les deux tiers au moins des habitants de rite orthodoxe des localités autres que celles énumérées et énoncées ci-dessus, veulent se soumettre à l'Exarchat bulgare pour leurs affaires spirituelles, et si cela est constaté et établi, ils y seront autorisés »[1]. Cette disposition n'était certes pas de bon augure, et ne promettait pas que la lutte nationaliste entreprise par les Bulgares dans le sein de l'Église se terminerait de sitôt. Elle décelait au contraire les véritables intentions de la propagande bulgare, laquelle, on s'en apercevait, était résolue à poursuivre cette lutte avec un nouvel élan, et à donner à son œuvre le maximum d'extension. Le Patriarcat Œcuménique ne pouvait pas naturellement tolérer l'étrange immixtion de la Sublime Porte dans les affaires de l'Église, la violation de ses privilèges séculaires par la Turquie et la création, de ce fait, d'une situation irrégulière dont on était fondé à ne guère prévoir la fin. Mais tous ses efforts en vue de régler définitivement la question furent vains. Le Patriarcat se borna finalement à demander une chose bien simple, à savoir qu'on ajoutât un signe distinctif au costume ecclésiastique du clergé bulgare, indiquant qu'il ne fait plus partie du clergé orthodoxe soumis à l'Église de Constantinople. Quoi de plus juste? Une mesure identique avait été adoptée par les clergés arméno-catholique, melchite et autres. Cependant à cette si légitime et si simple demande, les Bulgares opposèrent le refus le plus obstiné. Et l'on comprend leurs raisons : à

---

[1] Voir A. Schopoff : *Les réformes et la protection des chrétiens en Turquie*, Paris, 1904, p. 135-137.

travers l'éventuelle adoption de ce signe distinctif particulier, ils entrevoyaient le complet échec de leur propagande mi-nationale, mi-religieuse, qui fondait ses plus grands espoirs sur la confusion qui en naîtrait dans l'esprit du peuple simpliste; celui-ci, induit en erreur, croirait qu'il n'y aurait rien pour lui de changé si, au lieu de fréquenter l'église patriarchiste, il faisait ses dévotions à celle relevant de l'Exarchat.

La tension des rapports fut telle que la complète rupture était inévitable. Quelque temps après, en mai 1872, le métropolite Anthime de Vidin assumait officiellement les fonctions d'Exarque bulgare à Constantinople, au milieu des provocations, des menaces et des insultes que la populace bulgare, venue de partout, lançait contre le patriarche œcuménique Anthime VI; celui-ci convoqua un grand synode, composé de tous les patriarches, métropolites et autres chefs religieux orthodoxes de l'Empire ottoman, qui condamnèrent l'Exarchat bulgare et proclamèrent le schisme, le 16 septembre 1872.

Il en advint ce qu'on prévoyait. La propagande bulgare, travestie sous la soutane de l'Exarchat bulgare, reprit avec une nouvelle violence son activité de prosélytisme national. Elle se tourna, en premier lieu, vers les populations compactes de Slaves habitant les régions de Scopia (Uskub), de Vélessa et d'Achridé, qu'elle avait depuis longtemps commencé à cultiver. Elle réussit à y obtenir la majorité, faute d'opposition, et moyennant diverses promesses. Mais les Serbes se révoltèrent et Midhat-pacha, qui était jusque-là favorable aux Bulgares, se douta des dangers que réservait l'activité de ces derniers et ajourna de nommer les évêques bulgares dont ces diocèses devaient être pourvus. Mais la propagande bulgare ne se découragea point : elle poursuivit son œuvre, en créant des écoles et en usant de tous les moyens pour gagner de nouveaux adhérents; et elle travailla parallèlement en Russie, pour y jeter le germe de la Bulgarie de San-Stefano.

Nous avons vu [1] qu'en été 1875, les Bosniaques et les Herzégovins se révoltèrent et que les Serbes et les Monténégrins recoururent à l'aide de leurs frères insurgés, en déclarant la guerre à la Turquie. Et alors que durant toute une année, toutes ces luttes avaient laissé l'Europe impassible, par un contraste des plus curieux, une insignifiante révolte des Bulgares qui donna lieu aux « massacres de Batak » provoqua l'indignation de Gladstone. Le « grand vieillard », habilement préparé par son ami, l'économiste belge et chaleureux bulgarophile Laveleye, décida la convocation à Constantinople d'une conférence, au cours de laquelle furent révélés officiellement, pour la première fois, les projets grandioses conçus en faveur des Bulgares, par leurs puissants protecteurs du Nord. En effet, si la Conférence ne se préoccupa que médiocrement des Bosniaques et des Herzégovins, des Serbes et des Monténégrins et si elle ne s'occupa aucunement des Grecs, elle consacra cependant toute sa tendresse aux Bulgares et envisagea la création de deux provinces bulgares autonomes, qui, ayant comme capitales Tirnovo et Sophia, comprendraient toute la Bulgarie proprement dite, toute la Roumélie Orientale, une partie de la Thrace, la Macédoine du nord et la plus grande partie de la Macédoine centrale, le caza de Castoria y compris [2]. Cette même conférence avait cependant reçu communication, de la bouche du premier plénipotentiaire d'Autriche-Hongrie, comte Zichy, des renseignements historiques suivants relatifs à la division administrative de la Turquie : « Les grandes divisions territoriales en Turquie portaient, dès l'époque de la conquête, les noms mêmes des nationalités qui étaient reconnues comme en ayant été les habitants originaires et étaient érigées en grandes provinces (eylets) administrées le plus souvent par un seul gouverneur et

---

[1] P. 384.
[2] Protocole n° 1, annexe litt. C. Voir A. Schopoff : *Les réformes et la protection des chrétiens en Turquie*, p. 309, et Brancoff : *La Macédoine et sa population chrétienne*, p. 24 sq.

quelquefois aussi par deux gouverneurs. Ainsi, dans la Turquie d'Europe, la partie du territoire ayant toujours eu pour habitants les Bosniaques s'appelait, y compris l'Herzégovine, et s'appelle encore Bosnia (Bosnie), le tout administré par un gouverneur et équivalant, en étendue, à celle existant au moment de la conquête. La partie habitée à l'origine par les Bulgares s'appelait Bulgaristan (Bulgarie), et était placée, avec les limites anciennes, sous l'administration également d'un gouverneur général (Vali). Enfin, la division territoriale ayant pour habitants les Grecs et comprenant l'Épire, la Macédoine et la Thessalie, s'intitulait eyalet de Roumili (pays romain = grec) et avait également un gouverneur général, avec les mêmes limites qu'à l'époque de la conquête. Enfin, les parties ayant des habitants mixtes portaient, comme elles le portent encore, le nom de leurs villes principales ou chefs-lieux... Ces dénominations des grandes agglomérations, avec l'étendue originale du territoire, ont subsisté jusqu'au règne du sultan Mahmoud II. Mais, à partir de cette époque, la politique du Divan, voulant effacer les noms des grandes divisions précitées, qui rappelaient trop l'importance historique des nationalités conquises, et morceler en même temps les eyalets, supprima les dénominations de *Bulgarie* et de *Roumili*, dans la Turquie d'Europe. En leur lieu et place, il partagea en Europe : 1° l'ancienne Bulgarie en trois gouvernements généraux (vilayets), ceux du *Danube*, de *Nisch* et de *Sophia* ; 2° l'ancien eyalet grec de Roumili en quatre vilayets, savoir : vilayets de *Scodra* (Scutari d'Albanie), de *Yania* (Jannina), de Monastir et de *Sélanic* (Salonique) »[1].

Prétextant la proclamation de la fameuse constitution ottomane (24 décembre 1876), la Turquie repoussa le projet de la Conférence. Mais la tentation bulgare était trop forte pour que la guerre russo-turque de 1877-1878

---

[1] Protocole n° 7, annexe A. Voir A. Schopoff, *op. cit.*, p. 317.

pût être évitée. Et la Grande Bulgarie, qui jusqu'alors n'existait que dans les rêves et sur les papiers de la Chancellerie russe, devait tenir le premier rôle dans un acte international et officiel, le traité de paix de San-Stefano, ce traité que M. W. Miller qualifie avec raison de « flagrante violation de la justice et de l'ethnologie »[1]. Par ce monstrueux avorton de la diplomatie, non seulement de nombreuses populations slaves et slavophones n'ayant rien de commun avec les Bulgares et aussi d'autres populations purement grecques devaient être incorporées dans la Bulgarie, mais aussi on supprimait tout espoir expansionniste de la Grèce : le comte Ignatieff, qui fut le principal artisan de cet Empire bulgare, dont on prétend qu'il convoitait jusqu'à la couronne, pouvait lancer sa fameuse boutade : « Et maintenant les Grecs n'ont plus qu'à gagner Constantinople à la nage »! Néanmoins, cette créature artificielle du panslavisme ne pouvait se traduire en une réalité politique : le Congrès de Berlin[2], qui entendit Salisbury proclamer cette vérité que « la Macédoine et la Thrace sont des provinces grecques comme la Crète »[3] et qui reçut d'innombrables protestations émanant du gouvernement de la Macédoine révolutionnaire[4] et de l'Hellénisme tout entier, réduisit la Grande Bulgarie de San-Stefano, qui n'existait d'ailleurs que sur le papier, aux frontières historiques qu'elle occupait, sur le mont Balkan, avant la conquête ottomane[5].

Il est superflu de souligner ici que la Bulgarie de San-Stefano n'avait le moindre rapport ni avec l'histoire ni avec l'ethnologie balkaniques et qu'elle était une fabrication

---

[1] W. Miller : *The Ottoman Empire*, p. 385.
[2] Voir *supra*, p. 338.
[3] Séance du 19 mai 1878. Protocole n° 3.
[4] Cela n'a pas empêché le propagandiste bulgare, M. Skopiansky, d'écrire dans sa brochure récemment parue sous le titre : *La Macédoine telle qu'elle est* (p. 10), que « le traité de San-Stefano a été pour les populations déshéritées de la Macédoine, une source... d'allégresse »!
[5] Voir *supra*, p. 259-260.

contre nature du panslavisme et notamment du comte Ignatieff, manufacturée dans le but exclusif de servir les intérêts particuliers des panslavistes. Comme l'écrivait en 1906, à Moscou, M. N. Dournovo, ces derniers « rêvaient en créant leur Grande Bulgarie, de conquérir Constantinople... Ils songeaient encore à bulgariser la Macédoine, afin de la slaviser »[1]. Les Bulgares, d'ailleurs, eux-mêmes l'ont pratiquement avoué : en assaillant, au cours de la guerre européenne, la Russie, ils voulurent prouver qu'ils n'avaient absolument aucune raison d'être reconnaissants envers la puissance qui les a libérés. Les *Narodni Prava* écrivaient, dans cet ordre d'idées, un éloquent article (15 février 1916) dont nous relevons les passages suivants : « Bismarck en repoussant le projet de Gortchakov, a infligé une défaite à la politique russe de conquête qui voulait, par la création de la Bulgarie de San-Stefano, atteindre Constantinople et les Détroits, sous une fausse apparence de délivrance des Bulgares ». Et plus loin, le journal de Sophia ajoutait : « C'est à Berlin que la base a été posée d'une véritable indépendance et autonomie bulgare, contraire au panslavisme russe ». Et dans leur numéro du 18 septembre 1916, les *Narodni Prava* écrivaient encore : « La création de la Bulgarie de San-Stefano a été projetée non pas par le bulgarophile comte Ignatieff, mais par la classe capitaliste russe »[2].

---

[1] Voir *L'Hellénisme*, mars 1906, p. 3.

[2] Voir V. Kuhne : *Les Bulgares peints par eux-mêmes*, p. 156-157. Voir aussi *ibid.*, p. 163, etc. Que ce soit au comte Ignatieff ou aux capitalistes russes que revient la paternité de la Bulgarie de San-Stefano, il est juste de faire remarquer ici qu'une grande partie de l'opinion publique russe n'a jamais abandonné ses traditions philhellènes. Et il est très caractéristique qu'à l'heure où les panslavistes bulgarophiles déployaient à Constantinople leur effort le plus acharné contre le Patriarcat grec en vue de créer un exarchat bulgare, à Moscou, dans cette citadelle du panslavisme, le clergé priait pour l'âme des révolutionnaires grecs tombés en Crète et le peuple russe envoyait en Crète la somme d'un million de roubles, recueillie « en faveur de ses chers frères ». Et si les quelques panslavistes bulgarophiles ont réussi, grâce à leur organisation et à leur argent, à s'imposer aux yeux de l'opinion publique russe, néanmoins la Grèce n'a pas oublié, entre les autres bienfaits qu'elle doit à la Russie, cette constante tradition du clergé russe et d'une nombreuse pléiade

Il faut d'ailleurs souligner que, si les panslavistes amis de la Bulgarie s'entouraient de quelques chauvins bulgares, qui étaient tantôt leurs instruments, tantôt leurs souffleurs, cependant la grande masse du peuple bulgare demeurait, comme nous l'avons déjà remarqué, complètement étrangère et insensible à leurs intrigues et à leurs efforts : même lorsque l'armée russe traversa le territoire et réalisa la liberté de la Bulgarie, l'arrachant au joug séculaire et tyrannique des Turcs, le peuple bulgare ne manifesta pas la moindre émotion. Ce fait historique nous permet de deviner facilement l'attitude qu'observèrent les populations slaves de Macédoine et des Balkans en général, que le traité de San-Stefano eut la prétention de soumettre à la domination bulgare. Cependant, les Bulgares n'ont jamais cessé de considérer ce traité comme l'éclatante reconnaissance des droits historiques et ethnologiques de leur peuple dans les Balkans; et, logiques avec eux-mêmes, ils ont constamment prétendu que le traité de Berlin avait commis plus tard, envers la Bulgarie, une grande iniquité, à la réparation de laquelle il appartenait aux Bulgares de consacrer toutes leurs pensées et tous leurs efforts. Voici d'ailleurs quelques opinions bulgares ou bulgarophiles sur le traité de San-Stefano : « En constituant la Grande Bulgarie de San-Stefano, écrit Laveleye, la Russie avait apporté à la question d'Orient une solution presque définitive et à laquelle les amis de l'humanité devaient applaudir. Presque toutes les populations de langue bulgare se trouvaient réunies et affranchies »[1]. M. R. Pelletier écrit, à son tour : « Sauf Salonique, l'extrême sud de la Macédoine et le

---

d'hommes de lettres russes de défendre et d'appuyer les droits souvent méconnus de l'Hellénisme. La mémoire du comte Ignatieff et des bulgarophiles qui agissaient derrière lui est éclipsée aux yeux des Grecs par celle du métropolite de Moscou, Philarétos, des archevêques Innocent et Dimitri, de Tertius Philipoff, de Titoff, du comte Potiemkin, du prince Vozontzoff, du prince Mesterzersky, de Bielinsky, du prince Gagarin, de J. Sokoloff, de Yaliaroff Platonoff, de Malissewsky, de Krasnoseltzew, de Vassilensky, de J. Petroff) de Nicolas Dournovo, et de tant d'autres nobles enfants de la Russie.

[1] Laveleye : *La Péninsule des Balkans*, p. 101.

sandjak de Novi-Bazar, tout le territoire que les Alliés ont conquis en 1912-1913 sur la Turquie était reconnu, en 1878, comme appartenant légitimement à la Bulgarie. Si l'on veut avoir une idée juste des droits bulgares, il ne faut jamais oublier que cette Grande Bulgarie est pour eux ce qu'est pour nous la France telle que l'avait faite la Révolution avant le Consulat, c'est-à-dire la pleine réalisation de l'unité nationale, sans injustice, sans conquête de territoire étranger »[1]. M. Kupfer commente, de son côté, dans les termes suivants, le traité de Berlin : « La Bulgarie, et plus encore la Macédoine, étaient frappées au vif. Leur unité, qui venait de se réaliser pleinement dans une large autonomie, le traité de Berlin la brisait en trois tronçons, sans compter la région de Nisch et la Dobroudja : Bulgarie danubienne, Roumélie Orientale, Macédoine. Et la conclusion de M. Kupfer est la suivante : « Cette perte était, absolument ou relativement, beaucoup plus grave que la perte de l'Alsace-Lorraine pour la France »[2]. Quant à l'opinion des écrivains bulgares, il suffirait d'enregistrer celle de M. Ischirkoff, professeur à l'université de Sophia : « La Bulgarie, écrit-il, telle qu'elle était établie par le traité de San-Stefano, fut *démembrée* (sic) par le Congrès de Berlin : ce démembrement n'était pas cependant la conséquence de défauts ethnographiques, mais le résultat des convenances politiques de certaines Grandes Puissances. Pour les Bulgares, les frontières de San-Stefano demeurèrent un idéal plutôt national que politique, car elles les *rapprochaient* de leur unité nationale »[3].

Mais le traité de San-Stefano n'a pas eu comme seul résultat de livrer les Balkans aux maux que devait nécessairement comporter le développement démesuré de l'avidité et de la mégalomanie bulgares. Il était également préjudiciable à la Russie, qui ne pouvait plus compter

---

[1] R. Pelletier : *La vérité sur la Bulgarie*, p. 44.
[2] Kupfer : *La Macédoine et les Bulgares*, p. 38.
[3] Ischirkoff : *Les confins occidentaux des terres bulgares*, p. 4.

dans le sud-est de l'Europe que sur la sympathie des seuls Bulgares, alors que ces derniers s'empressèrent, au lendemain de leur libération, de remplacer les appels pleurnicheurs et les promesses bourrées d'idées panslavistes qu'ils adressaient jusque-là à Moscou et à Pétersbourg, par une politique, aussi entêtée qu'ingrate, d'émancipation et d'initiative, par cette même politique qui devait fatalement aboutir en 1915, c'est-à-dire à l'heure la plus critique de l'histoire russe, à une guerre matricide contre la Russie. Les panslavistes s'aperçurent ainsi, dès le lendemain de la fondation de la principauté bulgare, que leurs rêves se dissipaient dans une série de trahisons [1]. Ils se repentirent plus d'une fois, depuis, d'avoir aussi généreusement accordé leurs bienfaits aux Bulgares et ils mesurèrent tout le mal que leur politique a valu non seulement à leurs coreligionnaires, les Grecs et à leurs frères de race, les Serbes, mais aussi à leur propre patrie. Les sympathies russes n'ont certes pas fait défaut, malgré tout cela, aux Bulgares, mais elles paraissaient désormais inspirées par le souci exclusif de les empêcher de se jeter ouvertement dans les bras de l'Autriche, qui favorisait, elle aussi, la Bulgarie, mais avec une arrière-pensée opposée, c'est-à-dire avec l'idée d'en faire une barrière contre la course moscovite vers le sud et une menace constante dirigée contre le dos des Serbes [2]. Exploitant de cette manière leur position géographique, les Bulgares ont joué, dans leur effort ultérieur de propagande, sur la bienveillance simultanée des deux Grandes Puissances les plus directement intéressées aux affaires balkaniques, par conséquent, sur l'appui des deux grands groupes européens auxquels, l'une en face de l'autre, la Russie et l'Autriche appartenaient.

Forts de tant d'appuis et avec comme base d'action, la

---

[1] Voir l'énumération impressionnante de ces trahisons dans l'excellent ouvrage philosophique de M. Léon Maccas : *La Grande Guerre, les nations et les hommes*, Paris, 1917.

[2] Cf. *supra*, p. 149.

libre principauté de Bulgarie, les Bulgares assumèrent avec audace tous les efforts imaginables pour réaliser et même pour dépasser les frontières du traité de San-Stefano. Dans cette action, l'Exarchat bulgare a naturellement tenu le premier rôle : peu soucieux de ce qui se passait dans la principauté, il concentra toute son attention et tout son effort sur la Thrace et la Macédoine. Dans un article publié à l'occasion de la mort de l'exarque bulgare Joseph Ier, resté dans ses fonctions de 1877 à 1915, l'*Écho de Bulgarie* écrivait : « Le rôle civilisateur et national de l'Exarchat fut limité aux provinces de la Turquie habitées par l'élément bulgare... L'Exarchat a joué un grand rôle dans la vie des Bulgares en Turquie, cela est vrai, non cependant en leur imposant la nationalité bulgare, mais en donnant une organisation à leurs efforts vers le progrès et l'unité »[1]. Voici encore quelques commentaires caractéristiques publiés par d'autres journaux bulgares sur la personnalité de Joseph Ier et reproduits par l'*Écho de Bulgarie*. Suivant les *Narodni Prava*, « l'Exarque avait pour idéal l'élargissement de son pays sur les frontières du royaume de Siméon ». Le *Volia* remarquait : « Son installation à Constantinople était un acte politique dont le but final était la libération de la Macédoine ». Le *Radical* annonçait : « Le grand élan de conscience nationale qui anime nos congénères de Turquie est intimement lié avec le nom de l'Exarque », etc., etc. Et dire que les patriotes bulgares ont, après tout cela, assez d'audace pour parler de la prétendue hellénisation de leurs compatriotes par le Patriarcat Œcuménique !

Le premier souci de la Bulgarie libre fut de chercher comment absorber la Roumélie Orientale, où sa propagande, orientée vers l'abolition de l'autorité ecclésiastique du Patriarcat et vers la destruction de la nationalité grecque, avait commencé dès 1847, lorsque les premiers apôtres du

---

[1] L'*Écho de Bulgarie* du 14 juin/7 juillet 1915.

panslavisme arrivèrent d'Odessa. La politique rouméliote de Sophia, qui ne recula pas devant la bulgarisation forcée de nombreuses églises et écoles grecques, se poursuivit avec une intensité encore plus criminelle, depuis la fondation de la principauté bulgare et malgré les dispositions du traité de Berlin et le statut de la Roumélie Orientale qui garantissaient aux habitants, comme nous l'avons déjà remarqué, le libre exercice de leur religion et le libre usage de leur langue [1]. « En 1885, écrit M. O. Tafrali, professeur à l'université de Jassy, la Roumélie Orientale, pays habité en majeure partie par des Turcs et des Grecs — malgré les statistiques bulgares de propagande, aux inexactitudes et exagérations desquelles certaines publications populaires occidentales se laissèrent prendre, — fut annexée à la principauté bulgare »[2]. L'attitude plus que bienveillante envers la Bulgarie observée par l'Europe en présence de ce coup d'État [3] et la facile victoire remportée sur les Serbes à Slivnitza poussèrent l'audace des propagandistes bulgares jusqu'à la dernière limite : dès lors, ils dirigèrent toute leur attention sur la Macédoine.

L'année même où la Roumélie Orientale fut absorbée par la Bulgarie, paraissait en bulgare, et plus tard en français, un livre sur la Macédoine signé « Oféicoff », d'Athanase Schopoff, secrétaire de l'Exarchat bulgare à Constantinople. Ce livre, dont nous avons déjà parlé [4], constituait en quelque sorte le programme même des vues macédoniennes du panbulgarisme, créées par la presse bulgare de Constantinople et surtout par le panslaviste Petko Rojkow Slavéikoff dans sa revue *La Macédoine* [5]. Voici les théories

---

[1] Voir *supra*, p. 427-428.
[2] Voir la *Roumanie* de Paris, du 21 mars 1918. Sur l'hellénisme de la Roumélie Orientale et les efforts anti-grecs de la propagande bulgare dans cette province, voir notamment : *Agissements bulgares ayant pour but la suppression de l'autorité de l'Église grecque et la destruction de la nationalité grecque en Roumélie Orientale et en Bulgarie*. Athènes, 1908.
[3] Voir *supra*, p. 389-390.
[4] Voir *supra*, p. 178, n. 1.
[5] Voir *supra*, p. 541.

que l'auteur de ce livre y développait officiellement : « Notre avenir, disait-il, c'est la Macédoine, c'est le réveil des Macédo-Bulgares. C'est là que nous devons désormais agir, car notre grandeur, notre future unité nationale, notre existence même d'État balkanique n'auront pas de valeur si elles ne reposent pas sur une idée. Salonique doit être la fenêtre principale éclairant l'édifice. Travaillons pour la Macédoine ».

Les prétentions bulgares sur la Macédoine furent aussitôt entourées en Europe d'une très grande publicité. Et nous assistâmes à l'éclosion de cette seconde floraison d'écrivains bulgarophiles, qui, avec Laveleye en tête, se chargèrent volontiers, par des livres, des brochures, des conférences, des articles de revues et de journaux, de persuader l'opinion publique européenne de ce que la Macédoine est un pays historiquement et ethnologiquement bulgare et de ce qu'il n'y a rien de plus légitime que le vœu bulgare de le « libérer ».

Nous avons déjà dit ce qu'il faut penser de la valeur de ces renseignements et de ces témoignages [1] : nous n'allons donc pas y revenir. Ce que nous soulignerons ici, c'est que, pour ce qui est de la Macédoine, la propagande bulgare ne s'est pas contentée que de paroles. Elle se livre, avec une activité extraordinaire, à tout un travail local de bulgarisation. N'épargnant aucun sacrifice matériel, elle fonde partout de nombreuses écoles ; elle y envoie des agents, qui, suivant les instructions des représentants officiels de l'État bulgare, parcourent le pays dans tous les sens ; elle donne des promesses, elle intrigue, elle menace, elle violente ; et ses agents, qui étaient destinés à jouer quelques années plus tard le rôle tragique des comitadjis, poussent souvent leur zèle patriotique jusqu'à devenir les héros de véritables comédies à la manière d'Alexandre Bisson. Et voici ce qu'au sujet d'un de ces agents bulgares, le fameux

---

[1] Voir *supra*, p. 471 sq.

Sarafoff, un médecin de Monastir raconta au publiciste athénien M. M. Rodas, lorsque ce dernier visita cette ville au courant de cette guerre, avant son occupation par l'armée bulgare : « Ce chef de comitadjis a parcouru tous les villages un à un, a frappé de porte en porte, tantôt habillé en prêtre, tantôt en marchand de bestiaux, tantôt en médecin, tantôt en colporteur. Il distribuait de l'argent à tout le monde et en cachette. La nuit, dans les églises, dans les écoles, à tous les chrétiens sans distinction de race, il annonçait que le temps de la délivrance du joug turc n'était plus loin. Pour les persuader davantage, il priait le *Dieu de la Bulgarie* de l'annoncer lui-même, de sa bouche divine aux peuples chrétiens. Et quel était ce Dieu de la Bulgarie? Un... phonographe bien caché et que l'on avait magistralement réglé à Sophia. Sarafoff ne se donnait la peine que de le mettre en marche. Il le remontait en marmottant des prières à Dieu. Les naïfs paysans entendaient pour la première fois la voix du Seigneur. Ils frissonnaient d'étonnement et de terreur. Le propriétaire du phonographe leur promettait au nom de la Bulgarie, la liberté »[1].

Mais c'est à la Sublime Porte que la propagande bulgare doit, pour la plus grande part, les importants résultats qu'elle obtint. Nous avons déjà signalé[2] qu'ayant trahi le projet de Tricoupis de réunir en une ligue les États chrétiens des Balkans, Stambouloff obtint de la Turquie, à titre de compensation, la reconnaissance de trois évêques bulgares, dans les diocèses de Skopia, de Vélessa et d'Achride, où il avait obtenu, par sa propagande, la formation d'une majorité favorable à l'Exarchat. Au cours de la guerre gréco-turque de 1897, ce même Stambouloff réussit, avec la complicité des autorités ottomanes, à créer une majorité exarchiste et à nommer des évêques bulgares dans trois nouveaux diocèses, appartenant cette

---

[1] Voir le *Messager d'Athènes*, du 9/22 décembre 1916.
[2] P. 401.

fois à la Macédoine : à Monastir, à Stroumnitsa et à Névrokopi. Cette attitude de la Sublime Porte ne lui était pas seulement inspirée par l'inimitié qu'elle nourrit envers l'Hellénisme ; elle était pratiquée en application d'un programme politique positif, dont Abdul-Hamid était l'auteur ; avec sa ruse légendaire, le Sultan rouge savait très bien que seule l'observation du dogme : *divide et impera* pourrait encore prolonger la vie du « grand malade » et il n'avait pas manqué d'ériger en une véritable science l'exploitation à son profit des dissentiments séparant les diverses populations chrétiennes de son empire.

Après les succès qu'ils remportèrent grâce à lui les Bulgares s'attelèrent impétueusement à la tâche qui tendait à la bulgarisation des autres provinces de la Macédoine, habité soit exclusivement, soit en majorité par des Grecs. Dans les régions habitées par des Grecs qui sont grécophones en même temps, la Bulgarie réduisit son effort, faute de pouvoir agir autrement, et se contenta de créer des simples noyaux d'agglomérations bulgares ; elle recruta à cet effet des Bulgares ou des Slaves exarchistes, qui, pour trouver du travail, émigraient périodiquement dans le sud de la Macédoine, où ils exerçaient les métiers de maçon, de charbonnier, de laitier, etc. C'est à ces procédés que la colonie bulgare de Salonique devait son origine. Quant aux régions slavophones, elle les considéra toutes comme bulgares. Jouant de l'argument que « tous ceux qui parlent en Macédoine un idiome slave sont des Bulgares », elle s'attaqua jusqu'aux populations grecques slavophones animées d'une conscience nationale purement hellénique.

Nous avons longuement examiné plus haut toutes les preuves qui établissent l'origine grecque d'un grand nombre des populations slavophones de Macédoine [1]. En présence de ces preuves, l'argument unique tiré de la

---

[1] Voir *supra*, p. 508 sq.

langue ne peut certes pas avoir de valeur. En effet, d'abord la langue des slavophones n'est pas le bulgare : comme nous l'avons vu, c'est un dialecte à part, qui contient quelques éléments bulgares, mais en contient aussi tout autant de serbes et même de grecs. « On ne peut donc pas, comme le remarque M. Cvijič, d'après la langue, résoudre dans un sens exclusif la question de l'ethnographie, encore moins la question politique macédonienne »[1].

Mais quand même le dialecte des populations macédoniennes en question aurait été le bulgare et aurait été tout à fait étranger au grec, ce fait n'aurait pas la valeur qu'on veut lui attribuer. M. Kupfer, ce bulgarophile extrême, le reconnaît lui-même, en écrivant : « La langue seule ne permet pas d'attribuer sans autre une population à tel de ses voisins »[2]. Et M. Seignobos remarque : « Dans l'Europe occidentale la question des langues ne se pose même pas. En France, les Bretons parlent une langue celtique; les Basques, une langue ibérique; les Flamands, une langue germanique; les Niçois et les Corses parlent italien. La Suisse est partagée en trois langues, la Belgique en deux, l'Espagne en trois (espagnol, galicien, catalan). Ces différences n'influent pas sur l'idée de patrie; aussi les gouvernements ne s'occupent pas de les faire disparaître »[3].

Mais si, en Occident, on s'abstient strictement de poser la question de la langue pour en tirer des conclusions ethnologiques, cette question pouvait être d'autant moins posée en Orient et notamment en Macédoine où, par suite des invasions successives des tribus barbares venues d'Asie et de leur mélange avec les indigènes, il est naturel que les langues parlées par les diverses nationalités présentent la plus grande variété.

---

[1] Cvijič : *Questions balkaniques*, p. 51.
[2] Kupfer : *La Macédoine et les Bulgares*, p. 7.
[3] Seignobos : *Les nationalités et les langues*, dans l'*Université de Paris*, avril 1904. Cf. ce que Beloch dit, à son tour, sur les nationalités et les langues *supra*, p. 80.

En effet, ce ne sont pas les Grecs slavophones qui, seuls, nous offrent en Macédoine un cas où une population ait perdu sa langue propre. Nous avons vu qu'il y existe aussi des Albanais slavophones [1], sans parler des Pomaks auxquels certains attribuent une origine slave. Dans le district de Zichna il y a encore des Grecs chrétiens turcophones, et nombreux sont les Grecs de l'Asie Mineure qui, tout en conservant leur religion, n'en devinrent pas moins turcophones [2]. Et il est caractéristique qu'à Adalia les Grecs habitant dans l'enceinte de la forteresse parlent le turc, alors que ceux habitant hors d'elle parlent le grec. Cependant les Turcs n'ont jamais cherché à revendiquer les chrétiens turcophones de Zichna ou de l'Asie Mineure, et les Grecs n'ont jamais considéré comme des leurs les Valaades de l'Haliacmon ou les Turcs-Crétois, bien qu'ils fussent d'origine hellénique. La raison en est bien simple : ces chrétiens turcophones ont une conscience grecque et les Valaades et les Turcs-Crétois grécophones, quand même ils sont d'origine grecque, possèdent une conscience turque. Et c'est toujours le défaut de conscience hellénique qui a empêché les Grecs de revendiquer toutes ces populations slavophones des Balkans, dont l'origine grecque était suffisamment établie; l'Hellénisme a toujours réduit ses aspirations aux territoires où la conscience nationale grecque s'est maintenue vivace et ardente.

Les Bulgares au contraire, faisant preuve d'une mentalité peut-être unique dans le monde, ont baptisé Bulgares tous ceux qui parlent quelque idiome slavisant, sans se préoccuper du reste. Se fondant sur la langue, ils ont ainsi revendiqué des populations dont, comme nous l'avons vu, l'origine grecque est historiquement certifiée, qui présentent toutes les caractéristiques extérieures de la race grecque, qui vivent aussi d'une vie intérieure grecque, et

---

[1] Voir *supra*, p. 515.
[2] Voir Gelzer : *Geistliches und Weltliches aus dem turkisch-griechischen Orient*, p. 119. De même Léon Maccas : *L'Hellénisme de l'Asie Mineure*, Paris, 1918, p. 71 et 76.

qui ont le même caractère, les mêmes traditions, les mêmes us et coutumes que les autres Grecs, et jusqu'à un habillement identique [1].

Mais à défaut même de tout cela, à défaut même de l'origine hellénique de ces populations slavophones, qu'importe la langue en présence de la conscience nationale? Qu'importe si un individu parle le bulgare, même le plus pur, s'il déclare en même temps qu'il est et qu'il veut à l'avenir être Grec et non Bulgare? s'il adore tout ce qui est grec et répugne à tout ce qui est bulgare? s'il conserve avec fierté son âme grecque, en dépit de tous les efforts de la propagande bulgare et par conséquent, en dépit de tous les inconvénients que son hellénisme lui procure et de tous les avantages que sa bulgarisation lui promet? s'il maintient sa nationalité, malgré toutes les pressions et toutes les menaces, et s'il subit la mort et les martyres que les comitadjis bulgares lui réservent, sans défaillance et s'il expire en s'écriant : « Je suis Grec et je meurs Grec ! » Car il arrive que les membres d'une nation qui parlent une langue étrangère sont justement les éléments les plus fanatiques de cette nation, et c'est très justement qu'en parlant des Grecs slavophones l'historien russe Goloubinsky, grand ami des Bulgares, écrit que « ces *soi-disant Hellènes* nourrissaient envers tout ce qui était bulgare ou slave une haine plus implacable et un mépris plus intense que ne le faisaient les véritables Hellènes »[2]. Et l'âme grecque, le moral intensément grec, des Hellènes slavophones a été non seulement de tout temps reconnu par les Bulgares eux-mêmes qui les appellent « Bulgares grécisants ou grécomanes », mais fut aussi interprété par les Bulgares d'après sa véritable et essentielle signification. N'est-ce pas ce que prouvent les divers procédés employés par la propagande bulgare pour arracher ces popu-

---

[1] Voir *supra*. p. 516.
[2] Goloubinsky : *Petite esquisse des Églises orthodoxes bulgare, serbe et roumaine*. Moscou, p. 176.

lations au Patriarcat, par conséquent à l'Hellénisme, et pour les incorporer à l'Exarchat et au bulgarisme ? N'est-ce pas aussi ce que prouve — après l'échec qui attendait leurs promesses et leurs menaces — l'*ultima ratio* à laquelle les Bulgares ont eu recours en désespoir de cause contre ces populations, en décidant d'employer envers elles, pendant de longues années, la violence et le régime terroriste des comitadjis ?

Mais, insensible à toute vérité et à tout principe moral, la propagande bulgare ne pense qu'à une chose : comment bulgariser la Macédoine. Après avoir épuisé tous moyens pacifiques : création de nombreuses écoles, travail de l'Exarchat, emploi d'agents innombrables officiels ou non ; après avoir eu recours à l'achat des consciences, aux promesses, aux calomnies, aux menaces et aux ruses ; après avoir exploité autant qu'elle a pu l'amitié du Gouvernement turc et la bienveillance des Grandes Puissances ; après avoir essayé de tout cela, la Bulgarie s'est aperçue que les résultats obtenus étaient très loin de correspondre aux efforts accomplis et aux espoirs qu'elle fondait sur eux. Kyntcheff, le Ministre de l'instruction publique bulgare et ancien inspecteur des écoles bulgares de Macédoine, qui fut plus tard assassiné et qui poussa sa manie de bulgarisation jusqu'à bulgariser sur le papier l'hellénisme de l'Asie Mineure lui-même [1], a avoué, dans une conférence publique, tenue le 26 février 1899 au Comité macédonien de Sophia, qu'il il y avait en Macédoine 450.000 Grecs, remplis de patriotisme et qui réalisaient de constants progrès, dans le commerce, dans l'industrie et dans les lettres. Il est à peine besoin de remarquer qu'il restait au-dessous de la vérité.

Et ce, à une époque où, malgré toutes les tendances impérialistes qu'on lui attribuait, la Grèce ne faisait absolument rien en faveur des populations grecques de Macé-

---

[1] Voir *supra*, p. 147.

doine. Il suffit, en effet, de rappeler que, tandis que les panslavistes et les Bulgares poursuivaient leur effort, dont nous avons décrit l'intensité, pour fonder à Constantinople l'Exarchat bulgare, les Grecs faisaient insérer à leur constitution un article (l'article 2) stipulant le caractère autocéphale et administrativement indépendant de l'Église du royaume de Grèce, ce qui séparait cette église du patriarcat grec de Constantinople, diminuait singulièrement l'autorité et la puissance de ce dernier et constituait, suivant la juste critique de Gelzer, une « grosse erreur » de l'Hellénisme, au détriment de ses propres intérêts nationaux [1]. Et, alors que la principauté bulgare, inspirée par un sage esprit politique, ouvrait toutes grandes les portes de ses services publics et surtout de son armée aux Slaves de Macédoine, qu'elle attirait aussi vers elle en leur accordant l'instruction gratuite, le royaume hellénique excluait de toute fonction publique les Grecs sujets ottomans et leur fermait hermétiquement jusqu'aux portes de l'École militaire des cadets [2]. On devait s'apercevoir plus tard de l'erreur que constituait l'adoption d'une pareille ligne de conduite : pendant les guerres balkaniques de 1912-1913, au cours desquelles on autorisa l'enrôlement de volontaires, outre plusieurs milliers d'autres Grecs, un grand nombre de Macédoniens *slavophones* se sont engagés dans l'armée grecque et plus d'une centaine y sont restés, en tant qu'officiers, après la conclusion de la paix.

Ces mesures si peu habiles du royaume de Grèce, dont l'attention d'ailleurs était absorbée par la question de la Crète, plus impatiente que tout autre pays grec d'être réunie à la Grèce libre, témoignent éloquemment en faveur de l'opinion que la Grèce non seulement s'abstint de prêter le moindre appui aux Grecs de Macédoine dans leur lutte contre le panbulgarisme, mais qu'au contraire, par sa

---

[1] Gelzer : *Geistliches und Weltliches aus dem türkisch-griechischen Orient*, p. 119.
[2] Voir W. Miller : *The Ottoman Empire*, p. 175.

conduite tolérante et en quelque sorte indifférente, elle a ajouté un facteur de succès de plus aux autres atouts de la propagande macédonienne bulgare. Et pourtant, nous l'avons déjà rappelé, les résultats des efforts bulgares ont été loin de marquer la réalisation des espoirs nourris par les patriotes de Sophia : la vitalité de l'hellénisme macédonien triompha de la force de la propagande pacifique bulgare.

On s'en rendit nettement compte en Bulgarie, dès 1899. Le fameux Dr Rizoff, qui était alors agent commercial de la principauté bulgare à Scopia et en même temps un des chefs de la propagande bulgare en Macédoine, adressa le 26 avril 1899 une lettre ouverte au prince Ferdinand, où il écrivait : « L'activité bulgare ne peut pas pousser plus loin sur ce terrain (de l'instruction); nous ne pouvons rien gagner de plus par l'église et par l'école. Nous avons pris tout ce que nous pouvions à la Turquie et nous sommes en train de perdre du terrain devant l'Hellénisme. Notre principal objectif doit être désormais de *libérer* la Macédoine »[1]. Or, on connaît bien la signification qu'avait, dans l'espèce, le mot « libérer », qui voulait dire « conquérir ». Des déclarations plus explicites n'ont d'ailleurs pas fait défaut : « La Macédoine, s'écriait Boris Sarafoff, un des chefs lui aussi de la propagande bulgare, n'a plus besoin de popes et de maîtres d'école; elle veut des armes et des hommes ! »[2] « Depuis ce jour, ajoute M. de Bunsen, chargé d'affaires britannique à Constantinople, en communiquant à son Gouvernement la lettre précitée de Rizoff, le système de la propagande scolaire a été ouvertement modifié en une organisation révolutionnaire; les locaux des écoles sont devenus des dépôts de places fortes et les instituteurs et institutrices prirent le chemin des champs avec Marco et Pétroff »[3]. Marco et Pétroff étaient

---

[1] Blue book, *Turkey*, 1 (1903), Correspondence respecting the affairs of South-eastern Europe, doc. 227 inclosure.
[2] Blue book, *Turkey*, 1 (1903), doc. 258.
[3] Blue book, *Turkey*, 1 (1903), doc. 227 inclosure.

deux chefs de bandes bulgares qui opéraient en Macédoine. Car l'activité criminelle des Bulgares avait été inaugurée dès 1897 dans ce malheureux pays. D'après une statistique officielle [1], on comptait déjà à la fin de 1899 quarante Grecs de massacrés rien que dans le vilayet de Salonique. Les exhortations de Rizoff et de Sarafoff n'avaient pour objet que l'organisation systématique de ces bandes, devenues depuis si tristement célèbres.

Ainsi depuis 1900 les agissements criminels des bandes bulgares commencent à présenter un caractère sérieux. Le Comité macédonien de Sophia, approuvé par le Gouvernement bulgare, organise et envoie en Macédoine des bandes nombreuses et bien armées, avec comme programme d'infliger une mort exemplaire à tous ceux qui résisteraient à la bulgarisation. Et c'est ainsi que fut officiellement introduit en Macédoine ce nouveau produit purement bulgare qui s'appelle *Comitadjis*; ce nom, qui désignait au début tout « membre d'un comité », ne devait pas tarder à acquérir le sens d'un adjectif qualifiant le bandit le plus inhumain et le criminel le plus sauvage.

Aucun doute n'est, d'autre part, permis au sujet de la complicité du Gouvernement bulgare, de ses représentants officiels en Macédoine et du clergé exarchiste dans l'œuvre abominable des « comitadjis ». Il importe cependant d'enregistrer à ce sujet certains témoignages probants. M. G. D. Natchevitch, ancien agent diplomatique de Bulgarie à Constantinople et délégué bulgare pour la conclusion de l'accord turco-bulgare du 26 mars/8 avril 1904 [2], dénonça, par la voie de la presse, le Premier ministre et Ministre des affaires étrangères de Bulgarie Petroff comme « le principal artisan du mouvement de brigands de Macédoine » [3].

---

[1] *Crimes bulgares contre les Grecs orthodoxes dans les vilayets macédoniens,* Paris, impr. Deplanche, 1907. On y trouvera des listes détaillées des assassinats dont les Grecs tombèrent victimes, avec mention du nom, du prénom et de la profession de ces derniers, ainsi que de la date et des circonstances de leur assassinat.
[2] Voir *infra*, p. 586.
[3] *Vetchern Pochta*, du 7 août 1917.

Cela fut confirmé à M. Natchevitch par le Ministre de la guerre, général Savoff, qui lui a dit, en se disculpant pour l'action des bandes : « C'est la faute du premier ministre, M. Pétroff. Il est impossible de lui faire changer d'opinion. Chez lui l'idée de *comitadjilik* est devenue depuis dix ans une idée fixe. Il dort et se réveille avec ses comitadjis »[1]. Un membre des plus en vue du Comité disait dans une lettre envoyée de Sophia le 12 août 1906 : « Le Gouvernement a imposé sa volonté en donnant à Sarafoff argent et armes, il a fait comprendre aux autres comitadjis que seuls ceux qui jouissent de sa faveur auront de l'argent et des armes. Ainsi les chefs véritables des bandes sont les ministres et les archicomitadjis ne sont que leurs lieutenants »[2]. Le journal *Grojdanin* du 18 octobre 1907 écrivait d'autre part : « Les agents commerciaux de la Bulgarie, ainsi que les représentants de l'Exarque ont toujours été au courant des projets et des secrets des bandes »; et M. Zinovieff, ambassadeur russe à Constantinople, avançait à son tour que les consuls bulgares sont « les anneaux de conjonction entre le Gouvernement de Sophia et les bandes »[3]. Ainsi M. W. Miller dans son histoire de l'Empire ottoman pendant le xixe siècle a pu dire : « L'Exarchat bulgare n'était pas porteur de paix mais de sabre »[4]. Nous rencontrerons plus loin d'autres témoignages d'un caractère encore plus officiel.

Au début de 1901 Sir O'Connor, ambassadeur de Grande-Bretagne à Constantinople, rapportait à son gouvernement ce qui suit : « L'état de choses en Macédoine est loin d'être satisfaisant et, se trouvant entre, d'une part, les comités bulgares et, de l'autre, les autorités turques, les malheureux habitants chrétiens sont fortement traqués...

---

[1] Voir Arvanitaki : *Sur le réponse des socialistes bulgares*, p. 15-16.
[2] *Ibid.*, p. 16-17.
[3] *Ibid.*, p. 17.
[4] W. Miller : *The Ottoman Empire*, p. 346.

Les comités sont peut-être plus actifs et plus audacieux dans leurs attaques contre les Bulgares (lisez Slaves) qui ne rejoignent pas volontiers leurs rangs et contre les Grecs et les Serbes qui s'opposent à leur propagande, et ils sont de connivence avec un grand nombre de Turcs de la gendarmerie et avec d'autres personnages officiels. » [1] Et, en concluant, Sir O'Connor ajoutait que son collègue russe, l'ambassadeur Zinovieff, au cours d'une audience chez le Sultan, « conseilla fortement Sa Majesté Impériale de prendre des mesures pour supprimer les comités bulgares, qui étaient la cause de plusieurs des crimes et des excès commis dans les provinces » [2].

Nous ne trouvons aucune trace de démarches analogues et sérieuses qui seraient faites à Sophia. Et c'est cette molle indulgence des Grandes Puissances qui semble avoir encouragé le Gouvernement bulgare, lequel commença, depuis mars 1901, à protester au sujet de la situation créée, grâce à ses propres efforts, en Macédoine [3], et à demander en conséquence l'introduction de réformes favorables à ses plans, en vertu de l'article 23 du traité de Berlin [4]. Le programme de ces réformes, rédigé au sein

---

[1] Voir Blue book, *Turkey*, I, 1903, doc. 12.

[2] Blue book, *ibid*.

[3] Le double jeu bulgare n'a pas échappé à la clairvoyance des agents des Grandes Puissances. Sir Alfred Biliotti, consul général de Grande-Bretagne à Salonique, écrivait à l'ambassadeur anglais à Constantinople : « L'insécurité qui existe à présent sur une assez grande étendue est causée précisément par ceux qui s'en plaignent le plus ». (Blue book, *Turkey*, I, 1903, doc. 199.) Et le consul général britannique rapportait encore : « Ces mêmes hommes qui réclament la justice pour leur peuple et pour eux-mêmes commettent les pires des crimes et sacrifient des hommes, des femmes et des enfants innocents ». (Voir N. Kasasis : *Le problème macédonien*, en grec, p. 233.) Enfin, le chancelier d'Autriche-Hongrie, comte Goluchowski, dans ses déclarations officielles du 3/16 décembre 1903 aux délégations austro-hongroises, disait entre autres : « Nous avons bientôt après découvert, à notre grande surprise, le principal foyer de résistance (contre l'œuvre des réformes) au milieu des éléments qui, les premiers, étaient, depuis longtemps, toujours prêts à raconter et à décrire, sous diverses couleurs, devant le monde civilisé, l'histoire des malheurs subis par la population chrétienne de l'Empire turc, et qui toujours jusqu'ici présentaient comme seul but de leurs efforts l'obtention de conditions tolérables d'existence, en faveur de leurs coreligionnaires persécutés ». (Voir Gnassios Makednos : *La crise macédonienne*, en grec, VI, p. 81.)

[4] Blue book, *Turkey*, I, 1903, doc. 23 et 98.

du Comité macédonien de Sophia, fixait des frontières géographiques plus étendues encore que celles du traité de San-Stefano [1]; il était communiqué le 5 mars 1902 au Gouvernement britannique par le chargé d'affaires anglais à Constantinople, M. Young, qui joignait au document l'interprétation suivante : « L'autonomie préconisée aurait pratiquement établi une seconde Roumélie Orientale, probablement avec le même résultat, après que l'administration bulgare aurait eu le temps d'absorber ou de chasser les autres éléments » [2]. Le représentant de France à Sophia rapportait aussi à son Gouvernement, à la date du 13 août 1902 : « Ce programme se résume ainsi : *la Macédoine aux Macédoniens*. Il est bien certain que ce que veut le Comité c'est la *Macédoine aux Bulgares* » [3]. M. Daneff, lui-même, déclarait en pleine séance du Sŏbranié et en sa qualité de Premier ministre, que l'autonomie macédonienne n'était pas un but mais un moyen [4].

Cependant, parallèlement à ces manœuvres diplomatiques, l'activité des bandes bulgares se poursuivait avec toujours plus d'intensité. On appliquait, en effet, les nouvelles décisions du Comité macédonien de Sophia, qui, inspiré du succès diplomatique qu'avaient procuré aux Bulgares les massacres de Batak, cherchait à provoquer des événements analogues en Macédoine. Ces décisions sont mentionnées dans une dépêche de Sir Alfred Biliotti, reçue, le 28 février 1902, par le Gouvernement britannique, et ainsi conçue : « Je viens de recevoir d'une source que je considère digne de foi l'information que le Comité macédonien a l'intention de massacrer un certain nombre de Musulmans, au cours des deux mois prochains, dans différents endroits, en vue de provoquer des représailles et

---

[1] Il englobait en plus les cazas de Castoria, Caïlar, Vodéna, Vérria, Salonique et la Chalcidique.

[2] Blue book, *Turkey*, I, 1903, doc. 129.

[3] Livre jaune, *Affaires de Macédoine*, 1902, doc. 23.

[4] Voir G. Amadore-Virgilj : *La Questione Rumeliota e la politica italiana*, p. 140.

d'inciter l'Europe à intervenir dans la Turquie européenne. J'ai été en outre informé, par la même source, que Sarafoff se trouve en Macédoine et qu'il est en train d'organiser le projet précité à Stroumnitsa et dans deux autres centres, à Salonique, aussi bien que dans le district de Pertépé, dans le vilayet de Monastir » [1].

Le 11 avril 1902, Sir Alfred Biliotti rapportait aussi à l'ambassadeur britannique à Constantinople : « Les bandes bulgares qui avaient, pendant quelque temps, interrompu leurs massacres, ont recommencé à assassiner des chrétiens d'autres races, aussi bien que des Musulmans. Jusqu'ici aucune de ces parties ne s'est livrée à des représailles sérieuses, mais leur position devient très précaire, et les Grecs, les Serbes et les Valaques, de même que les Musulmans, se plaignent d'une manière énergique contre les procédés des bandes bulgares » [2].

Mais ce régime de terreur n'a pas apporté les fruits qu'on en attendait. Les populations slaves elles-mêmes de Macédoine répugnent à s'appeler Bulgares, comme le leur ordonnait le programme du Comité, et elles insistent à ne se nommer que Macédoniens. C'est ce qui explique que la plupart des membres du Comité, faisant bonne mine à mauvais jeu, se soient vus obligés à adopter le programme de l'autonomie macédonienne, inspiré soi-disant du principe déjà rappelé : *la Macédoine aux Macédoniens* [3]. Mais ce dogme trompeur, qu'on proclamait pour attirer les sympathies des Macédoniens, dont beaucoup ont été induits en erreur, et en même temps la bienveillance de l'Europe, n'avait qu'un rapport apparent avec la doctrine analogue de Monroe : il ne signifiait à vrai dire que la bulgarisation indirecte de la Macédoine, à l'instar de ce qui s'était passé en Roumélie Orientale. Il y avait d'ailleurs aussi des agents intransigeants qui avouaient travailler

---

[1] Blue book, *Turkey*, I, 1903, doc. 113.
[2] Blue book, *Turkey*, I, 1903, doc. 199.
[3] Voir *supra*, p. 495-496.

pour l'intérêt exclusif de la Bulgarie et à l'effet de bulgariser la Macédoine. Ces divergences, de même que les abus constatés dans la gestion des fonds, provoquèrent des querelles au sein du Comité macédonien qui fut scindé en deux. Les intransigeants, les nommés « zontchévistes » ou « verhovistes », ont formé le « Comité macédo-andrinopolitain », qui, dirigé par le général Zontcheff, avait pour but la bulgarisation des vilayets macédoniens et de celui d'Andrinople, c'est-à-dire de la Thrace. Quant aux autres, c'est-à-dire à ceux qui s'évertuaient à obtenir soi-disant l'autonomie de la Macédoine, ils s'appelaient « centralistes » et avaient formé l' « Organisation intérieure » sous la direction de Sarafoff. « L'*Organisation*, remarque M. Skopiansky, posséda en peu de temps ses... tribunaux, sa force armée, son administration qui reçut des cotisations et dons volontaires pour subvenir aux dépenses »[1]. Tout commentaire, pensons-nous, est superflu.

En octobre 1902, le Gouvernement ottoman, qui, effrayé par l'ampleur des événements, avait envoyé, depuis le printemps, des troupes pour poursuivre les bandes des comitadjis bulgares, a été forcé, sous la pression de l'Europe, à leur accorder l'amnistie. Aussitôt, les derniers scrupules des comitadjis s'envolent. Le général Zontcheff assume personnellement leur commandement dans le vilayet de Salonique et le colonel Yankoff dans celui de Monastir. On signale partout les plus horribles des crimes[2]. En décembre de cette année, pour éviter l'intervention des Grandes Puissances, la Porte envoie à Salonique Hilmi-pacha avec le titre d'Inspecteur général et communique aux chancelleries tout un plan de réformes pour l'administration de la Turquie d'Europe[3]. Mais ce projet turc est

---

[1] Skopiansky : *La Macédoine telle qu'elle est*, p. 15.

[2] Blue book, *Turkey*, I, 1903.

[3] *Instructions concernant les vilayets de la Turquie d'Europe* (Blue book, *Turkey*, I, 1903, doc. 333, inclosure. Livre jaune, *Affaires de Macédoine*, 1902, doc. 41, annexe).

jugé insuffisant; la Russie et l'Autriche élaborent, comme mandataires de toutes les Grandes Puissances, un projet de réformes complémentaires pour les vilayets dits macédoniens, et ce projet de Vienne qu'on communiqua à la Porte fut adopté le 23 février 1903 sans le moindre amendement.

Les principales de ces réformes étaient : maintien de l'inspecteur général Hilmi-pacha durant une période de trois ans; obligation pour le Gouvernement ottoman de ne pas révoquer l'Inspecteur général avant l'expiration de ce délai, sans que les Gouvernements d'Autriche-Hongrie et de Russie soient consultés à ce sujet; faculté de l'Inspecteur général de se servir des troupes ottomanes sans être obligé d'avoir recours au gouvernement central; soumission des valis aux instructions de l'Inspecteur général; réorganisation de la police et de la gendarmerie avec le concours de spécialistes étrangers hiérarchiquement soumis au Gouvernement ottoman; admission des chrétiens dans la gendarmerie et la police en chiffre proportionnel; amnistie; émancipation financière des trois vilayets, etc., etc.[1].

Mais ces réformes, sur lesquelles la Porte a basé les nouvelles instructions qu'elle a données à Hilmi-pacha[2], ne sont pas jugées satisfaisantes par les comités bulgares. Ces derniers, devenus complètement éhontés à la suite de l'amnistie dont pour la seconde fois ils ont bénéficié et qui valut la liberté à près de 2.000 criminels bulgares[3], se livrent à une encore plus vaste organisation de troubles[4]

---

[1] *Libro verde*, *Macedonia*, 1906, doc. 12. Voir aussi G. Exintaris : *Les réformes en Macédoine*, p. 94 sq.

[2] *Instruction supplémentaire au sujet des provinces de la Roumélie* (Livre jaune, *Affaires de Macédoine*, 1903-1905, doc. 3, annexe. Libro verde, *Macedonia*, 1906, doc. 35, annesso).

[3] Blue book, *Turkey*, I, 1904, doc. 4, inclosure.

[4] Ces troubles ont été prévus par le clairvoyant et judicieux consul général de Grande-Bretagne à Salonique, Sir Alfred Biliotti, qui y a vu la conséquence fatale de l'amnistie accordée aux comitadjis bulgares : il qualifie cette amnistie de « lamentable erreur » (Blue book, *Turkey*, I, 1904, doc. 4, 5, 18, inclosures, etc.).

avec toujours pour but de provoquer l'intervention européenne. Et il est à noter que jusqu'à cette date, c'est-à-dire jusqu'en février 1903, les listes détaillées et nominatives de la statistique officielle précitée [1] n'évaluent pas à moins de 228 le nombre des Grecs assassinés par les comitadjis bulgares.

La période des nouveaux troubles commence en avril 1903 par une série notamment de mouvements anarchiques ayant Salonique pour théâtre. Des comitadjis bulgares font sauter, au moyen de bombes, le *Gnadalquivir* des « Messageries Maritimes », l'usine à gaz de la ville, la Banque Impériale ottomane. Ils tentent également de faire sauter plusieurs églises et maisons grecques, le théâtre, l'hôpital ottoman et l'hôpital allemand, la poste ottomane, le train venant de Constantinople, etc. Pendant quatre jours ils font encore des rues de Salonique un véritable champ de bataille, en provoquant des combats meurtriers avec l'armée turque. Et naturellement, toutes ces explosions et ces batailles coûtent la vie à un grand nombre d'innocents [2]. Finalement, le mouvement est réprimé dans la ville, mais dans la campagne la situation demeure tout aussi troublée. Les comitadjis continuent chaque jour leurs attentats contre les chemins de fer et contre les ponts, et infligent la mort et des tortures barbares à de nombreux Grecs, commettent toute sorte de crimes contre la vie des habitants et contre l'ordre public. En juillet le mouvement acquiert de nouvelles et redoutables proportions dans les districts de Castoria et de Florina. Les comitadjis bulgares occupent les villages grecs de Klissoura, Neveska et, plus au nord, Croussovo, avec l'idée satanique d'attirer sur eux la colère des Turcs [3]. Leur plan réussit : les Grecs tombent sous le coup de la fureur des

---

[1] *Crimes bulgares*, etc. Paris, 1907.
[2] Blue book, *Turkey*, I, 1904.
[3] Voir *supra*, p. 571-572.

Turcs; Croussovo devient la proie des flammes; ses habitants sont massacrés. A Monastir même, les Grecs sont menacés du même sort. D'autres comitadjis bulgares opèrent dans le sandjak de Serrès. Finalement le mouvement est réprimé.

A ces abominations criminelles de leurs comitadjis les Bulgares n'ont pas hésité à réserver une immense publicité, en leur donnant le nom de « révolution macédonienne ». Et ils invoquent ces horreurs comme un témoignage de plus du caractère bulgare de la Macédoine. Voici, par exemple, ce qu'écrivait, il y a quelques années, M. Mikoff, professeur à la faculté des lettres de l'université de Sophia : « La grande insurrection de juillet 1903 dissipe les derniers doutes sur la nationalité de la population macédonienne. Dans cette lutte inégale contre les Turcs (?), les Bulgares macédoniens se montrèrent les dignes descendants de Samuel »[1]. L'année dernière, au cours d'un meeting tenu à Sophia sous la présidence du recteur de l'université bulgare, il fut même décidé que désormais l'anniversaire de cette « révolution macédonienne », deviendrait fête nationale des Bulgares[2]. Heureusement les *Livres bleus* anglais, et notamment celui paru en janvier 1904[3] qui contient les rapports diplomatiques et militaires relatant les événements déroulés de mars à septembre 1903 en Macédoine, rétablissent la vérité dans toute sa cruelle nudité. On y trouve d'innombrables témoignages qui prouvent qu'il ne s'agissait de rien d'autre que d'un mouvement artificiel qui, organisé par les comités révolutionnaires de Bulgarie et patronné par le Gouvernement bulgare, ne provoqua que l'hostilité et l'indignation de la population locale, les Slaves exarchistes non exceptés. C'est ainsi que Sir Alfred Biliotti, le consul général britannique à Salonique, pro-

---

[1] D. Mikoff : *Les étapes d'une unité nationale*, Sophia, 1915, p. 24.
[2] D'après un télégramme de Londres au journal *Hestia* d'Athènes, du 26 juin 1918.
[3] Blue book, *Turkey*, I, 1904.

clame dans un de ses rapports : « L'aversion des habitants non bulgares du pays est si profondément enracinée, que, malgré leur horreur du régime turc, ils ne se joignent pas à eux (les comitadjis bulgares) bien qu'ils souffrent en n'agissant pas ainsi ». Il rapporte encore : « En lisant ce qui s'écrit dans les journaux sur les troubles de Macédoine on en dégage la conclusion naturelle que le peuple s'est révolté et a sacrifié sa vie pour être libéré du joug turc. Or, ceci est complètement faux. Aucun district macédonien ni village n'a pris les armes contre les autorités légales du pays, et si des paysans se joignent parfois aux révolutionnaires introduits de Bulgarie, cela est dû exclusivement aux menaces et aux achats de conscience dont une partie des partisans des bandes sont l'objet, ou bien à quelques personnes ayant un passé criminel qui se joignent volontiers aux groupes de bandits pour vivre en marge de la loi et pour respirer l'air des montagnes plutôt que celui des prisons turques »[1]. La *Wiener Allgemeine Zeitung* écrivait de son côté, le 24 août 1906 : « La révolution de 1903 organisée en Bulgarie et dirigée par des officiers bulgares échoua complètement, s'étant heurtée à l'indifférence des populations qui les considéraient plutôt comme des étrangers et des ennemis ». Enfin, le président du Comité lui-même, M. M. Michaïlowski, déclarait dans une conférence publique qu'il a faite à Sophia en juillet 1907 : « Nous avons armé des bandes que nous envoyions en Macédoine. C'est sur notre territoire que se tramaient les conspirations et que s'organisaient les attaques à la dynamite contre les institutions des Grandes Puissances en Turquie. Et ces orgies préparées sous la surveillance et avec le consentement des ministres continuent encore ». Et M. Michaïlowski poursuivait : « J'ai honte d'avoir été le président du Comité en 1903. Mais deux raisons m'excusent : la première, c'est qu'on m'a trompé en me cachant

---

[1] *Op. cit.*, doc. 13, etc.

la vérité; l'autre raison... j'ai peur de la dire, on n'est pas en sûreté en Bulgarie lorsqu'on dit la vérité »[1].

La légende sur la « révolution macédonienne » ne pouvait tromper en Europe que les aveugles et les sourds[2], et l'on peut dire que les crimes inhumains et les projets inavouables qui se cachaient sous le nom de « révolution » ont provoqué la désapprobation et l'indignation générales. Le comte Goluchowski, chancelier d'Autriche-Hongrie, dans son rapport du 3/16 décembre 1903 aux Délégations austro-hongroises, ajoutait aux paroles que nous avons déjà reproduites plus haut[3] : « Alors que les Grecs, les Serbes et les Roumains (les Roumano-valaques) envisageaient notre œuvre (des réformes) avec tranquillité et confiance, ceux qui s'appellent Bulgaro-macédoniens s'y sont opposés de la façon la plus violente, qualifiant les mesures étudiées comme insuffisantes. Ils ont proclamé en même temps qu'ils n'accepteront aucune solution ne répondant pas à leurs revendications, qui sont considérables, qui visent loin et qui sont dictées par des raisons nationales bien plus qu'humanitaires. Les comités révolutionnaires dont la direction centrale se trouvait en territoire bulgare ont dès lors déployé, conformément à ces aspirations et grâce

---

[1] M. Arvanitaki qui publie (*Sur la réponse des socialistes bulgares*, p. 16), cette partie de la conférence de M. Michaïlowski, explique que celui-ci « faisait allusion à l'assassinat des fondateurs du Comité, Sarafoff et Gourvanoff, tués en plein Sophia par Panitza, la main droite de Sandaski, le fameux chef de la bande opérant à Drama. Ce patriote Sandaski, ajoute-t-il, après avoir commis des atrocités inouïes en Macédoine contre les populations grecques, vola 500.000 francs à la caisse du Comité et s'enfuit à Bucarest. C'était l'ami et le collaborateur de M. Gennadieff, le favori de la Couronne ».

[2] Nous devons malheureusement compter parmi ceux qui ont cru à cette légende, M. Victor Bérard qui, s'imaginant que le mouvement « révolutionnaire » tendait à transformer la Macédoine « à l'image d'un canton suisse », a reproché aux Grecs, dans son livre *Pro-Macedonia*, leur non-participation à ce mouvement. Et l'on constate la profondeur de l'erreur où M. Bérard est tombé, en le voyant célébrer ce vulgaire criminel bulgare qui plaça secrètement, à bord du paquebot français *Guadalquivir*, la bombe qui le fit sauter, et qui s'échappa ensuite à Scopia. M. Victor Bérard va jusqu'à le comparer (p. 35) à l'amiral Canaris, le célèbre héros de la révolution grecque de 1821, qui vengea les terribles massacres de Chio en incendiant la flotte turque, et qui inspira à Victor Hugo l'immortelle poésie que tout le monde connaît.

[3] Voir *supra*, p. 570, n. 3.

à la tolérance vraiment répréhensible du Gouvernement bulgare, dont la conduite peut être difficilement distinguée d'une complicité active, une activité tout à fait fébrile qui eut pour résultat la formation et l'armement de nombreuses bandes et la perpétration d'une série d'horribles attentats, qui sont encore trop frais dans la mémoire de tout le monde pour qu'il soit utile de nous attarder à en parler. La tendance de ces agissements criminels ne pouvait tromper personne. Le but évident et manifeste poursuivi par ces procédés était d'empêcher l'exécution des réformes projetées et de provoquer par la terreur une révolution générale qui contraignît l'Europe à intervenir en faveur d'un renversement radical du *statu quo* ». Et après avoir félicité pour sa conduite la Grèce qui montra qu'elle mérite sa réputation de facteur « d'ordre et de tranquillité », le comte Goluchowski termina ses déclarations en proclamant que la Grèce « a le droit de revendiquer la pleine et entière reconnaissance de son attitude irréprochable ». Analogues, bien que formulées dans un langage encore plus violent contre les atrocités bulgares, sont les déclarations de M. Balfour, Premier ministre anglais, dans une lettre ouverte à l'archevêque de Canterbury, de M. Delcassé, Ministre des affaires étrangères de France, et du Gouvernement russe dans un communiqué qu'il publia le 26 septembre 1903 dans le *Messager officiel* [1].

Cette explosion unanime d'indignation n'empêcha pas le mouvement bulgare de 1903 de comporter certains résultats. On élabora un nouveau projet austro-russe de réformes, plus agréable que l'autre aux vues bulgares sur la Macédoine. Et ce nouveau projet, rédigé à Mürsteg le 3 octobre 1903, à la suite de l'entrevue qu'avaient eue

---

[1] L'opinion des écrivains étrangers, à part M. Victor Bérard, n'était pas différente. Nous renvoyons notamment le lecteur à ce qu'a écrit, sur ce sujet, M. Amadore-Virgilj, un des plus profonds connaisseurs des affaires macédoniennes, qui qualifie ce mouvement bulgare de « pseudo-rivoluzione » et de « fitizzia rivoluzione delle bande bulgare ». (G. Amadore Virgilj: *La Questione rumeliota e la politica italiana*, p. 140 sq.).

dans cette ville les empereurs d'Autriche-Hongrie et de Russie, gravite, de même que le précédent projet de réformes, autour de la même idée erronée, qui présentait comme raison de l'intervention européenne la mauvaise administration du pays par les Turcs et comme remède l'introduction de réformes. Entre les deux projets il y avait cependant cette différence que le second prévoyait le fonctionnement d'un contrôle et la coopération active de l'Europe dans l'administration des trois vilayets. Voici, au surplus, les principales dispositions du programme de Mürsteg : Nomination auprès de l'inspecteur général Hilmi-pacha d'agents civils spéciaux d'Autriche-Hongrie et de Russie ; réorganisation de la gendarmerie par un général de nationalité étrangère, auquel seraient adjoints des officiers et sous-officiers étrangers ; modification dans la délimitation territoriale des unités administratives en vue d'un groupement plus régulier des différentes nationalités ; réorganisation des institutions administratives et judiciaires ; institution de commissions mixtes, formées de chrétiens et de musulmans pour l'examen des crimes politiques ; participation à ces commissions des représentants consulaires d'Autriche-Hongrie et de Russie, etc. [1].

La Porte accepta en principe le programme de Mürsteg le 11/24 novembre 1903 et souscrivit aussi, après quelques pourparlers, aux détails de ses dispositions. Et c'est ainsi que le programme, bien que reposant sur une fausse base, puisque la cause du mal résidait moins dans l'administration turque que dans la criminelle intervention des comités bulgares, commença à être plus ou moins appliqué. On nomma auprès de Hilmi-pacha deux agents politiques, l'un austro-hongrois, M. von Müller, ancien consul général à Odessa, et l'autre russe, M. Demerik, consul à Beyrouth. Quant à la réorganisation de la gendarmerie, elle fut

---

[1] Blue book, *Turkey*, II, 1904, doc. 103. Livre jaune, *Affaires de Macédoine*, 1903-1905, doc. 40, annexe. Libro verde, *Macedonia*, 1906, doc. 92. Voir aussi G. Exintaris : *Les réformes en Macédoine*, p. 105 sq.

confiée au général italien De Giorgis, sous les ordres duquel on plaça une cinquantaine d'officiers des armées des Grandes Puissances, sauf de l'Allemagne, qui furent répartis de la manière suivante : les Autrichiens dans le sandjak de Scopia, les Italiens dans celui de Monastir et dans le caza de Castoria (et, aussi, plus tard, dans le sandjak de Servia), les Russes dans le sandjak de Salonique, les Français dans celui de Serrès et les Anglais dans celui de Drama.

L'application du programme de Mürsteg fut interprétée par les Bulgares comme présageant l'autonomie de la Macédoine, dont la réalisation leur permettrait de répéter le coup d'État qui leur avait si bien réussi, avec la Roumélie Orientale, à Philippopoli. C'est pourquoi ils acceptèrent, en principe, le programme, tout en intensifiant aussitôt leur effort afin de créer en Macédoine une prétendue majorité et de pouvoir s'en prévaloir le jour où l'autonomie y serait proclamée. L'éternelle bienveillance des Grandes Puissances et du Gouvernement ottoman leur vint d'ailleurs encore une fois en aide et appuya indirectement leurs intrigues.

Mais précisons. Alors que le programme des réformes était sur le point de recevoir son application sur toute l'étendue des trois vilayets dits macédoniens, on invoqua l'article 3 de ce document, qui permettait la modification dans la délimitation territoriale des unités administratives en vue d'un groupement plus régulier des différentes nationalités, pour réduire l'étendue de l'application des réformes, conformément à l'intérêt ethnologique des Bulgares. On prépara ainsi une Macédoine artificielle avec des frontières coïncidant avec celles du traité de San-Stefano ou plutôt avec celles, plus larges, du projet bulgare d'autonomie macédonienne de 1902. Plus encore : on réussit, en prétextant l'absence d'un nombre suffisant d'officiers étrangers, à éviter l'application des réformes non seulement dans les parties albanaises des vilayets de Scopia et de Monastir, mais encore dans les sandjaks grecs de Servia et de Corytsa, le caza de Castoria seul excepté. Et l'importance de ce régime d'exception improvisé pour ce qui concerne les neuf des dix cazas qu'englobaient les sandjaks par excellence grecs de Servia et de Corytsa, apparait dans sa véritable signification si l'on consulte les données du recensement turc et les statistiques officielles bulgare et grecque [1]. On voit alors que dans les neuf cazas en question qui furent séparés du territoire où les réformes seraient appliquées, la population grecque était la suivante par rapport à la population bulgare :

	Recensement turc.	Statistique bulgare	Statistique grecque
Grecs	150.241	140.441	153.242
Bulgares . . .	9.808	9.796	1.943

Et il est vrai que, l'Hellénisme s'étant révolté contre cette décision, qui constituait, à ses yeux, le premier pas vers la bulgarisation de la Macédoine qu'on feignait de vouloir réformer, on chercha à corriger la chose et l'on procéda à la nomination d'officiers belges pour les deux sandjaks grecs en question; on étendit même leur juridiction à trois autres cazas, également grecs, ceux de Verria, de Caterini et de Cassandra, qui, tous les trois se trouvaient, comme par hasard, en dehors des frontières de la Bulgarie de San-Stefano. Mais cette mesure n'était pas de nature à calmer l'émoi de l'opinion publique grecque, qui ne pouvait pas, franchement, identifier aux officiers des Grandes Puissances chargés de mission dans le reste de la Macédoine, les officiers belges qui étaient au service de la Turquie depuis l'époque des premières réformes, qui étaient par conséquent des fonctionnaires de la Porte et qui, d'ailleurs, avaient échoué dans leur tâche ainsi que le rappelait le programme de Mürsteg lui-même [2]. Malgré

---

[1] Voir *infra*, p. 608 sq.
[2] Voir l'article 3 du programme de Mürsteg qui motive de la manière suivante la nécessité de charger un général étranger de la réorganisation de la

l'adjonction des officiers belges, les frontières de cette Macédoine autonome, conforme à l'intérêt ethnologique des Bulgares, étaient encore distinctement tracées.

Ce n'est d'ailleurs pas là le seul succès des Bulgares. En mai 1904 on obtint la publication d'un iradé reconnaissant l'existence en Macédoine d'une nationalité roumaine. Un nouveau coup était ainsi porté non seulement contre le Patriarcat Œcuménique, mais plus particulièrement contre l'hellénisme macédonien; on reconnaissait comme roumaines ces populations valaques, dont l'origine est inconnue et qui n'ont jamais cessé, du moins dans leur grande majorité, d'avoir une conscience nationale grecque. Mais l'avantage bulgare ne consistait pas seulement dans cette amputation du domaine spirituel du Patriarcat Œcuménique et du domaine national de l'hellénisme macédonien; cet iradé créait aussi un grave différend entre la Grèce et la Roumanie et facilitait la coopération bulgaro-roumaine contre l'Hellénisme aussi bien sur le terrain diplomatique que sur celui de la propagande locale en Macédoine. Et cette coopération était d'autant plus profitable aux Bulgares que les populations koutzovalaques se trouvaient, pour la plupart, dans la Macédoine du sud où n'existait pas le moindre Bulgare et où la propagande bulgare n'avait pas jusque-là le moindre instrument pour une action antigrecque efficace.

Enfin et toujours en 1904, on obtint que les Grandes Puissances et la Sublime Porte reconnussent le principe du maintien en Macédoine du régime ecclésiastique, scolaire et ethnologique d'avant la pseudo-révolution bulgare de 1903. Cette mesure suffit à elle seule pour caractériser comme il convient cette pseudo-révolution; elle révèle les arrière-pensées ethnologiques que les Bulgares avaient en tête en ayant recours à la violence; et elle n'était qu'en

---

gendarmerie : « Prenant en considération que les quelques officiers suédois et autres (belges) employés jusqu'à présent et qui, ne connaissant ni la langue ni les conditions locales, n'ont pu se rendre utiles... ».

apparence seulement favorable aux Grecs. En effet, l'action terroriste exercée sur la conscience nationale des Macédoniens et la bulgarisation de ces derniers avaient été entamées bien avant la pseudo-révolution de 1903. Et malgré la réciprocité que comportait la nouvelle mesure, en fait elle était au seul avantage des Bulgares; car aussi bien avant que longtemps après 1903, il n'y avait pas en Macédoine des bandes grecques [1] pouvant, à leur tour, s'emparer d'églises ou d'écoles bulgares et agir elles aussi par la violence sur la conscience nationale des habitants. On arrivait donc à reconnaître comme bulgares les églises, les écoles et les populations grecques qui, par le fer et par le feu, avaient été soumises à l'Exarchat et au bulgarisme. D'ailleurs, la décision elle-même de ne pas reconnaître les changements survenus en Macédoine après 1903 au préjudice de l'Église orthodoxe et de l'Hellénisme, n'avait de valeur que pour la forme, étant donné qu'on n'accordait aucune protection matérielle contre le retour de la violence bulgare, et aucune garantie, ni aux prêtres, ni aux instituteurs et aux élèves pour la reprise de leurs travaux, ni aux habitants en général pour la libre manifestation de leurs sentiments helléniques.

C'est ainsi qu'était préparée la formation d'une majorité artificielle bulgare dans cette Macédoine appelée, aux yeux des réformateurs, à devenir un jour autonome. Mais il ne faut pas méconnaître que l'autonomie macédonienne à laquelle on rêvait avec tant d'obstination ne pouvait pas résulter rien que d'une action diplomatique. Il fallait avant tout perpétuer l'état anarchique du pays, qui provoquerait tôt ou tard une nouvelle intervention européenne et de nouvelles innovations. C'est pourquoi, loin d'avoir eu pour résultat d'interrompre, quand ce ne serait que momentanément, l'activité criminelle des comitadjis bulgares, la

---

[1] Les deux petites bandes de Vangheli Nicolaou et de Cotas, dont nous parlerons plus loin, ne peuvent certes entrer en ligne de compte.

décision d'introduire de nouvelles réformes déclencha, aussitôt mise en application, une réelle recrudescence de crimes et d'atrocités [1].

Le 11/24 octobre 1903 une bande bulgare traverse la frontière et détruit entièrement le village de Rivna, situé à une distance de deux heures de Névrokopi [2]. Une autre bande bulgare pénètre le 25 octobre/7 novembre 1903 dans le village de Zirnovo, du district de Serrès, et massacre l'instituteur et trois paysans, tous Grecs. La même bande s'introduit dans le village de Ransko, du district de Névrokopi, et tue encore un Grec [3]. Et d'autres bandes bulgares, commandées par le fameux Chakalaroff et par d'autres chefs, opèrent en grand nombre et provoquent de sanglants combats avec l'armée turque, dans les régions de Florina, de Morihovo, de Chanichta, de Pissodéri et ailleurs [4].

On apprend en même temps qu'on a identifié un chef de bande arrêté à Monastir, qui n'était autre que le lieutenant bulgare Stoïkoff; et on trouve sur lui des documents « compromettant sérieusement le Gouvernement bulgare » [5]. Le Gouvernement ottoman s'empare en outre de deux documents très importants du Comité bulgare, intitulés : *Instructions pour l'intérieur* et *Organisation des bandes dans les villages* ; ces documents établissaient que les bandes recevaient une organisation militaire « conforme aux conditions actuelles » et que les malheureux paysans macédoniens y prenaient part contraints, et non volontairement [6].

Et alors que la situation empirait tous les jours, que d'innombrables crimes étaient sans cesse commis contre l'innocente population, qu'on annonçait l'apparition de

---

[1] Sur l'activité criminelle des comitadjis bulgares, de cette date jusqu'à la fin de 1904, voir notamment : Blue book, *Turkey*, II, 1904; Blue book, *Turkey*, IV, 1904, et Blue book, *Turkey*, II, 1905.
[2] Blue book, *Turkey*, II, 1904, doc. 112.
[3] Blue book, *Turkey*, II, 1904, doc. 148.
[4] Blue book, *Turkey*, II, 1904, doc. 150, inclosure 1.
[5] Blue book, *Turkey*, II, 1904, doc. 144.
[6] Blue book, *Turkey*, II, 1904, doc. 150, inclosures 2 et 3.

nouvelles bandes, conduites par Zontcheff et Sarafoff, et que les représentants des puissances étaient unanimes à craindre pour le printemps prochain une situation bien plus trouble encore, le Gouvernement bulgare exploitait toujours les Grandes Puissances et la Turquie et obtenait par l'accord turco-bulgare du 26 mars/8 avril 1904 [1], ce que la pudeur la plus élémentaire avait empêché d'inclure dans le programme de Mürsteg, c'est-à-dire l'octroi de la troisième amnistie accordée dans l'espace d'un an et demi aux bandits bulgares. On déversait ainsi de nouveau sur la malheureuse population macédonienne plus de 2.000 criminels bulgares, tenus jusque-là en prison [2], c'est-à-dire précisément ceux qui à l'introduction du premier programme de réformes avaient répondu en faisant couler tant de sang innocent.

On devine ce qui s'ensuivit. Les massacres, les tortures infligées aux habitants, les incendies d'églises, d'écoles et de villages entiers, les mouvements anarchiques, les attentats contre les trains, les combats avec les troupes turques, les représailles exercées par ces dernières, toutes les horreurs se succédèrent avec une vitesse vertigineuse, soulevant le dégoût et l'indignation universels. La statistique officielle que nous avons déjà consultée [3] enregistre, dans ses listes funèbres, jusqu'en novembre 1904, les noms de 518 Grecs assassinés. Et en parcourant ces listes détaillées, on remarque que la plupart de ces victimes étaient des prêtres, des instituteurs, des notables, le plus souvent slavophones, et, en général, ceux qui, par leur éducation supérieure, servaient à la fois d'exemple de dévouement national et d'obstacle à la soumission des autres aux lois de la propagande bulgare, et dont la mort exemplaire

---

[1] Blue book, *Turkey*, IV, 1904, doc. 153, inclosure. Livre jaune, *Affaires de Macédoine*, 1903-1905, doc. 70, annexe 1.

[2] Rien que jusqu'au 28 avril/11 mai 1904, le nombre des amnistiés s'éleva à 1.640; il dépassa plus tard les 2.000. (Blue book, *Turkey*, IV, 1904, doc. 187 et Blue book, *Turkey*, II, 1905, doc. 79, inclosure).

[3] *Crimes bulgares*, etc. Paris, 1907.

pouvait influer sur le moral des populations. En faut-il un témoignage formel ? Nous le trouvons dans la note suivante trouvée sur le cadavre de Simon Christou, Grec slavophone, notable du village d'Ossiani, et citée par le publiciste français M. Paillarès, dans son ouvrage *L'Imbroglio macédonien :*

> Par décision du Comité bulgare, datée d'aujourd'hui, 28 septembre 1904, nous avons condamné à mort Simon Christou, afin que sa mort serve d'exemple aux *grécomanes* d'Ossiani et d'ailleurs, et afin qu'ils se conforment désormais aveuglément aux décisions du Comité. Que les Grecs d'Ossiani et d'ailleurs apprennent que s'ils ne veulent pas devenir Bulgares, ils subiront une mort atroce etc.
>
> (s.) BABIANLY [1].

Et les Bulgares ne se bornaient pas à massacrer sans pitié souvent jusqu'à des groupes entiers de Macédoniens; ils s'ingéniaient à faire précéder la mort de leurs victimes par d'inimaginables tortures, surtout quand ils avaient devant eux des êtres inoffensifs, des vieillards, des femmes, des petits enfants. On a enregistré le cas de victimes devenues folles à force d'être martyrisées, d'êtres humains dont on a successivement arraché les ongles, les yeux, la langue et dont on a ensuite coupé les oreilles, le nez, les mains et les pieds; d'autres dont on a attaqué les parties sensibles; d'autres qu'on a enterrés ou brûlés vivants; de vierges ou de jeunes femmes violées et dont on a coupé les seins; de tout petits enfants dont on a brisé la tête, en présence de leurs propres parents, contraints à contenir leur désespoir et à offrir, ensuite, du vin aux bourreaux débauchés de leurs enfants !

Pour ceux qui seraient tentés de considérer ces atrocités comme incroyables, nous reproduisons ici la première description de ces horreurs qui nous est tombée sous les yeux et qui émane d'un témoin oculaire, le publiciste

---

[1] M. Paillarès : *L'Imbroglio macédonien*, Paris, Stock, éd., 1907, p. 355.

français, déjà cité, M. Paillarès. Sa description est insérée dans son livre *L'Imbroglio macédonien* et a trait au massacre d'une famille grecque slavophone assassinée au village de Gradobor, près de Salonique, par une bande bulgare qui y pénétra dans la nuit du 15/28 au 16/29 août 1904. Voici ce tableau épouvantable : « Vers les 10 heures du soir, une bande forte de vingt bandits a fait irruption dans le village, tirant des coups de fusil sur les portes et les fenêtres des habitations. Ils ont cerné le caracol (poste de police) et ont tenu en respect au bout de leurs mannlicher trois gendarmes qui s'y trouvaient. Puis, quelques-uns ont mis le feu à une grange appartenant à un patriarchiste notable. La maison contiguë à la grange a été préservée des flammes. Enfin, ils se sont rués, tels des hyènes, sur la maison de Traïko Stério. Grâce à la complicité d'un villageois, ils sont entrés chez lui. Ils l'ont trouvé dans la cour. Ils l'ont immédiatement ligoté; les cordes sont encore enroulées autour de ses bras, elles ont pénétré même dans la chair. — Où est ton argent? Il nous faut trente livres (près de 690 francs). — Je n'ai pas cette somme ici. Dans quelques jours je pourrai vous la remettre. J'attends des rentrées. Aujourd'hui, je n'ai que trois livres. — Tu n'a que trois livres? Tu mens. Du reste, nous ne sommes pas venus pour avoir seulement ton argent. C'est ta vie que nous voulons. — Ils commencent à le piquer de la pointe de leurs poignards, un peu partout, à faibles doses. — Pitié! supplie Traïko. — Pitié! pitié! vient crier sa compagne. — Épargnez *mon homme*. — Elle se jette entre les brigands et son mari. Elle tente des efforts surhumains pour écarter les poignards. Les monstres, furieux, exaspérés de cette intervention, la renversent à terre et lui portent des coups sauvages, dont l'un transperce, vous l'avez déjà vu, le sein droit : le bout est emporté. Après ce brillant exploit, sous les yeux épouvantés de cette héroïque vieille, que l'on a immobilisée, ils coupent tout à leur aise les oreilles de Traïko Stério et le lardent sur le visage et sur le corps : — Tuez-le, ordonne une voix sinistre. — Et on le piétine, on l'achève avec furie. Tout cela n'est rien, à peine un prologue. Ma plume pourra-t-elle décrire la scène qui suivit? Je dirai les choses telles qu'elles m'ont été rapportées et telles aussi que j'ai pu les reconstituer à l'examen des cadavres. L'aîné des fils avait entendu du premier étage les cris de son père et de sa mère. Il accourt. On le saisit aussi avec des ricanements de bêtes fauves. Et le supplice commence. Quel supplice! Il faut remonter aux nuits les plus sombres de l'Inquisition, il faut aller jusqu'en Chine pour retrouver de pareils raffinements de cruauté. Ils s'emparent du patient et lui arrachent la vie lentement, lentement, souffle par souffle, pour jouir en dilettanti de son martyre. Ils promènent d'abord leurs poignards sur les jambes, à tour de rôle, et lui font des piqûres savantes qui font jaillir le sang par gouttelettes. Ils tailladent les oreilles par minces tranches, jusqu'à ce qu'il ne reste aucune excroissance. Ils redescendent le long de la poitrine et lui découpent, morceaux par morceaux, les parties sexuelles. Ensuite ils passent au nez, dont ils rasent les ailes jusqu'à la racine. Ils déchirent les lèvres et mettent complètement à nu les mâchoires. Des lèvres, les poignards sautent aux yeux qu'ils crèvent. Les globes sont descellés et tirés hors des orbites. Mais cela ne suffit pas. Les tortionnaires grattent et fouillent encore les cavités et traversent presque la tête de part en part. Pour terminer, ils s'acharnent sur les bras qu'ils trouent en mille endroits. Ils labourent le corps entier de droite à gauche, et de haut en bas. C'est la danse des poignards! Le patient n'était plus qu'une horrible écumoire. Celui-ci fut un vrai martyr de l'idée grecque. Il a subi toutes les tortures. Sa chair a été meurtrie, sillonnée par tous les poignards de l'enfer. Tous les démons ont ricané devant son agonie. Et le supplicié rit maintenant dans la quiétude de l'au-delà, mais de quel rire! La mutilation de ses lèvres a figé sur sa face un rictus de folie, un rictus qui jette l'épouvante et glace d'effroi, un rictus dont le souvenir hantera mes nuits et mes jours, comme une hallucination. C'est le rire de la douleur suprême, de la douleur parvenue à l'infini. A supposer que le vieux Traïko Sterio eût été un traître, un dénonciateur, était-il nécessaire d'assouvir sa vengeance avec tant de cruauté sur son fils? Fallait-il déchiqueter un corps qui n'était plus qu'une pauvre loque?... Une troisième victime devait être immolée à la *Liberté* (!), à l'*Indépendance* (!). Le second fils de Traïko Sterio partagera le sort effroyable du père et du frère. Mais quelle peine a-t-il subie, en exécution du jugement rendu par le très haut et très puissant tribunal révolutionnaire (!) de Sophia? Son cadavre est entièrement carbonisé... »[1]

L'épreuve était trop dure pour l'Hellénisme. Des villages grecs entiers sont restés privés de tout chef et de tout foyer hellénique commun, sans prêtre et sans instituteur, sans église et sans école, et sans l'espoir non plus de recevoir le moindre secours : il n'y a donc rien de surprenant s'il y en avait qui adhéraient en masse au bulgarisme, poussés par l'instinct humain de la conservation. D'autres Macédoniens émigraient à l'étranger, notamment en Amérique, et parmi ces exilés, il n'y avait pas seulement des notables ou des habitants plus ou moins aisés, qui fuyaient la bulgarisation, mais aussi de simples paysans voulant échapper à la famine, car il leur était impossible

---

[1] M. Paillarès : *L'Imbroglio macédonien*, p. 79-82. On peut voir dans l'*Annuaire macédonien* (en grec) de 1910, la photographie du cadavre de la femme de Traïko (p. 327). De même d'autres victimes des comitadjis bulgares, *ibid.*, p. 328, et dans l'*Illustration* du 24 septembre 1904. Il est à noter que les comitadjis qui commettaient ces cruautés inouïes n'étaient pas seulement de vulgaires criminels. Il y avait parmi eux des hommes de toute classe et souvent même des intellectuels! Voici ce qu'écrivait à ce sujet le *Temps* du 2 novembre 1915 sous le titre : « Souvenirs de Macédoine » : « Les comitadjis bulgares qui ont ensanglanté la Macédoine en rivalisant de cruauté avec l'armée régulière du roi Ferdinand, ne sont pas, comme on pourrait le croire, de simples brigands. Dans la bande de Dontzeff il y avait des marchands de Sophia, des artisans, des étudiants. L'un de ces derniers, un grand garçon qui se vantait d'être « lauréat ès lettres » eut l'idée de raconter quelques épisodes de sa vie au père Gustave Michel (supérieur du couvent catholique de Kilkis) et déclara notamment qu'il avait tué de sa main cent quarante personnes! » (Voir aussi un article sur les comitadjis bulgares, de M. Gaston Deschamps dans le *Temps* du 26 janvier 1916). Ferdinand a cru devoir présenter ces criminels à l'empereur d'Allemagne, lors de leur entrevue de Nisch, en janvier 1916! (Voir l'*Écho de Bulgarie* du 12/25 janvier 1916).

de s'aventurer sur leurs terres pour les cultiver. D'autres venaient en masse dans les villes, où la présence des autorités et des consuls étrangers rendait leur sécurité moins problématique. Mais eux aussi étaient soumis par les comités bulgares à des impôts écrasants, sous peine de voir leurs fortunes foncières détruites; pourtant nombreux furent ceux qui désobéirent aux sommations bulgares et qui, même dans les villes où ils s'étaient réfugiés, tombèrent sous le couteau des agents des comités bulgares. Ainsi voyons-nous Sir Alfred Biliotti, le consul général de Grande-Bretagne à Salonique, s'écrier, dans un de ses rapports déjà cité [1] : « Le point le plus noir de l'histoire des comitadjis c'est la manière dont ils corrompent et imposent les Macédoniens non-bulgares. Les plus timides leur versent souvent des sommes considérables qui ne parviennent pas jusqu'aux caisses du Comité. Ceux qui refusent de payer subissent une mort mystérieuse. L'assassinat est l'arme principale des comités. Ils ne reculent devant rien. Les Grecs notamment sont leurs victimes les plus fréquentes. Pendant ces cinq ou six dernières années les Grecs ont été tués par milliers ».

Cependant, les résistances héroïques ne font pas défaut; sans parler de tous ceux qui préférèrent subir stoïquement une mort de martyrs plutôt qu'abandonner la foi héréditaire et les traditions nationales, il y en eut aussi beaucoup qui opposèrent, vainement hélas ! la violence à la violence. C'est tantôt une jeune institutrice qui, sa maison étant incendiée et ses cohabitants brûlés vifs, sort dans la rue, à moitié brûlée elle aussi, et tire sur les lâches criminels; tantôt des parents qui, voyant leurs enfants horriblement torturés et amputés, se jettent sur les bandits pour les déchirer de leurs propres mains. Mais tous ces héros ne réussissent ainsi qu'à trouver plus vite la mort, ayant à peine le temps de crier qu'ils sont Grecs et qu'ils meurent

---

[1] Voir *supra*, p. 577.

Grecs! Quel résultat pouvaient-ils avoir ces mouvements isolés et dictés par la folie du désespoir, en face de l'organisation de longue haleine des nombreuses bandes bulgares militairement constituées? Aux agressions des bandes seule la défense organisée au moyen de contre-bandes, pouvait répondre d'une manière efficace [1]. Et c'est ce dont vers la fin de 1904 on a commencé à se rendre complètement compte, aussi bien en Macédoine que dans le royaume de Grèce, où une légitime indignation s'était emparée de l'opinion de l'annonce quotidienne des horreurs perpétrées en Macédoine.

Dès 1903, il y eut des cas isolés de défense active et organisée chez les Grecs de Macédoine. Dans la région de Castoria, deux corps grecs avaient pris sous leur protection les populations helléniques, dont le désespoir avait déjà atteint le maximum : l'un sous les ordres de Vanghéli Nicolaou, de Strébéno (Castoria), l'autre sous Cotas Christou, de Roulia (Corestia). Le vice-consul britannique à Monastir, Mc Gregor, n'avait pas manqué, en annonçant l'apparition de ces premières bandes grecques, d'exprimer l'opinion que « vu l'état désespéré de la population patriarchiste, l'adoption de ces mesures de *self-defense* n'a rien de surprenant » [2]. Et il est caractéristique que Cotas était un slavophone que la propagande bulgare avait persuadé, précédemment, de se mettre à la tête d'une bande bulgare. Mais quand il s'aperçut que ces bandes ne visaient pas à la protection des populations chrétiennes contre l'arbitraire turc, ainsi que le promettait faussement la propagande bulgare pour gagner les sympathies et la coopération des habitants, mais à terroriser au contraire les chrétiens pour servir les intérêts politiques de cette propagande, Cotas rompit avec le chef bulgare Chakalaroff, avec lequel

---

[1] Le consul général anglais à Salonique, Sir Alfred Biliotti, avait depuis longtemps préconisé la formation de *counter bands* comme le seul moyen efficace pour le Gouvernement turc de poursuivre les bandes criminelles des Bulgares.
[2] Blue book, *Turkey*, 1 (1904), doc. 306.

il collaborait ; il forma un corps grec et devint l'impitoyable justicier des comitadjis bulgares aussi bien que des Turcs. Voici du reste ce qu'écrit à propos de lui le consul général anglais Sir Alfred Biliotti : « La principale raison des dissentiments qui séparèrent les deux chefs bulgares c'était leur divergence d'opinion en ce qui concerne le traitement des chrétiens orthodoxes ou patriarchistes. Mais Coteff (Cotas) n'accusa pas l'autre seulement de se montrer inique et cruel envers les chrétiens, mais aussi de tromper le peuple et de lui voler l'argent pour un but politique. Plus encore : il insiste pour que les bandes limitent leur action contre les excès des Turcs et des autorités ottomanes et pour qu'elles n'obligent pas les Grecs, par la violence ou les menaces, à fermer leurs écoles et leurs églises, que Chakalaroff, digne successeur de Pétroff, souhaitait faire disparaître dans tous les villages du vilayet »[1].

Vanghélis, pris dans un piège, fut assassiné le 12 mai 1904 par les comitadjis bulgares, et Cotas, arrêté par les Turcs, fut exécuté le 9 juin 1904. Mais rien ne pouvait désormais arrêter les Grecs dans l'organisation de la défense. Si, à l'encontre du Gouvernement bulgare, le Gouvernement grec continua de rester le témoin impassible de cette tragédie macédonienne où l'Hellénisme jouait le rôle du martyr, et si, au lieu de soutenir la lutte, en faisant passer des armes aux Grecs de Macédoine et en leur envoyant des secours, il ne leur prodigua que des conseils de patience et des phrases de désapprobation, toutefois la mort de ces deux héroïques précurseurs de la défense hellénique enflamma l'âme de tous les Grecs. Nombreux furent les jeunes gens qui accoururent de la Grèce libre au secours des Macédoniens en détresse et qui, pour la plupart, appartenaient aux meilleures familles d'Athènes, tels Paul Mélas, Télos Agapinos, Moraïtis, Franghopoulos, Vlahanis, etc., etc.; ils renoncèrent sans hésiter à tout

---

[1] Blue book, *Turkey*, I (1903), doc. 268, inclosure.

plaisir et allèrent affronter la mort sur les montagnes de Macédoine, pour encourager leurs frères opprimés, pour leur montrer qu'ils n'étaient pas complètement abandonnés à la merci des comitadjis bulgares et des bachi-bouzoucks turcs. Et, aussitôt, les Macédoniens se ressaisissent. Ils se lancent en masse dans la lutte pour leurs foyers, pour leur patrie, pour leur foi, et une foule d'autres chefs macédoniens succéderont à Vanghélis et à Cotas, à ces précurseurs de la défense armée des Grecs de Macédoine. Tels le brave Mitroussis, originaire du district de Serrès, son ami Yovanis, Pantelis Grecos, de Stroumnitza, surnommé pour sa vaillance Nico-Tsaras, Paul Kyrou, de Zélovo (district de Corestia), ancien partisan de Cotas, Christos Argyrakos, de Blatsi, Athanase Broufas, de Zahi (district de Grévéna), Pétros Christou, de Monastir, Philippe Capitanopoulos de Caranitsa (district de Naoussa), D. Dalipis, de Gamvrési (district de Corestia), Paul Perdiccas Nerantzis, Gogalakis, Jean Athanassiou, Papapaschalis, Ghonos, etc., etc.; tous ces braves, pour la plupart slavophones, trouveront une mort héroïque, face aux ennemis héréditaires de leur race, les Bulgares et les Turcs.

La défense hellénique fera désormais des prodiges : elle étend rapidement ses ramifications à toute la Macédoine habitée par les Grecs; elle apporte la liberté, la sécurité, la consolation et la confiance à toutes ces populations martyrisées; l'œuvre si difficilement et si péniblement érigée en Macédoine par la propagande bulgare s'ébranle sur ses bases fragiles, faites de mensonge et de violence et, frappée à mort, commence à s'écrouler; la revanche grecque est triomphale et la victoire qui, désormais ne fait que se développer, n'est arrêtée qu'en 1908 par le mouvement révolutionnaire des Jeunes-Turcs, qui crée en Macédoine et dans toute la Turquie un état de choses nouveau et inattendu.

Nos lecteurs qui désireraient connaître dans tous leurs détails les phases de ce duel poursuivi pendant quatre ans entre Grecs et Bulgares en Macédoine, n'auraient qu'à parcourir les *Livres bleus* anglais publiés pendant ce temps [1]; quant à nous, qu'il nous soit permis de nous borner ici à quelques observations d'ordre général, qui donneront une idée des difficultés contre lesquelles les Grecs avaient à lutter, et de la loyauté avec laquelle, à l'encontre des Bulgares, ils surent mener à bon terme leur œuvre défensive.

Pour ce qui est des difficultés rencontrées par la défense hellénique, nous ferons remarquer qu'elles furent nombreuses dès le début. Les Grecs n'avaient pas seulement à lutter contre les innombrables bandes bulgares qui infestaient la Macédoine et qui étaient puissamment organisées et abondamment ravitaillées et armées par les comités bulgares et par la Bulgarie officielle elle-même; ils n'avaient pas seulement à compter, en plus, avec la propagande roumaine qui coopérait avec les Bulgares et que l'Autriche encourageait pour détourner l'attention des Roumains de leurs compatriotes irrédimés de Transylvanie; les Grecs devaient encore lutter contre la politique des Grandes Puissances qui manifestaient de plus d'une manière leur défaveur à leur égard, par leurs agents politiques et militaires; les Grecs avaient enfin à combattre les nombreuses troupes turques que le Gouvernement ottoman leur opposait plutôt qu'aux Bulgares auxquels il prodiguait ses faveurs.

La malveillance des Grandes Puissances à l'égard d'une œuvre aussi légitime que l'organisation défensive des Grecs de Macédoine peut paraître invraisemblable, mais n'est pas inexplicable. La Bulgarie avait été de tout temps l'enfant gâté de l'Europe; au surplus, la défense opposée par les Grecs à l'activité des bandes bulgares risquait, aux yeux des Puissances, de détruire les résultats déjà obtenus par

---

[1] Blue book, *Turkey*, II, 1905; Blue book, *Turkey*, III, 1905; Blue book, *Turkey*, I, 1906; Blue book, *Turkey*, I, 1907; blue book, *Turkey*, III, 1908. Voir aussi le Livre jaune, *Affaires de Macédoine*, 1903-1905, et le Libro verde, *Macedonia*, 1906.

ces dernières et de prolonger la situation troublée de Macédoine jusqu'à ce que le but poursuivi par les Grecs fût atteint. Or, les Grandes Puissances jugeaient l'affaire macédonienne d'un point de vue égoïste, et, poussées par une presse bulgarophile ou tout simplement impatiente, elles ne pensaient qu'à une chose : comment mettre le plus rapidement possible un terme à l'anarchie qui régnait en Macédoine, en appliquant les réformes qu'elles avaient élaborées; il était indifférent à la diplomatie européenne si l'état des choses qu'elle cherchait à consolider en Macédoine reposait sur une base fausse, créée par la violence et par l'arbitraire, si la propagande bulgare s'était imposée par le fer et par le feu, si des populations entières gémissaient sous le plus infâme des régimes.

Quant à l'hostilité du Gouvernement ottoman, elle était motivée non seulement par la haine séculaire des Turcs contre la race grecque, mais encore par ce que la révolte de l'élément grec, qui était si nombreux en Macédoine aussi bien que dans les autres provinces de l'Empire, était pour ce dernier une source d'inquiétude bien plus grande que l'activité des bandes bulgares, lesquelles, toutes nombreuses et bien organisées qu'elles étaient, n'en constituaient pas moins des facteurs isolés et relativement peu dangereux. En frappant par ses troupes les Grecs plutôt que les Bulgares, le Gouvernement turc non seulement circonscrivait les proportions redoutables que la lutte aurait autrement prises eu égard à l'avenir de l'Empire ottoman, mais aussi encourageait la criminelle activité des Bulgares contre l'élément grec, et alimentait la haine nationale qui séparait les populations chrétiennes de la Turquie. Et, pour faire comprendre combien acharnée fut la persécution que le Gouvernement ottoman mena contre les bandes grecques — que les Bulgares n'ont pas hésité à présenter comme, au contraire, favorisées par la Turquie [1], — il suffira

---

[1] Voir le pamphlet anonyme : *Turcs et Grecs contre Bulgares en Macédoine* avec préface de M. L. Leger.

de mentionner que, d'après la statistique officielle de l'inspecteur général Hilmi-pacha, rien qu'en une année, de l'été 1906 à l'été 1907, il n'y eut pas moins de quarante-six combats entre troupes turques et corps grecs, avec deux cent dix-huit Grecs de tués. Mais il n'y avait pas que les bandes grecques de traquées ; les prisons de Salonique et de Monastir regorgeaient de centaines de paysans grecs, victimes innocentes du fanatisme turc et des calomnies bulgares, et, à un moment, dans les prisons de Monastir, les détenus grecs ont été, en partie, massacrés. En même temps, les prélats grecs, qui osaient protester contre ces actes, étaient expulsés et la furie et les menaces turques sont allées jusqu'à être dirigées contre la Grèce officielle elle-même, pour être traduites dans une note aussi incorrecte qu'injuste adressée le 16/29 juillet 1907 par la Porte au Gouvernement hellénique. Telle fut la ...coopération et l'alliance gréco-turque, cette pure invention des Bulgares !

On voit combien grandes et combien nombreuses étaient les difficultés que l'œuvre défensive des Grecs avait à affronter, aussitôt entamée. Qu'elle ait su lutter contre elles victorieusement, les surmonter et finalement triompher, voilà qui est une nouvelle preuve, et non des moins éloquentes, de la robustesse et de la puissance de l'hellénisme tant éprouvé de Macédoine !

Mais la défense macédonienne des Grecs ne fut pas seulement efficace ; elle fut aussi loyale. La différence entre l'activité bulgare et l'activité grecque est, à cet égard, caractéristique. Les Bulgares qui, par leurs programmes hypocrites et faux, ne poursuivaient qu'un seul but : la bulgarisation de la Macédoine, dirigeaient toute leur action contre les habitants chrétiens du pays. Pareils aux anciens haïdouts, dont nous avons vu plus haut les exploits, les comitadjis bulgares se livraient à des massacres, à des viols, à des actes de brigandage, contre des êtres innocents et désarmés et avec une cruauté et une lâcheté sans exemple.

Au cours de la conférence qu'il donna à Sophia, en juillet 1907 [1], M. Michaïcowsky, l'ancien président du Comité, rappelant comment les autres peuples avaient poursuivi leur restauration nationale, n'hésitait pas à flétrir ainsi les procédés employés par ses compatriotes : « Nous autres Bulgares nous avons découvert d'autres moyens d'action. Nous nous sommes dit : nous savons que, chez nous, tout est pourri, mais qu'importe ! Accroissons-nous d'abord et ensuite nous nous épurerons. Mais nous avons oublié que des hommes nés et éduqués dans la boue sont incapables de réaliser une pareille œuvre ». Le contact avec les bandes helléniques était, d'autre part, soigneusement évité par les comitadjis bulgares qui craignaient de les affronter. La lutte contre elles se réduisait à de lâches trahisons et à des guets-apens perfides. Les Bulgares ne se battaient contre les Grecs que lorsqu'ils étaient surpris par ces derniers et il est naturel que, vulgaires criminels faisant face à des héros inspirés, ils aient toujours été battus et aient toujours abandonné lâchement le combat. C'est pourquoi leur colère et leur vengeance s'abattaient avec une double fureur, après leurs continuelles défaites, sur l'inoffensive population de Macédoine, qui, reprenant courage à l'apparition des défenseurs grecs, revenait à l'orthodoxie et renouait la chaîne interrompue de sa tradition hellénique. Et lorsque, en 1906, c'est-à-dire deux ans à peine après les débuts de l'action défensive des Grecs, les bandes bulgares eurent été, les unes anéanties, les autres réduites à une sage retraite vers leurs repaires, et que les attaques contre les innocentes populations de Macédoine furent devenues autrement difficiles, la fureur bulgare éclata contre les habitants grecs de la principauté bulgare. C'est alors que commença cette ère de sauvages persécutions anti-helléniques à Varna, à Roustchouk, à Philippopoli, à Sténimachos, à Anchialos, dont

---

[1] Voir *supra*, p. 577.

nous avons déjà parlé [1]. Bref, l'activité bulgare usa jusqu'au bout des mêmes procédés. Par contre, les Grecs, soutenus par l'idéal élevé de leur race, jouèrent le rôle de défenseurs et sauveurs de la population macédonienne inoffensive, bornant honnêtement leur activité à la lutte exclusive contre les criminels comitadjis qui ravageaient le pays. Ils se dressèrent en véritables héros, qui combattaient et succombaient glorieusement pour la défense des idées les plus nobles et des droits humains les plus sacrés. Et c'est pourquoi, alors que les bandes bulgares n'excitaient, par leurs forfaits et leurs crimes, que la haine et l'indignation de la population macédonienne tout entière, — contraste frappant : les bandes grecques étaient partout accueillies avec confiance, avec soulagement, avec enthousiasme.

Il était logique qu'étant donné l'accueil malveillant que, dès le début et pour les raisons déjà exposées, on réserva à l'étranger à l'œuvre défensive des Grecs, la lutte entreprise par ces derniers fût diffamée et dénoncée. Les calomnies bulgares trouvèrent des oreilles attentives dans les chancelleries des Grandes Puissances et ces mensonges furent exploités abondamment par une partie de la presse européenne. Nous n'irons certes pas jusqu'à nier que, dans une lutte aussi longue et aussi difficile, ayant pour objet de nettoyer la Macédoine de la vermine des comitadjis bulgares, les Grecs eux-mêmes se soient parfois livrés à certains excès contre les criminels qu'ils combattaient. Mais, franchement, comment pouvaient-ils se conduire contre des monstres qui arrachaient les ongles aux vieillards, coupaient les seins des femmes, ouvraient les têtes des petits enfants ? Et quelle est la force qui eût pu contenir l'explosion de l'indignation plus que légitime que soulevait le spectacle de pareilles sauvageries ?

Quant aux victimes de la cruauté bulgare, elles se

---

[1] Voir *supra*, p. 427-428.

comptaient par milliers en 1908, quand la lutte fut arrêtée par le mouvement jeune-turc. Rien que la statistique officielle, déjà plus d'une fois citée [1], a enregistré dans ses listes les noms de 1.284 Grecs, tombés tous victimes des comitadjis bulgares, avant le mois de juin 1907, date à laquelle ces investigations se sont arrêtées. Mais ce chiffre fut ensuite considérablement accru, à la suite de l'activité ultérieurement déployée par les bandes bulgares, toujours dirigées par le Gouvernement de Sophia; comme l'écrivait, le 22 novembre 1907, un député bulgare dans la *Wiener Allgemeine Zeitung* : « Malgré la pauvreté de la caisse du Comité due au vol de Sandanski [2], le Gouvernement est revenu à ses amours avec les bandes de brigands en Macédoine » [3]. Elles furent, d'autre part, encouragées par l'inaction des corps grecs, lesquels, eux, avaient désarmé, obéissant aux exhortations et aux promesses des Puissances. Au sujet de ce renouveau d'activité des comitadjis, il suffit de signaler qu'il coûta l'existence de trois villages grecs tout entiers, Négovani, Rakovo et Tsinguél, incendiés tous les trois, et aussi la vie de leurs habitants, massacrés. C'est alors encore que les Bulgares, à côté des nombreux notables grecs, tombés victimes de leurs coutelas de bouchers, massacrèrent le métropolite grec de Corytsa, Photius, et Théodore Askitis, premier interprète du consulat général de Grèce à Salonique [4].

Les Bulgares n'ont certes pas manqué de publier, eux aussi, des statistiques de « victimes » bulgares, notamment dans l'officieux *Courrier de Sophia*. Mais dans leur effort pour gonfler le chiffre de ces victimes, ils ont compris dans leurs listes non seulement ceux tués ou blessés par des Grecs, des Serbes ou des Turcs, sans distinction, mais même

---

[1] *Crimes bulgares*, etc., Paris, 1907.
[2] Voir *supra*, p. 578, n. 1.
[3] Voir Arvanitaki : *Sur la réponse des socialistes bulgares*, p. 16.
[4] Voir le *Bulletin d'Orient*, 1907-1910; l'*Annuaire macédonien* (en grec), 1910, p. 205-212, etc.

des victimes purement imaginaires, qu'ils durent souvent laisser sans mention de nom, les désignant par des formules vagues telles « un Bulgare », « un berger », « une femme », « un enfant », etc. Citons en exemple le tirage à part publié en 1906 sous couverture rouge et sous le titre « Fin d'année rouge » par le *Courrier de Sophia :* Parmi les 1.039 victimes qui y sont inscrites, il n'y a que 282 morts et 64 blessés qui soient attribués aux Grecs. Au surplus, M. S.-Vittorio Ramon réfute dans son livre : *L'agitation bulgare en Turquie*, cette statistique bulgare, et prouve qu'en plus des autres mensonges qu'elle contient, elle signale 122 meurtres et 14 cas de blessures inexistants, que pour la plupart elle attribue aux Grecs, et aussi 68 meurtres et 16 cas de blessures, également inexistants, qu'elle prête aux Turcs; enfin 18 meurtres et 2 cas de blessures que la statistique bulgare présente comme commis par les Grecs contre les Bulgares, ne sont, en fait, qu'autant de crimes commis par les Bulgares contre les Grecs [1]! Quant aux autres « victimes », il s'agit de comitadjis bulgares bien connus et d'autres partisans des bandes bulgares, — ce qui suffit pour montrer la différence entre les objectifs de l'activité grecque et ceux de l'activité bulgare, celle-ci principalement dirigée contre les habitants inoffensifs du pays, celle-là uniquement contre les bandits ennemis.

La lutte gréco-bulgare fut terminée brusquement, dès que, nous l'avons dit, de nouvelles conditions politiques remplacèrent les anciennes, à la suite du mouvement jeune-turc. Celui-ci éclata le 11 juillet 1908 à Salonique, machiné depuis longtemps et précipité par la crainte d'une nouvelle intervention européenne en Macédoine, plus radicale peut-être que les précédentes. Cet événement, soi-disant inspiré par les grands principes de *liberté* et d'*égalité* entre races, religions et individus, ouvrait

---

[1] Voir S. Vittorio Ramon : *L'agitation bulgare en Turquie*, Paris, 1906, p. 61-66.

devant les chrétiens de Turquie l'horizon d'un avenir meilleur et présageait un état de choses tel, qu'il fut accueilli avec faveur par ces populations comme aussi par tout le monde civilisé. Les Grecs furent notamment les plus enthousiastes à le saluer et ils y prirent activement part aux côtés des Jeunes-Turcs. Cependant, en dépit des promesses et des illusions, ce mouvement fut suivi de l'application de la politique fanatique bien connue; cette politique se manifesta d'une manière tout à fait évidente au cours des élections législatives [1]; et elle se distingua bientôt par le désarmement brutal des chrétiens, par le boycottage antigrec, et par d'autres procédés de persécution dirigés toujours contre les nationalités chrétiennes. Bref, elle fut telle qu'on commença à regretter l'absolutisme d'Abdul-Hamid et que personne ne persévéra dans la première erreur. Mais il n'y a pas de mal sans bien. Par leurs excès et leurs abus, les Jeunes-Turcs ont réalisé ce qu'Abdul-Hamid avait toujours soigneusement évité de provoquer, à savoir la réconciliation, dans le commun malheur, des peuples chrétiens des Balkans; ceux-ci, de rivaux, deviennent associés : la conséquence en fut la guerre balkanique de 1912-1913 et l'abolition de la souveraineté turque sur la plus grande partie des territoires européens de l'Empire ottoman. Bien plus : par la folle attitude qu'ils observèrent après cette guerre, les Jeunes-Turcs parvinrent aussi à poser, et cette fois d'une façon qui semble définitive, la question de la dissolution totale de leur empire, qui n'a que trop duré.

---

[1] Voir *Les élections en Turquie. Comment le Gouvernement ottoman a falsifié le scrutin*, Le Caire, 1912.

IV. — Les statistiques.

Avant 1904, celui qui désirait se former une opinion sur l'importance numérique des divers éléments qui habitent la Macédoine devait recourir aux renseignements tendancieux ou superficiels fournis par les écrivains qui s'étaient occupés de la question macédonienne et dont les statistiques étaient remplies d'inexactitudes et de contradictions vraiment surprenantes. En effet, et à supposer qu'ils fussent de bonne foi, ces écrivains commettaient, tous, deux erreurs essentielles. D'abord, ils englobaient sous le nom de Macédoine toutes les régions comprises dans les trois vilayets turcs de Salonique, de Monastir et de Scopia (Uscub), dit encore de Kossovo, alors que non seulement le vilayet de Scopia tout entier mais aussi plusieurs districts dans les autres vilayets n'entrent pas dans les véritables frontières de la Macédoine; ils appartiennent soit à l'ancienne Dardanie, l'actuelle Vieille Serbie des Serbes, soit à l'Albanie, soit à l'Épire, soit même à la Thrace. Et comme il arrive que dans la plupart de ces territoires extra-macédoniens il y a une majorité et parfois une totalité slave, ces écrivains improvisaient ainsi, au préjudice de l'Hellénisme, une Macédoine *sui generis*, habitée par une majorité de populations slaves. D'autre part, les écrivains en question prenaient comme critérium de nationalité la langue et non, comme ils devaient, la conscience nationale; ils niaient par conséquent tout caractère grec aux districts habités en majorité par des populations parlant un dialecte slave et qualifiaient toutes ces populations tantôt, le plus souvent, de bulgares, tantôt de serbes, chaque écrivain suivant ses sympathies personnelles. D'ailleurs, ces écrivains, même quand ils étaient venus en Macédoine, même lorsqu'ils ne s'étaient pas bornés à parcourir le pays avec la rapidité habituelle de simples touristes, de quels moyens d'investigation pouvaient-ils disposer pour établir des chiffres se rapprochant plus ou moins de la réalité? Et toujours est-il que, même si l'on admet leur bonne foi, on ne peut accorder la moindre créance à leurs statistiques, car elles ne sont basées que sur les renseignements qui leur furent communiqués par les intéressés et notamment par les Bulgares, dont la propagande fut toujours libre de toute concurrence et serviable au possible [1].

Dans quelle situation inextricable se trouvait quiconque voulait se faire une idée du caractère ethnique de la Macédoine en consultant les statistiques des différents auteurs, est prouvé par le tableau suivant contenant les chiffres donnés par trois auteurs appartenant aux trois nations intéressées, c'est-à-dire par le Bulgare Kantchoff [2], le Serbe Goptchévitch [3] et le Grec Nicolaïdès [4] :

AUTEURS	GRECS	BULGARES	SERBES
Kantchoff	225.152	1.184.036	700
Goptchévitch	201.140	57.600	2.048.320
		SLAVES	
Nicolaïdès	656.300	454.700	

Quant aux écrivains étrangers, qui ont été, presque toujours, inspirés par les panslavistes et par la propagande bulgare, ils embrouillent à leur tour, bien plus qu'ils n'éclairent la question. Non seulement ils donnent souvent des chiffres tout aussi abracadabrants que ceux de Kantchoff, mais même ils surenchérissent parfois sur ce dernier, dans leur désir de diminuer encore l'importance de l'élé-

---

[1] Voir *supra*, p. 473-474.
[2] V. Kantchoff : *La Macédoine. Ethnographie et statistique* (en bulgare), Sophia, 1900.
[3] Sp. Goptchévitch : *Bevölkerungsstatistik von Altrserbien und Makedonien* Vienne, 1899.
[4] Cl. Nicolaïdès : *La Macédoine*, Berlin, 1899.

ment grec. Ainsi, alors que le Bulgare Kantchoff avoue l'existence en Macédoine de 225.152 Grecs, M. Laveleye réduit la population hellénique — nous l'avons déjà remarqué — à 65.000 [1] !

Cette contradiction des chiffres donnés par les divers écrivains est spirituellement relevée par M. Gandolphe, qui a calculé que, tandis que la Macédoine (et il entend par là les trois vilayets en question) n'a pas plus de 2 millions d'habitants, cependant l'addition des chiffres donnés pour chaque nationalité par les auteurs qui lui sont favorables, élève la population totale de ces vilayets à 5 millions [2] ! M. Gandolphe aurait pu faire aussi le calcul inverse : c'est-à-dire rechercher le total que formerait l'addition des chiffres donnés pour chaque élément par les auteurs qui lui sont malveillants; sa conclusion n'en aurait pas été moins éloquente, s'il avait mis l'un après l'autre le chiffre de 65.000 donné pour les Grecs par M. Laveleye, celui de 57.600 donné pour les Bulgares par M. Goptchévitch, et celui de 700 donné pour les Serbes par M. Kantchoff.

En 1904, un terme fut heureusement mis à ces énormités, grâce au recensement entrepris dans les trois vilayets par l'inspecteur général Hilmi-pacha. Ses conclusions ont paru, pour la première fois, dans le *Hassir*, journal officiel turc de Salonique [3], et furent ensuite reproduites par la *Politische Correspondenz* de Vienne, du 18 mars 1905, et aussi par certains écrivains [4]. Ce recensement fut opéré par les autorités compétentes de l'Empire ottoman avec les moyens dont dispose une administration et sous les yeux des agents civils et des représentants des Grandes Puissances; il offre donc beaucoup plus de garanties d'exactitude que toute autre statistique et notamment que les statistiques

---

[1] Voir *supra*, p. 473. Voir aussi le tableau des statistiques d'auteurs de M. André Barre : *L'esclavage blanc*, p. 150-151.
[2] Maurice Gandolphe : *La crise macédonienne*, Paris, 1904, p. 121.
[3] *Hassir*, n° 994 de 1904.
[4] Voir par exemple André Barre : *L'esclavage blanc*, p. 149; etc.

arbitraires des divers écrivains. Et si ce recensement de Hilmi-pacha n'est pas, lui-même, tout à fait impartial, cependant sa partialité n'incline, certes, pas en faveur des Grecs; ce sont les Bulgares qui en ont bénéficié, puisque c'est à ces derniers que, comme il fut déjà remarqué, les autorités turques s'étaient alliées, poussées par leurs sentiments traditionnels d'antihellénisme et par la politique de la Turquie officielle qui s'efforçait par tous les moyens à diminuer moralement et matériellement à la fois l'Hellénisme. D'ailleurs, à l'époque où le recensement eut lieu, c'est-à-dire en 1904, les comitadjis bulgares étaient, on se le rappelle, les maîtres de la situation en Macédoine, tandis que l'œuvre de la défense grecque n'était encore qu'à ses débuts. Les chiffres par conséquent de cette statistique relatifs aux Bulgares peuvent être considérés comme représentant le maximum de Macédoniens que, par ses divers moyens et notamment par le terrorisme de ses comitadjis, la propagande bulgare a jamais réussi à soumettre à l'Exarchat, leur donnant ainsi l'étiquette de Bulgares.

Quels sont cependant les chiffres du recensement de Hilmi-pacha? Les voici, pour ce qui est des trois vilayets de Salonique, de Monastir et de Scopia :

VILAYETS	GRECS	BULGARES
Vilayet de Salonique	373.227	207.317
Vilayet de Monastir	261.283	178.412
Vilayet de Scopia	13.452	172.005
TOTAL	648.962	557.734 [1]

Les Grecs possèdent par conséquent par rapport aux Bulgares dans les trois vilayets en question une majorité de 91.228 âmes; si bien qu'imitant l'exemple de la Bulgarie,

---

[1] Les chiffres empruntés à la statistique de Hilmi-pacha et qui sont donnés par M. René Pinon (*L'Europe et l'Empire ottoman*, Paris, 7ᵉ édition, 1917, p. 143, n. 1) diffèrent quelque peu de ceux que nous donnons ici. Mais dans l'ensemble ils ne modifient pas le résultat général favorable aux Grecs auquel aboutit cette statistique.

qui se plaît à reculer les limites des pays qu'elle revendique dans la mesure où le lui permet la majorité totale accusée en sa faveur par les statistiques, la Grèce aurait pu, en vertu d'une statistique officielle et authentique, revendiquer tous les trois vilayets, c'est-à-dire tout le pays central des Balkans, jusqu'au mont Skardos (Char).

Mais nous avons déjà montré que ni le vilayet de Scopia ni certains districts des autres vilayets n'appartiennent à la Macédoine. En fixant les véritables frontières de la Macédoine, telles que nous les avons longuement établies plus haut [1], nous constatons que les cazas d'Ano-Tzoumaya, de Razlok, de Rouptchus et en partie ceux de Névrocopi [2] et de Drama [3] — tous appartenant au vilayet de Salonique — ne font pas partie de la Macédoine; et qu'il en est de même avec, dans le vilayet de Monastir, les sandjaks albanais de Dibra et d'Elbassan, les cazas de Kirtzovo et d'Achride, les cazas épirotes de Starovo, de Colonia, et, en partie, de Corytsa [4] et le caza thessalien d'Elassone [5]. Pour établir par conséquent l'importance numérique de l'élément grec et de l'élément bulgare (c'est-à-dire de l'élément slave exarchiste) de Macédoine, nous devons soustraire aux chiffres totaux de la statistique de Hilmi-pacha, les populations de tous ces districts qui ne rentrent pas dans la Macédoine, ce qui nous mène à une conclusion infiniment plus favorable à l'élément grec. En effet, rien qu'en laissant de côté, comme il convient, le vilayet de Scopia, nous avons pour la Macédoine 634.510 Grecs contre 385.729 Bulgares, à savoir en faveur des premiers une majorité de

---

[1] Voir *supra*, p. 23 sq.
[2] Les villages suivants du caza de Névrocopi ne sont pas compris dans les limites de la Macédoine : Baldevo, Banitza, Dolen, Philippovo, Garmen, Hissarlik, Marech, Novi-Tchiflik, Ossikovo, Statovtcha, Screvatno, Photovichta, Gostoul, Kovatchovitza, Kremen, Lechten, Obidin, Ossenovo.
[3] Toutefois tous les villages chrétiens du caza de Drama se trouvent dans les frontières de la Macédoine.
[4] Du caza de Corytza seuls les villages suivants se trouvent dans les frontières de la Macédoine : Vorès, Zvedza, Poyanni, Sinitsa, Crespani, Kiouteza, Bradevitsa, Youras, Viglista, Tren, Progri, Polesca, Verlani, Chotsista, Slimnitsa, Grapsi, Globotsi, Ano-Labanitsa, Cato-Labanitsa, Borsi, Zitsista.
[5] Voir la pl. XXII, à la p. 608.

qui se plaît à reculer les limites des pays qu'elle revendique dans la mesure où le lui permet la majorité totale accusée en sa faveur par les statistiques, la Grèce aurait pu, en vertu d'une statistique officielle et authentique, revendiquer tous les trois vilayets, c'est-à-dire tout le pays central des Balkans, jusqu'au mont Skardos (Char).

Mais nous avons déjà montré que ni le vilayet de Scopia ni certains districts des autres vilayets n'appartiennent à la Macédoine. En fixant les véritables frontières de la Macédoine, telles que nous les avons longuement établies plus haut [1], nous constatons que les cazas d'Ano-Tzoumaya, de Razlok, de Rouptchus et en partie ceux de Névrocopi [2] et de Drama [3] — tous appartenant au vilayet de Salonique — ne font pas partie de la Macédoine; et qu'il en est de même avec, dans le vilayet de Monastir, les sandjaks albanais de Dibra et d'Elbassan, les cazas de Kirtzovo et d'Achride, les cazas épirotes de Starovo, de Colonia, et, en partie, de Corytsa [4] et le caza thessalien d'Elassone [5]. Pour établir par conséquent l'importance numérique de l'élément grec et de l'élément bulgare (c'est-à-dire de l'élément slave exarchiste) de Macédoine, nous devons soustraire aux chiffres totaux de la statistique de Hilmi-pacha, les populations de tous ces districts qui ne rentrent pas dans la Macédoine, ce qui nous mène à une conclusion infiniment plus favorable à l'élément grec. En effet, rien qu'en laissant de côté, comme il convient, le vilayet de Scopia, nous avons pour la Macédoine 634.510 Grecs contre 385.729 Bulgares, à savoir en faveur des premiers une majorité de

---

[1] Voir *supra*, p. 23 sq.
[2] Les villages suivants du caza de Névrocopi ne sont pas compris dans les limites de la Macédoine : Baldevo, Banitza, Dolen, Philippovo, Garmen, Hissarlik, Marech, Novi-Tchiflik, Ossikovo, Statovtcha, Screvatno, Photovichta, Gostoul, Kovatchovitza, Kremen, Lechten, Obidin, Ossenovo.
[3] Toutefois tous les villages chrétiens du caza de Drama se trouvent dans les frontières de la Macédoine.
[4] Du caza de Corytza seuls les villages suivants se trouvent dans les frontières de la Macédoine : Vorès, Zvedza, Poyanni, Sinitsa, Crespani, Kiouteza, Bradevitsa, Youras, Viglista, Tren, Progri, Polesca, Verlani, Chotsista, Slimnitsa, Grapsi, Globotsi, Ano-Labanitsa, Cato-Labanitsa, Borsi, Zitsista.
[5] Voir la pl. XXII, à la p. 608.

arbitraires des divers écrivains. Et si ce recensement de Hilmi-pacha n'est pas, lui-même, tout à fait impartial, cependant sa partialité n'incline, certes, pas en faveur des Grecs; ce sont les Bulgares qui en ont bénéficié, puisque c'est à ces derniers que, comme il fut déjà remarqué, les autorités turques s'étaient alliées, poussées par leurs sentiments traditionnels d'antihellénisme et par la politique de la Turquie officielle qui s'efforçait par tous les moyens à diminuer moralement et matériellement à la fois l'Hellénisme. D'ailleurs, à l'époque où le recensement eut lieu, c'est-à-dire en 1904, les comitadjis bulgares étaient, on se le rappelle, les maîtres de la situation en Macédoine, tandis que l'œuvre de la défense grecque n'était encore qu'à ses débuts. Les chiffres par conséquent de cette statistique relatifs aux Bulgares peuvent être considérés comme représentant le maximum de Macédoniens que, par ses divers moyens et notamment par le terrorisme de ses comitadjis, la propagande bulgare a jamais réussi à soumettre à l'Exarchat, leur donnant ainsi l'étiquette de Bulgares.

Quels sont cependant les chiffres du recensement de Hilmi-pacha? Les voici, pour ce qui est des trois vilayets de Salonique, de Monastir et de Scopia :

VILAYETS	GRECS	BULGARES
Vilayet de Salonique. . . .	373.227	207.317
Vilayet de Monastir	261.283	178.412
Vilayet de Scopia	13.452	172.005
TOTAL	648.962	557.734 [1]

Les Grecs possèdent par conséquent par rapport aux Bulgares dans les trois vilayets en question une majorité de 91.228 âmes; si bien qu'imitant l'exemple de la Bulgarie,

---

[1] Les chiffres empruntés à la statistique de Hilmi-pacha et qui sont donnés par M. René Pinon (*L'Europe et l'Empire ottoman*, Paris, 7ᵉ édition, 1917, p. 143, n. 1) diffèrent quelque peu de ceux que nous donnons ici. Mais dans l'ensemble ils ne modifient pas le résultat général favorable aux Grecs auquel aboutit cette statistique.

248.781 âmes. Et cette majorité grecque devient bien plus grande si nous nous réduisons aux véritables frontières macédoniennes : en effet, les districts des vilayets de Salonique et de Monastir qui ne doivent pas y être englobés sont justement ceux où, pour la plupart, la majorité appartient à l'élément slave.

Nous n'avons malheureusement pas sous les yeux les tableaux détaillés du recensement de Hilmi-pacha, pour donner ici les chiffres qui correspondent aux régions véritablement macédoniennes. Mais nous recourrons aux données d'un autre recensement officiel turc se rapportant aux deux vilayets de Salonique et de Monastir et qui fut, lui aussi, effectué pendant les dernières années de l'administration ottomane. Ce recensement, lui-même très connu, inséré, dans ses lignes générales, dans plusieurs ouvrages [1], n'offre peut-être pas les mêmes garanties d'exactitude que celui de Hilmi-pacha. Il est cependant plus défavorable que ce dernier à l'élément grec; son utilisation ne peut donc point nous être reprochée. En effet, tandis que le recensement de Hilmi-pacha donne, comme nous venons de le voir, pour les deux vilayets de Salonique et de Monastir, une majorité grecque de 248.781 âmes, ce second recensement turc enregistre, dans ces vilayets, la présence de 582.106 Grecs et de 397.431 Bulgares, accuse par conséquent une majorité grecque de 184.675 âmes seulement. Et il est à noter que si dans cette statistique ne figure pas la population (grecque) de l'île de Thasos, la population, qui est exarchiste et beaucoup plus nombreuse, des sandjaks albanais de Dibra et d'Elbassan, n'y figure pas non plus. Ce qui veut dire que, si elle ajoutait aussi ces trois régions, cette statistique aurait abouti à une diminution plus grande encore de la majorité grecque, par rapport toujours aux chiffres de Hilmi-pacha. Et pourtant, en tenant compte, dans cette

---

[1] Voir, par exemple, Jean Leune : *Une revanche, une étape*, p. 490-491.

statistique, des véritables frontières de la Macédoine, nous y rencontrons 521.300 Grecs et 288.750 Bulgares, à savoir une majorité grecque de 232.550 âmes [1].

Mais ce qui importe encore plus c'est que la suprématie numérique de l'élément grec résulte de la statistique officielle bulgare elle-même, que M. Brancoff a publiée en 1905 [2]. Son auteur, qui sous le nom de Brancoff n'est autre que M. D. Micheff, secrétaire général de l'Exarchat bulgare de Constantinople [3], nous renseigne que cette statistique fut élaborée sur la base du recensement officiel effectué par familles, par les soins du clergé bulgare [4], sauf pour les cazas de Cassandra et de Cozani, pour lesquels, vu l'absence de prêtres bulgares, l'auteur a eu recours aux *Salmanés*, les almanachs officiels turcs.

On nous objectera sans doute : comment se peut-il que les Bulgares aient consenti, ne fût-ce qu'une fois, à dire la vérité, surtout dans une question aussi essentielle que celle de la suprématie numérique des Grecs en Macédoine? On s'étonne moins en constatant que M. Brancoff n'avoue absolument rien et que même celui qui consulterait ingénument son livre y verrait s'étaler une majorité « bulgare » écrasante. M. Brancoff conclut en effet qu'il y a en « Macédoine » 1.172.136 Bulgares contre 190.047 Grecs à peine! Mais les divers procédés qui l'ont amené à cette conclusion sont trop simplistes et on voit que le tout est cousu de fil blanc. Il y est arrivé :

1° En mettant sur pied ce qu'il appelle une « Macédoine géographique », qui n'est, comme nous l'avons déjà longuement établi [5], qu'une Macédoine *sui generis :* elle s'étend aux trois vilayets de Salonique, de Monastir et de Scopia,

---

[1] Voir le tableau statistique détaillé de la planche XXIII.
[2] Brancoff : *La Macédoine et sa population chrétienne*, Paris, 1905.
[3] Voir Zankow : *Die Verfassung der bulgarischen orthodoxen Kirche*, p. 46, n. 1.
[4] Cf. Zankow, *ibid.*, p. 46.
[5] Voir *supra*, p. 43.

et alors qu'elle comprend ainsi plusieurs districts slaves qui ne sont pas macédoniens, elle laisse dehors les cazas de Servia, d'Elassone, de Grévéna, de Corytsa, de Colonia et de Starovo, dans le vilayet de Monastir, et, dans celui de Salonique, le caza de Catérini ainsi que l'île de Thasos[1]. Or, dans ces territoires, d'après le recensement officiel turc[2], il y a une population hellénique de 136.169 âmes[3], contre à peine 6.271 Bulgares, ou plutôt Slaves exarchistes, habitants tous du caza de Corytza;

2º En englobant sous le terme générique de *Bulgares* non seulement les Slaves exarchistes, mais encore les deux catégories suivantes : *a*) les *patriarchistes grécisants*, qui s'élèvent à 118.626[4]; et *b*) les *patriarchistes serbisants*, qui sont au nombre de 9.660[5], lesquels, tant les uns que les autres, n'ont rien de commun avec la nationalité bulgare, comme leur nom seul l'indique éloquemment;

3º En adoptant un procédé original et arbitraire pour traduire le recensement *par familles*, tel qu'il fut élaboré par le clergé bulgare et qui a servi de base au rédacteur de la statistique officielle bulgare, en un recensement de la population *par âmes*, c'est-à-dire pour trouver le nombre, par âmes, des habitants de la Macédoine, M. Brancoff a multiplié *par huit* le chiffre de toutes les familles qu'il prétend être bulgares (exarchistes, unites, protestantes et patriarchistes grécisantes ou serbisantes); au contraire,

---

[1] Cf. *supra*, p. 47-48.

[2] Sauf pour l'île de Thasos, pour laquelle, à défaut de statistique turque, nous utilisons la statistique grecque.

[3] Réparties comme suit : Caza de Servia 15.531, d'Elassone 29.022, de Grévéna 22.706, de Corytsa 26.208, de Colonia 8.801, de Starovo 2.298, de Catérini 18.553, île de Thasos 13.050; en tout 136.169.

[4] C'est-à-dire les cinq huitièmes du chiffre donné par M. Brancoff, suivant la remarque nº 3.

[5] C'est-à-dire les cinq huitièmes du chiffre donné par M. Brancoff, sans compter 100 patriarchistes serbisants (160 suivant M. Brancoff) qui habitent dans le sandjak de Dibra, situé hors de la Macédoine. Il est à remarquer que M. Brancoff, qui bulgarise avec une telle facilité non seulement les Slaves mais aussi les populations tout simplement slavophones de la Macédoine, les patriarchistes non exceptés, n'admet comme Serbes que ceux qui sont venus en Macédoine de Serbie et dont il évalue le nombre à 925 (Voir Brancoff, *op. cit.*, p. 92).

le chiffre des familles qu'il reconnaît comme grecques ou en général comme non bulgares, il ne le multiplie que *par cinq*. Par cette méthode aussi simple qu'ingénieuse, M. Brancoff a augmenté la population « bulgare » des vilayets de Salonique et de Monastir de 326.627 âmes en tout, lesquelles ne figurent même pas dans le recensement du clergé bulgare !

Toutefois, on ne peut absolument pas admettre, après surtout ce qui a été dit plus haut à propos des limites de la Macédoine [1], la « Macédoine géographique » de M. Brancoff, du moment qu'il englobe dans ses frontières des régions qui n'ont aucun rapport, ni historique ni géographique, avec la Macédoine, tel le vilayet de Scopia et les autres districts précités, et qu'il laisse, par contre, dehors des régions qui, elles, sont macédoniennes depuis les temps les plus reculés de l'Histoire, tels le caza de Grévéna (partie intégrante de l'ancienne province macédonienne de l'Élimée), la partie orientale du caza de Corytsa (englobée jadis dans la province macédonienne de l'Orestide), le caza de Catérini (l'ancienne province macédonienne de Piérie), enfin l'île de Thasos (historiquement et géographiquement inséparable de la Macédoine) [2]. Il n'est pas admissible non plus, rien qu'à cause de leur conscience nationale, de considérer comme Bulgares les *patriarchistes grécisants*, qui ne sont que ces slavophones de Macédoine, à l'origine grecque et à la conscience nationale éminemment grecque, dont nous avons déjà parlé et qui, comme tels, doivent être rangés parmi les éléments grecs. La même objection formelle s'applique aux *patriarchistes serbisants*, qu'on doit également arracher aux calculs tendancieux de M. Brancoff. Enfin, ce qui est encore inacceptable, du moins jusqu'à preuve du contraire, c'est la prétention de M. Brancoff de vouloir attribuer des qualités de plus grande

---

[1] Voir *supra*, p. 23 sq.
[2] Voir *supra*, p. 47-48.

fécondité à ses « Bulgares », qu'aux Grecs de Macédoine ; et nous devons, pour établir le nombre d'âmes que représentent les familles macédoniennes, multiplier leur nombre toujours par le même chiffre, que ce soit 5 ou 8, mais en tout cas le même qu'il s'agisse de familles bulgares ou grecques, indistinctement. Nous accordons toutefois nos préférences au chiffre 5, qui répond plus à la réalité.

En apportant ces indispensables modifications à la statistique officielle bulgare de M. Brancoff et en comblant ses lacunes (pour ce qui est des quatre cazas susnommés qu'il a exclus), d'après la statistique turque précitée [1], nous arrivons, pour la véritable Macédoine, à un total de 383.399 Grecs et de 316.649 Bulgares. Ainsi, nous voyons que, d'après la statistique officielle bulgare elle-même, il y a en Macédoine une majorité grecque de 66.750 habitants [2].

Les raisons de cette faible majorité grecque, relativement à celle qui résulte du recensement turc, doivent être recherchées dans les efforts du clergé exarchiste pour diminuer autant que possible le nombre des familles grecques, en les qualifiant souvent de valaques ou même de tziganes. C'est ainsi que M. Brancoff a pu signaler, à Monastir, la présence de 22.080 Valaques contre 100 Grecs en tout ! D'ailleurs les statistiques bulgares en général s'empressent trop de qualifier de « Bulgares exarchistes » des populations grecques que leur régime terroriste n'avait pourtant pu arracher, du moins définitivement, au Patriarcat. M. Paillarès, parlant des chiffres donnés jadis au *Temps* par l'agent diplomatique de Bulgarie, M. Zolotovitch, écrivait dans la *Lanterne* du 14 mai 1905 : « J'ai surpris moi-même, sur place, en flagrant délit de faux, toutes les statistiques sur lesquelles « l'actif et patient », agent du prince Ferdinand a cru d'un louable patriotisme de baser sa forte conviction. Aussi, dans les deux villages de Gra-

---

[1] Voir aussi la note 2 de la page 610.
[2] Voir le tableau statistique détaillé de la planche XXIII.

Pl. XXIII.

Tableau indiquant les populations grecque patriarchiste et slave exarchiste (dite bulgare) de la Macédoine, d'après le recensement turc et les statistiques officielles bulgare et grecque [1].

VILAYETS, SANDJAKS CAZAS	RECENSEMENT TURC		STATISTIQUE BULGARE		STATISTIQUE GRECQUE	
	Grecs	Bulgares	Grecs	Bulgares	Grecs	Bulgares
VILAYET DE SALONIQUE						
Sandjak de Salonique.						
Caza de Salonique	46.707	233	48.438	9.528	50.682	4.239
— de Cassandra	32.175	0	21.925	0	40.746	0
— du mont Athos	2.519	3.043	1.274	515	3.761	210
— de Langada	16.618	1.969	16.712	2.360	20.484	2.240
— d'Avret-Hissar (Kilkis)	2.715	16.299	235	18.195	625	17.436
— de Catérini	18.553	0	18.553	0	18.429	0
— de Verria	23.204	2.050	15.796	0	26.971	0
— de Vodéna	16.859	5.149	8.520	10.865	16.859	5.149
— de Yanitsa	18.583	1.679	6.515	12.800	18.583	1.763
— de Gueyghéli	17.724	8.147	3.735	12.155	17.724	8.459
— de Doiran	1.679	5.058	1.000	4.170	1.763	4.449
— de Stroumnitsa	15.550	3.227	5.660	8.350	7.498	8.777
— de Tikfèche (Kavadar)	22	22.832	25	16.165	70	19.386
Sandjak de Serrès.						
— de Serrès	20.803	19.112	44.883	13.385	48.905	10.290
— de Zichna	21.715	3.951	25.555	5.195	23.155	3.700
— de Demir-Hissar	14.581	7.371	4.725	16.641	7.165	17.915
— de Névrocopi *	1.765	21.201	750	18.452	3.720	18.258
— de Méléniko	2.925	15.901	4.855	14.000	5.225	13.265
— de Petritch	85	18.956	1.505	18.225	1.590	16.780
Sandjak de Drama.						
— de Cavala	1.155	0	3.700	0	9.500	0
— de Pravi	6.160	18	7.785	0	10.175	0
— de Sari-Chaban	102	0	288	0	460	0
— de Drama *	8.361	3.639	5.820	4.955	9.900	2.980
Ile de Thasos	13.050	0	13.050	0	13.050	0
VILAYET DE MONASTIR						
Sandjak de Monastir.						
Caza de Florina	27.720	15.211	6.035	21.255	17.455	16.855
— de Monastir	56.112	48.085	13.752	48.120	52.735	41.316
— de Perlépé	5.584	40.070	1.830	29.553	4.731	22.530
Sandjak de Servia.						
— de Cozani	10.814	0	8.220	0	16.120	0
— de Servia	15.531	0	15.531	0	14.690	0
— de Grévéna	22.706	0	22.706	0	25.530	0
— d'Anasélitsa	28.292	0	23.005	0	23.653	0
— de Caïlar	6.569	3.537	4.650	3.525	6.770	1.460
Sandjak de Corytsa.						
— de Castoria	38.186	20.532	20.190	26.760	45.733	15.934
— de Corytsa	6.176	1.480	6.176	1.480	8.261	114
TOTAUX	521.300	288.750	383.399	316.649	572.718	253.505

[1] Voir p. 607 sq.

* Les cazas suivis d'un astérisque ne sont compris qu'en partie dans les limites de la Macédoine. Voir pl. XXII.

dobor et Chirzista que j'ai cités tant de fois aux lecteurs de la *Lanterne* et qui figurent dans les revendications bulgares comme étant *bulgares*, j'ai découvert des Grecs, martyrs de la cause grecque. Toute la famille de Traïko Stério a été exécutée, suppliciée, parce qu'elle s'obstinait à rester fidèle à l'Hellénisme [1]. Lorsque j'ai posé cette question précise aux habitants de Chirzista, *en présence* du colonel *russe* Svirsky, du juge d'instruction, du substitut du procureur et du capitaine de gendarmerie ottomans :
— Y a-t-il des Bulgares au village? — Pas un, me fut-il répondu, d'une voix unanime. Nous sommes tous Grecs, *et entendons rester Grecs*. — Par ces deux exemples, qui se sont renouvelés tant de fois pendant mes enquêtes, j'ai compris qu'il fallait m'abstenir de prendre au sérieux les statistiques de Sophia, même lorsqu'elles sont adoptées par la science allemande ou russe. »

Complétons nos chiffres statistiques, ainsi qu'il est juste, par les chiffres de la statistique officielle grecque, à laquelle il a été donné aussi une publicité suffisante par des tableaux spéciaux. Elle englobe, dans les véritables frontières de la Macédoine, 572.718 Grecs, contre 253.505 Bulgares; elle établit par conséquent une majorité grecque de 319.213 habitants [2].

A l'appui de ces conclusions ethnologiques tirées des différentes statistiques de la population, viennent s'ajouter les statistiques scolaires s'appliquant aux vilayets de Salonique et de Monastir. Voici les chiffres totaux de la statistique officielle scolaire des Bulgares, insérée elle aussi dans le livre précité de M. Brancoff [3]; ces chiffres, nous les complétons pour les cazas grecs exclus [4] d'après la statistique grecque dont nous reproduisons les données aussitôt après.

---

[1] Voir *supra*, p. 588-590.
[2] Voir le tableau statistique détaillé de la planche XXIII.
[3] Brancoff : *La Macédoine et sa population chrétienne*, p. 98 sq.
[4] Voir *supra*, p. 610.

	ÉCOLES	INSTITUTEURS	ÉLÈVES
Grecques	723	1.297	49.343
Bulgares	648	998	34.217

C'est-à-dire qu'il existe, d'après la statistique officielle bulgare, une majorité grecque de 75 écoles, de 299 instituteurs et de 15.126 élèves.

Et d'après la statistique officielle grecque [1], nous avons, dans les deux vilayets de Salonique et de Monastir (en empruntant, pour les cazas albanais de Dibra et de Rékalar, qui n'y figurent pas, les chiffres de la statistique bulgare précitée) :

	ÉCOLES	INSTITUTEURS	ÉLÈVES
Grecques	1.011	1.463	59.640
Bulgares	561	873	18.311

Il y a donc en Macédoine, d'après la statistique officielle grecque, une majorité grecque de 450 écoles, de 590 instituteurs et de 41.329 élèves.

Entre le chiffre indiqué par la statistique bulgare et celui indiqué par la statistique grecque pour les élèves, il y a, comme on voit, une énorme distance : elle est due à ce que la statistique bulgare ne se borne pas à enregistrer le nombre des élèves qui fréquentaient, au cours de l'année scolaire, les écoles bulgares, mais le nombre de tous ceux qu'au début de chaque année la propagande bulgare recrutait, moyennant des promesses, des menaces ou par d'autres procédés, et dont la plupart abandonnaient avec bonheur à la première occasion les cours bulgares, pour poursuivre leurs études, comme auparavant, dans les écoles grecques. Il est, d'ailleurs, à noter que, parmi les « élèves » des écoles bulgares, les statistiques de Sophia font souvent figurer des individus qui n'ont rien de commun avec la jeunesse scolaire, tels notamment les

---

[1] Voir le tableau *Statistique hellénique des écoles dans les vilayets de Salonique et de Monastir*. Voir aussi les listes détaillées du *Tableau général des écoles helléniques dans la Turquie d'Europe*, Constantinople, 1902.

comitadjis qui ont terrorisé la Macédoine et qui, travestis parfois sous l'uniforme de « lycéens », jetaient, par leur présence au milieu des enfants, une note ridicule et amusante dans toute cette affaire tragique mise sur pied en Macédoine par la propagande bulgare [1].

Dans ces conditions, dût-on regarder la statistique grecque comme partiale, on ne saurait contester qu'elle est bien plus près de la vérité que la statistique bulgare, laquelle, d'ailleurs, accuse, elle-même, une suprématie numérique assez importante au profit de l'Hellénisme. Il est, en outre, à remarquer que ces statistiques se rapportent à l'ensemble des vilayets de Salonique et de Monastir; si, par conséquent, on les réduit aux véritables frontières de la Macédoine, on arrive à des résultats incomparablement plus favorables à l'élément grec. Ajoutons enfin que les écoles bulgares étaient, en principe, des institutions fondées sur l'initiative et qui fonctionnaient aux frais de la propagande officielle bulgare, tandis que, comme l'assure aussi M. Victor Bérard, les écoles grecques avaient été fondées et entretenues, du moins pour la plupart, par les communautés grecques de Macédoine ou encore par de riches Macédoniens [2].

Mais la meilleure confirmation de l'écrasante majorité de l'élément grec dans les vilayets de Salonique et de Monastir, par conséquent et à plus forte raison dans les frontières réelles de la Macédoine, nous est fournie, d'une manière éclatante, par l'accord gréco-bulgare conclu le 11 mars 1912 à Constantinople, en vue de fixer le nombre des sièges de députés auquel les Grecs et les Bulgares avaient respectivement droit dans le Parlement ottoman, par rapport à la force numérique des deux éléments. Cet accord fut signé, du côté grec, par MM. Constantinidès, ancien député de Constantinople, L. Limarakis et L. Casanovas, membres

---

[1] Voir aussi Kasasis : *L'Hellénisme et la Macédoine*, p. 66-67; *Macedonia's population. Evidence of the christian schools*; etc.

[2] Victor Bérard : *La Turquie et l'hellénisme contemporain*, p. 230.

du Conseil national mixte du Patriarcat Œcuménique, et, du côté bulgare, par MM. H. Pavloff, ex-député bulgare et par la suite député du vilayet de Scopia, A. Christoff et Dinoff, membres du Conseil laïque de l'Exarchat bulgare. Or, d'après cet accord, les Grecs recevaient *huit* sièges de députés dans le vilayet d'Andrinople, c'est-à-dire en Thrace, et *dix* dans les vilayets de Salonique et de Monastir, alors qu'aux Bulgares ne revenaient qu'*un* siège dans le vilayet d'Andrinople et *cinq* dans les deux vilayets macédoniens.

Et cet accord, qui confirme sur toute la ligne nos conclusions ethnologiques, ne fut pas tenu secret. Une large publicité y fut donnée tant par les Bulgares que par les Grecs. Citons, en exemple, le *Dnevnik*, le journal officieux de Sophia, qui annonça l'arrangement gréco-bulgare dans les termes suivants : « Les Grecs et les Bulgares se sont entendus pour coopérer aux prochaines élections à la Chambre ottomane. Les chefs politiques des deux nationalités, ayant demandé le consentement de leurs chefs religieux, sont tombés, après de longues délibérations, d'accord sur le partage des sièges de députés en Thrace et en Macédoine. Les Bulgares prennent un siège de député en Thrace et sept autres en Macédoine [1]. Par contre, les Grecs prennent huit sièges en Thrace et dix en Macédoine. Ce partage a été fait sur la base de la statistique officielle, et il a été convenu que les candidats désignés par les deux nationalités ne seraient nulle part l'objet d'attaques mutuelles. Cette entente survenue entre Grecs et Bulgares est d'une grande importance » [2].

---

[1] Le *Dnevnik* fait entrer dans la Macédoine le vilayet de Scopia, où deux sièges de députés étaient accordés à ses compatriotes, — ce qui lui permet de parler de sept sièges macédoniens au lieu de cinq. Mais nous avons déjà, à maintes reprises, expliqué que non seulement le vilayet de Scopia, mais encore plusieurs districts des deux autres vilayets de Salonique et de Monastir ne font pas partie de la Macédoine et qu'en ne tenant pas compte de ces districts, on aboutit à une conclusion encore plus avantageuse pour l'élément hellénique.

[2] Voir le *Temps* du 2 août 1913. Cf. Andréadès : *L'union balkanique — La Grèce*, dans la *Revue hebdomadaire*, n° 11 du 13 mars 1915, p. 153-154.

V. — Conclusion.

Résumons-nous. L'Histoire ne donne aux Bulgares aucun appui à leurs revendications macédoniennes; bien plus, lorsqu'on évoque tout ce que ce malheureux pays a dû subir à cause d'eux, tant au moyen âge que dans les temps modernes, elle s'élève comme une barrière morale à toute extension bulgare sur cette terre. La conclusion, d'autre part, qui se dégage de l'étude ethnologique de la Macédoine n'est ni moins nette ni moins catégorique.

Nous croyons avoir suffisamment établi que les populations slavophones de Macédoine, revendiquées comme leurs par les Bulgares, n'ont pas avec eux d'autre rapport que le rapport artificiel créé par l'activité de la propagande bulgare. Mais même si nous considérons comme Bulgares les Macédoniens qui ont adhéré à l'Exarchat bulgare, les statistiques officielles, la statistique bulgare comprise, sont toujours loin de donner la majorité à cet élément artificiellement bulgarisé et sont, au contraire, unanimes à reconnaître la majorité de l'élément grec, lequel constitue au surplus l'élément civilisateur du pays.

En effet, la moyenne des trois statistiques dont nous avons fait état (turque, bulgare et grecque) est la suivante :

Grecs	492.472
Bulgares	286.301
Majorité grecque	206.171

La population hellénique apparaît donc comme étant presque deux fois plus nombreuse que la population bulgare, c'est-à-dire que la population slave exarchiste.

Mais à partir de 1913 la nation grecque a cessé de s'occuper de la Macédoine entière. Fermement attachée à l'idée de la paix et appréciant l'amitié des Serbes, ses héroïques voisins avec qui, seuls, elle a, de tout temps et surtout récemment, réussi à s'entendre et à créer des liens d'affection, la Grèce a renoncé à la revendication de tout territoire macédonien s'étendant au delà des frontières que lui a tracées le traité de Bucarest. Nous devons dans ces conditions circonscrire désormais le cadre des conclusions ethnologiques tirées de l'étude générale de toutes les régions macédoniennes à la partie de la Macédoine attribuée par le traité de Bucarest à la Grèce. Or, nous voyons qu'en réduisant ainsi le terrain de nos investigations, nous arrivons à des conclusions encore plus favorables aux Grecs, puisque c'est justement dans la Macédoine réunie à la Grèce que l'Hellénisme détenait de tout temps la prépondérance numérique la plus considérable.

En effet, en tenant compte des trois statistiques précitées pour ce qui est seulement des territoires macédoniens incorporés dans les frontières du royaume hellénique [1], nous voyons qu'elles nous donnent les résultats suivants [2] :

D'après le recensement turc :

Grecs	429.365
Bulgares	124.549
Majorité grecque	304.816

D'après la statistique bulgare :

Grecs	352.622
Bulgares	164.874
Majorité grecque	187.748

---

[1] C'est-à-dire les cazas de Salonique, Cassandra, mont Athos, Langada, Kilkis, Catérini, Verria, Vodéna, Yanitsa, Serrès, Zichna, Cavala, Pravi, Sari-Chaban, Cozani, Servia, Grévéna, Anasélitsa, Caïlar, Castoria, et en partie les cazas de Gueveghéli (23 villages chrétiens), Doïran (8 villages), Demir-Hissar (la ville de Demir-Hissar et 37 villages), Névrocopi (14 villages), Drama (tous les villages chrétiens se trouvent en deçà de la frontière), Florina (la ville de Florina et 54 villages), Monastir (24 villages) et Corytsa (21 villages). Voir la planche XXII, à la p. 608.

[2] Voir ci-contre le tableau statistique détaillé.

Pl. XXIV.

Tableau indiquant les populations grecque patriarchiste et slave exarchiste (dite bulgare) de la partie de la Macédoine incorporée au Royaume de Grèce, d'après le recensement turc et les statistiques officielles bulgare et grecque [1].

VILAYETS. SANDJAKS CAZAS	RECENSEMENT TURC		STATISTIQUE BULGARE		STATISTIQUE GRECQUE	
	Grecs	Bulgares	Grecs	Bulgares	Grecs	Bulgares
VILAYET DE SALONIQUE						
Sandjak de Salonique.						
Caza de Salonique	46.707	233	48.438	9.528	50.682	4.239
— de Cassandra	32.175	0	21.925	0	40.746	0
— du mont Athos	2.519	3.043	1.274	515	3.761	210
— de Langada	16.618	1.969	16.712	2.360	20.484	2.240
— d'Avret-Hissar (Kilkis)	2.715	16.299	235	18.195	625	17.436
— de Catérini	18.553	0	18.553	0	18.429	0
— de Verria	23.204	2.050	15.796	0	26.971	0
— de Vodéna	16.859	5.149	8.520	10.865	16.859	5.149
— de Yanitsa	18.583	1.679	6.515	12.800	18.583	1.763
— de Guevghéli*	664	3.070	140	4.580	664	3.187
— de Doïran*	493	1.486	0	1.225	518	1.307
Sandjak de Serrès.						
— de Serrès	20.803	19.112	44.883	13.385	48.905	10.290
— de Zichna	21.715	3.951	25.555	5.195	23.155	3.700
— de Demir-Hissar*	13.717	6.492	4.445	14.656	6.740	15.778
— de Névrocopi*	1.200	13.484	510	11.735	2.530	11.611
Sandjak de Drama.						
— de Cavala	1.155	0	3.700	0	9.500	0
— de Pravi	6.160	18	7.785	0	10.175	0
— de Sari-Chaban	102	0	288	0	460	0
— de Drama*	8.361	3.639	5.820	4.955	9.900	2.980
Ile de Thasos	13.050	0	13.050	0	13.050	0
VILAYET DE MONASTIR						
Sandjak de Monastir.						
Caza de Florina*	27.720	14.563	6.035	20.350	17.455	16.137
— de Monastir*	8.018	2.763	1.965	2.765	7.535	2.374
Sandjak de Servia.						
— de Cozani	10.814	0	8.220	0	16.120	0
— de Servia	15.531	0	15.531	0	14.890	0
— de Grévéna	22.706	0	22.706	0	25.530	0
— d'Anasélitsa	28.292	0	23.005	0	23.653	0
— de Caïlar	6.569	3.537	4.650	3.525	6.770	1.460
Sandjak de Corytsa.						
— de Castoria	38.186	20.532	20.190	26.760	45.733	15.934
— de Corytsa*	6.176	1.480	6.176	1.480	8.261	114
TOTAUX	429.365	124.549	352.622	164.874	488.484	115.909

[1] Voir p. 618-619 et pl. XXIII.

* Les cazas suivis d'un astérisque ne sont compris qu'en partie dans les limites du territoire macédonien incorporé dans le royaume de Grèce. Voir pl. XXII.

D'après la statistique grecque :

Grecs	488.484
Bulgares	115.909
Majorité grecque	372.575

En moyenne :

Grecs	423.490
Bulgares	135.110
Majorité grecque	288.380

Et ce, d'après les chiffres d'il y a quinze ans, c'est-à-dire d'après les chiffres d'une époque où la Macédoine tout entière soupirait sous le joug barbare du conquérant turc et était en proie au terrorisme des comitadjis bulgares.

Depuis lors, les choses ont bien changé. La majorité grecque s'est vue renforcée par le retour de tous les Macédoniens qui, fuyant les horreurs des comitadjis, avaient dû s'expatrier; ainsi que par l'établissement de ces autres Macédoniens qui, préférant l'administration hellénique au régime bulgare, ont abandonné leurs villages attribués à la Bulgarie, pour venir s'installer en Macédoine grecque[2]. Et nous ne parlons pas des masses de réfugiés de Thrace et de l'Asie Mineure, qui attendent la libération de leurs pays pour regagner leurs foyers. Par contre, la minorité bulgare s'est vue diminuer encore par le départ des instituteurs, prêtres exarchistes, comitadjis et autres instruments de la propagande bulgare, importés la plupart de la Bulgarie et rentrés depuis 1913 chez eux. Et ceux qui sont restés, les indigènes, répétons-le une dernière fois, *ne sont pas des Bulgares*.

---

[1] Voir *supra*, p. 590.
[2] Voir *supra*, p. 487.

LISTE

DES

AUTEURS ET OUVRAGES CITÉS

I. — AUTEURS DE L'ANTIQUITÉ ET DU MOYEN AGE

ACROPOLITE (Constantin), éd. Bonn.
ACROPOLITE (Georges), éd. A. Heisenberg, Leipzig, 1903.
APOLLODORE.
APPIEN, *Syr.; Macéd.; Bel. civ.*
ARISTOTE, *Polit.*
ARRIEN (Flav.), *Anabase.*
ATHÉNÉE, *Banquet des Sophistes.*
CAMÉNIATE (Jean), *De excidio Thessalonicensi*, éd. Bonn.
CANTACUZÈNE, *Historia*, éd. Bonn.
CÉCAUMÉNOS, *Stratégicon*, éd. B. Wassiliewsky et V. Jernstedt, Pétrograd, 1896.
CÉDRÉNUS (Georges), éd. Bonn.
CHALCOCONDYLAS (Laonicus), éd. Bonn.
CHONIATE (Nicétas), éd. Bonn.
CICERO, *Pro Archia poeta.*
CONSTANTIN PORPHYROGÉNÈTE, *De them.; De administr. imp.*, éd. Bonn.
CURTIUS RUFUS.
DÉMOSTHÈNE, *De la couronne; Olynth.; Sur les prév. de l'amb.; Philippe.*
DENYS DE CALLIPHON.
DENYS LE PÉRIÉGÈTE, *Description du monde.*
DICÉARQUE.
DIODORE DE SICILE.
ESCHINE, *Contre Ctésiphon.*
ESCHYLE, *Suppl.*
ÉTIENNE DE BYZANCE.
EURIPIDE, *Archélaüs.*
EUSTATHE, *Commentaires à l'Iliade; comm. à Denys.*
EVAGRIUS, *Histoire Ecclésiastique*, éd. J. Bidez et L. Parmentier.
FLORUS.
GRÉGOIRE DE NAZIANZE.
GRÉGORAS (Nicéphore), éd. Bonn.
HELLANICUS (Muller: *Fragmenta historicorum græcorum*, Paris, Didot).
HÉRODOTE.
HÉSIODE, éd. Flach.
HIÉROCLÈS, *Synecdemus*, éd. G. Parthey, Berlin, 1866.

HOMÈRE, *Il.; Od.*
HORACE, *Epist.; Epist. ad Pisones.*
HYGIN, *Fabulæ.*
ISOCRATE, *Panathenaïque; Panég.; Philippe; Evagoras.*
JUSTIN.
JUSTINIEN.
JUVENALIS, *Sat.*
LÉON DIACRE, éd. Bonn.
LÉON LE GRAMMAIRIEN, éd. Bonn.
MALALAS, éd. Bonn.
MELA (Pomponius).
MONACHOS (Georges), éd. Bonn.
NICÉPHORE, *Breviarium*, éd. Carolus de Boor, Leipzig, 1880.
PACHYMÈRE (Georges).
PAUSANIAS.
PLATON, *Rép.; Protagoras.*
PLINE L'ANCIEN.
PLUTARQUE, *Sort et mérite d'Alexandre; Dém.; Flam.; Pyrrhus; Philop.; Thésée; Paul Émile.*
POLYBE.
PRISCIANUS, *Periegesis.*
PROCOPE, *De ædificiis; De bellis; Anecdota (Hist. secr.)*, rec. Jacobus Haury, I-III, Leipzig, 1905-1913.

PTOLÉMÉE (Claude), *Traité géogr.*, éd. Muller.
RUFUS FESTUS, *Descriptio orbis terræ.*
SCYLAX, *Périple.*
SIMÉON LE MAGISTRE, *Chronographia*, éd. Bonn.
SIMOCATTE (Théophylacte).
SOLIN POLYHISTOR.
STRABON.
SUÉTONE, *Vie de Jules.*
THÉOPHANE, *Chronographia*, éd. Bonn.
THÉOPHANE CONTINUÉ, éd. Bonn.
THÉOPHYLACTE: *Historia martyrii XV martyrum*, dans Migne: *Patrologia græca*, t. CXXVI; *Vita Clementis, ibid.*
THUCYDIDE.
TITE-LIVE.
VILLEHARDOUIN (Geoffroi de), *Conquête de Constantinople, avec la continuation d'Henri de Valenciennes*, par M. Natalis de Wailly, Paris, 1874.
XÉNOPHON, *Agésilas.*
ZONARAS, éd. Teubner, Leipzig, 1871.

II. — AUTEURS MODERNES ET CONTEMPORAINS

A

ABBOT (G.-F.) : 1) *Songs of Modern Greece*, Cambridge, 1900; 2) *Macedonian Folklore*, Cambridge, At the University Press, 1903.

ABEL (Otto) : *Makedonien vor König Philipp*, Leipzig, 1847.

ALBIN (Pierre) : *Les Grands Traités politiques*, préface de M. Maurice Herbette, Paris, Alcan, 1911.

ALEXANDRI (A.) : *Les Balcans et les prétentions bulgares à l'hégémonie balcanique*, Lausanne, 1918.

ALLARD (C.) : *Souvenirs d'Orient. La Bulgarie Orientale*, Paris, 1864.

AMADORE-VIRGILJ (Giovanni) : *La Questione rumeliota e la politica italiana*, Bitonto, Garofelo, 1908.

AMBÉLAS (T.) : *Histoire de la guerre gréco-bulgare* (en grec), New-York, 1914.

AMICIS (Edmondo d') : *Costantinopoli*, Milan.

ANDONOVITCH (Milan) : *Les Macédoniens sont des Slaves serbes* (en serbe), Belgrade, 1913.

ANDRÉ (Louis) : *Les États chrétiens des Balkans depuis 1815*, Paris, 1918.

ANDRÉADÈS (A.) : 1) *La marine marchande grecque* (Extrait du *Journal des Économistes*), Paris, 1913; 2) *Les Finances de la Grèce* (Extrait du *Journal des Économistes*), Paris, 1915; 3) *L'Union balkanique. La Grèce*, dans la *Revue hebdomadaire*, XXIVᵉ année, n° 11 du 13 mars 1915; 4) *Les Progrès économiques de la Grèce*, préface de M. Yves-Guyot (Extrait du *Journal des Économistes*), Paris, 1919; 5) *La Thrace et l'Asie Mineure dans l'histoire de l'Hellénisme*, dans l'*Europe Nouvelle*, Paris, 2ᵉ année, n° 5 du 1ᵉʳ février 1919.

ANTONOFF (C.) : *Carte historique de la Bulgarie* (en bulgare), Sophia, Imprimerie Royale, 1915.

ARAVANTINOS (P.) : *Chronographie de l'Épire et des pays voisins grecs et illyriens* (en grec), Athènes, 1856-1857.

ARICESCO : *Histoire de la Révolution roumaine de 1821* (en roumain).

ARISTARCHI (S.) : *Inscriptions grecques, latines et serbes de la province des Vélégrades*, dans la revue du *Syllogue littéraire de Constantinople*, 1880.

ARVANITAKI (G.) : 1) *Dossier bulgare. Contribution à l'histoire de la civilisation bulgare*, Genève, Impr. Zent, 1918; 2) *Sur la réponse des socialistes bulgares*, Genève, Hoch, 1918.

AVRIL (Adolphe D') : *Les Négociations relatives au traité de Berlin*, Paris, 1886.

B

BABELON (Ernest) : 1) *Les Rois de Syrie*, Paris, 1890; 2) *Traité des monnaies grecques et romaines*, Paris, 1901. (Voir aussi WADDINGTON.)

BÆGE (Wernerus) : *De Macedonum sacris*, Halle, Niemeyer, 1913.

BALCANICUS : *La Bulgarie, ses ambitions, sa trahison*, Paris, Colin, 1915.

BARRE (André) : *L'Esclavage blanc, Arménie et Macédoine*, Paris, Michaud.

BARTHÉLEMY (Abbé Jean-Jacques) : *Voyage du jeune Anacharsis en Grèce*.

BASMATSIDÈS (Joh. G.) : *Macedonia et Macedones ante Dorum reditionem*, Munich, 1867.

BAYET : *L'Empire romain d'Orient*, dans Lavisse et Rambaud : *Histoire générale*, I, Paris, 1893.

BEAUJOUR (Félix) : *Tableau du commerce de la Grèce*, Paris, 1800.

BELOCH (Karl Julius) : 1) *Griechische Geschichte*, Strasbourg, 1896-1904 ; 2ᵉ éd., t. I et II, 1, Strasbourg, 1912-1914 ; 2) *Griechische Geschichte seit Alexander*, dans Gerke et Norden : *Einleitung in die Altertumswissenschaft*, Leipzig, 1912.

BÉRANGER : *Psara ou Chant de victoire des Ottomans*.

BÉRARD (Victor) : 1) *La Turquie et l'Hellénisme contemporain*, Paris, Alcan, 6ᵉ éd., 1911 ; 2) *Pro Macedonia*, Paris, Colin, 1904.

BERL (A.) : *La Grèce moderne*, dans *La Grèce*, Paris, Société française d'imprimerie et de librairie, 1908.

BEVAN (Edwyn Robert) : *The house of Seleucus*, Londres, 1902.

BIANCONI (F.) : *Ethnographie de la Turquie d'Europe*, Paris, 1877.

BLAEU (Joh. et Corn.) : *Cosmographia Blaviena*, Amsterdam, 1650.

BLANQUI (Jérôme-Adolphe) : *Voyage en Bulgarie pendant l'année 1841*, Paris, 1843.

BÖNECKE (K.) : *Forschungen auf dem Gebiete der attischen Redner und der Geschichte ihrer Zeit*, Berlin, 1843.

BORN : *Zur Makedonischen Geschichte*, Berlin, 1858.

BOUCABEILLE (Lieutenant-Colonel) : 1) *La Guerre turco-balkanique*, Paris, Chapelot, 1914) ; 2) *La Guerre interbalkanique*, Paris, Chapelot, 1914.

BOUCHÉ-LECLERCQ : 1) *Histoire des Lagides*, Paris, 1903 ; 2) *Histoire des Séleucides*, Paris, 1913.

BOUCOUVALAS (G.) : *La Langue des bulgarophones de Macédoine* (en grec), Le Caire, 1905.

BOUÉ (Ami) : 1) *La Turquie d'Europe*, Paris, 1840 ; 2) *Ethnographische*

Karte des Osmanischen Reichs: (1847), dans Berghaus : *Physikalischer Atlas*; 3) *Recueil d'itinéraires en Turquie d'Europe*, Vienne, 1854.

BOURCHIER : *The Balkan question*, Londres, 1915.

BOURDON (Georges) : *Avec les armées helléniques*, Paris, 1914.

BOUSQUET (Georges) : *Histoire du peuple bulgare depuis les origines jusqu'à nos jours*, Paris, Chaix, 1909.

BRADASKA (Fr.) : *Die Slaven in der Turkei*, dans les *Petermann's Mitteilungen*, XV, 1869.

BRAILSFORD (Henry-Noel) : *Macedonia, its races and their future*, Londres, 1906.

BRANCOFF (D.-M.) : *La Macédoine et sa population chrétienne*, Paris, Plon, 1905.

BUJAC (Colonel) : *Chroniques sur la guerre*, dans les *Études franco-grecques* de janvier, mars et avril 1919.

BURY (J.-B.) : 1) *A history of Greece to the death of Alexander the Great*, Londres, 1902; 2) *A history of the later Roman Empire (395-800)*, Londres, 1889; 3) *A history of the Eastern Roman Empire from the fall of Irene to the accession of Basil I (802-867)*, Londres, 1912.

BUXTON (Noel) et BUXTON (Charles Roden) : *The war and the Balkans*, Londres, Allen, 1915.

C

CALLIGAS (Paul) : *Études d'histoire byzantine (1204-1453)* (en grec), Athènes, 1894.

CAMINADE (Gaston) : *Les Chants des Grecs et le philhellénisme de Wilhelm Müller*, Paris, Alcan, 1913.

CANAT (René) : *La Renaissance de la Grèce antique (1820-1850)*, ouvrage couronné par l'Académie Française. Paris, Hachette, 1911.

CARDINALI (Giuseppe) : *Il regno di Pergamo*, dans Beloch : *Studi di Storia antica*, V, Rome, 1906.

CARLISLE (Lord) : *A diary in Turkish and Greek waters*, Boston, 1855.

CASSAVÉTI (D.-J.) : *Hellas and the Balkans wars*, Londres, 1914.

CASTONNET DES FOSSES (H.) : *La Macédoine et la politique de l'Autriche en Orient*, Lyon, 1889.

CAVAIGNAC (Eugène) : *Histoire de l'antiquité*, Paris, 1913-1914.

CHAFARIK (Paul-Joseph) : 1) *Histoire des littératures slaves*, Budé, 1826; 2) *Slovansky Zemévid* (carte ethnographique), Prague, 1842.

CHALANDON (Ferdinand) : *Essai sur le règne d'Alexis Ier Comnène (1081-1118)*, Paris, 1900.

CHARRIÈRE (E.) : *Négociations de la France dans le Levant*, Paris, 1853.

CHATEAUBRIAND : *Itinéraire de Paris à Jérusalem*, Paris, Firmin-Didot, 1863.

CHERADAME (André) : 1) *Douze ans de propagande en faveur des peuples balkaniques*, 2e éd., Paris, 1913; 2) *Le Plan pangermanique démasqué*, Paris, Plon, 16e éd., 1916.

CHOISEUL-GOUFFIER (Comte de) : *Voyage pittoresque de la Grèce*, Paris, 1782-1822.

CHRIST-SCHMID-STÄHLIN : *Geschichte der griechischen Literatur*, 5e éd., 1911.

CHRISTOVASILIS (Ch.) : *Chants nationaux (1453-1821)* (recueil grec), Athènes, 1902.

CHRYSOCHOOS (M.) : *Carte de la Macédoine, de l'Illyrie et de l'Épire* (en grec), 2e éd., Athènes, 1903.

COCONIS (N.) : *Histoire des Bulgares pendant le moyen âge* (en grec), Athènes, 1877.

COLIN (G.) : *L'Hellénisme en Occident et les Romains ; la culture latine en face de la culture hellénique*, dans *L'Hellénisation du monde antique*, Paris, Alcan, 1914.

COLLIGNON (M.) : *Histoire de la sculpture grecque*, Paris, Firmin-Didot, 1892-1897.

CONSTANTINOFF (Aleco) : *Bai-Gagnu* (en bulgare), Sophia, Spassoff 1895.

COUSINÉRY (M.-E.-M.) : *Voyage dans la Macédoine*, Paris, 1831.

CROISET (A. et M.) : *Histoire de la littérature grecque*, Paris, 1899.

CROUSSE (Franz) : *La Péninsule gréco-slave*, Bruxelles, 1876.

CURTIUS (Ernst) : *Griechische Geschichte*, 6e éd., Berlin, 1887.

CVIJIĆ (Jovan) : 1) *Remarques sur l'ethnographie de la Macédoine*, dans les *Annales de géographie*, Paris, 1906, et dans les *Questions balkaniques* ; 2) *Grundlinien der Geographie und Geologie von Makedonien und Altserbien*, dans les *Petermann's Mitteilungen*, fasc. 162 (1908); 3) *Die ethnographische Abgrenzung der Völker auf der Balkanhalbinsel*, dans les *Petermann's Mitteilungen*, t. 59 (1913); 4) *La Pensée de la nation serbe*, dans la *Revue Hebdomadaire*, XXIV⁰ année, n° 13, du 27 mars 1915; 5) *Les Assertions d'un écrivain bulgare*, dans le *Bulletin de la Société neuchâteloise de géographie*, Neuchâtel, 1916, et dans les *Questions balkaniques;* 6) *Questions balkaniques*, Attinger, Paris-Neuchâtel, 1917.

D

DASKALOFF : *Découvertes de Tirnovo* (en russe), Moscou, 1859.

DAUDET (Ernest) ; *Ferdinand 1ᵉʳ, tsar de Bulgarie*, Attinger, Paris-Neuchâtel, 1917.

DEBIDOUR (A.) : *Histoire diplomatique de l'Europe*, 2ᵉ partie : *Vers la Grande Guerre (1904-1916)*, Paris, Alcan, 1917.

DELACOULONCHE : *Mémoire sur le berceau de la puissance macédonienne*, Paris, 1858.

DÉLICANIS (Callinique) : *Documents patriarcaux* (en grec), Constantinople, 1905.

DERJAVINE (N.-S.) : *Les Rapports bulgaro-serbes et la Question macédonienne*, traduction française, Lausanne, Librairie Centrale des Nationalités, 1918.

DESCHAMPS (Gaston) : 1) *Le Philhellénisme et le Journal des Débats* dans le *Livre du centenaire du Journal des Débats, 1789-1889*, Paris, Plon, 1889; 2) Conférence, dans *L'Effort grec*, Bloud et Gay, Paris-Barcelone, 1919.

DESDEVISES DU DEZERT (Th.) : *Géographie ancienne de la Macédoine*, Paris, 1863.

DESTRILHES : *Confidences sur la Turquie*, 2ᵉ éd. Paris, Dentu, 1855.

DIEHL (Charles) : 1) *Justinien et la Civilisation byzantine au VIᵉ siècle*, Paris, 1901 ; 2) *Études byzantines*, Paris, 1905; 3) *L'Église grecque et l'Hellénisme*, dans *La Grèce*, Paris, Société Française d'Imprimerie et de Librairie, 1908; 4) *Manuel d'art byzantin*, Paris, 1910.

DIEHL-LE TOURNEAU-SALADIN : *Les Monuments chrétiens de Salonique*, ouvrage publié sous les auspices du Ministère de l'Instruction publique et des Beaux-Arts et accompagné d'un album de 68 planches, Paris, 1918.

DIMITSAS (Margaritis) : 1) *Ancienne Géographie de la Macédoine* (en grec), 1ʳᵉ partie : *Géographie physique*, Athènes, 1870; 2ᵉ partie : *Topographie*, Athènes, 1874; 2) *La Macédoine par les inscriptions et les monuments conservés* (en grec), Athènes, 1896.

DJERIĆ (V.) : *Du nom serbe en Vieille-Serbie et en Macédoine* (en serbe), Belgrade, 1904.

DJUVARA (T.-G.) : *Cent projets de partage de la Turquie*, Paris, Alcan, 1914.

DOURNOVO (Nicolas) : *Les Bulgares ont-ils des droits historiques en Macédoine, en Thrace et en Vieille-Serbie?* (en russe et en grec), Moscou, 1896.

DOZON (Auguste) : 1) *Rapports sur une mission littéraire en Macédoine*, Paris, 1874 ; 2) *Chansons populaires bulgares*, Paris, 1875.

DRIAULT (Édouard) : *La Question d'Orient depuis ses origines jusqu'à la Grande Guerre*, préface de M. Gabriel Monod, 7e éd. Paris, Alcan, 1917.

DRINOW (M.-C.) : 1) *Colonisation de la péninsule balkanique par les Slaves* (en russe), Moscou, 1872 ; 2) *Les Slaves méridionaux et Byzance au Xe siècle*, Comptes rendus de la Société d'histoire et d'archéologie de Moscou pour 1875 (en russe), Moscou, 1876.

DROSSOS (D.-J.) : *Un Mouvement antihellénique en Bulgarie*, dans La Revue de Grèce du 1er septembre 1918.

DROYSEN (Joh.-Gust.) : *Geschichte des Hellenismus*, 2e éd., Gotha, 1877.

DU CANGE : *Historia Byzantina* (Familiæ byzantinæ et Constantinopolis christiana), Paris, 1680.

DUMONT (Albert) : *Le Balkan et l'Adriatique*, Paris, 1874.

DUPUY-PEYOU (L.-L.) : *La Bulgarie aux Bulgares*, Paris, 1896.

E

ELLIOT (C.-B.) : *Travels in three Great Empires*, Londres, 1838.

EMERSON (J.) : *The history of Modern Greece from its conquest by the Romans B. C. 146, to the present time*, Londres, 1830.

ENGELHARDT (Éd.) : *La Question macédonienne*, Paris, 1906.

ÉNYALIS : *Chansons grecques des Koutsovalaques*, dans l'*Hellénismos* d'Athènes, 1911-1912.

ERBEN (Jaromir) : *Mapa Slovanského Světa* (carte ethnographique), 1868.

ÉTON (William) : *Tableau historique, politique et moderne de l'Empire ottoman*, traduit de l'anglais par C. Lefebvre, Paris, 1801.

EXINTARIS (G.) : *Les Réformes en Macédoine de 1903 à 1908, Étude d'histoire diplomatique et de droit international*, Paris, Émile Larose, 1913.

F

FALLMERAYER (Jacob-Philipp) : *Fragmente aus dem Orient*, 2ᵉ éd. par Thomas, Stuttgart, 1877.

FAURIEL (C.) : *Chants populaires de la Grèce moderne*, Paris, 1824-1825.

FERRIÈRES-SAUVEBŒUF (Comte de) : *Mémoires historiques, politiques et géographiques des voyages faits en Turquie, en Perse et en Arabie*, Paris, 1790.

FICK (Auguste) : 1) *Zum makedonischen Dialekt*, dans la *Kuhn's Zeitschrift*, t. XXII, 1874; 2) *Die epirotischen Inschriften von Dodone*, dans les *Bezzenberger's Beiträge*, t. III.

FINCK (Franz-Nicolas) : *Die armenische Literatur*, dans Hinneberg : *Die Kultur der Gegenwart*, I, 7.

FINLAY (George) : *History of the Greek Revolution*, Blackwood, Edimburg et Londres, 1861.

FISCHER (Emil) : *Die Herkunft der Rumanien*, Bamberg, 1904.

FLIGIER : *Ethnologische Entdeckungen im Rhodopegebirge*, Vienne, 1879.

FLORINSKY (T.) : *Monuments de l'action législative de Douchan, tzar des Serbes et des Grecs* (en russe), Kiew, 1888.

FOORD (Edward) : *The Byzantine Empire, the rearguard of European civilization*, London, 1911.

FRANTZIS (Ambroise) : *Abrégé de l'histoire de la Grèce régénérée, de 1715 à 1835* (en grec), Athènes, 1839-1841.

G

GANDOLPHE (Maurice) : *La crise macédonienne*, Paris, Perrin, 1904.

GARDNER (Percy) : 1) *A catalogue of Greek coins in the British Museum. The Seleucid Kings of Syria*, Londres, 1878; 2) *The coins of the Greek and Scythic Kings of Bactria and India in the British Museum*, Londres, 1886.

GAULIS (Georges) : *Bulgarie et Macédoine*, dans la *Revue de Paris*, t. VI, 1902.

GELZER (Heinrich) : 1) *Ungedrückte und wenig bekannte Bistümerverzeichnisse der orientalischen Kirche*, dans la *Byzantinische Zeitschrift*, t. I-II, 1892-1893; 2) *Die Genesis der Themenverfassung*, dans les *Abhandlungen der Königlichen Sächsischen Gesellschaft der Wissenschaft*, Leipzig, 1899; 3) *Geistliches und Weltliches aus dem türkisch-griechischen Orient*, Leipzig, 1900; 4) *Byzantinische Inschriften aus Westmacedonien*, dans les *Athenischen Mitteilungen*, t. XXVII, 1902; 5) *Das Patriarchat von Achrida* dans les *Abhandlungen der Königlichen Sächsischen Gesellschaft der Wissenschaft*, Leipzig, t. XX, 1903; 6) *Vom Heiligen Berge und aus Makedonien*, Leipzig, 1904; 7) *Ausgewählte kleine Schriften*, Leipzig, 1907; 8) *Byzantinische Kulturgeschichte*, Tubingue, 1909.

GEORGEVITCH (T.-R.) : *Macedonia*, Londres et New-York, 1918.

GERCKE (A.) et NORDEN (E.) : *Einleitung in die Altertumswissenschaft*, Leipzig, 1910-1912.

GERLACH (Stephan) : *Tagebuch*, Francfort-sur-le-Mein, 1674.

GERSIN (E.) : *Makedonien und das türkische Problem*, Vienne, 1903.

GERVINUS (G.-G.) : *Histoire du XIXe siècle*, trad. J.-F. Minssen; *Insurrection et régénération de la Grèce*, trad. J.-F. Minssen et L. Sgouta, Paris, 1863.

GFRÖRER (Aug.) : *Byzantinische Geschichten*, Graz, 1872-1877.

GHÉROFF (Matéi) : *Le Problème national bulgare*, dans la *Revue hebdomadaire*, XXIVe année, n° 15, du 10 avril 1915.

GILLIÉRON (Alfred) : *Grèce et Turquie. Notes de voyage*, Paris, Sandoz et Fischbacher, 1877.

GLADSTONE : *Bulgarian horrors*, Londres, John Murray, 1876.

GNASSIOS MAKEDNOS (Dragoumis St.) : *La crise macédonienne* (en grec), Athènes, 1903-1906.

GOLOUBINSKY (E.) : *Petite esquisse de l'histoire des églises orthodoxes bulgare, serbe et roumaine* (en russe), Moscou, 1871.

GOMEZ-CARILLO (E.) : *Le Monde hellénique*, dans l'*Hellénisme* de Paris, du 1er-15 décembre 1908.

GOPCHEVITCH (Sp.) : 1) *Bevölkerungsstatistik von Altserbien und Makedonien*, Vienne, 1889; 2) *Altserbien und Makedonien*, Vienne, 1900.

GORDON (Thomas) : *History of the Greek Revolution*, Londres, 1832.

GOUNARIS (C.) : *Échos de Macédoine*, dans l'*Annuaire Macédonien* (en grec), Athènes, 1909.

Gounaropoulos (C.) : *Événements de l'Athos et de Ténédos en 1807*, dans le *Bulletin de la Société historique et ethnologique* d'Athènes, t. I, 1883.

Grigorovitch (Victor) : *Esquisse de voyage dans la Turquie d'Europe* (en russe), Kazan, 1848.

Gross (Alexander) : *Races of Eastern Europe*, carte ethnographique de la série du *Daily Telegraph*, n° 25.

Guéchoff (Iv.-E.) : 1) *La folie criminelle et l'enquête parlementaire* (en bulgare), Sophia, 1914 ; 2) *L'Alliance balkanique*, Paris, Hachette, 1915.

Guibal (Georges) : *Les Bulgares*, dans la *Revue de Géographie*, Paris, t. II, 1877.

Guillaumat (Général) : *Récit de la bataille de Skra-di-Legen*, dans *La Grèce devant le Congrès*, Paris, 1919.

Gutschmid (A. von) : *Geschichte Irans und seiner Nachbarländer von Alexander dem Grossen bis zum Untergang der Arsaciden*, Tubingue, 1888.

Guys (Ch.-Ed.) : *Le Guide de la Macédoine*, Paris, 1857.

Guys (Pierre-Augustin) : *Voyage littéraire de la Grèce*, Paris, 1783.

H

Haack-Hetzberg : *Grosser historischer Wandatlas*, I, 1, *Griechenland*, par van Kampen, 1914.

Hadji-Kalpha : *Rumeli und Bosna*, trad. allemande par J. von Hammer, Vienne, 1812.

Hahn (J.-G.) : *Albanesische Studien*, Vienne, 1853.

Hammer (Joseph v.) : *Geschichte des Osmanischen Reiches*, 2e éd., II, Pest, 1834-1836.

Hatzfeld (J.) : *Inscriptions de Thessalie et de Macédoine*, dans le *Bulletin de Correspondance hellénique*, t. XXXV, 1911.

Hatzidakis (Georges) : 1) *Du caractère hellénique des anciens Macédoniens*, Athènes, 1895 ; 2) Commentaires à l'article de M. N.-Yonkoff-Vladikiné : *Les anciens Macédoniens étaient-ils des Grecs ?* dans l'*Hellénismos*, 1898-1899 ; 3) *Preuves nouvelles du caractère hellénique des anciens Macédoniens* (en grec), Athènes, 1899 ; 4) *Zur Ethnologie der alten Makedonier*, dans les *Indogermanischen Forschungen*, t. XI, 1900 ; 5) *Études linguistiques* (en grec), I, Athènes, 1901 ; 6) *Zur Chronologie der griechischen Lautgesetze und zur Sprachfrage der alten Makedonier*, dans la *Kuhn's Zeitschrift*,

t. XXXVII, 1904; 7) *Encore sur la question du caractère hellénique des anciens Macédoniens*, dans l'*Annuaire de l'Université d'Athènes*, 1911-1912.

HEAD (Barcl.) : *Historia Numorum*, 2e éd., Oxford, 1911.

HELBIG (Wolfgang) : *Untersuchungen über die campanische Wandmalerei*, Leipzig, 1873.

HERTZBERG (Gust. Fr.) : 1) *Die Geschichte Griechenlands unter der Herrschaft der Römer, nach den Quellen dargestellt*, Halle, 1866-1875; 2) *Geschichte Griechenlands seit dem Absterben des antiken Lebens bis zur Gegenwart*, Gotha, 1878; 3) *Geschichte Neugriechenlands seit der Erhebung gegen die Pforte*, 1879.

HESSELING (D. C.) : 1) *Byzantium. Studiën over onze beschaving na de stichting van Konstantinopel*, Haarlem, 1902, éd. française : *Essai sur la civilisation byzantine*, avec préface de M. G. Schlumberger, Paris, 1907; 2) *Istambol*, dans la *Revue des Études grecques*, t. III, 1890.

HEUSCHLING (Xavier) : *L'Empire de Turquie*, Bruxelles, Tarlier; Paris, Guillaumin, 1860.

HEUZEY (L.) : *Le Mont Olympe et l'Acarnanie*, Paris, 1862.

HEUZEY et DAUMET : *Mission archéologique de Macédoine*, Paris, 1876.

HEYD (W.) : *Geschichte des Levantehandels*, trad. franç. par Raynaud, Leipzig, 1885-1886.

HOFFMANN (Otto) : *Die Makedonien, ihre Sprache und ihr Volkstum*, Gœttingue, 1906.

HOGGE-FORT (J.) : *Les Pays d'avenir. En Bulgarie*, Bruxelles, Lebègue, 1907.

HOMAN (Joh.-Bapt.) : *Atlas novus*, Nuremberg, 1740.

HOMOLLE (Théophile) : *Pourquoi nous aimons la Grèce*, dans *La Grèce*, Paris, Société française d'imprimerie et de librairie, 1908.

HOPF (Karl) : *Geschichte Griechenlands vom Beginn des Mittelalters bis auf unsere Zeit, Separatausgabe aus der Allgemeinen Encyklopädie der Wissenschaften und Künste von Ersch und Gruber herausgegeben von Hermann Brockham*, t. V, Leipzig, 1870.

HOUSSAYE (Henry) : *La Grèce héroïque*, dans *La Grèce*, Paris, Société française d'imprimerie et de librairie, 1908.

HOWE (Samuel G.) : *An historical sketch of the Greek Revolution*, New-York, 1828.

HUGO (Victor) : *Les Orientales*.

I

Iatridès (A.) : *Recueil de chansons populaires* (en grec), Athènes, 1859.

Iken : *Hellenion*, Leipzig, 1822.

Imhoof-Blumer (Fr.) : *Die Münzen der Dynastie von Pergamon*, Berlin, 1884.

Iorga (N.) : 1) *Geschichte des rumänischen Volkes*, Gotha, 1905 ; 2) *Histoire des États balkaniques à l'époque moderne*, Bucarest, Sfetea, 1914.

Isambert (Gaston) : *L'Indépendance grecque et l'Europe*, Paris, Plon, 1900.

Ischirkoff (A.) : 1) *Das Bulgarentum auf der Balkanhalbinsel im Jahre 1912* (carte ethnographique), dans les *Petermann's Mitteilungen*, 1915 ; 2) *Les confins occidentaux des terres bulgares. Notes et documents*, Lausanne, Librairie nouvelle, 1916 ; 3) *Le nom de Bulgare, éclaircissement d'histoire et d'ethnographie*, Lausanne, Librairie centrale des Nationalités, 1918 ; 4) *La Macédoine et la constitution de l'Exarchat bulgare*, Lausanne, Librairie centrale des Nationalités, 1918.

Ivanoff (Jordan) : 1) *Antiquités bulgares en Macédoine* (en bulgare), Sophia, 1908 ; 2) *Histoire slavo-bulgare recueillie et rédigée par le religieux Païssi, en l'année 1762*, Sophia, 1914 ; 3) *Les Bulgares en Macédoine* (en bulgare), Sophia, 1915 ; 4) *La Région de Cavalla*, Berne, Haupt, 1918.

J

Jagić (Vatroslav) : 1) *Die slawischen Sprachen*, dans Hinneberg : *Die Kultur der Gegenwart*, I, 9 ; 2) *Einige Kapitel aus der südslavischen Sprachen*, dans l'*Archiv für slavische Philologie*, XVIII et XXII.

Jardé (Aug.) : *Le recul et la reprise de l'expansion hellénique après les guerres médiques, etc. La formation de la Macédoine*, dans *L'Hellénisation du monde antique*, Paris, Alcan, 1914.

Jessen (J. de) : *Les troupes françaises en Macédoine*, dans la *Revue Hebdomadaire*, 1915, X, 4 et 5.

Jireček (Constantin-Jos.) : 1) *Geschichte der Bulgaren*, Prague, 1876 ; 2) *Die Heerstrasse von Belgrad nach Constantinopel und die Balkanpässe*, Prague, 1877 ; 3) *Das Fürstentum Bulgarien*, Vienne, 1891 ; 4) *Geschichte der Serben*, Gotha, 1911.

K

Kærst (Julius) : *Geschichte des hellenistischen Zeitalters*, Leipzig, 1901.

Kalinka (Ernst) : *Antike Denkmäler in Bulgarien*, dans les *Schriften der Balkankommission*, IV, Vienne, 1906.

Kampen (Van) : *Griechenland* (Haack-Hetzberg : *Grosser historischer Wandatlas*, I, 1, 1914).

Kanitz (F.) : *La Bulgarie Danubienne et le Balkan*, édition française, Paris, 1882.

Kantcheff (V.) : *La Macédoine. Ethnographie et statistique* (en bulgare), Sophia, 1900.

Kasasis (N.) : 1) *L'Hellénisme et la Macédoine*, Paris, Imprimerie de la Renaissance latine, 1903; 2) *Le Problème macédonien* (en grec), Athènes.

Kazarow (Gabriel) : *Quelques observations sur la question de la nationalité des anciens Macédoniens*, dans la *Revue des Études grecques*, Paris, t. XXIII, 1910.

Kern (Otto) : *Aus Makedonien in alter und neuer Zeit*, Erfurt, 1914.

Kiepert (H.) : 1) *Ethnographische Uebersicht des europäischen Orients*, Berlin, 1876, 2e éd., 1878; 2) *Notice explicative sur la carte ethnographique des pays helléniques, slaves, albanais et roumains*, Berlin, Kerskes et Hohmann, 1878; 3) *Atlas antiquus*, 12e éd., Berlin, 1905; 4) *Neuer Atlas von Hellas*, Berlin, n° XIII.

Kiepert (Heinrich und Richard) : *Formæ orbis antiqui*, 1907.

Kiessling (M.) : *Mare Ægæum*, dans Spruner : *Historischer Hand-Atlas*, I, *Atlas antiquus*, tab. 14, Gotha, Justus Perthes, 1909.

Kind (Theodor) : *Neugriechische Anthologie*, Leipzig, 1844.

Kiproff (Alexandre) : *La Vérité sur la Bulgarie*, 3e éd., Berne, Kuhn, 1916.

Köhler (Ulrich v.) : *Ueber die Probleme der griechischen Vorzeit*, dans les *Sitzungsberichte* de l'Académie de Berlin, 1897.

Komarow (V.-V.) : *Carte des peuples slaves* (en russe), Pétrograd, 1890.

Kondakoff (N.-P.) : *La Macédoine. Voyage archéologique* (en russe), Petrograd, 1909.

Kretschmer (Paul) : 1) *Einleitung in die Geschichte der griechischen Sprache*, Gœttingue, 1896; 2) *Sprache* dans Gercke und Norden : *Einleitung in die Altertumswissenschaft*, Leipzig, 1910.

KRUMBACHER (Karl) : 1) *Geschichte der byzantinischen Literatur*, 2º éd., Munich, 1897; 2) *Die griechische Literatur des Mittelalters*, dans Hinneberg : *Die Kultur der Gegenwart*, I, 8.

KUHNE (Victor) : 1) *Les Bulgares peints par eux-mêmes*, Payot, Lausanne-Paris, 1917; 2) *La Macédoine. Prétentions bulgares*, Genève, Georg, 1918.

KÜHNER-BLASS : *Ausführliche Grammatik der griechischen Sprache*, 3º éd., Hanovre, 1890.

KUPFER (E.) : *La Macédoine et les Bulgares*, Lausanne, Librairie nouvelle, 1918.

L

LAFOSCADE (L.) : 1) *Influence du latin sur le grec*, dans Jean Psichari : *Études de philologie néo-grecque*, Paris, 1892; 2) *De epistulis (aliisque titulis) imperatorum magistratuumque Romanorum, quas ab aetate Augusti usque ad Constantinum graece scriptas lapides papyrive servaverunt*, Lille, 1902.

LAMARTINE : *Œuvres complètes*, 1860-1863; t. VII.

LAMBROS (Sp.) : 1) *Révélations sur le martyre de Rhigas* (en grec), Athènes, 1892; 2) *Romances et complaintes ayant pour sujet la prise de Constantinople*, dans le *Nouvel Hellénomnémon*, Athènes, 1908; 3) *Pages choisies de l'histoire de l'hellénisme macédonien en Hongrie et en Autriche*, dans le *Nouvel Hellénomnémon*, Athènes, 1911.

LAMOUCHE (Léon) : *La Bulgarie dans le passé et dans le présent*, Paris, Baudoin, 1892.

LAS CASES (Comte de) : *Mémorial de Sainte-Hélène*, Paris, Garnier, 1840.

LAUNAY (L. DE) : *La Bulgarie d'hier et de demain*, Paris, Hachette, 3º édit. 1912.

LAVELEYE (Émile DE) : *La Péninsule des Balkans*, Bruxelles, Librairie européenne Muquardt, Merzbach et Falk, 1886.

LAVISSE (Ernest) et RAMBAUD (Alfred) : *Histoire générale du IVe siècle à nos jours*, Paris, 1893 et suiv.

LEAKE (W. M.) : *Travels in Northern-Greece*, Londres, 1835.

LEFEUVRE-MÉAULLE (H.) : *La Grèce économique et financière*, avec préface de M. Paul DESCHANEL, Paris, 1916.

LEGER (Louis) : 1) *Cyrille et Méthode, Étude historique sur la conversion des Slaves au christianisme*, Paris, Franck, 1868; 2) *Nouvelles études slaves*, Paris, Leroux, 1880; 3) *La Bulgarie*, Paris, Léopold Cerf, 1885; 4) *Les luttes séculaires des Germains et des Slaves*, Paris, Maisonneuve, 1916; 5) *Le panslavisme et l'intérêt français*, Paris, Flammarion, 1917.

LEGRAND (Émile) : 1) *Recueil de chansons populaires grecques*, Paris, 1874; 2) *Bibliothèque grecque vulgaire*, Paris, 1880; 3) *Une bulle inédite de Gabriel, patriarche d'Achride*, dans la *Revue des Études grecques*, t. IV, 1891; 4) *Bibliographie hellénique ou description raisonnée des ouvrages publiés par des Grecs au XVIIe siècle*, III, Paris, Picard, 1895.

LEJEAN (G.) : *Ethnographie de la Turquie d'Europe*, Gotha, 1861.

LEO (Friedr.) : *Die römische Literatur*, dans Hinneberg: *Die Kultur der Gegenwart*, I, 8, Berlin et Leipzig, 1905.

LEROY-BEAULIEU (Anatole) : 1) *Les réformes de la Turquie. La politique russe et le panslavisme*, dans la *Revue des Deux Mondes*, Paris, 3e période, t. XVIII, 1876; 2) *L'Empire des Tsars et les Russes*, I, *Le Pays et les habitants*, Paris, Hachette, 4e éd., 1897.

LESKIEN (A.) : *Grammatik der altbulgarischen (altkirchenslavischen) Sprache*, Heidelberg, 1909.

LETHABY (W. R.) et SWAINSON (Harold) : *The Church of Sancta Sophia*, Constantinople, Londres, 1894.

LETRONNE (A.-J.) : *L'Inscription grecque déposée dans le temple de Talmo en Nubie par le roi nubien Silko*, dans les *Œuvres choisies de A.-J. Letronne*, Paris, Leroux, 1881.

LEUNE (Jean) : *Une revanche, une étape. Campagne de l'armée hellénique en Macédoine, 1912*, avec préface de M. Gaston Deschamps, Paris, Chapelot, 1914.

LINDENBERG (Paul) : *Das neue Bulgarien 1887-1912. Studien und Streifzüge*, Berlin, Dümmlers, 1912.

LOGIO (G. Clenton) : *Bulgaria, Problems and politics*, Londres, Heinemann, 1919.

LOMBARD (Alfred) : *Constantin V, Empereur des Romains*, Paris, 1902.

LONLAY (Dick DE) : *L'Armée russe en campagne. Souvenirs de guerre et de voyage par un volontaire du 26e régiment de cosaques du Don*, Paris, 1889.

M

MACCAS (Léon) : 1) *La Grèce et les Israélites*, Athènes, 1913; 2) *Ainsi parla Vénizélos...*, Paris, 1916; 3) *La Grande Guerre, les nations et les hommes*, Paris, 1917; 4) *La littérature bulgare*, dans les *Études franco-grecques*, I, 1918; 5) *L'Hellénisme et l'Asie Mineure*, Paris, Berger-Levrault, 1918.

MACKENZIE (G.-M.) et IRBY (A.-P.) : *The Turks, the Greeks and the Slavons*, Londres, 1867.

MAHAFFY (J. P.) : 1) *Greek life and thought from the age of Alexander to the Roman conquest*, Londres, 1887; 2) *The Empire of the Ptolemies*, Londres, 1895; 3) *The Progress of Hellenism in Alexander's Empire*, 1905; 4) *The silver age of the Greek World*, 1906; 5) *What have the Greeks done for modern civilization*, Londres, 1909.

MALLETERRE (Général) : *La Bataille de Macédoine*, dans *La Grèce devant le Congrès*, Paris, Boivin, 1919.

MANNERT (Korrad) : *Geographie der Griechen und Römer*, VII, Landshut, 1812.

MANO (G. A.) : *L'Orient rendu à lui-même*, Londres, 1861.

MANSI : *Sacrorum conciliorum nova et amplissima collectio.*

MARC (Paul) : *Plan eines Corpus der griechischen Urkunden des Mittelalters und der neueren Zeit*, Munich, 1903.

MARCELLUS (M. DE) : *Chants du peuple en Grèce*, Paris, 1851.

MARIETTE (P.) : *Atlas*, Paris, 1645.

MARMIER (Xavier) : *Nouveaux récits de voyage*, Paris, Hachette, 1879.

MATHIEU (Henri) : *La Turquie et ses différents peuples*, Paris, Dentu, 1857.

MAULL (Otto), Critique de la carte ethnographique de M. Ischirkoff, (voir ce nom), dans les *Mitteilungen der geographischen Gesellschaft* de Munich, t. I, 1915.

MAZARAKIS (Colonel) : *L'Armée hellénique en Macédoine*, dans la *Revue de Paris* du 15 décembre 1918, et en tirage spécial.

MENDELSSOHN-BARTHOLDY (Karl) : *Geschichte Griechenlands von der Eroberung Konstantinopels durch die Türken im Jahre 1453 bis auf unsere Tage*, Leipzig, 1870-1874.

MENTELLE et MALTE-BRUN : *Géographie mathématique, physique et politique*, Paris, 1804-1805.

MERCATOR (Gérard) : *Atlas sive Cosmographia*, Amsterdam, 1598.

MEYER (Ed.) : 1) *Geschichte des Königreichs Pontos*, Leipzig, 1879; 2) *Kappadokien*, dans Ersch et Gruber : *Allgemeine Encyclopädie der Wissenschaften und Künste*, 2 sect. 32; 3) *Geschichte des Altertums*, II, Stuttgart, 1893.

MEYER (Gustav) : 1) *Zur makedonischen Sprachfrage*, dans les *Fleckeisen's Jahrbücher*, 1875; 2) *Neugriechische Studien*, I et II dans les *Sitzungsberichten der Wien. Akademie*, t. 129-130, Vienne, 1894-1895.

MICHEFF (D.) : 1) *The truth about Macedonia*, Berne, Haupt, 1918; 2) *La Serbie et la Bulgarie devant l'opinion publique*, Bern, Haupt, 1918.

MIGNE : *Patrologia græca*.

MIKHOFF (N.) : *La Bulgarie et son peuple d'après les témoignages étrangers*, Lausanne, Librairie centrale des Nationalités, 1918.

MIKOFF (D.) : *Les Étapes d'une unité nationale*, Sophia, 1915.

MILIARAKIS (Ant.) : *Histoire du royaume de Nicée et du despotat d'Épire* (en grec), Athènes, 1898.

MILLER (William) : 1) *The Balkans, Rumania, Bulgaria, Serbia and Montenegro*, Londres, 1896; 2) *The Ottoman Empire, 1801-1913*, Cambridge, at the University Press, 1913.

MILLET (Gabriel) : *L'École grecque dans l'architecture byzantine*, Paris, 1916.

MILNE (Général) : *Rapport sur l'offensive en Macédoine*, dans le supplément de la *London Gazette* du 22 janvier 1919 et dans *La Grèce devant le Congrès*, Paris, Boivin, 1919.

MINTSCHEFF (Iv.-Mich.) : 1) *Les Bulgares jugés par les étrangers*, Sophia, 1917; 2) *Serbien und die bulgarische nationale Bewegung*, Berne, Hallersche Buchdruckerei A.-G.; 3) *La Serbie et le mouvement national bulgare*, Lausanne, Librairie centrale des Nationalités, 1918.

MOMMSEN (Theodor) : *Römische Geschichte*, Berlin, 1865-1866.

MONROE (Will. S.) : *Bulgaria and her people*, Boston, The Page Company, 1914.

MONTESQUIEU : *L'Esprit des Lois*, Paris, Firmin Didot, 1864.

MOUCHMOW : *Contribution à la numismatique bulgare*, dans le *Bulletin de la Société archéologique* de Sophia, 1915.

MUIR (William) : *Annals of the Early Caliphate, from original sources*, Londres, 1883.

MÜLLER (Karl Otfried) : *Ueber die Wohnsitze, die Abstammung und die ältere Geschichte des makedonischen Volkes*, Berlin, 1825.

MURALT (Édouard DE) : *Essai de Chronographie byzantine, 395-1057*, Pétrograd, I, 1855.

MURKO (Mathias) : *Die südslavischen Literaturen* dans Hinneberg : *Die Kultur der Gegenwart*, I, 9.

MURNU (George) : *Istoria Romanilor din Pind*, Bucarest, 1913.

N

NICOLAÏDÈS (Cl.) : 1) *La Macédoine et la question macédonienne dans l'antiquité, au moyen âge et dans la politique actuelle*, Berlin, Joh. Ræde, 1899; 2) *Griechenlands Anteil an den Balkan-Kriegen, 1912-1913*, Leipzig, 1914.

NIEDERLÉ (Lubor) : *La Race slave*, trad. Louis Léger, Paris, Alcan, 1916.

NIESE (Benedictus) : *Geschichte der griechischen und makedonischen Staaten seit der Schlacht bei Chæronea*, Gotha, 1899.

NOLIN (J.-B.) : *Atlas*, Paris, 1699.

NORTH (Robert) : *Étude sur la question d'Orient*, Turin, Bocca, 1876.

NOVACOVITCH (St.) : *Le Code d'Étienne Douchan* (en serbe), Belgrade, 1898.

NOVACOVITCH et MALET : *Les Slaves du Danube et de l'Adriatique* dans Lavisse et Rambaud : *Histoire générale*, t. III.

O

ŒCONOMOU (G.-P.) : 1) *Thessalonique byzantine*, dans le *Journal archéologique* d'Athènes, 1914; 2) *Pella*, dans les *Comptes rendus de la Société archéologique* d'Athènes, 1914; 3) *Inscriptions de Macédoine* (en grec), édition de la *Société archéologique* d'Athènes, 1915.

OFÉICOFF (Schopoff. Ath.) : 1) *La Macédoine; exposé de l'état présent du bulgarisme en Macédoine* (en bulgare), Philippopoli, 1885; 2) *La Macédoine au point de vue ethnographique, historique et philologique*, Philippopoli, 1887.

ORLANDOS (A.-K.) : *Inscriptions inédites de Berrœa* (Verria), dans le *Bulletin archéologique du Ministère de l'Instruction publique et des Cultes*, Athènes, 1916.

ORTELIUS (Abraham) : *Theatrum Orbis*, Anvers, 1570.

OUSPENSKY (Th.) : *Une inscription de Siméon*, dans l'*Izvestija*, t. III, p. 184.

P

Paillarès (M.) : *L'Imbroglio macédonien*, Paris, Stock, 1907.

Papadopoulo-Vrétos : *La Bulgarie ancienne et moderne*, Petrograd, 1856.

Paparrigopoulos (C.) : 1) *Histoire de la Nation grecque*, Athènes, 1865-1874 ; 2) *Histoire de la civilisation hellénique*, Paris, Hachette. 1878.

Pape-Benseler : *Wörterbuch der griechischen Eigennamen.*

Pappadakis (N.-Ch.) : *Inscriptions du nord de la Macédoine*, dans le périodique *Athéna*, Athènes, 1913.

Parthey (G.) et Pinder (M.) : *Itinerarium Antonini Augusti et Hierosolymitanum*, Berlin, 1848.

Passow (Arnoldus) : *Popularia Carmina Græciæ recentioris*, Leipzig, 1860.

Pears (Edwin) : *The destruction of the Greek Empire and the story of the capture of Constantinople by the Turks*, New-York and Bombay, 1903.

Pelletier (Robert) : *La vérité sur la Bulgarie*, Paris, Eymard, 1913.

Peneff (Boyan) : *Le chauvinisme serbe*, Lausanne, Librairie centrale des Nationalités, 2ᵉ éd.

Pernot (Hubert) : *Anthologie populaire de la Grèce moderne*, Paris, 1910.

Petermann (A.) : *Die Ausdehnung der Slaven in der Türkei und den angrenzenden Gebieten* (carte ethnographique), *Petermann's Mitteilungen*, XV, 1869.

Petit (Louis) : *Le Monastère de Notre-Dame-de-Pitié en Macédoine*, dans la revue *Izvestija*, t. VI, 1900.

Pétroff (Jean) : *Macédoine* (en grec), Leipzig, 1903.

Philémon (J.) : *Essai historique sur la Révolution grecque* (en grec), Athènes, 1859-1861.

Philippidès (N.-G.) : *Insurrection et destruction de Naoussa* (en grec), Athènes, 1881.

Philippson (Alfred) : *Zur Ethnographie des Peloponnes* dans les *Petermann's Mitteilungen*, t. 36 (1890).

Phocas-Cosmétatos (S.-P.) : *La Macédoine, son passé et son présent*, Payot, Lausanne-Paris, 1919.

Pinon (René) : *L'Europe et l'Empire ottoman*, Paris, Perrin, 7ᵉ éd., 1917.

Pitra (J.-B.) : *Analecta sacre et classica spicilegio soles mensi parata*, Rome, 1891.

Pittard (Eugène) : *Les Peuples des Balkans. Esquisses anthropologiques*. Paris, 1916.

Pitzipios (J.-G.) : *La Question d'Orient en 1860 ou la grande crise de l'Empire byzantin*, Paris, Librairie Nouvelle, 1860.

Politis (N.-G.) : 1) *Les klephtes bulgares d'après les chants populaires bulgares*, dans le périodique Hestia, Athènes, 1885; 2) *Alexandre le Grand dans la tradition populaire*, dans C.-Ph. Scocos : *Etésion Hémérologion* de 1889, traduction française dans Cl. Nicolaïdès : *La Macédoine* etc.; 3) *Études sur la vie et la langue du peuple grec. Traditions* (en grec), Athènes, 1904; 4) *Choix de chansons du peuple grec* (recueil grec), Athènes, 1914.

Pouqueville (F.-G.-H.-L.) : 1) *Voyage de la Grèce*, 2ᵉ édition, Paris, 1826-1827; 2) *Histoire de la régénération de la Grèce, comprenant le précis des événements depuis 1740 jusqu'en 1824*, Paris, 1824.

Price (W.-H. Crawfurd) : 1) *The Balkan cockrit. The political and military story of the Balkans wars in Macedonia*, Londres, 1915; 2) *Light on the Balkan Darkness*, Londres, Simpkin, Marshall, Hamilton et Cᵢₑ, 1915.

Psichari (Jean) : 1) *Études de philologie byzantine et néo-grecque*, dans la *Bibliothèque de l'École des Hautes Études*, fasc. 92, Paris, 1892; 2) *Pour le théâtre romaïque* (en grec), Paris-Athènes, 1901; 3) *Roses et Pommes* (en grec), Paris-Athènes, 1902 et suiv.; 4) *Les Études de grec moderne en France au XIXᵉ siècle*, Paris, Librairie générale de droit et de jurisprudence, 1904.

Puaux (René) : *Les persécutions bulgares en Macédoine*, dans les *Études franco-grecques*, Paris, avril, 1918.

Pypin (A.-N.) : *Histoire des littératures slaves* (en russe), Pétrograd, 1898.

Q

Quinet (Edgar) : *De la Grèce moderne et de ses rapports avec l'antiquité*, Paris, 1830.

R

RADOS (C.-N.) : 1) *La Guerre gréco-bulgare,* Paris, 1913 (numéro spécial de la Revue *Græcia*) ; 2) *Documents et lettres de Georges-N. Voïnesco, officier d'ordonnance de D. Ypsilanti, général en chef des troupes de la Grèce orientale,* dans le *Bulletin de la Société historique et ethnologique de Grèce,* Athènes, t. VII, 1916.

RAKOVSKY : 1) *Rakazalek,* Odessa, 1859; 2) *Blgarska Starina,* Belgrade, 1860.

RAMBAUD (Alfred) : *L'Empire grec au Xe siècle, Constantin Porphyrogénète,* Paris, 1870.

RAMON (S. Vittorio) : *L'Agitation bulgare en Turquie,* Paris, 1906.

RECLUS (Élisée) : *Nouvelle géographie universelle,* I, *L'Europe méridionale (Grèce, Turquie, Roumanie, Serbie, Italie, Espagne et Portugal),* Paris, Hachette, 1876.

REINACH (Adolphe) : 1) *Le grand essor de l'Hellénisme : Alexandre et la fondation de l'Empire grec en Orient,* dans *L'Hellénisation du monde antique,* Paris, Alcan, 1914; 2) *Le morcellement de l'Empire d'Alexandre,* etc., *ibid.*

REINACH (Salomon) : 1) *Chroniques d'Orient,* dans la *Revue Archéologique,* Paris, 3e série, t. IV, 1884; 2) *Apollo,* Paris, Hachette, 8e éd., 1918.

REINACH (Th.) : 1) *Trois royaumes d'Asie Mineure,* Paris, 1888; 2) *Mithridate Eupator,* Paris, 1898 (Voir aussi *Waddington*).

REISS (R.-A.) : 1) *Rapport sur la situation des Macédoniens et des Musulmans dans les nouvelles provinces grecques,* 1915, 2e éd., Paris, Plon, 1918; 2) *Les Infractions aux règles et lois de la guerre,* Payot, Lausanne-Paris, 1918; 3) *Les Infractions aux lois et conventions de la guerre commises par les ennemis de la Serbie, depuis la retraite serbe de 1915,* Paris, Grasset, 1919; 4) *Sourdoulitza,* Paris, Grasset, 1919; 5) *Réquisitoire contre la Bulgarie,* Paris, Grasset, 1919; 6) *Le traitement des prisonniers et des blessés par les Germano-Austro-Bulgares,* Paris, Grasset, 1919; 7) *Bulgares et Turcs contre les Grecs,* Paris, Grasset, 1919.

RENAN (Ernest) : *Qu'est-ce qu'une nation?* dans ses *Discours et Conférences,* Paris, Calmann-Lévy, 1887.

RIZOFF (D.) : *Die Bulgaren in ihren historischen, ethnographischen und politischen Grenzen (679-1917),* Berlin, 1917.

RIZO-NÉROULOS (Jacobaky) : *Histoire moderne de la Grèce,* Genève, 1828.

Robert (Cyprien) : *Les Slaves de Turquie*, Paris, 1844, 2ᵉ éd., 1852.

Rohde (Ervin) : *Der griechische Roman und seine Vorläufer*, Leipzig, 1876.

Romanos (Athos) : *Persécutions des Grecs en Bulgarie*, Athènes, 1906.

Ruland (Wilhelm) : *Geschichte der Bulgaren*, Berlin, Siegismund, 1911.

S

Saint-Clair et Brophy : *A residence in Bulgaria*, Londres, Murray, 1869.

Sallet (S.-U. v.) : *Die Nachfolger Alexanders des Grossen in Baktrien und Indien*, Berlin, 1879.

Samuelson (James) : *Bulgaria, past and present*, Londres, Trübner, 1888.

Sathas (C.-N.) : 1) *Philologie néo-hellénique* (en grec), Athènes, 1868; 2) *La Grèce sous le joug turc ; essai historique sur les insurrections faites par le peuple grec pour secouer le joug ottoman (1453-1821)* (en grec), Athènes, 1869.

Savadjian (Léon) : 1) *La Bulgarie en guerre*, Genève, Georg, 1917; 2) *Je dénonce !...*, préface de M. Fernand David, Annemasse, Granchamp, 1918.

Savary : *Lettres sur la Grèce*, Paris, 1788.

Schäfer (Arnold) : *Demosthenes und seine Zeit*, 2ᵉ éd., Leipzig, 1885-1886.

Schkorpil (K.) : *Altbulgarische Inschriften*, dans les *Archäologisch-epigraphischen Mitteilungen aus Oesterreich-Ungarn*, t. XIX, 1896.

Schlosser (F.-C.) : *Weltgeschichte für das deutsche Volk, unter Mitwirkung des Verfassers bearbeitet von G.-L. Kriegk*, Francfort-sur-le-Mein, 1844-1857.

Schlumberger (Gustave) : 1) *Un empereur byzantin au Xᵉ siècle : Nicéphore Phocas*, Paris, 1890; 2) *L'épopée byzantine à la fin du Xᵉ siècle : Jean Tzimiscès ; les jeunes années de Basile II, le Tueur de Bulgares*, Paris, 1896; 3) *Basile II, Le Tueur des Bulgares*, Paris, 1900; 4) *Le siège, la prise et le sac de Constantinople par les Turcs en 1453*, Paris, 1914.

Schopoff (Athanase) : 1) *Les réformes et la protection des chrétiens en Turquie*, Paris, 1904; 2) *L'union balkanique* (en russe), 1915; 3) *Les États balkaniques et le principe confédératif*, Sophia, 1915.

SEIGNOBOS (Ch.) : *Les nationalités et les langues,* dans l'*Université de Paris,* avril 1904.

SENSINE (H.) : *Dans la lumière de la Grèce,* Lausanne, Payot, 1908.

SETON-WATSON : *The Rise of nationality in the Balkan,* London, 1917.

SEURE (M.-G.) : *Voyage en Thrace; l'emporium de Pizos,* dans le *Bulletin de correspondance hellénique,* t. XII, 1898.

SIEGLIN (W.) : 1) *Orbis terrarum,* dans Spruner : *Historischer Hand-Atlas,* I, *Atlas antiquus,* tab. 2, Gotha, Justus Perthes, 1909; 2) *Imperium Terrarum, ibid.,* tab. 26.

SISMONDI (J. DE) : *Histoire des Français,* Paris, 1831.

SKOPIANSKY (M.) : 1) *La Macédoine telle qu'elle est,* Lausanne, Librairie centrale des Nationalités, 1917; 2) *Aux amis d'une paix durable,* Lausanne, Librairie centrale, 1918.

SOLMSEN, Critique de l'ouvrage de Otto Hoffmann (voir ce nom), dans la *Berl. Philol. Wochenschrift,* 1907.

SONGEON (R.-P. Guérin) : *Histoire de la Bulgarie depuis les origines jusqu'à nos jours (485-1913),* Paris, Nouvelle librairie nationale, 1913.

SONNINI (C.) : *Voyage en Grèce et en Turquie fait par ordre de Louis XVI,* Paris, 1801.

SOUTZO (Al.) : *Histoire de la Révolution grecque,* Paris, 1829.

SPORIDÈS (P.-G.) : *La Vie de Hatzi-Christo* (en grec), Athènes, 1855.

STAGIRITIS : Chroniques publiées dans les *Études franco-grecques* de juillet et novembre 1918.

STANFORD : *An ethnological Map of European Turkey and Greece with introductory remarks on the distribution of races in the Illyrian peninsula and statistical tables of population,* Londres, 1877, éd. française, Paris, Dentu, 1877; 2) *A sketch Map of the linguistic areas of Europe,* Londres, 1917.

STÉPHANOPOLI (Jeanne Z.) : *Grecs et Bulgares en Macédoine,* Athènes, Constantinidès, 1903.

STRAUSS (Adolf) : *Die Bulgaren; ethnographische Studien,* Leipzig, 1898.

STRUCK (Adolf) : 1) *Inschriften aus Makedonien,* dans les *Mitteilungen des K. deutschen archæologischen Instituts. Athenische Abteilung,* t. XXVII, 1902; 2) *Makedonische Fahrten :* I. *Chalkidike,* Wien und Leipzig, 1907, II. *Die Makedonischen Niederlande,* Sarajevo, 1908.

STURZ (F.) : *De Dialecto Macedonica et Alexandrina,* Leipzig, 1808.

Susemihl (Franz) : *Geschichte der griechischen Literatur in der Alexandrinerzeit,* Leipzig, 1891-1892.

Svoronos (J.-N.) : 1) *Les Monnaies de l'Empire des Ptolomées* (en grec), 3 vol., Athènes, 1905, et vol. IV (en allemand) : *Die Münzen der Ptolemæer*, 1908, avec suppléments par F. Hulstch et K. Begling; 2) *Numismatique de la Péonie et de la Macédoine avant les guerres médiques,* dans le *Journal international d'Archéologie numismatique,* Athènes, 1913.

Synvet : *Carte ethnographique de la Turquie d'Europe,* Paris, 1877.

T

Tafel (Théophile) : *De Thessalonica ejusque agro dissertatio geografica,* Berlin, 1839.

Tafrali (O.) : *Thessalonique au XIVe siècle,* Paris, 1913.

Tarn (Wiliam Woodthorpe) : *Antigonos Gonatas,* Oxford, 1913.

Théry (Edm.) : *La Grèce économique,* dans *La Grèce,* Société française d'imprimerie et de librairie, 1908.

Thierry (Amédée) : *Histoire d'Attila et de ses successeurs,* Paris, 1856.

Tougard (A.) : *De l'histoire profane dans les actes grecs des Bollandistes,* Paris, 1874.

Trapman (A.) : *The Greeks triumphants. Balkans Wars 1912-1913,* Londres, 1915.

Tricoupis (Sp.) : *Histoire de la Révolution grecque* (en grec), Londres, 1853, 2e édit., 1860.

Tsocopoulos (G.) : *Histoire de la guerre gréco-turque* (en grec), New-York, 1914.

Turchi (N.) : *La civiltà bizantina,* Turin, 1915.

U

Ubicini (A.) : *Lettres sur la Turquie ou tableau statistique religieux, politique, administratif, militaire, commercial, etc., de l'Empire ottoman, depuis le Khatti-Chérif de Gulkhané (1839),* 2e éd., Paris, 1853-1854.

Upward (Allen) : *The East end of Europe,* Londres, 1908.

Urquhart (David) : *La Turquie, ses ressources, son organisation municipale, son commerce,* traduit de l'anglais par Xav. Reymond, Paris, 1836.

V

Vasilieff (A.) : *Les Slaves en Grèce*, dans la revue russe *Annales Byzantines (Byzantinskii Vremenik)*, Pétrograd, t. V, 1898.

Vellay (Charles) : 1) *L'Irrédentisme hellénique*, Paris, Perrin, 1913; 2) *Dans l'Enfer bulgare*, Paris, 1919.

Veritas : *La Bulgarie actuelle et ses prétentions*, Belgrade, 1915.

Verkovitch : *Le Véda slave*, Paris, Leroux, 1874.

Vidal-Lablache : *Atlas Général*, Paris, 1894.

Viereck (P.) : *Sermo græcus quo senatus populusque romanus magistratusque populi romani usque ad Tiberii Cæsaris ætatem in scriptis publicis usi sunt examinatur*, Gœttingue, 1888.

Vogt (Albert) : *Basile Ier empereur de Byzance (867-886) et la civilisation byzantine à la fin du IXe siècle*, Paris, 1908.

Voltaire : *Œuvres complètes*, XV, *Correspondance*, Paris, Garnier, 1882.

Vulcanus : *L'avenir industriel de la Grèce*, dans les *Études franco-grecques* de Paris, mai 1918.

W

Wace et Thompson : *The Nomads of the Balkans*, Londres, 1914.

Wace (A. J. B.) et Woodvard (A. M.) : *Inscriptions for upper Macedonia*, dans *The Annual of the British School at Athens*, t. XVIII, 1911-1912.

Waddington (W. H.), Reinach (Th.) et Babelon (Ernest) : *Recueil général des monnaies grecques d'Asie Mineure*, Paris, 1904.

Wahl : *Les Empires arabes, leur civilisation*, dans Lavisse et Rambaud : *Histoire générale*, t. I.

Walsh (R.) : *Voyage en Turquie et à Constantinople*, Paris, Moutardier, 1828.

Weigand (G.) : 1) *Die Aromunen*, Leipzig, 1895; 2) *Die nationalen Bestrebungen der Balkanvölker*, Leipzig, 1898.

Wendland (Paul) : *Die hellenische-römische Kultur in ihren Beziehungen zu Judentum und Christentum*, Tubingue, Mohr, 2e éd., 1912.

Wilamowitz-Mœllendorf (Ulrich v.) : 1) *Die griechische Literatur des Altertums*, dans Hinneberg : *Die Kultur der Gegenwart*, 1, 8; 2) *Staat und Gesellschaft der Griechen*, ibid., II, 4, 1.

WILKINSON : *An account of the Principalities of Wallachia and Moldavia*, Londres, 1820.

WIT (F. DE) : *Atlas*, Amsterdam, 1680.

WOODWARD (A. M.) : *Inscriptions from Berœa in Macedonia* dans *The Annual of the British School at Athens*, t. XVIII, 1911-1912.

X

XÉNOPOL (Al.) : *Histoire de la Grande Valachie* (en roumain), Bucarest, 1883.

Y

YONKOFF-VLADIKINE (N.) : *Les anciens Macédoniens étaient-ils des Grecs?* trad. en grec, dans l'*Hellénismos* d'Athènes, 1898.

YVES-GUYOT : 1) *La question bulgare*, dans le *Journal des Économistes*, t. XLIII, décembre 1915; 2) *La marine marchande grecque*, dans les *Études franco-grecques* de Paris, mai 1918.

Z

ZAMBÉLIOS (Sp.) : *Chants populaires de la Grèce*, Corfou, 1852.

ZANKOW (Stef.) : *Die Verfassung der bulgarischen orthodoxen Kirche*, Zurich, Leemann, 1918.

ZINKEISEN (Joh. Wilhelm) : *Geschichte der griechischen Revolution nach dem Englischen des Thomas Gordon bearbeitet*, Leipzig, 1840.

ZISSIOU (C. G.) : *Recherche et étude des monuments chrétiens de Macédoine*, dans les *Comptes rendus de la Société archéologique d'Athènes*, 1913.

ZLATARSKY, Études sur les monnaies bulgares, dans le *Bulletin archéologique bulgare*, 1913.

ZURETTI (C. O.) : *Bisanzio*, dans la revue *Classici et Neo-latini*, Aoste, t. III, 1907.

III. — PUBLICATIONS OFFICIELLES ET AUTRES

Livre jaune français (Affaires de Macédoine), 1902 et 1903-1905.

Blue Book (Turkey), I (1903), I (1904), II (1904), IV (1904), II (1905), III (1905), I (1906), I (1907), III (1908).

Libro verde (Macedonia), 1906.

Tableau général des écoles helléniques dans la Turquie d'Europe, Constantinople, 1902.

Statistique hellénique des écoles dans les vilayets de Salonique et de Monastir (carte murale).

Macedonia's population. Evidence of the Christian schools, Londres, Ede, Allom et Townsend, 1905.

Turcs et Grecs contre Bulgares en Macédoine, brochure anonyme avec préface de M. Louis Leger, Paris, Plon, 1904.

Mouvement antihellénique en Bulgarie et en Roumélie Orientale (Extraits des rapports des autorités consulaires helléniques), juillet-août 1906.

Tableau des fondations et des biens-fonds des communautés grecques pillés ou confisqués par la populace bulgare, depuis le 16 juillet jusqu'au 14 août 1906, à Philippopoli, Sténimachos et en général, dans toute l'étendue de la juridiction du Consulat général (de Grèce) à Philippopoli.

Memorandums adressés aux représentants des Grandes Puissances à Constantinople et autres documents relatifs aux récents événements de Bulgarie et de Roumélie Orientale, publication du Patriarcat Œcuménique, Constantinople, 1906.

Persécution des Grecs en Bulgarie et en Roumélie Orientale, publication de l' « Association patriotique des Thraces », Athènes, 1906.

Appel aux gouvernements et aux peuples civilisés, memorandum des Associations patriotiques d'Athènes, Athènes, 1906.

Les horreurs bulgares et l'Europe (en grec), Athènes, 1906.

Les horreurs bulgares contre l'hellénisme de la Roumélie Orientale, dans l'*Hellénismos* d'Athènes, 1906.

Crimes bulgares contre les Grecs orthodoxes dans les vilayets macédoniens, Paris, impr. Deplanche, 1907.

Le camarade du soldat ; manuel pour le soldat de toutes les armes, publication du Ministère de la guerre bulgare, Sophia, 1907.

La puissance de l'hellénisme de la Roumélie Orientale avant sa destruction, dans l'*Hellénismos* d'Athènes, 1908.

Agissements bulgares ayant pour but la suppression de l'autorité de l'Église grecque et la destruction de la nationalité grecque en Roumélie Orientale et en Bulgarie (en grec), Athènes, 1908.

Les élections en Turquie ; comment le Gouvernement ottoman a falsifié le scrutin, Le Caire, 1912.

Atrocités bulgares en Macédoine (faits et documents). Exposé soumis par le recteur des universités d'Athènes aux recteurs des universités d'Europe et d'Amérique, Athènes, 1913.

Une triste page de l'histoire des Balkans. Les atrocités commises par les troupes bulgares pendant la guerre gréco-bulgare de 1913 (Documents photographiques pris par la Commission d'enquête de l'Association macédonienne, rendue sur les lieux), Athènes, 1913.

Les Cruautés bulgares en Macédoine Orientale et en Thrace, 1912-1913. Faits, rapports, documents, témoignages officiels, Athènes, 1914.

Enquête dans les Balkans. Rapport présenté aux directeurs de la Dotation Carnegie, par les membres de la Commission d'enquête, Paris, 1914.

Mémoire du « Comité national bulgare » (de Sophia) aux Ministres des affaires étrangères et aux Ministres plénipotentiaires des six Grandes Puissances, en date du 11 mai 1915.

Livre blanc hellénique (Documents diplomatiques, 1913-1917 ; traité d'alliance gréco-serbe, invasion germano-bulgare en Macédoine), Athènes, 1917. — *Supplément*, Athènes, 1917.

Un avant-projet de programme de paix. Manifeste avec mémoire explicatif des délégués des pays neutres aux partis adhérents à la Conférence générale, publication du « Comité organisateur de la Conférence socialiste internationale de Stockholm », Uppsala, 1917.

Pro Macedonia, polémique de M. Wendel, député socialiste au Reichstag allemand et de M. Rizoff, ministre de Bulgarie à Berlin, au sujet de la Macédoine, avec une introduction de Delest, Paris, Roustan, 1918.

La Grèce devant le Congrès de la Paix, mémoire présenté par M. E. Vénisélos au Congrès de Paris, le 30 décembre 1918.

Les Persécutions anti-helléniques en Turquie, d'après les rapports officiels des agents diplomatiques et consulaires, Paris, Grasset, 1918.

L'armée grecque et la victoire d'Orient, avec 49 photographies inédites et 2 cartes, Paris, Berger-Levrault, 1919.

*

The Greek army and the recent Balkan offensive, Londres, George Allen et Unwin Ltd., 1919.

Documents relatifs aux violations des Conventions de La Haye et du droit international en général, commises de 1915 à 1918 par les Bulgares en Serbie occupée, publication de la Délégation serbe au Congrès de la Paix, Paris, 1919.

Rapport de la Commission universitaire grecque sur les atrocités et dévastations commises par les Bulgares en Macédoine Orientale, Paris, Berger-Levrault, 1919.

Rapports et enquêtes de la Commission interalliée sur les violations du droit des gens commises en Macédoine Orientale, par les armées bulgares, Paris, Berger-Levrault, 1919.

Les encyclopédies, les revues, la presse.

TABLE DES PLANCHES HORS TEXTE

		Pages
I.	Carte historique de la Macédoine.	38
II.	Les premières monnaies macédoniennes.	80
III.	Monnaies péoniennes.	100
IV.	Monnaies péoniennes.	100
V.	Monnaies péoniennes.	100
VI.	Fausse inscription attribuée à Siméon.	196
VII.	Saint Démétrius.	242
VIII.	Carte tirée du *Theatrum Orbis terrarum* d'Abraham Ortélius, Anvers, 1570.	260
IX.	Carte tirée de l'*Atlas sive Cosmographia* de Gérard Mercator, Amsterdam, 1598.	260
X.	Carte tirée de l'*Atlas* de P. Mariette, Paris, 1645.	260
XI.	Carte tirée de la *Cosmographia Blaviena* de Joh. et Corn. Blaeu, Amsterdam, 1650.	260
XII.	Carte tirée de l'*Atlas* de F. de Wit, Amsterdam, 1680.	260
XIII.	Carte tirée de l'*Atlas* de I.-B. Nolin, Paris, 1699.	260
XIV.	Carte tirée de l'*Atlas Novus*, de Joh.-Bapt. Homann, Nuremberg, 1740.	260
XV.	Une gravure d'Alexandre le Grand.	342
XVI.	Un héros macédonien.	346
XVII.	Deux lettres bulgares.	426
XVIII.	Carte ethnographique de F. Bianconi.	482
XIX.	Carte ethnographique de Stanford.	482
XX.	Carte ethnographique d'Amadore-Virgilj.	482
XXI.	Carte ethnocratique de H. Kiepert.	484
XXII.	Carte administrative des trois vilayets dits macédoniens.	608
XXIII.	Tableau indiquant les populations grecque patriarchiste et slave exarchiste de la Macédoine.	612
XXIV.	Tableau indiquant les populations grecque patriarchiste et slave exarchiste de la partie de la Macédoine incorporée au royaume de Grèce.	618

TABLE DES MATIÈRES

Avant-propos. . . . . Page V

PREMIÈRE PARTIE

LE DOMAINE HISTORIQUE

CHAPITRE I

L'ANTIQUITÉ. — LA MACÉDOINE AVANT L'APPARITION DES BULGARES

Pages

I. — **Introduction**. 3
Du morcellement de la Grèce ancienne, p. 3.

II. — **Formation du royaume de Macédoine** 5
Les Péoniens, p. 5. — Les Macédoniens, p. 7. — Les Argeades, p. 8. — Perdiccas Iᵉʳ, p. 9. — Alexandre Iᵉʳ, p. 10. — Perdiccas II, p. 13. — Archélaüs, p. 14. — Amyntas II, p. 15. — Alexandre II, p. 15. — Perdiccas III, p. 16. — Philippe, p. 16.

III. — **Géographie ancienne de la Macédoine** 18
La Macédoine comme expression géographique, p. 18. — Les provinces macédoniennes, p. 23. — Émathie, p. 24. — Piérie, p. 25. — Bottiée, p. 25. — Mygdonie, p. 26. — Éordée, p. 26. — Almopie, p. 26. — Crestonie, p. 27. — Bisaltie, p. 27. — Élimée, p. 27. — Orestide, p. 28. — Lyncestide, p. 29. — Pélagonie, p. 30. — Péonie méridionale, p. 31. — Sintique, p. 33. — Odomantique, p. 34. — Édonide, p. 35. — Chalcidique, p. 38. — Limites de la Macédoine, p. 38. — La « Macédoine géographique » de Brancoff, p. 43.

IV. — **L'hégémonie macédonienne**. 50
Philippe et l'union panhellénique, p. 50. — Alexandre le Grand, p. 56. — Alexandre et l'Hellénisme, p. 57. — L'œuvre hellénisatrice d'Alexandre, p. 59. — Les traditions relatives à Alexandre, p. 61. — Les successeurs d'Alexandre, p. 63. — La Macédoine

sous les Antigonides, p. 65. — La conquête romaine, p. 66. — L'œuvre hellénisatrice des dynasties macédoniennes, p. 67. — Les Séleucides, p. 68. — Les dynasties micrasiatiques, p. 69. — Les Lagides ou Ptolémées, p. 71. — L'hégémonie macédonienne et la civilisation moderne, p. 74. — L'hégémonie macédonienne et le christianisme, p. 75.

V. — **De l'origine hellénique des anciens Macédoniens.** . . . 77

La théorie d'Otfried Müller, p. 77. — L'opposition des historiens, p. 80. — Le débat linguistique, p. 82. — L'opinion des historiens et linguistes modernes, p. 83. — Importance de la question, p. 85. — Les preuves historiques, p. 87. — Les preuves linguistiques, p. 93. — De l'origine hellénique des Péoniens, p. 97. — Conclusion, p. 101. — Immixtion des savants bulgares, p. 102.

VI. — **Rome et Byzance** 107

Grecs et Romains, p. 107. — De l'hellénisation de l'empire romain, p. 108. — Le rôle de l'Orient hellénisé, p. 111. — L'Hellénisme après la conquête romaine, p. 113. — Égypte et Cyrénaïque, p. 114. — Palestine, p. 115. — Syrie, p. 115. — Asie Mineure, p. 115. — Autres pays asiatiques, p. 116. — Macédoine, p. 117. — Thrace, p. 119. — L'empire grec de Byzance, p. 120. — La Macédoine province byzantine, p. 122.

VII. — **Conclusion.** 124

L'histoire macédonienne et les Bulgares, p. 124. — La Macédoine au point de vue archéologique, p. 125. — Le passage des Romains et des barbares, p. 126. — L'œuvre destructive des Bulgares, p. 128. — Les premiers soins de l'administration grecque, p. 130. — Derniers attentats bulgares contre le passé macédonien, p. 132.

CHAPITRE II

LE MOYEN AGE — LES BULGARES ET LA MACÉDOINE

I. — **Introduction.** 135

L'histoire bulgare, p. 136. — Méthode des historiens bulgares, p. 137. — L'histoire de Jireček, p. 137. — L'histoire de Bousquet, p. 139. — L'histoire de Ruland, p. 139. — L'histoire du R. P. Songeon, p. 140. — Les dernières productions bulgares, p. 142. — L'Atlas de Rizoff, p. 142. — La critique de l'Atlas de Rizoff, p. 143. — Le silence des historiens grecs, p. 144.

II. — **L'État bulgare d'Asparouch** 146

Établissement des Bulgares en Mésie Inférieure, p. 146. — Les Slaves de la Mésie Inférieure, p. 147. — Les Grecs de la Mésie Inférieure, p. 148. — Les avantages de l'absorption des Slaves, p. 149. — Les inconvénients de l'absorption des Grecs, p. 153. — Les prétendues invasions prébulgares, p. 155. — Première extension de l'État bulgare, p. 159. — Écrasement de la Bulgarie par Constantin V, p. 161. — Kroum, p. 162. — Défaite de Kroum, p. 166. — L'État bulgare à l'époque d'Omortag, p. 167. — L'État bulgare à l'époque de Pressiam et de Boris, p. 168. — Christianisation des Bulgares, p. 173. — Cyrille et Méthode, p. 177. — Siméon, p. 183. — L' « âge d'or » des lettres en Bulgarie, p. 185. — Les incursions de Siméon, p. 187. — Une fausse inscription attribuée à Siméon, p. 193. — L'État bulgare après la mort de Siméon, p. 199. — Conquête de la Bulgarie par les Russes, p. 203. — La Bulgarie province byzantine, p. 204.

III. — L'invasion de Samuel. 206

La théorie de Drinow, p. 206. — Caractère de l'entreprise de Samuel, p. 211. — Basile II le Bulgaroctone, p. 216. — Les émules de Samuel, p. 221. — Qualification des Slaves macédoniens comme bulgares, p. 222. — Le surnom de « Bulgaroctone », p. 224. — Les titres des archevêques d'Achride, p. 225. — Les témoignages des auteurs byzantins, p. 229.

IV. — L'État bulgaro-valaque des Assénides. 234

Fondation de l'État bulgaro-valaque, p. 231. — Les frères Jean et Pierre Assen, p. 232. — Les Bulgares refoulés au delà du Danube, p. 233. — L'appui serbe, p. 234. — Limites de l'État bulgaro-valaque, p. 235. — Joannice ou Kaloïan, p. 236. — La conquête latine, p. 237. — Les atrocités de Joannice, p. 239. — Mort de Joannice, p. 241. — Jean Assen II, p. 242. — L'État bulgaro-valaque à l'époque de Jean Assen II, p. 244. — Les Bulgares chassés définitivement de la Macédoine, p. 246. — Dernières incursions bulgares en Thrace, p. 247. — La conquête serbe, p. 249. — L'État bulgaro-valaque après 1355, p. 250. — La conquête turque, p. 253.

V. — Conclusion 255

Bilan des incursions bulgares au moyen âge, p. 255. — Les vraies frontières bulgares, p. 259. — Le côté moral, p. 261. — Les Bulgares et la civilisation, p. 262. — La civilisation byzantine, p. 268.

CHAPITRE III

LE JOUG OTTOMAN — GRECS ET BULGARES

I. — Introduction 282

L'Hellénisme et la conquête turque, p. 282. — Situation des Grecs et des autres peuples asservis, p. 284. — Les privilèges du Patriarcat grec, p. 288. — Les Bulgares et l'histoire des derniers siècles, p. 290.

II. — Les nations grecque et bulgare 292

Les Grecs et la conquête turque, p. 292. — Les Bulgares et la conquête turque, p. 293. — Jugements et témoignages des écrivains, p. 295. — La poésie populaire, p. 307. — Les traditions, p. 322. — L'idée nationale, p. 323.

	Pages
III. — **La Macédoine sous le joug ottoman**	325

Les luttes de la Macédoine pour l'indépendance, p. 325. — Premières insurrections, p. 327. — Les Klephtes, p. 328. — Les luttes contre Ali-pacha, p. 332. — Nico-Tsaras, p. 334. — Autres luttes en Macédoine Orientale, p. 337. — Dernières expéditions d'Ali-pacha, p. 338. — Mort du capitaine Romphéïs, p. 340. — Efforts des Macédoniens résidant à l'étranger, p. 341. — La grande insurrection de 1821, p. 345. — Massacre de Salonique, p. 347. — Insurrection de Chalcidique, p. 348. — Massacre de Cassandra, p. 350. — Le mouvement insurrectionnel à l'ouest de l'Axios, p. 351. — Insurrection de Naoussa, p. 352. — Prise et destruction de Naoussa, p. 354. — Le massacre organisé par Abdoul-Aboud, p. 355. — Les atrocités d'Abdoul-Aboud à Salonique, p. 357. — Nouvelles luttes et nouveaux martyres, p. 360. — Les Macédoniens au secours des autres Grecs, p. 361. — Les philhellènes, p. 362. — Fondation du royaume de Grèce, p. 370. — La Macédoine restée esclave, p. 371. — La veulerie bulgare et les patriotes de Sophia, p. 372. — La Macédoine intellectuelle, p. 376.

	Pages
IV. — **Grèce et Bulgarie**	384

Les massacres de Batak, p. 384. — La guerre russo-turque de 1877-1878, p. 385. — Fondation de la principauté bulgare, p. 388. — La politique de l'Europe, p. 389. — Les reproches faits à la Grèce, p. 391. — La reconnaissance grecque, p. 398. — Les sentiments des Grecs envers les Bulgares, p. 399. — La politique balkanique de la Grèce et de la Bulgarie, p. 400. — L'alliance balkanique, p. 401. — La guerre turco-balkanique de 1912-1913, p. 402. — Les prétentions bulgares, p. 403. — L'attitude conciliante de la Serbie et de la Grèce, p. 404. — L'attaque bulgare du 16/29 juin 1913, p. 405. — Le traité de Bucarest, p. 409. — Le mécontentement des chauvins bulgares, p. 411. — La Grande Guerre, p. 412. — L'ingratitude bulgare, p. 413. — L'attitude de la Grèce, p. 417. — L'effort grec dans la Grande Guerre, p. 418. — Le libéralisme grec, p. 421. — L'administration grecque, p. 423. — L'administration bulgare, p. 427. — Les persécutions de 1906, p. 427. — Les atrocités bulgares de 1913, p. 428. — Méfaits du régime bulgare en Macédoine et en Thrace, p. 429. — Les cruautés bulgares pendant la Grande Guerre, p. 432. — Un document turc, p. 436.

	Pages
V. — **Conclusion**	438

La réponse de l'Histoire, p. 438. — Les progrès de la Grèce, p. 441. — Commerce, p. 444. — Navigation, p. 444. — Industrie, p. 445. — Agriculture, p. 446. — Accroissement de la population, p. 450. — Instruction publique, p. 452. — Jugement d'ensemble, p. 453.

SECONDE PARTIE
LE DOMAINE ETHNOLOGIQUE

CHAPITRE UNIQUE
LES GRECS ET LES SLAVES DE MACÉDOINE

I. — **Introduction** 457

Les Grecs, p. 457. — Les Valaques, p. 457. — Les Slaves, p. 459. — Les Turcs, p. 459. — Les Valaades, p. 460. — Les Pomaks, p. 460. — Les Albanais, p. 461. — Les Tsiganes, p. 461. — Les Israélites, p. 461.

II. — **Les Éléments grec et slave.** 462

Les invasions slaves, p. 462. — L'établissement des Slaves, p. 466. — Les Slaves et l'élément grec, p. 468. — Les témoignages des auteurs, p. 471. — Les cartes ethnographiques, p. 480. — Les Slaves macédoniens sont-ils bulgares? p. 484. — Les prétendues installations bulgares, p. 488. — Les caractères anthropologiques et psychiques, p. 490. — Le nom de Bulgare, p. 491. — La théorie de Chafarik, p. 499. — Le dialecte macédo-slave, p. 502. — Les liens historiques entre Grecs et Slaves, p. 505. — Slavisation de populations grecques, p. 508. — Les preuves historiques, p. 509. — La terminologie des noms de lieux, p. 511. — Les éléments grecs du macédo-slave, p. 512. — Les caractères anthropologiques et psychiques, p. 513. — Les témoignages des auteurs modernes, p. 514. — Les Grecs slavophones, p. 515.

III. — **La propagande slavo-bulgare en Macédoine** 517

Le testament de Pierre le Grand, p. 517. — Le projet grec, p. 518. — La découverte des Bulgares, p. 518. — L'Histoire slavo-bulgare de Païssi, p. 519. — L'émotion des milieux panslavistes, p. 520. — Premières manœuvres des panslavistes, p. 521. — La littérature des patriotes bulgares, p. 522. — Les élucubrations de Rakovsky, p. 523. — Le chant d'Orphée de Verkovitch, p. 524. — Le Véda slave, p. 525. — La guerre au Patriarcat grec, p. 529. — Le but visé, p. 530. — Les accusations lancées contre le Patriarcat, p. 531. — Premières prétentions, p. 541. — La menace de l'union avec Rome, p. 542. — L'attitude du Patriarcat, p. 543. — Les concessions du patriarche Anthime VI, p. 544. — Le projet du patriarche Grégoire VI, p. 546. — La constitution de l'Exarchat bulgare, p. 547. — Le schisme, p. 549. — Le prosélytisme en faveur de l'Exarchat, p. 549. — La conférence de Constantinople, p. 550. — La Bulgarie de San-Stefano, p. 551. — La politique de la Principauté bulgare, p. 555. — Le rôle de l'Exarchat, p. 556. — Le coup de la Roumélie Orientale, p. 557. — La propagande bulgare en Macédoine, p. 558. — Les procédés de la propagande bulgare,

p. 559. — Les premiers résultats, p. 560. — La propagande bulgare et les Grecs slavophones, p. 561. — L'argument linguistique, p. 562. — Les résultats obtenus par la propagande pacifique, p. 565. — L'attitude passive de la Grèce, p. 566. — L'entrée en scène des comitadjis, p. 567. — La complicité du Gouvernement bulgare, p. 568. — La situation des Macédoniens, p. 569. — Le programme de réformes du Comité macédonien, p. 570. — Les bandes bulgares redoublent d'activité, p. 571. — Zontchévistes et centralistes, p. 572. — Le projet de réformes de la Porte, p. 573. — Le projet de Vienne, p. 574. — La pseudo-révolution de 1903, p. 575. — Le programme de Mürsteg, p. 579. — Recrudescence des crimes bulgares, p. 584. — La cruauté des comitadjis, p. 587. — La danse des poignards, p. 589. — Le désarroi des populations macédoniennes, p. 590. — La défense armée des Grecs, p. 591. — Parallèle de l'action grecque et de l'action bulgare, p. 597. — Le mouvement jeune-turc, p. 601.

IV. — **Les statistiques**. 603

Les statistiques des écrivains, p. 603. — Le recensement de Hilmi-pacha, p. 605. — Autre recensement turc, p. 608. — La statistique officielle bulgare, p. 609. — La statistique officielle grecque, p. 613. — Les statistiques scolaires, p. 614. — L'accord gréco-bulgare du 11 mars 1912, p. 615.

V. — **Conclusion** 617

Histoire et ethnologie, p. 617. — Les chiffres relatifs à la Macédoine grecque, p. 618. — La situation actuelle, p. 619.

Liste des auteurs et ouvrages cités. 621

    I. Auteurs de l'antiquité et du moyen âge. 621

    II. Auteurs modernes et contemporains 622

    III. Publications officielles et autres 648

Table des planches hors texte 651

IMPRIMERIE BERGER-LEVRAULT, NANCY-PARIS-STRASBOURG

BERGER-LEVRAULT, LIBRAIRES-ÉDITEURS

A travers les Continents pendant la Guerre. *Questions de politique étrangère et coloniale*, par Joseph JOUBERT. 1919. Volume in-12. **4 fr.**

Le Bolchevisme en Russie. *Livre blanc anglais, avril 1919.* Volume in-12. *Net.* **3 fr. 50**

L'Alliance franco-russe 1890-1912. *Troisième Livre jaune français.* 1919. Volume in-12. *Net.* **2 fr. 50**

Trois Aspects de la Révolution russe. *7 mai-25 juin 1917*, par Émile VANDERVELDE. 1918. 5e édition. Volume in-12. **2 fr. 50**

Histoire de la Révolution russe, 1905-1917, par S. R., membre de plusieurs sociétés savantes. 1917. Volume in-12. *Net.* **1 fr. 25**

Le « Peuple ukranien », par UN PETIT-RUSSIEN DE KIEF. 1919. Volume in-12. *Net.* **1 fr. 50**

Germania. *L'Allemagne et l'Autriche dans la civilisation et dans l'histoire*, par René LOTE, agrégé de l'Université, docteur ès lettres. 2e édition. 1917. Volume in-12. **3 fr. 50**

Le Sens des Réalités. Sagesse des États. *Leçons politiques de la guerre*, par René LOTE. 1917. Volume in-12. **3 fr. 50**

La Pensée allemande dans l'ordre juridique, par Jean SIGNOREL, président de l'Académie de législation. 1919. Volume grand in-8. **3 fr. 50**

Le Délire pangermanique. *Documents authentiques*, traduits, annotés et commentés par Jules FROELICH. 1918. Volume in-12, avec 28 dessins de ZISLIN. **3 fr. 50**

L'Allemagne et son enfant terrible Maximilien Harden, par YSIAD. Préface de Joseph REINACH. 1918. Volume in-12. **3 fr.**

Le Mémoire Lichnowsky et les documents Muehlon. Préface de Joseph REINACH (POLYBE). 1918. Volume in-12. *Net.* **1 fr. 50**

Le Traité de Francfort. *Étude d'histoire diplomatique et de droit international*, par Gaston MAY, professeur à l'Université de Paris. (Ouvrage récompensé par l'Académie des Sciences morales et politiques.) 1910. Volume in-8 de 360 pages, avec 8 cartes dans le texte, broché. **6 fr.**

L'Allemagne et la Guerre, par Émile BOUTROUX, de l'Académie Française. 1919. Volume in-12. *Net.* **40 c.**

L'Allemagne des Hohenzollern, 1415-1918, par Jean-Édouard SPENLÉ. 1919. Volume in-12. **3 fr.**

Contre les Barbares de l'Orient, par J. DE MORGAN, ancien directeur général des antiquités de l'Égypte, ancien délégué général en Perse du ministère de l'Instruction publique. 1918. Volume in-8. **5 fr.**

Histoire du Peuple arménien, *depuis les temps les plus reculés de ses annales jusqu'à nos jours*, par Jacques DE MORGAN. Préface par Gustave SCHLUMBERGER, de l'Académie des Inscriptions et Belles-Lettres. 1919. Volume grand in-8, avec 296 cartes, plans et dessins documentaires de l'auteur. **25 fr.**

La Syrie et la France, par le Dr G. et Paul ROEDERER. Préface de Pierre ALYPE. 1917. Volume grand in-8, avec une carte. **4 fr.**